Marktanteilsprognosen in der Europäischen Fusionskontrolle

Europäische Hochschulschriften
Publications Universitaires Européennes
European University Studies

Reihe II
Rechtswissenschaft

Série II Series II
Droit
Law

Bd./Vol. 4125

PETER LANG
Frankfurt am Main · Berlin · Bern · Bruxelles · New York · Oxford · Wien

Markus Haggeney

Marktanteilsprognosen in der Europäischen Fusionskontrolle

Einflüsse der Wettbewerbstheorie und der europäischen Wettbewerbspolitik auf prognostische Bewertungen im Rahmen der EG-Fusionskontrolle

PETER LANG
Europäischer Verlag der Wissenschaften

Bibliografische Information Der Deutschen Bibliothek
Die Deutsche Bibliothek verzeichnet diese Publikation in der Deutschen Nationalbibliografie; detaillierte bibliografische Daten sind im Internet über <http://dnb.ddb.de> abrufbar.

Zugl.: Düsseldorf, Univ., Diss., 2004

D 61
ISSN 0531-7312
ISBN 3-631-52780-2

www.peterlang.de

VORWORT

Die vorliegende Arbeit ist im Wintersemester 2003/2004 von der Rechtswissenschaftlichen Fakultät der Heinrich-Heine-Universität in Düsseldorf als Dissertation angenommen worden. Ein wesentliches Ziel der Arbeit war es, einen möglichst umfassenden Überblick über die Entscheidungspraxis der Europäischen Kommission zur Fusionskontrolle zu bieten. Um dieses Ziel nicht aus den Augen zu verlieren, war eine zeitliche Eingrenzung unumgänglich. Berücksichtigt wurden Kommissionsentscheidungen bis Ende 2001. Spätere Entscheidungen und jüngere Literatur wurden berücksichtigt, wo dies notwendig erschien.

Gegenstand einer jeden Dissertation ist eine selbständige wissenschaftliche Ausarbeitung. Trotz aller Selbständigkeit wäre aber auch mein Promotionsvorhaben gescheitert, wenn mir nicht eine Reihe von Personen zur Seite gestanden hätten, denen ich zu Dank verpflichtet bin.

An erster Stelle gebührt meiner Doktor"mutter" Frau Professor Dr. Petra Pohlmann Dank, die mich bei der Erstellung dieser Arbeit betreut hat und auf deren Anregung ich ein Thema zur Europäischen Fusionskontrolle gewählt habe. Herrn Professor Dr. Jan Busche danke ich für die zügige Zweitberichterstattung.

Herzlich bedanke ich mich auch bei meinen Kollegen aus der Sozietät Aulinger Rechtsanwälte in Bochum und Essen, bei denen ich jederzeit Verständnis für die Doppelbelastung durch Beruf und Promotion gefunden habe. Ich danke weiter meinem Freund und „Leidensgenossen" Herrn Rechtsanwalt Dr. Christian Löhr für den Ansporn und die Möglichkeit, mich stets mit ihm auszutauschen.

Schließlich und endlich danke ich von ganzem Herzen meinen Eltern, meinem Bruder und vor allem meiner Frau Elif. Meinen Eltern verdanke ich das Fundament, auf dem meine Ausbildung und damit diese Arbeit steht. Sie und Elif mussten so manche meiner Launen ertragen. Ihnen ist diese Arbeit gewidmet.

Bochum, im November 2004 Markus Haggeney

INHALTSÜBERSICHT

INHALTSVERZEICHNIS

LITERATURVERZEICHNIS

Aberle, Gerd
Wettbewerbstheorie und Wettbewerbspolitik; 2. Auflage; Stuttgart u.a., Kohlhammer, 1992

Ablasser, Astrid
Medienmarkt und Fusionskontrolle: Die Anwendung der Europäischen Fusionskontrollverordnung auf den Mediensektor; Köln u.a., Heymanns, 1998; zugl. Salzburg, Univ. diss., 1997

Ackermann, Thomas
Art. 85 Abs. 1 EGV und die rule of reason: Zur Konzeption der Verhinderung, Einschränkung oder Verfälschung des Wettbewerbs; FIW-Schriftenreihe 172; Köln u.a., Heymanns, 1997; zugl. diss. iur., Bonn, 1997

Albach, Horst
Globalisierung und Konzentration: Bedrohung oder Chance für den Mittelstand; in: Ghanie-Ghaussy-FS, S. 67-84

Alonso, J.B.
Market Definition in the Community's Merger Control Policy; ECLR 14 (1994), S. 195-208

Andersen, Henriette K.B.
EC merger control regulation as applied in the de Havilland case; NYILR 7 (1994), S. 25-44

Arbeitsgemeinschaft Deutscher Wirtschaftswissenschaftlicher Forschungsinstitute e.V. (Hrsg.)
Maastricht II – Entwicklungschancen und Risiken der EU: Erweiterung, Vertiefung oder Stagnation; Berlin, Duncker & Humblot, 1996

Arhold, Christoph
Die neuen Kommissionsmitteilungen zur Fusionskontrollverordnung und die geplante Revision der europäischen Fusionskontrolle; EWS 2001, S. 573-580

Arndt, Helmut
Schöpferischer Wettbewerb und klassenlose Gesellschaft; Berlin, Duncker & Humblot; 1952
zitiert: Arndt, Schöpferischer Wettbewerb

Irrwege der Politischen Ökonomie. Die Notwendigkeit einer wirtschaftstheoretischen Revolution; München, Beck, 1979
zitiert: Arndt, Irrwege

Bain, Joe S.
Barriers to New Competition. Their Character and Consequences in Manufacturing Industries; Cambridge, Harvard University Press, 1956
zitiert: Bain, Barriers to New Competition

Survival-Ability as a Test of Efficiency; AER 59 (1969), S. 99-104

Bangemann, Martin
Mut zum Dialog. Wege zu einer europäischen Industriepolitik; Stuttgart, München, Landsberg, 1992

Banks, J. David
The Development of the Concept of Extraterritoriality under European Merger Law and its Effectiveness under the Merger Regulation following the Boeing / McDonnell Douglas Decision 1997; ECLR 19 (1998), S. 306-311

Baron, Michael
Die neuen Bestimmungen der Europäischen Fusionskontrolle, WuW 1997, S. 579-591

Bartodziej, Peter
Reform der EG-Wettbewerbsaufsicht und Gemeinschaftsrecht: Eine Studie zu Vorbildern, Möglichkeiten und primärrechtlichen Gestaltungsgrenzen für ein europäisches Kartellamt; Baden-Baden, Nomos, 1994; zugl. diss. iur., Tübingen, 1993

Basedow, Jürgen
Von der deutschen zur europäischen Wirtschaftsverfassung; Tübingen, J.C.B.Mohr, 1992

Baum, Clemens / Möller, Hans-Hermann
Die Messung der Unternehmenskonzentration und ihre statistischen Voraussetzungen in der Bundesrepublik Deutschland; Meisenheim am Glan, Verlag Anton Hain, 1976

Baumbach, Adolf / Hefermehl, Wolfgang
Wettbewerbsrecht; 22. Auflage; München, C.H.Beck, 2001

Bavasso, Antonio F.
Boeing / McDonnell Douglas: Did the Commission Fly Too High?; ECLR 19 (1998), S. 243-248

Becht, Bernhard
Fusion und Spaltung von Kapitalgesellschaften im europäischen Binnenmarkt; Stuttgart, Verlagsgesellschaft Internationales Recht, 1996; zugl. diss. iur., Konstanz, 1996

Behrens, Peter
Die Wirtschaftsverfassung der Europäischen Gemeinschaft, in: Brüggemeier, Gert (Hrsg.), S. 73-90

Benisch-FS
Andrae, Clemens August / Kirchhoff, Jochen / Pfeiffer, Gerd (Hrsg.); Wettbewerb als Herausforderung und Chance: Festschrift für Werner Benisch; Köln u.a., Heymanns, 1989

Berg, Hartmut
Wettbewerb als dynamischer Prozeß: Idealtypus und Realität; in: Benisch-FS, S. 7-48

Beusch-FS
Beisse, Heinrich / Lutter, Marcus / Närger, Heribald (Hrsg.); Festschrift für Karl Beusch zum 68. Geburtstag am 31. Oktober 1993; Berlin, New York, de Gruyter, 1993

Blank, Josef
Europäische Fusionskontrolle im Rahmen der Artt. 85, 86 des EWG-Vertrages; Baden-Baden, Nomos, 1991; zugl. diss. iur., Trier, 1990

Bleckmann, Albert
Teleologie und dynamische Auslegung des Europäischen Gemeinschaftsrechts; EuR 1979, S. 239-260

Europarecht: das Recht der Europäischen Gemeinschaft, 5. Auflage; Köln u.a., Heymanns, 1990
zitiert: Bearbeiter in: Bleckmann, Europarecht

Böbel, Ingo
Marktmacht versus Effizienz: Ein wirtschaftspolitisches Dilemma?; List-Forum Bd. 14 (1987/88), S. 40-56

Böhm, Franz
Wirtschaftsordnung und Staatsverfassung; Tübingen, J.C.B. Mohr, 1950

Böhm-FS
Sauermann, Heinz / Mestmäcker, Ernst-Joachim (Hrsg.); Wirtschaftsordnung und Staatsverfassung: Festschrift für Franz Böhm zum 80. Geburtstag; Tübingen, J.C.B.Mohr, 1975

Borchert, Manfred / Grossekettler, Heinz
Preis- und Wettbewerbstheorie: Marktprozesse als analytisches Problem und ordnungspolitische Gestaltungsaufgabe; Stuttgart u.a., Kohlhammer, 1985
zitiert: Bearbeiter in: Borchert / Grossekettler

Bork, Robert
The Antitrust Paradox: A policy at war with itself; New York, Free Press, 1978

Börner, Bodo
Wirtschaftswissenschaftliche Begriffe im Gesetz gegen Wettbewerbsbeschränkungen?; in: Hartmann-FS; S. 77-86

Börner-FS
Baur, Jürgen F. / Müller-Graff, Peter-Christian / Zuleeg, Manfred (Hrsg.); Europarecht - Energierecht - Wirtschaftsrecht - Festschrift für Bodo Börner zum 70. Geburtstag; Köln u.a., Heymanns, 1992

Broberg, Morten P.
The EC Commission's Green Paper on the review of the merger regulation; ECLR 17 (1996), S. 289-294

Brozen, Yale
Concentration, Mergers, and Public Policy; New York, London, Macmillan; 1982

Brüggemeier, Gert (Hrsg.)
Verfassungen für ein ziviles Europa; Schriftenreihe des Zentrums für Europäische Rechtspolitik an der Universität Bremen; Baden-Baden, Nomos, 1994

Bundeskartellamt (Hrsg.)
Marktbeherrschung in der Fusionskontrolle: Checkliste des Bundeskartellamtes in deutsch, englisch und französisch (FIW-Dokumentation 15); Köln u.a., Heymanns, 1990

Büschemann, Karl-Heinz
Thema des Tages: Zurück zu den Wurzeln; SZ vom 21.07.2000, S.21

Busse, Matthias
Transaktionskosten und Wettbewerbspolitik; WuW 2002, S. 112-120

Calliess, Christian / Ruffert, Matthias (Hrsg.)
Kommentar des Vertrages über die Europäische Union und des Vertrages zur Gründung der Europäischen Gemeinschaft: EUV/EGV; Neuwied u.a., Luchterhand, 1999

Canenbley, Cornelis
Die Abgrenzung des geographisch relevanten Marktes in der EWG-Fusionskontrolle; in: Deringer-FS, S. 226-245

Caspari, Manfred / Schwarz, Dieter
Europäische Fusionskontrolle – ein Historienspiel; in: Benisch-FS, S. 383-397

Clark, John Maurice
Towards a Concept of Workable Competition; AER 30 (1940), S. 241-256; zitiert wird die deutsche Übersetzung von Rudolf Neumann: John M. Clark, Zum Begriff eines funktionsfähigen Wettbewerbs, in: Klaus Herdzina, Wettbewerbstheorie, S. 143-160
zitiert: Clark, Workable Competition

Competition and the Objectives of Government Policy; in: Edward Hastings; Chamberlin, Monopoly and Competition and their Regulation; London, 1954; zitiert wird die deutsche Übersetzung der Abschnitte 2 und 3 des 3. Teils von Wolfgang Lingk: John M. Clark, Wettbewerb und die Ziele der Wettbewerbspolitik. Wettbewerb als dynamischer Prozeß, in: Klaus Herdzina, Wettbewerbstheorie, S. 269-274
zitiert: Clark, Objectives of Government Policy

Competition: Static Models and Dynamic Aspects; AER 45 (1955), S. 450-462; zitiert wird die deutsche Übersetzung von Herbert Hirschmann: John M. Clark, Wettbewerb: Statische Leitbilder und dynamische Aspekte, in: FIW (Hrsg.), Workable Competition, S. 47-56
zitiert: Clark, Static Models and Dynamic Aspects

Competition as a dynamic process; Washington D.C., The Brookings Institution, 1961
zitiert: Clark, Competition as a dynamic process

Cohen-Tanugi, Laurent (u.a.)
La pratique communautaire du contrôle des concentrations: analyse juridique, économique et comparative: Europe, Etats-Unis, Japon; Brüssel, De Boeck Université, 1995

Cournot, Augustin
Untersuchungen über die mathematischen Grundlagen der Theorie des Reichtums; Aus dem französischen Original "Recherches sur les principes mathématiques de la theorie des richessses" ins Deutsche übertragen und eingeleitet von W.G. Waffenschmidt; Jena, Gustav Fischer, 1924

Cox, Helmut / Hübener, Harald
Wettbewerb. Eine Einführung in die Wettbewerbstheorie und Wettbewerbspolitik; in: Cox / Jens / Markert (Hrsg.), S. 1-48

Cox, Helmut / Jens, Uwe / Markert, Kurt (Hrsg.)
Handbuch des Wettbewerbs: Wettbewerbstheorie, Wettbewerbspolitik, Wettbewerbsrecht; München, Vahlen, 1981

Dactylidis, Rosana / Goolden, Jonathan
The EEC merger regulation - M & A control moves to Brussels; The New Law Journal 1990, S. 844-847

Dauses, Manfred A. (Hrsg.)
Handbuch des EU-Wirtschaftsrechts; Loseblattausgabe, Stand: 8. Ergänzungslieferung, November 1999; Grundwerk: München, Beck, 1993; zitiert: Bearbeiter in: Dauses, Hdb. EG-WirtschaftsR

Deimel, Albert
Rechtsgrundlagen einer europäischen Zusammenschlußkontrolle: das Spannungsfeld zwischen Fusionskontrollverordnung und Wettbewerbsregeln des EWG-Vertrages; Baden-Baden, Nomos, 1992; zugl. diss. iur., Göttingen, 1991, u.d.T.: Europäische Zusammenschlußkontrolle zwischen Fusionskontrollverordnung und Wettbewerbsregeln des Vertrags

Demsetz, Harold
Industry Structure, Market Rivalry, and Public Policy; 16 JLE (1973), S. 1-9

Two Systems of Belief About Monopoly; in: Goldschmid / Mann / Weston (Hrsg.); S. 164 - 184

Economics as a Guide to Antitrust Regulation, 19 JLE (1976), S. 371-384

Deringer-FS
Ulrich Everling / Karl-Heinz Narjes / Jochim Sedemund (Hrsg.); Europarecht, Kartellrecht, Wirtschaftsrecht: Festschrift für Arved Deringer; Baden-Baden, Nomos, 1993

Dettling, Warnfried
Wie modern ist die Antike?, in: Nikolaus Piper (Hrsg.), Die großen Ökonomen, S. 3-7

Dreyer, Jochen
Die europäische Fusionskontrolle aus Sicht eines Tochterunternehmens eines weltweit operierenden Konzerns; in: Oberender (Hrsg.), S. 33-38

Duijm, Bernhard
Die Wettbewerbspolitik der EG gegenüber vertikalen Vertriebsvereinbarungen; Baden-Baden, Nomos, 1997; zugl. Tübingen, Univ., Habil.-Schrift, 1996

Ebenroth, Carsten Thomas / Lange, Knut Werner
Zukunftsmärkte in der Europäischen Union; EWS 1995, S. 1-8

Ehlermann, Claus Dieter
Die europäische Fusionskontrolle – erste Erfahrungen; WuW 1991, S. 535-545

Zukünftige Entwicklungen des Europäischen Wettbewerbsrechts; EuZW 1994, S. 647-653

Zur Wettbewerbspolitik und zum Wettbewerbsrecht der Europäischen Union; HmbJbWG 1994, S. 255-279

Emmerich, Volker
Fusionskontrolle 1995 / 96; AG 1996, S. 529-540

Fusionskontrolle 1998 / 99; AG 1999, S. 529-537

Fusionskontrolle 1999 / 2000; AG 2000, S. 529-538

Fusionskontrolle 2000 / 2001; AG 2001, S. 605-614

Kartellrecht; 9. Auflage; München, C.H.Beck, 2001
zitiert: Emmerich, Kartellrecht

Encaoua, David
Analyse économique des opérations de concentration; in: Cohen-Tanugi u.a., S. 189-274

Enchelmaier, Stefan
Europäische Wettbewerbspolitik im Oligopol: Eine Untersuchung der Behandlung von Oligopolfällen durch die Kommission und den Gerichtshof der Europäischen Gemeinschaften; Baden-Baden, Nomos, 1997; zugl. diss. iur., Bonn, 1995

ERAA (Hrsg.)
ERA yearbook 2000; Reigate (Surrey), PPS Publications Ltd., 2000

Erhard, Ludwig
Franz Böhms Einfluß auf die Politik; in: Böhm-FS, S. 15-21

Eucken, Walter
Wettbewerb als Grundprinzip der Wirtschaftsverfassung; in: Günter Schmölders, Der Wettbewerb als Mittel volkswirtschaftlicher Leistungssteigerung und Leistungsauslese; Berlin, Duncker und Humblot, Berlin, 1942, S. 29-49
zitiert: Eucken, Wettbewerb als Grundprinzip

Die Wettbewerbsordnung und ihre Verwirklichung; ORDO, Bd. 2 (1949), S. 1-99

Die Grundlagen der Nationalökonomie; 9. Auflage; Berlin u.a., Springer-Verlag, 1989
zitiert: Eucken, Grundlagen der Nationalökonomie

Grundsätze der Wirtschaftspolitik, hrsg. von Edith Eucken und Klaus Peter Hensel; 6. Auflage mit einem Vorwort zur Neuausgabe von Ernst-Joachim Mestmäcker; Tübingen, J.C.B. Mohr, 1990
zitiert: Eucken, Grundsätze der Wirtschaftspolitik

Everling, Ulrich
Die Koordinierung der Wirtschaftspolitik in der Europäischen Wirtschaftsgemeinschaft als Rechtsproblem; Tübingen, J.C.B. Mohr, 1964
zitiert: Everling, Koordinierung der Wirtschaftspolitik

Das europäische Gemeinschaftsrecht im Spannungsfeld von Politik und Wirtschaft; in: Kutscher-FS, S. 155-187

Zur neueren EuGH-Rechtsprechung zum Wettbewerbsrecht, EuR 1982, S. 301-314

Zur Wettbewerbskonzeption in der neueren Rechtsprechung des Gerichtshofs der Europäischen Gemeinschaften, WuW 1990, S. 995-1009

Wirtschaftsverfassung und Richterrecht in der Europäischen Gemeinschaft; in: Mestmäcker-FS, S. 365-380

Feldmann, Horst
Der merkantilistische Charakter der EG-Industriepolitik; in: Vitzthum (Hrsg.); S. 137-152

Fine, Frank L.
Mergers and Joint Ventures in Europe: The Law and Policy of the EEC; 2. Auflage, London u.a., Graham & Trotman / Martinus Nijhoff, 1994

FIW (Hrsg.)
Das Konzept der "Workable Competition" in der angelsächsischen Literatur; FIW-Dokumentation 1; Köln u.a., Heymanns, 1970
zitiert: Verfasser in FIW-Dokumentation 1

Weiterentwicklung der Europäischen Gemeinschaften und der Marktwirtschaft: Referate des XXV. FIW-Symposions; FIW-Schriftenreihe, Band 148; Köln u.a., Heymanns, 1992
zitiert: Verfasser in: FIW-Schriftenreihe, Band 148

Fleischer, Holger / Körber, Torsten
Der Einfluss des US-amerikanischen Antitrustrechts auf das Europäische Wettbewerbsrecht; WuW 2001, S. 6-19

Fritz-Aßmus, Dieter
Zum Ordnungsrahmen einer internationalen Wettbewerbspolitik; in: Ghanie-Ghaussy-FS; S. 197-224

Furse, Mark
The Role of Competition Policy: A Survey; ECLR 17 (1996), S. 250-258

Gabriel, Silvio Claudius
Novartis - Gemeinsam erfolgreicher; in: Oberender (Hrsg.), S. 27-32

Gerken, Lüder (Hrsg.)
Europa zwischen Ordnungswettbewerb und Harmonisierung: europäische Ordnungspolitik im Zeichen der Subsidiarität; Berlin u.a., Springer, 1995

Gey, Peter
Das Berufungsurteil in Sachen Microsoft – Kartellrecht in dynamischen Technologiemärkten; WuW 2001, S. 933-944

Ghanie-Ghaussy-FS
Fritz-Aßmus, Dieter / Tuchtfeldt, Egon (Hrsg.); Die Ordnung des Welthandels: A. Ghanie Ghaussy zum 65. Geburtstag; Bern, Stuttgart, Haupt, 1997

Giersch, Herbert
Liberal Reform in West Germany; ORDO 39 (1988), S. 3-16

Giotakos, Dimitri / Petit, Laurent / Garnier, Gaelle / De Luyck, Peter
General Electric / Honeywell – An insight into the Commission's investigation and decision; Competition Policy Newsletter, Nr. 3 – October 2001, S. 5-13

Goldschmid, Harvey J. / Mann, H. Michael / Weston, J. Fred (Hrsg.)
Industrial Concentration: The New Learning; Boston, Toronto, Little, Brown & Company, 1974

Gotthold, Jürgen
Neuere Entwicklungen der Wettbewerbstheorie: Kritische Bemerkungen zur neo-neoliberalen Theorie der Wettbewerbspolitik; ZHR 145 (1981), S. 286-340

Grabitz, Eberhard
Über die Verfassung des Binnenmarktes; in: Steindorff-FS, S. 1229-1245

Grabitz, Eberhard / Hilf, Meinhard
Kommentar zur Europäischen Union; Loseblattausgabe; Stand: 17. Ergänzungslieferung Januar 2001; München, Beck

Groeben, Hans von der
Probleme einer europäischen Wirtschaftsordnung; in: Börner-FS, S. 99-123

Groeben, Hans von der / Thiesing, Jochen / Ehlermann, Claus-Dieter
Kommentar zum EU-/EG-Vertrag; 5. Auflage; Baden-Baden, Nomos, 1997ff;
Band1. Art. A-F EUV, Art. 1-84 EGV; 1997
Band 2/I. Art. 85-87 EGV; 1999
Band 2/II. Art. 88-102 EGV; 1999
zitiert: Bearbeiter in: G/T/E

von der Groeben-FS
Mestmäcker, Ernst-Joachim / Möller, Hans / Schwarz, Hans-Peter (Hrsg.); Eine Ordnungspolitik für Europa: Festschrift für Hans von der Groeben zu seinem 80. Geburtstag; Baden-Baden, Nomos, 1987

Groger, Thomas / Janicki, Thomas
Weiterentwicklung des Europäischen Wettbewerbsrechts; WuW 1992, S. 991-1005

Grossekettler, Heinz
Die Wirtschaftsordnung als Gestaltungsaufgabe: Entstehungsgeschichte und Entwicklungsperspektiven des Ordoliberalismus nach 50 Jahren Sozialer Marktwirtschaft; Münster, Hamburg, Lit, 1997
zitiert: Grossekettler, Wirtschaftsordnung als Gestaltungsaufgabe

Grundmann, Stephan M.
Die Auslegung des Gemeinschaftsrechts durch den Europäischen Gerichtshof: zugleich eine rechtsvergleichende Studie zur Auslegung im Völkerrecht und im Gemeinschaftsrecht; Konstanz, Hartung-Gorre, 1997; zugl. diss. iur, Bochum 1997

Gugerbauer, Norbert
Handbuch der Fusionskontrolle: Kommentar zur Verordnung Nr. 4064/89 des Rates über die Kontrolle von Unternehmenszusammenschlüssen und zu den §§ 41 ff KartG; Wien, Orac, 1995

Günther, Eberhard
Die Auslegung unbestimmter Rechtsbegriffe des GWB; in: Hartmann-FS, S. 123 - 132

Hailbronner, Kay / Klein, Eckart / Magiera, Siegfried / Müller-Graff, Peter-Ch.
Handkommentar zum Vertrag über die Europäische Union (EUV/EGV); Loseblattausgabe; Stand: 7. Lieferung November 1998; Köln u.a., Heymanns
zitiert: Bearbeiter in H/K/M/M-G

Hallstein, Walter
Die Europäische Gemeinschaft; 2. Auflage; Düsseldorf, Wien, Econ, 1974

Handwörterbuch der Sozialwissenschaften
Handwörterbuch der Sozialwissenschaften, Herausgegeben von Erwin von Beckerath u.a., Zwölfter Band; Stuttgart u.a., Gustav Fischer, 1965

Handwörterbuch der Wirtschaftswissenschaften
Handwörterbuch der Wirtschaftswissenschaften, Herausgegeben von Willi Albers u.a., Achter Band; Stuttgart u.a., Gustav Fischer, 1980

Harbord, David / von Graevenitz, Georg
Market Definition in Oligopolistic and Vertically Related Markets: Some Anomalies; ECLR 21 (2000), S. 151-158

Hardes, Heinz-Dieter / Krol, Gerd-Jan / Rahmeyer, Fritz / Schmid, Alfons
Volkswirtschaftslehre - problemorientiert, 19. Auflage; Tübingen, J.C.B. Mohr, 1995

Hartmann-FS
FIW (Hrsg.); Wettbewerbsordnung im Spannungsfeld von Wirtschafts- und Rechtswissenschaft: Festschrift für Gunther Hartmann (FIW-Schriftenreihe, Band 75); Köln u.a., Heymanns, 1976

Haselbach, Dieter
Autoritärer Liberalismus und soziale Marktwirtschaft: Gesellschaft und Politik im Ordoliberalismus; Baden-Baden, Nomos, 1991

Hayek, Friedrich August von
The Constitution of Liberty; London, Routledge & Kegan Paul, 1960
zitiert: Hayek, Constitution of Liberty

Grundsätze einer liberalen Gesellschaftsordnung; ORDO 18 (1967), S. 11-33

Der Wettbewerb als Entdeckungsverfahren; Kieler Vorträge gehalten im Institut für Weltwirtschaft an der Universität Kiel, Neue Folge 56; Kiel, 1968; Wiederabdruck in: Friedrich A. von Hayek, Freiburger Studien, S. 249-265
zitiert wird die Originalversion: Hayek, Wettbewerb als Entdeckungsverfahren

Die Anmaßung von Wissen, ORDO Bd. 26 (1975), S. 12-21

Freiburger Studien: gesammelte Aufsätze; 2. unveränderte Auflage; Tübingen, J.C.B. Mohr, 1994

Heintzen, Markus
Hierarchisierungsprozesse innerhalb des Primärrechts der Europäischen Gemeinschaft, EuR 1994, S. 35-49

Helmrich, Herbert (Hrsg.)
Wettbewerbspolitik und Wettbewerbsrecht. Zur Diskussion um die Novellierung des GWB; Köln u.a., Heymanns, 1987

Helmstädter, Ernst
Was ist Dynamischer Wettbewerb?; in: Benisch-FS, S. 17-26

Herdzina, Klaus
Möglichkeiten und Grenzen einer wirtschaftstheoretischen Fundierung der Wettbewerbspolitik; Walter Eucken Institut: Vorträge und Aufsätze, Nr. 116; Tübingen, Mohr, 1988
zitiert: Herdzina, Möglichkeiten und Grenzen

Bemerkungen zur wettbewerbspolitischen Konzeption des GWB; in: Benisch-FS, S. 3-15

Wettbewerbspolitik; 5. Auflage; Stuttgart, Lucius & Lucius, 1999
zitiert: Herdzina, Wettbewerbspolitik

Herdzina, Klaus (Hrsg.)
Wettbewerbstheorie; Köln, Kiepenheuer & Witsch, 1975
zitiert: Herdzina, Wettbewerbstheorie

Heuss, Ernst
Allgemeine Markttheorie; Tübingen / Zürich, J.C.B.Mohr / Polygraphischer Verlag, 1965
zitiert: Heuss, Allgemeine Markttheorie

Wettbewerb; in: Handwörterbuch der Wirtschaftswissenschaften, S. 679-697

Heymanns-FS
Ule, Carl Hermann u.a. (Hrsg.); Recht im Wandel. Beiträge zu Strömungen und Fragen im heutigen Recht: Festschrift 150 Jahre Carl Heymanns Verlag KG; Köln u.a., Heymanns, 1965

Hirn, Wolfgang / Neukirchen, Heide
Fabrik-Verkauf; mm 11/01, S. 294-304

Hirsbrunner, Simon
Die Entwicklung der Europäischen Fusionskontrolle in den Jahren 1997 und 1998; EuZW 1999, S. 389-395

Neue Entwicklungen der Europäischen Fusionskontrolle in den Jahren 1999 und 2000; EuZW 2001, S. 197-201

Hommelhoff, Peter

Industriepolitik versus Wettbewerbspolitik im Maastricht-Vertrag; in: Hommelhoff / Kirchhof (Hrsg.), Der Staatenverbund der Europäischen Union, S. 131-141

Hommelhoff, Peter / Kirchhof, Paul (Hrsg.)

Der Staatenverbund der Europäischen Union: Beiträge und Diskussionen des Symposions am 21./22. Januar 1994 in Heidelberg; Heidelberg, C.F.Müller, 1994

Hoppmann, Erich

Das Konzept der optimalen Wettbewerbsintensität. Rivalität oder Freiheit: Zum Problem eines wettbewerbspolitisch adäquaten Ansatzes der Wettbewerbstheorie; JbNSt Bd. 179 (1966), 286-323

Die Funktionsfähigkeit des Wettbewerbs. Bemerkungen zu Kantzenbachs Erwiderung; JbNSt Bd. 181 (1967/68), S. 251-263

Wettbewerb als Norm der Wettbewerbspolitik; ORDO 18 (1967), 77-94

Workable Competition als wettbewerbspolitisches Konzept; in: Wessels-FS, S. 145-197

Zum Problem einer wirtschaftspolitisch praktikablen Definition des Wettbewerbs, in: Hans K. Schneider (Hrsg.), S. 9-49; Wiederabdruck in: Erich Hoppmann, Wirtschaftsordnung und Wettbewerb, S. 235-275
zitiert wird das Original: Hoppmann, Definition des Wettbewerbs

Fusionskontrolle; Tübingen, Mohr, 1972; Wiederabdruck in: Erich Hoppmann, Wirtschaftsordnung und Wettbewerb; S. 296-317 und S. 474-503
zitiert wird das Original: Hoppmann, Fusionskontrolle

Wettbewerb und Wachstum in marktwirtschaftlichen Ordnungen; in: Erich Streißler / Christian Watrin, S. 240-248; wiederabgedruckt in: Erich Hoppmann, Wirtschaftsordnung und Wettbewerb, S. 347-355

Wirtschaftsordnung und Wettbewerb; Baden-Baden, Nomos, 1988

Unwissenheit, Wirtschaftsordnung und Staatsgewalt. Friedrich-A.-von-Hayek-Vorlesung 1993; Freiburg, Haufe, 1993
zitiert: Hoppmann, Hayek-Vorlesung

Freiheitliche Wirtschaftspolitik und Verfassung; in: Willgerodt-FS, S. 3-16

Hoppmann, Erich / Mestmäcker, Ernst-Joachim

Normenzwecke und Systemfunktionen im Recht der Wettbewerbsbeschränkungen (Vorträge und Aufsätze des Walter-Eucken-Instituts, 50); Tübingen, Mohr, 1974; Wiederabdruck in: Erich Hoppmann, Wirtschaftsordnung und Wettbewerb, S. 318-332
zitiert wird das Original: Bearbeiter in Hoppmann / Mestmäcker.

Hoppmann-FS
Wernhard Möschel / Manfred E. Streit / Ulrich Witt (Hrsg.); Marktwirtschaft und Rechtsordnung: Festschrift zum 70. Geburtstag von Prof. Dr. Erich Hoppmann; Baden-Baden, Nomos, 1994

Hösch, Carolin B.
Rechtssicherheit im EG-Wettbewerbsrecht nun auch für kooperative Gemeinschaftsunternehmen?; EWS 1997, S. 5-9

Hottinger, Olaf
Eigeninteresse und individuelles Nutzenkalkül in der Theorie der Gesellschaft und Ökonomie von Adam Smith, Jeremy Bentham und John Stuart Mill; Marburg, Metropolis, 1998

Huggenberger, Thomas
Die marktbeherrschende Stellung in der Fusionskontrolle der EG; Bern u.a., Verlag Peter Lang, 2000; Europäische Hochschulschriften; Reihe 2: ReWi, 2753; zugl. Bern, Univ. diss., 1999

Hutchings, Michael
The Lessons of the Kesko / Tuko Decision; ECLR 18 (1997), S. 75-79

Immenga, Ulrich
Die Sicherung unverfälschten Wettbewerbs durch die Europäische Fusionskontrolle; WuW 1990, S. 371-381

Die europäische Fusionskontrolle im wettbewerbspolitischen Kräftefeld: erweiterte Fassung eines Vortrages, gehalten in der Albert-Ludwigs-Universität Freiburg im Breisgau auf Einladung des Walter-Eucken-Instituts am 19. November 1992; Tübingen, Mohr, 1993
zitiert: Immenga, Europäische Fusionskontrolle,

Wettbewerbspolitik contra Industriepolitik nach Maastricht; EuZW 1994, S. 14-18

Immenga, Ulrich / Mestmäcker, Ernst-Joachim
Gesetz gegen Wettbewerbsbeschränkungen: GWB; Kommentar; 3. Auflage; München, Beck, 2001
zitiert: Immenga / Mestmäcker, GWB

EG-Wettbewerbsrecht: Kommentar; Band I; München, Beck, 1997
zitiert: Immenga / Mestmäcker, EG-WbR

Ipsen, Hans Peter
Europäisches Gemeinschaftsrecht; Tübingen, J.C.B. Mohr, 1972

Janicki, Thomas
EG-Fusionskontrolle auf dem Weg zur praktischen Umsetzung; WuW 1990, S. 195-205

Jens, Uwe
Möglichkeiten und Grenzen rationaler Wettbewerbspolitik in Demokratien; in: Cox / Jens / Markert (Hrsg.), S. 169-192

Johnson Matthey plc (Hrsg.)
Platinum 2000; London, Johnson Matthey plc, 2000

Jones, Christopher / González-Diaz, Enrique
The EEC Merger Regulation; London, Sweet & Maxwell, 1992

Jungnickel, Rolf / Koopmann, Georg
Globalization of Business – Implications for International Competition and Related Policies; in: Kantzenbach / Scharrer / Waverman (Hrsg.), S. 33-50

Jürgensen, Harald
Fortschritte im Integrationsprozeß Europas? Herausforderungen und Lösungsmöglichkeiten in der zweiten Hälfte der 90er Jahre; in: Kantzenbach-FS, S. 359-371

Kaczorowska, Alina
International Competition Law in the Context of Global Capitalism; ECLR 21 (2000), S. 117-127

Kallfass, Hermann H.
Die Chicago School - Eine Skizze des "neuen" amerikanischen Ansatzes für die Wettbewerbspolitik; WuW 1980, S. 596-601

Kantzenbach, Erhard
Das Konzept der optimalen Wettbewerbsintensität. Eine Erwiderung auf den gleichnamigen Besprechungsaufsatz von Erich Hoppmann; JbNSt Bd. 181 (1967/68), S. 193-241

Die Funktionsfähigkeit des Wettbewerbs; 2. Durchgesehene Auflage, Göttingen, Vandenhoeck & Ruprecht, 1967
zitiert: Kantzenbach, Funktionsfähigkeit des Wettbewerbs

Die Novellierung der Kartellgesetzgebung; Marktwirtschaft 2/1970, S. 15f

Unternehmenskonzentration und Wettbewerb; WuW 1994, S. 294 - 302

Der Einfluß von Oligopolen auf den Wettbewerb in globalen Märkten; in: FIW-Schriftenreihe, Band 165, S. 65-70

Diskussionsbeitrag zu: Wettbewerbsrecht und Wettbewerbspolitik in der Europäischen Union; in: Gerken (Hrsg.), S. 213-235

Wettbewerbspolitik versus Industriepolitik; in: Arbeitsgemeinschaft Deutscher Wirtschaftswissenschaftlicher Forschungsinstitute e.V. (Hrsg.), S. 43-57
zitiert: Kantzenbach, Wettbewerbspolitik versus Industriepolitik

Kantzenbach, Erhard / Kallfass, Hermann H.
Das Konzept des funktionsfähigen Wettbewerbs - workable competition; in: Cox / Jens / Markert (Hrsg.), S.103-127

Kantzenbach, Erhard / Kottmann, Elke / Krüger, Reinald
Kollektive Marktbeherrschung: neue Industrieökonomik und Erfahrungen aus der europäischen Fusionskontrolle (Übersetzung aus dem Englischen: New industrial economics and experiences from the European merger control); Baden-Baden, Nomos, 1996

Kantzenbach, Erhard / Scharrer, Hans-Eckart / Waverman, Leonard (Hrsg.)
Competition Policy in an Interdependent World Economy; Baden-Baden, Nomos, 1993

Kantzenbach-FS
Kruse, Jörn / Mayer, Otto (Hrsg.); Aktuelle Probleme der Wettbewerbs- und Wirtschaftspolitik: Erhard Kantzenbach zum 65. Geburtstag; Baden-Baden, Nomos, 1996

Kartte, Wolfgang
Unternehmensgröße und internationale Wettbewerbsfähigkeit; in: Helmrich (Hrsg.), S. 199-207

Kaufer, Erich
Kantzenbachs Konzept des funktionsfähigen Wettbewerbs. Ein Kommentar; JbNSt Bd. 179 (1966), S. 481-492

Das Konzept der optimalen Wettbewerbsintensität. Eine Replik; JbNSt Bd. 181 (1967/68), S. 242-250

Nochmals: Von der Preistheorie zur Wettbewerbstheorie; ORDO 18 (1967), S. 95-114; Wiederabdruck in: Klaus Herdzina, Wettbewerbstheorie, S. 327-343

Kerber, Wolfgang
Der EG-Fusionskontrollfall "Nestlé/Perrier"; WuW 1994, S. 21-35

Die europäische Fusionskontrollpraxis und die Wettbewerbskonzeption der EG; Bayreuth, Verlag FCO, 1994
zitiert: Kerber, Fusionskontrollpraxis

Europäische Fusionskontrolle: Entwicklungslinien und Perspektiven; in: Oberender (Hrsg.), S. 69-97

Kilian, Wolfgang
Europäisches Wirtschaftsrecht: EG-Wirtschaftsrecht und Bezüge zum deutschen Recht; ein Studienbuch; München, Beck, 1996

Kleinert, Jörn / Klodt, Henning
Megafusionen: Trends, Ursachen und Implikationen; Kieler Studien 302; Tübingen, Mohr Siebeck, 2000

Knight, Frank H.
Risk, Uncertainty and Profit. With an Introduction by George J. Stigler; Chicago, London, University of Chicago Press, 1971 (originally published in 1921 by Houghton Mifflin Company)

Knittel, Michael
Die marktbeherrschende Stellung von Unternehmen nach der EG-Fusionskontrollverordnung Nr. 4064/89; Köln, diss. iur, 1999

Koenig, Christian / Haratsch, Andreas
Europarecht; 3. Auflage; Tübingen, J.C.B.Mohr, 2000

Kottmann, Elke
Die räumliche Abgrenzung des relevanten Marktes. Eine ökonomische Untersuchung unter Berücksichtigung der wettbewerbspolitischen Praxis in der europäischen Zusammenschlußkontrolle; Veröffentlichungen des Hamburgischen Welt-Wirtschafts-Archivs (HWWA), Bd. 55; Baden-Baden, Nomos, 2000; zugleich, Hamburg, Univ. diss., 1999

Krimphove, Dieter
Europäische Fusionskontrolle; Köln u.a., Heymanns, 1992; zugl. diss. iur., Münster, 1991

Kurz, Heinz D.
Das System der natürlichen Freiheit, in: Nikolaus Piper (Hrsg.), Die großen Ökonomen, S. 29-36

Kurz, Stefan
Das Verhältnis der EG-Fusionskontrollverordnung zu Art. 85 und 86 des EWG-Vertrags; Frankfurt a.M. u.a., Lang, 1993; zugl. diss. iur., Bonn, 1993

Küsters, Hanns Jürgen
Die Gründung der Europäischen Wirtschaftsgemeinschaft; Baden-Baden, Nomos, 1982

Kutscher-FS
Grewe, Wilhelm G. / Rupp, Hans / Schneider, Hans (Hrsg.); Europäische Gerichtsbarkeit und nationale Verfassungsgerichtsbarkeit: Festschrift zum 70. Geburtstag von Hans Kutscher; Baden-Baden, Nomos, 1981

Landman, Lawrence B.
Innovation Markets in Europe; ECLR 19 (1998), S. 21-31

Langen, Eugen / Bunte, Hermann-Josef
Kommentar zum deutschen und europäischen Kartellrecht, begründet von Eugen Langen, herausgegeben von Hermann-Josef Bunte; 2 Bände; 8. Auflage; Neuwied u.a., Luchterhand, 1998

Larenz, Karl
Methodenlehre der Rechtswissenschaft; 6. Auflage; Berlin u.a., Springer, 1991

Lenel, Hans-Otto
Konzentration und Wettbewerb, ORDO 39 (1988), S. 137-162

List, Martin
Baustelle Europa. Einführung in die Analyse europäischer Kooperation und Integration; Opladen, Leske & Budrich, 1999

Löhr, Chrisian
Anstaltslast und Gewährträgerhaftung bei Sparkassen und Landesbanken als gemeinschaftsrechtswidrige Beihilfe i.S.d. Art. 87 EG?, diss. iur, Bochum, 2000

Lüder, Tilman
Konzentrative und kooperative Gemeinschaftsunternehmen: jenseits der Dichotomie; diss. iur., Tübingen, 1997

Maier-Mannhart, Helmut
Der Zwang zur Größe; SZ vom 19.08.1999, S. 19

Mantzavinos, Chrysostomos
Wettbewerbstheorie: eine kritische Auseinandersetzung; Berlin: Duncker und Humblot, 1994; zugl. Univ. diss., Tübingen 1993

Maske, August-Carel
Die geographische Dimension im europäischen Wettbewerbsrecht: Räumlich relevanter Markt und wesentlicher Teil im Binnenmarkt; Köln u.a.; Heymanns, 1998 (FIW-Schriftenreihe, Band 176); zugl. Bremen, Univ., Diss., 1997

Mason, Edward S.
The New Competition; The Yale Review 1953, Seiten unbekannt; zitiert wird der Wiederabdruck in: Edward S. Mason (Hrsg.), Economic Concentration and the Monopoly Problem; Cambridge (Mass.), Harvard University Press, 1959, S. 371-381

McNulty, Paul J.
A Note on the History of Perfect Competition, JPE 75 (1967), S. 395-399; zitiert wird die deutsche Übersetzung von Dieter Voggenreiter in: Klaus Herdzina, Wettbewerbstheorie, S. 54-60

Mestmäcker, Ernst-Joachim
Wirtschaftsordnung und Staatsverfassung; in: Böhm-FS, S. 383-419

Auf dem Wege zu einer Ordnungspolitik für Europa; in: von-der-Groeben-FS, S. 9-49

Fusionskontrolle im Gemeinsamen Markt zwischen Wettbewerbspolitik und Industriepolitik; EuR 1988, S. 349-377

Von der Wirtschaftsgemeinschaft zur Wirtschafts- und Währungsunion; in: Hommelhoff / Kirchhof (Hrsg.), S. 113-130

Zur Wirtschaftsverfassung in der Europäischen Union; in: Willgerodt-FS, S. 263-292

Alte Monopole und Neue Märkte in der Telekommunikation – Zur Entscheidung der EG-Kommission vom 9.11.1994 „Media Service GmbH“ (MSG); in: Kantzenbach-FS, S. 167-176

Mestmäcker-FS
Immenga, Ulrich / Möschel, Wernhard / Reuter, Dieter (Hrsg.); Festschrift für Ernst-Joachim Mestmäcker zum siebzigsten Geburtstag; Baden-Baden, Nomos, 1996

Miersch, Michael
Kommentar zur EG-Verordnung Nr. 4064/89 über die Kontrolle von Unternehmenszusammenschlüssen; Neuwied u.a., Luchterhand, 1991; zugl. diss. iur., Regensburg, 1991 u.d.T.: Die europäische Fusionskontrolle

Miert, Karel van
Die Wettbewerbspolitik der neuen Kommission; WuW 1995, S. 553-560

Wettbewerbspolitik und die Zusammenarbeit zwischen den Kartellbehörden in der Europäischen Union, in: Gerken (Hrsg.), S. 219-228

Miksch, Leonhard
Wettbewerb als Aufgabe; 2. Auflage; Verlag Helmut Küpper, Godesberg, 1947

Möschel, Wernhard
EG-Industriepolitik nach Maastricht; ORDO 43 (1992), S. 415-421

Industriepolitik auf dem Vormarsch?; in: Beusch-FS, S. 593-603

Motta, Massimo
E.C. Merger Policy and the Airtours Case; ECLR 21 (2000), S. 199-207

Müller-Armack, Alfred
Genealogie der Sozialen Marktwirtschaft. Frühschriften und weiterführende Konzepte; Bern, Stuttgart, Haupt, 1974

Mussler, Werner
Die Wirtschaftsverfassung der Europäischen Gemeinschaft im Wandel: Von Rom nach Maastricht; Baden-Baden, Nomos, 1998; zugl. diss. wiwi, Jena, 1997

Mussler, Werner / Streit, Manfred E.
Integrationspolitische Strategien in der EU; in: Ohr (Hrsg.), S. 265-292

Nelson, Richard A.
Comments on a Paper by Posner; 127 UPLR (1979), S. 949-952

Neven, Damien / Nuttall, Robin / Seabright, Paul
Merger in daylight: the economics and politics of European merger control; London, Centre for Economic Policy Research, 1993

Nicolaysen, Gert
Europarecht. Band II: Das Wirtschaftsrecht im Binnenmarkt; Baden-Baden, Nomos, 1996

Niederleithinger, Ernst
Grundfragen der neuen europäischen Zusammenschlußkontrolle; EWS 1990, S. 73-79

Niewiarra, Manfred
Die novellierte Europäische Fusionskontrollverordnung; EWS 1998, S. 113-118

Nordemann, Jan Bernd
Gegenmacht und Fusionskontrolle: Praxis und Relevanz im deutschen und europäischen Recht; Baden-Baden, Nomos, 1996; zugl. diss. iur, Göttingen, 1994/95 u.d.T.: Die Berücksichtigung gegengewichtiger Marktmacht in der deutschen und europäischen Fusionskontrolle

Nörr, Knut Wolfgang
On the Concept of the "Economic Constitution" and the Importance of Franz Böhm from the Viewpoint of Legal History; EJLE 1996, S. 345-356

Oberender, Peter (Hrsg.)
Die Europäische Fusionskontrolle; Schriften des Vereins für Socialpolitik, Neue Folge Band 270; Berlin, Duncker & Humblot, 2000

Oberender, Peter / Okruch, Stefan
Gegenwärtige Probleme und zukünftige Perspektiven der europäischen Wettbewerbspolitik; WuW 1994, S. 507 - 520

Ohr, Renate (Hrsg.)
Europäische Integration; Stuttgart u.a., Kohlhammer, 1996

Oldag, Andreas
Brüssel und die Telekom-Giganten, SZ vom 21.04.1999, S. 25

Olten, Rainer
Wettbewerbstheorie und Wettbewerbspolitik; 2. Auflage; Wien, Oldenbourg, 1998

Opgenhoff, Carolin
Die europäische Fusionskontrolle zwischen Wettbewerbsrecht und Industriepolitik; Frankfurt u.a., Peter Lang, 2001; zugl. diss. iur., Saarbrücken, 2000

Oppermann, Thomas
Europarecht: ein Studienbuch; 2. Auflage; München, Beck, 1999

Zur Eigenart der Europäischen Union; in: Hommelhoff / Kirchhof (Hrsg.), S. 87-98

Paulus, Melanie
Das Prognoseproblem in der Fusionskontrolle: Eine theoretische und empirische Analyse am Beispiel des Falls "Daimler-Benz / MBB", Dortmunder Diskussionsbeiträge zur Wirtschaftspolitik, Nr. 112; Dortmund, 2001

Pätzold, Jürgen
Stabilisierungspolitik: Grundlagen der nachfrage- und angebotsorientierten Wirtschaftspolitik; 5. Auflage; Bern, Stuttgart, Wien, Haupt, 1993

Pescatore, Pierre
Die Gemeinschaftsverträge als Verfassungsrecht – ein Kapitel Verfassungsgeschichte in der Perspektive des europäischen Gerichtshofs, systematisch geordnet; in: Kutscher-FS, S. 319-338

Petersmann, Ernst-Ulrich
Thesen zur Wirtschaftsverfassung der EG; EuZW 1993, S. 593-598

Piper, Nikolaus (Hrsg.)
Die großen Ökonomen: Leben und Werk der wirtschaftswissenschaftlichen Vordenker; 2. Auflage; Stuttgart, Schäffer-Poeschel, 1996

Plaß, Gunda
Die Zusammenschlußkontrolle von Versicherungen und Kreditinstituten nach der Europäischen Fusionskontrollverordnung; Frankfurt a.M. u.a., Lang, 1997; zugl. diss. iur., Gießen, 1997

Poeche, Jürgen
Workable Competition als wettbewerbspolitisches Leitbild; in: FIW (Hrsg.); FIW-Dokumentation 1, S. 9-32

Pohlmann, Petra
Die Vorschläge der Europäischen Kommission zu einer Änderung der Fusionskontrollverordnung; EWS 1997, S. 181-186

Der Unternehmensverbund im Europäischen Kartellrecht; Münsterische Beiträge zur Rechtswissenschaft, Bd. 123; Berlin, Duncker & Humblot, 1999; zugleich Univ., Habil.-Schrift., Münster, 1997

Posner, Richard A.
The Chicago School of Antitrust Analysis; 127 UPLR (1979), S. 925-948

Radbruch, Gustav
Rechtsphilosophie; 3. Auflage; Leipzig, Quelle & Meyer, 1932; Wiederabdruck in Kaufmann, Arthur (Hrsg.); Gustav Radbruch - Gesamtausgabe. Band 2: Rechtsphilosophie II; Heidelberg, C.F.Müller, 1993, S. 206 - 450. Zitiert wurde die Originalausgabe

Raisch, Peter / Sölter, Arno / Kartte, Wolfgang
Fusionskontrolle - Für und Wider; Stuttgart u.a., Kohlhammer, 1970
zitiert: Bearbeiter in Raisch/Sölter/Kartte

Ramrath, Stephan
Die "überragende Marktstellung" als Merkmal der Fusionskontrolle: Marktmachtkonzept versus Ressourcentheorie; Überlegungen zum geltenden Recht und seinen Entwicklungsmöglichkeiten (FIW-Schriftenreihe, Band 84); Köln u.a., Heymanns, 1979; zugl. diss. iur., Bochum, 1978

Ravenscraft, David J. / Scherer, Frederic M.
Mergers, Sell-Offs, and Economic Efficiency; Washington D.C., The Brookings Institution, 1987

Recktenwald, Horst Claus
Adam Smith (1723 - 1790), in: Joachim Starbatty, Klassiker des ökonomischen Denkens, I. Band, S. 134-155

Reder, Melvin W.
Chicago Economics: Permanence and Change; JELit Vol. XX (1982), S. 1-38

Ridyard, D.
Economic Analysis of Single Firm and Oligopolistic Dominance under the European Merger Regulation; ECLR 15 (1994), S.255-263

Rinck, Gerd
Wirtschaftswissenschaftliche Begriffe in Rechtsnormen; in: Heymanns-FS, S. 361-375

Rittaler, Jan B.
Industrial concentration and the Chicago School of Antitrust Analysis: a critical evaluation on the basis of effective competition; Frankfurt u.a., Lang, 1989; zugl. Univ. diss. (Wiwi), Hohenheim, 1988

Röpke, Wilhelm
Wettbewerb (II). Ideengeschichte und ordnungspolitische Stellung, in: Handwörterbuch der Sozialwissenschaften, S. 29-36

Ross, Ian Simpson
The Life of Adam Smith; Oxford, Clarendon Press, 1995

Ruffner, Markus
Neue Wettbewerbstheorie und schweizerisches Kartellrecht. Möglichkeiten und Grenzen einer markt- und institutionentheoretischen Fundierung der Wettbewerbspolitik; Zürich, Schulthess Polygraphischer Verlag, 1990; zugl. diss. iur., Zürich, 1990

Rüppel, Marco
Das Erfordernis eines europäischen "level playing field" im Bereich der EG-Fusionskontrolle; in: Scholz (Hrsg.), S. 120-126

Safarian, A. Edward
Have Transnational Mergers or Joint Ventures increased?; in: Kantzenbach / Scharrer / Waverman (Hrsg.), S. 9-31

Sandrock, Otto
Grundbegriffe des Gesetzes gegen Wettbewerbsbeschränkungen; München, Beck, 1968

Scherer, Frederic M.
The Posnerian Harvest: Seperating Wheat from Chaff, YLJ Vol. 86 (1977), S. 974-1002

Scherer, Frederic M. / Ross, David
Industrial Market Structure and Economic Performance; 3rd edition; Boston, Houghton Mifflin Company, 1990

Scherer, Josef
Die Wirtschaftsverfassung der EWG; Schriftenreihe Europäische Wirtschaft, Band 50; Baden-Baden, Nomos, 1970

Schilling, Theodor
Bestand und allgemeine Lehren der bürgerschützenden allgemeinen Rechtsgrundsätze des Gemeinschaftsrechts; EuGRZ 2000, S. 3-43

Schlecht, Otto
25 Jahre FIW-Symposion; in: FIW (Hrsg.); FIW-Schriftenreihe, Band 148, S. 1-9

Schmidt, Christian Rudolf
Die "Entwicklung des technischen und wirtschaftlichen Fortschritts": der Konflikt Wettbewerbspolitik – Industriepolitik in der Europäischen Fusionskontrolle; Baden-Baden, Nomos, 1992; zugl. diss. iur., Göttingen, 1991 u.d.T.: Die Funktion des Kriteriums "Entwicklung des technischen und wirtschaftlichen Fortschritts" als Beurteilungskriterium (Art. 2) der europäischen Zusammenschlußverordnung

Schmidt, Ingo
Europäische Industriepolitik - ein Widerspruch zur Wettbewerbsordnung?; WuW 1995, S. 970 - 985

Wettbewerbspolitik versus Industriepolitik in der EG; in: Arbeitsgemeinschaft Deutscher Wirtschaftswissenschaftlicher Forschungsinstitute e.V. (Hrsg.); S. 59-67
zitiert: Schmidt, Wettbewerbspolitik und Industriepolitik

Wettbewerbspolitik und Kartellrecht: eine Einführung; 6. Auflage; Stuttgart, Lucius & Lucius, 1999
zitiert: Schmidt, Wettbewerbspolitik und Kartellrecht

Die europäische Fusionskontrolle - eine Synopse; in: Oberender (Hrsg.), S. 9-26

Globalisierung – Zwang zur Fusion oder Fusionitis; WuW 2001, S. 119

Schmidt, Ingo / Rittaler, Jan B.
Die Chicago School of Antitrust Analysis: wettbewerbstheoretische und -politische Analyse eines Credos; Baden-Baden, Nomos, 1986
zitiert: Schmidt / Rittaler, Chicago School

Marktphasen und Wettbewerb; WiSt. 1987, S. 597-602

Schmidt, Ingo / Schmidt, André
Europäische Wettbewerbspolitik: eine Einführung; München, Vahlen, 1997

Schmidtchen, Dieter
Wettbewerbspolitik als Aufgabe: methodologische und systemtheoretische Grundlagen für eine Neuorientierung; Baden-Baden, Nomos, 1978
zitiert: Schmidtchen, Wettbewerbspolitik als Aufgabe

Antitrust zwischen Marktmachtphobie und Effizienzeuphorie: Alte Themen – neue Ansätze; in: Hoppmann-FS, S. 143-166

Schneider, Hans K. (Hrsg.)
Grundlagen der Wettbewerbspolitik, Schriften des Vereins für Socialpolitik, Gesellschaft für Wirtschafts- und Sozialwissenschaften, Neue Folge Band 48; Berlin, Duncker und Humblot, 1968

Schockweiler, Fernand
Die richterliche Kontrollfunktion: Umfang und Grenzen in Bezug auf den Europäischen Gerichtshof; EuR 1995, S. 191-201

Scholz, Rupert
Europäische Union – Voraussetzung einer institutionellen Verfassungsordnung; in: Gerken (Hrsg.), S. 113-127

Scholz, Rupert (Hrsg.)
Europäische Integration – schon eine "Union des Rechts? Zwischen Erfolgsbilanz und Balanceverlust. V. Kongress Junge Juristen und Wirtschaft, 29.-31. Mai 1996 in Essen (Veröffentlichungen der Hans-Martin-Schleyer-Stiftung, 47); Köln, Bachem, 1996

Schumpeter, Josef A.
Capitalism, Socialism and Democracy; New York, Harper & Brothers, 1942; zitiert wird die deutsche Übersetzung von Susanne Preiswerk: Josef A. Schumpeter, Kapitalismus, Sozialismus und Demokratie. Einleitung von Edgar Salin; 3. Auflage; München, Francke, 1972

Schütz, Jörg
Die EG-Fusionskontrolle aus Sicht der Industrie; in: Oberender (Hrsg.), S. 57-67

Schwan, Rudolf
Aspekte der nationalen und europäischen Fusionskontrolle – Anmerkungen aus Sicht eines Großunternehmens; in: Oberender (Hrsg.), S. 39-51

Schwarz, Jürgen
Der Aufbau Europas: Pläne und Dokumente, 1945-1980; Bonn, Osang-Verlag, 1980

Schwarze, Jürgen
Europäisches Verwaltungsrecht: Entstehung und Entwicklung im Rahmen der Europäischen Gemeinschaft; Band 2; Baden-Baden, Nomos, 1988

Schwarze, Jürgen (Hrsg.)
EU-Kommentar; Baden-Baden, Nomos, 2000
zitiert: Bearbeiter in: Schwarze (Hrsg.)

Schweitzer, Michael / Hummer, Waldemar
Europarecht: das Recht der Europäischen Union; das Recht der Europäischen Gemeinschaften (EGKS, EG, EAG) mit Schwerpunkt EG; 5. Auflage; Neuwied u.a., Luchterhand, 1996

Sedemund, Jochim
Zwei Jahre Europäische Fusionskontrolle: Ausgewählte Zentralfragen und Ausblick; in: Deringer-FS; S. 379-397

Seidenfus, Hellmuth St. / Ewers, Hans-Jürgen
Wettbewerbspolitik und die Aufgabe der Gerichte; in: Hartmann-FS; S. 303-336

Smith, Adam
The Theory of Moral Sentiments. Reprint of the New Edition of 1853. First published 1759; New York, Augustus M. Kelley, 1966
zitiert: Smith, Theory of Moral Sentiments

An Inquiry into the Nature and Causes of the Wealth of Nations; London, 1776; zitiert wird die deutsche Übersetzung von Horst Claus Recktenwald: Adam Smith; Der Wohlstand der Nationen. Eine Untersuchung seiner Natur und seiner Ursachen; Neu aus dem Englischen übertragen nach der fünften Auflage und mit einer Würdigung versehen; München, Beck, 1974
zitiert: Smith, Wealth of Nations

Sosnick, Stephan H.
Eine Kritik der Konzeption vom funktionsfähigen Wettbewerb; in: FIW (Hrsg.), FIW-Dokumentation 1, S. 153-195

Sraffa, Pierro
The Laws of Returns under Competitive Conditions; EJ 36 (1926), 535-550; zitiert wird die deutsche Übersetzung von Elke Schmidt-Ranke in: Klaus Herdzina, Wettbewerbstheorie, S. 62-75

Starbatty, Joachim
Europäische Industriepolitik und die Folgen – Zur Immanenz industriepolitischer Dynamik; in: Vitzthum (Hrsg.), S. 153-176

Starbatty, Joachim (Hrsg.)
Klassiker des ökonomischen Denkens. Band I: von Platon bis John Stuart Mill; München, Beck, 1989

Steindorff, Ernst
Quo vadis Europa? Freiheiten, Regulierung und soziale Grundrechte; in: FIW (Hrsg.); FIW-Schriftenreihe, Band 148, S. 11-86

Industriepolitik in Europa; in: Deringer-FS, S. 175-195

Steindorff-FS
Baur, Jürgen F. / Hopt, Klaus J. / Mailänder, K. Peter (Hrsg.); Festschrift für Ernst Steindorff zum 70. Geburtstag; Berlin, New York, de Gruyter, 1990

Stigler, George J.
Perfect Competition, Historically Contemplated; JPE 65 (1967), S. 1-17; zitiert wird die deutsche Übersetzung von Dieter Voggenreiter in: Klaus Herdzina, Wettbewerbstheorie, S. 30-53
zitiert: Stigler: Perfect Competition

The Organization of Industry; Homewood (Illinois), Irwin, 1968
zitiert: Stigler, Organization of Industry

Stockenhuber, Peter
Die Europäische Fusionskontrolle: das materielle Recht; Baden-Baden, Nomos, 1995; zugl. diss. iur., Wien, 1995

Stockmann, Kurt / Schultz, Klaus-Peter
Kartellrechtspraxis und Kartellrechtsprechung 1994/95; RWS-Skript 162; 10. Auflage; Köln, Verlag Kommunikationsforum Recht, Wirtschaft, Steuern, 1995

Streißler, Erich / Watrin, Christian (Hrsg.)
Zur Theorie marktwirtschaftlicher Ordnungen; Tübingen, J.C.B. Mohr, 1980

Streit, Manfred E.
Systemwettbewerb und europäische Integration; in: Zimmermann u.a. (Hrsg.), S. 11-22

Streit, Manfred E. / Mussler, Werner
Wettbewerb der Systeme und das Binnenmarktprogramm der Europäischen Union; in: Gerken (Hrsg.), S. 75-107.

Strohm, Andreas
Wettbewerbs- und Industriepolitik; in: Zimmermann u.a. (Hrsg.), S. 181-190

BASF / Pantochim / Eurodiol: Richtungswechsel in der Fusionskontrolle; WuW 2001, S. 1203-1206

Tolksdorf, Michael
Stand und Entwicklungstendenzen der Wettbewerbstheorie; WuW 1980, S. 785-803

Dynamischer Wettbewerb: Einführung in die Grundlagen der deutschen und internationalen Wettbewerbspolitik; Wiesbaden, Gabler, 1994
zitiert: Tolksdorf, Dynamischer Wettbewerb

Traugott, Rainer
Zur Abgrenzung von Märkten; WuW 1998, S. 929-939

Uhlig, Torsten
Zusagen, Auflagen und Bedingungen im Fusionskontrollverfahren: eine Untersuchung zum deutschen und europäischen Recht; Sinzheim, Pro-Universitate-Verlag, 1996; zugl. diss. iur, Göttingen, 1996 u.d.T.: Zusagen, Auflagen, Bedingungen und Beschränkungen im Verfahren der deutschen und europäischen Zusammenschlußkontrolle

Van den Bergh, Roger
Modern Industrial Organisation versus Old-fashioned European Competition Law, ECLR 17 (1996), S. 75-87

Vanberg, Viktor
Konstitutionenökonomische Überlegungen zum Konzept der Wettbewerbsfreiheit; ORDO 52 (2001), S. 37-62

Veelken, Winfried
Aspekte der europäischen Fusionskontrolle; in: Veelken / Karl / Richter, S. 1-35

Anmerkungen zum Grünbuch der Kommission zur EG-Wettbewerbspolitik gegenüber vertikalen Wettbewerbsbeschränkungen; ZVglRWiss 97 (1998), S. 241-285

Veelken, Winfried / Karl, Matthias / Richter, Stefan
Die europäische Fusionskontrolle: Grundzüge und Einzelfragen zur Verordnung (EWG) Nr. 4064/89; Tübingen, Mohr, 1992

Veljanowski, Cento
Banking Mergers: Transaction Costs and Market Definition, ECLR 21 (2000), S. 195-198

VerLoren van Themaat, Pieter
Die Aufgabenverteilung zwischen dem Gesetzgeber und dem Europäischen Gerichtshof bei der Gestaltung der Wirtschaftsverfassung und der Europäischen Gemeinschaften; in: von-der-Groeben-FS, S. 425-443

Vitzthum, Wolfgang Graf (Hrsg.)
Europäische und Internationale Wirtschaftsordnung aus der Sicht der Bundesrepublik Deutschland; Baden-Baden, Nomos, 1994

Vollmer, Lothar
Wirtschaftsverfassung und Wirtschaftspolitik der EG nach "Maastricht"; DB 1993, S. 25-30

Watrin, Christian
Die marktwirtschaftliche Integration Europas; in: Willgerodt-FS, S. 293-305

Wessels-FS
Besters, Hans (Hrsg.); Theoretische und institutionelle Grundlagen der Wirtschaftspolitik: Theodor Wessels zum 65. Geburtstag; Berlin, Duncker & Humblot, 1967

Westermann, Kathrin
Die Einwirkungen der europäischen auf die deutsche Fusionskontrolle; Baden-Baden, Nomos, 1996; zugl. diss. iur., Göttingen, 1995

Willeke, Franz-Ulrich
Grundsätze wettbewerbspolitischer Konzeptionen; Tübingen, J.C.B. Mohr, 1973

Willgerodt-FS
Hasse, Rolf H. / Molsberger, Josef / Watrin, Christian (Hrsg.); Ordnung in Freiheit: Festgabe für Hans Willgerodt zum 70. Geburtstag; Stuttgart u.a., Fischer, 1994

Windbichler, Christine
Arbeitsrecht und Wettbewerb; RdA 1992, S. 74-84

Wires, Guy
The EU brought international chains to the Finnish market; Trademaker Magazine, 3/2000

Wolf, Dieter
Globalisierte Fusionskontrolle - tut sich da etwas?; WuW 2002, S. 109

Woll, Artur
Adam Smith - Gründe für ein erneutes Studium seiner Werke, ORDO 49 (1998), S. 191-209

Zäch, Roger
Wettbewerbsrecht der Europäischen Union: Praxis von Kommission und Gerichtshof; Bern, Stämpfli u.a., 1994

Zachmann, Jacques
Le contrôle communautaire des concentrations; Paris, LGDJ,1994

Zekos, G.I.
The New E.U. Approach to Mergers and the Market Integration; ECLR 21 (2000), S. 37-44

Ziegler, Bernd
Geschichte des ökonomischen Denkens. Paradigmenwechsel in der Volkswirtschaftslehre; München, Wien, Oldenbourg, 1998

Zimmermann, Felix A. u.a. (Hrsg.)
Ordnungspolitische Aspekte der europäischen Integration: Freiburgs Botschaft für ein offenes Europa; Baden-Baden, Nomos, 1996

Zohlnhöfer, Werner
Das normative Element in der wettbewerbstheoretischen Doktrinbildung; in: Kantzenbach-FS, S. 101-117

Zuleeg, Manfred
Die Wirtschaftsverfassung der Europäischen Gemeinschaften; in: Wirtschafts- und gesellschaftspolitische Ordnungsprobleme der Europäischen Gemeinschaften; Schriftenreihe des Arbeitskreises Europäische Integration e.V., Band 1; Baden-Baden, Nomos, 1978, S. 73-100

zitiert: Zuleeg, Wirtschaftsverfassung

Die Verfassung der Europäischen Gemeinschaft in der Rechtsprechung des Europäischen Gerichtshofs; BB 1994, S. 581-587

ABKÜRZUNGSVERZEICHNIS

Abkürzungen in dieser Arbeit werden nach den Vorgaben folgender Werke vorgenommen:

Kirchner, Hildebert
Abkürzungsverzeichnis der Rechtssprache; 4. Auflage; Berlin, de Gruyter, 1993

Duden
Band 1. Die Deutsche Rechtschreibung; 22. Auflage; Mannheim u.a., Duden-Verlag, 2001

Daneben werden die nachfolgend aufgelisteten Abkürzungen verwandt. Nicht in dieses Abkürzungsverzeichnis aufgenommen sind Firmennamen.

AER	American Economic Review
AG	Die Aktiengesellschaft / Aktiengesellschaft
ATC	Anatomical Therapeutic Chemical
CC	Cyanurchlorid
CERNA	Centre d'économie industrielle, École Nationale Supérieure de mines
CO2	Kohlendioxid
CRn	Concentration Ration n (Summe der Marktanteile der n größten Unternehmen auf einem Markt
ECLR	European Competition Law Review
EGV	Vertrag über die Europäischen Gemeinschaften
EG-WbR	EG-Wettbewerbsrecht
Einf.	Einführung
EJLE	European Journal of Law and Economics
ERAA	European Regions Airline Association
EU	Europäische Union
EuG	Gericht erster Instanz der Europäischen Gemeinschaft(en)
EUV	Vertrag über die Europäische Union
EWU	Europäische Währungsunion
FAZ	Frankfurter Allgemeine Zeitung
FIW	Forschungsinstitut für Wirtschaftsverfassung und Wettbewerb
FKVO	Fusionskontrollverordnung
FTC	Federal Trade Commission
G/T/E	von der Groeben / Thiesing / Ehlermann
H/K/M/M-G	Hailbronner / Klein / Magiera / Müller-Graff
HmbJbWG	Hamburger Jahrbuch für Wirtschafts- und Gesellschaftspolitik
HDPE	High Density Polyethylen
HHI	Herfindahl-Hirschman-Index (Summe der quadrierten Marktanteile der auf einem Markt aktiven Unternehmen)
IAM	Independent Aftermarket
ISP	Internet Service Provider
JbNSt.	Jahrbücher für Nationalökonomie und Statistik
JELit.	Journal of Economic Literature
JLE	Journal of Law and Economics
KartVO	Kartellverordnung
Komm.	Kommission der Europäischen Gemeinschaft(en)

LDPE	Low Density Polyethylen
LLDPE	Linear Low Density Polyethylen
M & A	Mergers and Acquisitions
mm	Manager Magazin
MRO	Maintenance, repair and overhaul
NDC	Natrium-Dicyanamid
NLJ	The New Law Journal
NSP	Netzwerk Service Provider
NYILR	New York International Law Review
NZZ	Neue Züricher Zeitung
OEM	Original Equipment Manufacturer
OES	Original Equipment Spareparts
PET	Polyethylen Terephthalat
plc.	public limited company
PP	Polypropylen
SGA	Smeltergrade Alumina (Schmelz-Aluminiumoxid)
SZ	Süddeutsche Zeitung
Tz.	Textziffer
u.a.	unter anderem
UPLR	University of Pennsylvania Law Review
VDE	Verband der Elektrotechnik Elektronik Informationstechnik e.V.
VSF	Viskose-Stapelfaser
WiSt	Wirtschaftswissenschaftliches Studium
YLJ	The Yale Law Journal

Einleitung

A. Globalisierung und Konzentration: einige grundlegende Bemerkungen

An der Schwelle und zu Beginn des neuen Jahrtausends erlebt die zunehmend globalisierte Weltwirtschaft ein „Fusionsfieber“ von bisher unbekanntem Ausmaß. Bemerkenswert ist dabei zum einen die absolute Größe einiger Firmenehen, zum anderen aber auch der zunehmend internationale und sogar transkontinentale Charakter einer Vielzahl dieser „Megafusionen“[1]. Während es zu Beginn der 90er Jahre weltweit jährlich ca. 10.000 Übernahmen und Fusionen mit einem Transaktionsvolumen von ca. 400 Milliarden US-Dollar pro Jahr gab, waren im Jahre 1999 mehr als 25.000 Zusammenschlüsse und ein Gesamtvolumen von nahezu 3,7 Billionen US-Dollar im Jahr 2000 zu verzeichnen[2].

Die vom amerikanischen Wirtschaftsmagazin Fortune veröffentlichte Liste der weltweit 500 größten Unternehmen ist durch Übernahmeschlachten in ständiger Bewegung. Ein Ende dieser Spirale ist auf absehbare Zeit nicht in Sicht; im Gegenteil wird erwartet, das Globalisierungstempo werde nach Überwindung einer konjunkturell bedingten Schwächephase in 2001[3] in den kommenden Jahren an Dynamik und Intensität weiter zunehmen[4].

Die aktuelle Zusammenschlusswelle unterscheidet sich jedoch nicht nur in quantitativer, sondern auch in qualitativer Hinsicht von bisher bekannten Verhaltensweisen. Während in den 60er und 70er Jahren konglomerate Fusionen das Wirtschaftsgeschehen dominierten, durch die heterogene Konzerne um ihrer puren Größe willen gegründet wurden, stehen derzeit eher von langer Hand vorbereitete strategische Zusammenschlüsse im horizontalen Bereich und eine Konzentration auf Kerngeschäftsfelder im Vordergrund[5]. Bei einer horizontalen Fusion schließen sich vormals selbständige Unternehmen zusammen, die bisher auf derselben Produktionsstufe und auf demselben sachlich und räumlich relevanten Markt tätig waren und so aus der Sicht des Käufers konkurrierende Produkte angeboten haben[6]. Einfacher ausgedrückt stellt eine horizontale Fusion eine Fusion zwischen aktuellen Wettbewerbern dar[7].

Als prominentes Beispiel für den Wandel weg von Industriekonglomeraten zu horizontal konzentrierten Konzernen mag die DaimlerChrysler AG dienen: Unter dem

---

1 So der damalige Präsident des Bundeskartellamts WOLF auf der 9. Internationalen Kartellkonferenz in Berlin zum Thema „Megafusionen – eine Herausforderung für das Kartellrecht?“, vgl. Börsenzeitung vom 11.5.99. KLEINERT / KLODT betiteln ihre Studie ebenfalls mit dem Begriff „Megafusionen“.

2 Zu diesem Ergebnis kommt eine Studie des Finanzdienstleisters Thomson Financial Securities Data, zitiert nach SZ vom 31.8.00, S. 26, sowie vom 11./12.8.01, S. 24.

3 BÜSCHEMANN, SZ vom 11./12.8.01, S. 24.

4 WOLF, WuW 2002, 109. Ebenso VON PIERER, Vorstandsvorsitzender des Siemens-Konzerns in einem Interview der SZ vom 31.8.00, S. 26.

5 OLDAG, SZ vom 21.4.99, S. 25; den horizontalen Charakter vieler Zusammenschlüsse in der derzeitigen Fusionswelle betonen auch KLEINERT / KLODT, S. 16f.

6 KRIMPHOVE, S. 63; EMMERICH, Kartellrecht, S. 252; I. SCHMIDT, Wettbewerbspolitik und Kartellrecht, S. 138.

7 ALBERS in: G/T/E, Art. 2 FKVO Rn. 338.

Dach der Daimler-Benz AG befanden sich in den 90er Jahren Gesellschaften wie der Elektronikkonzern AEG; im Bereich Luftfahrt war Daimler-Benz über Dornier, MBB und Fokker tätig. Die Bahntechniktochter ADtranz wurde zunächst als Gemeinschaftsunternehmen mit ABB und anschließend unter der Alleinherrschaft von Daimler-Benz bzw. DaimlerChrysler betrieben. Die Gruppe stellte sich als technologisch orientierter, diversifizierter Mischkonzern dar und bot neben ihrem eigentlichen Standbein, der Produktion von Kraftfahrzeugen, so unterschiedliche Güter wie Haushaltsgeräte, Flugzeuge, Industrieanlagen und Rüstungsgüter an. Inzwischen wurden nicht nur all die aufgezählten Gesellschaften zu Gunsten einer Konzentration auf das Kerngeschäft veräußert, geschlossen oder wie die DASA als Minderheitsbeteiligungen in Gemeinschaftsunternehmen eingebracht[8]; durch die Fusion mit Chrysler und die anschließenden Beteiligungen DaimlerChryslers an Hyundai (10%) und Mitsubishi (34,1%) wurde die Fokussierung auf den Fahrzeugbau sogar weiter verstärkt[9]. Inzwischen erwirtschaftet DaimlerChrysler über 90% seines Umsatzes im weltweiten Automobilgeschäft. Durch die Fusion mit Chrysler wuchs der Konzern aber auch gemessen an absoluten Zahlen. Die DaimlerChrysler AG wurde nach General Motors weltweit zum zweitgrößten Autohersteller und zwischenzeitlich zum zweitgrößten Konzern überhaupt, während Daimler Benz und Chrysler noch 1998 lediglich auf den Plätzen 20 bzw. 26 der Umsatzweltrangliste rangierten[10].

Von horizontalen Fusionen versprechen sich die beteiligten Unternehmen höhere Produktionszahlen in ihrem Kerngeschäft, die es ihnen ermöglichen sollen, die kritische Masse für einen so genannten „Global Player" erreichen. Die entstehenden Synergieeffekte sollen den Unternehmen helfen, in dem ihrer Auffassung nach immer schärfer werdenden Wettbewerb überleben zu können. Aus Sicht der beteiligten Unternehmen stellen Zusammenschlüsse also eine Reaktion auf veränderte Wettbewerbsbedingungen infolge der Globalisierung, der Deregulierung von Märkten und einer Konsolidierung nach vorschnellen Marktzutritten dar[11]. Diese Beweggründe sind zunächst nicht von der Hand zu weisen. Definiert man die Globalisierung der Märkte in ihrem Endzustand als den Wettbewerb aller Produkte auf der Welt um jeden Kunden an jedem Ort auf der Welt[12], so hat sie zur Folge, dass dem Verbraucher ständig auf dem neuesten Stand befindliche Produkte zur Verfügung stehen. Um in einem solchen Wettbewerb bestehen zu können, sind Unternehmen zu fortwährenden Verbesserungen und Innovationen gezwungen. Die Internationalisie-

---

8 Vgl. zur Veräußerung der Adtranz an Bombardier BÜSCHEMANN, SZ vom 21.7.00, S. 27.

9 Zur Entwicklung des Konzerns auch PAULUS, S. 24f.

10 Vgl. das jährliche Ranking „Global Fortune 500" oder die Auswertungen zu diesem Ranking in SZ vom 6.8.98, S. 19, und vom 29.7.99, S. 22. In 1999 und 2000 ist die DaimlerChrysler AG durch die Übernahmeaktivitäten von Exxon, WalMart und Ford auf Platz 5 der Weltrangliste zurückgefallen, SZ vom 31.8.00, S. 26, und vom 11./12.8.01, S. 24.

11 KLEINERT / KLODT, S. 45ff. Stellvertretend für viele kritische Stimmen zu diesen Beweggründen I. SCHMIDT, WuW 2001, 119, der Machtinteressen des Managements als eigentliche Ursache vieler Fusionen sieht.

12 ALBACH in: GHANIE-GHAUSSY-FS, S. 67 (70); FRITZ-AßMUS in: GHANIE-GHAUSSY-FS, S. 197 (201).

rung[13] bringt so kürzere Produktzyklen mit sich[14]. Diese haben steigende Forschungs- und Entwicklungsausgaben zur Folge, die vor allem in High-Tech-Branchen nur von hinreichend finanzstarken Unternehmen getragen werden können[15]. Europäische Großunternehmen schrumpfen dabei im Vergleich zu amerikanischen oder japanischen Riesen auf bloßes Durchschnittsmaß[16]. Neben der erhöhten Komplexität von Waren- und Dienstleistungsmärkten stellen auch die Globalisierung der Information durch eine immer ausgefeiltere Telekommunikations- und Informationstechnologie sowie die Globalisierung des Kapitalmarkts Motive für Konzentration dar[17].

Als Folge hiervon ist seit Mitte der 80er Jahre eine ständig wachsende Bedeutung der Auslandsdirektinvestitionen zu verzeichnen, sei es durch den Aufbau eigener Tochterunternehmen oder Niederlassungen im Ausland oder aber – und vor allem – durch Übernahmen und Fusionen[18], was auch durch den jährlichen World Investment Report der UNCTAD bestätigt wird[19]. Auf der Gemeinschaftsebene wird die intensive Fusionstätigkeit noch durch die Vollendung des Binnenmarktes, die bevorstehende Erweiterung der Gemeinschaft und insbesondere durch die mit der Einführung des Euro zementierte Europäische Währungsunion (EWU)[20] verstärkt[21]. Im so genannten „Euroland" wird die vollkommene Öffnung der Kapitalmärkte durch die EWU bereits vorweggenommen. Der Wegfall des Währungsrisikos und die erwartete Verbilligung der Fremdkapitalaufnahme wird nach Auffassung der Kommission viele Unternehmen veranlassen, ihre Produkte nunmehr europaweit anzubieten und gegebenenfalls auch mit anderen Unternehmen derselben Produktionsstufe horizontale Zusammenschlüsse zu planen[22]. So kann es nicht erstaunen, dass der Wert der von europäi-

---

13 Der Unterschied zwischen den Begriffen Globalisierung und Internationalisierung ist nicht ganz eindeutig zu bestimmen. Vermutlich ist unter Globalisierung lediglich die stärkste Form der Internationalisierung zu verstehen; so auch JUNGNICKEL / KOOPMANN in: KANTZENBACH / SCHARRER / WAVERMAN (Hrsg.), S. 33 (33f).

14 Komm., XXV. Wettbewerbsbericht (1995), Tz. 53.

15 MAIER-MANNHART, SZ vom 19.8.99, S. 19. Diese Entwicklung ist allerdings schon seit einiger Zeit zu beobachten und wurde bereits 1987 von KARTTE in: HELMRICH (Hrsg.), S. 204, beschrieben, der aber schlussfolgert, Unternehmensgröße dürfe nicht mit Wettbewerbsfähigkeit gleich gesetzt werden, S. 205ff.

16 SZ vom 29.7.99, S. 22. Ebenso der Vorstandsvorsitzende der DaimlerChrysler AG, JÜRGEN E. SCHREMPP, FAZ vom 11.5.99, S. 17 und Börsenzeitung vom 11.5.99.

17 ALBACH in: GHANIE-GHAUSSY-FS, S. 67 (73ff); BECHT, S. 270f, der zudem eine Reihe weiterer Faktoren aufzählt, vgl. BECHT, S. 269ff.

18 Vgl. allgemein die Beiträge von SAFARIAN sowie JUNGNICKEL / KOOPMANN in: KANTZENBACH / SCHARRER / WAVERMAN (Hrsg.) und insbesondere zum überproportionalen Ansteigen von Firmenübernahmen in der Europäischen Gemeinschaft die Tabellen 6 und 7 von SAFARIAN, aaO, S. 9 (16).

19 Zum World Investment Report 2000 vgl. SZ vom 4.10.00, S. 26; siehe auch KLEINERT / KLODT, S. 47.

20 Komm., XXIX. Wettbewerbsbericht (1999), Tz. 147.

21 Am deutlichsten – aber nicht nur dort – wirkt sich diese Entwicklung im Finanzsektor aus, vgl. Komm. Entsch. IV/M.1172 v. 24.06.98, „Fortis AG / Generale Bank", Tz. 20.

22 Komm., XXVIII. Wettbewerbsbericht (1998), Tz. 137 sowie „Kasten 1" nach Tz. 23. Ebenso der ehemalige Wettbewerbskommissar, KAREL VAN MIERT, in seinem Vorwort zum XXVII. Wettbewerbsbericht (1997), S. 5.

schen Unternehmen angekündigten internationalen Fusionen im dritten Quartal des Jahres 1999 mit 377 Mrd. USD erstmals den entsprechenden Wert für US-amerikanische Unternehmen (322 Mrd. USD) überflügelte[23].

Auch die EG-Kommission erkennt die Notwendigkeit von Unternehmenszusammenschlüssen grundsätzlich an und sieht in einer Konzentrationsbewegung häufig eine angemessene Reaktion auf die neue Dimension der Märkte. Ein Zusammenschluss habe nicht automatisch eine Verringerung des Wettbewerbs zur Folge, sondern könne umgekehrt auch wettbewerbsfördernd wirken[24]. Auch der Rat „begrüßt" ausdrücklich die Strukturveränderungen in der Gemeinschaft, die sich u.a. in Zusammenschlüssen ausdrücken[25]. Diese dienten der Steigerung der Wettbewerbsfähigkeit der europäischen Industrie, der Verbesserung der Wachstumsbedingungen sowie der Anhebung des Lebensstandards in der Gemeinschaft. Die grundsätzlich positive Einstellung der Gemeinschaftsorgane ist damit vorwiegend industriepolitisch motiviert[26]; europäische Unternehmen sollen sich vor allem nach außen, d.h. im Wettbewerb mit amerikanischen und ostasiatischen Konzernen durchsetzen.

Für Fusionen können also rationale und nachvollziehbare Gründe sprechen. Auf der anderen Seite ist aber auch nicht zu verleugnen, dass sie eben nicht nur eine Reaktion auf veränderte Wettbewerbsbedingungen darstellen, sondern umgekehrt selbst zu einer Veränderung der Bedingungen beitragen. Gerade im Falle von horizontalen Fusionen ist dies evident. Durch einen Zusammenschluss, sei es durch eine Fusion zweier gleichrangiger Partner, sei es durch die Übernahme eines schwächeren Unternehmens durch ein stärkeres oder durch die Bildung eines Gemeinschaftsunternehmens, in dem zwei bislang konkurrierende Unternehmen ihre Aktivitäten bündeln, verschwindet immer mindestens ein aktueller oder potentieller Marktteilnehmer von der Bildfläche. Mittelbar wird dieser Konzentrationseffekt verstärkt, falls Wettbewerber durch die gestiegene Marktmacht der Zusammenschlusskandidaten in ihrem Verhalten beeinflusst oder gar aus dem Markt gedrängt werden.

Es liegt der in der Wirtschaftstheorie vertretene Schluss nahe, die an einem Zusammenschluss Beteiligten profitierten in der Regel durch eine konzentrative Maßnahme, während ihre Auswirkungen für Außenseiter – das sind Konkurrenten und Verbraucher – eher negativ seien[27]. Allerdings sprechen Fallstudien häufig eine andere Sprache; auch für die beteiligten Unternehmen haben Zusammenschlüsse oft nicht den Erfolg, den sich Management und Aktionäre davon versprechen. Zusammenschlüsse im Anwendungsbereich der Fusionskontrollverordnung hat beispiels-

---

23 SZ vom 23.11.99, S. 25. Die Summe der Auslandsinvestitionen aus dem Vereinigten Königreich, aus Frankreich und aus Deutschland betrug im Vergleich hierzu nach DACTYLIDIS / GOOLDEN, NLJ 140 (1990), 844 (844), für das gesamte Jahr 1988 lediglich 58,2 Mrd. USD.

24 So die Komm. bereits in ihrem III. Wettbewerbsbericht (1974), Tz. 22, in dem die Kommission die Notwendigkeit einer gemeinschaftlichen Fusionskontrolle darlegt und einen ersten Vorschlag für eine Verordnung unterbreitet.

25 Erwägungsgründe Nr. 3 und 4 der Fusionskontrollverordnung.

26 Dies beschreibt schon MESTMÄCKER, EuR 1988, 349 (357f).

27 MOTTA, ECLR 21 (2000), 199 (200) m.w.N.

weise das Kieler Institut für Weltwirtschaft untersuchen lassen. Die Erfolgsrate war dabei um so geringer, je größer das übernommene Unternehmen war[28]. Dass Fusionen wirtschaftlich nicht zu dem gewünschten Ergebnis führen, scheint schon länger[29] und auch in der derzeitigen Fusionswelle[30] ein häufig zu beobachtendes Phänomen zu sein.

Trotz der Globalisierung kann die Zusammenschlusswelle aber im Ergebnis zu einer „Reoligopolisierung von Märkten in räumlich größeren Dimensionen"[31] führen. Wettbewerber, aber auch Zulieferer und Abnehmer, können sich durch einen Zusammenschluss in eine Ecke gedrängt sehen und selbst zum Mittel der Übernahme oder Fusion greifen, um ihrerseits an Größe zu gewinnen. Die Gefahr einer Spirale fortschreitender Konzentration ist dann nicht mehr von der Hand zu weisen. Zusammenschlüsse haben ambivalente Auswirkungen; sie sind per se weder positiv noch negativ zu bewerten; vielmehr muss jeder Einzelfall auf seine Vereinbarkeit mit den – nationalen oder gemeinschaftsrechtlichen – Wettbewerbsregeln hin untersucht werden. Aus diesem Grund unterliegen Zusammenschlüsse von gemeinschaftsweiter Bedeutung der präventiven Genehmigungspflicht durch die Kommission, deren Entscheidungspraxis im Mittelpunkt der vorliegenden Untersuchung steht.

B. Ziel und Gegenstand der Untersuchung – Indizwirkung von Marktanteilsprognosen in der Fusionskontrolle

Rechtsgrundlage für die präventive Kontrolle geplanter Zusammenschlüsse ist die am 21. Dezember 1989 vom Rat auf der Grundlage der Artt. 83, 308 EGV[32] erlassene Verordnung (EWG) Nr. 4064/89 über die Kontrolle von Unternehmenszusammenschlüssen[33] (im weiteren Fusionskontrollverordnung oder abgekürzt FKVO[34]

---

28 So die Studie von KLEINERT / KLODT, S. 65ff.

29 In einer umfangreichen Studie untersuchten RAVENSCRAFT / F.M. SCHERER ungefähr 6.000 Firmenübernahmen in den USA aus den Jahren 1960 bis 1976 und kamen zu dem Ergebnis, dass ca. ein Drittel der Akquisitionen erfolglos war und zu späteren Wiederverkäufen führte, vgl. RAVENSCRAFT / F.M. SCHERER, S. 159ff (insb. S. 190f).

30 Nach einer Untersuchung der Beratungsgruppe A.T. Kearny sank in 57% aller Fusionen nach Vollzug des Zusammenschlusses der Gewinn. Die Studie kommt zu dem plakativen Ergebnis: 1 + 1 = 1,5. Weitere Untersuchungen schätzen die Misserfolgsrate zwischen 30% und 80%, vgl. hierzu: Der Spiegel, 49/1998, S. 95, und Facts, 53/1998, S. 46.

31 WOLF auf der bereits erwähnten Kartellkonferenz, vgl. FAZ vom 11.05.99, S. 17 (18).

32 Artt. 87, 235 EWGV a.F. Soweit es nicht auf den Wortlaut inzwischen abgeänderter Artikel ankommt, wird durchgehend die aktuelle Artikelnummerierung des EG-Vertrages in der konsolidierten Fassung mit den Änderungen durch den Vertrag von Amsterdam vom 2.10.1997, in Kraft getreten am 1.5.1999, verwandt.

33 Nach Berichtigungen veröffentlicht in ABl.EG L257/13 v. 21.9.90, geändert durch VO (EG) Nr. 1310/97 v. 30.6.97, ABl.EG L180/1 v. 9.7.97.

34 Gegenstand von Verfahren im Rahmen der FKVO sind nicht nur Fusionen im eigentlichen Sinne. Gemäß Art. 3 Abs. 1 lit. b) FKVO fällt darüber hinaus auch jeder andere Kontrollerwerb durch eine oder mehrere Personen, die bereits mindestens ein Unternehmen kontrollieren, bzw. durch ein oder mehrere Unternehmen über ein oder mehrere andere Unternehmen in ihren Anwendungsbereich, ebenso wie die Gründung

genannt). Untersuchungsobjekt dieser Arbeit werden in erster Linie die Fusionskontrollentscheidungen der Kommission sein. Der besondere Schwerpunkt liegt dabei entsprechend ihrer Bedeutung in der derzeitigen Fusionswelle auf Entscheidungen zu horizontalen Zusammenschlüssen. Im Rahmen einer Fusionskontrollentscheidung sind umfangreiche Prognosen zu treffen. Nach Art. 2 Abs. 3 FKVO ist ein Zusammenschluss zu untersagen, der eine beherrschende Stellung begründet oder verstärkt, durch die wirksamer Wettbewerb im Gemeinsamen Markt oder in einem wesentlichen Teil desselben erheblich behindert würde. Bei der Prüfung eines Vorhabens muss die Kommission als Entscheidungsorgan nach Art. 2 Abs. 1 S. 2 lit. a) FKVO die Struktur aller betroffenen Märkte und den tatsächlichen oder potentiellen Wettbewerb durch innerhalb oder außerhalb der Gemeinschaft ansässige Unternehmen berücksichtigen. Kriterien sind dabei nach Art. 2 Abs. 1 S. 2 lit. b) FKVO unter anderem die Marktstellung der beteiligten Unternehmen, die Wahlmöglichkeiten der Lieferanten und Abnehmer sowie rechtliche oder tatsächliche Marktzutrittsschranken. Aufgabe der Kommission ist es somit, aus der Vielzahl der angemeldeten Zusammenschlussvorhaben diejenigen herauszufiltern, die voraussichtlich wettbewerbsschädigende Auswirkungen haben werden. Schon hieraus wird deutlich, dass der Entscheidungsfindung eine prognostische, d.h. in die Zukunft gerichtete Betrachtung zugrunde liegen muss. Hierin liegt ein bedeutsamer Unterschied zu anderen wettbewerbsrechtlichen Verfahrensarten. Bei der Prüfung, ob eine unternehmerische Verhaltensweise dem Kartellverbot gemäß Art. 81 EGV oder dem Verbot gemäß Art. 82 EGV, eine marktbeherrschende Stellung zu missbrauchen, zuwiderläuft, ist grundsätzlich eine in die Vergangenheit oder allenfalls auf die Gegenwart gerichtete Betrachtung erforderlich. Die Kommission prüft, inwieweit ein bereits abgeschlossenes oder noch andauerndes Verhalten eines oder mehrerer Unternehmen wettbewerbsschädigende Auswirkungen hat und deshalb eine Untersagung oder eine Geldbuße nach sich ziehen muss. Ihrer Entscheidung liegt ein tatsächlicher Sachverhalt zugrunde, dessen gegenwärtige Auswirkungen auf den gemeinschaftsweiten Wettbewerb die Kommission ermittelt.

Demgegenüber ist eine zukunftsorientierte Bewertung, wie sie die Fusionskontrolle erfordert, naturgemäß mit Unsicherheiten behaftet und schwieriger durchzuführen[35]. Die Schwierigkeiten liegen dabei auf zwei Ebenen: Zum einen ist die tatsächliche Ermittlung zukünftiger Wirkungen eines Zusammenschlusses aufwendiger als die Betrachtung gegenwärtigen Verhaltens; zum anderen muss auf dieser unsicheren Tatsachengrundlage eine rechtliche Wertung erfolgen. Diese wird dadurch erschwert, dass internes Wachstum als ein Zeichen unternehmerischen Erfolgs und noch nicht per se als wettbewerbsschädigend angesehen wird, während externes Unternehmenswachstum der präventiven Kontrolle unterworfen wird und so

---

eines Vollfunktionsgemeinschaftsunternehmens im Sinne des Art. 3 Abs. 2 FKVO. Die Bezeichnung „*Fusions*kontrollverordnung" hat sich jedoch im Schrifttum weitgehend gegen die genauere Bezeichnung „*Zusammenschluss*kontrollverordnung" durchgesetzt und soll auch hier verwandt werden.

35 Zur Notwendigkeit und zu den Schwierigkeiten prognostischer Entscheidungen vgl. auch ALONSO, ECLR 15 (1994), 195 (195); C.R. SCHMIDT, S. 167f; PAULUS, S. 10ff (zwar zur Fusionskontrolle nach deutschem Recht, insoweit aber auch auf das Gemeinschaftsrecht übertragbar).

einen grundsätzlich negativen Beigeschmack enthält. Als Beleg hierfür kann wiederum ein Vergleich mit Art. 82 EGV herangezogen werden. Hat ein Unternehmen, auf welche Weise auch immer, eine marktbeherrschende Stellung erreicht, so steht die Wettbewerbsordnung dem grundsätzlich neutral gegenüber. Erst wenn das Unternehmen seine Stellung durch wettbewerbsschädigendes Verhalten missbraucht, kann die Kommission auf der Grundlage des Art. 82 EGV einschreiten und das Verhalten nach Maßgabe der so genannten Kartellverordnung[36] untersagen (Art. 3 KartVO) und mit Geldbußen sanktionieren (Art. 15 Abs. 2 KartVO). Das Missbrauchsverbot normiert also eine Verhaltenskontrolle. Mit der Fusionskontrollverordnung wurde hingegen eine echte Marktstrukturkontrolle etabliert. Sie knüpft gerade nicht an ein bestimmtes Marktverhalten an, sondern soll dem vorgelagert die Entstehung bestimmter Marktstrukturen verhindern. Schon aus diesem Grund bedarf sie einer besonderen Rechtfertigung. An die Qualität der Prognosen der Kommission sind besondere Anforderungen zu stellen.

Zwar kann auch die Frage, ob ein angemeldeter Zusammenschluss den gemeinschaftsweiten Wettbewerb erheblich behindern wird, nur anhand der jeweiligen Umstände des Einzelfalls beurteilt werden. Dennoch ist auch ein Bedürfnis der beteiligten Unternehmen nach Planungs- und vor allem nach Rechtssicherheit anzuerkennen[37]. Das Prinzip der Rechtssicherheit als Ausfluss des Rechtsstaatsprinzips ist gemeinschaftsrechtlich nicht positiv normiert, gehört jedoch auch ohne explizite dogmatische oder rechtsvergleichende Begründung zu den allgemeinen Rechtsgrundsätzen der europäischen Gerichtsbarkeit[38]. In der Fusionskontrolle gilt dies um so mehr, als die Rechtssicherheit für die beteiligten Unternehmen neben der effektiven Verhinderung wettbewerbsschädigender Zusammenschlüsse in ständiger Rechtsprechung der Gemeinschaftsgerichtsbarkeit[39] als das Hauptziel der Verordnung bezeichnet und dies auch von der Kommission[40] anerkannt wird.

In verfahrenstechnischer Hinsicht wird die Rechtssicherheit durch die knappen Entscheidungsfristen gewährt, vor allem aber dadurch, dass im Unterschied zur Kartellverordnung in jedem Verfahren eine förmliche Entscheidung ergehen muss[41].

---

36 Verordnung Nr. 17 des Rates: Erste Durchführungsverordnung zu den Artikeln 85 und 86 des Vertrages vom 6. Februar 1962, ABl.EG P 013/204 v. 21.2.62.

37 So z.B. auch S. KURZ, S. 25; HÖSCH, EWS 1997, 5 (8f).

38 SCHWARZE, Europäisches Verwaltungsrecht, Bd. II, S. 911. Eine ausführliche Darlegung und Begründung findet sich bei SCHWARZE an selber Stelle, S. 911ff. Ebenso SCHILLING, EuGRZ 2000, 3 (19f), der aber vornehmlich die verfahrensrechtlichen Aspekte der Bestandskraft nicht angefochtener Verwaltungsakte und des Bestimmtheitsgebots unter das Prinzip der Rechtssicherheit subsumiert.

39 Ansatzweise bereits im Beschluss des Präsidenten des EuG vom 15.12.92; Rs. T-96/92 R; „CCE de la Société générale des Grandes Sources u.a. / Kommission"; EuGHE 1992 II, 2579 (2592), Tz. 30. Die ausdrückliche Bestätigung der Rechtssicherheit als Hauptziel erfolgte im Beschluss des Präsidenten des EuG vom 2.12.94; Rs. T-322/94 R; „Union Carbide / Kommission"; EuGHE 1994 II, 1159 (1175), Tz. 36, und wurde wiederholt in EuG, Urt. vom 27.11.97; Rs. T-290/94; „Kaysersberg / Kommission"; EuGHE 1997 II, 2137 (2184), Tz. 109.

40 Komm., XXVII. Wettbewerbsbericht (1997), Tz. 191, unter Bezugnahme auf das oben angeführte Urteil im Fall „Kaysersberg / Kommission".

41 HACKER / KLEEMAN in: G/T/E, Einleitung FKVO Rn. 8.

Festzuhalten ist darüber hinaus, dass bereits die Existenz einer Europäischen Fusionskontrolle für die beteiligten Unternehmen einen Fortschritt bietet[42]. Die viel diskutierte Frage, ob eine Harmonisierung der nationalen Wirtschaftsordnungen und Wettbewerbsregeln – vor allem durch die Anwendung von Gemeinschaftsrecht durch nationale Behörden – oder ein Systemwettbewerb zwischen den nationalstaatlichen Regelungen vorzugswürdig ist[43], lässt sich für die Fusionskontrolle leicht beantworten, weil ein Wettbewerb unter Fusionskontrollregimes im eigentlichen Sinne nicht existieren kann. Ohne die ausschließliche Zuständigkeit der Kommission für Vorhaben von gemeinschaftsweiter Bedeutung (das so genannte Prinzip des „one-stop shop"[44]) wären nationale Regelungen kumulativ anzuwenden. Ein einziges Vorhaben müsste in mehreren oder im Extremfall in allen Mitgliedstaaten geprüft werden, woraus erhebliche Unsicherheiten entstünden[45].

Aber auch materiell, d.h. in inhaltlicher Hinsicht müssen sich die einzelnen Entscheidungen der Kommission am Prinzip der Rechtssicherheit messen lassen. Transparente und vor allem vorhersehbare Entscheidungen sind essentiell für die beteiligten Unternehmen. Auch wenn Rechtsschutzmöglichkeiten existieren, machen diese wegen der langen Verfahrensdauer gerichtlicher Verfahren wirtschaftlich oft wenig Sinn. Unternehmenszusammenschlüsse sind unternehmerische Entscheidungen, die vor dem Hintergrund gegenwärtiger wirtschaftlicher Rahmenbedingungen beschlossen werden. Eine rechtskräftige Genehmigung nach mehrjährigem Gerichtsverfahren nützt Unternehmen häufig nichts mehr; vielmehr liegt im Rahmen der Fusionskontrolle – anders als bei vergangenheitsbezogenen Verfahren – der Schwerpunkt auf einer akzeptablen Entscheidung innerhalb möglichst kurzer Frist[46]. Rechtsunsicherheit in diesem Bereich hätte eine ungewollte Hemmung der Zusammenschlussaktivitäten innerhalb der Gemeinschaft und damit eine Verzerrung der Wettbewerbschancen europäischer Unternehmen im globalen Wettbewerb zur Folge[47]. Es muss somit ein Interessenausgleich zwischen der nicht zu vermeidenden Einzelfallbeurteilung und dem Bedürfnis nach Rechtssicherheit gesucht werden.

Der bereits genannte Art. 2 Abs. 3 FKVO gibt die Fragen vor, deren Beantwortung Ziel jeder Kommissionsentscheidung im Rahmen der Marktstrukturkontrolle sein muss. Es scheinen zwei Prognosen erforderlich: Werden die anmeldenden Unternehmen aufgrund des Zusammenschlusses eine marktbeherrschende Stellung erlangen, bzw. wird sich eine solche bereits existierende Stellung noch verstärken? Falls diese Frage mit Ja zu beantworten ist, wäre anschließend zu ermitteln, ob durch diese Stellung wirksamer Wettbewerb erheblich behindert wird. Da jedoch eine Marktbeherrschung, die keine Behinderung des Wettbewerbs nach sich zieht, kaum denkbar ist, ist im Schrifttum vielfach der Schluss gezogen worden, die erhebliche

---

42 Aus unternehmerischer Sicht sei die Möglichkeit, so genannte multiple filings, also eine Vielzahl von Anmeldungen in mehreren Staaten, vermeiden zu können, ein „Segen", so DREYER in: OBERENDER (Hrsg.), S. 36.

43 Vgl. z.B. STREIT in: ZIMMERMANN u.a. (Hrsg.), S. 12ff; SCHÜTZ in: OBERENDER (Hrsg.), S. 58f.

44 Komm., Grünbuch über die Revision der Fusionskontrollverordnung, Tz. 9.

45 RÜPPEL in: SCHOLZ (Hrsg.), S. 120 (122); KACZOROWSKA, ECLR 21 (2000), 117 (125).

46 ENCAOUA in: COHEN-TANUGI u.a., S. 272f.

47 KRIMPHOVE, S. 10f und 109.

Behinderung des Wettbewerbs habe keinerlei eigenständigen Gehalt[48]. Richtig an dieser Auffassung ist zumindest die überragende Bedeutung, die in der gemeinschaftsrechtlichen Fusionskontrolle der Frage nach der Entstehung bzw. Verstärkung einer marktbeherrschenden Stellung beizumessen ist. In den Entscheidungen der Kommission wird folgerichtig das Hauptaugenmerk darauf gelegt, ob der Zusammenschluss zu einer marktbeherrschenden Stellung führt. Nach dem Verständnis der Kommission ergibt sich aus dieser grundsätzlich dann eine erhebliche Behinderung des Wettbewerbs, wenn sie auf unbestimmte Dauer vorliegt[49]; eine voraussichtlich vorübergehende Marktbeherrschung wird dagegen toleriert[50].

Nach der Definition des EuGH, die dieser für die Auslegung von Art. 82 EGV geprägt hat, die aber auch von der Kommission im Rahmen der Fusionskontrolle akzeptiert wird[51], ist oder wird ein Unternehmen dann marktbeherrschend, wenn ihm seine wirtschaftliche Stellung „die Möglichkeit verschafft, sich seinen Wettbewerbern, seinen Abnehmern und letztlich dem Verbraucher gegenüber in einem wesentlichen Umfang unabhängig zu verhalten“[52]. Ein solcher unabhängiger Verhaltensspielraum ist nicht gleichzusetzen mit einem völlig unbeschränkten Preissetzungsspielraum. Selbst ein Monopolist muss sich an seinen Abnehmern orientieren. Erhöht er beispielsweise Preise über ein von den Nachfragern akzeptiertes Maß hinaus, können die Nachteile aus dem Nachfragerückgang die Vorteile aus der Preiserhöhung überwiegen[53]. Wie wesentlich ein Verhaltensspielraum sein muss, um eine marktbeherrschende Stellung annehmen zu können, ist theoretisch schwerlich festzulegen und in der täglichen Fallpraxis kaum zu messen. Die Kommission muss sich deshalb bei der Frage nach der Entstehung oder Verstärkung einer marktbeherrschenden Stellung mit Hilfskriterien auseinandersetzen.

An exponierter Stelle nahezu einer jeden Fusionskontrollentscheidung steht die Prognose, welche Marktanteile die beteiligten und vormals selbständig agierenden

---

48 IMMENGA, WuW 1990, 371 (375), DERSELBE in IMMENGA / MESTMÄCKER, EG-WbR, Art. 2 FKVO Rn. 18ff; NIEDERLEITHINGER, EWS 1990, 73 (77); JANICKI, WuW 1990, 195 (198); VEELKEN in: VEELKEN / KARL / RICHTER, S. 18f; C.R. SCHMIDT, S. 84ff; DEIMEL, S. 33f; STOCKENHUBER, S. 227; STOCKMANN / SCHULTZ, S. 288; KERBER, Fusionskontrollpraxis, S. 24f; WESTERMANN, S. 136; ABLASSER, S. 179f; HUGGENBERGER, S. 119; a.A. KRIMPHOVE, S. 300f; HIRSBRUNNER, EuZW 1999, 389 (390f); KNITTEL, S. 48ff; und ohne Darlegung des Bedeutungsgehalts des Merkmales „erhebliche Behinderung“ ZÄCH, S. 368.

49 So die Kommission bereits in ihrer ersten Entscheidung, mit der ein Zusammenschlussvorhaben auf Grundlage der FKVO untersagt wurde: Komm., Entscheidung IV/M.53 v. 2.10.91, „Aerospatiale-Alenia / de Havilland, Tz. 72.

50 Vgl. Komm., Entscheidung IV/M.222 v. 12.11.92, „Mannesmann / Hoesch“, Tz. 112ff.

51 Dies stellt die Kommission ausdrücklich klar in ihrem Wettbewerbsbericht aus dem Jahr 1991, in dem sie über das erste volle Jahr der Anwendungspraxis der Fusionskontrollverordnung referiert, Komm., XXI. Wettbewerbsbericht (1991), Anhang III.7, S. 406. Aber auch in ihren Entscheidungen zitiert die Kommission gelegentlich die Marktbeherrschungsdefinition des EuGH, so z.B. in Komm., Entscheidung COMP/M.2187 v. 17.10.01, „CVC / Lenzing“, Tz. 137.

52 EuGH, Urt. vom 13.2.79; Rs. 85/76; „Hoffmann-La Roche“; EuGHE 1979, 461 (520), Tz. 38.

53 Komm., Entscheidung COMP/M.1673 v. 13.6.00, „Veba / Viag“, Tz. 171.

Unternehmen zukünftig gemeinsam erreichen werden. Diese Marktanteilsprognosen werden vorrangiger Gegenstand dieser Arbeit sein. In der Fallpraxis grenzt die Kommission in einer gegenwartsorientierten Betrachtung zunächst den sachlich und räumlich relevanten Markt ab und bestimmt die Marktanteile der beteiligten Unternehmen vor dem Zusammenschluss. Im Anschluss daran prognostiziert die Kommission die nach Vollzug des Zusammenschlusses zu erwartenden Marktanteile durch eine Addition der gegenwärtigen Anteile. Diese rein rechnerisch ermittelten Ergebnisse führen jedoch nicht unmittelbar zu einer abschließenden und wertenden Prognose durch die Kommission. Es wird lediglich geprüft, ob der ermittelte Marktanteil den Schluss auf die Erlangung einer marktbeherrschenden Stellung nahe legt. Wenn diese Frage bejaht wird, werden weitere prognostische Kriterien näher untersucht. Die Prognose künftiger Marktanteile scheint nach dieser ersten Betrachtung das Kriterium zu sein, welches den Verhaltensspielraum eines Unternehmens am ehesten dokumentiert. Das bereits kurz angerissene Ziel der Untersuchung, einen Interessenausgleich zwischen Einzelfallbeurteilung und Rechtssicherheit zu suchen, kann damit präzisiert werden. Es ist zu hinterfragen, ob und inwieweit Marktanteile und vor allem Marktanteilsprognosen wirklich Indizwirkung für die Entstehung oder Verstärkung einer marktbeherrschenden Stellung haben können oder ob das Bedürfnis nach Rechtssicherheit eine Verlagerung des Schwerpunktes auf andere Prognosekriterien verlangt.

C. Gang der Untersuchung

Um eine Indizwirkung der Marktanteilsprognosen für die Fusionskontrollentscheidungen der Kommission abschließend befürworten oder ablehnen zu können, soll in einem ersten Teil untersucht werden, ob und inwieweit es eine auf wettbewerbstheoretischen Grundlagen basierende einheitliche europäische Wettbewerbspolitik gibt und welche inhaltlichen Vorgaben für die Anwendung der Fusionskontrollverordnung durch die Kommission im Allgemeinen und für Marktanteilsprognosen im Besonderen daraus folgen. Der obigen Prämisse – die Notwendigkeit, einen Interessenausgleich zwischen Einzelfallbeurteilung und Rechtssicherheit zu finden – kann jedenfalls dann Rechnung getragen werden, wenn die einzelnen Beurteilungskriterien aus der nicht einmal abschließenden Aufzählung des Art. 2 Abs. 1 FKVO nicht lediglich einzelfallorientiert und zusammenhanglos geprüft werden, sondern wenn ihrer Anwendung eine in sich schlüssige Wettbewerbskonzeption zugrunde liegt. In diesem Fall würde die Kommission bei der Bewertung eines Zusammenschlussvorhabens gewissermaßen als rechtsanwendendes Exekutivorgan handeln. Ihre Aufgabe beschränkte sich darauf, die wahrscheinlich eintretenden Auswirkungen des Vorhabens möglichst genau zu ermitteln und anschließend zu subsumieren, ob diese nach der vorgegebenen Wettbewerbskonzeption hinnehmbar sind oder nicht. Die Entscheidungen wären dann für die Beteiligten so weit wie möglich objektiviert und damit hinreichend vorhersehbar. Unsicherheiten verblieben lediglich hinsichtlich der Zukunftsbezogenheit der Prognoseentscheidung.

Im zweiten Teil der Arbeit wird die Auswertung der Entscheidungspraxis der Kommission im Vordergrund stehen. Ausgewählte Entscheidungen sollen darauf hin untersucht werden, welche Bedeutung die Kommission ihren Marktanteilsprognosen tatsächlich beimisst. Darzustellen ist vor allem, ob sich Fallkategorien bilden lassen, in denen Marktanteile ab einer bestimmten Größenordnung grundsätzlich als marktmachtbegründend gewertet werden. Darüber hinaus wird anhand von Einzelfällen die empirische Sicherheit von Marktanteilsprognosen in der Rückschau untersucht.

Auf Grundlage der theoretischen Ergebnisse des ersten Teils und der eher (fall-) praktischen Erkenntnisse des zweiten Teils wird dann im dritten Teil der Arbeit die Indizwirkung der Marktanteilsprognosen kritisch hinterfragt. Es werden dabei zunächst besondere Einflüsse dargelegt, welche die oben geäußerte Vermutung einer tatsächlich bestehenden Indizwirkung teils bekräftigen, ihr teilweise aber auch widersprechen. Abschließend wird dann die allgemeine Indizwirkung im Mittelpunkt der Untersuchung stehen.

Erster Teil. Wettbewerbspolitische Leitbilder, ihre theoretischen Grundlagen und mögliche Folgerungen für die Anwendung prognostischer Kriterien in der europäischen Fusionskontrolle

Im ersten Teil der Arbeit gilt es, die wirtschafts- und insbesondere die wettbewerbspolitische Grundausrichtung der Europäischen Gemeinschaft und die daraus resultierenden Konsequenzen für die Fusionskontrolle zu ermitteln. Dabei geht es weniger um die Frage, ob und inwieweit wirtschaftswissenschaftliche Erkenntnisse und Begriffsbildungen für die Rechtsanwendung präjudizierend wirken können. Dies mag zu Recht bestritten werden[1], auch mit der allgemeingültigen Begründung, der allgemeine Sprachgebrauch oder Begrifflichkeiten anderer Wissenschaften wirkten niemals bindend, sondern seien lediglich im Rahmen einer eigenständigen juristischen Auslegung zu berücksichtigen, die sich aber an vorwissenschaftliche Begriffe anlehnen könne[2].

Eine „ausschließliche Kompetenz der Wirtschaftswissenschaften" zur Auslegung wirtschaftsrechtlicher Normzwecke ist abzulehnen[3], sie ist aber auch nicht notwendig. Gerade für die Anwendung von Gemeinschaftsrecht auf wirtschaftliche Sachverhalte gilt nämlich, dass ein wirtschaftliches Verständnis Grundlage einer vernünftigen und den Zielen des EG-Vertrages entsprechenden (rechtswissenschaftlichen) Auslegung sein muss[4]. Auch das für die Wettbewerbspolitik zuständige Mitglied der Kommission, MARIO MONTI, bezeichnet es folgerichtig als eines seiner Ziele, die gemeinschaftlichen Wettbewerbsregeln durch die „umfassendere Einbeziehung wirtschaftlicher Argumente in den Rechtsrahmen" zu modernisieren[5]. Ein interdisziplinärer, die Erkenntnisse der Wirtschaftswissenschaften berücksichtigender Ansatz trägt zur Qualität der Einzelfallentscheidungen und der Erhöhung der Rechtssicherheit bei[6]. Schon deshalb dürfen wirtschaftliche Grundlagen, obwohl auf den ersten Blick nicht in die rechtswissenschaftliche Arbeit gehörend, dann nicht fehlen, wenn es wie hier um die „Richtigkeit" und „Begründbarkeit" von Entscheidungen in der Fusionskontrolle und damit um die praktische Umsetzung des Prinzips der Rechtssicherheit geht. So verstanden ist die Charakterisierung der Wirtschaftspolitik als „Hilfswissenschaft der Jurisprudenz"[7] auch keineswegs negativ auszulegen.

Im Folgenden werden zunächst die bekannten Wettbewerbstheorien, anhand derer eine Einordnung der europäischen Wettbewerbspolitik erfolgen muss, so gedrängt wie möglich dargestellt. Zwar ist grundsätzlich anzuerkennen, dass die

---

1 BÖRNER in: HARTMANN-FS, S. 77 (83ff); GÜNTHER in: HARTMANN-FS, S. 123 (126ff), beide zu unbestimmten Rechtsbegriffen im GWB, insoweit aber verallgemeinerungsfähig. Ebenso RINCK in: HEYMANNS-FS, S. 361 (371ff); MASKE, S. 128f.

2 RINCK in: HEYMANNS-FS, S. 361 (367, 374). Vgl. auch LARENZ, S. 324; RADBRUCH, S. 118f.

3 IMMENGA / MESTMÄCKER, GWB, Einleitung Rn. 67.

4 BLECKMANN in: BLECKMANN, Europarecht, Rn. 261.

5 So MONTI in seinem Vorwort zum Wettbewerbsbericht der Kommission aus dem Jahr 2000, vgl. Komm., XXX. Wettbewerbsbericht (2000), S. 3.

6 VAN DEN BERGH, ECLR 17 (1996), 75 (75).

7 SANDROCK, S. 69.

reine Wirtschaftstheorie nur ein Bestimmungsfaktor für die Politik sein kann[8]; im Umkehrschluss gilt aber auch, dass eine europäische Wettbewerbspolitik nur dann als rational bezeichnet werden kann, wenn sie den aktuellen Stand der Wettbewerbstheorie nutzt. Eine nicht theoretisch fundierte Wettbewerbspolitik ist schon deshalb inakzeptabel, weil ihre Entscheidungen und Strategiekonzepte auf nur kurzfristigem Meinungskonsens oder mehr emotionellen Einschätzungen der Sachprobleme und deren Lösungsalternativen beruhen[9].

Wettbewerbstheorie als Theorie der Wettbewerbspolitik ist gleichzusetzen mit Wettbewerbsgestaltungstheorie[10]. Die Wettbewerbstheorie formuliert ein System von wissenschaftlich begründeten Aussagen, die bestimmte Tatsachen, Erscheinungen oder Prozesse und die ihnen zugrunde liegenden Gesetzmäßigkeiten erklären können[11]. Dadurch wird die Wettbewerbstheorie Grundlage für ein normatives Leitbild mit konkreten Handlungsempfehlungen für die Wettbewerbspolitik. Dieses wettbewerbspolitische Leitbild entspricht der Summe aller für die Wettbewerbspolitik formulierten Ziele. Aus ihm sollen „empirisch anwendbare, hinsichtlich ihrer Wirksamkeit kontrollierbare und justitiable Grundsätze für die Gestaltung der Wettbewerbsordnung (...) ableitbar sein“[12].

A. Idealtypische Konzeptionen wettbewerbspolitischer Leitbilder

Jeglicher Diskussion über Wettbewerb, Wettbewerbstheorie und Wettbewerbspolitik muss vorangestellt werden, dass eine wissenschaftlich exakte und wenigstens in ihren Grundzügen übereinstimmend anerkannte Definition des Begriffes Wettbewerb nicht existiert[13]. Zum Teil wird die Möglichkeit einer Definition überhaupt abgelehnt[14]. Wenn andererseits Wettbewerb definiert wird als diejenigen Marktprozesse, die den Zielen der Wettbewerbspolitik entsprechen[15], so kann diese Erklärung zu einer theoretischen Fundierung der Wettbewerbspolitik nichts beitragen, weil in diesem Fall die Ziele der Wettbewerbspolitik bereits vor der Definition des Wettbewerbs bekannt sein müssten. Aufgrund der Vielzahl unterschiedlicher Wettbewerbskonzepte und -definitionen kann es folgerichtig auch kein wissenschaftlich unumstritte-

---

8 Komm., Grünbuch zur EG-Wettbewerbspolitik gegenüber vertikalen Wettbewerbsbeschränkungen, KOM(96)721, Tz. 86.

9 HERDZINA in: BENISCH-FS, S. 3 (3); DUIJM, S. 69; VEELKEN, ZVglRWiss 97 (1998), 241 (246); ABERLE, S. 75.

10 Grossekettler in: Borchert / Grossekettler, S. 115.

11 OLTEN, S. 31.

12 GROSSEKETTLER in: BORCHERT / GROSSEKETTLER, S. 170; ebenso TOLKSDORF, WuW 1980, 785 (785).

13 Im wirtschaftswissenschaftlichen Schrifttum: MACHLUP in: Handwörterbuch der Sozialwissenschaften, S. 36; HERDZINA, Möglichkeiten und Grenzen, S. 4; HELMSTÄDTER in: BENISCH-FS, S. 17 (17); WILLEKE, S. 10;
Im rechtswissenschaftlichen Schrifttum: WEIß in: CALLIESS / RUFFERT, Art. 81 Rn. 82; SCHRÖTER in: G/T/E, Art. 85 Rn. 18; KNITTEL, S. 9; BAUMBACH / HEFERMEHL, Allg. Rn. 6.

14 SCHMIDTCHEN in: HOPPMANN-FS, S. 161; DERSELBE, Wettbewerbspolitik als Aufgabe, S. 33f; HERDZINA, Wettbewerbspolitik, S. 7ff; EMMERICH, Kartellrecht, S. 10; BAUMBACH / HEFERMEHL, Allg. Rn. 7.

15 HOPPMANN, Definition des Wettbewerbs, S. 11; DERSELBE, ORDO 18 (1967), 77 (78).

nes Leitbild der Wettbewerbspolitik geben[16]. Dennoch kann zwischen zwei wettbewerbspolitische Idealtypen unterschieden werden. Entsprechend ihrer zugrunde liegenden Zielfunktion, der markttheoretischen Fundierung und des wettbewerbspolitischen Programms lassen sich der wohlfahrtsökonomische und der systemtheoretische Ansatz deutlich voneinander abgrenzen[17]. Beide Ansätze stehen sich diametral gegenüber, so dass anhand ihrer eine Einordnung der wettbewerbstheoretischen Positionen und Schulen erfolgen kann.

I. Wohlfahrtsökonomischer Ansatz

Im Mittelpunkt dieses auch als neoklassisch-modelltheoretisch[18] bezeichneten Ansatzes steht das Ziel der Wohlstandssteigerung, vor allem durch die optimale Allokation knapper Ressourcen und die optimale Distribution der produzierten Güter[19]. Ausgehend von der Überlegung, dass die Marktstruktur das Marktverhalten beeinflusst und dieses wiederum die Marktergebnisse determiniert (das „Struktur-Verhalten-Ergebnis"- oder abgekürzt „SVE-Paradigma"), definieren die Vertreter dieses Ansatzes Zielfunktionen zur Wohlstandssteigerung, deren Erfüllung durch den Wettbewerb sicherzustellen ist. Aufgabe der Wettbewerbspolitik ist es dann, Rahmenbedingungen hinsichtlich aller drei Kategorien zu schaffen, so dass letztendlich der Markt zu den gewünschten Ergebnissen führt[20]. Die Marktstrukturmerkmale können unterschieden werden in markt- und unternehmensbezogene Merkmale. Zu den ersteren werden in aller Regel auch die hier am meisten interessierenden Marktanteile gezählt[21].

Konsequent zu Ende gedacht, erfordert der wohlfahrtsökonomische Ansatz damit die genaue Untersuchung einer jeden wettbewerblichen Verhaltensweise hinsichtlich ihrer Auswirkung auf die drei Parameter Marktstruktur, Marktverhalten und Marktergebnis. Er impliziert eine Neigung zur Einzelfallbeurteilung[22], die von den Gegnern dieses Ansatzes auch als Interventionismus bezeichnet wird[23] und mit der im Ergebnis jede Verhaltensweise oder Strukturveränderung legitimiert werden kann, wenn die zu erwartenden Marktergebnisse wünschenswert erscheinen[24].

---

16 Jens in: Cox / Jens / Markert, S. 171.

17 HERDZINA, Wettbewerbspolitik, S. 106; die folgende Unterscheidung hat HERDZINA nahezu wörtlich aus seinem Werk „Möglichkeiten und Grenzen", S. 23ff, übernommen. Aufgrund der übersichtlicheren Darstellung werden hier jedoch die Angaben aus der „Wettbewerbspolitik", S. 114ff, verwendet. Vgl. auch HERDZINA in: BENISCH-FS, S. 3 (4ff); HOPPMANN in: HOPPMANN / MESTMÄCKER, S. 7ff, und HARDES / KROL / RAHMEYER / SCHMID, S. 40.

18 Hoppmann in: Hoppmann / Mestmäcker, S. 7.

19 HARDES / KROL / RAHMEYER / SCHMID, S. 40, sehen neben der Allokationsfunktion die Förderung des technischen Fortschritts als Hauptfunktion an.

20 HERDZINA, Wettbewerbspolitik, S. 106.

21 Vgl. die Auflistung einer Vielzahl marktbezogener Marktstrukturmerkmalen aus der wettbewerbstheoretischen Literatur bei POHLMANN, Unternehmensverbund, S. 81.

22 HERDZINA, Wettbewerbspolitik, S. 108.

23 Hoppmann in: Streißler / Watrin (Hrsg.), S. 248.

24 HERDZINA in: BENISCH-FS, S. 3 (5).

II. Systemtheoretischer Ansatz

Den Gegenpol zum wohlfahrtsökonomischen Ansatz stellt die systemtheoretische Sichtweise dar. Das oben geschilderte Struktur-Verhalten-Ergebnis-Paradigma wird abgelehnt oder zumindest nicht als bedeutend erachtet. Wettbewerbsergebnisse sollen nicht vorab definiert werden. Im Mittelpunkt der Überlegungen steht vielmehr die Wettbewerbsfreiheit. Sie ist die zentrale Voraussetzung für wettbewerbliche Marktprozesse, die ihrerseits generell bessere ökonomische Ergebnisse zur Folge haben, als sich im Falle wettbewerbsbeschränkender Verhaltensweisen einstellen würden[25]. Der Wettbewerb wird als eine Art Selbststeuerungssystem angesehen, welches lediglich vor dem Auftreten von Wettbewerbsbeschränkungen geschützt werden muss. Es muss allerdings darauf hingewiesen werden, dass die Wettbewerbsfreiheit lediglich eine notwendige Bedingung darstellt, die erst dann hinreichend wird, wenn auch Wettbewerbsbereitschaft („spirit of competition") herrscht. Wettbewerbsbereitschaft besteht aus Rivalität und Risikobereitschaft[26]; ihr können die Monopolisierungsneigung („propensity to monopolize") konservativer Unternehmertypen[27] und eine ebenso ausgeprägte Kooperationsbereitschaft[28] entgegenstehen. Im Ergebnis kann ein „spirit of competition" jedoch unterstellt werden, weil bereits die Wettbewerbsbereitschaft einiger Marktakteure ausreicht, die anderen zu wettbewerblichem Verhalten zu zwingen[29]. Die Wettbewerbsfreiheit bleibt damit der zentrale Begriff des systemtheoretischen Ansatzes.

Wettbewerbspolitische Aufgabe ist nach dem systemtheoretischen Ansatz zunächst die Definition der Begriffe Wettbewerbsfreiheit und –beschränkung und daran anschließend die Formulierung eines Normensystems, durch das Wettbewerbsbeschränkungen verhindert werden, indem sie einem per-se-Verbot unterworfen und bei einem Verstoß geahndet werden. Die Notwendigkeit, Zielfunktionen zu definieren und die Wettbewerbsintensität qualitativ oder gar quantitativ messen zu müssen, entfällt hingegen, weil unter der Voraussetzung fehlender Wettbewerbsbeschränkungen automatisch gute Ergebnisse erzielt werden.

B. Historische Realtypen: von der Wettbewerbsfreiheit zur vollkommenen Konkurrenz

I. Das Konzept der Wettbewerbsfreiheit nach Adam Smith

Auch wenn immer wieder darauf hingewiesen wird, dass bereits in der Antike theoretische Überlegungen über vorteilhafte Formen von Handel und Wettbewerb angestellt wurden[30], soll die Darstellung theoretischer Ansichten und Schulen hier mit ADAM SMITH (1723-1790)[31] als dem „Ahnherr der Marktwirtschaft"[32] und „Prophet des

---

25 HERDZINA, Wettbewerbspolitik, S. 109.

26 POHLMANN, Unternehmensverbund, S. 78 in der Fußnote 17.

27 WILLEKE, S. 25; I. SCHMIDT, Wettbewerbspolitik und Kartellrecht, S. 18.

28 MANTZAVINOS, S. 175.

29 Vgl. zum „spirit of competition" allgemein MANTZAVINOS, S. 170ff.

30 Grossekettler in: Borchert / Grossekettler, S. 126f; Mantzavinos, S. 15; Dettling in: Piper (Hrsg.), S. 5.

31 Für eine umfassende Beschreibung von Leben und Werk des ADAM SMITH, vgl. die Biographie von ROSS, The Life of ADAM SMITH, Oxford, 1995.

Wettbewerbs"[33] begonnen werden. Unbestritten waren viele der Grundannahmen ADAM SMITHS bereits bekannt, weswegen ihm von namhaften politischen Gegnern der Vorwurf mangelnder Originalität entgegengehalten wurde[34]. Dennoch hat SMITH durch sein umfassendes Werk zumindest den Paradigmenwechsel vom Merkantilismus zum Wettbewerb entscheidend eingeläutet[35].

Der zentrale Begriff für die ordnungspolitischen und insbesondere für die die Wirtschaftsordnung betreffenden Vorstellungen ADAM SMITHS ist die Freiheit. Das Konzept der Wettbewerbsfreiheit wird dabei beeinflusst von seinem Staatsverständnis. SMITH stützt sich auf die Vorstellung des griechischen Altertums, nach der das Gemeinwohl die Summe der Wohlfahrt der Individuen ist und der Staat weder Selbstzweck ist, noch eigene Interessen verfolgen darf, seien es auch abstrakte Interessen wie die soziale Wohlfahrt. Er ist lediglich Treuhänder des Rechts[36]. Die Verfolgung der Individualinteressen obliegt den einzelnen vielmehr selbst. Die Abschaffung jeglicher Begünstigungs- oder Beschränkungssysteme der Freiheit des einzelnen führt zu einem Marktgeschehen, das ADAM SMITH als das „einfache System der natürlichen Freiheit"[37], gesteuert durch die – inzwischen zur Metapher gewordene – „unsichtbare Hand"[38], bezeichnet hat. Indem der einzelne seine Interessen verfolgt, wird zugleich das Allgemeinwohl gefördert, als würden die Individuen von unsichtbarer Hand gelenkt[39]. Das gesamtwirtschaftliche Optimum ist mithin das ungeplante Ergebnis individueller Entscheidungen[40].

Das klassische Wettbewerbskonzept ist in seinen zentralen Aussagen mit HERDZINA dem systemtheoretischen Ansatz zuzurechnen[41]; das Konzept der unsichtbaren Hand baut gerade nicht auf vorgegebenen Struktur-Verhalten-Ergebnis-Relationen auf. Die wettbewerblichen Vorgänge sind dynamische und evolutionäre Prozesse[42].

---

32 List, S. 246; Hardes / Krol / Rahmeyer / Schmid, S. 19.

33 CLARK, Competition as a dynamic process, S. 24.

34 So z.B. von KARL MARX, vgl. MCNULTY, S. 54, und WOLL, ORDO 49 (1998), 191 (192).

35 Vgl. ZIEGLER, S. 94f und S. 104ff, sowie RECKTENWALD in: STARBATTY (Hrsg.), S. 134 (138f).

36 WOLL, ORDO 49 (1998), 191 (195).

37 SMITH, Wealth of Nations, IV. Buch, 9. Kap., S. 582.

38 SMITH, Wealth of Nations, IV. Buch, 2. Kap., S. 371.

39 SMITH, Theory of Moral Sentiments, Teil 4, Kap. 1, S. 264, beschreibt dies – aus heutiger Sicht in Anbetracht der Unterschiede zwischen armen und reichen Nationen sicherlich etwas fragwürdig – wie folgt: „The rich only select from the heap what is most precious and agreeable. They consume little more than the poor; and in spite of their natural selfishness and rapacity, though they mean only their own conveniency, though the sole end which they propose from the labours of all the thousands whom the employ be the gratification of their own vain and insatiable desires, they divide with the poor the produce of all their improvements. They are led by an invisible hand to make nearly the same distribution of the necessaries of life which would have been made had the earth been divided into equal portions among all its inhabitants".

40 WOLL, ORDO 49 (1998), 191 (203).

41 HERDZINA, Wettbewerbspolitik, S. 110f.

42 RECKTENWALD in: STARBATTY (Hrsg.), S. 134 (149); TOLKSDORF, WuW 1980, 785 (787).

Dennoch finden sich auch bei ADAM SMITH Ansätze zur Bedeutung der Marktstruktur für den Wettbewerb. Nach seiner Auffassung sind monopolistische Strukturen deshalb schädlich für eine Gesellschaft, weil Monopolisten beständig den Markt unterversorgten und so Preise künstlich in die Höhe trieben[43]. Aussagen zu dem Für und Wider einer Fusionskontrolle finden sich in den Werken ADAM SMITHS hingegen nicht. Zwar beschreibt er das Spannungsverhältnis bzw. die Dichotomie zwischen Wettbewerb und Monopol; er leitet hieraus jedoch keine konkreten Handlungsempfehlungen für eine Wettbewerbspolitik gegen privatwirtschaftliche Monopolisierungstendenzen ab[44]. Monopole sind eher als rechtliche Privilegien zu verstehen. Gegenstand seiner Untersuchungen waren vornehmlich Wettbewerbsbeschränkungen, die aus der staatlichen Bevorteilung eines merkantilistischen und feudalistischen Wirtschaftssystems folgten und Vorrechte für das Zunftwesen mit sich brachten[45]. Die Kritik am merkantilistischen System äußerte sich zuallererst in der grundsätzlichen Ablehnung staatlicher Eingriffe in den Wettbewerb, soweit durch diese nicht lediglich die Rahmenbedingungen für Wettbewerb geschaffen bzw. öffentliche Güter zur Verfügung gestellt werden sollten[46]. Aus dem historischen Kontext heraus muss der Begriff der Freiheit bei ADAM SMITH somit als Freiheit von staatlichen Interventionen verstanden werden[47]. Wettbewerbsschädigende und damit dem Gesamtwohl abträgliche Vorgehensweisen Privater sieht SMITH vornehmlich in der „niedrigen Habsucht und dem Monopoliengeist der Kaufleute und Industriellen“[48]. Letzterer äußerte sich jedoch noch nicht in Unternehmenszusammenschlüssen. Diese waren in der Zeit der beginnenden Industrialisierung[49] noch kein relevantes Element wettbewerbsgefährdender Tendenzen.

Zusammenfassend ist somit einerseits TOLKSDORF in seiner Aussage zuzustimmen[50], die klassische Theorie könne keine Entscheidungs- bzw. Handlungsgrund-

---

43 SMITH, Wealth of Nations, I. Buch, 7. Kap., S. 54. An anderer Stelle (II. Buch, 5. Kap, S. 297) stellt SMITH dem Monopol die Auswirkungen von Wettbewerb auf den Handel in einer Stadt entgegen: „Wird es [das dem Handel insgesamt zur Verfügung stehende Kapital] unter zwei Krämern aufgeteilt, sorgt die Konkurrenz zwischen beiden, dass sie ihre Waren billiger verkaufen, als wenn einer das Monopol besäße. Verteilt sich das Kapital gar auf 20, so dürfte der Wettbewerb entsprechend schärfer sein und die Chance zum Zusammenschluss mit dem Ziel, die Preise zu erhöhen, gleichzeitig geringer werden.“, vgl. auch STIGLER, Perfect Competition, S. 31, wo aber eine andere Smith-Übersetzung verwendet wird. Anmerkungen in eckigen Klammern sind hier und im weiteren Verlauf der Arbeit solche des Verfassers.

44 TOLKSDORF, Dynamischer Wettbewerb, S. 38f.; DERSELBE, WuW 1980, 785 (787). Allerdings können das III., IV. und V. Buch insgesamt als politische Ratschläge, die aus der Analyse in den ersten beiden Büchern folgen, gesehen werden, vgl. ROSS, S. 387ff., insbesondere S. 400f.

45 Hier sind mit I. SCHMIDT, Wettbewerbspolitik und Kartellrecht, S. 3, z.B. die Regelung der Lehrzeit, die Begrenzung der Zahl von Auszubildenden in einem Gewerbe und Bestimmungen für den Marktzutritt und den –austritt im Handwerk zu nennen.

46 Vgl. z.B. VON HAYEK, Constitution of Liberty, S. 220f; MANTZAVINOS, S. 17f; H. D. KURZ in: PIPER (Hrsg.), S. 34.

47 RUFFNER, S. 14.

48 SMITH, Wealth of Nations, IV. Buch, 3. Kap., 2. Teil, S. 407.

49 Vgl. hierzu HOTTINGER, S. 24ff.

50 TOLKSDORF, WuW 1980, 785 (787); vgl. auch RUFFNER, S. 14 in seiner Fußnote 25.

lage für konkrete staatliche Eingriffe in Wettbewerbsbedingungen und Marktstrukturen sein. Andererseits wird noch zu zeigen sein, dass ADAM SMITHS Überlegungen zur Wettbewerbsfreiheit neueren Vertretern der Systemtheorie als Grundlage dienen und insoweit auch heute noch eine Bedeutung für die europäische Wettbewerbspolitik haben.

II. Neoklassisches Leitbild der vollkommenen Konkurrenz

Im ausgehenden 19. und beginnenden 20. Jahrhundert war der Merkantilismus von marktwirtschaftlichen Organisationsformen abgelöst worden. ADAM SMITHS Forderung nach wirtschaftlicher und wettbewerblicher Freiheit musste somit nicht mehr eigentlicher Gegenstand wettbewerbstheoretischer Analysen sein; die Freiheit war conditio sine qua non weitergehender Überlegungen[51]. Ökonomen wie COURNOT, JEVONS, EDGEWORTH, JOHN BATES CLARK und KNIGHT versuchten vielmehr, durch eine analytische Verfeinerung des klassischen Modells[52] diejenigen Bedingungen herauszuarbeiten, unter denen der Wettbewerb mit Notwendigkeit zu optimalen Ergebnissen führt[53].

Die zu erreichenden optimalen Ergebnisse ergeben sich im Modell der vollkommenen Konkurrenz[54] als Pareto-Optimierung der Zielfunktionen „leistungsgerechte Einkommensverteilung“[55], „Erfüllung der Kundenpräferenzen“ und „optimale Faktorallokation“. Ein Pareto-Optimum liegt vor, wenn der Grad der Bedürfnisbefriedigung einer Person nicht mehr vermehrt werden kann, ohne dass gleichzeitig eine andere Person eine Wohlstandsminderung erleidet[56]. Bei gegebener Nachfrage und gegebenen Produktionsfunktionen liegt die Kundenpräferenz bei möglichst niedrigen Preisen, wohingegen durch die Optimierung der Faktorallokation Produktionskosten minimiert und damit höchstmögliche Unternehmergewinne erreicht werden.

---

51 MCNULTY, S. 56; ähnlich, aber kritisch auch TOLKSDORF, WuW 1980, 785 (787): Die Wettbewerbsfreiheit geriet „in den fragwürdigen Rang einer selbstverständlichen Rahmenbedingung. Freiheit wurde als existierend unterstellt und daher nicht mehr problematisiert. Von dort ist es dann kein weiter Weg mehr bis zu dem Punkt, an dem sie in Vergessenheit gerät“.

52 MCNULTY, S. 57.

53 I. SCHMIDT, Wettbewerbspolitik und Kartellrecht, S. 4; TOLKSDORF, Dynamischer Wettbewerb, S. 40f; KAUFER, ORDO 18 (1967), 95 (95).

54 Der Begriff des „perfect competition“ wird in der deutschsprachigen Literatur häufig als „vollständige Konkurrenz“ übersetzt, so z.B. bei I. SCHMIDT, Wettbewerbspolitik und Kartellrecht, S. 5ff. Da aber auch noch das ordoliberale Leitbild der vollständigen Konkurrenz nach WALTER EUCKEN erläutert wird (siehe unten in diesem Teil unter C.II.1, S. 24ff), wird an dieser Stelle der ebenso gebräuchliche Ausdruck „vollkommene Konkurrenz“ verwendet.

55 Wird in Wettbewerbstheorie und –politik von leistungsgerechter Einkommensverteilung gesprochen, geht es immer um die Primärverteilung entsprechend der wirtschaftlichen Leistungsfähigkeit. Zur Notwendigkeit von staatlicher Umverteilung im Rahmen der sozialen Sicherung wird damit noch keine Aussage getroffen. Jedenfalls gilt, dass eine leistungsgerechte Einkommensverteilung die bestmögliche Ausgangssituation für Umverteilungsmaßnahmen ist, vgl. I. SCHMIDT, Wettbewerbspolitik und Kartellrecht, S. 11 in seiner Fußnote 30.

56 Vgl. hierzu und zur mathematischen Darstellung der Optima I. SCHMIDT, Wettbewerbspolitik und Kartellrecht, S. 5f sowie OLTEN, S. 41ff.

Bedingung für die Erreichung optimaler Ergebnisse im Modell der vollkommenen Konkurrenz ist zum einen ein stationärer Zustand der Wirtschaft: sowohl die Ausstattung mit Produktionsfaktoren, das technologische Wissen, ausgedrückt durch die Produktionsfunktionen, als auch die Nachfragestruktur werden als gegeben und kurzfristig unvariabel angesehen. Zum anderen erfordert die Optimierung der Zielfunktionen, dass sich Anbieter und Nachfrager als Mengenanpasser verhalten, die den jeweiligen Preis als gegeben betrachten und lediglich die von ihnen angebotene bzw. nachgefragte Menge dem Datum Preis anpassen. Dieses Marktverhalten erfordert wiederum determinierte Marktstrukturmerkmale. Das Merkmal, dem im Rahmen dieser Untersuchung über Marktanteile und ihre Bewertung naturgemäß die größte Bedeutung zukommt, ist die atomistische Marktstruktur[57]: einer großen, im mathematischen Idealfall unendlichen Anzahl möglichst kleiner Anbieter muss eine ebensolche Anzahl Nachfrager gegenüberstehen.

Die Notwendigkeit einer großen Anzahl Wettbewerber wird in den unterschiedlichen Modellen teilweise lediglich impliziert[58], von anderen Ökonomen aber auch explizit dargelegt. So weicht eine Wettbewerbssituation nach COURNOT in dem Maße vom vollkommenen Wettbewerb ab, in dem der Preis für ein Gut über den Grenzkosten (d.h. den Kosten für die Produktion einer zusätzlichen Gütereinheit) liegt. Diese mathematische Differenz strebt für eine unendlich große Anzahl Wettbewerber, die entsprechend geringe Mengen produzieren, gegen Null[59]. In seinen Funktionen vernachlässigt COURNOT die Ausbringungsmenge der einzelnen Unternehmung, weil diese hinreichend klein ist. Seine Ausführungen gelten demnach für eine atomistische Marktstruktur[60].

Es bleibt festzuhalten, dass mit dem neoklassischen Modell des vollkommenen Wettbewerbs nicht lediglich eine analytische Präzisierung des Konzeptes der Wettbewerbsfreiheit erreicht wurde. Vielmehr führte die Suche nach Bedingungen für optimale Marktergebnisse zu einem kompletten Paradigmenwechsel. Der evolutionäre Charakter des klassischen Konzepts wurde durch die Annahme eines stationären Zustands der Wirtschaft ersetzt. Der Unterschied zwischen Klassik und Neoklassik liegt in der Unterscheidung zwischen Wettbewerb als Verhalten und Wettbewerb als Marktstruktur[61]. Durch die Orientierung an Zielfunktionen ist der systemtheoretische Ansatz von ADAM SMITH durch eine wohlfahrtsökonomische Schule abgelöst

---

57 Vollständigere Auflistungen der Marktstrukturmerkmale finden sich z.B. bei I. SCHMIDT, Wettbewerbspolitik und Kartellrecht, S. 5 und OLTEN, S. 45f.

58 So zum Beispiel bei JEVONS und EDGEWORTH, vgl. hierzu STIGLER, Perfect Competition, S. 36ff. Auch KNIGHT, dem STIGLER, Perfect Competition, S. 42ff, und COX / HÜBENER in: COX / JENS / MARKERT (Hrsg.), S. 11, die erste vollständige Formulierung einer reinen Unternehmerwirtschaft mit vollkommener Konkurrenz zuschreiben, setzt die Existenz einer großen Anzahl potentieller Nachfrager und Anbieter in seinem Bedingungskatalog voraus und folgert, „(...) that there is perfect competition. There must be perfect, continuous, costless communication between all individual members of the society. Every potential buyer of a good constantly knows and chooses among the offers of all potential sellers and conversely."; KNIGHT, S. 78.

59 COURNOT, VIII. Kap., Art. 50, S. 78.

60 Vgl. STIGLER, Perfect Competition, S. 35.

61 MCNULTY, S. 60.

worden, auch wenn noch keine ausdrückliche Anwendung eines Struktur-Verhalten-Ergebnis-Paradigmas erfolgte.

Fraglich ist, welche Schlussfolgerungen aus der strukturorientierten Betrachtung für die Existenz und Ausgestaltung einer Fusionskontrolle zu ziehen sind. Bei getreuer Anwendung des Modells bedürfte es keiner Kontrolle von Unternehmenszusammenschlüssen; diese wären vielmehr gänzlich zu verhindern. Es müsste ein generelles Fusionsverbot ausgesprochen werden, um eine atomistische Marktstruktur zu erhalten bzw. mit Hilfe von Entflechtungen zu schaffen. Das wirtschaftliche Tagesgeschehen zeigt jedoch die Realitätsferne dieser Annahme. Der mangelnde Bezug zur Realität ist auch der Hauptkritikpunkt, der den Vertretern einer vollkommenen Konkurrenz zunächst entgegengehalten worden ist[62]. Hinzu kommt, dass die Auffassung, der Wettbewerb erreiche in seinem Endstadium ein stabiles Gleichgewicht[63], dem Wettbewerb jegliche Dynamik und auch die Möglichkeit zu technischem Fortschritt nimmt[64]. Zwar ist zur Verteidigung der Modellannahmen der vollkommenen Konkurrenz angeführt worden, Konzeptionen mit einem Anspruch auf Allgemeingültigkeit müssten notwendigerweise hinreichend abstrakt formuliert sein[65]. Gerade dieser Grad an Abstraktion zeigt jedoch, dass die vollkommene Konkurrenz kein unmittelbar anwendbarer Maßstab für die europäische Wettbewerbspolitik sein kann. Es wird hingegen zu untersuchen sein, inwieweit das neoklassische Modell als theoretische Grundlage für andere Leitbilder oder sogar für konkrete Maßnahmen gegen Konzentrationsstrategien dienen kann.

C. Dynamische Wettbewerbsleitbilder

I. Wettbewerbstheoretische Kritik am Leitbild der vollkommenen Konkurrenz

Neben dem bereits aufgeführten Einwand der Praxisferne der vollkommenen Konkurrenz ergeben sich auch Kritikpunkte an den wettbewerbstheoretischen Voraussetzungen des neoklassischen Gleichgewichtsmodells. Dabei betrifft die sogenannte Dilemma-These die Wettbewerbsbedingungen; die These vom Wettbewerb als dynamischer Prozess widerlegt die Möglichkeit der Existenz eines stationären bzw. stabilen Zustands der Wirtschaft.

1. Dilemma-These

Ein Kritikpunkt an dem neoklassischen Modell der atomistischen Marktstruktur als wichtigster Bedingung für die vollkommene Konkurrenz liegt in dem Phänomen steigender Skalenerträge und damit sinkender Durchschnittskosten. PIERO SRAFFA

---

62 ARNDT, Irrwege, S. 45f und S 70; RÖPKE in: Handwörterbuch der Sozialwissenschaften, S. 33; ABERLE, S. 28; EMMERICH, Kartellrecht, S. 5; TOLKSDORF, WuW 1980, 785 (789) spricht sogar von einer „heilen Scheinwelt". OLTEN, S. 45 weist zudem darauf hin, dass bereits in der zweiten Hälfte des 19. Jahrhunderts starke Konzentrationsprozesse einsetzten, die die Prämissen der vollkommenen Konkurrenz bereits im Zeitpunkt ihrer Entstehung „unrealistisch bzw. utopisch" (S. 50) machten.

63 COURNOT, VIII. Kap., Art. 50, S. 78; vgl. hierzu MCNULTY, S. 59.

64 RÖPKE in: Handwörterbuch der Sozialwissenschaften, S. 33; TOLKSDORF, WuW 1980, 785 (788).

65 STIGLER, Perfect Competition, S. 49.

berichtet von der alltäglichen Erfahrung im Zeitalter der Industrialisierung, dass „eine sehr große Zahl der Unternehmungen – die Mehrzahl von denen, die fabrikmäßig Konsumgüter herstellen – unter Bedingungen individuell degressiver Kosten arbeitet"[66], also mit steigenden Produktionszahlen sinkende Stückkosten und im Ergebnis Betriebsgrößenvorteile (so genannte „economies of scale") erreicht. Um das Ziel der Wohlstandsmaximierung erreichen zu können, müssten somit von der atomistischen Marktstruktur abweichend kostengünstig produzierende Großunternehmen verlangt werden. Bei diesen bestehe jedoch die Gefahr, dass sie die an sich möglichen Kostenvorteile wegen des fehlenden Wettbewerbsdrucks nicht realisierten, so dass das Ziel der Wohlstandsmaximierung verfehlt werde, oder dass sie die Kostenvorteile nicht an die Konsumenten weitergäben, so dass die Einkommensverteilung nicht mehr leistungsgerecht wäre[67]. Es kommt damit zu dem Dilemma, nach dem die Marktstruktur aus wettbewerbstheoretischer Sicht atomistisch sein müsste, während aus betriebswirtschaftlicher Sicht Großunternehmen wünschenswert wären, die dann aber wiederum nichts zum Ziel der allgemeinen Wohlstandsmaximierung beitragen würden.

2. Wettbewerb als dynamischer Prozess

Der zweite Grund, aus dem die theoretische Richtigkeit des Modells der vollkommenen Konkurrenz in Zweifel gezogen wurde, ist der schon kurz angesprochene statische Charakter des Modells. Aufgrund der Vielzahl von Bedingungen, die die neoklassische Schule voraussetzt, kommt sie zu einem stabilen Gleichgewichtszustand. Es wurde jedoch zunehmend bezweifelt, ob mit einem statischen Modell, welches Konkurrenz als einen dem Monopol entgegengesetzten Zustand erachtet, überhaupt eine Form des Wettbewerbs beschrieben wird. Nach HELMUT ARNDT ist „nicht die Konkurrenz, sondern das Isopol (...) das Gegenteil des Monopols, und die Konkurrenz ist nicht nur einem, sondern gleichzeitig beiden Polen entgegenzusetzen. Die neoklassische Schule hat statt der vollkommenen Konkurrenz die vollkommene Gleichheit definiert"[68].

Dem stabilen Gleichgewicht im Modell der vollkommenen Konkurrenz stellt JOSEPH A. SCHUMPETER seinen „Prozess der schöpferischen Zerstörung" entgegen. Er konstatiert, dass wesentlicher Charakterzug einer kapitalistischen Gesellschaft der „Prozess einer industriellen Mutation [ist], der (...) unaufhörlich die alten Strukturen zerstört und unaufhörlich eine neue schafft"[69]. Unter Berufung auf SCHUMPETERS Beschreibung der Gesellschaft[70] konkretisiert JOHN M. CLARK dessen Aussagen in Bezug auf den wirtschaftlichen Wettbewerb. Dieser wird definiert als eine „Kombination von (...) auslösenden Aktionen durch eine Wirtschaftseinheit und (...) einem

---

66 SRAFFA, S. 68.

67 HERDZINA, Wettbewerbstheorie, S. 19; I. SCHMIDT, Wettbewerbspolitik und Kartellrecht, S. 7.

68 ARNDT, Schöpferischer Wettbewerb, S. 57. Auch VON HAYEK, Wettbewerb als Entdeckungsverfahren, S. 10, legt dar, dass es ein Gleichgewicht in der Wirtschaft nicht geben kann.

69 SCHUMPETER, S. 137f.

70 CLARK, Objectives of Government Policy, S. 271 in seiner Fußnote 2.

Komplex von Reaktionen seitens derer, mit denen sie in Geschäftsbeziehungen steht und seitens der Konkurrenten“[71].

Noch deutlicher und umfassender wird das dynamisierte Wettbewerbsverständnis in den Arbeiten HELMUT ARNDTS dargelegt. Für ihn besteht Wettbewerb aus dem „Wettbewerb der Bahnbrecher“ und dem „Wettbewerb der Nachahmer“[72], deren Zusammenwirken aus einzelnen, unkoordinierten Handlungen Wettbewerb entstehen lässt[73]. ARNDT führt aus: „Der Wettbewerb der Nachahmer wie der Wettbewerb der Bahnbrecher sind beide für sich allein nur Halbheiten. (...) Sie sind die beiden Phasen des Wettbewerbsprozesses, aber sie sind – solange sie für sich getrennt auftreten – noch kein Wettbewerbsprozess. Erst wenn Wettbewerb der Nachahmer und Wettbewerb der Bahnbrecher miteinander vereinigt werden, entsteht der Prozess des Wettbewerbs.“ Ein Wettbewerbsprozess wird dabei durch den „schöpferischen Wettbewerb“ der Bahnbrecher angeregt, indem diese neue Rohstoffquellen oder Absatzmärkte erschließen oder neue Produktionsverfahren, neue Produkte oder verbesserte Qualitäten schaffen[74]. Die dabei auftretenden Differenzierungen und kurzfristigen Monopolstellungen werden durch die Nachahmer anschließend wieder nivelliert, wobei anzumerken ist, dass in der Realität beide Prozesse häufig zu einem Prozess des gegenseitigen Überflügelns verschmelzen[75].

Zusammenfassend ist festzuhalten, dass SCHUMPETER, CLARK und ARNDT Wettbewerb nicht mehr als einen statischen Zustand, sondern als einen dynamischen Prozess verstanden haben. Dieses Wettbewerbsverständnis kann heute als anerkannt und allgemeingültig angesehen werden[76]. Unterschiede bestehen naturgemäß in den Formulierungen, die jedoch an der inhaltlichen Übereinstimmung nichts ändern können. So verwendet ARNDT das Gegensatzpaar Bahnbrecher und Nachahmer; CLARK hingegen Aktion und Reaktion (im Original moves and responses)[77]. In einer heute gebräuchlicheren Terminologie könnte auch von Innovation und Imitation[78] gesprochen werden.

Im Rahmen der Analyse des dynamischen Wettbewerbs gilt aber lediglich der Schluss, dass jeder wettbewerbliche Prozess dynamisch ist, nicht hingegen der Umkehrschluss. Durch die Qualifizierung eines wirtschaftlichen Geschehens als dynamischer Prozess kann noch keine Aussage darüber getroffen werden, inwieweit

---

71 CLARK, Objectives of Government Policy, S. 271.

72 ARNDT, Schöpferischer Wettbewerb, S. 35.

73 ARNDT, Schöpferischer Wettbewerb, S. 40.

74 ARNDT, Schöpferischer Wettbewerb, S. 37.

75 I. SCHMIDT, Wettbewerbspolitik und Kartellrecht, S. 11.

76 HERDZINA, Wettbewerbstheorie, S. 25; COX / HÜBENER in: COX / JENS / MARKERT (Hrsg.), S. 6; HELMSTÄDTER in: BENISCH-FS, S. 17 (21); TOLKSDORF, Dynamischer Wettbewerb, S. 11f; LENEL, ORDO 39 (1988), 137 (137); OLTEN, S. 67.

77 Von „Aktion und Reaktion“ bzw. „Vorstoßen und Nachziehen“ spricht auch HEUSS, in: Handwörterbuch der Wirtschaftswissenschaften, S. 682.

78 HELMSTÄDTER in: BENISCH-FS; S. 17 (21); BERG in: BENISCH-FS, S. 27 (28ff, insbesondere S. 30f); OLTEN, S. 67ff; KERBER, Fusionskontrollpraxis, S. 133. Auch die Kommission verwendet dieses Begriffspaar in der Einleitung eines Wettbewerbsberichts, vgl. Komm., XV. Wettbewerbsbericht (1985), S. 11.

die ablaufenden Prozesse auf wettbewerbliche oder wettbewerbsfeindliche Verhaltensweisen zurückzuführen sind[79].

II. Umsetzung der Kritik zu neuen Leitbildern

Die Kritik am neoklassischen Gleichgewichtsmodell führte zunächst zu einer Modifizierung der vollkommenen Konkurrenz. Aufbauend auf SRAFFAS „Ertragsgesetze unter Wettbewerbsbedingungen" entwickelten zunächst EDWARD CHAMBERLIN seine „Theory of Monopolistic Competition" und JOAN ROBINSON ihre „Economics of imperfect competition". Ebenso wie in CLARKS erstem Ansatz des „Workable Competition as Second Best" galten in diesen Arbeiten die normativen Vorgaben der vollkommenen Konkurrenz aber noch als Leitbild[80], wenn sie auch lediglich als „irreales oder ideales Leitbild"[81] bezeichnet wurde. Aufgrund des im folgenden zugrunde gelegten dynamischen Wettbewerbsbegriffes erscheint es jedoch sinnvoll, im folgenden die Theorien darzustellen, die mit dem Wettbewerb als dynamischem Prozess vereinbar sind[82]. Im einzelnen wird zu untersuchen sein, inwieweit das ordoliberale Leitbild der vollständigen Konkurrenz, die Workability-Konzepte sowie die Leitbilder der optimalen Wettbewerbsintensität, der Wettbewerbsfreiheit nach HOPPMANN und das der Chicago School of Antitrust Analysis Vorgaben für die europäische Wettbewerbspolitik und insbesondere für die Ausgestaltung der Prognosekriterien in der Fusionskontrolle enthalten können.

1. Ordoliberales Leitbild der vollständigen Konkurrenz

Das ordoliberale Leitbild der vollständigen Konkurrenz wurde von der so genannten Freiburger Schule, dem Kreis der Wissenschaftler um WALTER EUCKEN und FRANZ BÖHM, in den 30er und 40er Jahren dieses Jahrhunderts entwickelt. Der Begriff „Soziale Marktwirtschaft" stammt von MÜLLER-ARMACK, dem wissenschaftlichen Berater und Staatssekretär LUDWIG ERHARDS zu dessen Zeit als Bundesminister für Wirtschaft. Zwar gehörte MÜLLER-ARMACK nicht eigentlich zur Freiburger Ökonomenschule, sondern argumentierte eher aus einer soziologischen Sichtweise. Er erkannte jedoch die im folgenden dargestellten EUCKENSCHEN Wettbewerbsprinzipien als maßgeblich für die Marktwirtschaft[83] und nahm den Schutz der Wettbewerbsordnung ausdrücklich in seinen Maßnahmenkatalog zur Ersetzung der Lenkungswirtschaft durch die Soziale Marktwirtschaft auf[84].

Diese Schule bestimmte nicht nur die wirtschafts- und damit auch die wettbewerbspolitische Ausrichtung der Bundesrepublik Deutschland auf dem Weg von der

---

79 Vgl. HERDZINA, Wettbewerbspolitik, S. 65ff.

80 ZOHLNHÖFER in: KANTZENBACH-FS, S. 105.

81 CLARK, Workable Competition, S. 143.

82 Eine Darstellung der Modelle würde deshalb zu weit vom Thema der Untersuchung wegführen. Auszüge aus den Werken CHAMBERLINS und ROBINSONS sowie der Abdruck von CLARKS Aufsatz „Towards a Concept of Workable Competition" finden sich bei HERDZINA, Wettbewerbstheorie, S. 76–89, 107–116 und 143–160.

83 Müller-Armack, S. 8.

84 MÜLLER-ARMACK, S. 99; zur Rolle MÜLLER-ARMACKS im Ordoliberalismus vgl. auch GROSSEKETTLER, Wirtschaftsordnung als Gestaltungsaufgabe, S. 26ff

Nachkriegszeit zur Sozialen Marktwirtschaft bis hin zur Einführung des GWB[85]. Darüber hinaus haben die wirtschaftsverfassungsrechtlichen Prinzipien des Ordoliberalismus über den Wissenschaftlichen Beirat beim Bundesministerium für Wirtschaft auch die Verhandlungen über die römischen Verträge beeinflusst[86]. Ihre Darstellung in einer europarechtlich geprägten Untersuchung ist deshalb zwingend notwendig. Die Freiburger Ökonomen haben durch ihr Wirken und ihre Arbeiten auch zur Ausgestaltung und Anwendung der heutigen europäischen Wettbewerbspolitik beigetragen.

Ausgangspunkt[87] der Freiburger Schule war die wirtschaftliche Depression der Jahre 1929 bis 1933, die in der Machtübernahme der Nationalsozialisten und dem späteren Kriegsausbruch kulminierte. Aus der Erkenntnis, dass sowohl die Kartellierung der Wirtschaft[88] als auch die staatlich gelenkte Zentralverwaltungswirtschaft zu Inflation, Arbeitslosigkeit und politischer Instabilität führten[89], entwickelte EUCKEN sein wirtschaftsverfassungsrechtliches Grundprinzip, nach dem die Herstellung eines funktionsfähigen Preissystems vollständiger Konkurrenz zum wesentlichen Kriterium jeder wirtschaftspolitischen Maßnahme gemacht werden muss[90]. Auch wenn EUCKEN von der „Marktform" der vollständigen Konkurrenz spricht, wird damit gerade nicht das statische Modell im neoklassischen Sinn bezeichnet. Die verlangten wirtschaftspolitischen Maßnahmen zielen vielmehr auf die Kontrolle und Steuerung von Verhaltensweisen ab[91].

Die grundsätzliche Notwendigkeit wirtschaftspolitischer Maßnahmen ergibt sich aus EUCKENS ablehnender Haltung gegenüber einer völlig freien Wirtschaft, die seiner Auffassung nach aufgrund des „tiefen Triebs zur Beseitigung von Konkurrenz und zur Erlangung einer Monopolstellung"[92] nicht von selbst zu vollständiger Konkurrenz führen konnte. Das System der vollständigen Konkurrenz bedingt somit eine

---

85 Vgl. zum ordoliberalen Einfluss auf das GWB SANDROCK, S. 42ff. Nach PÄTZOLD, S. 71f, war der reine Ordoliberalismus nur bis zur Rezession 1966/67 politikbestimmend und wurde anschließend durch einen Ausbau der Sozialen Marktwirtschaft zum Wohlfahrtsstaat abgelöst.

86 MESTMÄCKER in: VON-DER-GROEBEN-FS, S. 20f, zitiert ein Gutachten für den Wissenschaftlichen Beirat beim Bundesministerium für Wirtschaft vom 24.4.1953 über eine von marktwirtschaftlichen Prinzipien bestimmte europäische Integration.

87 Zum historischen Kontext des Ordoliberalismus vgl. auch MUSSLER, S. 23ff.

88 Nach ABERLE, S. 78, existierten in Deutschland im Jahre 1905 385 Kartelle, die ca. 12.000 Betriebe erfassten. Unter Hinzuziehung der vorher nicht erfassten Konditionenkartelle stieg diese Zahl bis 1926 auf 1.543 Kartelle an.

89 GIERSCH, ORDO 39 (1988), 3 (4). Für eine allgemeinere Beschreibung der wirtschaftshistorischen Hintergründe vor allem der Arbeiten FRANZ BÖHMS vgl. NÖRR, EJLE 1996, 345 (345ff).

90 EUCKEN, Grundsätze der Wirtschaftspolitik, S. 254.

91 HOPPMANN in: WESSELS-FS, S. 186 in der Fußnote 38; DERSELBE, JbNSt Bd. 179 (1966), 286 (288); GOTTHOLD, ZHR 145 (1981), 286 (305); GROSSEKETTLER in: BORCHERT / GROSSEKETTLER, S. 136; OLTEN, S. 53.

92 EUCKEN, ORDO 2 (1949), 1 (5). EUCKEN kritisierte zwar die Politik der Klassiker, die auch er als Politik des laissez faire bezeichnete, war sich aber der Verdienste eines ADAM SMITH um die Nationalökonomie dennoch bewusst, vgl. EUCKEN, Grundlagen der Nationalökonomie, S. 24ff.

aktive Wirtschaftspolitik durch einen starken Staat[93]. Durch die Forderung nach einem starken Staat wurde den Ordoliberalen und insbesondere Böhm fälschlicherweise[94] ein Hang zum Nationalsozialismus unterstellt[95]. Der irreführende Begriff eines starken Staates wurde später von BÖHM nicht mehr verwendet[96]. Aus heutiger Sicht könnte man die wirtschaftsverfassungsrechtlichen Prinzipien des Ordoliberalismus als „freiheitssichernde Spielregeln" im Sinne BUCHANANS bezeichnen[97].

Gegenstand ordoliberaler Wirtschaftspolitik ist die positive Beachtung folgender konstituierender Prinzipien: zum einen muss die Rechtsordnung Privateigentum und Vertragsfreiheit gewähren sowie Haftungsbeschränkungen für unternehmerisches Handeln möglichst aufheben[98]. Ferner wird Wert gelegt auf eine stabile Währungspolitik und die Konstanz der Wirtschaftspolitik[99]. Für diese Untersuchung am bedeutendsten, weil direkt die Marktstruktur betreffend, ist jedoch das Prinzip der Offenhaltung der Märkte. Dazu zählt zum einen der Verzicht auf staatliche Schließungsmaßnahmen nach außen wie Einfuhrverbote, Prohibitivzölle und Monopole. Zum anderen ist die Wirtschaftspolitik auch gegen „private Machtgruppen"[100], d.h. gegen Kartelle, Syndikate und Monopolunternehmen zu richten. Auch die Gefahren des „ungeheuren Konzentrationsprozesses"[101] in der deutschen Wirtschaft wurden von den Ordoliberalen gesehen. Zwar erkennen EUCKEN, BÖHM und MIKSCH die Tendenz zur Bildung von Großunternehmen als zumindest teilweise[102] durch den technischen Fortschritt begründet an[103] und unterscheiden sich gerade dadurch von den neoliberalen Befürwortern des vollkommenen Wettbewerbs. Sie sehen andererseits aber auch, dass häufig die Erlangung von Marktmacht eigentliches Ziel der Konzernbildung ist und diese trotz formaler Wettbewerbs- und Vertragsfreiheit zu Ausbeutung und Unfreiheit führen kann[104].

---

93 Grossekettler in: Borchert / Grossekettler, S. 133.

94 Dies belegt überzeugend GROSSEKETTLER, Wirtschaftsordnung als Gestaltungsaufgabe, S. 25, 88.

95 So z.B. von HASELBACH, S. 87ff.

96 MUSSLER, S. 33.

97 VANBERG, ORDO 52 (2001), 37 (46).

98 EUCKEN, Grundsätze der Wirtschaftspolitik, S. 270–285. Die Institute Privateigentum, Vertragsfreiheit und Haftung werden hier jedoch nicht als Rechtsprinzipien, die um ihrer selbst willen zu schützen sind, angesehen. Sie sind schützenswert, soweit sie nicht gegen die Wettbewerbsordnung gerichtet werden, vgl. z.B. für die Vertragsfreiheit, EUCKEN, Grundsätze der Wirtschaftspolitik, S. 278f.

99 EUCKEN, Grundsätze der Wirtschaftspolitik, S. 255ff und S. 285ff.

100 EUCKEN, Grundsätze der Wirtschaftspolitik, S. 267.

101 EUCKEN, Wettbewerb als Grundprinzip, S. 35. Vgl. zur Konzernbildung auch MIKSCH, S. 81.

102 Ein anderes Argument für BÖHM ist die seiner Ansicht nach ungerechte Besteuerungspraxis kleiner und großer Unternehmen, ohne die sich zeigen würde, dass „in sehr vielen Fällen die Zusammenfassung von Betrieben und sehr große Betriebsgrößen wirtschaftlich weniger leistungsfähig sind als verselbständigte und kleinere Betriebe", BÖHM, S. 56ff (58).

103 MIKSCH, S. 135; EUCKEN, Grundsätze der Wirtschaftspolitik, S. 292; DERSELBE, ORDO 2 (1949), 1 (65); BÖHM, S. 34.

104 BÖHM, S. 31 und S. 34; EUCKEN, Wettbewerb als Grundprinzip, S. 36 und S. 45ff.

Eine Einordnung des Ordoliberalismus in die beiden idealtypischen Kategorien wettbewerbspolitischer Leitbilder ist damit schwierig[105]: die Freiburger Schule verpflichtet sich dem Freiheitsziel, argumentiert aber auch marktstrukturorientiert, weil es ihr dezidiert auf die Verhinderung monopolistischer Strukturen ankommt[106].

Trotz der Ablehnung nicht durch den technischen Fortschritt begründeter Konzentrationsprozesse finden sich in den frühen Arbeiten der originären Vertreter der Freiburger Schule keine Hinweise auf die Notwendigkeit einer Fusionskontrolle. BÖHM scheint die präventive Kontrolle von Unternehmenszusammenschlüssen sogar für unmöglich zu halten. Er merkt an, dass „es nicht verboten ist und nicht verboten werden kann, (...) Betriebe mittels aktienrechtlicher Beteiligungen, Abschluss von Betriebsüberlassungsverträgen und zahlloser anderer, an sich durchaus zulässiger und unbedenklicher Techniken zu kombinieren" und leitet hieraus die Notwendigkeit nachträglicher Entflechtung ab[107]. Die Konzernbildung soll vielmehr durch das konsequente Zusammenwirken aller Prinzipien der Wirtschaftspolitik verhindert werden[108]. Bilden sich dennoch Monopolunternehmen, so sollen diese ex post durch Entflechtungen wieder aufgelöst und, soweit dies nicht möglich ist, der Überwachung durch ein unabhängiges Monopolamt unterstellt werden. Wesentliche Aufgabe dieses Amtes ist es, darüber zu wachen, dass die Preisbildung auf monopolistisch oder teilmonopolistisch organisierten Märkten so verläuft, als ob vollständige Konkurrenz herrsche[109].

Gerade diese hypothetische „Als-ob"-Betrachtung auf den nicht vermeidbaren Monopolmärkten ist jedoch der Freiburger Schule als Schwachpunkt entgegengehalten worden. Ein Vergleich aktueller Marktergebnisse mit hypothetischen Wettbewerbsergebnissen müsse bereits an einem Diagnoseproblem scheitern, weil niemand die hypothetischen Wettbewerbsergebnisse kennen könne[110]. Eine hypothetische „Als-ob"-Betrachtung ist der Kartellrechtspraxis allerdings nicht grundsätzlich fremd. So wird im Rahmen der Missbrauchsaufsicht über marktbeherrschende Unternehmen (z.B. gemäß Art. 82 EGV, § 19 GWB) ebenfalls ein Als-ob-Maßstab angelegt[111]. Die Unterlegenheit staatlicher Preiskontrollen gegenüber echtem Leistungswettbewerb wurde aber bereits von EUCKEN selbst erkannt, weshalb gerade die Verhinderung bzw. Auflösung von Monopolen für ihn vorrangig gegenüber der Monopolkontrolle war[112].

---

105 HERDZINA, Wettbewerbspolitik, S. 111.

106 A.A. offensichtlich KERBER, Fusionskontrollpraxis, S. 177ff, der als prägendes Merkmal die Orientierung am Freiheitsideal sieht und die ordoliberale Lehre als frühe Variante des (systemtheoretisch einzuordnenden) Konzepts der Wettbewerbsfreiheit versteht.

107 BÖHM, S. 36.

108 EUCKEN, Grundsätze der Wirtschaftspolitik, S. 290f; DERSELBE, ORDO 2 (1949), 1 (63); DERSELBE, Wettbewerb als Grundprinzip, S. 43; BÖHM, S. 36.

109 EUCKEN, Grundsätze der Wirtschaftspolitik, S. 295; MIKSCH, S. 101; BÖHM, S. 38.

110 So z.B. HERDZINA, Möglichkeiten und Grenzen, S. 45; KERBER, Fusionskontrollpraxis, S. 197.

111 Beurteilungskriterien sind hier das räumliche, zeitliche oder sachliche Vergleichsmarktkonzept bzw. das Gewinnspannenkonzept, vgl. hierzu I. SCHMIDT, Wettbewerbspolitik und Kartellrecht, S. 147ff.

112 Vgl. EUCKEN, Wettbewerb als Grundprinzip, S. 42.

Auch wenn die Vertreter der Freiburger Schule die Möglichkeit präventiver Zusammenschlusskontrollen in ihren theoretischen Arbeiten zunächst nicht explizit behandelt haben, muss doch konstatiert werden, dass die spätere Einführung der Fusionskontrolle in das GWB im Jahre 1973 ordoliberalem Gedankengut durchaus entspricht[113]. Bereits der erste Entwurf des GWB enthielt nämlich Vorschriften über die Kontrolle von Unternehmenszusammenschlüssen. Diese waren jedoch wegen ihrer Strenge nicht konsensfähig und wurden zunächst nicht Bestandteil des GWB[114], das aus Sicht der Ordoliberalen deshalb „zugegeben unvollständig" blieb[115]. Aus diesem Grund sind auch ordoliberale Einflüsse auf die aktuelle europäische Wettbewerbspolitik nicht von vornherein auszuschließen. FRANZ BÖHM kam zu der Einsicht, dass es elementares Interesse eines jeden Inhabers von Marktmacht sei, diese zu nutzen, um die Wettbewerbsordnung zu durchkreuzen und zu stören[116]. Aufgrund dieser inhärenten Tendenz zur Schädigung des Wettbewerbs müsste eine Fusionskontrolle nach ordoliberalem Vorbild demnach bereits die bloße Entstehung von Marktmacht als Indiz für eine Versagung des Zusammenschlussvorhabens zum Gegenstand haben.

2. Workable Competition der Harvard School

Etwa zeitgleich mit der ordoliberalen Schule ist in den USA das Konzept des Workable bzw. Effective Competition[117] Gegenstand der wettbewerbstheoretischen Forschung geworden. Durch seine Theorie des dynamischen Wettbewerbs kam JOHN M. CLARK zu der Einsicht, dass Marktunvollkommenheiten nicht, wie in seinem früheren Ansatz des Workable Competition als Second Best angenommen, Abweichungen vom Ideal der vollkommenen Konkurrenz sind, die lediglich aufgrund der Unmöglichkeit, vollkommene Konkurrenz herzustellen, als zweitbeste Lösung zu tolerieren sind. Im Gegenteil können Unvollkommenheiten die Voraussetzung für die Funktionsfähigkeit des Wettbewerbs sein[118]. Da dies naturgemäß nicht für jede Marktunvollkommenheit der Fall ist, galt es nunmehr, die Grenze zu ziehen zwischen

---

113 GROSSEKETTLER in: BORCHERT / GROSSEKETTLER, S. 134; PÄTZOLD, S. 71f; HARDES / KROL / RAHMEYER / SCHMID, S. 22. Auch OLTEN, S. 56, sieht die vorbeugende Fusionskontrolle als ein Mittel der „äußerst rigiden" ordoliberalen Wettbewerbspolitik an. Für ein Beispiel der kritischen Beurteilung von Zusammenschlüssen durch die zweite Generation der ordoliberalen Wissenschaftler vgl. auch den Beitrag des EUCKEN-Schülers LENEL, ORDO 39 (1988), 137 (144ff).

114 Raisch in: Raisch / Sölter / Kartte, S. 18ff; Grossekettler in: Borchert / Grossekettler, S. 135.

115 ERHARD in: BÖHM-FS, S. 17.

116 BÖHM, S. 31.

117 Beide Begriffe werden von den unterschiedlichen Autoren für ihre Konzepte verwandt, wobei sachliche Unterschiede nicht in der jeweiligen Bezeichnung zum Ausdruck kommen. CLARK, der den Begriff des Workable Competition in seinem oben erwähnten Aufsatz „Toward a Concept of Workable Competition" geprägt hat, benutzt später sogar selbst die Formulierung „Effective Competition", vgl. CLARK, Competition as a dynamic process, S. ix. Auch in der deutschsprachigen Literatur wird sowohl vom funktionsfähigen als auch vom wirksamen Wettbewerb gesprochen.

118 Kantzenbach / Kallfass in: Cox / Jens / Markert, S. 108.

den Unvollkommenheiten, die noch funktionsfähigen Wettbewerb garantieren, und solchen, die einen unerwünschten Wettbewerb herbeiführen[119].

CLARK und den übrigen Vertreter der Harvard School[120] ging es dabei zunächst nicht um die Formulierung einer geschlossenen Wettbewerbstheorie oder eines allgemein zu definierenden Leitbildes[121]. Aufbauend auf vorher definierten Zielfunktionen erarbeiteten sie vielmehr Kriterien, anhand derer die Funktionsfähigkeit des Wettbewerbs auf einem ganz konkreten Markt mittels so genannter Markttests zu beurteilen ist. Um Kausalbeziehungen herstellen zu können, wird die Vielzahl der Kriterien systematisiert in Marktstruktur-[122], Marktverhalten- und Marktergebnismerkmale. In der Workability-Literatur wird damit erstmals das oben geschilderte[123] Struktur-Verhalten-Ergebnis-Paradigma explizit formuliert, allerdings nicht einheitlich verwendet. Das Konzept des Workable Competition ist damit eindeutig dem wohlfahrtsökonomischen Ansatz zuzurechnen[124]. Allerdings gehört die Erhaltung der Wirtschafts- und Wettbewerbsfreiheit z.B. im Zielkatalog von JOHN M. CLARK ausdrücklich zu den zu erfüllenden Zielen[125].

Als weitgehend konsensfähig kann die Auffassung bezeichnet werden, dass keine Kausalität zwischen Struktur, Verhalten und Ergebnis im Sinne einer Einbahnstraße besteht, sondern dass die Faktoren sich gegenseitig zirkulär[126] beeinflussen. Auch hierbei sind allerdings Unterschiede im Detail zu verzeichnen. SCHERER / ROSS, sehen Rückkoppelungseffekte lediglich von der Marktstruktur auf die Grundbedingungen für Wettbewerb und von dem Marktverhalten auf Struktur und Grundbe-

---

119 HOPPMANN in: WESSELS-FS, S. 154.

120 Workability-Konzepte zur Bestimmung der Funktionsfähigkeit des Wettbewerbs und die „Industrial Organization"-Forschung werden in der Literatur häufig als die Harvard School zusammengefasst. Die „Industrial Organization"-Forschung hat zwar nicht den Wettbewerb an sich als Gegenstand, benutzt aber auch das Struktur-Verhalten-Ergebnis-Paradigma, welches durch statistische Untersuchungen und empirische Forschungen präzisiert wird. Vgl. hierzu ABERLE, S. 29, und den Überblick bei MANTZAVINOS, S. 23ff.

121 POECHE in: FIW-Dokumentation 1, S. 21, unter Berufung auf Aussagen CLARKS; ebenso OLTEN, S. 84.

122 Marktstrukturmerkmale sind alle Eigenschaften, die die Formen, den Zustand und die Zusammensetzung eines Marktes ausmachen, SOSNICK in: FIW-Dokumentation 1, S. 154.

123 Siehe oben in diesem Teil unter A.I, S. 15.

124 HERDZINA, Wettbewerbspolitik, S. 111.

125 CLARK, Static Models and Dynamic Aspects, S. 53, schreibt: „Eine dritte Gruppe von Aufgaben bezieht sich nicht auf Produkte und Preise, sondern auf die Bedingungen der Wettbewerbsrivalität an sich. Sie betrachtet Freizügigkeit als Selbstzweck. (...) Eine der Aufgaben der hier untersuchten Art von Theorie besteht darin, die (...) Freizügigkeit zu definieren, über die die Erzeuger verfügen, sowie die Grenzen, die ihnen gesetzt sind oder die ihnen in angemessener Weise zugestanden werden sollten". Vgl. auch DERSELBE, Competition as a dynamic process, S. 85f.

126 Die zirkuläre Verknüpfung wird übersichtlich dargestellt in Schaubildern von I. SCHMIDT, Wettbewerbspolitik und Kartellrecht, S. 59; TOLKSDORF, Dynamischer Wettbewerb, S. 57, und ZACHMANN, S. 162. Auch SOSNICK in FIW-Dokumentation 1, S. 154f, beschreibt die vielfachen Interdependenzen zwischen den drei Kategorien.

dingungen[127]. MANTZAVINOS führt eine zeitliche Komponente ein. Er geht unter Berufung auf SHEPHERD davon aus, dass die Rückwirkungen von Marktergebnisfaktoren auf künftige Strukturen und Verhaltensweisen eher langfristig zu beobachten seien, während die kurzfristige Betrachtung von einer einfachen Kausalität zwischen Struktur, Verhalten und Ergebnis dominiert werde[128].

Weder über die Kriterien an sich, noch über die Art und Weise der durchzuführenden Markttests besteht also Einigkeit[129]. Als Testverfahren zur Beurteilung der Funktionsfähigkeit eines bestimmten Marktes kommen entsprechend der Kategorisierung der Merkmale Strukturtests, Verhaltenstests oder Ergebnistests in Frage sowie jede mögliche Kombination dieser Verfahren[130]. Die Einordnung der unterschiedlichen Workability-Vertreter erfolgt danach, welche Markttests sie bevorzugen[131]. Die Schwierigkeiten einer eindeutigen Bestimmung der einzelnen Testverfahren kann anhand des folgenden Beispiels verdeutlicht werden: Im Schrifttum wird vertreten, JOE S. BAIN und FREDERIC M. SCHERER favorisierten Strukturtests[132]. KANTZENBACH / KALLFASS stimmen dem im Grunde zu, weisen aber darauf hin, dass F.M. SCHERER sich selbst als „behaviorist“ bezeichnet[133]. Nach SOSNICK konzentriert sich BAIN hingegen auf Ergebnistests[134].

In Bezug auf die einzelnen Kriterien, anhand derer die Funktionsfähigkeit des Wettbewerbs getestet werden soll, ergeben sich zwei Probleme: Zum einen ist auch hier eine Zuordnung nicht immer eindeutig. Selbst wenn diese erfolgt, ergibt sich daraus noch lange keine Übereinstimmung in ihrer Bewertung. Als auch in der Fusionskontrolle bedeutsames Marktstrukturmerkmal wird häufig die Anzahl der Marktteilnehmer genannt. Diese muss aber, je nach zugrunde gelegter Auffassung, „groß“ bzw. „beträchtlich“ sein, andere Autoren fordern lediglich „mehrere Marktteilnehmer, von denen keiner eine beherrschende Stellung hat,“ oder „so viele [Marktteilnehmer], wie es die Massenproduktion erfordert“[135].

Aus dieser Beschreibung des „Workable Competition“-Ansatzes folgt beinahe zwangsläufig die ihm entgegengebrachte Kritik. Gerade dadurch, dass der Wettbewerb zutreffend als dynamischer Prozess verstanden wird, ergibt sich aufgrund der Vielfalt möglicher Wettbewerbsprozesse eine zu große Anzahl von Beurteilungskriterien seiner Funktionsfähigkeit[136]. Es ist also unmöglich, aus den praxisorientierten

---

127 Scherer / Ross, S. 5.

128 MANTZAVINOS, S. 37.

129 Aufgrund der Unterschiede in den einzelnen Auffassungen kann nicht einmal von d e m Konzept des Workable Competition gesprochen werden. Als Beleg hierfür genüge das bekannte Zitat von MASON: „There are as many definitions of ‚effective‘ or ‚workable‘ competition as there are effective or working economists“; MASON, S. 381.

130 Vgl. für die unterschiedlichen Markttests die übersichtliche Beschreibung bei I. SCHMIDT, Wettbewerbspolitik und Kartellrecht, S. 75ff, sowie die ausführlichere Darstellung von HERDZINA, Wettbewerbspolitik, S. 52ff.

131 Vgl. hierzu die Auflistung von SOSNICK in: FIW-Dokumentation 1, S. 157ff.

132 Cox / Hübener in: Cox / Jens / Markert (Hrsg.), S. 16,

133 Kantzenbach / Kallfass in: Cox / Jens / Markert, S. 115 in ihrer Fußnote 45.

134 SOSNICK in: FIW-Dokumentation 1, S. 158.

135 SOSNICK in: FIW-Dokumentation 1, S. 157f.

136 OLTEN, S. 84; ABERLE, S. 33.

Einzelkriterien ein schlüssiges Leitbild der Wettbewerbspolitik zu folgern. Im Gegensatz zur neoklassischen Theorie der vollkommenen Konkurrenz, die den Praxisansatz nicht berücksichtigte, vernachlässigt der Workable Competition in seinem Praxisansatz die theoretische Fundierung[137]. Aus diesem Grund gilt der Ansatz des Workable Competition jedenfalls insoweit als gescheitert, als seine Vertreter versuchten, aus den einzelnen Kriterien zur Beurteilung der Funktionsfähigkeit des Wettbewerbs ein Leitbild mit Handlungsempfehlungen für die Wettbewerbspolitik zu konstruieren[138]. In seiner Reinform wird Workable Competition deshalb auch nicht mehr vertreten.

Wenn seine Beschreibung in dieser Untersuchung dennoch Platz gefunden hat, dann deshalb, weil die Formulierung und Systematisierung insbesondere der Marktstrukturkriterien durch die Workability-Vertreter auch zur Formulierung der Untersagungskriterien für die Fusionskontrolle beigetragen haben. Um diese Behauptung zu untermauern, genügt bereits ein Blick in den Katalog der Entscheidungskriterien des Art. 2 Abs. 1 S. 2 FKVO. Nahezu alle im Rahmen einer Fusionskontrollentscheidung anzuwendenden Kriterien finden sich auch in den Auflistungen der Marktstrukturkriterien in der Workability-Literatur. Sie werden hier teils als Marktstrukturkriterien verstanden, teils aber auch zu den Grundbedingungen gezählt, die ihrerseits die Marktstruktur determinieren („basic conditions"). SCHERER / ROSS nennen als Strukturkriterien z.B. die Anzahl der Marktteilnehmer, Produktdifferenzierung, Marktschranken, Kostenstrukturen, vertikale Integration und Diversifizierung. Die zeitliche Entwicklung der Nachfrage, ebenfalls ein Kriterium des Art. 2 Abs. 1 S. 1 lit. b) FKVO, zählen sie hingegen zu den Grundbedingungen[139]. Im Ergebnis ist GROSSEKETTLER zuzustimmen, der die Auffassung vertritt, Strukturvariablen im engeren Sinne und „basic conditions" könnten auch als Strukturvariablen im weiteren Sinne zusammengefasst werden[140].

3. Das Konzept der optimalen Wettbewerbsintensität nach Erhard Kantzenbach

Eine Weiterentwicklung der Workability-Ansätze, die auch konkrete Handlungsempfehlungen für die Wettbewerbspolitik bietet, ist ERHARD KANTZENBACHS Konzept der optimalen Wettbewerbsintensität. Als Grundlage des Konzepts definiert KANTZENBACH fünf gesamtwirtschaftliche Zielfunktionen[141]. Den drei statischen Funktionen „Einkommensverteilung nach der Marktleistung", „Erfüllung der Kundenpräferenzen" und „optimale Faktorallokation", deren Erfüllung nur in einem Gleichgewichtszustand vollkommener Konkurrenz optimal gewährleistet ist[142], fügt er die beiden dynamischen Funktionen „Anpassungsflexibilität der Produktion an außerwirtschaftliche Daten"[143] und „Durchsetzung des technischen Fortschrittes" hinzu. Da

---

137 TOLKSDORF, WuW 1980, 785 (792); OLTEN, S. 87.

138 OLTEN, S. 87.

139 Scherer / Ross, S. 4f.

140 Grossekettler in Borchert / Grossekettler, S. 153.

141 KANTZENBACH, Funktionsfähigkeit des Wettbewerbs, S. 16ff.

142 Vgl. diesbezüglich die Ausführungen zur vollkommenen Konkurrenz oben in diesem Teil unter B.II, S. 19.

143 Solche „außerwirtschaftliche Daten" sind beispielsweise Änderungen der Nachfragestruktur oder der Produktionstechnik. Wettbewerb dient damit auch der Minimierung

auch KANTZENBACHS Überlegungen ein dynamisches Wettbewerbsverständnis[144] zugrunde liegt, können die beiden letzen Zielfunktionen nur durch erhebliche Monopolgrade und Marktunvollkommenheiten erfüllt werden. Die optimale Wettbewerbsintensität ergibt sich somit als Kompromiss zwischen der Erfüllung der statischen und der dynamischen Zielfunktionen und erfordert Beschränkungen der Wettbewerbsfreiheit[145]. Gerade dieser Versuch, sich gegenseitig ausschließende Kriterien in einen Einklang bringen zu wollen, ist KANTZENBACH entgegengehalten worden. Die auf den ersten Blick unbedeutende Kompromissformel wurde von HOPPMANN, dessen Konzept der Wettbewerbsfreiheit im Anschluss erläutert wird[146], als KANTZENBACHS „Dilemma-These" bezeichnet[147], woraus sich die so genannte „KANTZENBACH-HOPPMANN-Kontroverse" entwickelte[148].

Maßstab für die Wettbewerbsintensität ist nach KANTZENBACH die Anpassungsgeschwindigkeit zwischen Innovation und Imitation. Diese „Geschwindigkeit, mit der Vorsprungsgewinne, die der technische Fortschritt den Unternehmen einbringt, von der Konkurrenz wieder weggefressen werden"[149], ist dabei um so höher, je größer für die passiven Unternehmen die Gefahr wird, durch die Innovation in ihrer Existenz bedroht zu sein. Die Existenzgefährdung durch eine Innovation und mithin die Wettbewerbsintensität erreichen ihr Maximum, wenn die Nachfrage hinreichend beweglich ist und das innovatorische Unternehmen zudem über die Fähigkeit verfügt, zusätzliche Nachfrage zu befriedigen. Theoretischer Idealfall ist für KANTZENBACH damit das symmetrische Dyopol mit homogenen Produkten bei nicht ausgelasteten Kapazitäten der beiden Konkurrenten. In diesem Fall muss jeder auf Vorstöße des anderen unmittelbar reagieren, da der andere seine Produktion erhöhen und das

---

volkswirtschaftlicher Kosten bei Strukturänderungen, vgl. KANTZENBACH, Funktionsfähigkeit des Wettbewerbs, S. 17.

144 KANTZENBACH bezeichnet seine Theorie als Versuch, die Überlegungen von SCHUMPETER und CLARK systematisch weiterzuentwickeln, vgl. KANTZENBACH / KALLFASS in: COX / JENS / MARKERT, S. 108. Er legt seinen Überlegungen also deren dynamisches Wettbewerbsverständnis zugrunde, benutzt aber ARNDTS Terminologie der „individualisierenden" und „generalisierenden" Wettbewerbsströme, vgl. KANTZENBACH, Funktionsfähigkeit des Wettbewerbs, S. 35.

145 KANTZENBACH, Funktionsfähigkeit des Wettbewerbs, S. 129.

146 Siehe unten in diesem Teil unter C.II.4, S. 35ff.

147 HOPPMANN, JbNSt Bd. 179 (1966), 286 (291f).

148 KANTZENBACHS „ernsthafte Zweifel an allen Argumenten, die eine enge Beziehung zwischen dem Ziel der Freiheit und einzelnen wettbewerbspolitischen Maßnahmen unterstellen" (KANTZENBACH, JbNSt Bd. 181 (1967/68), 193 (202)), welche HOPPMANNS Konzept der Wettbewerbsfreiheit diametral entgegenstehen, mögen ein Grund für die Schärfe dieser Kontroverse gewesen sein, an der nicht nur die beiden Genannten, sondern auch ERICH KAUFER beteiligt war, vgl. hierzu HOPPMANN, JbNSt Bd. 179 (1966), 286ff; KAUFER, JbNSt Bd. 179 (1966), 481ff; KANTZENBACH, JbNSt Bd. 181 (1967/68), 193ff; KAUFER, JbNSt Bd. 181 (1967/68), 242ff sowie HOPPMANN, JbNSt Bd. 181 (1967/68), 251ff.

149 KANTZENBACH, Funktionsfähigkeit des Wettbewerbs, S. 38, übernimmt diese Definition von NIEHANS. Auf die Kritik von HOPPMANN, JbNSt Bd. 179 (1966), 286 (296 FN 14) hat KANTZENBACH, JbNSt Bd. 181 (1967/68), 193 (207), seine Definition auf alle Vorsprungsgewinne erweitert.

passive Unternehmen im Extremfall bereits durch eine marginale Preissenkung völlig vom Markt drängen kann[150].

Die Situation des Dyopols bzw. des engen Oligopols beschreibt jedoch lediglich das potentielle Maximum der Wettbewerbsintensität ohne die Berücksichtigung der Möglichkeit und Wahrscheinlichkeit von Wettbewerbsbeschränkungen. Die an sich erwünschte Abhängigkeit eines Anbieters von jedem einzelnen seiner Konkurrenten (oligopolistische Interdependenz) erhält einen ambivalenten Charakter dadurch, dass sie die Gefahr von Wettbewerbsbeschränkungen beinhaltet. Diese können sich entweder in ruinöser Konkurrenz mit der Folge der Monopolbildung äußern[151]. Die andere, größere Gefahr besteht aber in der wachsenden Fähigkeit und Neigung, auf engen Oligopolmärkten durch kollusives Verhalten wie Absprachen, Verträge und weitergehende Maßnahmen die Gefahr für das einzelne Unternehmen und damit auch die effektive Wettbewerbsintensität zu verringern[152]. Dem zu niedrigen Interdependenzgrad im Polypol steht ein zu hoher Grad im engen Oligopol gegenüber. KANTZENBACH kommt deshalb zu dem Schluss, die effektive Wettbewerbsintensität erreiche ihr Optimum am ehesten im Bereich weiter („kompetitiver"[153]) Oligopole mit mäßiger Produktdifferenzierung und unvollkommener Markttransparenz[154].

Das Konzept der optimalen Wettbewerbsintensität beschränkt sich jedoch nicht auf die Ausarbeitung der theoretisch anzustrebenden optimalen Marktstruktur. Darüber hinaus gibt ERHARD KANTZENBACH auch Handlungsempfehlungen, wie diese durch aktive Wettbewerbspolitik erreicht und gesichert werden kann, und untersucht auch die Auswirkungen der Konzentration durch Unternehmenszusammenschlüsse. Die bloße Missbrauchsaufsicht über marktbeherrschende Unternehmen sieht er dabei als inferiores Mittel gegenüber einer präventiven Kontrolle von Zusammenschlüssen an[155]. Nach seiner Auffassung sollten alle Zusammenschlüsse von Großunternehmen aus diesem Grund einer staatlichen Genehmigungspflicht unterworfen werden[156]. Anstelle von Marktanteilen favorisiert er aber die Unternehmensgröße als Eingriffskriterium. Die präventive Kontrolle solle sich auf die 100 bis

---

150 Kantzenbach / Kallfass in: Cox / Jens / Markert, S. 109.

151 KANTZENBACH, Funktionsfähigkeit des Wettbewerbs, S. 45.

152 Vgl. hierzu KANTZENBACH, Funktionsfähigkeit des Wettbewerbs, S. 87ff und insbesondere S. 90f: „Durch die Möglichkeiten der Wettbewerbsbeschränkung erhält die oligopolistische Interdependenz ihren ambivalenten Charakter. Wie im einzelnen ausgeführt, erhöht eine Verringerung der Anzahl der Konkurrenten sowie eine Erhöhung der Marktvollkommenheiten ceteris paribus die oligopolistische Interdependenz und damit die potentielle Wettbewerbsintensität. Die gleichen Faktoren steigern jedoch gleichzeitig die Neigung zur Wettbewerbsbeschränkung und die Möglichkeiten ihrer Verwirklichung. Sie senken damit ceteris paribus die effektive Wettbewerbsintensität. (...) Die außerordentlich hohe Interdependenz in engen, homogenen Oligopolen lässt eine funktionsfähige Wettbewerbsintensität kaum zu."

153 KANTZENBACH in: FIW-Schriftenreihe 165, S. 65.

154 KANTZENBACH, Funktionsfähigkeit des Wettbewerbs, S. 49 und S. 129. Die Notwendigkeit nicht vollständiger Markttransparenz und der Produktdifferenzierung ergibt sich daraus, dass durch sie die Neigung und Fähigkeit zu Wettbewerbsbeschränkungen gesenkt werden, vgl. S. 46.

155 KANTZENBACH, Funktionsfähigkeit des Wettbewerbs, S. 135.

156 KANTZENBACH, Funktionsfähigkeit des Wettbewerbs, S. 139.

200 größten Unternehmen beschränken, deren Zusammenschlüsse auch ohne Nachweis einer Wettbewerbsbeschränkung zu untersagen seien[157]. Es muss aber angemerkt werden, dass KANTZENBACH zumindest zum Zeitpunkt der Ausarbeitung seines Konzepts der optimalen Wettbewerbsintensität (1966) noch keine grundsätzliche Tendenz fortschreitender Konzentration sah, sondern von einem langfristig in etwa konstantem Konzentrationsgrad ausging[158].

Während auf polypolistischen Märkten Unternehmenszusammenschlüsse grundsätzlich die Funktionsfähigkeit des Wettbewerbs erhöhen würden[159], beeinflussen sie auf oligopolistischen Märkten direkt die oligopolistische Interdependenz und haben genau wie diese ambivalente Auswirkungen. Durch die Verringerung der Anzahl der Marktteilnehmer wird zwar die potentielle Wettbewerbsintensität erhöht; andererseits steigen aber auch die Möglichkeiten zu Wettbewerbsbeschränkungen[160]. Im Ergebnis erscheint eine per-se-Beurteilung von Zusammenschlüssen unter Zugrundelegung von KANTZENBACHS Konzept der optimalen Wettbewerbsintensität nicht möglich[161]. Es kann beispielsweise nicht von einer Genehmigung bis zu einem gewissen Konzentrationsgrad ausgegangen werden. Die Genehmigungsmöglichkeit von Fusionen muss sich danach beurteilen, welche der möglichen Auswirkungen auf die Entwicklung der Wettbewerbsintensität im Einzelfall[162] überwiegen. Bei der Beurteilung von Zusammenschlussvorhaben auf hochkonzentrierten Oligopolmärkten scheint KANTZENBACH auch industriepolitischen Überlegungen im Einzelfall Rechnung tragen zu wollen. Auf solchen Märkten könnten Zusammenschlüsse genehmigt werden, „wenn die voraussichtlichen gesamtwirtschaftlichen Produktivitätssteigerungen höher zu bewerten sind als die voraussichtliche Reduzierung der Wettbewerbsfähigkeit“[163]. Diese Tendenz zur Einzelfallbeurteilung bestätigt zusammen mit der strukturorientierten Betrachtungsweise die Ansicht[164], dass es sich bei dem Leitbild

---

157 KANTZENBACH, Marktwirtschaft 1970, 15 (15f), im Rahmen der Diskussion um die Einführung der Fusionskontrolle in das GWB.

158 Vgl. KANTZENBACH, Funktionsfähigkeit des Wettbewerbs, S. 67.

159 Aus diesem Grund bezeichnet KANTZENBACH, Funktionsfähigkeit des Wettbewerbs, S. 145, Unternehmenszusammenschlüsse auf polypolistischen Märkten ausdrücklich als erwünscht, gibt aber an anderer Stelle (S. 122) zu bedenken, dass die Neigung zu Fusionen auf solchen Märkten sehr gering ist.

160 KANTZENBACH, Funktionsfähigkeit des Wettbewerbs, S. 123.

161 Auch ZOHLNHÖFER in: KANTZENBACH-FS, S. 107, der Kantzenbachs besonderen Verdienst darin sieht, mit Hilfe des Begriffs der Wettbewerbsintensität die vorher fehlende theoretische Verbindung zwischen Marktstruktur und Funktionsfähigkeit des Wettbewerbs geschaffen zu haben, merkt an, die wettbewerbspolitische Beurteilung konkreter marktstruktureller Konstellationen könne nur dann zu tragfähigen Ergebnissen führen, wenn alle Komponenten der Marktstruktur als Determinanten der Wettbewerbsintensität Berücksichtigung fänden.

162 KANTZENBACH / KOTTMANN / KRÜGER, S. 8, stellen aber selbst fest, dass die notwendige fall- bzw. sektorspezifische Beurteilung der kollusionshemmenden und kollusionsfördernden Faktoren sich vor dem Hintergrund der Planungssicherheit an klare Entscheidungsregeln halten muss.

163 KANTZENBACH, Funktionsfähigkeit des Wettbewerbs, S. 148.

164 HERDZINA, Wettbewerbspolitik, S. 111; ZOHLNHÖFER in: KANTZENBACH-FS, S. 106f.

der optimalen Wettbewerbsintensität um einen eher wohlfahrtsökonomischen Ansatz handelt.

4. Erich Hoppmanns Konzept der Wettbewerbsfreiheit

Einen Gegenpol zu KANTZENBACHS Ansatz bildet ERICH HOPPMANNS systemtheoretisches Leitbild der Wettbewerbsfreiheit[165]. In dessen Arbeiten wird Wettbewerb im VON HAYEKSCHEN Sinne als Entdeckungsverfahren mit unbekanntem Ausgang verstanden[166]. Charakteristisch für ein solches Entdeckungsverfahren ist die ihm inhärente organisierte Komplexität. Die einzelnen Wettbewerbsprozesse hängen von einer Vielzahl unterschiedlicher Elemente (die in heutiger Terminologie Wettbewerbsparameter genannt werden könnten), der Häufigkeit ihres Auftretens und der Art und Weise ihres Zusammenwirkens ab. Aufgrund dieser Komplexität des wirtschaftlichen Wettbewerbs lassen sich konkrete Ereignisse niemals mit hinreichender Genauigkeit prognostizieren, sie bilden vielmehr eine spontane Ordnung[167]. Es sind allenfalls „pattern predictions“, d.h. Mustervoraussagen über allgemeine Eigenschaften der Strukturen, die sich bilden werden, möglich[168]. Detailprognosen müssen notwendigerweise an einer Anmaßung von Wissen scheitern[169]. Auch HOPPMANN stellt fest: „Die besonderen Ausprägungen der spontanen Handelnsordnung sind (...) von den besonderen Plänen und Handlungen der Marktbeteiligten bestimmt, die uns unbekannt sind. Deshalb können sie von niemandem prognostiziert werden“[170].

ERICH HOPPMANNS Auffassung nach fußt die marktwirtschaftliche Ordnung „auf der Voraussetzung, dass die Menschen, indem sie leben, keinen übergeordneten Zweck, sondern ihr eigenes Selbst erfüllen. Sie geht davon aus, dass freie Menschen ihre eigenen Mittel und Fähigkeiten für ihre eigenen Zwecke einsetzen“[171]. Auch die Wettbewerbsprozesse in einer Marktwirtschaft können damit keine überindividuellen Zielfunktionen erfüllen. Die Marktteilnehmer streben lediglich individuelle ökonomische Vorteile an. Erst durch das ungeplante, spontane Zusammenwirken mehrerer, lediglich individuell geplanter Vorgehensweisen ergibt sich ein eigentliches Marktgeschehen[172]. Gerade hier wird die Rückbesinnung in der modernen Wettbewerbstheorie auf ADAM SMITHS „unsichtbare Hand“ deutlich.

---

165 HOPPMANN, JbNSt Bd. 179 (1966), 286 (289), nennt seinen Ansatz auch *neu*klassisch, weil er sich ausdrücklich auf das Gedankengut der Klassiker wie ADAM SMITH beruft, aber jegliche Verwechslungsgefahr mit *neo*klassischen Wohlfahrtsschulen vermeiden will.

166 HOPPMANN, Definition des Wettbewerbs, S. 30, bezeichnet den Wettbewerb als „Such-, Lern- und Informationsprozess“, bezieht sich dabei aber ausdrücklich auf die Vorstellungen VON HAYEKS.

167 VON HAYEK, Wettbewerb als Entdeckungsverfahren, S. 8f.

168 VON HAYEK, Wettbewerb als Entdeckungsverfahren, S. 5f; DERSELBE, ORDO 26 (1975), 12 (15).

169 So titelt VON HAYEKS Aufsatz in ORDO 26 (1975), 12ff.

170 HOPPMANN, Hayek-Vorlesung, S. 22. Ebenso deutlich wird die Unmöglichkeit konkreter Prognosen dargelegt in: DERSELBE, Fusionskontrolle, S. 22.

171 HOPPMANN, Definition des Wettbewerbs, S. 26.

172 HOPPMANN in: WILLGERODT-FS, S. 3 (6).

Aus beiden Grundannahmen folgt die Unmöglichkeit, einen funktionsfähigen oder gar optimalen Wettbewerb positiv anhand von Zielfunktionen zu definieren. Wird Wettbewerb als Entdeckungsverfahren verstanden, so kann er niemals bestimmte Ergebnisse für bestimmte Personen mit hinreichender Sicherheit erbringen, sondern nur Chancen für unbestimmte Personen vergrößern[173], die diese dann zu ihrem individuellen Vorteil nutzen können. Im wirtschaftlichen Wettbewerb sind all jene Marktprozesse systemkonform, „in denen sich Wettbewerbsfreiheit und, weil sie reziprok ökonomische Vorteile zur Folge hat, ökonomische Vorteilhaftigkeit ‚manifestieren'"[174]. Da sich die ökonomische Vorteilhaftigkeit in der Chance zur Erreichung individueller Vorteile erschöpft, gibt es in HOPPMANNS Konzept der Wettbewerbsfreiheit auch keinen Konflikt bzw. kein Dilemma zwischen Freiheit und Vorteilhaftigkeit[175].

Der Begriff der Wettbewerbsfreiheit beinhaltet zwei Komponenten: zum einen die äußere Handlungsfreiheit, d.h. die Freiheit zur Ausführung von Willensentschlüssen, zum anderen ist auch die innere Entschließungsfreiheit, d.h. die Selbstbestimmung beim Zustandekommen des Willens, umfasst[176]. Beide Freiheitsbereiche sind jedoch nicht absolut, sondern lediglich relativ schützenswert und finden ihre Grenze in der korrespondierenden Freiheit der Wettbewerber. Die Möglichkeit, das Ausmaß der eigenen Freiheit auf Kosten anderer auszuweiten, bezeichnet HOPPMANN als Marktmacht. Beide Begriffe stehen in einem antagonistischen Verhältnis[177] zueinander. Ziel der Wettbewerbspolitik ist es, Marktmacht zu verhindern, sofern diese „unangemessen (wesentlich, undue, unreasonable, substantial oder ähnliches)"[178] ist.

Zur Beantwortung der Frage, bis zu welchem Ausmaße Marktmacht hinzunehmen ist und wann sie unangemessen wird, müssen abstrakte und generell anzuwendende „Spielregeln" in Form von per-se-Regelungen aufgestellt werden. Aus der Zielsetzung Wettbewerbsfreiheit ergibt sich dabei zwingend, dass diese Regelungen keine positiven Gebote enthalten dürfen. Sie dürfen und müssen lediglich Verhaltensweisen verbieten, durch die die Wettbewerbsfreiheit beschränkt wird, müssen also „negativ formuliert" sein[179]. Die Forderung nach abstrakt-generellen Regelungen negativer Art als Basis für die Verwirklichung von Freiheit geht wiederum auf VON HAYEK zurück. In seiner „Verfassung der Freiheit" legt dieser dar, dass nur solche Regeln die Herrschaft des Gesetzes (im Original: „rule of law") in einem materiellen

---

173 VON HAYEK, Wettbewerb als Entdeckungsverfahren, S. 9.

174 HOPPMANN, Definition des Wettbewerbs, S. 28.

175 HOPPMANN, Definition des Wettbewerbs, S. 22. Ebenso wie HOPPMANN KANTZENBACHS „Dilemma-These" kritisiert hat, ist auch seine eigene Harmoniethese Gegenstand kritischer Diskussion geworden. Für einen Überblick über die HOPPMANN-TOLKSDORF-Kontroverse und eine hervorragende Überprüfung der Harmoniethese vgl. MANTZAVINOS, S. 163-187. Er kommt zu der Auffassung (S. 185), dass HOPPMANNS Harmoniethese „Wenn Wettbewerbsfreiheit vorhanden ist, dann entsteht ökonomische Vorteilhaftigkeit" dann haltbar ist, wenn der Konditionalteil um die Bedingungen „Vorhandensein von spirit of competition" und „Anzahl der Marktteilnehmer > 1" ergänzt wird.

176 Vgl. hierzu HOPPMANN, Definition des Wettbewerbs, S. 33ff.

177 OLTEN, S. 96.

178 HOPPMANN, Definition des Wettbewerbs, S. 37.

179 HOPPMANN, ORDO 18 (1967), 77 (85); vgl. auch DERSELBE in: WILLGERODT-FS, S. 5ff.

Rechtsstaat begründen können[180]. Bei der Beurteilung einer konkreten Verhaltensweise ist in einem Marktmachttest zunächst zu prüfen, welche Auswirkungen diese auf die Freiheit des Austauschprozesses, d.h. des Marktprozesses zwischen Anbietern und Nachfragern, sowie auf die Parallelprozesse[181], d.h. auf den aktuellen und potentiellen Wettbewerb der Konkurrenten untereinander, hat[182]. Die vielfältigen Elemente eines konkreten Geschehens in die Kategorien Marktstruktur, Marktverhalten und Marktergebnis zu unterteilen, hält HOPPMANN zwar grundsätzlich für möglich[183]. Eine streng kausale Verknüpfung im Sinne des Struktur-Verhalten-Ergebnis-Paradigmas ist aufgrund der Vielfältigkeit marktwirtschaftlicher Prozesse jedoch gerade nicht möglich[184]. Vielmehr soll anhand der per-se-Regelungen ermittelt werden, ob die entstehende Marktmacht unangemessen oder ob das in Frage stehende Verhalten Ausdruck der Betätigung von Wettbewerbsfreiheit ist.

Während HOPPMANN bei der Ausarbeitung seines Konzeptes der Wettbewerbsfreiheit Fusionen lediglich an einer Stelle kurz erwähnt[185], widmet er ihren Auswirkungen später eine eigene Arbeit[186]. Zunächst untersucht und kritisiert HOPPMANN darin mögliche Beurteilungskriterien im Rahmen der präventiven Fusionskontrolle. Sowohl die Kontrolle reiner Unternehmensmacht in Form absoluter Konzentration, als auch die Kontrolle der Unternehmenskonzentration in Form relativer Konzentration (Disparität) und die Überprüfung etwaiger wettbewerbsbeschränkender Auswirkungen von Zusammenschlüssen im Einzelfall erscheinen ihm nicht systemgerecht[187]. HOPPMANNS grundsätzliche Ablehnung der Möglichkeit, konkrete Ergebnisse wettbewerblicher Prozesse im Einzelfall, hier also die konkreten Auswirkungen eines Unternehmenszusammenschlusses, prognostizieren zu können, wird wiederum deutlich. Für ihn ist jede individuelle Voraussage über konkrete Auswirkungen einer Fusion „notwendigerweise immer mehr oder weniger willkürlich, wobei der Grad der Willkür zunimmt, je spezifischer die Voraussage ist"[188]. Es ist vielmehr eine abstrakt-generelle Regelung in Bezug auf Unternehmenszusammenschlüsse erforderlich.

---

180 Vgl. VON HAYEK, Constitution of Liberty, S. 148ff, S. 220ff und insbesondere S. 152: „[G]eneral and abstract rules [of law] specify that in certain circumstances action must satisfy certain conditions; but all the many kinds of action that satisfy these conditions are permissible. The rules merely provide the framework within which the individual must move but within which the decisions are his. So far as his relations with other private persons are concerned, the prohibitions are almost entirely of a negative character, unless the person to whom they refer has himself, by his actions, created conditions from which positive obligations arise." Dieselben Gedanken sind auch verkürzt dargestellt in: VON HAYEK, ORDO 18 (1967), 11 (17ff).

181 HOPPMANN, Definition des Wettbewerbs, S. 42; DERSELBE, ORDO 18 (1967), 77 (90), unterscheidet zwei Parallelprozesse, nämlich den vorstoßenden und den nachfolgenden Wettbewerb im Sinne von ARNDT und CLARK.

182 HOPPMANN, Definition des Wettbewerbs, S. 43ff.

183 HOPPMANN, Definition des Wettbewerbs, S. 45.

184 HOPPMANN, Definition des Wettbewerbs, S. 39

185 Er fordert ein Verbot für Marktmacht verschaffende Fusionen zum Schutz der Entschließungsfreiheit, vgl. HOPPMANN, Definition des Wettbewerbs, S. 34.

186 HOPPMANN, Fusionskontrolle, Tübingen 1972.

187 HOPPMANN, Fusionskontrolle, S. 29ff.

188 HOPPMANN, Fusionskontrolle, S. 53.

Fusionen enthalten eine freiheits- und damit wettbewerbsbeschränkende Dimension dadurch, „dass mehrere Entscheidungseinheiten (Unternehmen) unter eine einheitliche Leitung geraten. Aus zwei oder mehreren Entscheidungszentren, die im polyzentrischen System vor der Fusionierung der kompetitiven spontanen Koordination ausgesetzt waren, entsteht eine einzige Entscheidungseinheit, d.h. an die Stelle mehrerer Pläne tritt ein einheitlicher Plan. Insofern wird an dieser Stelle des marktwirtschaftlichen Prozesses die spontane Koordination durch eine ex-ante-Koordination ersetzt"[189]. Fusionen haben damit ähnliche Auswirkungen wie Kartelle, in denen ebenfalls die spontane Ordnung durch ex-ante-Koordination ersetzt wird. In der obigen Terminologie kann es durch die Koordination sowohl zu einer Beschränkung der Handlungs- wie auch der Entschließungsfreiheit[190] kommen. Fusionen sind grundsätzlich negativ zu beurteilen. Aus diesem Grund plädiert HOPPMANN dafür, die Fusionskontrolle durch ein Fusionsverbot zu ersetzen. Im Rahmen einer per-se-Regelung sollten wettbewerbsbeschränkende Fusionstypen grundsätzlich verboten werden. Dabei gibt HOPPMANN jedoch die Schwierigkeit zu, Fusionstypen zu definieren, die grundsätzlich freiheitsbeschränkend wirken. Als mögliche Kriterien schlägt er zunächst nur ein Fusionsverbot für diejenigen Unternehmen vor, die absolute Größenkriterien (Umsatz, Kapital etc.) überschreiten, um „superconcentration" zu vermeiden[191].

Seine Forderung ist jedoch auch vor dem Hintergrund der Theorie der Wettbewerbsfreiheit dem Vorwurf der Willkür ausgesetzt worden. Nach TOLKSDORF liegt ein Widerspruch darin, dass das Erreichen einer gewissen Marktposition durch internes Wachstum grundsätzlich als Ausdruck der Wahrnehmung von Freiheitsspielräumen erlaubt sein soll, wohingegen das Erreichen derselben Position durch Zusammenschlüsse per se untersagt werden soll[192]. Dieser Kritik könnte entgegengehalten werden, dass internes Wachstum gerade unter Ausnutzung der Wettbewerbsbedingungen stattfindet, während externe Konzentration beispielsweise auch durch feindliche Übernahmen („unfriendly overtakings") zustande kommen kann. In der Regel werden Zusammenschlüsse jedoch zumindest mit Mitteln finanziert, die im Wettbewerb mit anderen erworben worden sind, seien es eigene Rücklagen oder die Kreditwürdigkeit bei der Aufnahme von Fremdmitteln. Kreditinstitute werden Zusammenschlussvorhaben wie jede andere unternehmerische Handlung nur finanzieren, wenn das Fremdmittel benötigende Unternehmen seine Kreditwürdigkeit in der Vergangenheit im Wettbewerb erarbeitet hat. Insoweit lässt sich eine Parallele zwischen internem und externem Wachstum ziehen, welche die Kritik TOLKSDORFS berechtigt erscheinen lässt.

---

189 HOPPMANN, Fusionskontrolle, S. 63.

190 Vgl. hierzu HOPPMANN, Definition des Wettbewerbs, S. 34f. Ähnlich wie bei Kartellen ist die Marktgegenseite im Falle einer Fusion in ihrer Handlungsfreiheit beschränkt. Zudem nennt HOPPMANN als Beispiel für die Beschränkung der Entschließungsfreiheit den Fall eines konglomeraten Zusammenschlusses. Auch wenn die beiden fusionierten Unternehmen nicht auf demselben Markt tätig sind, können Dritte, d.h. die Marktgegenseite, dadurch in ihren Entscheidungen auf einem Markt beschränkt sein, dass sie auf einem anderen Markt von dem Konglomerat abhängig sind und Repressalien befürchten müssen.

191 HOPPMANN, Fusionskontrolle, S. 88f.

192 TOLKSDORF, WuW 1980, 785 (798f).

Im Ergebnis ist festzuhalten, dass ERICH HOPPMANNS Konzept der Wettbewerbsfreiheit aufgrund seiner Ablehnung konkreter Prognosen im Allgemeinen und der Fusionskontrolle im Besonderen für die Beurteilung der Prognosekriterien des Art. 2 FKVO nicht unmittelbar herangezogen werden kann. Die Tatsache, dass die europäische Wettbewerbspolitik sich für die Einführung der präventiven Fusionskontrolle und damit gegen ein per-se-Verbot wettbewerbsgefährdender Unternehmenszusammenschlüsse im Sinne HOPPMANNS entschieden hat, besagt jedoch nicht, dass seine theoretischen Überlegungen für den Fortgang der Untersuchung untauglich sind. Vor allem HOPPMANN ist die Rückbesinnung auf das Gedankengut der Klassiker zu verdanken. Zudem ist es gerade die Systemtheorie, die den Gegensatz zwischen Marktmacht und Wettbewerbsfreiheit betont, so dass bei der Bewertung der Marktanteilsprognosen auf das Konzept der Wettbewerbsfreiheit zurückzugreifen sein wird.

5. Chicago School of Antitrust Analysis

Die von den Vertretern der unterschiedlichen Workability-Konzepte vertretene These, die Funktionsfähigkeit bzw. die Effektivität des Wettbewerbs könne anhand eines Struktur-Verhalten-Ergebnis-Paradigmas beurteilt werden, ist jedoch nicht nur in der deutschsprachigen Literatur kritisiert worden. Als maßgebliche wettbewerbstheoretische Gegenkonzeption zu der Harvard School in den USA ist die Chicago School of Antitrust Analysis[193] zu nennen.

Ökonomen wie GEORGE J. STIGLER, HAROLD DEMSETZ, RICHARD A. POSNER und ROBERT BORK traten der Auffassung entgegen, dass die Marktstruktur das Verhalten der Marktteilnehmer und damit letztlich auch die Marktergebnisse determiniere. Für sie stellt die jeweilige Marktstruktur vielmehr selbst ein Ergebnis wettbewerblicher Prozesse dar. Falls das Marktgeschehen ungestört von äußeren, d.h. vor allem von staatlichen Einflüssen ablaufen könne, ergebe sich eine Marktstruktur daraus, dass stärkere Unternehmen die schwächeren vom Markt drängen und ihre eigene Position ausbauen. Die Selbststeuerungskräfte des Marktes, ausgedrückt durch das „Survivor Principle"[194], führen langfristig zu produktiver Effizienz: „If the theory of competition tells us anything about industry structure, it is that an organization of industry that has persisted for a long period of time in the absence of legal restrictions on entry fundamentally reflects underlying cost conditions"[195]. Die hier zum Ausdruck kommende langfristige Betrachtungsweise ist ein wesentliches Merkmal der Chicago School. Der Begriff der produktiven Effizienz besagt damit, dass diejenigen Unternehmen im Konkurrenzkampf überleben, deren Betriebsgröße und innere Struktur kostengünstige Produktion durch effektive Ressourcenausnutzung garantieren.

Neben der Realisierung kosteneffizienter Strukturen durch die produktive Effizienz sorgt die allokative Effizienz des Wettbewerbs dafür, dass das Güterangebot den ständig wechselnden Wünschen der Konsumenten angepasst wird. Als wettbewerbstheoretisches Ideal fungiert für die Chicago School die stabile Gleichgewichts-

---

193 Die Chicago School of Antitrust Analysis wird im folgenden verkürzt als Chicago School bezeichnet.

194 STIGLER, Organization of Industry, S. 72ff; REDER, JELit Vol. XX (1982), 1 (24); DEMSETZ, 19 JLE (1976), 371 (374f).

195 DEMSETZ, 19 JLE (1976), 371 (374).

situation des neoklassischen Leitbildes der vollkommenen Konkurrenz, in der der Marktpreis den Grenzkosten entspricht und so durch die Übereinstimmung von Angebot und Nachfrage der Markt geräumt wird[196]. Dabei ist den Ökonomen natürlich bewusst, dass die Dynamisierung des Wettbewerbs durch Innovation und Imitation einerseits und durch ständig wechselnde Konsumentenpräferenzen andererseits das Erreichen eines Gleichgewichtes unmöglich macht[197]. Das Gleichgewicht der vollkommenen Konkurrenz wird lediglich als Referenzsituation[198] bzw. als Leitstern[199] herangezogen. Auch wenn ein Gleichgewicht unerreichbar ist, gilt nach Auffassung der Chicago School in der ökonomischen Realität die Approximationsannahme („good approximation assumption"), nach der „in the absence of sufficient evidence to the contrary, one may treat observed prices and quantities as good approximations to their long-run competitive equilibrium values"[200].

Voraussetzung für die Annäherung der Preise an die Grenzkosten ist ein hinreichender Wettbewerbsdruck durch aktuelle und potentielle Konkurrenz, der die kostengünstig produzierenden Unternehmen dazu veranlasst, ihre Wettbewerbsvorteile an die Konsumenten weiterzugeben und nicht zur Erzielung von Monopolrenten zu gebrauchen. Die fortwährende Möglichkeit für potentielle Konkurrenten, in neue Märkte einzudringen, und ein daraus resultierender Abschreckungseffekt für bereits auf dem Markt tätige Wettbewerber ist damit einer der Stützpfeiler der Chicago School. Aus diesem Grund haben sich ihre Verfechter auch intensiv mit Marktzutrittsschranken („barriers to entry"), die in der Workability-Literatur als eine der wesentlichen Marktunvollkommenheiten angesehen werden, auseinandergesetzt[201]. Herausragendes Beispiel für diese Tatsache ist JOE S. BAIN. Seiner Auffassung nach könnten hohe Konzentrationsgrade zu einem relativ harmlosen Phänomen werden, wenn Zutrittsschranken auf ein vertretbares Maß reduziert werden könnten[202].

Nach Auffassung der Chicago School stellt ausschließlich die alleinige Kontrolle eines Unternehmens über eine unverzichtbare bzw. schwer substituierbare Ressource eine Schranke dar, mit der ein Marktzutritt potentieller Konkurrenten dauerhaft verhindert werden kann[203]. Vorteile für etablierte Marktteilnehmer wie der

---

196 STIGLER, Organization of Industry, S. 10.

197 BORK, S. 98, schreibt z.B.: „Changing wants and technologies are in themselves sufficient to prevent the attainment of (...) an equilibrium. But the forces of competition in open markets cause the actual allocation of resources to be ever shifting in pursuit of the constantly moving equilibrum point."

198 OLTEN, S. 103; BÖBEL, List-Forum Bd. 14 (1987/88), 40 (43); SCHMIDT / RITTALER, Chicago School, S. 93.

199 SCHMIDT / RITTALER, Chicago School, S. 15.

200 REDER, JELit Vol. XX (1982), 1 (12).

201 POSNER, 127 UPLR (1979), 925 (929ff); DEMSETZ, 19 JLE (1976), 371 (379ff); STIGLER, Organization of Industry, S. 67ff; BORK, S. 310ff.

202 BAIN, Barriers to New Competition, S. 218. Die Abschätzung von Marktzutrittsschranken war auch nach Ansicht von KANTZENBACH, WuW 1994, 294 (298) eigentliches Forschungsziel in den Arbeiten von BAIN.

203 DEMSETZ, 19 JLE (1976), 371 (382). POSNER, 127 UPLR (1979), 925 (947 FN 65), konkretisiert, dass im Falle eines Ressourcenmonopols entgegen der herkömmlichen Auffassung der Marktzutritt nicht auf dem Markt für das Endprodukt, sondern lediglich auf dem für die in Frage stehende Ressource beschränkt ist.

einfachere Zugang zum Kapitalmarkt, vertikale Integration sowie Verhaltensweisen wie Produktdifferenzierung – z.B. durch (suggestive) Werbung – werden hingegen ebenso als wettbewerbsimmanent angesehen wie die häufig zu beobachtende Schwierigkeit für potentielle Konkurrenten, einen Marktzutritt nur unter erheblichem Kostenaufwand, den so genannten sunk costs, bewerkstelligen zu können. Die Nichtexistenz von Schranken gilt jedoch nicht mehr im Falle staatlicher Eingriffe in das Marktgeschehen. STIGLER nennt als Beispiel für staatliche Marktzutrittsschranken Taxilizenzen, die, wenn sie von den Behörden nur in begrenzter Anzahl vergeben werden, marktschließend wirken[204]. Da diese Marktschranken jedoch staatlicher Natur sind, sind sie hinzunehmen und können nicht Gegenstand der Antitrust Analysis sein[205].

Produktive und allokative Effizienz sind für die Ökonomen der Chicago School jedoch nicht Ziele an sich, sie dienen lediglich als wettbewerbstheoretisches Fundament für politische Handlungsempfehlungen. Alleiniges Ziel der Wettbewerbspolitik ist vielmehr die Erhöhung der Konsumentenwohlfahrt[206]; der Zielpluralismus des Workable Competition wird abgelehnt[207]. Maßstab für die Konsumentenwohlfahrt ist die ökonomische Effizienz der Wirtschaft, die sich aus dem Zusammenspiel von produktiver und allokativer Effizienz ergibt. Eine eindeutige Zuordnung des wettbewerbspolitischen Leitbildes der Chicago School in die Kategorien Systemtheorie oder Wohlfahrtsökonomie ist dabei nur schwer möglich. Eine gewisse Ambivalenz ergibt sich auf der einen Seite aus der Ablehnung des Struktur-Verhalten-Ergebnis-Paradigmas als zentralem Element. Die Orientierung an der ökonomischen Effizienz als Ziel rückt die Chicago School aber auf der anderen Seite wieder in die Nähe wohlfahrtsökonomischer Zielsetzungen[208].

Eindeutiger sind hingegen die wettbewerbspolitischen Handlungsempfehlungen, die sich aus dem Leitbild der Chicago School im Hinblick auf die Beurteilung von Unternehmenszusammenschlüssen ergeben. Da sich kostenoptimale Industriestrukturen nur in einem freien Spiel der Kräfte in Abwesenheit staatlicher Beschränkungen ergeben können, dürfen auch Zusammenschlussvorhaben grundsätzlich keiner behördlichen oder gerichtlichen Kontrolle unterworfen sein. Staatliche Interventionen werden als die größte Bedrohung für eine wettbewerblich organisierte Marktwirtschaft angesehen[209]. Die These, Konzentration führe zu Marktmacht und im Ergebnis zu überhöhten Gewinnen, wird umgekehrt in den Leitsatz: „Efficiency causes concentration“. Auch wenn dieser Leitsatz vornehmlich in der Sekundärliteratur ausdrücklich so verwendet wird[210], treffen die Vertreter der Chicago School mit

---

204 STIGLER, Organization of Industry, S. 67ff.

205 POSNER, 127 UPLR (1979), 925 (947 in seiner Fußnote 65).

206 BORK, S. 104f.

207 KERBER, Fusionskontrollpraxis, S. 175.

208 HERDZINA, Wettbewerbspolitik, S. 111f. KERBER, Fusionskontrollpraxis, S. 176, ordnet die Chicago School sogar eindeutig der Wohlfahrtsökonomie zu.

209 Demsetz in: Goldschmid / Mann / Weston (Hrsg.), S. 182.

210 Z.B. von RITTALER, S. 211; SCHMIDT / RITTALER, Chicago School, S. 60; MANTZAVINOS, S. 45; BÖBEL, List-Forum Bd. 14 (1987/88), 40 (41); ABERLE, S. 41.

anderen Formulierungen inhaltlich dieselbe Aussage[211]. Dabei wird nicht die Tatsache der höheren Gewinne in hochkonzentrierten Märkten an sich geleugnet, sondern die daraus resultierende Schlussfolgerung modifiziert. Gewinne werden als Zeichen von Effizienz betrachtet, ausgedrückt in der Fähigkeit, entweder besonders kostengünstig oder außergewöhnlich hochwertig zu produzieren[212]. Effizienz und unternehmerischer Erfolg zieht damit geradezu zwangsläufig hohe Marktanteile und damit Konzentration nach sich[213].

Die positive Grundeinstellung der Chicago-Ökonomen gegenüber Fusionen gilt weitgehend uneingeschränkt für vertikale[214] und konglomerate[215] Zusammenschlüsse. Lediglich die hier besonders interessierenden horizontale Zusammenschlüsse werden zurückhaltender beurteilt. BORK, der nach POSNER als Repräsentant der strengen Chicago School angesehen werden kann[216], ist der Auffassung, dass aus wettbewerbstheoretischer Sicht horizontale Fusionen bis zu einem Marktanteil von 60 bis 70 % generell zugelassen werden könnten. Er schwächt seine These allerdings wieder ab und will Zusammenschlüsse nur zulassen, wenn Konkurrenzunternehmen dadurch nicht die Möglichkeit genommen würde, ihrerseits selbst ähnliche Vorhaben durchzuführen, was im Ergebnis zu einer Zulässigkeitsschwelle bei 40 bis höchstens 50% führen würde[217]. POSNERS eigener Aussage nach verdienen lediglich sogenannte „mergers to monopolize" eine wettbewerbsrechtliche Untersuchung[218]. Zu solchen Zusammenschlüssen gehören Vorhaben, die entweder

---

211 Vgl. DEMSETZ, 13 JLE (1973), 1 (1, 9): „Competitive superiority causes concentration". Ähnlich folgert BORK, S. 193, „that the most efficient firm is simply the firm that has (...) experienced the most success in the marketplace". BROZEN, S. 56ff, widmet ein ganzes Kapitel den „benefits of concentration", in dem er die Vorteile und damit auch die Gründe der Konzentration darstellt. Auch er sagt (S. 56f): „Concentration occurs and persists where that is the efficient structure for producing and distributing a product and for adapting to changing technical possibilities, shifting demand, and increasing regulatory requirements".

212 BÖBEL, List-Forum Bd. 14 (1987/88), 40 (47).

213 DEMSETZ in: GOLDSCHMID / MANN / WESTON, S. 183; DERSELBE, 19 JLE (1976), 371 (378); POSNER, 127 UPLR (1979), 925 (945).

214 BORK, S. 231; POSNER, 127 UPLR (1979), 925 (936ff); BROZEN, S. 402ff. STIGLER, Organization of Industry, S. 303f, sieht vertikale Fusionen dann als nicht wünschenswert an, wenn es dadurch auf einer Produktionsstufe zu einer Marktkontrolle kommen kann: „Where a firm has a fifth or more of an industry's output, its acquisition of more than five to ten percent of the output capacity of industries to which it sells of from which it buys in appreciable quantities shall be presumed to violate the [antitrust] statute".

215 STIGLER, Organization of Industry, S. 304; BORK, S. 248 und S. 262.

216 POSNER, 127 UPLR (1979), 925 (933).

217 BORK, S. 221f: Horizontale Fusionen sollen danach zulässig sein „up to market shares that would allow for other mergers of similar size in the industry and still leave three significant companies. In a fragmented market, this would indicate a maximum share attainable by merger of about 40 percent. In a market where one company already has more than 40 percent, the maximum would be scaled down accordingly. For example, where one company already had 50 percent, it could not engage in any horizontal mergers, and no other company could create by merger a share above 30 percent".

218 POSNER, 127 UPLR (1979), 925 (933).

direkt zu einem Monopol führen oder die Anzahl der Marktteilnehmer derart drastisch reduzieren, dass eine Kartellierung spürbar erleichtert wird[219]. Auch BROZEN votiert für die weitestgehende Freigabe horizontaler Fusionen: „In no case has it been shown that a rise in industry concentration decreases competition as long as there are at least two competitors, or a few potential rivals, willing to bid for business"[220]. Lediglich STIGLER propagiert strengere Untersagungskriterien: Er will horizontale Fusionen zum einen dann untersagen, wenn in dem betroffenen Industriezweig häufig kartellrechtliche Verstöße zu verzeichnen waren[221]. Zum anderen seien horizontale Fusionen generell bereits ab einem Marktanteil von 20% unzulässig[222]. Ein derart niedriger Grenzwert kann aber nicht als repräsentativ für die Chicago School angesehen werden. STIGLERS „Organization of Industry" stellt vielmehr den Ausgangspunkt für weitere Untersuchungen dar. Die eigentliche Chicago School entwickelte sich erst im Anschluss daran[223].

Naturgemäß ist der effizienzorientierte Ansatz der Chicago School zunächst von den Vertretern der Harvard School zur Verteidigung ihrer eigenen, am Struktur-Verhalten-Ergebnis-Paradigma orientierten Position stark kritisiert worden[224]. Kritik an den theoretischen Stützpfeilern wurde darüber hinaus jedoch vielfach auch von neutraler Seite geübt. Sie richtet sich zum einen gegen die fehlende Definition des zentralen Begriffes der Effizienz[225] und die mangelnde empirische Fundierung der Thesen der Chicago School[226]. In methodischer Hinsicht wird vor allem der Versuch, dynamische Wettbewerbsprozesse mit Hilfe der neoklassischen Preistheorie zu erklären, als untauglich bezeichnet[227]. Dies gelte auch dann, wenn klargestellt würde, dass es nicht um die Erreichung eines stabilen Gleichgewichtszustandes, sondern um die Prozesse in Richtung eines ständig wechselnden Gleichgewichts gehe. Nach Ansicht der Kritiker kommt erschwerend hinzu, dass die Ökonomen der Chicago School sich einer „old-fashioned" Preistheorie bedienten und die Weiterentwicklungen von CHAMBERLIN und ROBINSON zugunsten der Klarheit ihres Modells vernach-

---

219 POSNER, 127 UPLR (1979), 925 (928).

220 BROZEN, S. 400.

221 STIGLER, Organization of Industry, S. 300.

222 STIGLER, Organization of Industry, S. 302.

223 Vgl. KALLFASS, WuW 1980, 596 (596). In seiner Auflistung der verbleibenden Differenzen zwischen Harvard und Chicago School zählt POSNER, 127 UPLR (1979), 925 (944), STIGLER deshalb auch zu den „Abtrünnigen aus den Reihen der Dekonzentratoren". Vgl. zu den wettbewerbspolitischen Handlungsempfehlungen in Bezug auf horizontale Zusammenschlüsse auch RITTALER, S. 219ff.

224 Vgl. z.B. die Buchbesprechung zu POSNERS „Antitrust Law" von F.M. SCHERER, YLJ Vol. 86 (1977), 974ff, oder die kritische Untersuchung des „Survivor Principle" durch Bain, AER 59 (1969), 99ff.

225 F.M. SCHERER, YLJ Vol. 86 (1977), 974 (995f).

226 BÖBEL, List-Forum Bd. 14 (1987/88), 40 (48). SCHMIDT / RITTALER, Chicago School, S. 57, bezeichnen die ausschließliche Verwendung eigener Studien und die Vernachlässigung von Konkurrenzstudien, die zu gegenteiligen Ergebnissen kommen, als selektiven Empirismus. Nach KALLFASS, WuW 1980, 596 (600), ist der Chicago School zumindest eine einseitige Interpretation empirischer Ergebnisse vorzuwerfen.

227 RITTALER, S. 128f; SCHMIDT / RITTALER, Chicago School, S. 34ff; MANTZAVINOS, S. 51ff.

lässigten[228]. Darüber hinaus wird auch die Richtigkeit des „Survivor Principle", nach dem die jeweilige Marktstruktur ausschließlich das Ergebnis effizienten Wirtschaftens ist, bestritten. Diese sozialdarwinistische Annahme sei deshalb fehlerhaft, weil Marktmacht als eine Möglichkeit, eine einmal erreichte Position dauerhaft zu schützen, negiert werde[229]. Die Gleichsetzung von Marktmacht und Effizienz führe zu einem Rückfall in die Zeiten preistheoretischer laissez-faire-Konzepte[230].

Insbesondere aus diesem letzten Gesichtspunkt lässt sich die Schlussfolgerung ableiten, anhand derer die Anwendbarkeit der Chicago School im weiteren Verlauf der Arbeit zu untersuchen sein wird. Das Konzept der Chicago School steht und fällt mit der Beurteilung der Marktzutrittsschranken. Können Unternehmen aufgrund einer in der Vergangenheit erarbeiteten Stärkeposition potentielle Wettbewerber vom Eintritt in den Markt abhalten, so ist ihre Stellung nicht mehr Ausdruck von Effizienz, sondern bloße Ausübung von (wettbewerbsfeindlicher) Marktmacht. In diesem Fall führt eine Erhöhung der produktiven Effizienz auch nicht automatisch zu einer Steigerung der Konsumentenwohlfahrt, sondern lediglich zu höheren Unternehmergewinnen, also eher zu einer Produzentenwohlfahrt[231]. Können etablierte Unternehmen hingegen durch den Wettbewerbsdruck potentieller Konkurrenten zu einem wettbewerblichen Verhalten und zur Weitergabe von Kostenvorteilen an die Marktgegenseite gezwungen werden, so lassen sich beständig hohe Marktanteile und auch hohe Gewinnraten folgerichtig als Zeichen überlegener Effizienz interpretieren.

III. Zusammenfassende und wertende Gegenüberstellung der beschriebenen Leitbilder

An dieser Stelle soll ein erster Versuch unternommen werden, die Vor- und Nachteile der geschilderten Leitbilder gegeneinander abzugrenzen. Bereits aus der Vielzahl der Argumente, die für und gegen jede der wettbewerbspolitischen Schulen vorgebracht werden, wird deutlich, dass es eine eindeutige und allgemein anzuerkennende Überlegenheit entweder der wohlfahrtsökonomisch oder der systemtheoretisch orientierten Leitbilder nicht geben kann. Beide Ansätze können insoweit der normativ-praktischen Ökonomie zugerechnet werden, als sie wettbewerbspolitische Ziele aufgrund vorgegebener Werturteile bekenntnishaft einführen. Der Unterschied zwischen normativ-praktischer und positivistisch-technologischer Wettbewerbspolitik liegt darin, dass erstere ein Ziel bekenntnishaft vorgibt, anhand dessen möglichst empirisch fundierte Handlungsempfehlungen erarbeitet werden. Eine technologische

---

228 NELSON, 127 UPLR (1979), 949 (949ff); RITTALER, S. 120; SCHMIDT / RITTALER, Chicago School, S. 36 und 92.

229 RITTALER, S. 125; MANTZAVINOS, S. 49ff. GROSSEKETTLER in BORCHERT / GROSSEKETTLER, S. 166, kritisiert zudem, dass die Wettbewerbstheorie gerade dazu dient, „wie das Recht gestaltet werden sollte. Dies kann man natürlich nicht von einem [Survivor-]Test abhängig machen, der bei irgendeinem gegebenen Recht durchgeführt wird und prüft, welche Unternehmen sich bei eben diesem Recht durchsetzen".

230 BÖBEL, List-Forum Bd. 14 (1987/88), 40 (50).

231 Diesen Aspekt betonen auch RITTALER, S. 130f und S. 234ff, und SCHMIDT / RITTALER, Chicago School, S. 95. Der Einwand wurde allgemein schon innerhalb der Dilemma-These zur statischen Wettbewerbstheorie (siehe oben in diesem Teil unter C.I.1, S. 21) formuliert, nach der Kostenvorteile entweder nicht realisiert oder nicht weitergegeben werden.

Wettbewerbspolitik beschränkt sich dagegen auf angeblich werturteilsfreie „Wenn-Dann-Aussagen". Diese werden nach folgendem Muster formuliert: Wenn der Wettbewerbspolitik Ziel a zugrunde gelegt wird, dann empfiehlt sich Handlung b. Eindeutige Handlungsempfehlungen könnten sich dabei nur ergeben, wenn diese unabhängig von der jeweiligen Wenn-Aussage objektiv aus dem Wesen oder der Natur des Wettbewerbs an sich folgen würden[232]. Aufgrund der Vielfältigkeit wettbewerblicher Prozesse erscheint dies als unmöglich.

Die Wohlfahrtsökonomie richtet ihre Handlungsempfehlungen auf die Optimierung ökonomischer Funktionen. Sie verfolgt ein positives Ziel und ist damit deutlich normativ-praktisch. Für die Systemtheorie gilt dies zumindest bedingt. Auch wenn sie gerade kein positiv formuliertes Ziel zum Gegenstand hat, ist eindeutiges Ziel der Systemtheorie die Erhaltung der Wettbewerbsfreiheit, negativ charakterisiert durch die Abwesenheit bzw. den Abbau von Wettbewerbsbeschränkungen. Auch sie ist im Ergebnis nicht wertfrei. Die Besonderheiten der beiden Ansätze seien noch einmal tabellarisch dargestellt:

Tabelle 1: Übersicht über den wohlfahrtsökonomischen und den systemtheoretischen Ansatz

	Wohlfahrtsökonomischer Ansatz	Systemtheoretischer Ansatz
Wettbewerbsfunktionen	Ökonomische Funktionen, insbesondere Allokations- und Fortschrittsfunktion	Freiheitsfunktion
Markttheoretische Fundierung: Annahme über Kausalnexus (Hauptwirkungsrichtung)	Marktstruktur → Marktverhalten → Marktergebnis (Einzelfallvoraussage)	Wettbewerbsfreiheit → gute ökonomische Ergebnisse (Mustervoraussage)
Wettbewerbspolitische Fragestellung	Ist der tatsächliche Wettbewerb funktionsfähig (wirksam, wesentlich, intensiv)?	Ist Wettbewerbsfreiheit gegeben oder liegen Wettbewerbsbeschränkungen vor?
Diagnose des Marktgeschehens	Prüfung, ob Abweichung der tatsächlichen Marktergebnisse, Marktverhaltensweisen, Marktstruktur von der propagierten Optimalsituation vorliegt (Einzelfallbeurteilung)	Prüfung, ob die wettbewerblichen Spielregeln eingehalten oder ob die als Wettbewerbsbeschränkungen angesehenen Verhaltensweisen praktiziert werden (Tatbestandsprüfung)

232 Vgl. zu der Unterscheidung zwischen normativer und technologischer Wissenschaft COX / HÜBENER in: COX / JENS / MARKERT (Hrsg.), S. 21ff.

	Wohlfahrtsökonomischer Ansatz	Systemtheoretischer Ansatz
Wettbewerbspolitische Maßnahmen	Marktergebnisauflagen, Marktverhaltensnormen, Marktstrukturinterventionen	per-se-Verbot wettbewerbsbeschränkender (freiheitsbeschränkender) Praktiken, d.h. Marktverhaltensnormen

Quelle: HERDZINA, Wettbewerbspolitik, S. 107

Fraglich ist jedoch, ob sich aus der mit dieser Arbeit verfolgten Zielfunktion – Anwendung prognostischer Kriterien im Rahmen der Fusionskontrollverordnung dergestalt, dass dem Bedürfnis nach Rechts- und Planungssicherheit möglichst weitgehend Rechnung getragen wird – einer der Ansätze als überlegen oder geeigneter erweist. Wie dargelegt arbeiten die wohlfahrtsökonomisch orientierten Leitbilder wie die Workability-Konzepte der Harvard School oder ERHARD KANTZENBACHS Konzept der optimalen Wettbewerbsintensität mit dem Struktur-Verhalten-Ergebnis-Paradigma. Wettbewerbspolitisches Ziel sind bestimmte Marktergebnisse, bei deren Erreichen der Wettbewerb als funktionsfähig oder effektiv bzw. seine Intensität als optimal bezeichnet wird. Um die gewünschten Ergebnisse erreichen zu können, werden Marktstruktur und Marktverhalten anhand des Missbrauchsprinzips gemessen. Das Missbrauchsprinzip impliziert die umfassende Anwendung einer „rule of reason", nach der jede Verhaltensweise im Kontext der jeweils betroffenen Märkte und ihrer Besonderheit zu bewerten[233] und jede Verbotsnorm nach dem Grundsatz der Verhältnismäßigkeit auszulegen[234] ist. Im Ergebnis scheinen daher am Struktur-Verhalten-Ergebnis-Paradigma orientierte Ansätze das Prinzip der Rechtssicherheit zu vernachlässigen.

Demgegenüber verlangen am Freiheitsideal orientierte Leitbilder wie die von ERICH HOPPMANN und der Chicago School nach der Anwendung des Verbotsprinzips und der Aufstellung von per-se-Regelungen. Der verfassungsrechtliche Gesetzesbegriff der liberalen Rechtsstaatslehre im Sinne VON HAYEKS wird auf das einfachrechtliche Wettbewerbsrecht übertragen. Die Wettbewerbsorgane, also die Kommission und die ihr zuarbeitende Generaldirektion Wettbewerb, sollen beim Vorliegen bestimmter Tatbestandsvoraussetzungen dafür sorgen, dass in einer „konditionalen Programmierung"[235] die gesetzliche Rechtsfolge herbeigeführt wird. Ziel der Wettbewerbspolitik ist also die Normierung von Spielregeln, die nicht auf die Erreichung bestimmter Ergebnisse gerichtet sind, sondern wettbewerbsfeindliche Verhaltensweisen definieren und diese generell verbieten, während alle anderen Verhaltensweisen zulässig sind.

Für die Chicago School kommt nach Auffassung von BORK noch hinzu, dass gerade die Orientierung an lediglich einem Ziel, nämlich der Steigerung der Konsu-

---

233 So auch ACKERMANN, S. 69, zur „rule of reason" im europäischen Kartellrecht.

234 Mestmäcker in: Hoppmann / Mestmäcker, S. 23.

235 COX / HÜBENER in: COX / JENS / MARKERT (Hrsg.), S. 30f. Vgl. zu dem Gegensatz zwischen konditionaler und finaler Programmierung GOTTHOLD, ZHR 145 (1981), 286 (296f), auf den sich auch COX / HÜBENER berufen.

mentenwohlfahrt, der Rechtssicherheit dienlicher ist als die Aufstellung eines Zielkataloges, bei dem nicht kompatible oder gar widersprüchliche Ziele gewichtet werden müssen und nur in einem Kompromiss erreichbar sind[236]. Letzteres Argument ist jedoch nur von geringem Gewicht, da die Konsumentenwohlfahrt ebenfalls eine Kompromissformel darstellt. Ihre beiden Parameter, die produktive und die allokative Effizienz, werden nicht notwendig gleichermaßen erfüllt; eine Steigerung der produktiven kann durchaus eine Senkung der allokativen Effizienz zur Folge haben[237]. Der die Rechtssicherheit beeinträchtigende Kompromiss liegt hier zwar nicht in der Aufstellung mehrdeutiger Ziele, aber in der nicht eindeutigen Erfüllbarkeit des Ziels Steigerung der Konsumentenwohlfahrt.

Aber auch die These, durch die Formulierung von per-se-Regelungen könnten Einzelfallbeurteilungen vermieden werden, ist problematisch. Als Kritik wird angeführt[238], dass Regeln, um generell anwendbar sein zu können, notwendigerweise so allgemein gehalten werden müssen, dass Ermessens- und Entscheidungsspielräume nicht auszuschließen sind. Diese werden von Behörden und Gerichten in Rechtsanwendungs- und Rechtsprechungsakten, also wiederum im Einzelfall, ausgestaltet. Als Beispiele für dabei entstehende Probleme können sowohl HOPPMANNS Konzept der Wettbewerbsfreiheit als auch die Chicago School herangezogen werden. Beide Schulen fühlen sich dem Freiheitsideal verpflichtet, ziehen daraus aber vollkommen unterschiedliche Schlussfolgerungen. Während Hoppmann alle Fusionen generell verbieten will, die aufgrund der Ersetzung der spontanen Koordination durch eine ex-ante-Koordination wettbewerbsbeschränkend wirken, sind nach Auffassung der Chicago School nahezu alle Zusammenschlüsse wettbewerbskonform, es sei denn, horizontale Zusammenschlüsse führten als „mergers to monopolize" zu einem direkten Monopol bzw. zu einer drastischen Verringerung der Anzahl der Marktteilnehmer. So unterschiedlich die Folgerungen auch sind, beide können sich doch nicht von Einzelfallbeurteilungen befreien. HOPPMANN hat Schwierigkeiten, eine Grenze zu ziehen zwischen wettbewerbsbeschränkenden und offensichtlich bedeutungslosen Fusionen, so dass er hilfsweise eine Orientierung an absoluten Größenkriterien vorschlägt, um seine Forderung nach generellen Regeln nicht zu konterkarieren[239].

Gerade diese Tatsache ist mehrfach kritisiert worden mit dem Argument, das Konzept der Wettbewerbsfreiheit vermeide nur scheinbar Einzelfallbeurteilungen mit Ermessensspielräumen: „Praktisch bedeutet dies (...), daß der Unterschied zwischen den anderen Konzepten und dem HOPPMANNS lediglich darin besteht, daß nach den HOPPMANNSCHEN Ansichten Begriffe konkretisiert werden müssen, die im Prinzip ermessensfrei sein sollen (es de facto aber nicht sind), während die anderen Konzepte den Kartellbehörden auch Ermessensentscheidungen zugestehen"[240].

---

236 BORK S. 81, vgl. hierzu SCHMIDT / RITTALER, Chicago School, S. 38f.

237 Vgl. dazu die Ausführungen zur Bedeutung der Marktschranken im Rahmen der Chicago School, siehe oben in diesem Teil unter C.II.5, S. 40f.

238 Cox / Hübener in: Cox / Jens / Markert (Hrsg.), S. 31.

239 Siehe oben in diesem Teil unter C.II.4, S. 38.

240 GROSSEKETTLER in BORCHERT / GROSSEKETTLER, S. 150. Schärfer formuliert GOTTHOLD, ZHR 145 (1981), 286 (320): „Für die praktische Wettbewerbspolitik ist die neoneoliberale Theorie [d.h. auch HOPPMANNS Konzept der Wettbewerbsfreiheit] (...) wenig

Aber auch die Vertreter der Chicago School kommen nicht um eine Einzelfallprüfung herum, wenn entschieden werden muss, ob ein geplanter Zusammenschluss die Anzahl der Marktteilnehmer drastisch verringert. Selbst wenn eine solche Anzahl abstrakt-generell festgelegt werden könnte, so beginnt die Orientierung am Einzelfall spätestens im Rahmen der Marktabgrenzung, ohne die eine Bestimmung der auf dem Markt tätigen Unternehmen nicht erfolgen kann. Darüber hinaus birgt die Einführung von per-se-Regeln wie z.B. einem generellen Fusionsverbot, welches an bestimmte Größen- oder Umsatzkriterien anknüpft, das Risiko einer erweiterten Ausnahme- und Erlaubnispraxis[241], eventuell unter Einbeziehung politischer Institutionen, um Fusionen, die eigentlich dem generellen Verbot unterfallen würden, die aber von allen Beteiligten für erwünscht gehalten werden, im Einzelfall doch zu ermöglichen.

Das Verlangen nach Rechtssicherheit allein reicht somit noch nicht aus, um eine Entscheidung für oder gegen ein Leitbild bzw. wenigstens für oder gegen einen der beiden Idealtypen Wohlfahrtsökonomie oder Systemtheorie zu begründen und deren Ansicht über Marktanteilsprognosen im weiteren Verlauf der Untersuchung unkritisch zugrunde zu legen. Dennoch spricht ein wesentliches Argument gegen die wettbewerbspolitischen Leitbilder, denen ein deterministisches Struktur-Verhalten-Ergebnis-Paradigma zugrunde liegt: während alle neueren Konzepte Wettbewerb im Anschluss an SCHUMPETER, CLARK und ARNDT zutreffend als dynamischen Prozess begreifen, spiegelt sich VON HAYEKS These vom Wettbewerb als Entdeckungsverfahren mit unsicherem und unbekanntem Ausgang in den wohlfahrtsökonomisch orientierten Leitbildern nicht hinreichend wider. Die Aufstellung einer deterministischen Kausalkette zwischen Marktstruktur, Marktverhalten und Marktergebnissen erscheint angesichts der Vielfalt möglicher Wettbewerbsprozesse in einer Marktwirtschaft zu einfach.

Charakteristisch für das System der Marktwirtschaft ist die dezentrale ex-post-Koordination. Diese bedingt jedoch nicht nur ein dynamisches, sondern auch ein offenes System, mit dem sich das geschlossene Struktur-Verhalten-Ergebnis-Paradigma nicht verträgt[242]. HERDZINA stellt zutreffend fest: „Das Marktgeschehen hat prozessualen Charakter; Märkte, Marktgrenzen und Marktanteile können sich zum Teil sehr rasch wandeln. Durch Vorstoß und Verfolgung gekennzeichnete Marktstrukturschwankungen wurden teilweise direkt als Wettbewerbsprozesse identifiziert. Daraus wird deutlich: die Propagierung statischer Optimalstrukturen ist ein Irrweg. Aber auch die Suche nach optimalen time lags zwischen Vorstoß und Verfolgung, also beispielsweise nach einer optimalen Patentdauer, allgemein gesprochen nach optimaler Strukturflexibilität, hat sich als vergeblich erwiesen“[243]. Die Schwäche des Paradigmas offenbart sich dabei auf zwei Ebenen: zum einen ist es unmöglich, konkret zu prognostizieren, welche Wettbewerbsprozesse zu den vorab definierten

---

hilfreich. Statt konkrete per-se-Regeln zu formulieren, begnügen sich diese Theoretiker fast durchweg mit dem Hinweis auf die Normierung solcher Regeln durch allgemeines Gesetz im Sinne HAYEKS“. Ebenso RAMRATH, S. 106, in seiner Fn. 40.

241 So auch RAMRATH, S. 103.

242 Ähnlich auch MANTZAVINOS, S. 38f und 108ff, und HERDZINA, Wettbewerbspolitik, S. 112.

243 HERDZINA, Möglichkeiten und Grenzen, S. 13.

gewünschten Ergebnissen im konkreten Einzelfall führen; zum anderen widerspricht bereits die Vorabdefinition an sich dem Wettbewerb als Entdeckungsverfahren.

Aber auch die Defizite der Systemtheorie sind unübersehbar. Während ein weitgehendes Fusionsverbot im Sinne HOPPMANNS abgesehen von der bereits dargelegten Schwierigkeit der Grenzziehung die unternehmerische Freiheit stark einschränken würde, verfolgt die Chicago School genau die entgegengesetzte Strategie einer weitgehenden Fusionsfreiheit. Die mit der Umsetzung dieses Leitbildes in die US-amerikanische Wettbewerbspolitik in der Ära der „Reagnomics" während der 80er und beginnenden 90er Jahre verbundene Zusammenschlusswelle hatte entgegen der theoretischen Aussagen keine Steigerung der Wettbewerbsfähigkeit der amerikanischen Unternehmen und damit im Ergebnis auch der Konsumentenwohlfahrt zur Folge: eine Großzahl der Fusionen erwies sich vielmehr als wirtschaftlicher Fehlschlag[244]. Die zur Finanzierung aufgenommenen Großkredite und emittierten Wertpapiere mussten abgeschrieben werden bzw. erwiesen sich als „Junk Bonds". Zusammen mit der Zerschlagung funktionierender Unternehmenseinheiten und dem Verlust von Arbeitsplätzen verursachte die Orientierung am Leitbild der Chicago School damit erhebliche volkswirtschaftliche Schäden[245].

In der Literatur ist aufgrund der Schwächen beider idealtypischer Konzepte auch der Versuch unternommen worden, Wohlfahrtsökonomie und Systemtheorie zu kombinieren und so für die wettbewerbspolitische Praxis operabel zu machen. Bereits POSNER ging von einer zunehmenden Konvergenz der Harvard und der Chicago School aus, was ihn zu der Schlussfolgerung veranlasste, „that it is no longer worth talking about different schools of academic antitrust analysis"[246]. Der weitere Inhalt seines Aufsatzes lässt jedoch darauf schließen, dass seine Aussage eher dahingehend zu verstehen ist, die Ökonomen der Harvard School gäben langsam, aber sicher ihre Position auf zugunsten einer Anerkennung der Chicago School, die POSNER selbst maßgeblich vertritt. Die von ihm beobachtete Konvergenz scheint damit eher Wunschdenken als Realität zu sein[247].

Eine echte Berücksichtigung erfährt das Struktur-Verhalten-Ergebnis-Paradigma jedoch in HERDZINAS erweiterter Systemtheorie. Auch er lehnt die Existenz einer per se wettbewerbs*beschränkenden* Marktstruktur ab, sieht hohe Konzentrationsgrade jedoch als wettbewerbs*gefährdende* Marktstrukturen an, die ebenfalls Gegenstand der Wettbewerbspolitik sein müssten[248]. Zusammenschlüsse sind nach Auffassung von HERDZINA dann zu untersagen, wenn sie zur Bildung oder Verfestigung wettbewerbsgefährdender Strukturen führten[249]. Mittels Konzentrationsgraden gemessene Marktstrukturen werden damit berücksichtigt, jedoch nicht im Sinne

---

244 Eine Studie der Unternehmensberatung Mercer Management analysiert den Erfolg von 200 Fusionen in den USA in den 80er und 90er Jahren anhand der Börsenkurse. Danach entwickelte sich in 56% aller Fälle der Börsenkurs der fusionierten Unternehmen schlechter als der Branchenschnitt, vgl. Börse Online 19/99, S. 55.

245 TOLKSDORF, Dynamischer Wettbewerb, S. 68f.

246 POSNER, 127 UPLR (1979), 925 (925).

247 Eine gewisse Konvergenz zwischen Harvard und Chicago School wird aber auch von KANTZENBACH, WuW 1990, 294 (298ff) geschildert.

248 HERDZINA, Wettbewerbspolitik, S. 95 und 115ff.

249 HERDZINA, Wettbewerbspolitik, S. 117.

eines deterministischen Wettbewerbskonzepts. In dieselbe Richtung geht der Vorschlag MANTZAVINOS, nach dem im Rahmen des Struktur-Verhalten-Ergebnis-Paradigmas getätigte Hypothesen dann an Gehalt gewinnen, wenn sie als Wahrscheinlichkeitsaussage formuliert werden, die nicht in jedem Einzelfall Erklärungswert beanspruchen, sondern nur Tendenzen darlegen[250]. Beide berücksichtigen damit die Kritik HERDZINAS, die Ökonomie könne bereits von ihrer theoretischen Basis her keine Grundlage für Einzelfallprognosen von Marktergebnissen liefern, da sie niemals Individualverhalten bzw. Einzelphänomene untersuche, sondern immer Durchschnittsverhalten[251].

Auch TOLKSDORF erläutert die Defizite der unterschiedlichen wettbewerbstheoretischen Ansätze. Für ihn folgt aus der Schwierigkeit, allgemeingültige wettbewerbstheoretische Aussagen zu definieren, die der Wettbewerbspolitik schlüssige Handlungsempfehlungen geben können, dass Wettbewerbspolitik eher pragmatisch und aus empirischem Erfahrungswissen, denn mit wettbewerbstheoretischer Begründung handelt[252]. Zu einem ähnlichen Ergebnis kommt HERDZINA, der feststellt, die Wettbewerbspolitik komme nicht umhin, die „kritischen Konzentrationsgrade letztlich vergleichsweise willkürlich selbst festzulegen“[253]. Bevor abschließend zur wettbewerbstheoretischen Fundierung der prognostischen Kriterien und insbesondere zu den Marktanteilsprognosen Stellung genommen werden kann, soll deshalb untersucht werden, ob die europäische Wettbewerbspolitik ein eigenes Leitbild definiert hat, sei es durch die weitgehende Adaption eines der dargestellten Leitbilder, sei es in Anlehnung an eines der beiden idealtypischen Konzepte oder aber unabhängig von den bisher vorgestellten theoretischen Grundlagen.

D. Europäische Wettbewerbspolitik als eigenes Leitbild

I. Vorgaben aus dem Primärrecht

Ausgangspunkt für die Suche nach einem eigenständigen europäischen Leitbild für die Wettbewerbspolitik muss der Gründungsvertrag als höchstrangige gemeinschaftliche Rechtsquelle sein. Dabei soll zunächst sein Charakter als Wirtschaftsverfassung dargestellt werden. Anschließend ist der wirtschaftsverfassungsrechtliche und wettbewerbspolitische Gehalt des EG-Vertrags anhand seiner Entstehungsgeschichte, seines Wortlautes und der Vertragsänderungen zu beleuchten. Danach sollen wettbewerbstheoretische Schlussfolgerungen zum Vertrag in der Literatur kritisch gewürdigt werden.

1. Der EGV als Wirtschaftsverfassung der Gemeinschaft

Die Theorie der Wirtschaftsverfassung[254] befasst sich mit der rechtlichen Ordnung des Verhältnisses von Staat und Wirtschaft. Sie hat die systematischen Bezüge zwischen Wirtschaftsordnung und Rechtsordnung zum Gegenstand. Die Wirtschafts-

---

250 MANTZAVINOS, S. 38f.
251 HERDZINA in: BENISCH-FS, S. 3 (6).
252 TOLKSDORF, Dynamischer Wettbewerb, S. 74.
253 HERDZINA, Möglichkeiten und Grenzen..., S. 59.
254 Zum Begriff der Wirtschaftsverfassung umfassend MUSSLER, S. 16ff, der allerdings sagt (S. 17), eine echte „Theorie der Wirtschaftsverfassung“ sei nicht erkennbar.

verfassung ist danach der Teil der Rechtsordnung, der die politische und die wirtschaftliche Sphäre sowohl funktional gegeneinander abgrenzt als auch nach justitiablen Kriterien miteinander kompatibel macht[255] oder, anders ausgedrückt, das Wirtschaftssystem eines Staates in seinen allgemeinen Strukturen und Funktionen festlegt[256]. Nach der Lehre der Constitutional Economics, geprägt von JAMES A. BUCHANAN, dient eine Wirtschaftsverfassung dazu, grundlegende „Spielregeln" für die zu erwartenden Handlungsabläufe und Restriktionen für abweichendes Verhalten festzulegen[257]. Das Regelsystem darf nicht nur abstrakt formuliert sein, es muss vielmehr konkrete rechtliche Lösungen für ökonomische Probleme und Konflikte bieten[258].

Zu bedenken ist jedoch, dass es sich bei der EG nicht um einen Staat, sondern um eine supranationale Organisation handelt. Die der Gemeinschaft eingeräumten Kompetenzen können zwar durch die Wahrnehmung hoheitlicher Befugnisse ausgeübt werden. Dennoch bleibt die Europäische Gemeinschaft auch nach Maastricht in erster Linie eine Wirtschaftsgemeinschaft, wie insbesondere – aber nicht nur[259] – das Bundesverfassungsgericht in seinem Maastricht-Urteil betont[260]. Wird der Begriff einer Verfassung als Ausdruck der Staatlichkeit in seinen normativen Grundprinzipien verstanden, müsste er staatlich organisierten Gebilden vorbehalten bleiben. Dem EG-Vertrag käme kein Verfassungsrang zu. Legt man hingegen einen formell-materiellen Verfassungsbegriff zugrunde, so ist lediglich zu verlangen, dass formell höchstrangige Normen in einer besonderen Urkunde materiell mindestens die grundsätzlichen machtlegitimierenden und machtkontrollierenden Prinzipien (Zielsetzungen, Wertordnungen), Organe (Aufgaben und Zusammensetzung) und Entscheidungsverfahren (Handlungsermächtigung und Willensbildung) einer Organisation bzw. eines Gemeinwesens enthalten[261]. Diese Bedingungen treffen auf den Vertrag sicherlich zu, so dass sein Verfassungsrang insoweit nicht in Frage zu stellen ist[262]. Aus der Charakterisierung der EG als Wirtschaftsgemeinschaft folgt dann notwendig die Einordnung ihres Gründungsvertrages als Wirtschaftsverfassung[263].

---

255 BEHRENS in: BRÜGGEMEIER (Hrsg.), S. 74f; MUSSLER, S. 55.

256 KILIAN, Rn. 195.

257 Ausführlich hierzu VANBERG, ORDO 52 (2001), 37 (38ff).

258 MUSSLER, S. 46.

259 Auch MESTMÄCKER in: HOMMELHOFF / KIRCHHOF, S. 113 (125f), und MUSSLER, S. 13f und S. 166, gebrauchen diese Formulierung.

260 BVerfGE 89, 155 (190).

261 J. SCHERER, S. 51; IPSEN, § 2 Rn. 33; MÜLLER-GRAFF in: DAUSES, Hdb. EG-WirtschaftsR, A.I, Rn. 82ff (86).

262 Die Gegenauffassung, nach der dem EGV Verfassungsrang abgesprochen wird, weil Art. 295 EGV die Normierung einer Eigentumsordnung als wesentliches Merkmal einer jeden Wirtschaftsverfassung den Mitgliedstaaten überlässt, wird von MESTMÄCKER in: WILLGERODT-FS, S. 271f, überzeugend widerlegt.

263 BLANK, S. 27f; WINDBICHLER, RdA 1992, 74 (75); MESTMÄCKER in: HOMMELHOFF / KIRCHHOF, S. 113 (127f); DERSELBE in: IMMENGA / MESTMÄCKER, EG-WbR, S. 22 Rn. 70. Auch nach PESCATORE, der in den Gemeinschaftsverträgen weitgehende Parallelen zu einer nationalstaatlichen Verfassung sieht, liegt aufgrund des Zieles der Gemeinschaft, einen Gemeinsamen Markt zu errichten, der Schwerpunkt auf Fragen

2. Marktwirtschaftliche Ausrichtung der EG und Grundlagen ihrer Wettbewerbspolitik

a) Ordnungspolitische Vorstellungen der Mitgliedstaaten

Die nach der Ablehnung einer Europäischen Verteidigungsgemeinschaft bzw. einer Europäischen Politischen Gemeinschaft durch die französische Nationalversammlung im August 1954 zunächst brachliegenden europäischen Integrationsbemühungen verlagerten sich auf Initiative der Gründerstaaten der EGKS mehr und mehr auf die Ebene der wirtschaftlichen Integration. Grundlage der Vertragsverhandlungen über den EWG-Vertrag war der so genannte SPAAK-Bericht[264], den ein Regierungsausschuss unter Vorsitz des belgischen Außenministers PAUL HENRI SPAAK auf der Grundlage eines Beschlusses der EGKS-Außenministerkonferenz von Messina verfasste und im April 1956 vorlegte. Bereits in den Ausschussarbeiten im Vorfeld des SPAAK-Berichts wurde deutlich, dass ein Verbot wettbewerbsverfälschender Maßnahmen wesentlich für die Stabilisierung eines Gemeinsamen Marktes und damit für das Fortschreiten der europäischen Integration war[265]. Der Bericht selbst legte dann in drei Grundthesen eine Konzeption für den Gemeinsamen Markt fest, aus denen deutliche Merkmale eines marktwirtschaftlichen Ordnungssystems abgeleitet werden können:

- Schaffung normaler Wettbewerbsbedingungen durch Beseitigung protektionistischer Maßnahmen;
- Schutz vor staatlichen und privaten Eingriffen durch ein System von Wettbewerbsregeln;
- Gemeinsame Erschließung neuer Expansionsmöglichkeiten[266].

Zu Beginn der Regierungsverhandlungen über den EWG-Vertrag prallten dann die unterschiedlichen wirtschaftspolitischen Vorstellungen der Gründungsstaaten aufeinander. Während Deutschland, unterstützt durch die Benelux-Staaten, ein streng marktwirtschaftliches Konzept zu erreichen suchte, favorisierte Frankreich Elemente der „planification", d.h. eine Marktwirtschaft mit stark planungstechnischem Charakter und staatlicher Interventionspolitik. In eine ähnliche Richtung gingen die italienischen Vorstellungen einer teildirigistischen Marktwirtschaft mit Interventionsmöglichkeiten der öffentlichen Hand vor allem durch die überragende Position der Staatsunternehmen und –holdings[267].

Im Ergebnis bestand zwar Einigkeit über die Bedeutung des Ziels, nämlich den Gemeinsamen Markt entsprechend den Vorgaben des SPAAK-Berichts durch ein System unverfälschten Wettbewerbs zu erreichen. Die Ordnungsvorstellungen der Mitgliedstaaten waren und sind jedoch zu unterschiedlich, um dem Vertrag eine klare

---

der Wirtschaftsordnung, die im nationalen Verfassungsrecht bestenfalls am Rande auftreten, PESCATORE in: KUTSCHER-FS, S. 332.

264 Bericht der Delegationsleiter des von der Konferenz von Messina eingesetzten Regierungsausschusses an die Außenminister vom 21. April 1956, abgedruckt in: SCHWARZ, S. 277ff.

265 KÜSTERS, S. 161.

266 In Kurzform zitiert bei KÜSTERS, S. 239f; ausführlicher bei SCHWARZ, S. 282f.

267 OPPERMANN, Europarecht, Rn. 929; KÜSTERS, S. 364.

rechtliche Festlegung auf ein bestimmtes Wirtschaftsmodell zu entnehmen[268]; das primäre Gemeinschaftsrecht gründet weniger auf übereinstimmenden Ausgangspositionen als auf einem „in Schmerzen langer Verhandlungen gefundenen Interessenausgleich"[269]. Eine politische Einigung über den wettbewerbspolitischen Weg zu dem System unverfälschten Wettbewerbs oder gar über die Zugrundelegung wettbewerbstheoretischer Schulen bzw. Auffassungen wurde somit nicht erreicht.

b) System unverfälschten Wettbewerbs gemäß Art. 3 Abs. 1 lit. g) EGV

Unbeschadet der gerade geschilderten Differenzen in den Ordnungsvorstellungen der Mitgliedstaaten ist in wirtschaftswissenschaftlicher und juristischer Literatur häufig der Versuch einer wirtschaftsverfassungsrechtlichen Einordnung des EG-Vertrages unternommen worden. Lassen sich im älteren Schrifttum noch drei Auffassungen darstellen, nach denen der EWGV entweder ein marktwirtschaftliches, ein aus marktwirtschaftlichen und dirigistischen Elementen gemischtes oder ein völlig offenes System normiert[270], so dominiert inzwischen die Auffassung, die EG sei zumindest bis zur Implementierung der Vertragsänderungen von Maastricht grundsätzlich marktwirtschaftlich verfasst[271]. Maßgebliches Koordinierungsinstrument ist damit der Wettbewerb und nicht hoheitliche Maßnahmen der Gemeinschaft oder der Mitgliedstaaten.

Die Allgemeingültigkeit dieses Grundsatzes wird allerdings mit der Begründung in Zweifel gezogen, die Systementscheidung für den Markt schließe nur zum Teil die notwendigen Funktionsgarantien ein[272]: „Die Herstellung eines Systems des unverfälschten Wettbewerbs, obwohl es für einen Markt konstituierend ist, bildet allerdings nur eine von vielen Tätigkeiten der Gemeinschaft (Art. 3 und 3a EGV). Zu den anderen Tätigkeiten zählt beispielsweise auch die gemeinsame Politik auf dem Gebiet der Landwirtschaft und der Fischerei, wo Wettbewerbsgrundsätze nur

---

268 KILIAN, Rn. 196; NICOLAYSEN, S. 318.

269 Oppermann in: Hommelhoff / Kirchhof (Hrsg.), S. 87 (89).

270 Vgl. hierzu die grundlegende Darstellung bei J. SCHERER, S. 199f.

271 Grundlegend hierzu ZULEEG, Wirtschaftsverfassung, S.73ff (insb. S.76). Ebenso HALLSTEIN, S. 118ff, und in der jüngeren Literatur: BLANK, S. 31; BLECKMANN in: BLECKMANN, Europarecht, Rn. 450; OPPERMANN, Europarecht, Rn. 926ff (933); SCHRÖTER in: G/T/E, 4. Auflage 1991, Rn. 14 vor Art. 85-94 EWGV, VON DER GROEBEN in: BÖRNER-FS, S. 100; WINDBICHLER, RdA 1992, 74 (76 und 78); BASEDOW, S. 26ff (insb. S. 32); PETERSMANN, EuZW 1993, 593 (594); VOLLMER, DB 1993, 25 (25); BEHRENS in: BRÜGGEMEIER (Hrsg.), S. 79ff; IMMENGA, EuZW 1994, 14 (15); EVERLING in: MESTMÄCKER-FS, S. 369; HOMMELHOFF in: HOMMELHOFF / KIRCHHOF, S. 131 (133); MESTMÄCKER in: WILLGERODT-FS, S. 270; DERSELBE in: IMMENGA / MESTMÄCKER, EG-WbR, S. 22 Rn. 71 sowie S. 23 Rn. 73; ZULEEG, BB 1994, 581 (586); MÜLLER-GRAFF in: DAUSES, Hdb. EG-WirtschaftsR, A.I, Rn. 124, 149; STREIT / MUSSLER in: GERKEN (Hrsg.), S. 75 (86); MUSSLER / STREIT in: OHR (Hrsg.), S. 282; KANTZENBACH, Wettbewerbspolitik versus Industriepolitik, S. 45; GRUNDMANN, S. 356; EMMERICH, Kartellrecht, S. 369f, ausführlicher in der 7. Auflage, S. 500f; MUSSLER, S. 114; a.A. VERLOREN VAN THEMAAT in: VON-DER-GROEBEN-FS, S. 428f, der immer noch von der ordnungs- und wirtschaftspolitischen Neutralität des Vertrages ausgeht.

272 KILIAN, Rn. 208; BASEDOW, S. 52f.

ausnahmsweise gelten (...)[273]. Letztlich sind alle Maßnahmen und Politiken der Gemeinschaft in das komplexe Zielbündel (‚magisches Achteck') des Art. 2 EGV eingebunden und damit relativiert“[274].

Weitestgehend konsensfähig dürfte die Auffassung sein, nach der die EG-Wirtschaftsverfassung zumindest in dem Sinne auf marktwirtschaftlichen Grundlagen beruht, dass die Gemeinschaft zwar Wirtschaftslenkung betreiben darf, dass sich aber, sofern kein vertraglich geregelter Ausnahmefall dieser Art vorliegt, die Marktwirtschaft durchsetzt[275]. Das System, das den Wettbewerb vor Verfälschungen schützt, und die es konkretisierenden Artt. 81 bis 89 EGV erweisen sich damit als eine der materiellrechtlichen Grundlagen der Gemeinschaftsverfassung[276].

c) Industriepolitische Orientierung nach Maastricht durch Art. 3 lit. l) EGV i.V.m. Art. 157 EGV

In der zweiten Hälfte der 90er Jahre ist die europäische Integration nicht nur quantitativ – durch den Beitritt neuer Mitgliedstaaten – sondern auch qualitativ in einem bisher nicht gekannten Umfang vorangetrieben worden[277]. Durch diese fortschreitende Integration, deren Ergebnis nicht zuletzt die Vertragsänderungen durch die Regierungskonferenzen von Maastricht und Amsterdam sind, ist die Gemeinschaft tief greifenden Wandlungen ausgesetzt worden. Sie ist keine reine Wirtschaftsgemeinschaft mehr, was nicht nur durch die Umbenennung[278] von EWG in EG zum Ausdruck kommt. Die Ziele der hinzugetretenen Union sind gemäß Art. 2 S. 1 1. Spiegelstrich EUV nicht mehr ausschließlich wirtschaftlicher Natur, zu ihnen gehören vielmehr die Förderung eines ausgewogenen und dauerhaften wirtschaftlichen und sozialen Fortschritts sowie die Stärkung des wirtschaftlichen und sozialen Zusammenhalts. Aus dieser Gleichrangigkeit von wirtschaftlichen und sozialen Komponenten ist bereits der Schluss gezogen worden, dass es sich bei der EG und der EU um eine Wirtschafts- und Sozialunion[279] oder sogar bereits um einen

---

273 Auf diesen Aspekt, der Elemente einer interventionistischen Integrationsstrategie in den EWGV einführe, weisen auch MUSSLER / STREIT in: OHR (Hrsg.), S. 282f, hin.

274 KILIAN, Rn. 207; so aber auch STEINDORFF in: FIW-Schriftenreihe, Band 148, S. 19; FURSE, ECLR 17 (1996), 250 (255f).

275 ZULEEG in: G/T/E, Art. 1 EGV Rn. 47; BUNTE in: LANGEN / BUNTE, Rn. 20 zu „Einf. zum EG-Kartellrecht“. Ähnlich auch VERLOREN VAN THEMAAT in: VON-DER-GROEBEN-FS, S. 427, und DUIJM, S. 60.

276 MESTMÄCKER in: IMMENGA / MESTMÄCKER, EG-WbR, S. 3 Rn. 9; ähnlich BASEDOW, S. 39 und 50; GRABITZ in: STEINDORFF-FS, S. 1240.

277 JÜRGENSEN in: KANTZENBACH-FS, S. 361f.

278 Bei der EWG und der EG handelt es sich um dieselbe Rechtspersönlichkeit; ebenso besteht Identität zwischen EWGV und EGV, so dass zurecht von einer „Umbenennung“ gesprochen werden kann, siehe hierzu VON BOGDANDY in: GRABITZ / HILF, Art. 1 EGV Rn. 1.

279 KLEIN in H/K/M/M-G, Art. B Rn. 13. Den Begriff einer Wirtschafts- und Sozialgemeinschaft des Rechts hat allerdings schon HANS KUTSCHER, der damalige Präsident des EuGH, in einer Ansprache am 30. Oktober 1980, d.h. lange vor der Gründung der EU durch den Vertrag von Maastricht hervorgehoben; zitiert nach EVERLING in: KUTSCHER-FS, S. 155.

allgemein-politischen Zweckverband[280] handelt. Nach Inkrafttreten des Vertrages von Amsterdam am 1. Mai 1999 ist der Sozialbezug der Union durch die explizite Aufnahme eines hohen Beschäftigungsniveaus neben die Förderung des wirtschaftlichen und sozialen Fortschritts in den Zielkatalog des Art. 2 S. 1 1. Spiegelstrich EUV weiter gestärkt worden. Auch die geplante Einbindung der WEU in die Strukturen der Union spricht für eine Politisierung. Andererseits soll jedoch nicht verschwiegen werden, dass sich auch heute noch die Integration von Wirtschaft und Wirtschaftspolitik als der „eigentliche Gegenstand" und „in erster Linie verfolgtes Ziel" des Gemeinschaftsrechts – also der ersten Säule der Union – begreifen lassen[281].

Der Vertrag von Maastricht führte jedoch nicht nur die beiden neuen Säulen der Union ein, sondern brachte auch Änderungen innerhalb dieser ersten Säule mit sich. Insbesondere die Industriepolitik, die in Form der Technologiepolitik bereits durch die Einheitliche Europäische Akte aus dem Jahre 1987 Eingang in den EG-Vertrag gefunden hatte[282], wurde weiter gestärkt. Vor allem in der Ausweitung industriepolitischer Kompetenzen der Gemeinschaft durch Art. 3 Abs. 1 lit. l) EGV, der in Verbindung mit Art. 157 EGV die Stärkung der Wettbewerbsfähigkeit der Industrie zu einer Gemeinschaftsaufgabe macht, wird von vielen Autoren nicht nur eine völlig neue Rechtslage[283], sondern darüber hinaus eine Gefährdung[284] oder Aushöhlung[285] des Wettbewerbsprinzips und mithin eine Einschränkung der marktwirtschaftlichen Grundausrichtung der Gemeinschaft[286] gesehen. Zum Teil wird den erweiterten Tätigkeitsfeldern sogar eine systemverändernde[287] oder zumindest umwertende[288] Bedeutung beigemessen.

Die Schwächen einer aktiven Industriepolitik, die entweder bestehende Strukturen konservieren oder aber von Seiten der Politik als wünschenswert festgelegte Umstrukturierungen beschleunigen will, liegen vor allem in den begrenzten Möglichkeiten ihrer Umsetzung. Versucht ein Staat oder auch die Gemeinschaft, diese Ziele mittels Subventionen zu erreichen, so geht die Kostenkontrollfunktion als eine der Grundfunktionen des Wettbewerbs verloren. Zudem kommen solche Mittel häufig nur

---

280 SCHOLZ in: GERKEN (Hrsg.), S. 113 (115), leitet dies aus dem über den Integrationsprozess auf wirtschaftlichem und sozialem Gebiet hinausgehenden Anspruch der Gemeinschaft ab, eine eigene Identität auf internationaler Ebene zu entwickeln, insbesondere durch die Gemeinsame Außen- und Sicherheitspolitik (Art. 2 S. 1 2. Spiegelstrich EUV). Ähnlich auch KANTZENBACH in: GERKEN (Hrsg.), S. 213 (213f).

281 So GRUNDMANN, S. 348, der hier schon ältere Formulierungen von EVERLING, Koordinierung der Wirtschaftspolitik, S. 3, und BLECKMANN, EuR 1979, 239 (245), über die EWG zitiert. Vgl. auch das Maastricht-Urteil des Bundesverfassungsgerichts, BVerfGE 89, 155 (190).

282 Vgl. zu dieser Entwicklung FELDMANN in: VITZTHUM (Hrsg.), S. 137f.

283 I. SCHMIDT, WuW 1995, 971 (972).

284 BARTODZIEJ, S. 96.

285 MUSSLER, S. 179.

286 STEINDORFF in: FIW-Schriftenreihe, Band 148, S. 14 und S. 56ff; MÖSCHEL in: BEUSCH-FS, S. 603; I. SCHMIDT, Wettbewerbspolitik versus Industriepolitik, S. 66; WATRIN in: WILLGERODT-FS, S. 293 (296).

287 PETERSMANN, EuZW 1993, 593 (596); BEHRENS in: BRÜGGEMEIER (Hrsg.), S. 87; VOLLMER, DB 1993, 25 (27, 30).

288 IMMENGA, EuZW 1994, 14 (18).

Großunternehmen zugute, die sich hierdurch einen aus wettbewerbspolitischer Sicht nicht zu rechtfertigenden Vorteil gegenüber den häufig viel innovativeren kleinen und mittelständischen Unternehmen verschaffen. Allgemein gesprochen beinhaltet jede selektive Wirtschaftsförderung die Gefahr der Ungleichbehandlung[289]. Unter anderem aus diesen Gründen stehen nationale Subventionen und Beihilfen unter der strengen Kontrolle der EG-Kommission. Ein anderes Mittel, industrie- oder andere politische Interessen wahrzunehmen, sind öffentliche Unternehmen. Diese können bereits aufgrund ihrer öffentlichen Trägerschaft einen Wettbewerbsvorteil haben und sind ebenfalls der gemeinschaftsrechtlichen Beihilfekontrolle unterworfen[290]. Wird demgegenüber eine aktive Forschungsförderungspolitik verfolgt, so muss diese schon am bereits angesprochenen Problem der Anmaßung von Wissen scheitern[291]. Eine gemeinschaftsrechtliche Industriepolitik, die sich in einen Konflikt zum Primat des Wettbewerbs begibt[292], muss dann aber um so mehr Gegenstand der Kritik sein, als die Geltung und Wirksamkeit der gemeinschaftsrechtlichen Freiheits-, Wettbewerbs- und Rechtsschutzgarantien gegenüber derartigen EG-Regulierungen weniger gewährleistet ist als gegenüber entsprechenden nationalen Regulierungen[293].

Fraglich ist jedoch, ob eine derartige „Kassandra“-Interpretation[294], nach der die Geltung des Wettbewerbsprinzips durch den Paradigmenwechsel[295] hin zur Industriepolitik ausgehöhlt wurde, überhaupt angebracht ist. Als gesetzessystematisches Argument für eine Schwächung des Wettbewerbsprinzips wird zum einen die Formulierung des Art. 2 EGV herangezogen. Nahm diese Vorschrift vorher nur Bezug auf den Gemeinsamen Markt, so gehören nach Maastricht die Gesamtheit der in Artt. 3 und 4 EGV genannten Tätigkeiten zu den Aufgaben i.S.d. Art. 2 EGV. Die anderen Politiken erfuhren hierdurch eine erhebliche Aufwertung[296]. Diese Gleichstellung erschwert zudem die Lösung von Konflikten mit Mitteln des Rechts zwischen Freiheitsrechten der Bürger einerseits und Interventionsansprüchen der Gemeinschaft andererseits[297]. Zum anderen spricht auch die Erweiterung des Tätigkeitskatalogs des Art. 3 EGV durch die Aufnahme der Industriepolitik selbst schon für eine Orientierung an anderen Prinzipien als dem Wettbewerbsprinzip. Sollte die Konkurrenzfähigkeit der gemeinschaftlichen Industrie mit Mitteln des Wettbewerbs gestärkt werden, hätte man das nicht in Art. 3 EGV aufnehmen müssen, weil das System des unverfälschten Wettbewerbs bereits enthalten war.

---

289 STEINDORFF in: DERINGER-FS, S. 175 (191).

290 Die strenge Haltung der Kommission zu öffentlichen Banken und deren Unterwerfung unter das gemeinschaftsrechtliche Beihilfekontrollsystem ist nur ein Beispiel, welches viel Aufsehen erregt hat, vgl. hierzu eingehend LÖHR, S. 42ff und S.276f.

291 Eingehender zu diesen negativen Aspekten der Industriepolitik I. SCHMIDT, WuW 1995, 971 (975ff).

292 OBERENDER / OKRUCH, WuW 1994, 507 (516).

293 PETERSMANN, EuZW 1993, 593 (596). Die mangelnde Justiziabilität wird insbesondere auch von BEHRENS in: BRÜGGEMEIER (Hrsg.), S. 86, kritisiert.

294 So MÖSCHEL, ORDO 43 (1992), 415 (418).

295 I. SCHMIDT, WuW 1995, 971 (983).

296 IMMENGA, EuZW 1994, 14 (16).

297 MUSSLER, S. 184 und 188.

Also bleibt nur die Schlussfolgerung, dass die Industrie durch dem Wettbewerb entgegenstehende Maßnahmen gestärkt werden soll[298].

Neben dieser Tendenz zur Integration durch Intervention ist aber auch zu bemerken, dass der Vertrag von Maastricht die Marktwirtschaft als wirtschaftsverfassungsrechtliches Grundprinzip insoweit gestärkt hat, als mehrfach die Formulierungen „offene Marktwirtschaft mit freiem Wettbewerb" (Artt. 4 Abs. 1 und 2[299]; 98 S. 2; 105 Abs. 1 S. 2 EGV) sowie „offene und wettbewerbsorientierte Märkte" (Artt. 154 Abs. 2 S. 1; 157 Abs. 1 S. 2 EGV) in den EG-Vertrag eingefügt wurden. Auch wenn insbesondere bei Art. 157 EGV der Gedanke an einen bloßen „Formelkompromiss"[300] oder sogar einen inhaltlichen „Nonvaleur"[301] nahe liegt, ist dieser Kompromiss zumindest insoweit von Bedeutung, als politische Differenzen zur Sprache kommen und wettbewerblich nicht zu vertretende Beschlüsse im industriepolitischen Bereich über das Erfordernis der Einstimmigkeit verhindert werden können[302]. Die gewählten Formulierungen lassen allerdings sowohl Spielraum für die Interpretation, der Wettbewerb sei ein konstituierendes Element offener Märkte, als auch für die Interpretation, dass offene Märkte ohne Wettbewerb denkbar erscheinen[303].

Für die weiterhin überragende Stellung des Wettbewerbsprinzips spricht zudem, dass die in den Artt. 81 bis 89 EGV normierten Wettbewerbsregeln und auch die Fusionskontrollverordnung die vom Vertrag zwingend vorgeschriebenen Mittel sind, mit deren Hilfe das System unverfälschten Wettbewerbs errichtet und gesichert wird. Von ihrer Anwendung kann auch im Dienste anderer Vertragsziele nicht abgesehen werden[304]. Hieraus wird gefolgert: „Die Wettbewerbsregeln sind der Maßstab für die Industriepolitik – nicht umgekehrt"[305]. Im Ergebnis kann die Stärkung der Industriepolitik allenfalls zur Rechtfertigung von Ausnahmen vom strikten Wettbewerbsprinzip führen, niemals aber eine Abkehr vom Wettbewerbsprinzip begründen[306]. Die besondere Bedeutung des Marktprinzips kommt des weiteren trotz der Aufnahme aller Tätigkeitsbereiche in den Katalog der Gemeinschaftsaufgaben schon

---

298 MÖSCHEL, ORDO 43 (1992), 415 (419); IMMENGA, Europäische Fusionskontrolle, S. 32; DERSELBE, EuZW 1994, 14 (16).

299 Diese Norm bezeichnet SCHRÖTER in: G/T/E, Rn. 27 vor Art. 85-94, als verfassungsrechtliche Grundnorm des Vertrages.

300 IMMENGA, EuZW 1994, 14 (16).

301 STARBATTY in: VITZTHUM (Hrsg.), S. 165.

302 EHLERMANN, HmbJbWG 1994, 255 (255). Kritisch zur Praktikabilität des Vetorechts STARBATTY in: VITZTHUM (Hrsg.), S. 164.

303 KILIAN, Rn. 205. Die Abstraktheit und Unklarheit dieser Formulierungen wird auch von EVERLING in: MESTMÄCKER-FS, S. 376, problematisiert. Seiner Auffassung nach sind die genannten Prinzipien zwar bei der Auslegung konkreterer Vertragsbestimmungen heranzuziehen, eine Begrenzung des Handlungsspielraums und des Ermessens des Gemeinschaftsgesetzgebers durch die Prinzipien sei jedoch fraglich.

304 MESTMÄCKER in: IMMENGA / MESTMÄCKER, EG-WbR, S. 17 Rn. 54.

305 GROGER / JANICKI, WuW 1992, 991 (993). A.A. offenbar FELDMANN in: VITZTHUM (Hrsg.), S. 140, der Wettbewerbspolitik als einen „wichtigen Bereich der EG-Industriepolitik" begreift.

306 ALBERS in: G/T/E, Art. 2 FKVO Rn. 487; ähnlich auch HOMMELHOFF in: HOMMELHOFF / KIRCHHOF, S. 131 (140): „Industriepolitik bleibt stets und in allem dem Grundsatz einer offenen Marktwirtschaft mit freiem Wettbewerb verpflichtet".

im Wortlaut des Art. 2 EGV zum Ausdruck, da der Gemeinsame Markt der erste Weg zur Verwirklichung der Gemeinschaft ist. Darüber hinaus sind die weiteren Politiken und Maßnahmen weitgehend funktionslos ohne das Vorhandensein eines Gemeinsamen Marktes[307].

Der Tatsache, dass Industriepolitik nur unter Beibehaltung marktwirtschaftlicher Prinzipien Erfolg haben kann, ist sich auch die Kommission bewusst. Sie sieht die Erhaltung eines wettbewerbsorientierten wirtschaftlichen Umfeldes als erste Bedingung für ein industriepolitisches Konzept der Gemeinschaft[308] und die konsequente Anwendung der Wettbewerbsregeln als primäres und effektivstes Mittel zur Verbesserung der Konkurrenzfähigkeit europäischer Unternehmen[309]. Auch das ehemals für die Industriepolitik zuständige Kommissionsmitglied, MARTIN BANGEMANN, sieht nicht notwendig einen Gegensatz zwischen Wettbewerbs- und Industriepolitik. Seiner Auffassung nach darf die Wettbewerbspolitik nicht das Hineinwachsen der europäischen Industrie in weltweit konkurrenzfähige Größenordnungen verhindern, während die Industriepolitik nicht wettbewerbsbeschränkend in Strukturen eingreifen darf. Er schließt: „Industriepolitik strebt (...) nicht weniger, sondern mehr Wettbewerb an"[310].

Für den Vorrang marktwirtschaftlicher Grundsätze auch gegenüber industriepolitischen Erwägungen spricht schlussendlich auch die Verpflichtung zur Wahrung des gemeinschaftlichen Besitzstandes (acquis communautaire) gemäß Art. 2 S. 1 5. Spiegelstrich und Art. 3 Abs. 1 EUV. Umstritten ist zwar, ob zum acquis communautaire das gesamte Primär- und Sekundärrecht oder lediglich die Grundzüge der Gemeinschaftsverfassung gehören[311]. Zu letzteren zählt nach dem oben gesagten jedoch auch die Marktwirtschaft als wirtschaftsverfassungsrechtliches Grundprinzip der Gemeinschaft. Nach Auffassung der Kommission sind darüber hinaus auch die Wettbewerbsregeln des Vertrags Bestandteil des acquis communautaire[312].

Im Ergebnis vermag damit auch der „Sündenfall"[313] Industriepolitik nichts an der grundsätzlich marktwirtschaftlichen Ausrichtung der Gemeinschaft zu ändern. Der Wettbewerb war und ist der „Motor des Systems"[314].

---

307 MÜLLER-GRAFF in: DAUSES, Hdb. EG-WirtschaftsR, A.I, Rn. 121, 123.

308 Komm., Mitteilung „Industriepolitik in einem wettbewerbsorientierten Umfeld", zitiert nach BR-DS 880/90, S. 6.

309 SCHRÖTER in: G/T/E, Rn. 31 vor Art. 85-94, mit Hinweis auf Komm., XIII. Wettbewerbsbericht (1983), Einl. S. 11; XV. Wettbewerbsbericht (1985), Einl. S. 15; XVI. Wettbewerbsbericht (1986), Einl. S. 13f; XVII. Wettbewerbsbericht (1987), Einl. S. 13f; XXI. Wettbewerbsbericht (1991), Tz. 45f, sowie den XXIII. Wettbewerbsbericht (1993), Tz. 155ff.

310 BANGEMANN, S. 27. Im Ergebnis genauso EHLERMANN, HmbJbWG 1994, 255 (279); ALBERS in: G/T/E, Art. 2 FKVO Rn. 487; OPGENHOFF, S. 59ff.

311 Es erscheint logischer, den acquis communautaire auf wesentliche Prinzipien oder Grundzüge der Gemeinschaftsverfassung zu beschränken, da andernfalls eine Unterscheidung zwischen verbotenem Rückschritt und erlaubter Weiterentwicklung kaum möglich wäre, vgl. hierzu HEINTZEN, EuR 1994, 35 (47).

312 Komm., Weißbuch über die Modernisierung der Vorschriften zur Anwendung der Artikel 85 und 86 EG-Vertrag, Einleitung, Tz. 7 (Seite 8).

313 EMMERICH in: DAUSES, Hdb. EG-WirtschaftsR, H.I, Rn. 2. Gerade in Bezug auf die Fusionskontrolle im Ergebnis genauso STROHM in: ZIMMERMANN u.a. (Hrsg.), S. 185f.

314 HALLSTEIN, S. 118.

3. Wettbewerbstheoretische Bewertungen des EG-Vertrages in der Literatur

Abgesehen von der Tatsache, dass eine marktwirtschaftliche Wirtschaftsverfassung von jedem der erörterten Leitbilder als notwendige Grundbedingung vorausgesetzt wird, ist damit allerdings noch nichts für die wettbewerbstheoretische Einordnung des EG-Vertrages gewonnen.

Es wäre sicherlich zu weitgehend, aus der Verwendung des Begriffes „offene Marktwirtschaft mit freiem Wettbewerb" den Schluss ziehen zu wollen, die Mitgliedstaaten als Verfassungsgeber neigten systemtheoretischen Konzepten zu, die besonderes Augenmerk auf die Wettbewerbsfreiheit richten. Dagegen spricht schon, dass der Begriff des „freien" Wettbewerbs zwar verwendet, nicht aber näher erläutert wird[315]. Eine Präjudizierung für das Konzept der Wettbewerbsfreiheit oder die Thesen der Chicago School, nach der für eine effiziente Faktorallokation ebenfalls das freie Spiel der Kräfte maßgeblich ist[316], kann unmittelbar aus dem Wortlaut des EG-Vertrages nicht abgeleitet werden. Gegen eine Orientierung des EG-Vertrages an die Chicago School wird zudem angeführt, dass diese als einziges Ziel die Steigerung der Konsumentenwohlfahrt nennt, während unmittelbares Ziel der Gemeinschaft die Implementierung eines Gemeinsamen Marktes ist. Zwar wird auch von diesem in aller Regel die bestmögliche Förderung der Konsumentenwohlfahrt erwartet, vor allem eine Steigerung des allgemeinen Wohlstands durch rationelle zwischenstaatliche Arbeitsteilung[317]. Der Wettbewerbsschutz i.S.d. Art. 3 Abs. 1 lit. g) EGV bildet aber dennoch eine eigenständige Aufgabe, die eine Verknüpfung des Begriffes der Wettbewerbsbeschränkung mit Effizienzüberlegungen verbietet[318].

Da aus dem Wortlaut eine Orientierung an einem der Leitbilder nicht abzuleiten ist, ist der Versuch unternommen worden, mittelbare Schlüsse zu ziehen. Der These, dem EG-Vertrag könne eine Entscheidung der Mitgliedstaaten für den Wettbewerbsbegriff des Workable Competition bereits deshalb entnommen werden, weil im Unterschied zur vollkommenen Konkurrenz Wettbewerbsbeschränkungen und Unternehmenskonzentrationen nicht durchweg verboten seien[319], soll hier nicht gefolgt werden. Sie ist so nicht haltbar, weil keine Rechtsordnung jede wettbewerbsbeschränkende Handlung durchweg verbietet und zudem auch andere Wettbewerbstheorien Beschränkungen nicht durchweg negativ gegenüberstehen. Der Schluss von der Existenz bzw. der Zulässigkeit gewisser Wettbewerbsbeschränkungen auf die Orientierung am Konzept des Workable Competition ist deshalb zumindest nicht zwangsläufig richtig. Ohne nähere Begründung schreiben auch KOENIG / HARATSCH den gemeinschaftsrechtlichen Wettbewerbsregeln bestimmte Zielfunktionen zu, bringen diese also in die Nähe eines Workable Competition-Ansatzes. Sie dienten der volkswirtschaftlich effizienten Allokation von Gütern, dem Schutz von Kleinunternehmen und Verbrauchern und nicht zuletzt der Förderung der Integration[320]. Andere Autoren sahen in den einzelfall- und strukturorientierten

---

315 ENCHELMAIER, S. 19.

316 Siehe oben in diesem Teil unter C.II.5, S. 41.

317 KOCH in: GRABITZ / HILF, Rn. 1 vor Art. 85 EWGV, unter Hinweis auf den SPAAK-Bericht.

318 VEELKEN, ZVglRWiss 97 (1998), 241 (256f).

319 KRIMPHOVE, S. 44.

320 Koenig / Haratsch, Rn. 665.

Wettbewerbsregeln des EG-Vertrages anfänglich eine Ausprägung des Leitbildes der vollkommenen Konkurrenz, welche dann bruchlos für das Ziel des funktionsfähigen Wettbewerbs umgedeutet wurde[321].

Nach anderer Ansicht hat „[u]nzweifelhaft (...) ordoliberales Gedankengut dem Vertragswerk das Gepräge gegeben“[322]. Diese Aussage wird damit begründet, dass der Vertrag als Grundprinzip eine marktorientierte Wettbewerbswirtschaft normiert, die Markt und Wettbewerb als vorrangige Instrumente zur Regulierung der Wirtschaftsabläufe ansieht. Auch nach MESTMÄCKER baut der EG-Vertrag in einer Weise auf dem Wettbewerb als Integrationsinstrument auf, „wie es ohne die Vorarbeiten BÖHMS nicht möglich gewesen wäre“[323]. Beide Auffassungen gehen jedoch nicht wesentlich über die bereits festgestellte Erkenntnis einer grundsätzlich marktwirtschaftlich verfassten Gemeinschaft hinaus.

Aus alledem folgt, dass es schwierig erscheint, dem EG-Vertrag ein vorgegebenes, in sich konsistentes Leitbild zuzuschreiben. Die im Art. 2 EGV genannten „End- oder Fernziele“[324] der Gemeinschaft werden auch durch die in Art. 3 EGV näher beschriebenen Aufgaben zu ihrer Erreichung nicht so hinreichend konkretisiert, als dass man daraus bereits eine Hilfestellung zur Auslegung der Wettbewerbsnormen im Allgemeinen oder der Fusionskontrollverordnung im Besonderen gewinnen könnte[325]. Sie haben eher den Stellenwert von „Leitprinzipien, die zur Interpretation heranzuziehen sind, aber in ihrer Gegensätzlichkeit gegeneinander abgewogen werden und mit weiten Spielräumen politisch ausgefüllt werden müssen“[326].

II. Vorgaben aus der Fusionskontrollverordnung

Anhaltspunkte für ein wettbewerbspolitisches Leitbild der Gemeinschaft könnten sich neben dem EG-Vertrag auch aus der wesentlich jüngeren Fusionskontrollverordnung ergeben. Hiergegen sprechen jedoch zum einen die Anforderungen, die in formell-materieller Hinsicht an wirtschaftsverfassungsrechtliche Normen zu stellen sind[327]. Bei der Fusionskontrollverordnung handelt es sich gerade nicht um eine formell höchstrangige Norm, sondern um sekundäres Gemeinschaftsrecht. Grund für den fehlenden Verfassungsrang des sekundären Gemeinschaftsrechts ist nicht seine geringere Bedeutung, sondern die Tatsache, dass die Gründungsverträge, ihre Änderungen und die Allgemeinen Rechtsgrundsätze des primären Gemeinschaftsrechts (Rechtssicherheit, Verhältnismäßigkeit, Grundrechte) Ausdruck des „verfassungsgebenden Kollektivwillens, des historischen Kompromisses der Machtgruppen“ sind. Sie dienen dazu, die Macht zwischen den unterschiedlichen Interessengruppen (Gemeinschaftsorgane, Mitgliedstaaten und Private wie z.B. Unternehmen und

---

321 OBERENDER / OKRUCH, WuW 1994, 507 (510f).

322 BUNTE in: LANGEN / BUNTE, Rn. 20 zu „Einf. zum EG-Kartellrecht“.

323 MESTMÄCKER in: BÖHM-FS, S. 384.

324 VEELKEN, ZVglRWiss 97 (1998), 241 (256 in seiner Fußnote 125). Der Begriff der Fernziele ist angelehnt an SCHWEITZER / HUMMER, Rn. 1032, und als Gegensatz zu den Nahzielen SCHRÖTERS zu verstehen, vgl. SCHRÖTER in: G/T/E; Rn. 10, 11 vor Art. 85 bis 94.

325 So schon SANDROCK, S. 41 in seiner Fußnote 45.

326 NICOLAYSEN, S. 321.

327 Siehe oben in diesem Teil unter D.I.1, S. 51.

Verbände) aufzuteilen[328]. Würde auch das sekundäre Recht dazu gehören, so könnten die Gemeinschaftsorgane im Alleingang die Wirtschaftsverfassung zu ihren Gunsten verändern. Den Mitgliedstaaten verbliebe lediglich die Möglichkeit der nachträglichen gerichtlichen Kontrolle nach Maßgabe der Artt. 230 UAbs. 1, 2, 231 EGV. Um dies zu verhindern sind die Gemeinschaftsorgane, auch wenn sie zum Erlass von Rechtssetzungsakten ermächtigt sind, bei der Ausübung ihrer Kompetenzen an das Primärrecht gebunden[329].

Aber auch inhaltlich erfährt die Frage nach dem wettbewerbspolitischen Leitbild der EG durch die Normen der Fusionskontrollverordnung keine weitere Klärung. Der endgültige Verordnungstext resultierte aus langwierigen Verhandlungen[330] und ist ein Kompromiss der divergierenden Ordnungsvorstellungen der Mitgliedstaaten[331]. Sowohl in den Erwägungsgründen (Nr. 16, 29) als auch im Text der Verordnung (Art. 2 Abs. 1 S. 2 lit. a), Abs. 2, 3 FKVO sowie Art. 9 Abs. 2 lit. a), Abs. 3 S. 1 lit. a) FKVO) wird zwar vom „wirksamen Wettbewerb" gesprochen. Auch hier fehlt jedoch eine weitere Erläuterung des Begriffs. Zudem stellt Erwägungsgrund Nr. 13 klar, dass sich jede Beurteilung der Kommission an den allgemeinen Vertragszielen des Art. 2 EGV zu orientieren hat[332]. Auch in materieller Hinsicht verbietet sich bereits aus diesem Grund eine eigenständige Orientierung an einem vom EG-Vertrag abweichenden Leitbild im Rahmen der Fusionskontrollverordnung von selbst.

Nicht gefolgt werden soll daher der Interpretation KRIMPHOVES und KERBERS. KRIMPHOVE lässt zunächst bewusst die Frage nach der Relevanz wirtschaftstheoretischer Wettbewerbsschulen für die europäische Fusionskontrolle offen[333]. An späterer Stelle orientiert er sich aber stark am Wortlaut der Fusionskontrollverordnung und setzt den in Art. 2 Abs. 2, 3 FKVO verwendeten Begriff des „wirksamen Wettbewerbs" mit CLARKS Workable Competition gleich. Er lehnt den wirksamen Wettbewerb als taugliches Entscheidungskriterium im Rahmen der Fusionskontrolle nämlich gerade deshalb ab, weil CLARKS Theorie vieldeutige und in der Entscheidungspraxis nicht konsistent anwendbare Interpretationen erfahren habe[334]. Auch für KERBER ist die Erwähnung des „wirksamen Wettbewerbs" in Art. 2 FKVO ein Indiz für die Anlehnung an das Konzept des funktionsfähigen Wettbewerbs der Harvard School. Er führt ergänzend aus, die Erwähnung einer langen Liste von Strukturkriterien spreche ebenfalls für diese These[335].

Einen interessanten, aber im Detail nicht stimmigen Ansatz bietet eine Überlegung KNITTELS. Dieser ist der Auffassung, die hohen Aufgriffsschwellen in der Fusionskontrollverordnung seien nicht förderlich für eine Entwicklung der Märkte in Richtung

---

328 BASEDOW, S. 10f.

329 MESTMÄCKER in: WILLGERODT-FS, S. 279.

330 Zur mehr als 16jährigen Entstehungsgeschichte der FKVO vom ersten Entwurf 1973 bis zur Verabschiedung am 21.12.89 vgl. stellvertretend für viele CASPARI / SCHWARZ in: BENISCH-FS, S. 383ff, und IMMENGA in: IMMENGA / MESTMÄCKER, EG-WbR, S. 775ff.

331 IMMENGA in: IMMENGA / MESTMÄCKER, EG-WbR, S. 779 Rn. 14.

332 Diesen Aspekt betont auch IMMENGA, EuZW 1994, 14 (17).

333 KRIMPHOVE, S. 25.

334 KRIMPHOVE, S. 279ff (285f).

335 KERBER in: OBERENDER (Hrsg.), S. 84.

einer atomistischen Marktstruktur[336]. Aufgabe der präventiven Kontrolle von Unternehmenszusammenschlüssen kann jedoch niemals die Entwicklung bestimmter Marktstrukturen, sondern lediglich die Verhinderung ungewünschter Strukturen sein. Die Entwicklung der Märkte in eine bestimmte Richtung zu fördern, ist nicht Aufgabe der wettbewerbsrechtlichen Kontrollorgane. Knittel kann aber insoweit zugestimmt werden, als die hohen Aufgriffsschwellen Zusammenschlüsse im Regelfall erst dann erfassen, wenn von einer atomistischen Marktstruktur längst nicht mehr die Rede sein kann. Eine atomistische Struktur ist jedoch ohnehin allenfalls Wunschvorstellung preistheoretischer Wettbewerbsleitbilder und fernab jeglicher Realität.

III. Wettbewerbspolitische Ausrichtung der Organe

Die Bestimmung eines wettbewerbspolitischen Leitbildes für die Gemeinschaft durch den EG-Vertrag und die Fusionskontrollverordnung erschöpft sich nach alledem in der Propagierung einer „offenen Marktwirtschaft mit freiem Wettbewerb". Während der Ministerrat in einem Verfahren vor dem EuGH noch 1980 festgestellt hat, die Klägerin gehe zu Unrecht davon aus, dass der EG-Vertrag prinzipiell eine liberale Wirtschaftsverfassung, praktisch also eine freie Marktwirtschaft vorschreibe[337], kann die Existenz einer marktwirtschaftlich verfassten Gemeinschaft heute als allgemeingültig angesehen werden. So verlangt beispielsweise der Europäische Rat, beitrittswillige Staaten aus Mittel- und Osteuropa müssten über eine „funktionsfähige Marktwirtschaft sowie die Fähigkeit [verfügen], dem Wettbewerbsdruck und den Marktkräften innerhalb der Union standzuhalten"[338]. Dies lässt nur den Schluss auf eine marktwirtschaftlich verfasste Union zu.

Wie diese ausgestaltet wird, richtet sich mangels eindeutiger gestalterischer Vorgaben wesentlich nach den Vorstellungen und der Arbeitsweise derjenigen Organe, die tagtäglich mit der Anwendung und Auslegung des Gemeinschaftsrechts im Allgemeinen und dem gemeinschaftlichen Wettbewerbsrecht im besondern befasst sind. In erster Linie sind hier also die Kommission als Wettbewerbsbehörde und der Gerichtshof als richterliches Kontrollorgan zu nennen.

Zur Erarbeitung der wettbewerbspolitischen Grundansichten der rechtsanwendenden Gemeinschaftsorgane könnte in einer Synthese der Anwendungspraxis versucht werden, kartellrechtliche Entscheidungen auf ihren wettbewerbstheoretischen und –politischen Gehalt zu untersuchen mit dem Ziel, aus einer Vielzahl von Bruchstücken ein Leitbild zusammenzusetzen[339]. Hier soll jedoch ein umgekehrter Ansatz verfolgt werden. Der Einzelfallbeurteilung soll eine kurze Analyse allgemeiner Aussagen und Dokumente vor allem der Kommission sowie allgemeiner wettbewerbspolitischer Ausführungen in der Rechtsprechung des Gerichtshofs voran gestellt werden. Erst anschließend sollen in den beiden folgenden Teilen der Arbeit schwerpunktmäßig Marktanteilsprognosen in der Fusionskontrolle untersucht werden.

---

336 KNITTEL, S. 11 in der Fußnote 1.

337 Stellungnahme des Rates, zitiert nach EuGH, Urt. vom 29.10.80, Rs. 139/79, „Isoglucose-Produktionsquoten", EuGHE 1980, 3393 (3407).

338 Europäischer Rat von Kopenhagen, Bull. EG 6/93, S. 13.

339 Auf eine ähnliche Weise geht z.B. KERBER vor, der zunächst die Fusionskontrollpraxis untersucht und anschließend wettbewerbskonzeptionelle Grundausrichtungen der Gemeinschaft entwickelt, vgl. KERBER, Fusionskontrollpraxis, S. 18.

1. Kommission

Allgemeine Äußerungen der Kommission zu wettbewerbsrelevanten Fragen finden sich vornehmlich in Grün- und Weißbüchern zu Fragen des Wettbewerbs sowie in den jährlichen Wettbewerbsberichten. Über ihre Tätigkeit als rechtsanwendendes Organ hinaus obliegt es der Kommission gemäß Art. 211 3. Spiegelstrich EGV, am Zustandekommen der Rechtssetzungsakte des Rates und des Parlamentes mitzuwirken.

Wettbewerbsrechtliche Verordnungen und Richtlinien werden nach den Artt. 83 und 89 EGV jeweils auf Vorschlag der Kommission durch den Rat unter Anhörung des Europäischen Parlaments erlassen. Dasselbe gilt auch für die Fusionskontrollverordnung, die nach ihrer Präambel auf Artt. 83 und 308 EGV gestützt wurde. Bei all diesen Rechtsakten steht der Kommission mithin das Initiativrecht zu. Bevor sie dem Rat konkrete Entwurfsfassungen vorlegt, bereitet die Kommission diese durch Grün- und Weißbücher vor, in denen auf möglichst breiter Basis die Grundlagen der Rechtssetzungsakte diskutiert werden. In diesem Verfahren werden immer auch interessierte Kreise aufgefordert, ihre Ansichten mitzuteilen, um so fundierte Entwürfe zu ermöglichen und Kritik frühzeitig berücksichtigen zu können. Ein weiterer Grund der Kommission, ihre Wettbewerbspolitik zu veröffentlichen, ist die dezentrale Anwendung des EG-Kartellrechts durch Behörden und Gerichte der Mitgliedstaaten. Durch die Publizierung ihrer Auffassung will die Kommission Kohärenz und Einheitlichkeit in der Rechtsanwendung sichern[340]. In all diesen Dokumenten hat die Kommission häufig auch Gelegenheit, zu theoretischen Ansichten und Leitbildern Stellung zu beziehen.

Die Novellierung der Fusionskontrollverordnung aus dem Jahr 1997 befasste sich in der Hauptsache mit einer Erweiterung ihres Anwendungsbereiches durch Absenkung der Schwellenwerte und Einbeziehung aller Vollfunktionsgemeinschaftsunternehmen[341, 342]. Sie hatte in erster Linie verfahrensrechtliche Bedeutung[343]. Materiellrechtliche Änderungen in den Beurteilungskriterien waren nicht Gegenstand der Änderungsverordnung, so dass auch das vorbereitende Grünbuch keinen Anlass zu wettbewerbstheoretischen Ausführungen gab.

---

340 Komm., Weißbuch über die Modernisierung der Vorschriften zur Anwendung der Artikel 85 und 86 EG-Vertrag (Arbeitsprogramm der Kommission Nr. 99/027), Tz. 83f, 86.

341 Ein gemeinsames Tochterunternehmen zweier oder mehrerer Muttergesellschaften ist gemäß Art. 3 Abs. 2 FKVO ein Vollfunktionsgemeinschaftsunternehmen, wenn es auf Dauer alle Funktionen einer selbständigen wirtschaftlichen Einheit erfüllt. Hierzu muss es über ein sich dem Tagesgeschäft widmendes Management und ausreichende Ressourcen wie finanzielle Mittel, Personal, materielle und immaterielle Vermögenswerte verfügen, um im Rahmen der dem Gemeinschaftsunternehmen zugrunde liegenden Vereinbarung langfristig seine Tätigkeiten ausüben zu können; vgl. Komm., Mitteilung vom 2.3.1998, Begriff des Vollfunktionsgemeinschaftsunternehmens nach der Verordnung (EWG) Nr. 4064/89 über die Zusammenschlusskontrolle, ABl.EG C66/1 vom 2.3.98, Tz. 12.

342 Zur Novellierung der Fusionskontrollverordnung vgl. u.a. BROBERG, ECLR 17 (1996), 289ff; RÜPPEL in: SCHOLZ (Hrsg.), S. 120ff; POHLMANN, EWS 1997, 181ff; LÜDER, S. 53ff; BARON, WuW 1997, 579ff; NIEWIARRA, EWS 1998, 113ff.

343 POHLMANN, Unternehmensverbund, S. 106.

Anders stellt sich die Sachlage bei der Beurteilung vertikaler Wettbewerbsbeschränkungen dar. Im diesbezüglichen Grünbuch analysiert die Kommission intensiv ökonomische Auswirkungen vertikaler Wettbewerbsbeschränkungen. Dabei stellt sie beispielsweise auch die Haltung der Chicago School gegenüber vertikaler Integration dar und beschreibt, unter welchen Voraussetzungen vertikale Beschränkungen als Marktzutrittsschranken wirken können[344]. Es ist jedoch zu beobachten, dass die Kommission unterschiedliche theoretische Ansichten darlegt, dabei aber nicht davon auszugehen scheint, dass der gemeinschaftlichen Wettbewerbspolitik ausdrücklich eine der oben untersuchten theoretischen Schulen zugrunde zu legen ist. Wäre dies der Fall, so bräuchte sie nicht unterschiedliche Auffassungen darzustellen, sondern könnte sich darauf beschränken, neue Entwicklungen auf ihre Übereinstimmung mit dem verwendeten Leitbild zu überprüfen; allenfalls wäre zu hinterfragen, ob das Leitbild vor dem Hintergrund sich ständig ändernder wirtschaftlicher Rahmenbedingungen einer Modifizierung bedarf. Im Gegensatz dazu verfolgt die Kommission ein eigenständiges gemeinschaftliches Wettbewerbsleitbild.

Dies kommt auch in den jährlichen Wettbewerbsberichten der Kommission zum Ausdruck. Die Wettbewerbsberichte werden im Zusammenhang mit dem allgemeinen Gesamtbericht über die Tätigkeit der Europäischen Union herausgegeben. In ihnen gibt die Kommission nicht nur eine Zusammenfassung der im Berichtsjahr entschiedenen Fälle von besonderer Bedeutung, sie dienen darüber hinaus als Medium, mit dem die Kommission allgemeine Entwicklungen und mögliche Reaktionen darauf erörtert.

Schon in ihrem ersten Wettbewerbsbericht nahm die Kommission für sich in Anspruch, durch eine „aktive Wettbewerbspolitik" größtmögliche Freiheitsspielräume für die Unternehmen zu gewährleisten. Eine Orientierung am Freiheitsideal sollte aber nur einen Aspekt gemeinschaftlicher Wettbewerbspolitik darstellen. Darüber hinaus wurde sie als „essentielles Instrument zur Sicherung einer weitgehenden Befriedigung der privaten und kollektiven Bedürfnisse" bezeichnet[345]. Dies deutet darauf hin, dass der Wettbewerb und die Freiheit des Wettbewerbs nicht primär um ihrer selbst willen, sondern als Mittel zur Erfüllung vorab definierter Ziele gewollt werden. Damit orientiert sich die Kommission stark an den Leitbildern des Workable Competition bzw. des funktionsfähigen Wettbewerbs[346]; sie verfolgt allgemein gesprochen eine eher wohlfahrtsökonomisch und damit strukturorientierte Wettbewerbspolitik. Diese muss zuallererst zur Erreichung der grundlegenden Gemeinschaftsziele beitragen[347]. Ziel der europäischen Wettbewerbspolitik ist es im einzelnen, auf den Märkten die zur Entfaltung des Unternehmensgeistes und der Innovationsfähigkeit notwendige Flexibilität herzustellen und eine wirksame und dynamische Allokation der Ressourcen der Gesellschaft zu ermöglichen[348]. Zusätzlich soll die

---

344 Komm., Grünbuch zur EG-Wettbewerbspolitik gegenüber vertikalen Wettbewerbsbeschränkungen, KOM(96)721, Tz. 54ff.

345 Komm., I. Wettbewerbsbericht (1971), S. 11f.

346 So auch DUIJM, S. 61; KERBER, Fusionskontrollpraxis, S. 188.

347 VAN MIERT, WuW 1995, 553 (554). Genauso Komm., Weißbuch über die Modernisierung der Vorschriften zur Anwendung der Artikel 85 und 86 EG-Vertrag (Arbeitsprogramm der Kommission Nr. 99/027), Tz. 136.

348 Komm., XXVI. Wettbewerbsbericht (1996), Tz. 1.

aktive Wettbewerbspolitik mittelbar sogar einen Beitrag zu der Überwindung der strukturellen Arbeitslosigkeit und einer Steigerung des Beschäftigungsniveaus leisten[349]. Die Kommission geht nämlich davon aus, dass die Offenhaltung der Märkte und die Verhinderung wettbewerbsbeschränkender Praktiken die Fähigkeit der europäischen Unternehmen stärkt, in einem globalen Wettbewerb zu überleben, und deshalb im Rahmen des Kampfes gegen die Arbeitslosigkeit unverzichtbar ist[350]. Diese Ziele will die Kommission erreichen, indem sie die europäische Wirtschaft in ihren Strukturen beeinflusst[351], was als ein weiterer Hinweis darauf verstanden werden kann, dass die Kommission dem Struktur-Verhalten-Ergebnis-Paradigma zumindest nicht grundsätzlich ablehnend gegenübersteht.

Andererseits sind diese Indizien noch nicht hinreichend, um ein konsistentes theoretisches Fundament für die gemeinschaftliche Wettbewerbspolitik nachzuweisen[352]. Die Kommission schließt nämlich andere Ansätze nicht generell aus ihren Überlegungen aus und orientiert sich beispielsweise auch an Effizienzgesichtspunkten. So erläutert sie in ihrem XXVI. Wettbewerbsbericht mögliche Auswirkungen der EWU auf die gemeinschaftlichen Wettbewerbsstrukturen und führt dabei aus, selbst eine gesteigerte Fusionstätigkeit im Anschluss an die Einführung der gemeinsamen Währung sei nicht grundsätzlich wettbewerbsbeschränkend. Auch wenn die Anzahl der Unternehmen auf einem lokalen Markt zurückgehe, sei dies ein Zeichen von Effizienz der sich am Markt durchsetzenden Unternehmen und werde insgesamt durch gesteigerte potentielle und tatsächliche Konkurrenz auf größeren, europäischen Märkten aufgewogen[353]. Diese Formulierungen der Kommission könnten ebenso gut einem Lehrbuch der Chicago School entnommen sein.

Eine interessante Überlegung ergibt sich aus einem Aufsatz von KAREL VAN MIERT, in welchem er auch zum ordoliberalen Modell der Sozialen Marktwirtschaft Stellung nimmt. Seiner Ansicht nach basieren ordoliberale Überlegungen „auf einem freiheitlichen und demokratischen Menschenbild und bezwecken neben allem wirtschaftlichen Nutzen den Schutz der Menschen vor wirtschaftlicher Macht durch Wettbewerb. Ordoliberale treten deshalb für eine aktive staatliche Wirtschaftspolitik gegen Kartelle und eine übermäßige Unternehmenskonzentration ein. Die Wettbewerbspolitik der Europäischen Union stimmt mit diesen ordoliberalen Gedanken völlig überein“[354]. Diese Aussage ist jedoch nicht dahingehend zu verstehen, dass die europäische Wettbewerbspolitik in allen Einzelheiten dem ordoliberalen Modell folgt. Vielmehr gilt, dass dieses „in ganz erheblichem Umfang zur Entwicklung und Verankerung einer eigenen Wettbewerbspolitik in Europa beigetragen“[355] hat. Zudem kann dem ordoliberalen Modell sicherlich abgewonnen werden, dass auch eine marktwirtschaftliche Ordnung der Setzung von Rahmenbedingungen bedarf, sei es durch den Staat

---

349 VAN MIERT, WuW 1995, 553 (553).

350 Komm., Weißbuch „Wachstum, Wettbewerbsfähigkeit und Beschäftigung – Herausforderungen der Gegenwart und Wege ins XXI. Jahrhundert“, KOM(93)700 endg., Kapitel 1.5 (a), 6.3 und 6.5 (j).

351 Komm., XXVI. Wettbewerbsbericht (1996), Tz. 1.

352 So auch KILIAN, Rn. 377.

353 Komm., XXVIII. Wettbewerbsbericht (1998), „Kasten 1“ nach Tz. 23.

354 VAN MIERT in: GERKEN (Hrsg.), S. 219 (219).

355 VAN MIERT, a.a.O.

auf nationaler Ebene oder die Verträge bzw. die Organe der EG auf supranationaler Ebene[356].

Im Ergebnis wird dadurch die Auffassung bestätigt, dass die Kommission nicht strikt einem vorgegebenen Leitbild folgt, sondern einen zwar grundsätzlich strukturorientierten Ansatz verfolgt, dabei aber auch andere Überlegungen nicht vernachlässigt.

2. Gerichtshof

Der europäischen Gerichtsbarkeit kommt bei der Auslegung und Weiterentwicklung des europäischen Wettbewerbsrechts eine zentrale Rolle zu[357]. Zudem stehen die Fusionskontrollentscheidungen der Kommission gemäß Art. 21 Abs. 1 FKVO unter dem Vorbehalt gerichtlicher Kontrolle. Auch wenn diese Untersuchung vornehmlich die Marktanteilsprognosen der Kommission zum Gegenstand hat, darf daher eine eventuelle Präzisierung eines europäischen Wettbewerbsleitbildes durch den Gerichtshof schon deshalb nicht völlig außer acht gelassen werden, weil zu vermuten ist, dass die Kommission ein vom Gerichtshof vorgegebenes Leitbild in ihren Entscheidungen berücksichtigen würde.

In ständiger Rechtsprechung[358] nennt der EuGH die Errichtung eines Marktes mit freiem Warenverkehr unter Bedingungen eines nicht verfälschten Wettbewerbs als Ziel der Artt. 2 und 3 EGV. Der Markt wird dabei nicht nur als ökonomische Kategorie verstanden; vielmehr ist der Markt nach Auffassung des Gerichtshofs ein Teil des Rechts und damit ein Rechtsbegriff[359]. Die Wettbewerbsregeln des Vertrages sind – wie grundsätzlich alle sektoralen Bestimmungen[360] – Mittel zur Erreichung seiner Ziele[361] und müssen deshalb im Lichte der Artt. 2 und 3 lit. g) EGV ausgelegt werden[362].

---

356 So auch LIST, S. 248, und ausführlich VON DER GROEBEN in: BÖRNER-FS, S. 101ff.

357 OBERENDER / OKRUCH, WuW 1994, 507 (519).

358 Ansatzweise bereits EuGH, Urt. vom 13.07.66, Rs. 32/65, EuGHE 1966, 457 (483); EuGH, Urt. vom 10.1.85, Rs. 229/83, „Leclerc", EuGHE 1985, 1 (30), Tz. 9; EuGH, Urt. vom 19.03.91, Rs. C-202/88, „Telekommunikations-Endgeräterichtlinie", EuGHE 1991, 1223 (1269), Tz. 41.

359 BLANK, S. 35, unter Berufung auf das „Continental Can"-Urteil des EuGH. Seine Ansicht wird dort zwar nicht explizit belegt, aber vorausgesetzt, vgl. EuGH, Urt. vom 21.2.73, Rs. 6/72, „Continental Can", EuGHE 1973, 215 (245f), Tz. 25.

360 GRUNDMANN, S. 345.

361 EuGH, Gutachten 1/91 vom 14.12.91, „EWR-Abkommen", EuGHE 1991, 6079 (6102), Tz. 18.

362 EuGH, Urt. vom 21.2.73, Rs. 6/72, „Continental Can", EuGHE 1973, 215 (244), Tz. 23; EuGH, Urt. vom 6.3.74, verb. Rs. 6, 7/73, „Commercial Solvents", EuGHE 1974, 223 (254), Tz. 32; EuGH, Urt. vom 13.2.79, Rs. 85/76, „Hoffmann-La Roche", EuGHE 1979, 461 (552), Tz. 125.

Der Gerichtshof gibt so ein deutliches Bekenntnis[363] zur Marktwirtschaft ab. Seine Aussagen verdeutlichen, dass auch der EuGH die marktwirtschaftliche Verfassung der Gemeinschaft akzeptiert. Es ist jedoch zweifelhaft, ob es über dieses Bekenntnis hinaus möglich ist, den Gerichten eine eigene wettbewerbspolitische Ausrichtung zuzuschreiben. Zwar ist unbestreitbar, dass der Gerichtshof durch seine Rechtsprechung entscheidend zum fortschreitenden Ausbau einer rechtspolitischen Struktur der Gemeinschaft beigetragen hat[364]. Darüber hinaus bestehen jedoch Zweifel an der Zulässigkeit einer eigenen wettbewerbspolitischen Position des EuGH. Denn Aufgabe des Gerichtshofs ist es zuvörderst, die Wettbewerbspolitik der Kommission daraufhin zu kontrollieren, ob sie die rechtlich gesetzten Grenzen einhält, nicht jedoch selbst Wettbewerbspolitik zu betreiben[365]. Der Kommission obliegt es, aus mehreren zulässigen Handlungsalternativen die ihrer Ansicht nach zweckmäßigste[366] zur Gestaltung der europäischen Integration auszuwählen. Die Gerichte hingegen haben eine Kontroll- und keine Gestaltungsfunktion. Anders ausgedrückt ist Aufgabe der Gerichte, konkrete Wettbewerbsbeschränkungen festzustellen, nicht dagegen eine Wettbewerbserhaltungspolitik zu betreiben[367]. Ein so verstandener Grundsatz der „wirtschaftspolitischen Neutralität"[368] wird auch vom Gerichtshof selbst anerkannt, wenn dieser zur Zulässigkeit eigener richterlicher Würdigungen in wirtschaftlichen Sachverhalten urteilt: „Bei der Kontrolle über die Ausübung einer solchen Freiheit [gemeint ist der Ermessensspielraum der Kommission zur Beseitigung von Störungen auf dem Getreidemarkt] darf der Richter nicht die Beurteilungen, zu denen die zuständige Behörde gelangt ist, durch seine eigenen ersetzen"[369].

In eine andere Richtung gehen Zweifel, ob es zweckmäßig ist, Entscheidungen eines Gerichtes im Einzelfall auf eine Übereinstimmung mit wettbewerbstheoretischen Schulen und Leitbildern zu überprüfen. Dies wird mit dem normativen

---

363 STEINDORFF in: FIW-Schriftenreihe, Band 148, S. 17; ähnlich auch IMMENGA, EuZW 1994, 14 (15). Zurückhaltender dagegen EVERLING, EuR 1982, 301 (311ff, insbesondere 313f), der von der ordnungspolitischen Neutralität des Gerichtshofs ausgeht, und KERBER, der sich auf EVERLING bezieht, vgl. KERBER, Fusionskontrollpraxis, S. 229.

364 SCHOCKWEILER, EuR 1995, 191 (193).

365 EVERLING, WuW 1990, 995 (995 und 998f); ähnlich bereits DERSELBE, EuR 1982, 301 (313).

366 Vgl. allgemein zu Bewertungsspielräumen der Kommission und ihrer begrenzten rechtlichen Überprüfbarkeit C.R. SCHMIDT, S. 154ff m.w.N. und S. 169ff.

367 Ohne konkrete Bezugnahme auf den EuGH ausführlich hierzu SEIDENFUS / EWERS in: HARTMANN-FS, S. 303 (326ff).

368 GRUNDMANN, S. 360. Allgemein zur Zurückhaltung des EuGH gegenüber Eingriffen in politische Entscheidungsbefugnisse der Organe mit vielen Beispielen vgl. SCHOCKWEILER, EuR 1995, 191 (196ff); a.A. wohl BLECKMANN, EuR 1979, 237 (249), der dem Gerichtshof „im konkreten Fall eine politische Rolle" zubilligen will, die diesen ermächtigt, Prioritäten zwischen den Vertragszielen verbindlich festzulegen.

369 EuGH, Urt. vom 18.3.75, Rs. 78/74, „Denaturierungsprämien für Weichweizen", EuGHE 1975, 421 (432), Tz. 9. Auch Generalanwalt ROEMER geht bereits in seinen Schlussanträgen in der Rs. 6/54, „Regierung des Königreichs der Niederlande ./. Hohe Behörde der EGKS", EuGHE 1954/55, 213 (259), davon aus, es sei dem Gemeinschaftsrichter verboten, „seine eigene Wirtschaftspolitik an die Stelle der von der Hohen Behörde [der EGKS] verfolgten Wirtschaftspolitik zu setzen".

Charakter rechtlicher Vorschriften begründet, der es beispielsweise verbiete, Recht und juristische Streitfälle als Instrument zu einer optimalen Allokation im Sinne wohlfahrtsökonomischer Theorien anzusehen[370]. Dieser Kritik kann jedoch der einleitend angeführte Grundsatz entgegen gehalten werden, nach dem eine vernünftige und an den Zielen des EG-Vertrages ausgerichtete Normauslegung interdisziplinär sein muss[371]. Juristische Streitfälle sollen nicht zum Instrument einer Faktorallokation degradiert werden, ihrer Lösung sollte aber dennoch ein schlüssiges Wirtschafts- und insbesondere Wettbewerbskonzept zugrunde liegen.

Schaut man sich trotz der genannten Zweifel Urteile des EuGH zu wettbewerblich relevanten Fragen näher an, so finden sich in mehreren Entscheidungen Hinweise auf die strukturorientierten Theorien des Workable Competition bzw. des funktionsfähigen oder wirksamen Wettbewerbs. So vertrat der Gerichtshof in den Verfahren „Continental Can", „Commercial Solvents" und „Hoffmann-La Roche" die Auffassung, die Artt. 81 und 82 EGV strebten das Ziel der Aufrechterhaltung eines wirksamen Wettbewerbs im Gemeinsamen Markt an[372]. Der deutlichste Hinweis auf eines der Leitbilder findet sich in der Entscheidung „Metro / Saba I". Hier nimmt der EuGH sogar in der deutschen Originalfassung des Urteils Bezug auf die Theorie des Workable Competition: „Der in den Art. 3 und 85 EWG-Vertrag [Artt. 3 und 81 EGV n.F.] geforderte unverfälschte Wettbewerb setzt das Vorhandensein eines wirksamen Wettbewerbs (workable competition) auf dem Markt voraus; es muß also soviel Wettbewerb vorhanden sein, daß die grundlegenden Forderungen des Vertrages erfüllt und seine Ziele, insbesondere die Bildung eines einzigen Marktes mit binnenmarktähnlichen Verhältnissen, erreicht werden. Diese Forderung läßt es zu, daß Art und Intensität des Wettbewerbs je nach den in Betracht kommenden Waren oder Dienstleistungen und der wirtschaftlichen Struktur des betroffenen Marktsektors verschieden sein können"[373].

Aber für den EuGH gilt das für die Kommission Gesagte im selben Maße. Auch wenn der Gerichtshof vom wirksamen Wettbewerb spricht, liegt darin noch keine Stellungnahme im Theorienstreit zwischen den ergebnisorientierten wohlfahrtsökonomischen und den freiheitsorientierten systemtheoretischen Leitbildern[374], sondern allenfalls eine Ablehnung des ursprünglichen neoklassischen Konzepts des vollkommenen Wettbewerbs[375]. Gerade die soeben zitierte Bindung an die Realisierung des Binnenmarktes bedingt die Verhinderung von Handelshemmnissen und

---

370 EVERLING, WuW 1990, 995 (997).

371 Siehe oben in der Einleitung zu diesem Teil, S. 13.

372 EuGH, Urt. vom 21.2.73, Rs. 6/72, „Continental Can", EuGHE 1973, 215 (245), Tz. 25; EuGH, Urt. vom 6.3.74, verb. Rs. 6, 7/73, „Commercial Solvents", EuGHE 1974, 223 (254), Tz. 32; EuGH, Urt. vom 13.2.79, Rs 85/76, „Hoffmann-La Roche", EuGHE 1979, 461 (553); Tz. 125.

373 EuGH, Urt. vom 25.10.77, Rs. 26/76, „Metro / Saba I", EuGHE 1977, 1875 (1905), Tz. 20.

374 EVERLING, WuW 1990, 995 (1008); KOCH in: GRABITZ / HILF, Rn. 4 vor Art. 85 EWGV; MÜLLER-GRAFF in: H/K/M/M-G, Art. 85 Rn. 66; KERBER, Fusionskontrollpraxis, S. 186.

375 Nicht ganz eindeutig, da sowohl wohlfahrtsökonomische als auch systemtheoretische Ansätze unter das Konzept des funktionsfähigen Wettbewerbs subsumierend, aber im Ergebnis wohl auch in diesem Sinne BLANK, S. 42.

Marktabschottungen durch Unternehmen, die ihre Konkurrenten in der Entfaltung ihrer unternehmerischen Freiheit einschränken wollen. Durch seine Entscheidungen in Wettbewerbsverfahren trägt der Gerichtshof in erheblichem Maße zur Sicherung von Freiheitsspielräumen bei und verwirklicht so wesentliche Elemente des systemtheoretischen Ansatzes.

Die Nennung der Theorie des Workable Competition kann im Ergebnis nicht darüber hinweg täuschen, dass auch der Gerichtshof nicht an einem in sich geschlossenen Leitbild festhält, sondern pragmatisch versucht, die Sicherung von Freiheitsspielräumen und die Öffnung und Offenhaltung des Binnenmarktes zu realisieren[376]. Genau wie bei der wettbewerbspolitischen Grundausrichtung der Kommission sind auch beim Gerichtshof Elemente der unterschiedlichsten theoretischen Fundamente zu beobachten.

IV. Bewertung der europäischen Wettbewerbspolitik

Wenn an dieser Stelle der Versuch unternommen werden soll, die Elemente eines europarechtlichen wettbewerbspolitischen Leitbildes zusammenfassend darzustellen, ist als Grundaussage festzuhalten, dass die Gemeinschaft marktwirtschaftlich verfasst ist. Der EG-Vertrag normiert eine grundsätzlich marktwirtschaftliche Wirtschaftsverfassung für die Gemeinschaft. In einigen, vertraglich besonders geregelten Ausnahmebereichen, wie z.B. der Landwirtschaft, mag dies zwar nur eingeschränkt gelten. Hier herrscht das Prinzip der Integration durch Intervention vor. Weite Bereiche der Wirtschaft, insbesondere der Industrie, sind indes wettbewerblich organisiert. Die europäische Integration soll durch das System des unverfälschten Wettbewerbs im Sinne des Art. 3 lit. g) EGV erreicht werden.

Wie dieses System ausgestaltet wird, ergibt sich nicht ohne weiteres aus primärrechtlichen Vorgaben. Unterschiede in den ordnungspolitischen Vorstellungen der Gründerstaaten verhinderten eindeutigere Formulierungen und ließen so Raum für die Entwicklung eines eigenständigen europäischen Wettbewerbsleitbildes durch die rechtsanwendenden Organe, d.h. die Kommission und den Gerichtshof. Beide Organe orientieren sich sicherlich an wettbewerbstheoretischen Grundlagen, ohne jedoch eine bestimmte theoretische Schule zu adaptieren[377]. Bestätigung findet damit die bereits zitierte Auffassung TOLKSDORFS[378], nach der Wettbewerbspolitik häufig mehr auf Erfahrungswissen als auf theoretische Fundamente gestützt wird. Seine Aussage konkretisiert er im Hinblick auf die Kommission bzw. die Generaldirektion Wettbewerb und folgert, sie übernehme „‚pragmatisch‘ Versatzstücke aus einzelnen Theorien, wenn diese eine praktisch überzeugende Grundlage darstellen. Sie handelt gelegentlich – gleichfalls mit dem Begriff ‚pragmatisch‘ bezeichnet – ohne wettbewerbstheoretische Begründung, eher nach einem politischen Erfahrungswissen, dass hier eingegriffen werden soll (...). Wegen der fehlenden eindeutigen wissenschaftlichen Absicherung wird eine hinreichende Plausibilität die Grundlegung praktischer Politik“[379]. Dies gilt sowohl für die grundsätzliche wettbewerbspolitische Ausrichtung der Organe als auch für das europäische Wettbewerbsrecht, also für die

---

376 EVERLING, WuW 1990, 995 (1008).

377 So im Ergebnis auch KERBER, Fusionskontrollpraxis, S. 227.

378 Siehe oben in diesem Teil unter C.III, S. 50.

379 TOLKSDORF, Dynamischer Wettbewerb, S. 74.

Artt. 81ff EGV und die Fusionskontrollverordnung, die ebenfalls nicht auf einem in sich geschlossenen, konsistenten wettbewerbstheoretischen System oder Leitbild basieren[380]. Vor dem Hintergrund der Rechtssicherheit mag dies zu bemängeln sein, andererseits sind, wie MUSSLER richtig anmerkt, die Wettbewerbsregeln „ein wichtiger Bestandteil des wettbewerblichen Integrationsansatzes"[381]. Da aber die Integration ein ergebnisoffener Prozess ist, kann auch das europäische Wettbewerbsrecht nicht anders ausgestaltet sein, um künftigen Entwicklungen Rechnung tragen zu können.

Versucht man eine Einordnung des „pragmatischen" Wettbewerbsleitbildes in die beiden Grundkategorien Systemtheorie und Wohlfahrtsökonomie, so scheint die Freiheit des Wettbewerbs weniger um ihrer selbst willen geschützt zu werden denn als Mittel zur Erreichung der Vertragsziele. Die europäische Wettbewerbspolitik steht damit unter dem Zeichen des „effet utile"; sie ist zielorientiert und eher wohlfahrtsökonomisch ausgerichtet. Dies wird bestätigt durch die Diskussion um die Schwächung des Wettbewerbsprinzips durch die industriepolitischen Kompetenzen der Gemeinschaft. Mit der Stärkung der Wettbewerbsfähigkeit der europäischen Industrie (Art. 3 lit. l EGV) wird eine Marktergebnisnorm propagiert, ebenso wie mit der Förderung der Forschung (Art. 3 lit. m EGV) und des wirtschaftlichen und technischen Fortschritts innerhalb der Beurteilungskriterien der Fusionskontrollverordnung (Art. 2 Abs. 1 S. 2 lit. b FKVO). Zentrales Ziel europäischer Wettbewerbspolitik bleibt jedoch die Schaffung eines einheitlichen Binnenmarktes[382]. Im Ergebnis verdeutlicht die europäische Wettbewerbspolitik dadurch, dass sie bestimmte, gewünschte Ergebnisse zum Ziel setzt, eine wohlfahrtsökonomisch ausgerichtete Grundtendenz. Sie hält die Erreichung dieser Ziele durch die Kontrolle und Beeinflussung der Marktstruktur und des Marktverhaltens mit den Mitteln des Wettbewerbsrechts für möglich und beschränkt sich nicht darauf, freiheitsbeschränkende Verhaltensweisen und Strukturen zu unterbinden.

E. Ergebnisse des ersten Teils und Folgerungen für die Fusionskontrollpraxis: Zwischen „Prokrustesbett" und willkürlicher Einzelfallbeurteilung

In diesem ersten Teil der Arbeit wurden die beiden idealtypischen Wettbewerbskonzeptionen, die wichtigsten realtypischen Modelle und vor allem die europäische Wettbewerbspolitik mit dem Ziel untersucht, Vorgaben für prognostische Entscheidungen im Rahmen der Fusionskontrollverordnung zu erarbeiten. Folgende Thesen kristallisierten sich dabei heraus:

Erstens: Wettbewerb ist ein dynamischer Prozess mit unbekanntem Ausgang. Dieser Prozess ist d e r Steuerungsmechanismus einer marktwirtschaftlich organisierten Wirtschaft. Er ist jedoch nicht selbst erhaltend, sondern kann zum einen durch hoheitliche Eingriffe, vor allem aber durch private Wettbewerbsbeschränkungen gefährdet werden. Vordringlich ist damit die Sicherung der Wettbewerbsfreiheit durch offene Märkte. Die Offenhaltung der Märkte erweist sich als zentrale Aufgabe jeder rationalen Wettbewerbspolitik, auch und gerade der europäischen Wettbe-

---

380 TOLKSDORF, a.a.O.; aber auch KERBER, Fusionskontrollpraxis, S. 172, 231ff; DUIJM, S. 60; MUSSLER, S. 106 in seiner FN 205.

381 MUSSLER, S. 111.

382 KERBER, Fusionskontrollpraxis, S. 228.

werbspolitik. Die Idee der europäischen Integration beruht auf der Schaffung eines Gemeinsamen Marktes mit binnenmarktähnlichen Verhältnissen. Schon hierin kommt zum Ausdruck, dass eine Integration ohne offenen, dynamischen Wettbewerb nicht denkbar ist; das Integrationskonzept wird damit zugleich zum Wettbewerbsförderungskonzept[383]. Der dynamische Charakter wettbewerblicher Prozesse gewinnt im Rahmen der Fusionskontrolle weiterhin an Bedeutung, da hier jede Entscheidung der Kommission und der Gerichte Prognosen erfordert, die schon ihrer Definition nach in die Zukunft gerichtet sind und den wettbewerbsimmanenten, dynamischen Entwicklungsmöglichkeiten Rechnung tragen müssen.

Zweitens: Eine optimale Wettbewerbsstruktur scheint es nicht zu geben[384]. Keine der wettbewerbstheoretischen Schulen kann überzeugend ein Konzept darlegen, anhand dessen eine bestimmte Struktur mit hinreichender Sicherheit wettbewerbliches Verhalten der Marktteilnehmer und infolgedessen gute Ergebnisse zur Folge hat. Am ehesten versucht wird dies von KANTZENBACH. Seiner Ansicht nach ergibt sich eine optimale Wettbewerbsintensität im Falle weiter Oligopole mit mäßiger Produktdifferenzierung und unvollkommener Markttransparenz[385]. Nicht zuletzt die Unbestimmtheit der von ihm verwandten Begriffe „weites" Oligopol, „mäßige" Produktdifferenzierung sowie „unvollkommene" Transparenz führt jedoch dazu, dass eine solche Theorie kein ausschlaggebendes Entscheidungskriterium bei der Beurteilung eines konkreten Zusammenschlussvorhabens sein kann. Das Struktur-Verhalten-Ergebnis-Paradigma ist insoweit abzulehnen. Es ist aber hilfreich, strukturorientierte Aussagen als „Wahrscheinlichkeitsaussagen"[386] zu verstehen, die zudem das eigentliche SVE-Paradigma umkehren und Negativaussagen treffen. Denn wenn auch die Definition einer optimalen Struktur unmöglich ist, so kann es doch Strukturen und Konzentrationsgrade geben, die wettbewerbsgefährdend sind, weil sie entgegen der Auffassung der Chicago School[387] kollusives Verhalten oder die einseitige Ausübung von Marktmacht erleichtern[388]. Zudem entfaltet der potentielle Wettbewerb, auf den die Aussagen der Chicago School maßgeblich gestützt werden, erst in einer langfristigen Betrachtungsweise seine Wirkung, da Markteintritte eine gewisse Vorbereitungszeit benötigen.

Drittens: Im Ergebnis erscheint darum die eindeutige Adaption eines Leitbildes unmöglich. Die Verfolgung eines „pragmatischen" Ansatzes, wie er in der europäi-

---

383 EMMERICH, Kartellrecht, 7. Auflage 1994, S. 10.

384 So auch der deutliche Befürworter von KANTZENBACHS Konzept der optimalen Wettbewerbsintensität ZOHLNHÖFER in: KANTZENBACH-FS, S. 115.

385 Siehe oben in diesem Teil unter C.II.3, S. 33.

386 MANTZAVINOS, S. 39.

387 Nach Auffassung der Chicago School führen hohe Konzentrationsgrade gerade nicht zu kollusivem Verhalten. So stellt z.B. BROZEN, S. 398, fest: „The very fact that some studies conclude that the average profitability of concentrated industries, or at least of leading firms in those industries, exceeds the all-industry average is evidence in itself that collusion or partial monopoly behavior is not prevalent in such industries. Collusion is more likely in industries that have excess capacity and below average profits. In these, profits can be enhanced by collusion without attracting entry. Collusion is, therefore, potentially workable and durable in such industries."

388 Dies sind dann wettbewerbsgefährdende Strukturen im Sinne HERDZINAS, siehe oben in diesem Teil unter C.III, S. 49.

schen Wettbewerbspolitik vertreten wird, ist deshalb vorzugswürdig, insbesondere in Anbetracht der Notwendigkeit, konkrete Zusammenschlussvorhaben innerhalb der Fristen der Fusionskontrollverordnung zu beurteilen und diese Beurteilung plausibel zu begründen. Hierfür sprechen jedoch nicht ausschließlich Praktikabilitätserwägungen. Auch aus theoretischer Sicht können Argumente für eine Synopse der unterschiedlichen Ansätze zu einer „Allgemeinen Wettbewerbstheorie“[389] ins Felde geführt werden, indem die Gemeinsamkeiten an sich miteinander konkurrierender Konzepte betont werden. So müssen auch effizienz- und an Zielfunktionen orientierte Konzepte einen freien Wettbewerbsprozess schützen, weil nur dieser zu effizienten Ergebnissen führt[390]. Andererseits schreibt auch HOPPMANN der Wettbewerbsfreiheit nicht nur individuelle sondern auch eine „gesamtwirtschaftliche ökonomische Vorteilhaftigkeit“[391] zu. Auch wenn dies keine Funktion des Wettbewerbs sein soll, dann doch zumindest ein Ergebnis der Wettbewerbsfreiheit als Grundbedingung für jeden Wettbewerb, so dass sich die auf den ersten Blick so gegensätzlichen Konzepte bei näherer Betrachtung nicht mehr völlig unvereinbar gegenüberstehen[392].

Viertens: Der Konflikt zwischen dem Grundsatz der Rechtssicherheit und der Notwendigkeit, Einzelfälle zu beurteilen, ist bereits mehrfach angesprochen worden. Eine Einzelfallbeurteilung lässt sich nicht vermeiden. Ein theoretisch fundiertes Leitbild der Wettbewerbspolitik, das ein schlüssiges Konzept darlegt, welches gleichermaßen schablonenhaft auf den Einzelfall angewendet werden kann, kann es nicht geben. Die komplexe Realität in der Wirtschaft verbietet es, zu enge theoretische Vorgaben zu machen, die wie ein „Prokrustesbett“ wirken und eine sachgerechte Lösung im Einzelfall verhindern[393]. Dies gilt gerade und in besonderem Maße für die Fusionskontrolle, deren wettbewerbstheoretisches Fundament am wenigsten gesichert ist[394]. Deshalb ist es aber besonders wichtig, die Einzelfälle strukturiert daraufhin zu prüfen, ob die entscheidungsrelevanten Kriterien wirklich sachgerecht angewendet werden. Vor allem mit dieser Zielrichtung ist zu hinterfragen, welchen Indizgehalt die Kommission Marktanteilsprognosen beimisst.

---

389 Zohlnhöfer in: Kantzenbach-FS, S. 114.
390 SCHLECHT in: FIW-Schriftenreihe, Band 148, S. 4f.
391 HOPPMANN, ORDO 18 (1967), 77 (84).
392 ZOHLNHÖFER in: KANTZENBACH-FS, S. 115f.
393 VAN MIERT, WuW 1995, 553 (557).
394 POHLMANN, Unternehmensverbund, S. 89.

Zweiter Teil. Marktanteilsprognosen als Gegenstand von Entscheidungen der Kommission

In diesem Hauptteil der Arbeit sollen die Fusionskontrollentscheidungen der Kommission im Mittelpunkt stehen, deren wettbewerbstheoretischen und –politischen Gehalt es zu untersuchen gilt. Von besonderem Interesse sind die Marktprognosen und vor allem die Marktanteilsprognosen. Ziel ist es herauszuarbeiten, inwieweit die Kommission ihre Entscheidungen auf Marktanteilsprognosen stützt. Soweit möglich sollen die Prognosen der Kommission zumindest ansatzweise auch auf ihre praktische Richtigkeit in der Rückschau untersucht werden.

Die sowohl theoretisch als auch praktisch bedeutendsten Entscheidungen sind naturgemäß diejenigen, mit denen die Kommission Zusammenschlussvorhaben untersagt hat (im folgenden unter B.I). Anhand dieser Fälle kann zum einen nachgeprüft werden, welche Marktstrukturen die Kommission für wettbewerbsgefährdend hält. Zum anderen wird durch diese Entscheidungen unmittelbar in Planungen und Rechte der beteiligten Unternehmen eingegriffen. Schon vor dem Hintergrund der Rechtsschutzmöglichkeiten ist zu erwarten, dass die Untersagungsentscheidungen besonders sorgfältig begründet sind. Allerdings sind in den mehr als zehn Jahren, in denen die Fusionskontrollverordnung anwendbar ist, nur achtzehn Vorhaben[1] endgültig untersagt worden. Um eine wirklich aussagekräftige Vergleichsbasis zu erhalten, müssen deshalb auch die Entscheidungen in die Untersuchung einbezogen werden, in denen Vorhaben genehmigt wurden. Konzeptionell lassen sich zwei Typen der Marktbeherrschung unterscheiden: zum einen die Beherrschung durch ein einziges Unternehmen, zum anderen die kollektive Dominanz durch zwei oder mehr Unternehmen gegen außenstehende Wettbewerber oder die Marktgegenseite. Aus Gründen der Übersichtlichkeit werden genehmigende Entscheidungen zur Einzelmarktbeherrschung (unter B.II) und anschließend die zur kollektiven Marktbeherrschung ergangenen Genehmigungen (unter B.III) getrennt Gegenstand der Untersuchung sein.

Besonderes Augenmerk wurde dabei auf wettbewerbstheoretisch und –politisch wertvolle Entscheidungen sowie auf eine hohe Aktualität der ausgewählten Fälle gelegt. Neuere Entscheidungen sind auch deshalb verstärkt zu berücksichtigen, weil sich die Genehmigungspraxis in den letzten Jahren verschärft zu haben scheint. Die Anzahl der Fälle, in denen Unternehmen Anmeldungen zurückziehen, steigt, auch hat 2001 die Zahl der Untersagungen mit fünf einen (vorläufigen) Höhepunkt erreicht[2].

Entsprechend der Kommissionspraxis und dem Aufbau der Fusionskontrollentscheidungen soll vor der Besprechung einzelner Entscheidungen ein Ausblick über die Abgrenzung der für die Marktmachtprüfung relevanten Märkte – unterteilt in sachlich und räumlich relevante Märkte – gegeben werden (im folgenden unter A.). Die Bestimmung der relevanten Märkte ist für die Marktmachtprüfung essentiell. Nur auf ihrem Fundament kann die Kommission marktbezogene Entwicklungen prognostizieren. Für die Bewertung der Marktanteilsprognosen und damit für den Fortgang

---

1 Stand dieser und der folgenden Zahlenangaben ist der 31.12.2001.

2 HIRSBRUNNER, EuZW 2001, 197 (197).

der Arbeit besonders bedeutsam ist in diesem Zusammenhang die Frage nach einer statischen oder dynamischen Marktabgrenzung.

A. Märkte in der Fusionskontrolle: statische oder dynamische Marktabgrenzung?

Innerhalb einer Einzelfallprüfung im Wettbewerbsrecht ist die Marktabgrenzung von größter Bedeutung. Die Bestimmung der Märkte beeinflusst in hohem Maße die Entscheidung über Wohl und Wehe eines Zusammenschlussvorhabens[3]. Fehler und Unsicherheiten, die hier entstehen, wirken sich auf die folgenden Feststellungen aus, aus denen dann Marktanteile und das Vorhandensein oder Fehlen tatsächlichen oder potentiellen Wettbewerbs abgeleitet werden[4]. Die gesamte Marktmachtprüfung kann nur ein Zerrbild bieten, wenn sie auf der Grundlage einer zu engen oder zu weiten Marktabgrenzung erfolgt. Diese „Binsenweisheit“[5] muss in besonderem Maße im Rahmen der Fusionskontrolle gelten. Hier dient die Ermittlung einer gegenwärtigen Marktstellung als Ausgangsbasis für die ohnehin schwierige Prognose künftiger Marktanteile und Wettbewerbsbedingungen. Diese Prognose kann kaum zu einem zufrieden stellenden Ergebnis führen, wenn bereits die Marktabgrenzung fehlerhaft erfolgt. Besondere Schwierigkeiten ergeben sich auf Märkten, die nicht deutlich abgrenzbar sind oder deren Gesamtvolumen nicht quantifizierbar ist. In solchen Fällen können auch Marktanteile nur schwerlich bestimmt werden. In der Entscheidung „BP Amoco / Atlantic Richfield“ musste sich die Kommission beispielsweise mit dem Markt für die Suche nach neuen Erdöl- bzw. Erdgasfeldern und die Vorbereitung der Felder für die Förderung beschäftigen. Es war dabei extrem schwierig zu quantifizieren, welchen Anteil an diesem Markt die unterschiedlichen Ölgesellschaften haben. Genaue Zahlen konnten nicht allein aufgrund der Anzahl der jeweils erforschten Felder oder der Ausgaben für die Erforschung neuer Felder ermittelt werden, weil in dem fraglichen Stadium niemand die Größe der einzelnen Vorkommen kennen konnte[6].

Um der Kommission die Marktabgrenzung zu erleichtern, müssen Unternehmen, die einen geplanten Zusammenschluss anmelden, in ihrer Anmeldung nach dem Formblatt CO Angaben zu den relevanten Märkten machen[7]. In diesem Formblatt wird unterschieden zwischen sachlich und räumlich relevanten Märkten. Der sachlich relevante Produktmarkt ist zunächst zu bestimmen; er umfasst sämtliche Erzeugnisse und / oder Dienstleistungen, die von den Verbrauchern hinsichtlich ihrer Eigenschaften, Preise und ihres vorgesehenen Verwendungszwecks als substituier-

---

[3] Ebenso EMMERICH, AG 1996, 529 (530).

[4] So auch schon EuGH, Urt. vom 21.2.73, Rs. 6/72, „Continental Can“, EuGHE 1973, 215 (249f), Tz. 35. Ebenso ALONSO, ECLR 15 (1994), 195 (195); OPGENHOFF, S. 142.

[5] SEDEMUND in: DERINGER-FS, S. 379 (385).

[6] Komm., Entscheidung IV/M.1532 v. 29.09.99 „BP Amoco / Atlantic Richfield“, Tz. 20ff.

[7] Das Formblatt CO ist eine Anlage zur Verordnung (EG) Nr. 447/98 der Kommission vom 1. März 1998 über Anmeldungen, Fristen, sowie Anhörung nach der Verordnung (EWG) Nr. 4064/89 des Rates über die Kontrolle von Unternehmenszusammenschlüssen; ABl.EG L61/1 vom 2.3.98.

bar, d.h. funktional austauschbar angesehen werden[8]. Zu dem geographisch relevanten Markt gehört das Gebiet, in dem die beteiligten Unternehmen die sachlich relevanten Produkte oder Dienstleistungen anbieten und nachfragen, in dem die Wettbewerbsbedingungen hinreichend homogen sind und das sich von benachbarten Gebieten durch spürbar unterschiedliche Wettbewerbsbedingungen unterscheidet[9]. Das Konzept der Homogenität der Wettbewerbsbedingungen bestimmt die Marktabgrenzung sowohl in ihrer sachlichen als auch in ihrer räumlichen Komponente, auch wenn das Formblatt CO es ausdrücklich nur für den geographisch relevanten Markt nennt[10]. Auf einem sachlich und räumlich relevanten Markt i.S.d. Art. 2 FKVO müssen homogene Wettbewerbsbedingungen für alle Marktteilnehmer herrschen. Homogene Wettbewerbsbedingungen bieten eine Gewähr dafür, dass Wettbewerb zumindest prinzipiell möglich ist. Darüber hinaus müssen deutliche Unterschiede zu benachbarten Märkten feststellbar sein, damit der relevante Markt nicht zu eng abgegrenzt wird[11].

Um ihre Vorgehensweise bei der Marktabgrenzung im Einzelfall für die Marktteilnehmer möglichst transparent zu machen, hat die Kommission Ende 1997 eine Bekanntmachung zur Definition des relevanten Marktes im Wettbewerbsrecht[12] veröffentlicht. Hierin greift sie die Definitionen aus dem Formblatt CO auf und beschreibt, wie im Einzelfall aus den Angaben der am Zusammenschluss Beteiligten und den eigenen Ermittlungen der Kommission die Marktabgrenzung folgt.

I. Sachliche Marktabgrenzung

Bezüglich der sachlichen Marktabgrenzung gibt es nur wenige Besonderheiten im Rahmen der Fusionskontrolle[13]. Die Kriterien für die Abgrenzung der sachlich relevanten Märkte stimmen weitgehend mit denen anderer wettbewerbsrechtlicher Entscheidungen aus dem Primärrecht (nach Artt. 81, 82 EGV) überein, von denen teilweise sogar die Marktabgrenzung übernommen werden kann. Im Fall „Maersk / Safmarine" ging es beispielsweise um einen Zusammenschluss im Bereich der Container-Schifffahrt[14]; hier wurden die sachlich relevanten Märkte schon in anderen Entscheidungen[15], die Freistellungen vom Kartellverbot zum Gegenstand hatten, bestimmt. Andererseits gilt die Identität der Kriterien zur Marktabgrenzung

---

[8] Komm., Formblatt CO, Abschnitt 6.I. Diese Definition wird auch in Entscheidungen der Kommission zum Teil wörtlich zitiert, so in Komm., Entscheidung IV/M.580 v. 18.10.95, „ABB / Daimler-Benz – Adtranz", Tz. 13.

[9] Komm., Formblatt CO, Abschnitt 6.II.

[10] So auch KERBER, Fusionskontrollpraxis, S. 28, 32f, der den ausdrücklichen Bezug auf homogene Wettbewerbsbedingungen innerhalb der sachlichen Marktabgrenzung allerdings für überflüssig hält.

[11] Ähnlich ALBERS in: G/T/E, Art. 2 FKVO Rn. 33.

[12] Komm., Bekanntmachung der Kommission zur Definition des relevanten Marktes im Wettbewerbsrecht, ABl.EG C372/5 vom 9.12.97 (im folgenden zitiert als: Komm., Bekanntmachung zur Marktdefinition).

[13] So auch KERBER, Fusionskontrollpraxis, S. 28.

[14] Komm., Entscheidung IV/M.1474 vom 07.05.1999, „Maersk / Safmarine", Tz. 7ff.

[15] Komm., Entscheidungen IV/34.446 vom 19.10.1994, „Trans-Atlantic Agreement"; ABl.EG Nr. L376/1 v. 31.12.94, Tz. 39ff; und IV/35.134 vom 16.9.98, „Trans-Atlantic Conference Agreement"; ABl.EG Nr. L95/1 v. 9.4.99, Tz. 62ff.

nicht zwingend. So dürfen Maßnahmen in einem Anti-Dumping-Verfahren nur ergriffen werden, wenn ein in der Gemeinschaft hergestelltes und ein in das Gemeinschaftsgebiet eingeführtes Produkt „gleichartige Waren" darstellen. Diese Definition wird häufig eine andere sein als die der relevanten Produktmärkte innerhalb der Fusionskontrolle[16]. Schon aus diesem Grund ist es geboten, die Vorgehensweise der Kommission bei der sachlichen Marktabgrenzung kurz zu skizzieren.

1. Bedarfsmarktkonzept

In der wirtschaftstheoretischen Literatur werden unterschiedliche Konzepte zur Bestimmung sachlich relevanter Märkte herangezogen. Es dominieren dabei Substitutionskonzepte, die – teilweise aus Sicht der Anbieter, teilweise aus Sicht der Nachfrager – den Markt nach Austauschbeziehungen zwischen den erzeugten Gütern abgrenzen[17]. Die Kommissionspraxis wird deutlich von dem auf HELMUT ARNDT zurückgehenden Bedarfsmarktkonzept bestimmt. Hierbei wird versucht, die sachliche Marktabgrenzung aus Sicht der Marktgegenseite, d.h. in der Regel aus der Sicht der Verbraucher (Nachfrager), durchzuführen. Sind die fusionierenden Unternehmen selbst Nachfrager, wie dies z.B. bei allen Fusionen im Groß- und Einzelhandel in Bezug auf die Beschaffungsmärkte der Fall ist, so kann auch die Sicht der Produzenten, also der Anbieter mit ausschlaggebend sein. Die Möglichkeit, auf den Beschaffungsmärkten gemeinsam zu handeln, wurde zum ersten Mal in der Entscheidung „Spar / Dansk Supermarket" angesprochen und dort noch als kooperatives und nicht als konzentratives Element gewertet[18]. Inzwischen geht die Kommission aber in gefestigter Entscheidungspraxis vom Beschaffungsmarkt als eigenem relevanten Markt in der Fusionskontrolle aus[19]. Aus diesem Grund ist es vorzugswürdig, nicht stereotyp von einer Marktabgrenzung aus der Verbrauchersicht zu sprechen, sondern korrekter die jeweilige Marktgegenseite als relevante Größe zu bezeichnen[20].

Aus ökonomischer Sicht könnte die Sichtweise der Marktgegenseite anhand von Preiselastizitäten bestimmt werden[21]. Elastizitäten sind Maßeinheiten für die Reaktion der Marktgegenseite auf Preisänderungen. Geht bei einem Preisanstieg für ein bestimmtes Gut um beispielsweise 10% die nachgefragte Menge um weniger als 10% zurück, so spricht man von einer unelastischen Nachfrage bzw. einer geringen Nachfrageelastizität. Eine geringe Elastizität impliziert eine geringe Substituierbarkeit

---

[16] Komm., Entscheidung IV/M.774 v. 4.12.96, „Saint-Gobain / Wacker Chemie / NOM", Tz. 46f.

[17] Zu den einzelnen Ausprägungen der unterschiedlichen Ansätze, etwa ROBINSONS Theorie der Substitutionslücke oder VON STACKELBERGS Theorie der Marktbeziehungen, vgl. I. SCHMIDT, Wettbewerbspolitik und Kartellrecht, S. 49ff (insbesondere S. 51f).

[18] Komm., Entscheidung IV/M.179 v. 3.2.92, „Spar / Dansk Supermarket", Tz. 8.

[19] Vgl. aus der Vielzahl der Fälle in diesem Bereich nur Komm., Entscheidungen IV/M.301 v. 4.2.93, „Tesco / Catteau", Tz. 9; IV/M.803 v. 27.8.96, „Rewe / Billa", Tz. 7f, 10; IV/M.1612 v. 23.7.99, „WalMart / Asda", Tz. 8 sowie zuletzt COMP/M.1960 v. 26.5.00, „Carrefour / Marinopoulos", Tz. 10 und sehr ausführlich COMP/M.1684 v. 25.1.00, „Carrefour / Promodes", Tz. 8, 14ff.

[20] Diesen zutreffenderen Begriff verwenden beispielsweise CANENBLEY in: DERINGER-FS, S. 226 (228), und EMMERICH, AG 1996, 529 (531).

[21] Theoretisch zu Preiselastizitäten als Maß für Substitutionslücken KOTTMANN, S. 38ff.

des fraglichen Gutes[22]. Bei der Prüfung der Kreuzpreiselastizität ist die hypothetische Frage entscheidend, ob die Nachfrager auf einen geringen, aber spürbaren Preisanstieg bei einem Produkt der Fusionskandidaten mit einem Ausweichen auf Produkte möglicher Wettbewerber reagieren würden. Ist die Kreuzpreiselastizität hoch, d.h. würde also die Nachfrage nach Produkt B bei einem spürbaren Preisanstieg von Produkt A überproportional wachsen, während die Nachfrage nach Produkt A ebenso zurückginge, dann ist Produkt B ein Substitut für Produkt A; beide Güter gehören demselben sachlich relevanten Markt an. Schwierigkeiten ergeben sich naturgemäß aus der häufig rein hypothetischen Betrachtung; die Kreuzpreiselastizität ist in der Regel nicht exakt messbar und schon gar nicht praktisch verifizierbar[23]. Steht für die Messung von Preiselastizitäten nur das von den beteiligten Unternehmen und ihren Konkurrenten gelieferte Zahlenmaterial zur Verfügung, sind auch Zweifel bezüglich der „Wissenschaftlichkeit" dieser Methode angebracht[24].

Schon aus diesem Grund werden Nachfrage- und Kreuzpreiselastizität zwar in einigen Entscheidungen angesprochen[25], die Kommission berücksichtigt aber immer auch andere Kriterien zur Beantwortung der Frage, ob die Marktgegenseite Produkte oder Dienstleistungen als austauschbar ansieht. Entsprechend der oben zitierten Definition aus dem Formblatt CO sind die hauptsächlich berücksichtigten Parameter die Eigenschaften der Erzeugnisse, ihre Preise und ihre Verwendungsmöglichkeiten für die Marktgegenseite.

Relativ einfach ist die sachliche Marktabgrenzung im Einzelfall, wenn bereits die Untersuchung der technischen und physischen Eigenschaften der in Frage stehenden Produkte ergibt, dass es sich um homogene Güter handelt. Diese werden in der Regel einem einzigen Produktmarkt angehören. Den Extremfall homogener Güter stellen sicherlich börsennotierte Edelmetalle[26] oder Commodities dar, die häufig im Bereich Ölsaaten Gegenstand von Kommissionsentscheidungen waren[27]. Auch bei Zusammenschlüssen in der Pharmabranche ergibt sich die Bestimmung der sachlich relevanten Märkte in der Regel bereits aus den chemisch-physikalischen Eigenschaften der Medikamente. Diese werden nach der von der Weltgesundheitsorganisation anerkannten ATC-Klassifizierung[28] kategorisiert, die von der Kommission als Ausgangspunkt der Marktabgrenzung verwendet wird. Die ATC-Klassifizierung

---

22 Komm., Entscheidung IV/M.619 v. 24.4.96, „Gencor / Lonrho", Tz. 42f.

23 ALBERS in: G/T/E, Art. 2 FKVO Rn. 60.

24 COHEN-TANUGI u.a., S. 66.

25 Die Nachfrageelastizität wurde entscheidend berücksichtigt in Komm., Entscheidungen IV/M.68 v. 19.7.91, „Tetra Pak / Alfa-Laval", Abschn. IV.B.2 und IV/M.190 v. 22.7.92, „Nestlé / Perrier", Tz. 13 a.E. Weitere Beispiele sind die Entscheidungen IV/M.430 v. 21.6.94, „Procter & Gamble / VP Schickedanz (II)", Tz. 54ff; IV/M.603 v. 14.11.95, „Crown Cork & Seal / Carnaud Metalbox", Tz. 20ff; IV/M.619 v. 24.4.96, „Gencor / Lonrho", Tz. 57f; IV/M.774 v. 4.12.96, „Saint-Gobain / Wacker Chemie / NOM", Tz. 64, 92 sowie COMP/M.1671 v. 3.5.00, „Dow Chemical / Union Carbide", Tz. 27.

26 Komm., Entscheidung IV/M.619 v. 24.4.96, „Gencor / Lonrho", Tz. 69f. Allerdings wurde die Börsennotierung hier nur als Argument im Rahmen der räumlichen Marktabgrenzung genannt.

27 Z.B. in Komm., Entscheidungen IV/M.1126 v. 20.07.98, „Cargill / Vandermoortele", IV/M.1376 v. 03.02.99, „Cargill / Continental Grain".

28 ATC steht dabei für „Anatomical Therapeutic Chemical".

ordnet Medikamente entsprechend ihrem Wirkungsbereich und den durch sie zu bekämpfenden Krankheiten in voneinander unterscheidbare Gruppen, die dann regelmäßig zur Abgrenzung enger sachlicher Märkte führt[29]. Schwieriger ist eine Abgrenzung bei heterogenen Produkten und bei Dienstleistungen, die niemals in allen Einzelheiten miteinander vergleichbar sein können. In diesen Fällen gewinnen zum einen die Verwendungsmöglichkeiten und unterschiedliche Verwendergruppen an Bedeutung. Deutlich abgrenzbare Verwendungsmöglichkeiten bzw. –gruppen können jedoch auch bei funktional identischen Produkten zur Annahme unterschiedlicher Märkte führen, so z.B. bei Verbandmaterialien für die Wundversorgung. Unterschiedliche Verpackungsgrößen, Preise und Vertriebskanäle ließen hier auf getrennte Märkte für den privaten Verbrauch und für institutionelle Kunden wie Krankenhäuser schließen[30]. Die Kommission unterscheidet zudem bei Zusammenschlüssen von Kfz-Zulieferern in ständiger Entscheidungspraxis zwischen dem OEM / OES-Markt und dem so genannten unabhängigen nachgelagerten Markt (Independent Aftermarket, IAM). Sie rechnet dabei technisch funktionsgleiche Produkte, die auf denselben Produktionsanlagen hergestellt werden, unterschiedlichen sachlich relevanten Märkten zu, weil sie von unterschiedlichen Kundengruppen nachgefragt werden. Der OEM / OES-Markt betrifft Teile, die als Erstausrüstung für Neufahrzeuge (Original Equipment Manufacturers, OEM) bzw. als Ersatzteile für Vertragswerkstätten (Original Equipment Spare Parts, OES) direkt an die Automobilindustrie verkauft werden; auf dem IAM, d.h. dem freien Ersatzteilmarkt, sind die Kunden hingegen kleine Werkstätten oder der Zubehörhandel[31].

Neben den Verwendungsmöglichkeiten eines Produktes sind regelmäßig auch Preisvergleiche entscheidend für die Marktabgrenzung[32]. Die Kommission berück-

---

29 Ständige Entscheidungspraxis der Komm. seit den Entscheidungen IV/M.72 v. 10.6.91, „Sanofi / Sterling Drug", Tz. 13f; IV/M.323 v. 29.4.93, „Procordia / Erbamont", Tz. 9f; IV/M.426 v. 18.4.94, „Rhône-Poulenc / Cooper", Tz. 11. Vgl. zuletzt die Entscheidungen IV/M.1397 v. 17.5.99, „Sanofi / Synthélabo", Tz. 23ff; IV/M.1378 v. 9.8.99, „Hoechst / Rhône-Poulenc – Aventis", Tz. 9ff; COMP/M.1835 v. 30.3.00, „Monsanto / Pharmacia & Upjohn", Tz. 11ff; COMP/M. 1846 v. 8.5.00, „Glaxo Wellcome / SmithKline Beecham", Tz. 10ff; COMP/M.1878 v. 22.5.00, „Pfizer / Warner Lambert", Tz. 11ff; COMP/M.2192 v. 11.1.01, „SmithKline Beecham / Block Drug", Tz. 22f und COMP/M.2312 v. 28.2.01, „Abbott / BASF", Tz. 10ff.

30 Komm., Entscheidung COMP/JV.54 v. 30.1.01, „Smith & Nephew / Beiersdorf / JV", Tz. 15. Ebenso bei haltbaren Lebensmitteln, die zum einen für den Verkauf an Endverbraucher zum anderen an Weiterverwender wie Großküchen, Restaurants, Hotels etc. vertrieben werden, Komm. Entscheidung COMP/M.2302 v. 23.02.01, „Heinz / CSM", Tz. 9ff.

31 Ständige Entscheidungspraxis der Komm. seit den Entscheidungen IV/M.43 v. 29.5.91, „Magneti Marelli / CEAc", Tz. 8, 10; IV/M.12 v. 31.7.91, „Varta / Bosch", Tz. 12ff (beide Starterbatterien) und IV/M.134 vom 23.09.91 „Mannesmann / Boge", Tz. 9f (Stoßdämpfer), die auch heute noch gilt, vgl. zuletzt Entscheidungen IV/M.1491 v. 25.05.99 „Robert Bosch / Magneti Marelli", Tz. 9 (Scheinwerfer); IV/M.1789 v. 22.12.99, „INA / LUK", Tz. 7 (Motorkomponenten); COMP/M.1959 v. 31.5.00, „Meritor / Arvin", Tz. 3, 7f (Achsen, Bremskomponenten, etc.) und COMP/M.2036 v. 4.8.00, „Valeo / Labinal", Tz. 7 (diverse Schalter und Sensoren).

32 In ihrer Entscheidung IV/M.1357 v. 04.02.99 „Nordic Capital / Hilding Anders", Tz. 14, entschied die Kommission z.B., die hohen Preisunterschiede zwischen Betten mit Lat-

sichtigt dabei nicht nur die absolute Höhe der Preise. Unterschiede im Preisniveau können nämlich auch lediglich ein Ausdruck unterschiedlicher Qualität bei ansonsten gleichwohl gegebener Austauschbarkeit sein[33]. Vielmehr untersucht sie zudem, ob sich Parallelen oder Unterschiede in Bezug auf die Preisentwicklung der letzten Jahre feststellen lassen. Sinken die Preis für ein Gut über einen längeren Zeitraum, während sie für ein anderes Gut steigen, so ist dies ein starkes Indiz für gesonderte Produktmärkte[34]. Anders als bei der eigentlichen elastizitätsorientierten Betrachtung werden hier also nicht die Reaktionen der Marktgegenseite auf Preisänderungen sondern die Änderungen des Preisniveaus als solche als Indiz für die Marktabgrenzung verwendet.

2. Berücksichtigung der Angebotssubstitution

Bei der Suche nach Anhaltspunkten für einen eher statischen oder dynamischen Charakter der Marktabgrenzung ist die Frage interessant, ob und inwieweit die Kommission innerhalb der sachlichen Marktabgrenzung auch die Möglichkeit zur Angebotssubstitution berücksichtigt. Eine statische Abgrenzung darf im Rahmen der Marktabgrenzung nur aktuellen Wettbewerb berücksichtigen. Potentieller Wettbewerb fließt erst innerhalb der eigentlichen Marktmachtprüfung in die Fallbeurteilung ein. Bei einer dynamischen Marktabgrenzung wären demgegenüber nicht nur die tatsächlich existierenden Austauschbeziehungen zu berücksichtigen. Darüber hinaus wären auch diejenigen Anbieter in die Bestimmung des sachlich relevanten Marktes mit einzubeziehen, die zwar zum Zeitpunkt der Untersuchung (noch) nicht auf dem fraglichen Markt tätig sind, in der Zukunft aber durch Umstellung ihrer Produktionsanlagen ohne besondere Schwierigkeiten und Kosten zu aktuellen Wettbewerbern werden könnten. Die Ermittlung des Marktes und die Berechnung des Marktvolumens würde danach nicht nach gegenwärtigen Produktionszahlen, sondern auf der Grundlage von gegenwärtigen und für die Zukunft zu prognostizierenden Produktionskapazitäten abgegrenzt.

Auf den ersten Blick erscheint der Einwurf gerechtfertigt, im Endeffekt komme man zu identischen Ergebnissen, unabhängig davon, ob die Angebotssubstitution im Rahmen der Marktabgrenzung oder erst später bei der Marktmachtprüfung berücksichtigt wird. Dieser Einwand verliert jedoch spätestens dann seine Berechtigung, wenn die Rechtsordnung wie im deutschen Kartellrecht in § 19 Abs. 3 GWB Marktbeherrschungsvermutungen ab dem Vorliegen bestimmter Marktanteile vorsieht[35]. Zwar enthält die Fusionskontrollverordnung keine positive Marktbeherrschungsvermutung; dennoch erzeugen auch hier die Marktanteile und damit indirekt auch die Marktabgrenzung zumindest Vermutungswirkungen negativer Art. Nach Erwägungs-

---

tenrosten und bloßen Schaumstoffliegen sowie dem wiederum deutlich höheren Preis für Bettsofas führten zu drei sachlich getrennten Märkten. Für getrennte sachliche Märkte bedeutend war ebenfalls das Preisgefälle zwischen Autobahntankstellen und Tankstellen außerhalb des Autobahnnetzes in der Entscheidung COMP/M.1628 v. 9.2.00, „TotalFina / Elf Aquitaine", Tz. 161ff, 176.

33 GUGERBAUER, Art. 2 Rn. 10.

34 So z.B. in Komm., Entscheidung IV/M.774 v. 4.12.96, „Saint-Gobain / Wacker Chemie / NOM", Tz. 95.

35 TRAUGOTT, WuW 1998, 929 (933).

grund Nr. 15 FKVO besteht ein Indiz für die Vereinbarkeit eines Zusammenschlusses mit dem gemeinsamen Markt, falls die aggregierten Marktanteile der beteiligten Unternehmen 25% nicht übersteigen. Im Formblatt CO wird des weiteren festgestellt, ein sachlich relevanter Markt sei nur dann von einem horizontalen Zusammenschluss betroffen im Sinne der Fusionskontrollverordnung, wenn die Fusionskandidaten zusammen einen Marktanteil von mindestens 15% erreichen[36]. Schon deshalb ist auch für die Fusionskontrolle nach europäischem Recht die richtige Einordnung der Angebotssubstitution bedeutend.

Die Kommission ist der Ansicht, Wettbewerbskräfte durch Angebotssubstitution wirkten weniger unmittelbar und erforderten auf jeden Fall die Untersuchung weiterer Faktoren als die Nachfragesubstitution. Aus diesem Grund seien Fragen der Angebotssubstitution grundsätzlich nicht bei der Marktabgrenzung zu erörtern[37]. Ausnahmsweise mit einzubeziehen ist die Angebotssubstitution nach Auffassung der Kommission, wenn die Anbieter als Reaktion auf Preisänderungen in der Lage sind, ihre Produktion auf die relevanten Erzeugnisse umzustellen und diese kurzfristig auf den Markt zu bringen, ohne spürbare Zusatzkosten oder Risiken zu erleiden. Als Risiken, die eine Berücksichtigung der Angebotsumstellungsflexibilität ausschließen, werden erhebliche Anpassungen bei den vorhandenen Sachanlagen und immateriellen Aktiva sowie die Notwendigkeit zusätzlicher Investitionen und strategischer Entscheidungen genannt[38].

Von entscheidender Bedeutung ist weiterhin die Frist, innerhalb derer eine Angebotsumstellung erfolgen kann. Während die Kommission in ihrer Bekanntmachung zur Definition des relevanten Marktes nur von „kurzfristigen"[39] Änderungen bzw. einer Umstellung „in kürzester Frist"[40] spricht, hat sie im Fall „Lucas / Eaton" in einer Art obiter dictum eine Zeitspanne von einem Jahr als Beispiel für eine noch hinreichend kurze Frist genannt, um die Angebotssubstitution bereits innerhalb der Marktabgrenzung berücksichtigen zu können[41]. Seit dieser Entscheidung wird in der Literatur relativ schematisch von einem Jahr als Höchstdauer für ihre Einbeziehung in die Marktabgrenzung ausgegangen[42]; aber auch die Kommission hat inzwischen ihre Fallpraxis indirekt bestätigt. In der Entscheidung „Pechiney / Samancor" gründeten die beteiligten Unternehmen ein Gemeinschaftsunternehmen, in welches sie ihre Aktivitäten im Bereich Silikon-Metalle einbringen wollten. Auch wenn die genaue Marktabgrenzung letztendlich offen bleiben konnte, votierte die Kommission entgegen der Auffassung der beteiligten Unternehmen für unterschiedliche Teilmärkte, weil die Herstellung von Silikon-Metallen mit unterschiedlichen Reinheitsgraden besondere Produktionsverfahren erfordere und die Umstellung der Verfahren ein bis drei

---

36 Komm., Formblatt CO, Abschnitt 6.III.

37 Komm., Bekanntmachung zur Marktdefinition, Tz. 14.

38 Komm., Bekanntmachung zur Marktdefinition, Tz. 20ff.

39 Komm., Bekanntmachung zur Marktdefinition, Tz. 20.

40 Komm., Bekanntmachung zur Marktdefinition, Tz. 22.

41 Komm., Entscheidung IV/M.149 vom. 9.12.1991, „Lucas / Eaton", Tz. 21.

42 ALONSO, ECLR 15 (1994), 195 (205f); GUGERBAUER, Art. 2 Rn. 8; TRAUGOTT, WuW 1998, 929 (931); HUGGENBERGER, S. 126. Ebenso COHEN-TANUGI u.a., S. 73, die diesen Aspekt im Rahmen der räumlichen Marktabgrenzung in Bezug auf Marktzutritte aus räumlich entfernten Gebieten erörtern.

Jahre in Anspruch nähme[43]. Im Fall „Crown Cork & Seal / Carnaud Metalbox" bezeichnete die Kommission eine ein bis zwei Jahre dauernde Umstellung der Produktionsanlagen von Weißblech- auf Aluminiumdosen als „bedeutende mittelfristige strategische Entscheidung", die nicht zur Annahme einer hohen Substituierbarkeit auf der Anbieterseite führte[44]. Eine Umstellungsfrist von 14 bis 18 Monaten im Fall „Pirelli / BICC" wurde ebenfalls als Indiz für eine geringe Angebotssubstituierbarkeit angesehen[45]. Die Fähigkeit, innerhalb von drei Monaten die Produktionsanlagen von Verpackungen für Kosmetika auf die Herstellung von Verpackungen für andere Anwendungen umstellen zu können, ist jedoch auch aus Sicht der Kommission ein Hinweis auf einen weiteren Markt für Kunststoffverpackungen[46].

Auch in negativer Hinsicht kann die Untersuchung der Angebotsumstellungsflexibilität zur Eingrenzung des sachlich relevanten Marktes beitragen. In der Entscheidung „Sanitec / Sphinx" musste die Kommission sich mit dem Markt für sanitäre Einrichtungsgegenstände befassen. Letztendlich blieb die Marktabgrenzung zwar offen, weil das Vorhaben bei keiner möglichen Marktabgrenzung ohne Modifikation genehmigungsfähig gewesen wäre. Dennoch hielt die Kommission eine Unterteilung nicht nach Produkten, sondern nach Fertigungsmaterialien (Keramik oder Kunststoff) für wahrscheinlich, weil die völlig unterschiedlichen Produktionsprozesse zwischen Keramik, emaillierten Metallen und z.B. Kunststoffen eine sehr geringe Substituierbarkeit auf der Angebotsseite zur Folge hatte[47].

Zusammenfassend kann daher festgehalten werden, dass die Angebotsumstellungsflexibilität nur in „seltenen und nicht vorhersehbaren"[48] Einzelfällen im Rahmen der Marktabgrenzung erörtert wird. Die Sicht der Nachfrager ist zwar nicht das allein entscheidende, aber doch das wesentliche Kriterium[49]. Die Fallpraxis der Kommission orientiert sich stark am Bedarfsmarktkonzept.

II. Räumliche Marktabgrenzung

Für die Fusionskontrolle und insbesondere diese Arbeit ist die räumliche Marktabgrenzung weit interessanter als die sachliche. Durch die Marktabgrenzung wird zum einen das Gesamtvolumen des Marktes und damit die Basisgröße bei der späteren

---

43 Komm., Entscheidung IV/M.1330 v. 26.01.99, „Pechiney / Samancor", Tz. 20ff.

44 Komm., Entscheidung IV/M.603 v. 14.11.95, „Crown Cork & Seal / Carnaud Metalbox", Tz. 19.

45 Komm., Entscheidung COMP/M.1882 v. 19.7.00, „Pirelli / BICC", Tz. 24f, 28.

46 Komm., Entscheidung COMP/M.1948 v. 30.5.00, „Techpack International / Valois", Tz. 20.

47 Komm., Entscheidung IV/M.1578 vom 1.12.99, „Sanitec / Sphinx", Tz. 30ff. Andere Fälle, in denen die fehlende Angebotssubstitution als Argument für enge Märkte herangezogen wurden, sind beispielsweise: Komm., Entscheidungen IV/M.984 v. 2.10.97, „DuPont / ICI", Tz. 10f (Polyethylen); IV/M.1293 v. 11.12.98, „BP / Amoco", Tz. 25f (Polyisobutylen (PIB) als Additiv bei der Kraftstoffherstellung sowie PIB für industrielle Anwendungen); COMP/M.1671 v. 3.5.00, „Dow Chemical / Union Carbide", Tz. 154ff (unterschiedliche Arten von Ethylenaminen) oder COMP/M.1948 v. 30.5.00, „Techpack International / Valois", Tz. 19 (Verpackungen aus Kunststoffen und aus Glas).

48 FINE, Rn. 4-099 und 4-121.

49 So auch ANDERSEN, NYILR 7 (1994), 25 (31).

Ermittlung der Marktanteile festgelegt. Dabei ist in vielen Fällen für die beteiligten Unternehmen[50] die räumliche Komponente und hier eine Staatsgrenzen überschreitende Marktabgrenzung von entscheidender Bedeutung, weil sie auf ihren Heimatmärkten traditionell hohe Marktanteile erreichen, die bei Zugrundelegung dieser Märkte weitere Zusammenschlüsse kritisch erscheinen lassen[51]. So ergab sich beispielsweise bei der Gründung des Gemeinschaftsunternehmens Eurocopter in einigen europäischen Ländern ein Marktanteil der Zusammenschlusskandidaten von 100% bei der Produktion ziviler Hubschrauber. Mit anderen Worten waren die beiden Gründungsunternehmen bereits vor dem Zusammenschluss in einigen Mitgliedstaaten entweder allein oder gemeinsam die einzigen Hubschrauberproduzenten; aus der Durchführung des Zusammenschlusses resultierte der europaweit führende Anbieter ziviler Hubschrauber. Dennoch musste die Kommission nicht von einer Marktbeherrschung ausgehen, weil als relevanter Markt eben nicht nationale Märkte oder ein Gemeinschaftsmarkt, sondern der Weltmarkt zugrunde gelegt wurde[52]. Ebenso verhielt es sich im Fall „Neste / Statoil“, in dem die beteiligten Unternehmen in einigen Mitgliedstaaten aggregierte Marktanteile bis zu ca. 60% bei der Produktion von Polyolefinen (LDPE, LLDPE, HDPE und Polypropylen) erreichten. Die Kommission entschied sich jedoch für den EWR als relevanten Markt und entschied folgerichtig, hohe lokale Marktanteile führten jedenfalls dann nicht automatisch zu Marktmacht, wenn die Nachfrager auf dem relevanten Markt immer noch genug Auswahl hätten[53].

Ein Gegenbeispiel hierzu bietet die Übernahme des Herstellers von künstlichen Hüft- und Kniegelenken DePuy durch die auf demselben Markt tätige Johnson & Johnson-Gruppe. Auf europäischem Level hätte der Zusammenschluss keine Bedenken verursacht, da beide Unternehmen erheblichem Wettbewerb ausgesetzt waren. Die Kommission kam jedoch entgegen der Auffassung der beteiligten Unternehmen zum Ergebnis, die betroffenen Märkte seien national abzugrenzen. Aus dieser Abgrenzung ergab sich eine marktbeherrschende Stellung für DePuy auf dem irischen Markt für Hüftimplantate, die durch die Einbindung in die Johnson & Johnson-Gruppe weiter verstärkt worden wäre. Obwohl der irische Markt nur für 0,5% der gesamten europäischen Nachfrage stand und damit ziemlich unbedeutend war, war das Vorhaben nur nach Zusagen der beteiligten Unternehmen genehmigungsfähig[54].

Die besondere Rolle der Abgrenzung des räumlich relevanten Marktes in der Fusionskontrolle gründet sich zum anderen darauf, dass in diesem Bereich die Dynamik des Markts verstärkt zu berücksichtigen ist, weil die zukünftige Marktstruk-

---

[50] ZACHMANN, Rn. 3.274, weist auf die Bedeutung der räumlichen Marktabgrenzung auch für die Mitgliedstaaten hin, vor allem vor dem Hintergrund des Art. 9 FKVO, der die Verweisung eines Vorhabens an einen Mitgliedstaat ermöglicht, wenn es sich ausschließlich auf einen gesonderten Markt innerhalb eines Mitgliedstaates auswirkt.

[51] CANENBLEY in: DERINGER-FS, S. 226 (227); SEDEMUND in: DERINGER-FS, S. 379 (385).

[52] Komm., Entscheidung IV/M.017 v. 25.2.91, „Aerospatiale / MBB“, Tz. 11ff. Seit dem Zusammenschluss von Aérospatiale-Matra, DASA und CASA zur EADS wird Eurocopter als Geschäftsbereich der EADS betrieben, vgl. Komm., Entscheidung COMP/M.1745 v. 12.5.00, „EADS“, Tz. 45ff.

[53] Komm., Entscheidung IV/M.361 v. 17.2.94, „Neste / Statoil“, Tz. 34f.

[54] Komm., Entscheidung IV/M.1286 v. 28.10.98, „Johnson & Johnson / DePuy“, Tz. 16ff.

tur gestaltet oder zumindest beeinflusst wird[55]. Diesen Aspekt vernachlässigt KRIMPHOVE, wenn er vereinfachend ausführt, die Marktabgrenzung innerhalb der Fusionskontrolle müsse der des Primärrechts entsprechen, um Wertungswidersprüche zwischen Kartellverbot und Missbrauchsaufsicht auf der einen und der Fusionskontrolle auf der anderen Seite zu vermeiden[56]. Richtig ist die grundsätzliche Anwendbarkeit derselben Kriterien, die aber gerade nicht zur Abgrenzung räumlich gleicher Märkte in Fusionskontroll- und in Artt. 81, 82-Entscheidungen führen muss. Die Kommission konstatiert selbst, bei der im wesentlichen zukunftsbezogenen Fusionskontrolle könne der Umfang des räumlich relevanten Marktes anders sein als bei der Beurteilung zeitlich zurückliegender Verhaltensweisen[57].

1. Räumlich relevante Märkte vor dem Hintergrund der europäischen Integration

Obwohl sich allein aus der Vollendung des Binnenmarktes kein Automatismus ergeben kann[58], liegt vor dem Hintergrund der fortschreitenden europäischen Integration die Erwartung nahe, gerade innerhalb der Gemeinschaft müsse eine Marktprognose immer häufiger weg von nationalen Märkten hin zu mindestens gemeinschaftsweiten Märkten führen[59]. Ein perfektes Beispiel für die Richtigkeit dieser Vermutung bieten die Märkte für die Herstellung von Hoch- und Höchstspannungs-Stromkabeln. 1991 entschied die Kommission, die Märkte seien trotz Tendenzen zur Marktöffnung durch die Vollendung des Binnenmarktes größtenteils national abzugrenzen[60]; 1998 wurde die Frage der räumlichen Marktabgrenzung offen gelassen, die Kommission betonte aber dennoch die fortgeschrittene Harmonisierung der europäischen Märkte[61]. Dem im Juli 2000 entschiedenen Fall „Pirelli / BICC" legte sie folgerichtig einen gemeinschaftsweiten Markt für die Produktion von Stromkabeln zugrunde, obwohl es immer noch ausgeprägte Heimatmärkte gab, die regelmäßig als Indizien für enge räumliche Märkte herangezogen werden. Entscheidend für die Ausweitung des Marktes war aber die durch die Deregulierung der Strommärkte begründete Fähigkeit der Netzbetreiber, ihren Bedarf an Stromkabeln europaweit zu decken[62].

Zum Teil wird zwar vertreten, die Häufigkeit räumlich weiter Marktabgrenzungen in der Fusionskontrolle habe auch mit den hohen Aufgreifschwellen zu tun. Diese hätten zur Folge, dass fast ausschließlich über Zusammenschlüsse international tätiger Unternehmen geurteilt werde[63]. In dieser Einfachheit erscheint eine solche

---

55 MASKE, S. 150f; ansatzweise auch HUGGENBERGER, S. 141.

56 KRIMPHOVE, S. 302ff.

57 Komm., Bekanntmachung zur Marktdefinition, Tz. 12.

58 EHLERMANN, WuW 1991, 535 (541); CANENBLEY in: DERINGER-FS, S. 226 (233).

59 Dies prognostiziert die Komm., XXV. Wettbewerbsbericht (1995), Tz. 3. In der Literatur nennen BANGEMANN, S. 27; EHLERMANN, EuZW 1994, 647 (649); KERBER, Fusionskontrollpraxis, S. 35, DERSELBE in: OBERENDER (Hrsg.), S.71f, und GUGERBAUER, Art. 2 Rn. 15, diese Entwicklung. Auch ALBERS in: G/T/E, Art. 2 FKVO Rn. 91, sieht einen „Prozess der Verschmelzung ursprünglich gegeneinander abgeschotteter Märkte".

60 Komm., Entscheidung IV/M.165 v. 18.12.91, „Alcatel / AEG Kabel", Tz. 13ff.

61 Komm., Entscheidung IV/M.1271 v. 30.9.98, „Pirelli / Siemens", Tz. 12.

62 Komm., Entscheidung COMP/M.1882 v. 19.7.00, „Pirelli / BICC", Tz. 33ff.

63 MASKE, S. 154.

Aussage allerdings fragwürdig. Die Marktabgrenzung hat nicht primär etwas mit den fusionierenden Unternehmen zu tun, sondern mit den Produkten bzw. Dienstleistungen, die sie herstellen oder anbieten. Auf der Grundlage der in der sachlichen Marktabgrenzung festgestellten relevanten Produkte ist festzustellen, ob diese gemeinschaftsweit oder nur auf nationalen Märkten unter homogenen Wettbewerbsbedingungen vertrieben werden. Dabei ist die Größe der Marktteilnehmer unerheblich. Großkonzerne können Teile ihrer Produktpalette auf rein national abzugrenzenden Märkten absetzen; andererseits können auch kleine Unternehmen gemeinschaftsweit tätig sein. Richtig ist allerdings, dass letztere in der Fusionskontrolle keine große Rolle spielen können, weil ein kleines Unternehmen entweder die Umsatzschwellen nicht erreicht oder aber jedenfalls auf weiten Märkten keine hohen Marktanteile erzielen kann.

Innerhalb dieser Arbeit und vor dem Hintergrund der Frage nach einer statischen oder dynamischen Marktabgrenzung stellt sich wiederum die Frage, ob und inwieweit die Kommission solche Erwartungen bereits innerhalb der Marktabgrenzung berücksichtigt oder ob integrative Entwicklungen erst innerhalb der Marktmachtprüfung eine Berücksichtigung erfahren. Die weitest mögliche Auffassung ist die, nach der von internationalen (in der Regel gemeinschafts- oder weltweiten) Märkten immer dann ausgegangen wird, wenn keine rechtlichen Schranken für grenzüberschreitende Lieferungen bestehen[64]. In ihrer Entscheidungspraxis berücksichtigt die Kommission aber ähnlich der Bestimmung des sachlich relevanten Marktes auch bei der Abgrenzung des räumlich relevanten Marktes eine Vielzahl unterschiedlicher Einzelkriterien. Sie stützt sich auf eine Analyse struktureller Merkmale, die auf den jeweiligen Grad der Homogenität der Wettbewerbsbedingungen hinweisen[65], und untersucht hierzu Faktoren wie beispielsweise Transportkosten. Sind diese im Vergleich zum Warenwert hoch, so nimmt die Kommission häufig nationale Märkte an[66]; verhältnismäßig geringe Transportkosten sprechen dagegen für weite Märkte[67]. Bei teuren High-Tech Produkten können Transportkosten auch derart unbedeutend sein, dass der Weltmarkt zugrunde zu legen ist[68].

Von Bedeutung für die räumliche Marktabgrenzung ist des weiteren die Frage, ob divergierende Verbrauchergewohnheiten in unterschiedlichen Mitgliedstaaten für nationale Märkte sprechen. Ausführlich setzte die Kommission sich mit dieser Frage im Fall „Nestlé / Perrier" auseinander. Es wurden nationale Mineralwassermärkte zugrunde gelegt, weil der Pro-Kopf-Verbrauch und die Verteilung zwischen stillem und kohlensäurehaltigem Wasser in unterschiedlichen Mitgliedstaaten ebenso

---

64 Stockmann / Schultz, S. 293.

65 Komm., XXI. Wettbewerbsbericht (1991), Anhang III.7, S. 405f.

66 Hohe Transportkosten, die zur Annahme nationaler oder regionaler Märkte Anlass gaben, stellte die Kommission in ihren Entscheidungen IV/M.646 v. 30.10.95, „Repola / Kymmene", Tz. 41f; IV/M.623 v. 16.1.96, „Kimberley-Clark / Scott Paper", Tz. 63 sowie IV/M.1578 vom 1.12.1999, „Sanitec / Sphinx", Tz. 59ff fest.

67 Der EWR als relevanter Markt ergab sich aufgrund geringer Transportkosten in den Entscheidungen IV/M.997 v. 18.12.97, „Swedish Match / Kav", Tz. 21f; IV/M.1742 v. 22.12.99 „Sun Chemical / TotalFina / Coates", Tz. 17, 19.

68 So für Schiffsantriebssysteme Komm., Entscheidung IV/M.1164 v. 15.05.98, „GEC Alsthom / Cegelec", Tz. 18.

erheblich voneinander abwich wie die Verpackungsmaterialen (PET-Flaschen in Frankreich, Glasflaschen in Deutschland)[69]. Nationale Märkte aufgrund divergierender Verbrauchergewohnheiten ergaben sich außer bei Lebensmitteln[70] auch in den Bereichen Kreuzfahrtreisen[71] und Tissue-Papiere[72]. In dieselbe Richtung ging die Argumentation in dem Untersagungsfall „RTL / Veronica / Endemol". Hier entschied sich die Kommission aufgrund kultureller Konsumentenpräferenzen für nationale Fernsehmärkte und konnte dies anhand verschwindend geringer Einschaltquoten belegen, die niederländische Sender im flämischen Teil Belgiens erzielten, obwohl keine Sprachbarriere bestand und die Sender problemlos über das Kabelnetz zu empfangen waren[73]. Diese grundsätzlich nationale Abgrenzung hat die Kommission seitdem aufrecht gehalten, obwohl in einigen Nischenmärkten europaweit ausstrahlende Sender existieren[74].

Neben diesen Marktstrukturfaktoren werden aber wiederum auch Marktergebnisvariablen zur Eingrenzung des Marktes herangezogen. Ein „zentrales Element"[75] bei der Bestimmung des räumlich relevanten Marktes sei die Fähigkeit, unterschiedliche Preise in räumlich benachbarten Regionen durchzusetzen[76]. Vor allem wenn die beteiligten Unternehmen die Gleichartigkeit ihrer Produkte auf dem gesamten europäischen Markt sowie geringe Transportkosten betonen, eine genauere Untersuchung aber trotzdem deutliche Preisunterschiede ergibt, können diese nach Ansicht der Kommission als vorentscheidendes Indiz für nationale Märkte herangezogen werden[77].

Die Kommission berücksichtigt auch Handelsströme, indem sie Ein- und Ausfuhranteile untersucht. Dies führt häufig zur Annahme, der räumlich relevante Markt sei

---

69 Komm., Entscheidung IV/M.190 v. 22.7.92, „Nestlé / Perrier", Tz. 24, 28.

70 Eine weiteres Beispiel für unterschiedliche Verbrauchergewohnheiten im Bereich Lebensmittel bietet Komm., Entscheidung COMP/M. 1802 v. 8.3.00, „Unilever / Amora-Maille", Tz. 22 (Saucen, insb. auf Basis von Mayonnaise).

71 Komm., Entscheidung IV/M.334 v. 19.7.93, „Costa Crociere / Chargeurs / Accor", Tz. 19.

72 Komm., Entscheidungen IV/M.549 v. 20.02.95, „Svenska Cellulosa / PWA", Tz. 23, und IV/M.623 v. 16.1.96, „Kimberley-Clark / Scott Paper", Tz. 81. Ebenso für Monatsbinden in Komm., Entscheidung IV/M.430 v. 21.6.94, „Procter & Gamble / VP Schickedanz (II)", Tz. 78.

73 Komm., Entscheidung IV/M.553 v. 20.09.95, „RTL / Veronica / Endemol", Tz. 25f. Aufgrund kultureller Unterschiede ist auch der Vertrieb von Filmen an Kinos national geprägt, so die Komm. in der Entscheidung COMP/M.2050, „Vivendi / Canal+ / Seagram", Tz. 16.

74 Vgl. Komm., Entscheidung COMP/M.1958 v. 29.6.00, „Bertelsmann / GBL / Pearson TV", Tz. 13. Ausführlich zur räumlichen Marktabgrenzung in der Fernseh- und allgemein in der Medienwirtschaft ABLASSER, S. 162ff.

75 Komm., Entscheidung COMP/M. 1672 v. 14.3.00, „Volvo / Scania", Tz. 233.

76 Ähnlich auch in Komm., Entscheidungen IV/M.291 v. 4.5.93, „KNP / Bührmann-Tetterode / VRG", Tz. 17 (Vertrieb und Wartung von Druckmaschinen); IV/M.457 v. 20.6.94, „La Roche / Syntex", Tz. 33 (Medizinische Diagnosesysteme, unterteilt in in-vitro und in-vivo-Systeme); IV/M.533 v. 10.2.95, „TWD / Akzo / Kuagtextil", Tz. 17, 19f (unterschiedliche Filamentgarne); IV/M.774 v. 4.12.96, „Saint-Gobain / Wacker Chemie / NOM, Tz. 125ff (Siliziumkarbid-Produkte für Schleifanwendungen).

77 Komm., Entscheidung COMP/M.2283 v. 10.10.2001, „Schneider / Legrand", Tz. 238.

jedenfalls nicht weiter als der EWR, weil es nur geringe Importe in die Gemeinschaft gibt[78]. Nationale Märkte aufgrund geringer Importe ergaben sich bei dem Vertrieb von Fertiggerichten (Importquote nach Frankreich unter 5%)[79], bei der Produktion und dem Vertrieb von Strom (trotz einer Importquote in die Niederlande von 14%)[80] sowie in der Bahntechnik bei der Gründung des später von DaimlerChrysler komplett übernommenen und inzwischen an Bombardier veräußerten Gemeinschaftsunternehmens ADtranz (Importquote nach Deutschland zwischen 2 und 5%)[81], obwohl die Kommission zu diesem Markt bereits 1992[82] ausführte, er befinde sich in einer Übergangsphase von nationalen Märkten zu einem gemeinschaftsweiten Markt

Andersherum sprechen nennenswerte Importe aus anderen Regionen zumindest tendenziell für die Einbeziehung dieses Gebietes in den räumlich relevanten Markt[83]. Im Fall „Saint-Gobain / Wacker Chemie / NOM" hat die Kommission aber den EWR als räumlich relevanten Markt für Siliziumkarbid-Produkte für Schleifanwendungen bestimmt, obwohl sich immerhin eine Importquote von 14 bis 15% in den EWR ergab. Sie argumentierte, maßgeblich sei nicht allein der mengenmäßige Anteil der Importe, sondern die Frage, ob die Einfuhren ein Indikator für eine größere Marktintegration hinsichtlich der Preisfestsetzung und allgemeiner Wettbewerbsbedingungen seien[84]. Regelmäßig werden ferner deutlich unterschiedliche Marktanteile mehrerer Produzenten auf benachbarten Märkten als Indikatoren für räumlich getrennte Märkte herangezogen. Ausgeprägte Heimatmärkte konstatierte die Kommission beispielsweise bei Linien- und Überlandlinienbussen im Gegensatz zum international geprägten Markt für Reisebusse[85]. Auch auf den Märkten für Tiefkühlkost und Eiscreme variierte die Marktposition unterschiedlicher Unternehmen in den einzelnen Mitgliedstaaten zwischen Marktführerschaft und völliger Abstinenz[86]. Deutlich unterschiedliche Marktanteile sprechen nach Auffassung der Kommission für nicht homogene Wettbewerbsbedingungen und damit im Ergebnis für getrennte räumlich relevante Märkte.

---

78 Komm., Entscheidungen IV/M.1293 v. 11.12.98, „BP / Amoco", Tz. 28ff; IV/M.1578 vom 1.12.99, „Sanitec / Sphinx", Tz. 47ff; IV/M.1742 v. 22.12.99 „Sun Chemical / TotalFina / Coates", Tz. 18.

79 Komm., Entscheidung IV/M.445 v. 7.6.94, „BSN / Euralim", Tz. 25.

80 Komm., Entscheidungen IV/M.1659 v. 30.9.99, „Preussen Elektra / EZH", Tz. 9, und COMP/M.1803 v. 7.2.00, „Electrabel / EPON", Tz. 20. Die Importquote nach Deutschland beträgt im Vergleich hierzu nur 6-8%, vgl. Komm., Entscheidung COMP/M.1673 v. 13.6.00, „Veba / Viag", Tz. 22ff. Auch die zum 1.1.2001 einsetzende Liberalisierung der Strommärkte konnte diese Einschätzung nicht relativieren.

81 Komm., Entscheidung IV/M.580 v. 18.10.95, „ABB / Daimler-Benz", Tz. 24.

82 Vgl. Komm., Entscheidung IV/M.221 v. 26.5.92, „ABB / BREL", Tz. 12.

83 So die Komm. in ihrer Entscheidung IV/M.984 v. 2.10.97, „DuPont / ICI", Tz. 44 (15% des europäischen Bedarfs an Titaniumdioxid stammte aus Nordamerika).

84 Komm., Entscheidung IV/M.774 v. 4.12.96, „Saint-Gobain / Wacker Chemie / NOM", Tz. 128ff.

85 Komm., Entscheidung IV/M.1202 v. 22.10.98, „Renault / Iveco", Tz. 22ff.

86 Komm., Entscheidung IV/M.362 v. 15.9.93, „Nestlé / Italgel". Ein anderes Beispiel ist COMP/JV.54 v. 30.1.01, „Smith & Nephew / Beiersdorf / JV", Tz. 25 (Wund-, Stützverbände etc.).

2. Berücksichtigung von Marktzutrittsschranken

Problembehaftet innerhalb der räumlichen Marktabgrenzung ist die Berücksichtigung von Marktzutrittsschranken. Ebenso wie die Angebotssubstitution können auch Marktzutrittsschranken sowohl innerhalb der Marktabgrenzung als auch bei der eigentlichen Marktmachtprüfung von Bedeutung sein. Marktzutrittsschranken verwehren, erschweren oder verzögern Anbietern den Eintritt in einen Markt[87]. Insofern deuten sie auf räumlich getrennte Märkte hin und können innerhalb der Marktabgrenzung berücksichtigt werden. Des weiteren sind Marktzutrittsschranken aber auch entscheidend für die Intensität des von potentiellen Konkurrenten ausgehenden Wettbewerbsdrucks und damit für die Marktmachtprüfung.

Besonders relevant für die Fallpraxis der Kommission ist die historische Vermutung[88], nach der innerhalb der einzelnen Mitgliedstaaten homogene Wettbewerbsbedingungen herrschen; diese sich aber in der Regel von den Bedingungen in den Nachbarstaaten unterscheiden bzw. in der Vergangenheit unterschieden[89]. Aus diesem Grund beginnt die Kommission die räumliche Marktabgrenzung regelmäßig bei nationalen Märkten und sucht nach Anzeichen für eine Marktöffnung. Als Marktzutrittsschranken, die zu einer Aufrechterhaltung nationaler Märkte beitragen können, kommen dementsprechend neben von den Unternehmen ausgehenden Behinderungen zunächst staatliche regulatorische Maßnahmen in Betracht. Mit Hilfe hoheitlicher Maßnahmen haben die Mitgliedstaaten in der Vergangenheit versucht, ihre Territorien vor ausländischen Wettbewerbern zu schützen, um so im Sinne einer national ausgerichteten Industriepolitik die heimische Wirtschaft zu stärken. Auch wenn die Möglichkeiten zu einer Abschottung nationaler Märkte naturgemäß vor dem Hintergrund der fortschreitenden europäischen Integration und insbesondere angesichts der Rechtsprechung zu den Artt. 28ff EGV schwinden, bleibt die Bedeutung der Marktzutrittsschranken erhalten. Diese können zunehmend eingesetzt werden, um zumindest den Gemeinschaftsmarkt gegen den Wettbewerb aus Drittstaaten zu sichern[90].

Politisch-administrative Barrieren[91], die zur künstlichen Abgrenzung von Märkten führen, können in vielen Formen auftreten. Ein Extrembeispiel sind staatliche Monopole wie das spanische Monopol bei der Primärbehandlung von Rohöl[92]. Aber auch

---

87 ALBERS in: G/T/E, Art. 2 FKVO Rn. 127.

88 CANENBLEY in: DERINGER-FS, S. 226 (228f), scheint dagegen von einer rechtlichen Vermutung bzw. von einem Regel-Ausnahme-Verhältnis zugunsten des Gemeinschaftsgebietes auszugehen.

89 ALBERS in: G/T/E, Art. 2 FKVO Rn. 96.

90 So ergab die Untersuchung von MASKE, S. 153f, dass in 58% aller bis 1993 entschiedenen Fälle die räumliche Marktabgrenzung die Gemeinschaft umfasste oder jedenfalls größer als der nationale Markt war, aber nur in 4% über das Gebiet der EG hinausging.

91 Diesen Ausdruck verwendet KOTTMANN, S. 109.

92 Aufgrund eines gesetzlichen Monopols bestand ein öffentlich-rechtliches Gemeinschaftsunternehmen für den Betrieb von Raffinerien und Leitungsnetzen in Spanien (mit Ausnahme der kanarischen Inseln) und festen Lieferquoten für alle Rohölförderer, vgl. Komm., Entscheidungen IV/M.63 v. 29.4.92, „Elf / Ertoil", Tz. 14; IV/M.98 v. 18.6.91, „Elf / BC / Cepsa", Tz. 11f; IV/M.111 v. 29.7.91, „BP / Petromed", Tz. 6, 9f; vgl. auch FINE, Rn. 4-134.

unterschiedliche gesetzliche Regelungen innerhalb der Gemeinschaft können auch heute noch zur Annahme nationaler Märkte führen. Beispiele hierfür finden sich in der prohibitiven Alkoholgesetzgebung bzw. –besteuerung in Skandinavien[93] sowie in den national geregelten Voraussetzungen für das Recht auf Schadenersatz bei Pauschalreisen[94] oder dem Recht der Zeitarbeitsvermittlung[95]. Hoheitlich begründete Marktzutrittsschranken sind darüber hinaus staatliche Genehmigungspflichten, wie sie sich insbesondere in der Pharmabranche finden. Trotz einer Tendenz zur Europäisierung wurden Zulassungspflichten und die innerhalb der Gemeinschaft divergierenden sozialversicherungsrechtlichen Systeme auch in jüngster Vergangenheit immer noch als Indiz für nationale Märkte bei der Herstellung[96] und dem Vertrieb[97] von Medikamenten sowie bei der Produktion von Pflanzenschutzmitteln[98] herangezogen. Etwas anderes gilt für die Herstellung von Wirkstoffen für Medikamente, die keinen gesonderten Zulassungspflichten unterworfen ist[99]. Auch in der mobilen Telekommunikation führt die Notwendigkeit, staatliche Lizenzen und Frequenzzuteilungen zu erhalten, zusammen mit den hohen Kosten für Auslandsgespräche zur Annahme nationaler Märkte, so z.B. im Fall „Vodafone / Airtouch“[100]. Ebenso verhält es sich mit der Tatsache, dass nur in Deutschland zugelassene Unternehmen an Ausschreibungen für die Aufstellung öffentlicher Fernsprecher beteiligt werden[101], und der Verpflichtung, vor dem Betrieb einer Autobahnraststätte eine staatliche Zulassung zu erlangen[102].

---

93 Komm., Entscheidung IV/M.582 v. 23.05.95, „Orkla / Volvo“, Tz. 45ff.

94 Komm., Entscheidung IV/M.765 v. 24.06.96, „ADIA / ECCO“, Tz. 16.

95 Komm., Entscheidungen IV/M.229 v. 14.7.92, „Thomas Cook / LTU / WestLB“, Tz. 14, und IV/M.1524 v. 22.09.99, „Airtours / First Choice“, Tz. 44.

96 Komm., Entscheidungen IV/M.1229 v. 28.09.98, „AHP / Monsanto“, Tz. 14ff; IV/M.1681 v. 22.11.99, „Akzo Nobel / Hoechst Roussel Vet“, Tz. 26f; COMP/M.1835 v. 30.3.00, „Monsanto / Pharmacia & Upjohn“, Tz. 43f; COMP/M.1846 v. 8.5.00, „Glaxo Wellcome / SmithKline Beecham“, Tz. 73f; COMP/M.1878 v. 22.5.00, „Pfizer / Warner Lambert“, Tz. 45f.

97 Komm., Entscheidung COMP/M.1716 v. 12.1.00, „Gehe / Herba“, Tz. 10. Auch der Handel mit Medikamenten selbst unterliegt nationalen regulatorischen Schranken wie z.B. Bereitstellungszeiten und Mindestlagerbestände, die für höchstens nationale, teilweise aber noch engere Märkte sprechen, so z.B. in Italien, vgl. Komm., Entscheidungen COMP/M.2432 v.6.7.01, „Angelini / Phoenix / JV“, Tz. 14; COMP/M.2573 v. 30.8.01, „A&C / Grossfarma“, Tz. 11, 14f.

98 Komm., Entscheidung COMP/M.1932 v. 30.6.00, „BASF / American Cyanamid“, Tz. 29f.

99 Komm., Entscheidung IV/M.1378 v. 09.08.99, „Hoechst / Rhône-Poulenc – Aventis“, Tz. 44.

100 Komm., Entscheidung IV/M.1430 v. 21.05.99 „Vodafone / Airtouch“, Tz. 13ff. Auf diese Entscheidung beziehen sich auch die Folgeentscheidungen IV/M.1669 v. 27.9.99, „Deutsche Telekom / One2One“, Tz. 8f; IV/M.1760 v. 20.12.99, „Mannesmann / Orange“, Tz. 11f; COMP/M.1817 v. 26.1.00, „Bellsouth / Vodafone“, Tz. 10; COMP/M.1747 v. 28.2.00, „Telekom Austria / Libro“, Tz. 15; COMP/M.1795 v. 12.4.00, „Vodafone Airtouch / Mannesmann“, Tz. 23, und COMP/M.2016 v. 11.8.00, „France Telecom / Orange“, Tz. 19.

101 Komm., Entscheidung IV/M.913 v. 18.11.97, „Siemens / Elektrowatt“, Tz. 60ff.

102 Komm., Entscheidung IV/M.126 v. 28.4.92, „Accor / Wagons-Lits“, Tz. 25.

In dieselbe Richtung wie staatliche Zulassungspflichten geht auch die Ausübung einer Staatsaufsicht über bestimmte Industrie- und Dienstleistungsbereiche. Schulbeispiele sind hier sicherlich die Banken-[103] und Versicherungsaufsicht[104], die trotz der Harmonisierungsbestrebungen der Gemeinschaft[105] immer wieder als Argument für nationale Märkte genannt werden. Die bisher genannten Marktschranken gehen weitgehend von den einzelnen Mitgliedstaaten aus und sprechen damit für nationale Märkte. Anders verhält es sich bei der Begrenzung von Importen durch Zölle und Abgaben gleicher Wirkung. Zölle können nach der Vollendung der Zollunion (Artt. 23ff EGV) den Handel innerhalb der Gemeinschaft nicht mehr behindern[106]; die an den Außengrenzen erhobenen Abgaben auf gemeinschaftsfremde Waren sprechen jedoch ab einer gewissen Höhe für die EG bzw. den EWR als räumlich relevanten Markt[107].

Von besonderer Relevanz ist in der Entscheidungspraxis immer wieder auch die traditionell national orientierte Beschaffungspolitik öffentlicher (Monopol-)Unternehmen[108]. Die Beschaffungspolitik ist zwar keine rechtliche, sondern eine tatsächliche Marktzutrittsschranke, sie gleicht in ihren Wirkungen aber den oben erörterten rechtlichen Schranken, soweit es um die Nachfrage durch die öffentliche Hand geht[109]. Infolge der Harmonisierung des Gemeinschaftsrechts und insbesondere der Umsetzung von Ausschreibungspflichten wird die streng nationale Beschaffung durch öffentliche Nachfrager aufgelockert. Auch ausländische Unternehmen können sich an Ausschreibungen beteiligen. Insbesondere Zusammenschlüsse, die Produzenten von Rüstungsgütern betreffen, werden nichtsdestotrotz in ständiger Entscheidungspraxis national abgegrenzt, weil die Verteidigungsministerien die einheimische Industrie – so vorhanden – bevorzugen[110] und auch bei internationalen Projekten

---

103 Die Bankenaufsicht wurde u.a. angesprochen in den Entscheidungen IV/M.319 v. 30.8.93, „BHF / CCF / Charterhouse", Tz. 6; IV/M.508 v. 28.10.94, „BHF / CCF (II)", Tz. 10.

104 So in den Entscheidungen IV/M.759 v. 18.6.96, „Sun Alliance / Royal Insurance", Tz. 8; IV/M.1082 v. 8.5.98, „Allianz / AGF", Tz. 7, oder COMP/M.1989 v. 9.6.00, „Winterthur Life / Colonial", Tz. 12.

105 PLAß, S. 6ff, 231ff, 254ff, erörtert die Aufsichtsmechanismen wegen der fortschreitenden Harmonisierung nicht im Rahmen der Marktabgrenzung, sondern prüft, ob Aufsicht als solche Wettbewerb einschränkt.

106 BUSSE, WuW 2002, 112 (115f), belegt anschaulich, dass Zölle als Transaktionskosten auch im Anwendungsbereich des GATT weiter an Bedeutung verlieren.

107 Relativ hohe Zölle an den EG- bzw. EWR-Außengrenzen gab es z.B. in den Entscheidungen IV/M.113 v. 19.12.91, „Courtaulds / SNIA Fibre", Tz. 15 (ca. 10%); IV/M.206 v. 10.8.92, „Rhône-Poulenc / SNIA Fibre", Abschn. 6.3 (9%); IV/M.315 v. 31.1.94, „Mannesmann / Vallourec / Ilva", Tz. 21ff, 37 (10%); IV/M.401 v. 2.3.94, „Rütgerswerke / Hüls Troisdorf AG", Tz. 14f (6,5%); IV/M.1293 v. 11.12.98, „BP / Amoco", Tz. 31 (10,7%); COMP/M.1751 v. 29.3.00, „Shell / BASF (JV – Project Nicole)", Tz. 27 (9,5%).

108 Vgl. hierzu auch HUGGENBERGER, S. 162ff.

109 So auch COHEN-TANUGI u.a., S. 74f.

110 Vgl. Komm., Entscheidungen IV/M.598 v. 27.06.95, „Daimler Benz / Carl Zeiss", Tz. 11 (Optronische Geräte zur Zielerfassung, Entfernungsmessung etc.); IV/M.945 v. 27.01.98, „Matra BAe Dynamics / DASA / LFK", Tz. 23ff (Lenkwaffen); COMP/M.1709 v. 19.1.00, „Preussag / Babcock / Celsius", Tz. 42ff (U-Boote, Fregatten und Minen-

Aufträge entsprechend des Prinzips „juste retour“ streng nach Beteiligungsquoten vergeben werden[111]. Erst in jüngster Vergangenheit sprach die Kommission auch in diesem Sektor Tendenzen zur Internationalisierung an[112].

Im Gegensatz hierzu wurde – wie bereits angesprochen[113] – im Fall „Alcatel / AEG Kabel“ bereits 1991 konstatiert, die europäischen Kabelmärkte befänden sich u.a. aufgrund der Umsetzung der Beschaffungsrichtlinie (Richtlinie 90/531/EWG) in einem transitorischen Stadium auf dem Weg von nationalen zu gemeinschaftsweiten Märkten. Obwohl auch hier die Nachfrage nahezu ausschließlich von den ehemaligen Monopolisten im Bereich Post und Telekom ausging, seien die Anbieter in Ländern wie Deutschland, in denen die Richtlinie bereits umgesetzt wurde, internationalem Wettbewerb ausgesetzt, so dass im Unterschied zu den meisten Mitgliedstaaten für Deutschland von einem gemeinschaftsweiten Markt auszugehen sei[114]. Auf den Telekommunikationsmärkten für Vermittlungs- und Richtfunksysteme sowie leitungsgebundene Übertragungstechnik wurde hingegen Spanien im selben Jahr als eigener räumlich relevanter Markt zugrunde gelegt, weil Spanien als junger Mitgliedstaat erst 1996 zur Umsetzung der Beschaffungsrichtlinie verpflichtet war[115].

Zu betonen ist, dass die Berücksichtigung von Marktzutrittsschranken innerhalb der räumlichen Marktabgrenzung einem anderen Zweck dient als ihre spätere Untersuchung in der Marktmachtprüfung. Während es bei der Abgrenzung des relevanten Marktes stark vereinfachend darum geht, die Identität möglicher Wettbewerber festzustellen, bleibt die endgültige Bewertung ihrer Konkurrenzfähigkeit der abschließenden Marktmachtprüfung vorbehalten[116]. Marktschranken sind also nicht im Sinne eines „Entweder-Oder“ nur innerhalb der Marktabgrenzung oder nur innerhalb der Marktmachtprüfung von Bedeutung. Vielmehr ergibt sich auch hier eine Zweiteilung nach der zeitlichen Wirkung von Marktzutrittsschranken. Bei der Frage, ob der räumliche relevante Markt national, gemeinschaftsweit oder gar noch weiter abzugrenzen ist, sprechen Marktzutrittsschranken für engere Märkte, wenn sie nicht innerhalb kürzerer Zeit überwunden werden können. Im Zusammenhang mit der Frage nach der Intensität oder Funktionsfähigkeit des Wettbewerbs können dagegen auch längere Zeiträume Berücksichtigung finden, wenn potentiellen Konkurrenten nur die Möglichkeit offen steht, existierende Barrieren zu überwinden[117].

---

suchboote); COMP/M.1636 v. 21.3.00, „MMS / DASA / Astrium“, Tz. 39 (Militärische Aufklärungssatelliten), und COMP/M.2021 v. 25.8.00, „Snecma / Labinal“, Tz. 34.

111 Komm., Entscheidung IV/M.86 v. 23.10.91, „Thomson-CSF / Pilkington Optronics“, Tz. 22f. Im Falle internationaler Kooperation können sich aufgrund des Prinzips „juste retour“ selbstverständlich auch weitere Märkte ergeben, so z.B. die Mitgliedstaaten der ESA aufgrund deren Beschaffungspolitik, vgl. Komm., Entscheidungen COMP/M.1636 v. 21.3.00, „MMS / DASA / Astrium“, Tz. 36, 99, 125, 145; COMP/M.1745 v. 12.5.00, „EADS“, Tz. 77 und Fn. 9, sowie COMP/M.2438 v. 24.7.01, „SES / Stork / Fokker Space“, Tz. 14.

112 Komm., Entscheidungen COMP/M.1797 v. 4.2.00, „Saab / Celsius“, Tz. 30, 33; COMP/M.2079 v. 30.3.01, „Raytheon / Thales“, Tz. 34 (radargesteuerte Warnsysteme).

113 Siehe oben in diesem Teil unter A.II.1, S. 83.

114 Komm., Entscheidung IV/M.165 v. 18.12.91, „Alcatel / AEG Kabel“, Tz. 13ff (17).

115 Komm., Entscheidung IV/M.42 vom 12.4.91, „Alcatel / Telettra“, Tz. 34f.

116 ALBERS in: G/T/E, Art. 2 FKVO Rn. 94.

117 So auch ALBERS in: G/T/E, Art. 2 FKVO Rn. 129.

Aus rechtssystematischer Sicht hat die Kommission sogar noch eine dritte Möglichkeit, um Marktschranken bzw. ihren Abbau zu berücksichtigen: selbst wenn ein geplanter Zusammenschluss auf einem bestimmten Markt zu einer marktbeherrschenden Stellung führen würde, ist das Vorhaben dennoch genehmigungsfähig, sofern die Marktbeherrschung nur vorübergehend ist. Dies kann insbesondere dann der Fall sein, wenn ein Wegfall der Marktzutrittsschranken in absehbarer Zeit und damit eine Öffnung des Marktes prognostiziert werden kann[118].

III. Gesamtbewertung der Marktabgrenzung

1. Marktergebnisvariablen in der Marktabgrenzung

Wie oben beschrieben spielen sowohl in der sachlichen als auch in der räumlichen Marktabgrenzung Preise, Preisvergleiche und Preiselastizitäten, aber auch Marktanteilsverteilungen eine große Rolle. Schon auf den ersten Blick wird eines deutlich: Mit der Berücksichtigung von Preisen und gegenwärtigen Marktanteilen fließen bereits im Rahmen der Abgrenzung der relevanten Märkte Marktergebnisvariablen in die eigentlich marktstrukturorientierte Fusionskontrolle ein. Preise, ihre Entwicklung und Elastizitäten sind eher Ergebnis als Determinante der Preispolitik eines Unternehmens[119]. Ebenso verhält es sich mit Marktanteilen.

Der Einwand eines Zirkelschlusses, der hauptsächlich gegen die Verwendung des Bedarfsmarktkonzeptes vorgebracht wird, scheint sich gerade auf die Verwendung von solchen Marktergebnisvariablen zu gründen. Wer zur Abgrenzung eines Marktes die Auffassung der Marktgegenseite heranziehen will, muss zunächst die Marktgegenseite bestimmen und dazu eigentlich bereits wissen, was der Markt ist[120]. Dasselbe gilt auch für die Berücksichtigung von Marktanteilen innerhalb der sachlichen und von Marktzutrittsschranken innerhalb der räumlichen Marktabgrenzung. Auch hier lässt sich eine gewisse Unlogik nicht von der Hand weisen. Die Frage, welchen Marktanteil ein Unternehmen hält, ist eigentlich erst nach der Bestimmung des Marktes zu beantworten[121]. Preise sind ebenfalls Marktergebnisse. Ergebnisse eines Marktes können aber nur bestimmt werden, wenn die Marktteilnehmer, ihre Aktivitäten und damit die Marktabgrenzung bereits bekannt sind. Zur Ehrenrettung dieser Konzepte lässt sich jedoch vorbringen, dass beispielsweise die Kommission zunächst mehrere ihr möglich erscheinende Märkte bestimmt und dann die jeweiligen Marktergebnisvariablen zur Prüfung ihrer Prämissen einsetzt, bis sie eine zufrieden stellende Abgrenzung gefunden hat.

Diese Sichtweise erscheint jedoch aus anderen Gründen bedenklich. Keinesfalls dürfen Ergebnisvariablen unreflektiert übernommen werden, ohne zu hinterfragen,

---

118 CANENBLEY in: DERINGER-FS; S. 226 (235). In der Praxis wurde dies bedeutsam in der Entscheidung IV/M.222 v. 12.11.92, „Mannesmann / Hoesch", Tz. 112ff (114).

119 I. SCHMIDT, Wettbewerbspolitik und Kartellrecht, S. 51.

120 TRAUGOTT, WuW 1998, 929 (935f). Ähnlich KOTTMANN, S. 15, die mit speziellem Bezug auf den räumlich relevanten Markt feststellt, die Bestimmung des Marktes impliziere bereits eine Aussage über den dort herrschenden Wettbewerb.

121 HARBORD / VON GRAEVENITZ, ECLR 21 (2000), 151 (152f). Ebenso für die Berücksichtigung von Marktzutrittsschranken im Rahmen der räumlichen Marktabgrenzung CANENBLEY in: DERINGER-FS, S. 226 (237f, 242).

auf welche Weise die gegenwärtige Marktanteilsverteilung in unterschiedlichen räumlichen Gebieten oder das Preisniveau zustande gekommen ist. Hat z.B. ein Unternehmen eine marktbeherrschende Stellung inne und nutzt es diese aus seiner Sicht optimal aus, so wird sich der Preis des Monopolgutes an der oberen Grenze des betriebswirtschaftlich Vertretbaren befinden. Diese Grenze ist dann erreicht, wenn als Folge weiterer Preiserhöhungen Abnehmer zu anderen Erzeugnissen wechseln würden, obwohl sie diese nicht als vollwertige Substitute ansehen. Es ergäbe sich damit eine hohe Kreuzpreiselastizität, aus der man fälschlicherweise schließen könnte, auch die eigentlich ungeeigneten und nur als Behelfslösung akzeptierten Substitute gehörten dem sachlich relevanten Markt an. Dieser würde dann zu weit abgegrenzt; es ergäbe sich das widersinnige Ergebnis, das fragliche Unternehmen habe keine marktbeherrschende Stellung[122]. Schon deshalb ist es zu begrüßen, wenn die Kommission in ihrer Bekanntmachung zur Definition des relevanten Marktes im Wettbewerbsrecht selbst zu bedenken gibt, im Rahmen der Marktabgrenzung bei einer Strukturkontrolle müsse es weniger um Preise und Marktanteile an sich, sondern um die Ursachen für deren jeweilige Konstellation gehen[123].

Über solche praktische Probleme beim Vergleich von Preisen oder Marktanteilen hinaus ergibt sich jedoch auch aus wettbewerbstheoretischer Sicht ein bemerkenswerter Gesichtspunkt. Die Prämisse, die Fusionskontrolle sei eine reine Marktstrukturkontrolle, wird durch die Berücksichtigung von Marktergebnisvariablen ad absurdum geführt. Nach dem strengen SVE-Paradigma sind Marktergebnisse, also gerade Preise bzw. Markanteile, Folge des vorausgegangenen Marktverhaltens, welches wiederum auf der Marktstruktur beruht. Werden aber in einer Entscheidung über die Zulässigkeit eines die Marktstruktur verändernden Zusammenschlusses innerhalb der Marktabgrenzung Ergebnisvariablen berücksichtigt, so verdeutlicht dies, dass der Fusionskontrolle kein strenges SVE-Paradigma zugrunde liegen kann. Die Anhänger eines strengen SVE-Paradigmas könnten einwenden, wenn eine bestimmte Marktstruktur mit großer Wahrscheinlichkeit zu einem bestimmten oder bestimmbaren Verhalten und im Endeffekt zu prognostizierbaren Ergebnissen führe, dann seien auch Rück- bzw. Umkehrschlüsse von den Ergebnissen auf die zugrunde liegenden Strukturen nicht von vornherein ausgeschlossen. Dabei würde aber vernachlässigt, dass es um die Ermittlung der sich durch den Zusammenschluss verändernden Marktstruktur geht, die gerade nicht in einer Rückschau zu ermitteln ist. Denkbar ist allenfalls die Verwendung eines modifizierten SVE-Paradigmas[124], nach dem zirkuläre Einflüsse möglich sind und gegenwärtige Marktergebnisse die zukünftige Marktstruktur mit beeinflussen können.

2. Statische oder dynamische Marktabgrenzung

KERBER kritisiert, das Konzept der homogenen Wettbewerbsbedingungen beinhalte notwendigerweise die Schwäche, dass es regelmäßig ausreiche, Unterschiede

---

122 Hierzu ausführlich TRAUGOTT, WuW 1998, 929 (930). Er nennt als Beispiel für eine solche Fehlbeurteilung den Zellophan-Fall des US Supreme Court aus dem Jahre 1956.

123 Komm., Bekanntmachung zur Marktdefinition, Tz. 29.

124 Siehe hierzu oben im ersten Teil unter C.II.2, S. 29.

zwischen verschiedenen Gebieten festzustellen, ohne weiter zu prüfen, ob diese auf fehlendem Wettbewerb beruhten. Seiner Ansicht nach gründet diese Schwäche auf der fehlerhaften Idealvorstellung des Modells der vollkommenen Konkurrenz, welches immer noch als Fundament für das Konzept der homogenen Wettbewerbsbedingungen diene. „Unvollkommene" Marktergebnisse wie unterschiedliche Preise oder Marktanteile seien nach dem Modell der vollkommenen Konkurrenz automatisch auf Unvollkommenheiten des Wettbewerbs zurückzuführen[125]. Im Gegensatz hierzu müsse eine moderne Wettbewerbspolitik mehr Wert auf eine Differenzierung von Ursachen (zum Beispiel Marktzutrittsschranken) und Indikatoren (zum Beispiel Preisunterschiede) legen[126].

Diese Kritik beleuchtet jedoch lediglich einen Teilaspekt. Wichtiger als KERBERS Feststellung erscheint, dass dieser Quasi-Automatismus Ausdruck eines eher statischen Wettbewerbsverständnisses ist. Eine Marktabgrenzung, die sich weitgehend auf Marktergebnisse stützt und die Möglichkeit zur Angebotssubstitution oder den Abbau von Marktzutrittsschranken nur in einem engen Zeitrahmen berücksichtigt, kann notwendigerweise nur gegenwärtige Marktstrukturen darstellen. Sie ist statisch geprägt und führt tendenziell zur Abgrenzung engerer Märkte. Zwar führen dynamische Entwicklungen, vor allem im Bereich moderner Technologien[127], nicht denknotwendig zu weiten Märkten. Gerade im Dienstleistungsbereich können sich Nischenmärkte eröffnen. Diese können zum einen zu einer immer weiteren Produktdifferenzierung und damit einhergehend zu einer Bildung von neuen und engen sachlich relevanten Märkten führen. Auf der anderen Seite verblassen die Unterschiede zwischen benachbarten Märkten, welche dann zu einem großen Markt verschmelzen. Die Kommission betont diese gegensätzliche Entwicklung in den Entscheidungen „Deutsche Post / Nedlloyd" und „Deutsche Post / ASG" für logistische Dienstleistungen, die längst das Stadium des bloßen Brief-, Paket- oder Frachtdienstes überschritten und sich zu so genannten Mehrwertdiensten („value-added services") entwickelt haben. Dem Kunden steht nicht nur die bloße Transportleistung zur Verfügung; vielmehr kann er zwischen unterschiedlichen Expressdiensten wählen, Ankunftszeiten bestimmen, Lieferwege auswählen etc[128]. Allgemein gesprochen kreieren konkurrierende Anbieter neue Produkte und Dienstleistungen – und damit eventuell neue sachlich relevante Märkte –, die sich von bisher da gewesenen Lösungen unterscheiden oder diese jedenfalls modifizieren. Nimmt man hier jeweils gesonderte sachlich relevante Märkte an, so erwirtschaftet jeder innovative Marktteilnehmer zunächst eine Monopolstellung im Sinne ARNDTS oder SCHUMPETERS[129], bis dann andere Wettbewerber durch Nachahmung und Weiterentwicklung einer Erfolg versprechenden Idee diesen Vorsprung aufholen können. Dennoch führt eine

---

125 KERBER, Fusionskontrollpraxis, S. 47.

126 KERBER, Fusionskontrollpraxis, S. 37.

127 In ihrer Entscheidung IV/M.1164 v. 15.05.98, „GEC Alsthom / Cegelec", Tz. 14f, untersuchte die Komm. beispielsweise, ob innovative elektrische Schiffsantriebe zusammen mit konventionellen Antrieben einen Gesamtmarkt bildeten. Sie ließ diese Frage offen und untersuchte beide Märkte getrennt.

128 Komm., Entscheidungen IV/M.1513 v. 01.07.99 „Deutsche Post / Nedlloyd", Tz. 9ff, und IV/M.1549 v. 08.07.99 „Deutsche Post / ASG", Tz. 8f.

129 Siehe oben im 1. Teil unter C.II.2, S. 23.

dynamische Sichtweise insbesondere im Rahmen der geographischen Marktabgrenzung in der Mehrzahl der Fälle zu weiten Märkten. Als Begründung für diese These genügt es, die bereits mehrfach angesprochene europäische Integration zu nennen, deren ureigenes Ziel es ist, abgeschottete Volkswirtschaften zu europäisieren und Märkte räumlich zu erweitern.

In der Fallpraxis wird aber gerade bei der räumlichen Marktabgrenzung die relativ statische Sichtweise der Kommission deutlich, weil sie sich auch hier – entgegen der Auffassung KERBERS[130] – in der Regel für den engeren Markt entscheidet. Ein Gegenbeispiel, in dem die Märkte dynamisch weit abgegrenzt wurden, stellt sicherlich der Fall „Electrolux / AEG Hausgeräte" dar. Für die dort betroffenen elektrischen Haushaltsgeräte wurde trotz verbleibender Unterschiede in einzelnen Mitgliedstaaten Westeuropa als relevanter Markt bestimmt, weil deutliche Öffnungstendenzen in Form wegfallender Zulassungs- und Zertifizierungserfordernisse sowie einer geringeren Produktdifferenzierung und steigender Standardisierung für größere Märkte sprachen[131]. Dennoch lässt sich die Behauptung, die Kommission grenze Märkte eher eng ab, durch eine Vielzahl von Fällen belegen. Sie gilt beispielsweise für Entscheidungen im Bereich der Finanz- oder Versicherungsmärkte, die trotz fortschreitender Internationalisierung immer noch als nationale Märkte bezeichnet werden. Bereits 1994 entschied die Kommission, die einzelnen Sachversicherungsmärkte seien „überwiegend national (...), auch wenn die Märkte durch die Harmonisierung innerhalb des EWR in naher Zukunft für einen europaweiten Wettbewerb offener werden mögen"[132]. Trotz dieser Prognose blieb die Kommission auch in jüngeren Fällen weiter bei ihrer bisherigen Abgrenzung[133], was zu Auflageentscheidungen aufgrund hoher nationaler Marktanteile führte[134]. Eine Ausnahme bildet der Markt für Rückversicherungen, der von jeher global betrachtet wurde[135].

Ähnliches gilt für die Vielzahl der Zusammenschlüsse, in denen Bankgeschäfte aller Art betroffen sind. Obwohl das konkrete Vorhaben selbst bei nationalen Märkten keinerlei Anlass zur Besorgnis gab, sprach die Kommission auch hier bereits 1993 eine gewisse Internationalisierung an, die den Liberalisierungsprozess auf den Finanzmärkten widerspiegele, um die Marktteilnehmer auf mögliche Entwicklungen vorzubereiten[136]. Dennoch blieb sie bis heute zumindest für das Privat- und

---

130 KERBER, Fusionskontrollpraxis, S. 36, für die räumliche Marktabgrenzung. Der sachlich relevante Markt wird auch nach seiner Auffassung (S. 28) im Zweifel eng abgegrenzt.

131 Komm., Entscheidung IV/M.458 v. 21.06.94, „Electrolux / AEG Haushaltsgeräte", Tz. 16ff.

132 Komm., Entscheidung IV/M.429 v. 30.5.94, „Winterthur / DBV", Tz. 6.

133 Zuletzt Komm., Entscheidungen IV/M.1453 v. 08.04.99 „AXA / GRE", Tz. 9; IV/JV.21 v. 17.8.99, „Skandia / Storebrand / Pohjola", Tz. 21; COMP/M.1712 v. 12.1.00, „Generali / INA", Tz. 31f, 42; COMP/M.2491 v. 27.7.01, „Sampo / Storebrand", Tz. 16.

134 Die Auflageentscheidung im Fall „Generali / INA" wird weiter unten näher behandelt, vgl. in diesem Teil unter B.II.1.c), S. 192; die im Fall „AXA / GRE" in diesem Teil unter B.III.1, S. 208.

135 Ständige Kommissionspraxis seit der Entscheidung IV/M.183 v. 14.1.92, „Schweizer Rück / Elvia", Tz. 9, vgl. nur die Entscheidungen IV/M.862 v. 20.12.96, „AXA / UAP", Tz. 12, 15, und IV/M.1150 v. 26.6.98, „Schweizer Rück / NCM", Tz. 11.

136 Komm., Entscheidung IV/M.341 v. 28.5.93, „Deutsche Bank / Banco de Madrid", Tz. 8.

Firmenkundengeschäft sowie das Investment Banking bei nationalen Märkten, auch wenn in allen Fällen eine endgültige Entscheidung offen gelassen wird[137]. Der nationale Charakter der Märkte wurde am deutlichsten im Fall „Bank Austria / Creditanstalt“, der wegen der starken Position der beteiligten Banken in Österreich nur nach Zusagen genehmigt wurde. Bei europäischen Märkten wäre das Vorhaben ohne weiteres genehmigungsfähig gewesen[138]. Allerdings prognostiziert die Kommission eine weitere Öffnung auch des Privatkundengeschäfts durch die Einführung des Euros und der Etablierung neuer Techniken wie z.B. das Telefon-Banking[139] oder das Angebot von Bankprodukten im Internet[140]. Eine weitere Marktabgrenzung hat sich im Geld- bzw. Wertpapierhandel und dem Derivativgeschäft, zusammengefasst als Interbankenmarkt, etabliert, welcher von der Kommission als international angesehen wird[141]; und auch Teilbereiche des Investment Bankings, vornehmlich die Beratung bei Unternehmenskäufen und –zusammenschlüssen (M & A) sowie die Emission von Wertpapieren, sind von zunehmend internationalem Wettbewerb geprägt[142].

Aber auch der eben erwähnte Markt für Logistik-Dienstleistungen (Spedition, Express-Fracht, etc.) wird weiterhin national abgegrenzt. Im Fall „TPG / Technologistica“ trugen die beteiligten Unternehmen vor, der Warenverkehr werde immer internationaler. Die Kommission hatte bereits in einer früheren Entscheidung ausgeführt, die Märkte für Kurier- und Frachtdienste sowie für grenzüberschreitende Briefdienste (remailing) würden sich aufgrund der Internationalisierung der Gesetzgebung zu weiteren Märkten entwickeln[143]. Sie stimmte den Argumenten der beteiligten Unternehmen folgerichtig zu, entschied sich jedoch ausdrücklich für nationale Märkte der Logistik-Dienstleistungen, weil Kunden nicht immer nur pan-europäische Großunternehmen seien und auch multinational tätige Konzerne für Töchter oder Niederlassungen in unterschiedlichen Mietgliedstaaten verschiedene Logistik-Anbieter aus dem jeweiligen Staat einsetzten[144]. Die Abgrenzung erfolgte also

---

137 Komm., Entscheidungen IV/M.1384 v. 22.4.99, „Deutsche Bank / Bankers Trust“, Tz. 8f; IV/M.1764 v. 10.12.99, „Skandinaviska Enskilden Banken / BfG Bank“, Tz. 14f; COMP/M.1910 v. 10.4.00, „MeritaNordbanken / Unidanmark“, Tz. 11f, sowie COMP/M.2491 v. 27.7.01, „Sampo / Storebrand“, Tz. 13.

138 Komm., Entscheidung IV/M.873 v. 11.3.97, „Bank Austria / Creditanstalt“, Tz. 22ff.

139 Komm., Entscheidung COMP/M.2131 v. 15.9.00, „BCP / Interamerican / NovaBank“, Tz. 8.

140 Nach VELJANOWSKI, ECLR 21 (2000), 195 (197), wird der Wettbewerb im Internet eher im Rahmen der wettbewerblichen Prüfung eine Rolle spielen als im Rahmen der Marktabgrenzung.

141 Komm., Entscheidungen IV/M.319 v. 30.8.93, „BHF / CCF / Charterhouse“, Tz. 8f, 14; COMP/M.1799 v. 11.01.00, „BSCH / Banco Totta y CPP / A.Champalimaud“, Tz. 14; COMP/M.1826 v. 31.3.00, „KBC Bank / KBCPD / KBPDBV“, Tz. 13 („international“); IV/M.596 v. 17.7.95, „Mitsubishi Bank / Bank of Tokyo“, Tz. 9ff („weltweit“), und IV/M.873 v. 11.3.97, „Bank Austria / Creditanstalt“, Tz. 26 („mindestens gemeinschaftsweit“).

142 Komm., Entscheidung COMP/M.1856 v. 29.3.00, „Citigroup / Schroders“, Tz. 13f.

143 Komm., Entscheidung IV/M.102 v. 9.12.91, „TNT / GD Net“, Tz. 33.

144 Komm., Entscheidung IV/M.1500 v. 11.05.99, „TPG / Technologistica“, Tz. 14-19. Ähnlich auch in den Entscheidungen COMP/M.1794 v. 7.2.00, „Deutsche Post / Air

anhand gegenwärtiger Präferenzen der Marktgegenseite und auf der Basis gegenwärtiger Marktanteilsverteilungen, mithin nach statischen Kriterien. Bei einer dynamischen Marktabgrenzung hätte aber entscheidend darauf abgestellt werden müssen, ob es europaweit tätige Anbieter gibt, die ein Kunde beauftragen könnte. Das ist ersichtlich der Fall (die Kommission nennt selbst z.B. Danzas), wurde aber nicht entscheidungsrelevant für die Marktabgrenzung.

Ein weiteres Paradebeispiel für eine statische Marktabgrenzung ist die Entscheidung „New Holland / Case". Auf dem Markt für Landmaschinen stellte die Kommission „deutliche Tendenzen zu einer weiteren räumlichen Dimension" der Märkte fest. Alle Hersteller produzieren an wenigen Standorten für ganz Europa, was durch die Umsetzung von EG-Richtlinien zur Harmonisierung der technischen Anforderungen für Landmaschinen noch forciert wird. Dennoch grenzte die Kommission die relevanten Märkte aufgrund von noch bestehender Preisdifferenzen und einer divergierenden Marktanteilsverteilung ausdrücklich national ab[145]. Andere Märkte, auf denen Öffnungstendenzen nichts an der im Ergebnis nationalen Marktabgrenzung ändern können, sind die Märkte für Pay-TV[146], die Herstellung künstlicher Gelenke[147] und die Tabakwarenproduktion[148], aber auch die Herstellung von Lebensmitteln für Endverbraucher[149]. Zum Teil wird auch der EWR als relevanter Markt festgelegt mit der Maßgabe, die Globalisierungstendenzen in Form des außereuropäischen Wettbewerbs seien bei der Marktmachtprüfung zu berücksichtigen[150]. Eine etwas andere Kategorie bilden Fälle, in denen die Kommission ebenfalls Öffnungstendenzen erörtert, die Bestimmung der räumlich relevanten Märkte dann aber bewusst offen lässt, weil selbst bei engster Abgrenzung aufgrund der bereits festgestellten Entwicklung zu offeneren Märkten die Gefahr der Marktbeherrschung gebannt wird[151].

Zusammenfassend kann also wiederholt werden, dass die Marktabgrenzung der Kommission in Zweifelsfällen eher zur Annahme enger Märkte führt[152]. STOCKENHUBER begründet die Präferenz der Kommission für enge Märkte mit praktischen Erwägungen. Auf kleineren Märkten sei die Marktposition der Wettbewerber einfa-

---

Express International", Tz. 14, und COMP/M.1895 v. 3.5.00, „Ocean Group / Exel (NFC)", Tz. 10.

145 Komm., Entscheidung IV/M.1571 v. 28.10.99, „New Holland / Case", Tz. 26f, 31. Dieselbe Argumentation erfolgte bereits 1991 bzgl. des Teilmarktes für Mähdrescher in Komm., Entscheidung IV/M.009 v. 8.2.91, „Fiat Geotech / Ford New Holland", Tz. 22.

146 Komm., Entscheidung IV/M.584 v. 5.5.95, „Kirch / Richemont / Multichoice / Telepiù", Tz. 17.

147 Komm., Entscheidung IV/M.1286 v. 28.10.98, „Johnson & Johnson / DePuy", Tz. 16ff.

148 Komm., Entscheidung IV/M.1415 v. 17.03.99, „BAT / Rothmans", Tz. 18f.

149 Komm., Entscheidungen COMP/M.1802 v. 8.3.00, „Unilever / Amora-Maille", Tz. 22ff; COMP/M.1990 v. 13.9.00, „Unilever / Bestfoods", Tz. 55ff.

150 So in der Entscheidung IV/M.113 v. 19.12.91, „Courtaulds / SNIA Fibre", Tz. 16.

151 Komm., Entscheidungen IV/M.186 v. 23.3.92, „Henkel / Nobel", Tz. 11ff, 17; IV/M.468 v. 14.10.94, „Siemens / Italtel", Tz. 25ff; IV/M.1271 v. 30.09.98, „Pirelli / Siemens", Tz. 12.

152 So auch STOCKENHUBER, S. 192; VAN DEN BERGH, ECLR 17 (1996), 75 (82ff). Die enge sachliche Marktabgrenzung betonen auch ANDERSEN, NYILR 7 (1994), 25 (31), und KERBER, Fusionskontrollpraxis, S. 28.

cher darzustellen[153]. Dies dürfte jedoch allenfalls ein Randaspekt sein. Nach der hier vertretenen Auffassung ergeben sich tendenziell enge Märkte zwingend aus der Bestimmung der Marktgrenzen anhand vornehmlich statischer Kriterien. An diese Feststellung schließt sich zwangsläufig die Frage an, ob die Verwendung statischer Kriterien wünschenswert ist oder nicht. Die Gesamtbetrachtung in der Fusionskontrolle muss begriffsnotwendig dynamisch sein. Dies ergibt sich zum einen aus den wettbewerbstheoretischen Ergebnissen des ersten Teils. Aber auch der Wortlaut des Art. 2 Abs. 2, 3 FKVO verdeutlicht dies bereits. Es kommt schließlich auf die *Begründung* oder *Verstärkung* einer marktbeherrschenden Stellung, also auf Veränderungen an. Diese können nur dynamisch, d.h. im Hinblick auf die Zukunft ermittelt werden, weil die Wirkungen des angemeldeten Zusammenschlusses noch gar nicht feststehen. Eine andere Frage ist es aber, inwieweit bereits die Marktabgrenzung dynamisiert erfolgen muss, oder ob die Märkte nach gegenwärtigen Kriterien abgegrenzt werden können und dynamische Einflüsse erst später zu berücksichtigen sind. Zuzugestehen ist, dass bei einer dynamischen Marktabgrenzung unter weitest möglicher Einbeziehung der Angebotssubstitution sowie des Abbaus von Marktschranken wie oben dargelegt die Märkte tendenziell weiter abgegrenzt würden. Die im folgenden zu ermittelnden Marktanteile der betroffenen Unternehmen wären niedriger als bei statischer Marktabgrenzung, so dass in einer Vielzahl von Fällen auch gar nicht erst der Verdacht oder die Vermutung einer Marktbeherrschung in Frage käme[154].

Auf der anderen Seite spricht einiges dafür, die eher statische Sichtweise der Kommission innerhalb der Marktabgrenzung gutzuheißen. Auch wenn dies auf den ersten Blick überraschen mag, lässt sich die Forderung nach einer dynamischen Gesamtbetrachtung auch bei einer Abgrenzung der relevanten Märkte nach statischen Kriterien realisieren. Insbesondere im Hinblick auf das Prinzip der Rechtssicherheit bietet eine statische Marktabgrenzung für die beteiligten Unternehmen Vorteile[155]. In der Fusionskontrollentscheidung muss letztendlich immer eine tatsächliche und rechtliche Prognose anhand dynamischer Kriterien stattfinden, auf welche die beteiligten Unternehmen nur einen begrenzten Einfluss haben. Für sie besteht bei jeder Anmeldung eine gewisse Unsicherheit, ob die Kommission ihren Angaben folgen und ein geplantes Zusammenschlussvorhaben genehmigen wird. Dieses Unsicherheitsmoment sollte jedoch so gering wie möglich gehalten werden. Genau aus diesem Grund ist bereits in der Einleitung die Forderung nach einer möglichst stringenten Anwendung der Entscheidungskriterien aufgestellt worden[156]. Eine Marktabgrenzung anhand von statischen Merkmalen ist für die Unternehmen eher vorhersehbar als eine Abgrenzung, bei der in großem Umfang Kriterien eine Rolle spielen, die an späterer Stelle, nämlich im Rahmen der eigentlichen Marktmachtprüfung, wieder und vertieft untersucht werden. Erfolgt die Marktabgrenzung dynamisch, dann sind bereits innerhalb dieses Prüfungsabschnittes Prognosen zu erstellen, inwieweit der Markt durch Angebotssubstitution oder den weiteren Abbau von Marktschranken vergrößert werden könnte. Eine statische Marktabgrenzung hat

---

153 STOCKENHUBER, S. 192.

154 MASKE, S. 227.

155 So im Ergebnis auch MASKE, S. 226ff.

156 Siehe oben in der Einleitung unter C., S. 10.

demgegenüber den Vorteil, dass sie sich weitgehend auf eine Diagnose beschränken kann, der die begriffsimmanente Unsicherheit einer Prognose nicht anhaftet. Dem Prinzip der Rechtssicherheit und der Vorhersehbarkeit von Kommissionsentscheidungen wird eher Rechnung getragen, wenn die Abgrenzung der sachlich und räumlich relevanten Märkte statisch erfolgt[157].

Die statische Marktabgrenzung trägt auch zur Bildung einer gesicherten Fallpraxis bei. Auch wenn die Kommission die Marktabgrenzung in vielen Fällen nur erörtert, sich letztlich aber wegen der geringen Bedeutung der beteiligten Unternehmen nicht endgültig entscheiden muss, kann die Argumentation bei der Anmeldung späterer Fälle herangezogen werden[158]. Anhaltspunkte können sich zudem nicht nur aus früheren Fusionskontrollfällen, sondern auch aus Entscheidungen aus anderen Bereichen, denen nicht notwendig die Dynamik der Fusionskontrolle innewohnt, ergeben. So können die anmeldenden Unternehmen bereits im Vorhinein erkennen, ob ihr Vorhaben zu hohen Marktanteilen führen wird. Sie können sich bereits im Zeitpunkt der Anmeldung auf eine vertiefte Prüfung der Kommission einstellen und die notwendigen Argumente liefern, um ihr Vorhaben dennoch genehmigungsfähig zu machen. Darüber hinaus haben sie bereits frühzeitig die Möglichkeit, sich etwaige Zusagen zu überlegen und beispielsweise Interessenten für möglicherweise notwendige Veräußerungen von Firmenteilen zu suchen.

Natürlich bedeutet eine statische Marktabgrenzung keine in alle Ewigkeit feststehende Bestimmung der relevanten Märkte in einer Branche. Die Kommission kann auf Entwicklungen reagieren, indem sie ihre Abgrenzung aus früheren Fällen modifiziert und den neuen Gegebenheiten anpasst. Ein Beispiel hierfür ist die Herstellung von Omnibussen. Während die Kommission noch 1994 die Teilmärkte für Stadtbusse, Überlandlinienbusse und Reisebusse national abgrenzte[159], verringerte sich die Bedeutung der Heimatmärkte zumindest in dem Teilsegment Reisebusse stetig, so dass dieses im 1998 entschiedenen Fall „Renault / Iveco“ als gemeinschaftsweit bezeichnet wurde[160]. Aber auch hier ließen sich aus der früheren Entscheidung deutliche Tendenzen für die weitere Entwicklung der Branche ableiten. Die Kommission veröffentlichte nämlich eine Presseerklärung zur Entscheidung „Mercedes-Benz / Kässbohrer“, in der sie vortrug, die hohen Marktanteile auf dem – gegenwärtig – nationalen Markt sprächen zwar für eine Untersagung, wohingegen die relativ schnelle und steigende Öffnung des Marktes für den europäischen Wettbewerb zu einer Genehmigung führen müsse[161].

---

157 Ähnlich auch STOCKENHUBER, S. 205f.

158 So geschehen z.B. in der Entscheidung IV/M.1329 v. 02.02.99, „Usinor / Cockerill Sambre“, Tz. 23, in der die Kommission auf die räumliche Marktabgrenzung des Falles „Thyssen / Krupp“ zurückgreift, obwohl sie sich bei dessen Prüfung nicht für einen räumlich relevanten Markt für Bauelemente aus Stahlblech entscheiden musste, weil es bei keiner möglichen Abgrenzung zur Gefahr einer Marktbeherrschung gekommen war (Komm., Entscheidung IV/M.1080 v. 02.06.98 „Thyssen / Krupp“, Tz. 15).

159 Komm., Entscheidung IV/M.477 v. 14.10.94, „Mercedes-Benz / Kässbohrer“, Tz. 23ff.

160 Komm., Entscheidung IV/M.1202 v. 22.10.98, „Renault / Iveco“, Tz. 22ff.

161 Komm., Pressemitteilung IP128(95) vom 14.2.95; WuW 1995, 213 (214). Für eine vertiefte Betrachtung der Marktabgrenzung bei Bussen siehe unten in diesem Teil unter B.I.9.a), Seite 151, und B.I.9.b), Seite 152.

Letztlich darf auch ein Ziel der Fusionskontrollverordnung, Entscheidungen innerhalb knapper Fristen herbeizuführen[162], nicht außer acht gelassen werden. Auch dieses Ziel kann eher durch eine statische Abgrenzung der relevanten Märkte erreicht werden. Umfangreiche ökonomische Analysen der Austauschbeziehungen zwischen Märkten würden die Marktabgrenzung möglicherweise präzisieren, jedenfalls aber erheblich verkomplizieren. Sie müssten zwangsläufig zu längeren Entscheidungsfristen führen[163].

Gegen eine statische Marktabgrenzung können auch Marktbeherrschungsvermutungen nicht ins Felde geführt werden. Im Unterschied zum deutschen Recht enthält die Fusionskontrollverordnung lediglich die bereits angesprochenen[164] negativen Marktbeherrschungsvermutungen; dagegen spielt es keine entscheidende Rolle, ob ein Zusammenschluss infolge einer statischen Marktabgrenzung gegenwärtig relativ hohe Marktanteile zur Folge hätte. Entscheidend ist vielmehr, ob die zukünftige Entwicklung der Märkte und der Marktteilnehmer die Entstehung oder Verstärkung einer beherrschenden Stellung erwarten lässt und ob diese vor dem Hintergrund ständiger Weiterentwicklung der Märkte von Dauer sein wird. Allerdings werden die negativen Marktbeherrschungsvermutungen der Fusionskontrollverordnung bei einer statischen Marktabgrenzung seltener eingreifen. Aber in Fällen, in denen bei dynamischer Marktabgrenzung die Marktanteilsschwellen von 15% (Abschnitt 6.III des Formblatt CO) bzw. 25% (Erwägungsgrund Nr. 15 der FKVO) nicht erreicht werden, sind auch bei einer statischen Marktabgrenzung keine verdächtig hohen Marktanteile zu erwarten.

Auch ist weder von einer erhöhten Arbeitsbelastung für die Kommission durch die statische Marktabgrenzung noch von einer gestiegenen Unsicherheit für die beteiligten Unternehmen auszugehen. Im Falle der Verwendung dynamischer Kriterien wäre die Marktabgrenzung aufwendiger, dafür griffe die negative Marktbeherrschungsvermutung ein. Bei der einfacheren statischen Marktabgrenzung werden zwar die Vermutungsschwellen eventuell überschritten, der bei der Marktabgrenzung ersparte Arbeitsaufwand wird aber in aller Regel ausreichen, um die höheren Marktanteile zu entkräften. Dasselbe gilt für die Anwendung des vereinfachten Verfahrens nach Maßgabe der neuen Bekanntmachung der Kommission über ein vereinfachtes Verfahren für bestimmte Zusammenschlüsse[165]. Das vereinfachte Verfahren, in dessen Rahmen die Kommission lediglich eine Kurzformentscheidung erlässt, wird bei seit dem 1. September 2000 angemeldeten Zusammenschlüssen angewandt, wenn die beteiligten Unternehmen Marktanteile unter 15% auf allen horizontal relevanten Märkten erreichen[166]. In ihrer Bekanntmachung verdeutlicht die Kommission, dass es hierbei Sache der beteiligten Unternehmen ist, in ihrer Anmeldung Marktanteile unter Zugrundelegung aller denkbaren Marktabgrenzungen

---

162 Dieses Ziel wurde bereits oben in der Einleitung unter B., S. 7, angesprochen.

163 So auch COHEN-TANUGI u.a., S. 93.

164 Siehe oben in diesem Teil, A.I.2, S. 80.

165 Komm.; Bekanntmachung der Kommission über ein vereinfachtes Verfahren für bestimmte Zusammenschlüsse gemäß der Verordnung (EWG) Nr. 4064/89 des Rates; ABl.EG Nr. C217/32 vom 29.7.00 (zitiert: Komm.; Bekanntmachung über das vereinfachte Verfahren).

166 Komm., Bekanntmachung über das vereinfachte Verfahren; Abschnitt II 4 c).

anzugeben[167]. Die mit der Einführung des vereinfachten Verfahrens bezweckte Arbeitserleichterung kann aber nicht erreicht werden, wenn bei den anmeldenden Unternehmen Unsicherheiten über die Kriterien bestehen, anhand derer die Marktabgrenzung vorzunehmen ist. Denn dann müssten die Untenehmen selbst prognostizieren, wie weit der Markt nach Auffassung der Kommission abzugrenzen ist. Eine klare Abgrenzung anhand statischer Kriterien würde demgegenüber die Anmeldung und auch die Entscheidung über die Anwendung des vereinfachten Verfahrens deutlich erleichtern.

Als Ergebnis ist folgendes festzuhalten: unabänderlich ist im Rahmen der Marktmachtprüfung eine Prognose anhand dynamischer Kriterien zu treffen, der ein gewisses Unsicherheitsmoment anhaftet. Zur Verringerung der Unsicherheit sollten prognostische Elemente jedoch erst an einer möglichst späten Stelle der Prüfung einsetzen. Aus diesem Grund ist eine tendenziell statische Marktabgrenzung vorzugswürdig, die den Abbau von Marktzutrittsschranken und die Möglichkeit zur Angebotssubstitution nur in einem überschaubar kurzen Zeitraum berücksichtigt. Zwar spielen bei dieser Argumentation vornehmlich praxisorientierte Erwägungen eine Rolle, in theoretischer Hinsicht wäre die Abgrenzung der relevanten Märkte anhand dynamischer Kriterien ebenso gut denkbar. Mit der eher statischen Marktabgrenzung wird aber der Bildung einer gesicherten Fallpraxis und damit der Rechts- und Planungssicherheit der Vorzug gegeben.

B. Markt- und Marktanteilsprognosen im Einzelfall

Die soeben erarbeiteten Grundsätze zur Marktabgrenzung sind das Fundament, auf dem nunmehr die gemeinschaftsrechtliche Fusionskontrollpraxis näher erörtert werden soll. Maßgebliches Ziel ist es dabei herauszufinden, wie die Kommission künftige Marktanteile ermittelt und welches Gewicht dann den Marktanteilsprognosen beigemessen wird.

Wie in der Einleitung zu diesem Teil bereits ausgeführt[168], werden unter I. Untersagungsentscheidungen Gegenstand der Untersuchung sein, der Abschnitt II. beschäftigt sich mit Genehmigungen, soweit sie Entscheidungen zur Einzelmarktbeherrschung betreffen, während unter III. Genehmigungen in Bezug auf Oligopolsachverhalte näher dargestellt werden. Untersagungsentscheidungen am ähnlichsten sind die Fälle, in denen ein Zusammenschlussvorhaben aufgrund von Zusagen der beteiligten Unternehmen unter Bedingungen oder Auflagen genehmigt wurde (im folgenden unter II.1 für die Einzelmarktbeherrschung und unter III.1 für die kollektive Dominanz). Die rechtstechnische Unterscheidung zwischen Bedingungen, von deren Einhaltung die Wirksamkeit einer Entscheidung unmittelbar abhängt, und Auflagen, die im Falle eines Verstoßes mit Geldbußen durchsetzbar sind und bei deren Nichteinhaltung eine Genehmigung nach Art. 6 Abs. 3 bzw. Art. 8 Abs. 5 lit. b) FKVO widerrufen werden kann, kann für diese Untersuchung vernachlässigt werden[169]. Da

---

167 Komm., Bekanntmachung über das vereinfachte Verfahren; Fußnote 9 zu Abschnitt II 4 c).

168 Siehe oben in der Einleitung zu diesem Teil, S. 73.

169 Diese kurze Begriffsbestimmung folgt ARHOLD, EWS 2001, 573 (575). Etwas anders dagegen UHLIG, S. 178ff.

diese Vorhaben ohne Auflagen nicht genehmigungsfähig wären, ist zu erwarten, dass die Marktprognosen denen der Untersagungsentscheidungen gleichen. Genehmigungen werden häufig mit Bedingungen oder Auflagen verbunden, falls die Kommission innerhalb der einmonatigen ersten Prüfungsphase wettbewerbliche Bedenken sieht und aus diesem Grund gemäß Art. 6 Abs. 1 lit. c) FKVO die zweite Phase, d.h. das viermonatige Hauptverfahren, einleitet. Art. 8 Abs. 2 FKVO gibt der Kommission die Möglichkeit, ein solches Zusammenschlussvorhaben unter Bedingungen oder Auflagen zu genehmigen. Von dieser Möglichkeit wird regelmäßig Gebrauch gemacht: von den 95 Entscheidungen innerhalb der zweiten Prüfungsphase (Art. 8 Abs. 2, 3 FKVO) sind lediglich 20 Genehmigungen ohne Auflagen, während 57 Vorhaben unter Auflagen genehmigt und die oben geschilderten 18 Vorhaben untersagt wurden. Durch die Novellierung der Fusionskontrollverordnung im Jahre 1997 und die Einführung des Art. 6 Abs. 2 FKVO ist aber auch die Verwendung von Auflagen sowie die Berücksichtigung von Zusagen innerhalb der ersten Prüfungsphase legalisiert worden. Die Schaffung einer unzweifelhaften Rechtsgrundlage für diese bereits vorher geübte Praxis[170] der Kommission ist allseits begrüßt worden[171].

Auflagen und Zusagen sind zentraler Bestandteil der Fusionskontrollpraxis[172]. Auflageentscheidungen sind aber auch für die vorliegende Untersuchung von besonderem Interesse, weil ein Vergleich des ursprünglichen, wettbewerbsrechtlich bedenklichen Vorhabens mit dem durch Zusagen oder Auflagen geänderten Vorhaben durchgeführt werden kann. Dieses Interesse muss um so größer sein, als häufig die Veräußerung von Unternehmensbereichen und damit im Ergebnis die Reduzierung von Marktanteilen Gegenstand der Auflagen bzw. Zusagen ist. Die Veräußerung von Unternehmensanteilen ist nach Ansicht der Kommission die „abgesehen von einem Verbot beste Lösung“[173] zur Aufrechterhaltung des Wettbewerbs. Auch der Wettbewerbskommissar, Mario Monti, bekräftigt diese Haltung mit dem Argument, die Veräußerung von Marktanteilen schaffe entweder einen neuen oder stärke einen aktuellen Wettbewerber, wodurch Wettbewerb gesichert werden könne[174].

Um mögliche Grenzen oder Schwellen, bei deren Überschreiten Marktmacht nahe liegt, nachweisen zu können, ist es aber unerlässlich, auch Marktanteilsprognosen in einfachen Genehmigungen in die Untersuchung einzubeziehen (wiederum getrennt in den Abschnitten II.2 und III.2 für Einzelmarktbeherrschung und kollektive Dominanz). Andererseits können nicht alle Vorhaben im Einzelnen besprochen werden. Vom Inkrafttreten der Fusionskontrollverordnung am 21. September 1990 bis zum 31. Dezember 2001 hat die Kommission insgesamt 1.845 das Verfahren abschließende Entscheidungen erlassen. Diese alle detailliert darzulegen, wäre aber nicht

---

170 Zur Zulässigkeit dieses Vorgehens ausführlich Uhlig, S. 248ff und 308.

171 Broberg, ECLR 17 (1996), 289 (292f); Pohlmann, EWS 1997, 181 (185f); Baron, WuW 1997, 579 (589); Niewiarra, EWS 1998, 113 (118).

172 Kerber in: Oberender, S. 79.

173 Komm., Mitteilung der Kommission über im Rahmen der Verordnung (EWG) Nr. 4064/89 des Rates und der Verordnung (EG) Nr. 447/98 der Kommission zulässige Abhilfemaßnahmen , ABl.EG C68/3 v. 2.3.01, Tz. 13.

174 So Monti in einer Rede am 18.1.02 am Pariser Centre d'économie industrielle, École Nationale Supérieure de mines (CERNA).

nur unmöglich, sondern auch unnötig. Eine Vielzahl der angemeldeten Vorhaben konnte ohne jedes Bedenken genehmigt werden und ist von wettbewerbsrechtlich geringer Bedeutung. Diese Verfahren sollen ebenso wie die unter Auflagen und Bedingungen erteilten Genehmigungen in einer Auswahl untersucht werden.

I. Untersagungsentscheidungen der Kommmission

1. „Aerospatiale-Alenia / De Havilland"

a) Beschreibung der Entscheidung

In ihrer ersten Untersagungsentscheidung befasste sich die Kommission mit dem Markt für Regionalflugzeuge. Die europäischen Flugzeughersteller Aerospatiale SNI und Alenia-Aeritalia e Selenia SpA wollten über ihr gemeinsames Tochterunternehmen Avions de Transport Régional (ATR) den Geschäftsbereich de Havilland der Boeing Company übernehmen. Sowohl ATR als auch de Havilland stellten Regionalflugzeuge mit Turboprop-Triebwerken her und waren auf diesem Gebiet die beiden europa- und weltweit führenden Unternehmen.

Die Kommission legte in sachlicher Hinsicht den Markt für Turboprop-Regionalflugzeuge zugrunde. Maschinen mit Turboprop-Triebwerken waren nach übereinstimmender Auffassung der beteiligten Unternehmen, der Wettbewerber und der Kommission nicht durch Düsenflugzeuge substituierbar. Dies gründete sich auf höhere Kosten in der Anschaffung und auch im Betrieb für Jets mit Strahltriebwerken. Auf Kurzstrecken konnte mit Jets keine nennenswerte Zeitersparnis erzielt werden, so dass auch dieser Faktor die Wettbewerbsfähigkeit von Regionaljets gegenüber Turboprop-Regionalflugzeugen nicht erhöhen konnte. Der Markt wurde weiter in Segmente nach der Sitzplatzkapazität der Maschinen unterteilt. Die Kommission entschied sich für drei Teilmärkte: der erste umfasste Turboprop-Regionalflugzeuge mit 20 bis 39 Sitzen, der zweite Flugzeuge mit 40 bis 59 Sitzen während noch größere Maschinen dem dritten Teilmarkt zugeordnet wurden. Sie konnte überzeugend belegen, dass die Sitzplatzkapazität aus der Nachfragersicht, also aus Sicht der Fluggesellschaften, das ausschlaggebende Kriterium für die Eingrenzung der in Frage kommenden Anbieter war. Erst innerhalb der so eingegrenzten Anbietergruppe entschieden dann andere Faktoren die Auswahl der Nachfrager. Aber auch die Angebotspalette der beteiligten Unternehmen sprach für die Abgrenzung der Kommission. Hätte man größere Teilsegmente zugrunde gelegt, was Aerospatiale und Alenia forderten, so wären die beiden Modelle von de Havilland (Dash 8-100 und Dash 8-300) demselben sachlich relevanten Markt zuzuordnen, obwohl sie gerade für unterschiedliche Anforderungen entwickelt wurden[175].

In räumlicher Hinsicht entschied sich die Kommission aufgrund des Fehlen von Marktschranken, der nicht ins Gewicht fallenden Transportkosten sowie der wechselseitigen Durchdringung der Märkte für den Weltmarkt. Ausgenommen wurden lediglich Osteuropa und China. Die Luftfahrtindustrie dieser Länder produzierte nicht nach westlichen Zulassungsanforderungen; umgekehrt konnten sich die osteuropäischen Fluggesellschaften keine westeuropäischen oder amerikanischen Maschinen leisten. Die Kommission wollte zwar langfristig einen Anstieg der Nachfrage nach

---

175 Komm., Entscheidung IV/M.53 v. 2.10.91, „Aerospatiale-Alenia / de Havilland", Tz. 8ff.

westlichen Produkten gerade in Osteuropa nicht ausschließen. Für eine Einbeziehung in den räumlich relevanten Markt erschien diese Prognose jedoch zu unsicher[176].

Eine Übernahme von de Havilland durch ATR hätte im Segment der kleinen Maschinen bis 39 Sitze und der großen Maschinen ab 60 Sitzen zu keinen direkten Marktanteilsadditionen geführt. Im ersten Segment war nur de Havilland mit der Dash 8-100 tätig; große Regionalflugzeuge wurden nur von ATR angeboten. In diesem Marktsegment hatte ATR mit der ATR 72 auch ohne den Zusammenschluss die unangefochtene Vormachtstellung bei einem Marktanteil von 74 bis 79% in Europa bzw. 76 bis 82% in der Welt gegenüber dem einzigen Wettbewerber British Aerospace (BAe J61). Zu Überschneidungen kam es allerdings im mittleren Marktsegment der 40- bis 59-Sitzer, in dem ATR das Modell ATR 42 und de Havilland die Dash 8-300 anboten. Es ergaben sich kumulierte Marktanteile von 59 bis 64% bei weltweiter bzw. von 71 bis 72% bei europaweiter Betrachtung, je nachdem ob zur Marktanteilsberechnung nur die Festbestellungen oder zusätzlich noch die Kaufoptionen herangezogen wurden[177].

Die starke Marktposition der Parteien wurde durch weitere Faktoren bestätigt und gefestigt. Durch die Übernahme von de Havilland wäre ATR der einzige Anbieter mit einer alle Segmente umfassenden Modellpalette geworden. Hierdurch hätten sich Wettbewerbsvorteile ergeben wie die Möglichkeit, Kopplungspreise für Flottenkäufe oder andere Rabatte zu gewähren. Zu berücksichtigen war auch die regelmäßig langfristige Bindung der Kunden an einen einmal gewählten Hersteller. Hohe Kosten für die Schulung des Wartungspersonals und der Piloten führten dazu, dass Kunden, die sich für ein Modell entschieden hatten, soweit möglich auch Flugzeuge anderer Teilsegmente bei diesem Hersteller orderten. Der feste Kundenstamm von ATR und de Havilland hätte so die Überlegenheit von ATR auf lange Sicht zementiert[178].

Der Marktmacht von ATR hatten aktuelle und potentielle Konkurrenten in struktureller Hinsicht nicht viel entgegenzusetzen. Mit Fokker, Casa und Embraer waren auf dem relevanten Markt weitgehend nur mittelgroße Unternehmen tätig. Die bedeutenderen Konkurrenten British Aerospace, Saab und DASA konzentrierten sich nicht sehr auf den Markt für große Regionalflugzeuge. Besondere potentielle Konkurrenten sah die Kommission ebenfalls nicht. Sie sprach osteuropäischen Herstellern wie Aero Czechoslovak Aeronautical Works oder Iljuschin sowie der indonesischen Gesellschaft IPTN die Wettbewerbsfähigkeit ab. Zudem hätten große Flugzeughersteller wie Boeing, MDD und Lockheed kein Interesse an dem Markt für die relativ kleinen Turboprop-Regionalflugzeuge. Dieses mangelnde Interesse begründete die Kommission zum einen mit der insgesamt schwächeren Nachfrage. Der Markt für Turboprop-Regionalflugzeuge befand sich in der Reifephase. Die Kommission prognostizierte für Mitte der 90er Jahre eine Marktsättigung und einen dauerhaften Nachfragerückgang. Zum anderen würde ein Marktzutritt auch für etablierte Flug-

---

176 Komm., Entscheidung IV/M.53 v. 2.10.91, „Aerospatiale-Alenia / de Havilland", Tz. 20.
177 Komm., Entscheidung IV/M.53 v. 2.10.91, „Aerospatiale-Alenia / de Havilland", Tz. 23ff.
178 Komm., Entscheidung IV/M.53 v. 2.10.91, „Aerospatiale-Alenia / de Havilland", Tz. 30ff.

zeughersteller erhebliche verlorene Anlaufkosten mit sich bringen und einen zeitlichen Vorlauf von sechs bis sieben Jahren benötigen[179].

Auch die Nachfrageseite wäre nicht in der Lage gewesen, den Verhaltensspielraum von ATR wirksam zu begrenzen. Eine gewisse Nachfragemacht konnte die Kommission den großen Leasinggesellschaften zuschreiben, die teilweise beachtliche Stückzahlen orderten. Da diese Gesellschaften aber Bestellungen fest abgeben müssen, ohne selbst bereits Leasingnehmer gefunden zu haben, tragen sie ein Risiko, welches sie dadurch begrenzen wollen, dass sie nur gut eingeführte Modelle bestellen. Durch dieses Verhalten verstärkten Leasinggesellschaften Markttrends weiter und konnten nichts zu einer Begrenzung der Marktmacht von ATR beitragen[180].

Aus der Gesamtschau der genannten Faktoren ergab sich für die Kommission die Begründung einer marktbeherrschenden Stellung. Da die beteiligten Unternehmen keine tragfähigen Zusagen anboten, wurde das Vorhaben untersagt.

b) Bewertung

Die Entscheidung im Fall „Aerospatiale-Alenia / de Havilland“ kann zunächst als Beleg für den im ersten Teil dargelegten[181] Konflikt zwischen Industrie- und Wettbewerbspolitik herangezogen werden. Besondere Brisanz erhielt der Fall durch die Muttergesellschaften von ATR. Sowohl Alenia als auch Aerospatiale waren staatliche Gesellschaften und unterlagen der direkten Einflussnahme durch die italienische bzw. die französische Regierung, die schon deshalb dem Vorhaben positiv gegenüber standen. Es dürfte daher kaum Zufall sein, dass ausgerechnet die beiden italienischen Kommissionsmitglieder gegen eine Untersagung stimmten, ein französisches Kommissionsmitglied bei der Abstimmung nicht anwesend war und Kommissionspräsident JACQUES DELORS von seinem Stimmrecht keinen Gebrauch machte[182].

Aber auch bei rein wettbewerblicher Betrachtungsweise ist die Entscheidung ein gutes Beispiel für die Vorgehensweise der Kommission in Normalfällen. Zunächst erfolgt eine eher statische Marktabgrenzung. Die Kommission spricht zwar dynamische Entwicklungen an, sie entscheidet sich jedoch gegen die Einbeziehung potentiellen Wettbewerbs aus Osteuropa und China in die Marktabgrenzung und legt der Prüfung in räumlicher Hinsicht den Weltmarkt ohne die genannten Gebiete zugrunde. Im 1998 entschiedenen Fall „BAe / Saab“ wurde, vermutlich auch wegen der geringen Bedeutung des Marktes für Regionalflugzeuge innerhalb dieses Zusammenschlussvorhabens, ohne jede Erörterung der Weltmarkt zugrunde gelegt[183]. Auch in sachlicher Hinsicht grenzt die Kommission den Markt so eng wie möglich ab durch die Beschränkung auf den Wettbewerb von propellergetriebenen Flugzeugen. Der Unterschied zwischen Propellerflugzeugen und Jets wurde auch in den späteren

---

179 Komm., Entscheidung IV/M.53 v. 2.10.91, „Aerospatiale-Alenia / de Havilland“, Tz. 53ff.

180 Komm., Entscheidung IV/M.53 v. 2.10.91, „Aerospatiale-Alenia / de Havilland“, Tz. 36ff.

181 Zu den Einflüssen der Industriepolitik siehe oben im ersten Teil unter D.I.2.c), S. 54.

182 ANDERSEN, NYILR 7 (1994), 25 (40f) unter Bezugnahme auf einen Kommentar in der Financial Times v. 4.10.91.

183 Komm., Entscheidung IV/M.1198 v. 3.7.98, „BAe / Saab“, Tz. 24.

Entscheidungen „DASA / Fokker“[184], „ATR / BAe“[185] und „BAe / Saab“[186] betont, die ebenfalls den Markt für Regionalflugzeuge betrafen.

Andererseits sprach die Kommission in der Marktmachtprüfung selbst von einem Markt, der sich in der Reifephase befinde und auf dem mit zunächst nachlassender und dann auf niedrigerem Niveau stagnierender Nachfrage zu rechnen sei. Diese Prognose bewahrheitete sich. In ihrer Entscheidung „BAe / GEC Marconi“ stellte die Kommission einen Rückgang der Verkaufszahlen zwischen 1996 und 1999 um 50% (nach dem Volumen) fest[187]. Da aber die Fluggastzahlen kontinuierlich stiegen und weiter steigen, liegt die Notwendigkeit eines Substitutionswettbewerbs auf der Hand. Aufgrund der begrenzten Start- und Landemöglichkeiten und der Verkehrsdichte gerade innerhalb des europäischen Luftraums werden kleine Maschinen kontinuierlich durch größere ersetzt. Auch auf kürzeren Strecken wird dann irgendwann der Einsatz von Jets rentabel. Die Kommission konstatierte deshalb selbst: „Turboprop-Regionalflugzeuge verlieren gegenüber Jets an Boden“[188]. Zu bedenken ist allerdings, dass auch die beteiligten Unternehmen sowie deren Konkurrenten nicht für eine Gesamtbetrachtung unter Einbeziehung kleinerer Jets votiert hatten. Schon deshalb erscheint hier die Abgrenzung der Kommission richtig; eine Berücksichtigung möglichen Substitutionswettbewerbs über einen Zeitraum von sieben bis acht Jahren innerhalb der Marktabgrenzung hätte dagegen lediglich zu Rechtsunsicherheit geführt.

Typisch für die Entscheidungspraxis der Kommission ist die sorgfältige Ermittlung der Marktanteile. Die Bedeutung der beteiligten Unternehmen wird erörtert, indem die Kommission ihre Marktanteile darstellt, die sich aus der Anzahl der Festbestellungen, aber auch unter Einbeziehung der optionalen Bestellungen ergeben. Sie gibt zudem der Vollständigkeit halber auch die Marktdaten für den Weltmarkt sowie die für den gesamten Markt für Turboprop-Regionalflugzeuge (ohne Aufsplittung in Teilsegmente) an und trägt so allen Eventualitäten Rechnung.

Erst im Anschluss an die Feststellung, dass in allen Konstellationen die Marktanteile besorgniserregend hoch sind, geht die Kommission auf andere Wettbewerbsmerkmale ein und untersucht die Stärke der Konkurrenten, die Nachfragemacht durch Fluggesellschaften und Leasingunternehmen sowie die Möglichkeit potentieller Wettbewerber, innerhalb absehbarer Zeit auf den Markt zu drängen. Insbesondere die potentielle Konkurrenz wird dabei anhand von konkreten Beispielen erörtert. Die Kommission legt dar, dass ein Marktzutritt eine Vorlaufzeit von bis zu sieben Jahren erfordert und belegt ihre Folgerung, innerhalb absehbarer Zeit sei mit Marktzutritten nicht zu rechnen, durch die Analyse potentieller Konkurrenten aus Tschechien

---

184 Komm., Entscheidung IV/M.237 v. 10.5.93, „DASA / Fokker“, Tz. 10f.

185 Das Vorhaben erfüllte nicht die vor der Novellierung der FKVO geltenden Kriterien für ein konzentratives Gemeinschaftsunternehmen. Die Kommission erließ lediglich eine Entscheidung nach Art. 6 Abs. 1 lit. a) FKVO. In ihrem Comfort Letter zu Art. 85 EGV führte die Kommission aber aus, es existiere keine hohe Substituierbarkeit, doch sei eine Bewegung im Markt hin zu Regionaljets nicht zu verkennen, vgl. Komm., Presseinformation IP(95)952 v. 11.9.95, abgedruckt in WuW 1995, 1011.

186 Komm., Entscheidung IV/M.1198 v. 3.7.98, „BAE / Saab“, Tz. 19.

187 Komm., Entscheidung IV/M.1438 v. 25.6.99, „BAe / GEC Marconi“, Tz. 22.

188 Komm., Entscheidung IV/M.1438 v. 25.6.99, „BAe / GEC Marconi“, Tz. 22f.

(ACAW), Indonesien (IPTN) und Russland (Iljuschin). Hierdurch dynamisiert die Kommission ihre Marktmachtprüfung und weitet den Prognosezeitraum erheblich aus. Während innerhalb der Marktabgrenzung entsprechend den obigen Erörterungen nur kürzere Zeiträume von Relevanz sind, beschreibt die Kommission innerhalb der Marktmachtprüfung viel längere Zeiträume. Der gesamten Untersuchung liegen jedoch die hohen Marktanteile der Zusammenschlusskandidaten zugrunde. Ohne diese hätte es weiterer Untersuchungen kaum bedurft.

Im Fall „Aerospatiale-Alenia / de Havilland" zeigt sich damit zum ersten Mal die große Bedeutung, die den Marktanteilen innerhalb der Entscheidungspraxis zukommt. Eine Besonderheit der Marktmachtprüfung in dieser ersten Untersagungsentscheidung soll ebenfalls nicht verschwiegen werden. Auf den Flugzeugmärkten werden Marktanteile regelmäßig und wie oben erörtert auch in der Kommissionsentscheidung nicht anhand von bereits ausgelieferten Flugzeugen, sondern anhand der (festen oder auch optionalen) Bestellungen ermittelt. Damit liegt einer der seltenen Fälle vor, in denen Marktanteile nicht statisch nur auf die Gegenwart bezogen sind. Vielmehr lässt bei einer derart dynamisierten Betrachtungsweise auch die Ermittlung der Marktanteilswerte unmittelbare Schlüsse auf die künftige Marktposition der Anbieter zu. Diese Betrachtungsweise kann jedoch nicht generell angewandt werden, weil der Flugzeugbau eine der wenigen Branchen ist, in denen auch Bestellungen publik gemacht werden. Aus diesem Grund erscheint es auch falsch, aus der Entscheidung „Aerospatiale-Alenia / de Havilland" einen generellen Trend zur Berücksichtigung zukünftiger Produktmärkte ableiten zu wollen[189].

Am Rande ist noch zu bemerken, dass die Kommission auch gesamtwirtschaftliche Auswirkungen der Übernahme von de Havilland durch ATR kurz erörtert, jedoch zum Ergebnis kommt, gesamtwirtschaftliche Vorteile, die eine positive Beurteilung des Vorhabens nötig machten, seien nicht zu erkennen. Innerhalb der Marktmachtprüfung sprach die Kommission jedoch die Möglichkeit von Synergieeffekten durch vereinfachte Schulungen der Piloten und Techniker oder Kostensenkungen bei Flottenkäufen an. Auch die Nachfrager und im Ergebnis damit auch die Gesamtwirtschaft hätten durch den Zusammenschluss Vorteile erlangen können, solange es nicht zu einem Verdrängungswettbewerb und einer Monopolisierung des Marktes käme. Auch deshalb kam eine Minderheitsmeinung des Beratenden Ausschusses für die Kontrolle von Unternehmenszusammenschlüssen in seiner Stellungnahme zum Fall „Aerospatiale-Alenia / de Havilland" zum Ergebnis, dass die „Kommission nicht so sehr den Wettbewerb, als eher die Wettbewerber der Parteien des beabsichtigten Zusammenschlusses schützt"[190].

Dennoch hält die Untersagung auch einer Überprüfung anhand der heutigen Marktgegebenheiten stand. Die Dash-Modelle von de Havilland, die bzw. deren Nachfolgemodelle (Q-Serie) inzwischen unter der Regie von Bombardier vertrieben

---

189 So aber ANDERSEN, NYILR 7 (1994), 25 (32).

190 Stellungnahme des Beratenden Ausschusses für die Kontrolle von Unternehmenszusammenschlüssen, abgegeben in seiner 8. Sitzung am 20. September 1991 bezüglich des Vorentwurfs einer Entscheidung im Einzelfall IV/M.53 – Aerospatiale-Alenia / de Havilland, abgedruckt in WuW/E EV 1699 (1700).

werden, sind immer noch die wichtigsten Konkurrenten der ATR-Maschinen[191]. Die Marktmacht von ATR ist weiter gestiegen, vor allem durch die Einbindung in den europäischen Luft- und Raumfahrtkonzern EADS. Daneben ziehen sich immer mehr Konkurrenten vom Markt für Turboprop-Regionalflugzeuge zurück, der in den letzten Jahren von sinkenden Stückzahlen geprägt war. Während 1994 noch 80% aller Regionalflugzeuge mit einem Turboprop-Antrieb ausgerüstet waren, sank diese Zahl bis 1999 auf 59%[192]. Die wachsende Bedeutung der Regionaljets lässt sich auch an Einzelbeispielen darstellen. So konnte BAe durch die Beteiligung an Saab seine Modellpalette erweitern; BAe stellte jedoch nach der Fusion mit GEC Marconi zu BAE Systems die Produktion von Turboprop-Maschinen völlig ein und bietet nur noch Regionaljets unter der Marke Avro an. Im Teilsegment für große Turboprop-Maschinen ab 60 Sitzplätze hält ATR damit eine Monopolstellung. Saab setzte sein Restrukturierungsprogramm um und lieferte Ende 1999 die letzten Regionalflugzeuge aus. Auch andere Hersteller setzen verstärkt auf die Jet-Technologie. Embraer bietet mit der in Brasilien produzierten EMB120 nur noch ein Turboprop-Modell mit einer Kapazität von 30 Sitzplätzen an. Größere Maschinen werden nur noch mit Düsentriebwerken ausgestattet. Ebenso verhält es sich mit den DO-Modellen von Fairchild-Dornier. Hier wird mit der DO328JET bereits in der Klasse der 30-Sitzer ein Jet angeboten. Trotz der Insolvenzanmeldung von Dornier wird gerade auch dem neuen und größeren Regionaljet, der DO728, ein enormes Marktpotential und zugeschrieben, wenn auch möglicherweise unter neuer Herrschaft. Jedenfalls passen die älteren Turboprop-Maschinen vom Typ DO328 nicht mehr in die Entwicklung der Dornier-Gruppe.

Nichtsdestotrotz werden Turboprop-Regionalflugzeuge auch heute nicht völlig durch Jets ersetzt, wie bereits die Konzentration von ATR auf diesen Markt verdeutlicht. Auf kürzeren Strecken haben propellergetriebene Maschinen auch heute noch Kostenvorteile, auch wenn die konkrete Berechnung einer Schwelle, ab der sich der Einsatz von Jets lohnt, je nach Interessengruppe erheblich differiert. Manche Regionalflughäfen können aufgrund zu kurzer Start- und Landebahnen von Jets nicht genutzt werden, so dass auch hieraus ein gesonderter und in der Zukunft gesicherter Markt für Turboprop-Regionalflugzeuge abzuleiten ist.

Die Vielzahl der Hersteller, die dieses Segment verlassen haben, legt allerdings den Schluss nahe, die Untersagungsentscheidung der Kommission habe nichts an der stetig wachsenden Marktmacht von ATR auf diesem Markt ändern können. Bei einer solchen Schlussfolgerung müsste man zu dem Ergebnis kommen, die geplante Übernahme von de Havilland sei für das Erreichen einer marktbeherrschenden Stellung nicht notwendig und damit nicht kausal gewesen. In diesem Fall hätte das Vorhaben konsequenterweise genehmigt werden müssen. Gerade die ehemals von de Havilland und nunmehr von Bombardier vertriebenen Propeller-Maschinen sind

---

[191] Soweit keine besonderen Quellenangaben erfolgen, entstammen Marktdaten im folgenden eigenen Recherchen des Verfassers in öffentlich zugänglichen Quellen wie den Geschäftsberichten der Unternehmen, Presseinformationen sowie Informationsmaterialien von Interessenvertretungen. Bezüglich des Marktes für Regionalflugzeuge gebührt ein besonderer Dank ANDREW CLARKE, Director Air Transport Policy der ERAA, für seine freundlichen Informationen.

[192] ERAA (Hrsg.), S. 48.

jedoch die verbliebenen Hauptkonkurrenten für die ATR-Modelle. Bombardier setzt mit seinen Canadair- bzw. RJ-Jets auf der einen Seite und den Propellermaschinen der neuen Q-Serie auf der anderen Seite auf eine Doppelstrategie und stellt so ein wirksames Gegengewicht zu den gut eingeführten und ständig weiter entwickelten Modellen von ATR dar. Mit seinen neuen, größeren Maschinen scheint Bombardier sogar die Vormachtstellung von ATR in diesem Teilsegment zukünftig angreifen zu können. Im Falle einer Übernahme von de Havilland durch ATR wäre dieser Konkurrent frühzeitig von der Bildfläche verschwunden; der Marktmacht von ATR wären damit keinerlei Schranken gesetzt. Die Untersagung einer Übernahme des stärksten Konkurrenten durch ATR erweist sich damit in der Rückschau als richtig.

2. Pay-TV und damit zusammenhängende Märkte in Deutschland

Märkte, die bereits dreimal Gegenstand von Untersagungsentscheidungen der Kommission waren, sind der deutsche Pay-TV-Markt und hiermit zusammenhängende Dienstleistungen. Beteiligt waren in wechselnden Konstellationen die Deutsche Telekom GmbH (teilweise noch als Deutsche Bundespost Telekom; im folgenden einheitlich als Telekom bezeichnet), die Bertelsmann AG (teilweise über ihre Tochter CLT-Ufa, in der Bertelsmann und die italienische Audiofina SA ihre europäischen Fernsehaktivitäten als Gemeinschaftsunternehmen betreiben[193]) sowie die inzwischen von der Zerschlagung bedrohte Kirch-Gruppe.

a) „MSG Media Service"

Im Jahr 1994 untersagte die Kommission die Gründung des Gemeinschaftsunternehmens MSG Media Service GmbH (MSG). Bertelsmann, die Telekom sowie die Kirch-Gruppe wollten MSG als gemeinsame Plattform zur technischen, betrieblichen und administrativen Abwicklung von Dienstleistungen im Bereich Pay-TV gründen. MSG sollte, zunächst räumlich beschränkt auf Deutschland, Decoder zur Entschlüsselung von Pay-TV-Programmen verkaufen und vermieten. Darüber hinaus sollten Systeme für die Zugangskontrolle und die Abonnentenverwaltung angeboten und die Abrechnung gegenüber den Programmanbietern durchgeführt werden.

Die Kommission fasste die geplanten Serviceleistungen zu einem einheitlichen Markt für administrative und technische Dienstleistungen für Pay-TV zusammen. Eine weitere Unterteilung hielt sie nicht für sinnvoll, weil es sich um einen reinen Zukunftsmarkt handelte. Zum Zeitpunkt der Entscheidung gab es in Deutschland mit Premiere nur einen einzigen, analog ausstrahlenden Pay-TV-Anbieter. Dieser erbrachte alle notwendigen Nebenleistungen selbst, so dass tatsächliche Erfahrungswerte, inwieweit die einzelnen Dienste auch separat angeboten werden konnten, noch gar nicht existierten. Zudem erfolgte die Gründung von MSG vor allem im Hinblick auf die bevorstehende Einführung digitaler Übertragungstechnik. Die Gründung von MSG hatte über das eigentliche Tätigkeitsgebiet der Gesellschaft hinaus aber auch Auswirkungen auf den nachgelagerten Markt für Pay-TV selbst

---

[193] Die Gründung der CLT-Ufa wurde genehmigt durch die Entscheidung IV/M.779 v. 7.10.96, „Bertelsmann / CLT".

sowie auf den vorgelagerten Markt für die Bereitstellung von Kabelnetzen. Alle drei Märkte wurden in der Entscheidung eigenständig untersucht[194].

In räumlicher Hinsicht grenzte die Kommission die Märkte national ab und untersuchte lediglich die Auswirkungen des Zusammenschlusses in Deutschland. Der Markt für Pay-TV-Programme war – wie bereits allgemein für Fernsehprogramme angesprochen[195] – aufgrund der sprachlichen Barrieren, der regulatorischen Besonderheiten und vor allem aufgrund der kulturellen Unterschiede in benachbarten Mitgliedstaaten ein nationaler Markt, auch wenn die Kommission andeutete, im Bereich Pay-TV könne sich zukünftig eine Ausweitung des Marktes auf den gesamten deutschsprachigen Raum ergeben. Der nationale Charakter des Marktes für Kabelnetze ergab sich bereits aus dem 1994 noch bestehenden gesetzlichen Monopol der Telekom. Aus diesen Marktbesonderheiten schloss die Kommission auch für den eigentlich betroffenen Markt der administrativen und technischen Dienstleistungen für Pay-TV auf enge räumliche Schranken und legte Deutschland als nationalen Markt der Entscheidung zugrunde[196].

Wie bereits dargelegt gab es im Entscheidungszeitpunkt noch keinen Bedarf für die von MSG anzubietenden Dienstleistungen, es handelte sich um einen reinen Zukunftsmarkt. Die Kommission berücksichtigte jedoch die bevorstehende Entwicklung digitaler Fernsehtechnik durch das Breitbandkabelnetz, die eine erhebliche Ausweitung der Programmkapazitäten mit sich bringen und deshalb maßgeblich zu einer weiteren Verbreitung von Pay-TV-Angeboten beitragen werde. Als Pionier wäre MSG naturgemäß zumindest für einen gewissen Zeitraum der einzige Anbieter administrativer und technischer Dienstleistungen gewesen. Die Kommission legte dar, zwar sei „eine Alleinstellung in einem Zukunftsmarkt, der sich gerade erst zu entwickeln beginnt, nicht zwangsläufig als marktbeherrschende Stellung (...) anzusehen". Die Verneinung einer Marktbeherrschung setze jedoch voraus, dass „dieser Zukunftsmarkt offen für künftigen Wettbewerb bleibt und die Alleinstellung daher nur vorübergehend ist"[197]. Die Gründung der MSG hätte nach Ansicht der Kommission potentielle Wettbewerber auf lange Sicht von einem Markteintritt abgehalten. Die marktbeherrschende Stellung begründete sie mit der überragenden Bedeutung der einzelnen Anteilseigner. In technischer Hinsicht waren alle aktuellen oder potentiellen Betreiber von Pay-TV-Sendern vom Kabelnetz der Telekom und vor allem von einem Zugang zum neuen Breitbandkabelnetz abhängig. Eine Beschränkung auf die von der Telekom unabhängig zu bewerkstelligende Satellitenübertragung hielt die Kommission allenfalls in speziellen Marktsegmenten wie beispielsweise fremdsprachigen Programmen, die sich hauptsächlich an in Deutschland lebende Ausländer richten, für sinnvoll.

Bertelsmann und die Kirch-Gruppe kontrollierten gemeinsam mit Canal+ den einzigen deutschen Pay-TV-Sender Premiere. Auch wenn Premiere zum damaligen Zeitpunkt noch analog sendete, argumentierte die Kommission, der bestehende Abonnentenstamm bringe Premiere auch bei der Einführung digitaler Pay-TV-

---

194 Komm., Entscheidung IV/M.469 v. 9.11.94, „MSG Media Service", Tz. 20ff.
195 Vgl. oben in diesem Teil unter A.II.1, S. 85.
196 Komm., Entscheidung IV/M.469 v. 9.11.94, „MSG Media Service", Tz. 45ff.
197 Komm., Entscheidung IV/M.469 v. 9.11.94, „MSG Media Service", Tz. 55.

Programme unschätzbare Vorteile. Darüber hinaus war die Kirch-Gruppe bei weitem der bedeutendste Rechteinhaber im deutschsprachigen Raum, sowohl was Sportübertragungen als auch was Spielfilme betraf. Bertelsmann verfügte mit seinen Buchclubs bzw. dem hierin gebündelten Abonnentenstamm über eine hervorragende Absatzplattform für digitales Pay-TV, welches ebenfalls abonnentenorientiert arbeitet. Alles in allem waren insbesondere Telekom und die Kirch-Gruppe zwei Unternehmen, die jedes für sich alleine prädestiniert waren, eine Infrastruktur für digitales Pay-TV aufzubauen und hiermit eine bedeutende Rolle auf dem Markt für administrative und technische Dienstleistungen im Bereich Pay-TV zu spielen. Zusammen mit ihrer marktbeherrschenden Stellung auf den benachbarten Märkten hätte ein Zusammenschluss dieser potentiellen Marktführer nach Meinung der Kommission andere Eintrittskandidaten von einem Marktzutritt abgehalten. Hierdurch werde der Markt bereits in seiner Entstehungsphase auf Dauer abgeschottet[198].

Schon diese Feststellungen wären für eine Untersagung des Zusammenschlussvorhabens hinreichend gewesen. Die Kommission stellte aber darüber hinaus fest, die Gründung von MSG festige und verstärke die marktbeherrschende Stellung von Premiere im Bereich Pay-TV. Aufgrund der potentiellen Marktmacht hätte sich die von MSG verwendete Decodertechnik als Standard herausbilden können. Um Erfolg versprechende Abonnentenzahlen erreichen zu können, hätten auch andere Pay-TV-Anbieter die Entschlüsselungstechnik sowie Zugangskontroll- und Abrechnungssysteme von MSG übernehmen müssen. Durch ihren Einfluss auf MSG hätten Bertelsmann und Kirch die Wettbewerbsfähigkeit potentieller Konkurrenten erheblich beeinflussen und beeinträchtigen können. Zukünftige Wettbewerber hätten nur die Möglichkeit gehabt, die von MSG bestimmten Konditionen hinzunehmen oder sich auf eine vom Fernsehzuschauer weniger akzeptierte Infrastruktur zu stützen. Die Marktmacht von MSG hätte nach Auffassung der Kommission des weiteren die Liberalisierung auf dem Markt für Kabelnetze erschwert und so auch auf diesem Markt zu einer Verstärkung der ohnehin bestehenden marktbeherrschenden Stellung der Telekom geführt. Da die von den beteiligten Unternehmen angebotenen Zusagen lediglich Absichtserklärungen zum zukünftigen Verhalten der MSG und keine echten strukturellen Zugeständnisse enthielten, untersagte die Kommission das Zusammenschlussvorhaben.

b) „Bertelsmann / Kirch / Premiere" und „Deutsche Telekom / BetaResearch"

Am 27. Mai 1998 wurden zwei parallel angemeldete Zusammenschlussvorhaben untersagt. Der eine Fall betraf die Eigentümerstruktur des deutschen Pay-TV-Senders Premiere: durch eine Erhöhung der Kapitalanteile von CLT-Ufa und Kirch sollte Premiere als paritätisches Gemeinschaftsunternehmen der beiden Gruppen betrieben und der bisherige Mitgesellschafter, die französische Canal+, aus Premiere herausgekauft werden. Die schwerwiegendste Auswirkung des Vorhabens war jedoch die Eingliederung des bisher von Kirch allein beherrschten Pay-TV-Senders DF1 in Premiere. Im zweiten Fall ging es in der Hauptsache wiederum um die Bereitstellung für den Betrieb von Pay-TV notwendiger Dienstleistungen. Hier hatte sich die Beta-Verschlüsselungstechnologie auf der Basis des d-Box-Decoders als

---

198 Komm., Entscheidung IV/M.469 v. 9.11.94, „MSG Media Service", Tz. 55ff.

Marktstandard etabliert. Alleinige Lizenzinhaberin war die 100%ige Kirch-Tochter BetaResearch GmbH. Durch den angemeldeten Zusammenschluss sollten CLT-Ufa und die Telekom Mitgesellschafter werden, BetaResearch sollte als Gemeinschaftsunternehmen fungieren.

Die Umstrukturierung von Premiere betraf zusammen mit der Eingliederung von DF1 den Markt für Pay-TV selbst. Auch wenn ein gewisser Substitutionswettbewerb nicht auszuschließen war, unterschied sich der Markt für Pay-TV deutlich vom frei empfangbaren Fernsehmarkt. Während frei empfangbare Programme entweder kommerziell werbefinanziert oder aber zumindest teilweise durch öffentlich-rechtliche Gebühren finanziert sind, besteht nur beim Pay-TV eine direkte und ausschließliche Kundenbeziehung zwischen dem Programmanbieter und dem Fernsehzuschauer. Zudem verwendeten auch Pay-TV-Abonnenten rund 90% ihres täglichen „Zeitbudgets“ für Fernsehnutzung auf frei empfangbare Programme. Die Tatsache, dass sie dennoch bereit waren, für die zeitlich geringe Nutzung der Pay-TV-Kanäle erhebliche Mehraufwendungen in Kauf zu nehmen, sprach für einen vom Free-TV deutlich abgrenzbaren Zusatznutzen[199]. Bei der Abgrenzung des räumlich relevanten Marktes ließ die Kommission offen, ob – wie im Fall MSG angedeutet – ein deutscher oder vielmehr ein deutschsprachiger Markt für Pay-TV existiert. Auch bei der zweiten, geographisch weiteren Marktabgrenzung wäre das Vorhaben nicht genehmigungsfähig gewesen[200].

Die augenfälligste Auswirkung des Zusammenschlusses wäre die Verbindung von Premiere Digital und DF1 gewesen. Bereits im Fall MSG sprach die Kommission die Alleinstellung von Premiere im analogen Pay-TV an und gab der Hoffnung Ausdruck, durch die Vervielfachung der Übertragungskanäle im digitalen Fernsehen könnten sich weitere Anbieter etablieren. Diese Prognose erfüllte sich zumindest ansatzweise, da die Kirch-Gruppe mit DF1 ein eigenes Konkurrenzangebot zu Premiere Digital aufgestellt hatte. Durch die Verbindung der beiden Plattformen zu einem Senderpaket wäre nicht nur das Monopol wiederhergestellt worden; dieses Monopol wäre durch die Koppelung der spezifischen Stärken beider Anbieter noch stärker geworden, als es beide Anbieter getrennt waren. Premiere war der ältere Pay-TV-Sender und verfügte über einen größeren Abonnentenstamm als DF1, zumal DF1 bis November 1997 nicht ins Kabelnetz eingespeist wurde und so von vornherein nur für den Satellitenempfang in Frage kam. Andererseits konnte DF1 von der starken Stellung der Kirch-Gruppe in Bezug auf Fernsehrechte profitieren. Die Kirch-Gruppe war und ist der bedeutendste Inhaber von Rechten im deutschsprachigen Raum sowohl für Hollywood-Spielfilme als auch für Sportübertragungen.

Aus der erwarteten Monopolstellung von Premiere und der Kombination des Abonnentenstamm mit den Programmressourcen der Kirch-Gruppe folgerte die Kommission das Entstehen einer marktbeherrschenden Stellung durch Premiere[201].

---

199 Komm., Entscheidung IV/M.993 v. 27.5.98, „Bertelsmann / Kirch / Premiere“, Tz. 18. Die Kommission übernimmt insoweit die Marktabgrenzung aus der Entscheidung IV/M.469 v. 9.11.94, „MSG Media Service“, Tz. 32ff, und hält hieran auch gegenwärtig noch fest, vgl. Komm., Entscheidungen COMP/JV.37 v. 21.3.00, „BSkyB / Kirch-PayTV“, Tz. 23ff, und COMP/M.2050 v. 13.10.00, „Vivendi / Canal+ / Seagram“, Tz. 20.

200 Komm., Entscheidung IV/M.993 v. 27.5.98, „Bertelsmann / Kirch / Premiere“, Tz. 23f.

201 Komm., Entscheidung IV/M.993 v. 27.5.98, „Bertelsmann / Kirch / Premiere“, Tz. 30ff.

Sie musste nur noch untersuchen, ob diese Marktbeherrschung von Dauer gewesen wäre. Neben den bereits geschilderten Wettbewerbsvorteilen von Premiere sprach vor allem die Kontrolle der Decoderinfrastruktur durch Kirch für eine dauerhafte Verfestigung der Marktstruktur. Potentielle Konkurrenten hätten entweder alternative Systeme für die Ver- bzw. Entschlüsselung, für die Zugangskontrolle sowie für die Abrechnung installieren oder aber sich dem System von Kirch anschließen müssen. Eine eigene Infrastruktur hätte am fehlenden Zugang zum Kabelnetz der Telekom scheitern müssen, nachdem auch Telekom in die Eigentümerstruktur der Beta-Research eingebunden werden sollte. Diejenigen Konkurrenten, die einen Zugang zur d-Box-Decodertechnik von Kirch angestrebt hätten, wären den Konditionen von BetaResearch ausgeliefert gewesen[202]. Über diesen Aspekt hinaus musste die Kommission auch die Wechselwirkungen mit dem Markt für frei empfangbares Fernsehen berücksichtigen. Die Sender im Einflussbereich von Kirch (SAT1, PRO7, Kabel 1 und DSF) und CLT-Ufa (RTL, RTL2, VOX[203], Super-RTL[204]) erzielten 1996 über 54% der Zuschaueranteile in Deutschland und Anteile in Höhe von nahezu 90% auf dem Markt für Fernsehwerbung. Es stand zu erwarten, dass Bertelsmann und Kirch diese Position nutzen konnten, um Fernsehrechte für ihre Pay-TV- und Free-TV-Aktivitäten im Paket zu erwerben. Insbesondere Rechte für Spielfilme werden gesondert zur Ausstrahlung im Pay-per-view-Verfahren, für das normale Pay-TV sowie als Erst- oder Nachverwertungsrechte für das frei empfängliche Fernsehen vergeben. Durch eine Bündelung im Einkauf und die Möglichkeit, in den von Bertelsmann und Kirch kontrollierten Free-TV-Sendern Werbung für Premiere zu machen, hätte die marktbeherrschende Stellung von Premiere weiter verstärkt werden können[205].

Seitens der beteiligten Unternehmen war der mangelnde Erfolg von DF1 als ein Hauptgrund für den angemeldeten Zusammenschluss angeführt worden. Sie bezweifelten die Überlebensfähigkeit von DF1 und bezogen sich damit auf die vermeintlich fehlende Kausalität des Zusammenschlusses für die Entstehung einer marktbeherrschenden Stellung von Premiere. Nach der aus dem amerikanischen Antitrust-Recht stammenden[206] und vom EuGH[207] mit Modifikationen gebilligten Lehre der „failing company defence", hier in Form der „failing division defence", ist ein Zusammenschluss für die Verschlechterung der Wettbewerbsstruktur dann nicht kausal, wenn feststeht, dass auch ohne den Zusammenschluss das zu erwerbende Unternehmen („company") bzw. der zu erwerbende Unternehmensteil („division")

---

202 Komm., Entscheidung IV/M.993 v. 27.5.98, „Bertelsmann / Kirch / Premiere", Tz. 56ff.

203 VOX wurde ursprünglich als Gemeinschaftsunternehmen von Bertelsmann und der News Corporation gegründet. Später beteiligte sich auch Canal+. Im Frühjahr 2000 hat CLT-Ufa den Anteil der News Corporation gekauft und beherrscht VOX seitdem gemeinsam mit Canal+; vgl. Komm., Entscheidungen IV/M.489 v. 6.9.94, „Bertelsmann / News International / VOX"; IV/M.525 v. 21.12.94, „VOX (II)" und COMP/M.1889 v. 21.3.00, „CLT-Ufa / Canal+ / VOX".

204 Super-RTL wird als Gemeinschaftsunternehmen mit Walt Disney betrieben, vgl. hierzu die Entscheidung IV/M.566 v. 17.5.95, „CLT / Walt Disney – Super-RTL".

205 Komm., Entscheidung IV/M.993 v. 27.5.98, „Bertelsmann / Kirch / Premiere", Tz. 77ff.

206 Vgl. näher FLEISCHER / KÖRBER, WuW 2001, 6 (10f).

207 EuGH, Urt. v. 31.3.98, verb. Rs. C-68/94 und C-30/95, „Französische Republik ./. Kommission – Kali + Salz / MDK / Treuhand", EuGHE 1998 I, 1375 (1487ff), Tz. 111ff.

kurzfristig aus dem Markt ausscheiden müssten, seine Aktiva und Kapazitäten in jedem Fall stillgelegt werden müssten und eine weniger wettbewerbsschädliche Erwerbsalternative nicht existiert. Die Kommission sah jedoch gerade durch das Verbot des Zusammenschlusses von Premiere und DF1 eine Möglichkeit für Dritte, in den Markt einzudringen. Falls Kirch den Betrieb von DF1 einstelle, gebe dies Dritten die Möglichkeit, die freiwerdenden Rechte von Kirch zu erwerben und somit ein attraktives Programmangebot zusammenzustellen. Das Argument der „failing company defence" ließ die Kommission darüber hinaus auch deshalb nicht gelten, weil Kirch keine ernsthaften Verkaufsverhandlungen mit anderen möglichen Erwerbern als Premiere nachweisen konnte[208]. Im Ergebnis war das geplante Vorhaben damit nicht genehmigungsfähig.

Der Fall „Deutsche Telekom / BetaResearch" betraf weniger den Pay-TV-Markt selbst als den bereits im Fall MSG beurteilten Markt für Dienstleistungen rund um die Bereitstellung des Pay-TV. Während die Kommission noch 1994 von einem einheitlichen deutschen Markt für die Erbringung technischer und administrativer Dienstleistungen im Bereich Pay-TV ausgegangen war, diskutierte sie hier eine Segmentierung in Teilmärkte für die Übertragung via Satellit und Kabel. Bis auf die eigentliche Übertragung des Signals konnte jedoch eine einheitliche Technik verwendet werden, so dass eine Untergliederung nicht zwingend erschien und am Ergebnis des Verfahrens nichts geändert hätte. Von den Dienstleistungen im Bereich Pay-TV zu unterscheiden ist der vorgelagerte Markt für den Betrieb von Kabelnetzen, der ebenfalls durch den Zusammenschluss betroffen war. Zwar können alle Programme in technischer Hinsicht sowohl über das Kabelnetz als auch über terrestrische Frequenzen oder über Satelliten ausgestrahlt werden. In Anbetracht der in Deutschland weit fortgeschrittenen Verkabelung sprach dennoch vieles für einen separaten Markt für TV-Kabelnetze. Hinzu kamen die für die Betreiber geringeren Kosten des Kabelfernsehens verglichen mit der Satellitentechnik[209]. Im Fall MSG führte die Kommission einen weiteren mobilitätshemmenden Effekt an: Haushalte entschieden sich in der Regel entweder für die mit einmaligen Kosten verbundene Anschaffung eines Satellitenempfängers oder aber für die mit laufenden Kosten verbundene Anmeldung bei einem Kabelbetreiber und wählen dann nicht mehr zwischen den Systemen[210].

Auf dem Markt für technische Dienstleistungen hätte sich die starke Position von BetaResearch durch die Beteiligung von CLT-Ufa und vor allem der Telekom zu einer dauerhaften Marktbeherrschung ausgeweitet. Neben der bereits mehrfach angesprochenen faktischen Festlegung der Beta-Technik als Standard für die Decodertechnik etc. war der Wegfall der Telekom als potentieller Wettbewerber entscheidend für die Untersagung. Die Kommission stützte sich nahezu wörtlich auf ihre Entscheidung im Fall MSG und führte aus, die Telekom sei prädestiniert für die Errichtung eigener Systeme im Bereich Decodertechnik, Zugangs- und Abrech-

---

208 Komm., Entscheidung IV/M.993 v. 27.5.98, „Bertelsmann / Kirch / Premiere", Tz. 69ff.

209 Komm., Entscheidung IV/M.1027 v. 27.5.98, „Deutsche Telekom / BetaResearch", Tz. 16ff.

210 Komm., Entscheidung IV/M.469 v. 9.11.94, „MSG Media Service", Tz. 41. In der Entscheidung COMP/M.2300 v. 26.6.01, „YLE / TdF / Digita / JV", Tz. 16f, trennte die Kommission den Markt für terrestrische Übertragung in Finnland ebenfalls von der Übertragung per Kabel und Satellit.

nungssoftware. Wenn bereits die Installierung alternativer Systeme gegen den von Kirch gesetzten Marktstandard schwierig war, musste ein Marktvorstoß nach der Einbindung von Telekom in die Eigentümerstruktur der BetaResearch um so mehr zum Scheitern verurteilt sein[211]. Aber auch die Telekom hätte direkt von dem Zusammenschluss profitiert, indem sie ihre Vormachtstellung auf dem Markt für Kabelnetze weiter gefestigt und verstärkt hätte.

Auch wenn das zum Zeitpunkt der MSG-Entscheidung noch bestehende gesetzliche Monopol für den Betrieb von Kabelnetzen 1998 infolge der Liberalisierung der Telekommunikationsmärkte nicht mehr bestand, hielt die Telekom weiterhin eine marktbeherrschende Stellung zumindest auf der Netzebene 3, die das Verteilnetz von einer Kabelkopfstation bis zur Grundstücksgrenze des Kunden betrifft. In diesem Teilbereich versorgte die Telekom 16,5 Millionen der 18,5 Millionen ans Kabelnetz angeschlossenen deutschen Haushalte. Lediglich auf der anschließenden Netzebene 4 (Hausverteilanlagen von der Grundstücksgrenze bis zur Anschlussbuchse des Kunden) war es nach der Marktöffnung zu echtem Wettbewerb gekommen, aber auch hier war die Telekom mit sechs Millionen Haushalten stärkster Marktteilnehmer. Die Beteiligung an BetaResearch hätte nach Auffassung der Kommission diese ohnehin marktbeherrschende Stellung weiter verstärkt. Ein Angriff aktiver oder potentieller Wettbewerber der Netzebene 4 auf die Vormachtstellung der Telekom auf der Netzebene 3 hätte eines enormen Investitionsvolumens bedurft. Diesen hohen Investitionsbedarf sieht die Kommission als Marktzugangsschranke. Durch das Zusammenschlussvorhaben wäre die Refinanzierung der nötigen Investitionen für potentielle Wettbewerber weiter eingeschränkt worden, weil eine Beteiligung privater Kabelnetzbetreiber an der Wertschöpfungskette im Pay-TV ausgeschlossen wurde[212].

Auch die von den beteiligten Unternehmen angebotenen Zusagen konnten an der Verbindung der stärksten Unternehmen in den Bereichen Pay-TV, technische Dienstleistungen für Pay-TV und Betrieb von Kabelnetzen nichts grundsätzliches ändern. Folgerichtig untersagte die Kommission beide Vorhaben.

c) Bewertung

Bei einer wertenden Betrachtung der MSG-Entscheidung fällt sofort auf, dass in der gesamten Entscheidung nicht einmal von Marktanteilen die Rede ist. Die Gründungsunternehmen waren Monopolisten in ihrem jeweiligen Tätigkeitsbereich und für das zu gründende Gemeinschaftsunternehmen bestand noch gar kein Markt. Hier war die Ermittlung von gegenwärtigen Marktanteilen bereits theoretisch unmöglich. Die Entscheidung hatte einen so genannten Zukunftsmarkt[213] zum Gegenstand. In derartigen Sonderfällen verbietet sich das gewöhnliche Vorgehen von selbst. Eine statische Marktabgrenzung mit dynamischer Marktmachtprüfung kann hier nicht zu richtigen Schlussfolgerungen führen, da eine statische Abgrenzung des Marktes nicht in der Lage gewesen wäre, das Entwicklungspotential des Produktmarktes

---

211 Komm., Entscheidung IV/M.1027 v. 27.5.98, „Deutsche Telekom / BetaResearch", Tz. 25ff.

212 Komm., Entscheidung IV/M.1027 v. 27.5.98, „Deutsche Telekom / BetaResearch", Tz. 45ff.

213 Vertiefend zu Zukunftsmärkten siehe unten in dritten Teil unter B.IV, S. 256.

durch die Digitalisierung des Fernsehens realistisch zu erfassen[214]. Dennoch widerspricht die Entscheidung der Kommission nicht dem oben propagierten Bedürfnis einer möglichst sicheren Marktabgrenzung. Denn bei der Umstellung auf digitale Fernsehtechnik handelte es sich auch 1994/95 nicht um eine ferne Zukunftsmusik, sondern um eine nahezu serienreife Technik, deren Einführung unmittelbar und unaufhaltsam bevorstand[215]. Deshalb hatte die Kommission konkrete Anhaltspunkte, anhand derer sie die Marktabgrenzung durchführen konnte. Gegen eine so dynamisierte Bestimmung der sachlich und räumlich relevanten Märkte bestehen keine Bedenken.

Innerhalb der Marktmachtprüfung kam die Kommission schnell zum Ergebnis, MSG Media Service werde auf dem noch zu entwickelnden Markt zunächst eine Alleinstellung erlangen. Diese Feststellung ist allerdings nicht viel mehr als eine Selbstverständlichkeit. Sie entspricht dem oben ausführlich erörterten dynamischen Charakter des Wettbewerbs. Ein Pionier oder Bahnbrecher im Sinne SCHUMPETERS bzw. ARNDTS wird immer eine gewisse Zeit eine Alleinstellung innehalten. Nach der Idealvorstellung der dynamischen Wettbewerbsleitbilder darf diese Vormachtstellung allerdings nur zeitweise bestehen, bis die Nachahmer die Stellung des Bahnbrechers angreifen und diesen eventuell durch eigene Weiterentwicklungen überflügeln[216]. Die von der Kommission zu entscheidende Frage war damit, ob durch die Verbindung marktmächtiger Unternehmen wie Bertelsmann, der Kirch-Gruppe und der Telekom eine dauerhafte und strukturell gesicherte Stellung entstehen konnte. Um dies zu bejahen argumentierte die Kommission zum einen mit den spezifischen Stärken der Gesellschafter der MSG. Wichtig waren aber auch die Marktabschottungseffekte in der Entstehungsphase des Marktes. Durch technische und wirtschaftliche Marktzutrittsschranken hätte es MSG gelingen können, den Markt bereits in seiner Entstehungsphase gegen potentielle Wettbewerber abzusichern und so den Prozess des gegenseitigen Überflügelns zum Erliegen zu bringen.

In diesem Zusammenhang ist die Art der erörterten Marktschranken erwähnenswert. Soweit die Kommission das bestehende Kabelnetz der Telekom als Marktzutrittsschranke ansieht, handelte es sich zum Zeitpunkt der Entscheidung noch um ein gesetzliches, d.h. vom Staat ausgehendes Monopol und damit um eine von allen Wettbewerbsleitbildern akzeptierte Marktschranke. Aber die Kommission prognostizierte auch für die Zeit nach der Liberalisierung der Telekommunikation eine Vormachtstellung der Deutschen Telekom in Bezug auf den Betrieb von Kabelnetzen. Auf den ersten Blick handelte es sich dabei lediglich um eine technisch-wirtschaftliche Schranke. Nach einer Liberalisierung wäre es theoretisch denkbar gewesen, ein völlig neues Konkurrenznetz aufzubauen. Wirtschaftlichen Marktzutrittsschranken wie der Notwendigkeit, hohe und eventuell verlorene Investitionen (sunk costs) zu tätigen, steht ein Teil der wirtschaftstheoretischen Literatur kritisch gegenüber[217]. Die notwendigen Investitionen für ein von der Telekom unabhängiges Netz hätten jedoch jedes vertretbare Maß überschritten. Der Aufbau eines zweiten, unabhängigen Netzwerkes wird in der Diskussion um eine Liberalisierung staatlich

---

214 EBENROTH / LANGE, EWS 1995, 1 (4).
215 Dies betonen und belegen auch EBENROTH / LANGE, EWS 1995, 1 (4).
216 Siehe oben im ersten Teil unter C.I.2, S. 23.
217 Vgl. vor allem die Erörterungen zur Chicago School im ersten Teil unter C.II.5, S. 41.

regulierter Märkte für netzgebundene Dienstleistungen immer als weniger praktikable Lösung im Vergleich zu einem liberalisierten Zugang zum bestehenden Netz angesehen. Aus diesem Grund war es auch gerechtfertigt, auch nach der erwarteten Aufhebung des Telekom-Monopols das bestehende Netz als Marktzutrittsschranke anzusehen. Die vom Staat durch den alleinigen Netzzugang der Telekom gesetzte regulatorische Marktschranke wirkte somit über die Abschaffung des gesetzlichen Monopols fort.

EBENROTH / LANGE begrüßen in ihrer Besprechung die Entscheidung der Kommission. Sie kommen zu der Einsicht, die Verbindung der Phasenbetrachtung mit der Analyse des Abschottungseffektes habe sich als richtiger Weg erwiesen, um das zukünftige Verhalten der beteiligten Unternehmen hinreichend exakt zu prognostizieren[218]. In der Rückschau kann ein Fazit allerdings nicht so positiv ausfallen. Gegen die Prognose, der Zusammenschluss hätte zu einer marktbeherrschenden Stellung der MSG auf dem Markt für technische Dienstleistungen im Bereich Pay-TV geführt, ist sicherlich nichts einzuwenden. Aber auch die Untersagung dieses Vorhabens hat ebenso wenig wie die Untersagung einer Beteiligung der Telekom an BetaResearch dazu geführt, dass sich unterschiedliche technische Systeme am Markt etablieren konnten. Allein marktbeherrschend ist weiterhin die von Kirch eingeführte Betatechnologie sowie die d-box als Decoder zur Entschlüsselung und Umwandlung der digitalen Signale. Decoder werden zwar von verschiedenen Unternehmen produziert, verwenden aber alle die von der Kirch-Gruppe entwickelte Technologie, deren Lizenzinhaberin BetaResearch ist. BetaDigital, eine weiteres Unternehmen der Kirch-Gruppe, stellt die Übertragung der digitalen Signale via Satellit sicher, während die ausschließlichen Rechte für technische Dienstleistungen im Bereich der Übertragung via Kabel an eine Telekom-Tochter, die bezeichnenderweise in beinahe völliger Übernahme des ursprünglich geplanten Namens MSG MediaServices GmbH heißt, vergeben wurden. Zwei der drei Unternehmen, deren Zusammenschluss zur MSG untersagt wurde, haben die relevanten Märkte also untereinander aufgeteilt und sind nun jedes für sich allein in ihren Spezialgebieten marktbeherrschend.

Ähnliche Aussagen wie im Fall MSG gelten für den eigentlichen Pay-TV Markt in Deutschland. Hier erhoffte sich die Kommission, den zwischen DF1 und Premiere bestehenden Wettbewerb aufrechtzuerhalten und neuen Wettbewerbern Anreize zum Markteintritt zu geben, indem sie die Verbindung von DF1 und Premiere untersagte. Aber auch dieser Markt hat sich anders entwickelt, als es im Zeitpunkt der Entscheidung vorauszusehen war. Inzwischen haben sich die Wege von Bertelsmann und der Kirch-Gruppe getrennt. Die zu Bertelsmann gehörende CLT-Ufa kontrolliert nur noch einen marginalen Anteil von 5% an Premiere World; die restlichen 95% der Anteile wurden zunächst allein von der Kirch-Gruppe gehalten, die auch Canal+ aus der Gesellschafterstellung herausgekauft hat. Die Kirch-Gruppe hat den Betrieb von DF1 eingestellt und konzentriert sich ganz auf Premiere World. Zwar hat der Übergang von gemeinsamer Kontrolle zu alleiniger Kontrolle grundsätzlich einen dekonzentrativen Effekt, weil die bisher kooperierenden Unternehmen sich künftig zumindest potentiell als Wettbewerber gegenüberstehen. Konkret heißt dies,

---

[218] EBENROTH / LANGE, EWS 1995, 1 (6). Auch MESTMÄCKER hält die Untersagung in seiner Entscheidungsbesprechung für überzeugend begründet, vgl. MESTMÄCKER in: KANTZENBACH-FS, S. 174.

nach dem Ausstieg aus Premiere hätte Bertelsmann – jedenfalls nach Ablauf möglicherweise vereinbarter Wettbewerbsverbote – als potentieller Konkurrent bereitgestanden.

In der Realität gibt es jedoch eine solche potentielle Konkurrenz nicht. Der Ausstieg von Bertelsmann erfolgte vielmehr aus strategischen Gründen[219]. Die Bertelsmann-Gruppe setzt auf das derzeit immer noch lukrativere Free-TV[220], dehnt klassische Verlagsaktivitäten räumlich aus[221] und will zudem eine Vormachtstellung beim Vertrieb von Verlagsprodukten (Musik und Bücher) im Internet erhalten. Hierzu diente nicht nur die Gründung des Online-Bücherversandes BOL[222] sowie des Verkaufsportals barnes&noble.com, sondern vor allem die gemeinsame Kontrolle von Bertelsmann und AOL über AOL Europe, auch wenn diese Bindung aufgrund des Zusammenschlusses von AOL und Time Warner wieder gelöst werden musste[223]. Die zunehmend internationale Ausrichtung im Fernsehmarkt dokumentiert Bertelsmann durch die gemeinsam mit der Groupe Bruxelles Lambert (GBL) vollzogenen Übernahme der britischen Pearson TV und der Neuausrichtung zur RTL Group[224], aus der Bertelsmann GBL inzwischen herausgekauft hat[225].

Als Folge dieses Strategiewechsels beherrscht die Kirch-Gruppe den deutschen Pay-TV-Markt nunmehr allein, auch wenn ihre wirtschaftliche Unabhängigkeit angesichts der hinter den Erwartungen zurück bleibenden Abonnentenzahlen und der inzwischen beantragten Eröffnung des Insolvenzverfahrens gefährdet erscheint. Konkurrenten konnten sich trotz dieser Schwierigkeiten nicht etablieren. Zwar gibt es inzwischen eine gewisse Anzahl von unabhängigen Spartenkanälen, die von Kleinsendern produziert und im Pay-TV angeboten werden. Diese Programme allein können aber niemanden zum Abschluss eines Pay-TV-Abonnements bewegen. Sie werden immer als Zusatzpakete zu einem Grundpaket, welches die Angebote von Premiere World umfasst, vertrieben[226]. Die Telekom hat mit Mediavision eine zweite Vertriebsplattform aufgebaut, die aber ebenfalls auf den Vertrieb von Premiere World angewiesen ist und lediglich zusätzlich andere Programmpakete anbietet. An der marktbeherrschenden Stellung der Kirch-Gruppe im Bereich Pay-TV können aber auch diese Aktivitäten nichts ändern. Selbst die ansonsten aggressiv in Europa

---

219 Vgl. den ausführlichen Bericht in mm Nr. 11/99 v. 1.11.99, S. 126ff.

220 Vgl. Focus Nr. 9/99 v. 1.3.99, S. 214f; Berliner Morgenpost v. 18.3.99, S. 28; Der Spiegel Nr. 12/99 v. 22.3.99; S. 88ff, Die Welt v. 31.3.99, S. 23; SZ v. 24.12.99, S. 22.

221 So z.B. die Neuausrichtung auf dem spanischen Markt sowie in Lateinamerika durch die Gründung eines Gemeinschaftsunternehmens mit Mondadori, vgl. Komm., Entscheidung COMP/M.2487 v. 23.8.01, „Bertelsmann / Arnoldo Mondadori / JV".

222 Beteiligungen an mehreren BOL-Gesellschaften wurden genehmigt durch Komm., Entscheidungen IV/M.1459 v. 6.5.99, „Bertelsmann / Havas / BOL France"; IV/JV.29 v. 3.12.00, „Bertelsmann / Planeta / BOL Spain"; COMP/JV.45 v. 12.5.00, „Bertelsmann / Kooperativa Förbundet / BOL Nordic" und COMP/JV.51 v. 1.9.00, „Bertelsmann / Mondadori / BOL Italia".

223 Komm., Entscheidung COMP/M.1845 v. 19.6.00, „AOL / Time Warner"; vgl. auch SZ v. 6.10.2000, S. 26.

224 Komm., Entscheidung COMP/M.1958 v. 29.6.00, „Bertelsmann / GBL / Pearson TV".

225 Komm., Entscheidung COMP/M.2407 v. 11.5.01, „Bertelsmann / RTL Group".

226 Dies beschreibt auch die Komm. in ihrer Entscheidung COMP/JV.37 v. 21.3.00, „BSkyB / KirchPayTV", Tz. 9.

investierende News Corporation des australo-amerikanischen Medienunternehmers Rupert Murdoch scheute sich, in Deutschland ein eigenes Konkurrenzangebot zu Premiere World aufzubauen, sondern ging den für sie ungewohnten[227] Weg einer Kooperation mit Kirch in Form einer Minderheitenbeteiligung. Über ihre britische Tochter BSkyB hat sich die News Corporation mit 22% an KirchPayTV, der neu gegründeten Holding für die Pay-TV-Aktivitäten der Kirch-Gruppe, beteiligt[228]. Um dem Bedarf nach weiterem Kapitalzufluss Rechnung zu tragen, gehören zum Gesellschafterkreis der KirchPayTV auch die Investmentbank Lehman Brothers, der amerikanische Medieninvestmentfond Capital Research sowie die Kingdom Holdings des saudi-arabischen Investors Al-Waleed mit Anteilen von jeweils ca. 3%. Ob sich auch Banken an der Kirch-Gruppe beteiligen, um deren Finanznöte zu lindern und trotz des laufenden Insolvenzeröffnungsverfahrens ein Überleben zu sichern, ist zum gegenwärtigen Zeitpunkt nicht absehbar.

In ihrer Genehmigung der BSkyB-Beteiligung hat die Kommission die marktbeherrschende Stellung von KirchPayTV bestätigt und sich unter anderem mit der Frage auseinandergesetzt, ob der Zusammenschluss zu einem Wegfall von BSkyB als potentiellem Konkurrenten und damit zu einer weiteren Verstärkung der marktbeherrschenden Stellung der Kirch-Gruppe führen würde. Sie kam jedoch zum Ergebnis, ein Markteintritt eines potentiellen Konkurrenten sei ohnehin nicht zu erwarten und begründete dies auch mit der Kontrolle der Kirch-Gruppe über die Decodertechnologie und weite Teile der Programmrechte[229]. Die Kommission sieht die gegenwärtige Marktposition von Kirch also als derart gefestigt und unangreifbar an, dass potentielle Konkurrenz kaum mehr eine Rolle spielt. In der Entscheidung könnte man deshalb eine Kapitulation vor der Marktmacht der Kirch-Gruppe sehen, wenn die Parteien nicht umfangreiche Zusagen bezüglich des diskriminierungsfreien Zugangs Dritter zur technischen Infrastruktur abgegeben und diese auch durch eine Schiedsvereinbarung justitiabel gemacht hätten. So konnte die Kommission, indem sie die Beteiligung von BSkyB gestattete, zumindest für zukünftigen potentiellen Wettbewerb sorgen.

Zusammenfassend muss aber dennoch konstatiert werden, dass durch die Untersagungen der Pay-TV-Zusammenschlüsse im deutschsprachigen Raum in letzter Konsequenz keine Marktöffnung erreicht wurde. Die Mittel der Fusionskontrolle scheinen an ihre Grenzen zu stoßen, wenn es darum geht, existierende Marktpositionen aufzubrechen. Dies ist vielmehr Aufgabe der Missbrauchsaufsicht. Im Rahmen der Fusionskontrolle kann es nur darum gehen, die Entstehung von Marktdominanz oder bestenfalls die Verstärkung einer beherrschenden Stellung zu verhindern. Wichtig ist es aber auch festzuhalten, dass Marktanteile allein nicht ausreichen können, um eine marktbeherrschende Stellung begründen zu können. Selbst bei extremen Marktanteilen wie der prognostizierten Alleinstellung der geplanten MSG

---

227 So der Vizepräsident der News Corporation und Präsident der News Corporation Europe MARTIN POMPADUR in einem Interview in: Die Welt v. 08.04.2000, S. 17. Vgl. auch Berliner Morgenpost v. 11.12.1999, S. 14.

228 In Anbetracht der wirtschaftlich desolaten Lage der Kirch-Gruppe hat BSkyB allerdings angekündigt, seinen KirchPayTV-Anteil zum 1.10.02 durch Ausübung einer Option an Kirch zurück zu verkaufen, vgl. z.B. Handelsblatt v. 11.2.02, S. 11.

229 Komm., Entscheidung COMP/JV.37 v. 21.3.00, „BSkyB / KirchPayTV", Tz. 52ff.

sowie der alleinigen Marktführerschaft der Kirch-Gruppe auf den relevanten Märkten war es zusätzlich notwendig, Marktabschottungseffekte nachzuweisen. Die bloße Ermittlung hoher gegenwärtiger und / oder zukünftiger Marktanteile hätte für die Untersagungen nicht ausgereicht.

3. Weitere Untersagungen auf „Fernseh"-Märkten

Neben den gerade untersuchten Entscheidungen musste die Kommission 1995 in zwei weiteren Fällen Vorhaben im Zusammenhang mit Fernsehmärkten untersagen. Der Fall „Nordic Satellite Distribution" betraf die Gründung eines Gemeinschaftsunternehmens durch die Norsk Telekom (Tochter des staatlichen norwegischen Telekomkonzerns Telenor), die staatliche dänische Telekomgesellschaft Tele Danmark sowie den schwedischen Medienkonzern Kinnevik. Im Fall „RTL / Veronica / Endemol" wollten sich die niederländischen Fernsehsender RTL und Veronica mit der Produktionsfirma Endemol zur Holland Media Groep zusammenschließen.

a) „Nordic Satellite Distribution"

Die Gründung des Gemeinschaftsunternehmen Nordic Satellite Distribution (im folgenden: NSD) durch die Norsk Telekom AS (im folgenden: NT), Tele Danmark A/S (im folgenden: TD) und die Industriförvaltnings AB Kinnevik (im folgenden: Kinnevik) betraf sachlich ähnliche Bereiche wie die in den Fällen MSG Media Service und Deutsche Telekom / BetaResearch erörterten Märkte. Die Gründungsunternehmen wollten die Bereitstellung von Satellitenübertragungsdiensten und Dienstleistungen zur Verteilung von Fernsehprogrammen über Kabelnetze oder durch Direktausstrahlung im skandinavischen Raum bündeln.

Die Kommission grenzte drei sachlich relevante Märkte ab: zum einen den Markt für Transponder, d.h. für Sendekapazitäten zur Übertragung von Fernsehsignalen via Satellit. Zum zweiten war der Markt für die Verteilung von verschlüsselten Fernsehprogrammen (sowohl Pay-TV als auch kostenlose, aber verschlüsselte Programme) an direktempfangende Haushalte betroffen. Der dritte Markt war derjenige für den Betrieb von TV-Kabelnetzen[230].

Die räumliche Abgrenzung des Marktes für Satellitenübertragungskapazitäten ergab sich aus technischen Gesichtspunkten. Entscheidend für die Nachfrager, d.h. für die Fernsehzuschauer, war die Frage, welche Satelliten sie mit den handelsüblichen Empfangsanlagen ansteuern können. Die Kommission ermittelte fünf Satelliten, deren Abstrahlungsbereich ganz Skandinavien umfasste. Darüber hinaus deckten die auf Mitteleuropa ausgerichteten Satelliten Astra und Eutelsat zumindest Teile Skandinaviens ab. Die Kommission rechnete diese Satelliten dennoch nicht dem räumlich relevanten Markt hinzu. Sie argumentierte, der Zusammenschluss schaffe eine stärkere Konzentration nordeuropäischer Sender auf die genannten fünf Satelliten und damit deren höhere Attraktivität für skandinavische Zuschauer. Aufgrund dieser Entwicklung sei zu vermuten, dass ein Großteil der Zuschauer ihre Antennenanlagen ausschließlich auf die nordischen Satelliten richten würden. Bezüglich der Verteilung von verschlüsselten Programmen an direktempfangende Haushalte konnte die Kommission offen lassen, ob es sich um einen nordischen Gesamtmarkt

---

[230] Komm., Entscheidung IV/M.490 v. 19.7.95, „Nordic Satellite Distribution", Tz. 55.

(d.h. Dänemark, Schweden, Norwegen und Finnland) oder um nationale Märkte handelte. Die Kabelmärkte wurden in Übereinstimmung mit den bereits besprochenen Entscheidungen national abgegrenzt[231].

Die Gründung von NSD hätte auf dem Markt für Satellitenübertragungskapazitäten zu einer dauerhaften Marktbeherrschung geführt. Die fünf räumlich relevanten Satelliten (Thor, Intelsat, TV-Sat, Sirius und Tele-X) verfügten über insgesamt 30 Transponder und dadurch über die Möglichkeit, 30 analoge Fernsehprogramme zu übertragen. Von diesen Transpondern hätte NSD durch langfristige Verträge 19 kontrolliert, eine nicht näher bezeichnete Anzahl weiterer Transponder wäre unter der Kontrolle der Muttergesellschaften verblieben. Die Kommission legte dar, von den Satelliten Astra und Eutelsat gehe keine wesentliche Konkurrenz für die genannten Satelliten aus. Zum einen seien Astra und Eutelsat nicht nur räumlich, sondern auch in Bezug auf die ausgestrahlten Programme weitgehend auf Mitteleuropa ausgerichtet. Zum anderen seien die Transponderkapazitäten ausgeschöpft und nur zu sehr hohen Preisen erhältlich. Neben der hohen Zahl der NSD zur Verfügung stehenden Transponder war auch die Verbindung zu Kinnevik für die Erlangung einer marktbeherrschenden Stellung ursächlich. Kinnevik war der bedeutendste Rechteinhaber im skandinavischen Raum und betrieb mit TV3 den weitaus wichtigsten Satellitenkanal im nordeuropäischen Raum. Diese Verbindung hätte die starke Stellung von NSD weiter ausgebaut. Auch die bevorstehende Umstellung auf mehr und mehr digitale Übertragungstechnik konnte an der Beurteilung der Kommission nichts ändern. Die zu erwartende Vervielfachung der Übertragungskapazitäten bei selber Transponderanzahl hätte nicht zu einer Öffnung des Marktes geführt, weil nach Auffassung der Kommission dieser Ausweitung die Einführung kapazitätsintensiver Produkte wie Pay-TV oder Video-on-demand gerade auch durch NSD gegenüber gestanden hätte. Die größeren Kapazitäten hätten damit nicht potentiellen Wettbewerbern, sondern vornehmlich NSD zur Verfügung gestanden[232].

Die marktbeherrschende Stellung von NSD auf dem Markt für Satellitenübertragungskapazitäten wäre auch mitursächlich für die Entstehung einer Marktbeherrschung bezüglich des Vertriebs von verschlüsselten Fernsehkanälen im Direktempfang gewesen. Auf diesem Markt geht es um die Fernsehzuschauer, die nicht über einen Kabelanschluss verfügen, sondern eigene Satellitenempfangsanlagen kaufen oder mieten. Aufgrund der geringen Bevölkerungsdichte im skandinavischen Raum war die Verkabelung weniger fortgeschritten als z.B. in Deutschland, so dass direktempfangende Kunden von größerer Bedeutung waren. Darüber hinaus wurden in Skandinavien nicht nur Pay-TV-Kanäle, sondern auch werbefinanzierte Programme verschlüsselt gesendet. Für alle Programme war damit der Anschluss an eine Vertriebsgesellschaft erforderlich. Vor dem Zusammenschluss waren drei große Vertriebshändler tätig, von denen zwei den Muttergesellschaften von NSD gehörten. Dem von Kinnevik kontrollierten Betreiber Viasat und der mit NT verbundenen Telenor CTV stand mit FilmNet nur ein unabhängiger Wettbewerber gegenüber. Dieser wäre zudem durch die Dominanz von NSD auch auf Programme des Gemeinschaftsunternehmens angewiesen gewesen. NSD hätte Konditionen diktieren

---

231 Komm., Entscheidung IV/M.490 v. 19.7.95, „Nordic Satellite Distribution", Tz. 65ff.
232 Komm., Entscheidung IV/M.490 v. 19.7.95, „Nordic Satellite Distribution", Tz. 75ff.

oder FilmNet ganz vom Bezug seiner Programme ausschließen können. Auch auf dem Markt für den Vertrieb von direkt empfangenen Sendern hätte die Gründung von NSD damit zu einer dauerhaft marktbeherrschenden Stellung geführt[233].

Beim Betrieb von Kabelnetzen kam die Kommission zu regional unterschiedlichen Ergebnissen. Während TD in Dänemark bereits eine marktbeherrschende Stellung innehatte, waren die Gründer von NSD in Finnland gar nicht tätig. In Norwegen (NT) und Schweden (Kinnevik) hatten die beteiligten Unternehmen gute Marktpositionen. Es gab jedoch mindestens ebenso starke Konkurrenten, so dass die Kommission insgesamt auf dem Markt für den Betrieb von Kabelnetzen nicht von der Erlangung einer marktbeherrschenden Stellung ausging[234]. Die erwartete Dominanz auf den beiden zuerst erörterten Märkten führte aber zu einer Untersagungsentscheidung.

b) „RTL / Veronica / Endemol"

Auch die Untersagungsentscheidung der Kommission vom 20. September 1995 betraf die Gründung eines Gemeinschaftsunternehmens. Die RTL4 SA (im folgenden: RTL), eine Tochter der CLT, betrieb in den Niederlanden zwei private Fernsehsender (RTL4 und RTL5). Veronica hielt Rechte auf Sendezeiten bei dem öffentlichen Sender Nederland2. Das öffentlich-rechtliche Rundfunksystem funktionierte in den Niederlanden so, dass voneinander unabhängigen Sendeanstalten vom staatlichen „Commissariaat voor de Media" feste wöchentliche Sendetage und –zeiten zugeteilt wurden. Die Sender sowie weitere Bildungseinrichtungen und Vereinigungen erhielten je nach ihrer Bedeutung unterschiedliche Zeitkontingente auf den öffentlichen Kanälen Nederland1, 2 und 3. Veronica war der größte und beliebteste Einzelsender, der auf diesen Kanälen sendete, plante aber, aus dem öffentlichen Rundfunk auszuscheiden und sich als Privatsender mit eigenem Vollprogramm zu etablieren. Endemol agierte als unabhängige Produktionsfirma mit Tätigkeitsschwerpunkt ebenfalls in den Niederlanden. In dem Gemeinschaftsunternehmen Holland Media Groep (HMG) sollten die Sender RTL4, RTL5 und Veronica zusammengefasst werden. Endemol wollte einige eher unbedeutende Hörfunkaktivitäten einbringen und sich ansonsten strategisch an der HMG beteiligen.

Der eigentlich sachlich betroffene Markt war der für Fernsehwerbung, da die Privatsender sich ausschließlich über Werbeeinnahmen finanzieren konnten. Der Markt für Fernsehwerbung konnte eindeutig von anderen Werbeaktivitäten, wie z.B. Anzeigen in Printmedien, unterschieden werden. Neben diesem Schwerpunkt untersuchte die Kommission aber auch den von ihr als Fernsehmarkt bezeichneten Wettbewerb der Sender um Zuschaueranteile und Sehbeteiligungen. Als drittes war der Markt für unabhängige TV-Produktionen betroffen, auf dem Endemol agierte. Unabhängige Produktionen unterscheiden sich von den Eigenproduktionen der Sender, die hauptsächlich Nachrichtenprogramme, Shows und Sportübertragungen betreffen. Alle diese Eigenproduktionen leben hauptsächlich von ihrer Aktualität, sie haben also in geringerem Maße einen bleibenden Wert als Serien oder speziell für den niederländischen Markt produzierte Spielfilme. Diese können im Falle ihres Erfolges wiederholt werden und stellen einen eigenen Vermögenswert dar. Aus

---

233 Komm., Entscheidung IV/M.490 v. 19.7.95, „Nordic Satellite Distribution", Tz. 135ff.

234 Komm., Entscheidung IV/M.490 v. 19.7.95, „Nordic Satellite Distribution", Tz. 126ff.

diesem Grund legte die Kommission einen eigenständigen Markt für unabhängige Produktionen in Abgrenzung von Eigenproduktionen der TV-Sender zugrunde.

Trotz der Trennung in drei Märkte betonte die Kommission die gegenseitigen Abhängigkeiten. Vor allem eine starke Stellung auf dem eigentlichen Fernsehmarkt sei ein wesentlicher Faktor für den Erfolg auf dem Werbemarkt, weshalb es nahe gelegen hätte, den Fernsehmarkt nicht als eigenständigen Markt zu untersuchen, sondern lediglich als Indikator für den eigentlich relevanten Markt für Fernsehwerbung heranzuziehen. Die Kommission führte selbst an, der Wettbewerb um die Zuschauergunst sei kein Markt im ökonomischen Sinne, da im frei empfangbaren Fernsehen wirtschaftliche Austauschbeziehungen nur zwischen den Sendern und der Werbeindustrie, nicht aber zwischen den Sendern und ihren Zuschauern bestehen. Im Ergebnis änderte die Vorgehensweise der Kommission jedoch nichts an ihrer wettbewerblichen Beurteilung. Entscheidungserheblich war vornehmlich die starke Stellung der beteiligten Unternehmen auf dem Werbemarkt.

In räumlicher Hinsicht waren alle Märkte aus den bereits mehrfach erörterten Gründen national abzugrenzen. Die Entscheidung betraf die Wettbewerbssituation in den Niederlanden[235].

Der Zusammenschluss hätte auf dem Markt für Fernsehwerbung aus fünf Gründen eine marktbeherrschende Stellung der HMG begründet[236]. Zunächst prognostizierte die Kommission den drei in der HMG zusammengeschlossenen Sendern einen Zuschaueranteil von insgesamt mehr als 40%. Dieser Anteil setzte sich aus den Erfahrungswerten für RTL4 (ca. 26%) und RTL5 (ca. 6%) sowie der zu erwartenden Stellung von Veronica zusammen. Die Zuschaueranteile der öffentlichen Sender waren aufgrund der wachsenden Bedeutung der Privatsender von 80% in 1989 über 53% in 1992 auf ca. 50% im Jahre 1994 gefallen. Der wichtigste Indikator für den Erfolg auf dem Fernsehwerbemarkt zeigte also eine bedeutende, aber keine überragende Stellung der HMG[237]. Die Marktanteilsverteilung in Bezug auf die Werbeeinnahmen ergab aber ein anderes Bild.

Bereits vor dem Zusammenschluss erreichten die Privatsender einen gemessen an ihren Zuschaueranteilen überproportionalen Anteil von 50% an den niederländischen Werbeeinnahmen. Der unterproportionale Anteil der öffentlichen Sender resultierte aus ihrer Mischfinanzierung aus Gebühren und Werbung sowie aus der ihnen gesetzlich auferlegten Beschränkung des Werbeumfangs. Die Kommission stellte unterschiedliche Modellberechnungen an und kam zum Ergebnis, HMG werde einen Anteil am Werbemarkt von mindestens 60% erreichen[238].

Über diese beiden Marktanteilswerte hinaus sprachen weitere Faktoren für eine Abhängigkeit der Werbeindustrie von Werbezeiten auf den Kanälen der HMG. Die Holland Media Groep konnte das Erscheinungsbild ihrer drei Sender gezielt auf unterschiedliche Zielgruppen einstellen und jeden Sender zielgruppenorientiert

---

235 Komm., Entscheidung IV/M.553 v. 20.9.95, „RTL / Veronica / Endemol“, Tz. 17ff.

236 Die Gründe sind übersichtlich zusammengefasst in der zweiten Entscheidung zu diesem Vorhaben: Komm., Entscheidung IV/M.553 v. 17.7.96, „RTL / Veronica / Endemol (II)“, Tz. 4.

237 Komm., Entscheidung IV/M.553 v. 20.9.95, „RTL / Veronica / Endemol“, Tz. 31ff.

238 Komm., Entscheidung IV/M.553 v. 20.9.95, „RTL / Veronica / Endemol“, Tz. 65ff.

positionieren. Diese Möglichkeit gab es aufgrund der oben geschilderten Struktur des öffentlichen Rundfunks für Nederland1, 2 und 3 nicht. Die einzelnen öffentlichen Sendeanstalten und Vereinigungen vertraten vor allem politische, konfessionelle und weltanschauliche Interessen, waren also im Vergleich zu den Privatsendern sehr heterogen strukturiert. Eine Abstimmung unter diesen Gruppen war schwerlich möglich. HMG konnte demgegenüber allen potentiellen Werbekunden den geeigneten Werbeplatz anbieten[239]. Mit RTL5 als kleinstem Sender im Verbund verfügte HMG darüber hinaus über einen dynamischen und mobilen „Kampfsender", mit dem schnell auf Erfolg versprechende Entwicklungen der Konkurrenz reagiert werden konnte, so dass Konkurrenten keinen Vorsprung bei der Werbekundschaft erlangen konnten[240].

Der letzte bedeutende Faktor war die Einbindung von Endemol in die HMG. Die angeschlossenen Sender hatten so einen privilegierten Zugang zu den erfolgreichsten und wichtigsten unabhängigen Fernsehproduktionen auf dem niederländischen Markt, da diese zu einem Großteil von Endemol stammten. So konnte die Attraktivität des Programms von RTL4 und 5 sowie von Veronica für die Zuschauer und damit natürlich auch für die Werbung weiter gesteigert werden[241].

Aus diesen Faktoren folgerte die Kommission das Erreichen einer marktbeherrschenden Stellung von HMG sowohl auf dem Zuschauermarkt als auch auf dem Markt für Fernsehwerbung. Auf dem Markt für unabhängige Fernsehproduktionen hatte Endemol wie soeben angedeutet bereits vor dem Zusammenschluss eine marktbeherrschende Stellung inne. Diese Position wäre nach Auffassung der Kommission durch die Beteiligung an HMG und vor allem durch den Einfluss auf Veronica weiter verstärkt worden. Veronica sendete als öffentlicher Sender 2,5 Tage pro Woche auf Nederland2. Durch die Umwandlung zum eigenständigen Privatsender ergab sich nunmehr der Bedarf für ein Vollzeitprogramm. Endemol als Anteilseigner von HMG hätte wahrscheinlich einen wesentlichen Teil dieses Bedarfs decken können, ohne Wettbewerbern eine Chance zu geben, ihre Produktionen zu verkaufen[242]. Auch die ohnehin beherrschende Stellung von Endemol wäre nach Auffassung der Kommission damit weiter verstärkt worden.

Aufgrund der vorgenannten Faktoren entschied die Kommission, das Vorhaben sei mit dem Gemeinsamen Markt unvereinbar. Eine verfahrensrechtliche Besonderheit ergab sich, da der Zusammenschluss bereits vollzogen war. Sämtliche Vermögenswerte waren bereits auf HMG übertragen; auch hatte Veronica bereits am 1. September 1995, also knapp drei Wochen vor Erlass der Entscheidung, den Sendebetrieb als Privatsender aufgenommen. Das Vorhaben unterfiel nicht den Aufgriffsschwellen des Art. 1 Abs. 2 FKVO und hatte damit keine gemeinschaftsweite Bedeutung im Sinne der Fusionskontrollverordnung. Die Prüfung erfolgte vielmehr auf Antrag der Niederlande in Anwendung des Art. 22 FKVO a.F. Nach Art. 22 Abs. 4 FKVO a.F. konnte die Vorschrift des Art. 7 FKVO a.F. nicht angewendet werden. Es gab damit kein Vollzugsverbot. Die Kommission verzichtete jedoch zunächst darauf,

---

239 Komm., Entscheidung IV/M.553 v. 20.9.95, „RTL / Veronica / Endemol", Tz. 43, 47.

240 Komm., Entscheidung IV/M.553 v. 20.9.95, „RTL / Veronica / Endemol", Tz. 44.

241 Komm., Entscheidung IV/M.553 v. 20.9.95, „RTL / Veronica / Endemol", Tz. 45, 53.

242 Komm., Entscheidung IV/M.553 v. 20.9.95, „RTL / Veronica / Endemol", Tz. 88ff.

den Artikel 22 Abs. 5 FKVO a.F. anzuwenden und die Maßnahmen zu treffen, die für eine Wiederherstellung wirksamen Wettbewerbs unerlässlich waren. Sie gab den beteiligten Unternehmen drei Monate Zeit, um den Bedenken der Kommission Rechnung zu tragen und ihr Vorhaben zu modifizieren.

Am 17. Juli 1996 genehmigte die Kommission dann das in wesentlichen Punkten modifizierte Vorhaben. Endemol hatte sich zwischenzeitlich aus der HMG zurückgezogen[243]. Die Anteile an HMG hielten nunmehr RTL zu 65% und Veronica zu 35%. Hierdurch war der Markt für unabhängige, niederländischsprachige Fernsehproduktionen nicht mehr betroffen. Die HMG-Sender konnten des weiteren keine Wettbewerbsvorteile gegenüber anderen Sendern durch einen bevorzugten Zugang zu Produktionen von Endemol erlangen[244]. HMG modifizierte zudem die Ausrichtung des kleinsten Senders RTL5. Sie sagte zu, RTL5 ab 1997 ausschließlich als Nachrichtensender zu betreiben. Hierdurch musste RTL5 zwangsläufig deutlich geringere Werbeeinnahmen in Kauf nehmen. Insgesamt prognostizierte die Kommission der neu strukturierten HMG einen Anteil am Fernsehwerbemarkt von ca. 50% und jedenfalls deutlich unter 55%[245]. Sie kam zu dem Ergebnis, dadurch werde die vor dem Zusammenschluss bestehende Marktstruktur kaum geändert und genehmigte das Vorhaben.

c) Bewertung

Die zweite Entscheidung im Fall Holland Media Groep ist auch deshalb von Interesse, weil die Kommission sich hier kurz mit ihren Prognosen aus der ersten Entscheidung auseinander setzte. Der Zuschaueranteil der HMG-Sender lag zwischen September 1995 und Februar 1996 bei durchschnittlich 39%. Der Anteil an der Fernsehwerbung betrug in den letzten vier Monaten des Jahres 1995 noch 60%, sank aber im Januar und Februar 1996 auf 58%[246]. Die Marktanteilsprognosen (mehr als 40% bei den Zuschauern, mehr als 60% bei der Werbung) hatten sich nicht ganz erfüllt. Diese geringe Abweichung mag unvermeidlich sein. Andererseits überrascht sie dennoch, weil sie sich bereits innerhalb eines halben Jahres nach der Entscheidung ereignete. Aber auch andere Faktoren lassen grundsätzliche Zweifel an der Gültigkeit von Prognosen aufkommen. Zwischen den beiden Entscheidungen der Kommission hatte sich die Marktstruktur durch andere Zusammenschlüsse nicht unerheblich verändert. Der Privatsender Arcade war durch das renommierte Verlagshaus Wegener übernommen und gestärkt worden[247]. Aber auch die Stellung des neuen Senders SBS erwies sich als stärker, als von der Kommission in der Untersagungsentscheidung erwartet worden war. Der bevorstehende Markteintritt von SBS war in dieser erörtert worden; die Kommission kam zum Ergebnis, die Gründung von HMG senke die Erfolgschancen von SBS und damit die Chance auf den dauerhaften Eintritt eines neuen Wettbewerbers erheblich. Inzwischen hatte sich

---

243 Inzwischen ist Endemol von dem spanischen Telekommunikations- und Multimedia-Konzern Telefónica übernommen worden, vgl. Komm., Entscheidung COMP/M.1943 v. 11.7.00, „Telefónica / Endemol".

244 Komm., Entscheidung IV/M.553 v. 17.7.96, „RTL / Veronica / Endemol (II)", Tz. 11, 13f.

245 Komm., Entscheidung IV/M.553 v. 17.7.96, „RTL / Veronica / Endemol (II)", Tz. 12, 15.

246 Komm., Entscheidung IV/M.553 v. 17.7.96, „RTL / Veronica / Endemol (II)", Tz. 8f.

247 Komm., Entscheidung IV/M.553 v. 17.7.96, „RTL / Veronica / Endemol (II)", Tz. 7.

ein weiteres führendes Verlagshaus, der „Telegraaf", aber an SBS beteiligt und dessen Marktposition gefestigt.

Die Deutung dieser beiden Beteiligungen fällt zwiespältig aus. Zum einen könnte man schließen, die Stellung von HMG sei nicht so bedeutend, wie sie von der Kommission prognostiziert wurde. Andere Wettbewerber haben schon vor der Änderung des Vorhabens reagiert; zur erwarteten Marktanteilsaddition kam es deshalb nicht in vollem Umfang. Aber die Beteiligung zweier renommierter Verlagshäuser könnte auch Ausdruck von Aufholfusionen sein. In diesem Fall wäre die Konzentration durch die Gründung der HMG ursächlich für weitere Zusammenschlüsse gewesen. Wettbewerbern, die sich der Marktmacht der HMG hilflos ausgesetzt sahen, blieb nur die Möglichkeit, sich selbst auf die Suche nach starken Partnern zu begeben. Die Gründung der HMG hätte bei dieser Deutung nicht nur eine unmittelbar konzentrative Wirkung. Sie hätte darüber hinaus mittelbar ein Fusionskarussell in Bewegung gesetzt und für eine weitere Konzentration in der Branche gesorgt. Auch wenn diese Schlussfolgerung weitgehend hypothetisch ist, darf das Phänomen der Aufholfusionen nicht außer acht gelassen werden.

Weiterhin ist zu bemerken, dass im Falle des ursprünglichen Vorhabens ein Anteil an der Fernsehwerbung in Höhe von 60% von der Kommission für zu hoch erachtet wurde, während das Vorhaben nach seiner Modifizierung trotz erwarteter Anteile von immer noch mehr als 50% genehmigungsfähig war. Hieraus kann aber nicht auf eine abstrakte Grenze geschlossen werden, bei deren Überschreitung grundsätzlich eine wettbewerbsschädigende Marktmacht anzunehmen ist. Die Genehmigung stützte sich nur am Rande auf die absoluten Marktanteilswerte. Wichtiger war zum einen, dass infolge der Modifizierung des Vorhabens die zu erwartende Marktanteilsaddition wesentlich geringer ausfiel als bei dem ursprünglichen Vorhaben. Auch vor der Gründung der HMG erzielten die Privatsender bereits 50% der Werbeeinnahmen auf dem niederländischen Fernsehmarkt. Der zweite bedeutende Unterschied lag in der Beteiligung von Endemol. Allein die hohen Marktanteile auf dem Fernsehwerbemarkt hätten nicht zu einer dauerhaften Marktbeherrschung führen können. Eine strukturelle Verfestigung der Märkte hätte sich, ähnlich wie im Fall „Bertelsmann / Kirch / Premiere", vielmehr aus der Verbindung der Programminhalte von Endemol mit der Infrastruktur von RTL und Veronica ergeben.

Dasselbe ist im Fall Nordic Satellite Distribution zu beobachten. Auch hier argumentiert die Kommission nicht in erster Linie mit hohen Marktanteilen. Soweit die Bereitstellung von Transpondern zur Satellitenübertragung von Fernsehprogrammen geprüft wurde, waren Marktanteile bzw. Marktkapazitäten nur ein Aspekt unter mehreren. Die Kommission untersuchte die Anzahl der NSD zur Verfügung stehenden Transponder und bezog sich so eher auf Kapazitäten denn auf Marktanteile. Aber obwohl NSD knapp 2/3 der Kapazität unmittelbar beherrscht hätte, wurde das Vorhaben vor allem aufgrund der strukturellen Verbindung zu Kinnevik untersagt. Kinnevik bot attraktive Programminhalte und verfügte darüber hinaus mit Viasat über eine bekannte Vertriebsgesellschaft. Ein weiterer Vorteil für NSD hätte in dem Zugang zu den Kabelnetzen der Muttergesellschaften NT und TD bestanden.

Alle Untersagungen im Bereich Medien lassen eine Gemeinsamkeit erkennen. Ausschlaggebend war in keinem Fall eine extreme Marktanteilsaddition. Die horizontalen Auswirkungen der Vorhaben ließen für sich allein betrachtet nicht den Schluss auf eine dauerhafte Marktbeherrschung zu. Wettbewerbliche Bedenken ergaben sich vielmehr aus konglomeraten bzw. vertikalen Aspekten[248]. Eine starke Stellung von der technischen Infrastruktur über die Programminhalte bis hin zum Vertrieb stellt offensichtlich eine viel größere Gefahr dar als bloß hohe Marktanteile. Dies scheint selbst dann zu gelten, wenn – wie im Fall Holland Media Groep – die beteiligten Unternehmen Marktanteile von 60% oder mehr erreichen und so allein höhere Anteile erwirtschaften als die gesamte Konkurrenz.

4. „Gencor / Lonrho"

a) Beschreibung der Entscheidung

Im April 1996 untersagte die Kommission die Fusion des südafrikanischen Bergbauunternehmens Impala Platinum Holdings Limited (im folgenden: Implats), einer Tochter der Gencor Limited, mit der ebenfalls in Südafrika angesiedelten Lonrho Platinum Division (im folgenden: LPD) der britischen Lonrho plc. Sowohl Implats als auch LPD waren im Abbau, der Raffination und dem Vertrieb platinartiger Metalle tätig und waren weltweit die zweit- bzw. drittgrößten Unternehmen hinter dem Weltmarktführer Amplats. Das fusionierte Unternehmen hätte weiterhin als Implats firmieren sollen. Für die Untersagung des konkreten Zusammenschlussvorhabens war vor allem die überragende Stellung der beteiligten Unternehmen und Amplats auf dem Platinmarkt verantwortlich, daneben wäre es auch zu einer Marktbeherrschung im Bereich Rhodium gekommen. Die anderen Metalle der Platingruppe (Palladium, Iridium, Ruthenium und Osmium) wären von dem Zusammenschluss kaum betroffen gewesen.

Die Kommission kam in einer ausführlichen Abgrenzung der sachlich relevanten Märkte zu dem Ergebnis, die sechs Metalle der Platingruppe seien weder durch andere Metalle noch untereinander substituierbar und stellten deshalb voneinander unabhängige Märkte dar. Im Rahmen der Marktabgrenzung untersuchte sie die unterschiedlichen Anwendungsbereiche der verschiedenen Metalle. Platin wird vornehmlich für Abgaskatalysatoren im Kraftfahrzeugbau sowie als Grundstoff in der Schmuckproduktion und in geringerem Umfang auch in anderen industriellen Anwendungen benötigt. Das Anwendungsgebiet für Rhodium liegt fast ausschließlich im Katalysatorenbau. Im Bereich industrieller Anwendungen waren für die mangelnde Substituierbarkeit technische Gesichtspunkte ausschlaggebend, während die Kommission Platin als Edelmetall für Schmuckstücke hauptsächlich von Goldschmuck abgrenzen musste. Hierbei ergaben sich geringe Preiselastizitäten, sowohl für den Platinpreis als solchen, als auch für die Kreuzpreiselastizität mit Goldschmuck. Auch die beteiligten Unternehmen waren von separaten Produktmärkten ausgegangen[249].

Geographisch legte die Kommission der Entscheidung den Weltmarkt zugrunde. Alle Platinmetalle sind homogene Güter, die zudem leicht zu transportieren sind und weltweit nach den denselben Reinheitsstandards raffiniert und ohne Zollschranken

---

248 Auch ABLASSER, S. 209ff, stellt vertikale und konglomerate Aspekte in den Mittelpunkte ihrer Betrachtung. Sie ist der Ansicht, das Offenhalten der Systeme im Medienbereich sei von größter Bedeutung (S. 210f).

249 Komm., Entscheidung IV/M.619 v. 24.4.96, „Gencor / Lonrho", Tz. 19ff.

gehandelt werden. Anders als Rhodium ist Platin zudem börsennotiert. Aber auch die Rhodiumpreise werden veröffentlicht und sind weltweit transparent[250].

Die wettbewerblichen Auswirkungen der geplanten Fusion lassen sich in wenigen Worten zusammenfassen. Aus dem bestehenden Oligopol aus drei Anbietern unterschiedlicher Größe und mit voneinander abweichenden Kostenstrukturen hätte sich ein marktbeherrschendes Duopol mit zwei gleich starken Wettbewerbern entwickelt. Auch wenn anzunehmen ist, dass Amplats, Implats und LPD bereits vor dem Zusammenschluss marktbeherrschend waren, wäre diese Stellung durch die Fusion von Implats und LPD jedenfalls erheblich gefestigt worden. In diesem Verfahren untersagte die Kommission damit erstmals ein Vorhaben nicht aufgrund der alleinigen Marktbeherrschung durch ein oder mehrere am Zusammenschluss beteiligte Unternehmen, sondern um die kollektive Dominanz der beteiligten Unternehmen zusammen mit einem unabhängigen Dritten zu vermeiden.

Vor dem Zusammenschluss förderten die drei großen südafrikanischen Konzerne zusammen etwa 70% des Weltjahresbedarfs an Platin. 22% stammte aus Verkäufen russischer Staatsunternehmen, etwa 5% aus Nordamerika. Diese Angebotsmengen verdeutlichen die Dominanz der südafrikanischen Anbieter, die aber noch deutlicher wird, wenn man die weltweit bekannten Erzvorkommen mit berücksichtigt. Nahezu 90% der gesamten Platinvorkommen befinden sich auf südafrikanischem Territorium, so dass die dortigen Anbieter ihre Fördermengen auf geraume Zeit beibehalten könnten[251].

Trotzdem stellte die Kommission vor dem Zusammenschluss gewisse wettbewerbliche Tendenzen fest, die sich in einem sinkenden Preisniveau manifestierten. Die russischen Bergbauunternehmen hatten große Mengen auf Vorrat gefördert, die nun zur Devisenbeschaffung auf den Markt geworfen wurden. Ihre Angebotsmengen entsprachen somit nicht den gegenwärtigen Fördermengen. Die Kommission legte zudem ausführlich strukturelle Unterschiede zwischen den südafrikanischen Anbietern dar. So war Amplats mit einem Marktanteil von ca. 35% der größte Förderer von Platin. Implats war die zweite Kraft auf dem Markt, hatte aber aufgrund der schwieriger auszubeutenden Platinvorkommen die höchsten Kosten der drei großen Wettbewerber. LPD als jüngstes Unternehmen am Markt verfügte dagegen über ein effektives Management und eine extrem günstige Kostenstruktur und konnte seine Position in den letzten Jahren vor der Anmeldung des Zusammenschlusses kontinuierlich ausbauen. Den Wettbewerb belebende Elemente gingen also vornehmlich von den russischen Lagerverkäufen und den Vorstößen von LPD aus.

Für die Zeit nach Vollendung der Fusion prognostizierte die Kommission aber negative Entwicklungen. Es war zu erwarten, dass die Bedeutung der russischen Anbieter abnehmen würde. Diesen fehlten Devisen zur Modernisierung ihrer Förderanlagen und sie waren deshalb weiter auf den Verkauf ihrer Reserven angewiesen. Nach allen Schätzungen war diese Strategie aber nur noch für kurze Zeit aufrechtzuerhalten. Jedenfalls waren die russischen Unternehmen zu schwach, um ein Gegengewicht gegen Amplats und die neue Implats zu bilden. Aber auch der Wettbewerb unter den dann noch zwei großen südafrikanischen Anbietern wäre nach Auffassung

---

250 Komm., Entscheidung IV/M.619 v. 24.4.96, „Gencor / Lonrho“, Tz. 68ff.
251 Komm., Entscheidung IV/M.619 v. 24.4.96, „Gencor / Lonrho“, Tz. 79ff.

der Kommission zum Erliegen gekommen. Hierfür sprach nicht nur die relativ symmetrische Aufteilung des gesamten südafrikanischen Marktanteils zwischen beiden Gruppen. Die Kommission prognostizierte beiden Unternehmen Marktanteile von zunächst jeweils ca. 35%, die infolge der Schwäche der russischen Produzenten mittelfristig auf ca. 40% angestiegen wären. Auch strukturell hätte die Fusion zu einer Annäherung der beiden Konkurrenten geführt; wettbewerbliche Anreize wären nahezu völlig entfallen. Maßgeblich war in diesem Zusammenhang die Angleichung der durchschnittlichen Kosten. Wie erörtert förderte LPD kostengünstiger als die beiden Konkurrenten, während Implats teilweise nur knapp kostendeckend operierte. Im Durchschnitt hätte die Fusion zur neuen Implats aber zu einer Kostenstruktur geführt, die der von Amplats geglichen hätte[252].

Neben diesen Aspekten führte die Kommission noch die Merkmale an, die bereits vor dem Zusammenschluss zu einer geringen Intensität des Wettbewerbs führten. Insbesondere die Homogenität der Güter und die extreme Markttransparenz machten es den Anbietern leicht, sich in wettbewerbswidriger Weise parallel zu verhalten. Als Beleg für tatsächlich existierende kartellähnliche Verhaltensweisen führte die Kommission benachbarte Märkte, so den Gold- und den Diamantenmarkt, an. Auch hier standen sich dieselben Unternehmen gegenüber, was die gegenseitigen Abhängigkeiten weiter vergrößerte. Die Nachfrager verfügten demgegenüber über keine wesentliche Marktmacht; auf kürzere und mittlere Sicht war auch von einer preisunelastischen Nachfrage auszugehen, da beispielsweise die Autohersteller auf Platinmetalle für die Katalysatorproduktion angewiesen waren. Marktprognosen sagten ein stetiges, aber geringes Wachstum der Gesamtnachfrage voraus, welches nicht geeignet war, neue Wettbewerber auf den Markt zu locken. Diese hätten zudem mehrere Jahre gebraucht, um auf den Markt vorstoßen zu können und dabei hohe Investitionen in die Exploration weiterer Erzvorkommen und die zum Abbau nötige Technologie stecken müssen. Diese Anlaufkosten sah die Kommission als Marktzutrittsschranke[253].

Im Ergebnis folgerte sie, der Zusammenschluss schaffe ein Unternehmen derselben Größe wie Amplats, welches über erhebliche, zu geringen Kosten ausbeutbare Vorkommen und eine ähnliche Kostenstruktur verfüge und in der Lage sei, einen größeren Einfluss auf den Markt auszuüben. In dieser Lage werde es angesichts der Marktmerkmale und des bisherigen Wettbewerbsverhaltens in der Branche keinen Anreiz für Amplats und Implats / LPD geben, miteinander zu konkurrieren. Ein sehr wahrscheinliches Ergebnis des Zusammenschlusses sei daher wettbewerbswidriges Parallelverhalten[254]. Ganz ähnliche Bedingungen und Marktanteile herrschten auch auf dem Rhodiummarkt vor. Da die beteiligten Unternehmen die Bedenken nicht durch Zusagen ausräumen konnten, untersagte die Kommission das Vorhaben.

b) Bewertung

Die Entscheidung „Gencor / Lonrho" ist wichtig für eine strukturierte Betrachtung von Oligopolsituationen. Die Mehrzahl der von der Kommission genannten Struktur-

---

252 Komm., Entscheidung IV/M.619 v. 24.4.96, „Gencor / Lonrho", Tz. 102ff.

253 Komm., Entscheidung IV/M.619 v. 24.4.96, „Gencor / Lonrho", Tz. 140ff.

254 Komm., Entscheidung IV/M.619 v. 24.4.96, „Gencor / Lonrho", Tz. 190.

faktoren bestand schon vor dem Zusammenschluss, so z.B. die hohe Markttransparenz und die geringe Macht der Nachfrager gegenüber dem Oligopol. Der Hauptunterschied bestand in der Verengung des Oligopols auf ein Duopol und der neuen Symmetrie unter den beiden Anbietern. Allein die Marktanteilsaddition durch die Fusion kann auch hier nicht entscheidend sein. Die marktbeherrschenden südafrikanischen Oligopolisten hätten vor und nach dem Zusammenschluss denselben aggregierten Marktanteil gehalten. Dennoch wäre der Konzentrationsgrad gestiegen von CR3 = 70% auf CR2 = 70%. Die Messgröße CR_n (Concentration Ratio) steht für den aggregierten Marktanteil der n größten Unternehmen auf einem bestimmten Markt. Wenn infolge einer Fusion weniger Unternehmen als bisher denselben Marktanteil erreichen, ist dies ein Beleg für horizontale Konzentration[255].

Ob das Vorhaben jedoch allein aufgrund der Anteilsaddition hätte untersagt werden können, ist fraglich. Es kam im Ergebnis nicht einfach auf die Anzahl der Wettbewerber und deren Marktanteile an, sondern auf deren Verhältnis zueinander und die Reaktionsverbundenheit untereinander. Die Kommission legt ausführlich dar, dass die Gefahr wettbewerbswidrigen Parallelverhaltens in einem Oligopol umso größer wird, je ähnlicher sich die Unternehmen sind. Hier sprach neben den angeglichenen Marktanteilen vor allem auch die immer ähnlicher werdende Kostenstruktur für hohe Anreize zu wettbewerbsschädigenden Verhaltensweisen. Für ein kleineres Unternehmen mit günstiger Kostenstruktur wie LPD wäre die rationellste Strategie gewesen, die beiden größeren Wettbewerber aggressiv anzugreifen. Nach dem Zusammenschluss hätten sich jedoch zwei gleich große Unternehmen mit übereinstimmenden Strukturen gegenüber gestanden. Für jedes dieser beiden Unternehmen wäre ein Angriff auf die Position des Konkurrenten mit hohen Risiken verbunden gewesen, zumal für den Konkurrenten in jedem Fall die Möglichkeit bestanden hätte, mit Gegenmaßnahmen auf anderen, benachbarten Edelmetallmärkten zu reagieren. Übersteigen die Risiken intensiven Wettbewerbs aus Sicht eines Oligopolisten die Chancen, liegt die Gefahr wettbewerbswidrigen Parallelverhaltens sehr nahe.

Als Ergebnis kann deshalb festgehalten werden: auch im Oligopol scheinen Marktanteile nicht allein ausschlaggebend für die Untersagung eines Zusammenschlussvorhabens sein. Sie sind notwendiges Merkmal jeder Oligopol- oder wie hier Duopolsituation. Maßgeblich ist aber die Ermittlung der Unternehmensstrukturen, da nur anhand dieser festgestellt werden kann, ob trotz der hohen Marktanteile wettbewerbliche Verhaltensweisen zu prognostizieren sind.

Aus heutiger Sicht ist die Untersagung des Vorhabens mindestens ebenso gerechtfertigt wie im Jahr 1996. Die Bedeutung der südafrikanischen Bergbaugesellschaften auf dem Weltmarkt für Platinmetalle hat weiter zugenommen. Russische Unternehmen haben nicht nur, wie von der Kommission prognostiziert, mit wirtschaftlichen und technischen Schwierigkeiten zu kämpfen. Sie leiden auch unter politisch instabilen Verhältnissen wie zum Beispiel einer die Exporte von Edelmetallen erschwerenden Gesetzgebung aus dem Jahr 1999. Diese Faktoren führten zu einer weiteren Abnahme russischer Platinlieferungen für den freien Weltmarkt (540.000 Unzen im Jahr 1999 gegenüber 1 Mio. bis 1,3 Mio. Unzen in den Jahren 1995 bis

---

255 Vertiefend hierzu siehe unten in diesem Teil unter B.III, S. 206f.

1998), während die südafrikanischen Anbieter den daraus resultierenden Nachfrageüberhang durch kontinuierlich gestiegene Kapazitäten (von 3,2 Mio. Unzen 1995 auf 3,9 Mio. Unzen 1999) zumindest teilweise auffangen konnten[256]. Ihre Marktposition ist weiter gefestigt. Die Aufrechterhaltung eines funktionierenden Wettbewerbs unter den einzelnen südafrikanischen Anbietern ist deshalb für das wettbewerbliche Umfeld des Weltmarktes von wesentlicher Bedeutung. Anbieter aus anderen Regionen wie Nord- oder Südamerika sind weiterhin nicht in der Lage, als wettbewerbliches Korrektiv zu fungieren.

5. „Kesko / Tuko"

a) Beschreibung der Entscheidung

Anders als in der Entscheidung Fall „Gencor / Lonrho" ging es bei der Untersagung der Übernahme der finnischen Tuko Oy (im folgenden: Tuko) durch die ebenfalls in Finnland ansässige Kesko Oy (im folgenden: Kesko) wieder um einen Fall der Einzelmarktbeherrschung. Beide Unternehmen waren Handelsunternehmen. Sie betrieben mehrere landesweit tätige Supermarktketten sowie zahlreiche Großhandelsmärkte. Da beide Unternehmen mehr als 2/3 ihres Umsatzes in Finnland erzielten, hatte der Zusammenschluss keine gemeinschaftsweite Bedeutung i.S.d. Art. 1 FKVO. Der Kommission wurde jedoch ein Antrag gemäß Art. 22 FKVO auf Prüfung des Falles durch das finnische Wettbewerbsamt gestellt.

Sie entschied sich zunächst gegen eine Marktmachtprüfung bezüglicher einzelner Waren oder Warengruppen und vertrat demgegenüber die Ansicht, die Übernahme von Tuko betreffe den gesamten Markt für Verbrauchsgüter des täglichen Bedarfs. Zu diesen gehören in erster Linie Lebensmittel, darüber hinaus aber auch andere Verbrauchsgüter wie Reinigungsmittel oder Hygieneartikel. Eine Unterscheidung wurde aber nach der Vertriebsart getroffen. Als einen relevanten Produktmarkt bestimmte die Kommission den Einzelhandel, d.h. den Vertrieb an Endkunden, ohne diesen Markt weiter in Teilmärkte zu segmentieren. Der zweite relevante Markt war der für das Cash & Carry-Geschäft. Dieses gehört weder zum Einzelhandel noch zum Großhandel in seiner klassischen Ausprägung. In Cash & Carry-Märkten kaufen Unternehmer Waren für ihr eigenes Geschäft ein. Wie bereits der Name sagt, ist es aber – anders als im normalen Großhandelsbereich – üblich, nicht innerhalb einer Kreditlinie zu kaufen, sondern die Waren sofort zu zahlen und auch selbst mitzunehmen. Cash & Carry wird daher eher von kleineren Unternehmen genutzt, die keine großen Umsätze tätigen oder Lager vorhalten können, so dass sich für sie ein Bezug bei echten Großhändlern nicht lohnt. Der dritte Markt, den die Kommission der Untersuchung zugrunde legte, war der für die Beschaffung von Waren[257].

In räumlicher Hinsicht bot der Fall „Kesko / Tuko" die bei nahezu allen Fusionen im Handelsbereich existierenden Probleme. Aus der Sicht des Einzelhandelskunden stellen nur räumlich eng beieinander liegende Geschäfte eine Alternative dar. Die wettbewerbliche Prüfung müsste demzufolge anhand lokaler Märkte erfolgen. Andererseits sind diese Märkte aber nicht deutlich voneinander abgrenzbar, sondern überlappen sich. Soweit die Marktgegebenheiten regional oder gar national identisch

---

256 JOHNSON MATTHEY PLC (Hrsg.), S. 3f, 13ff, 48.

257 Komm., Entscheidung IV/M.784 v. 20.11.96, „Kesko / Tuko", Tz. 14ff, 24ff, 33ff.

sind, ergibt sich daher bei einer Prüfung anhand räumlich weiterer Märkte kein Unterschied zu einer Untersuchung engerer Märkte. Die Kommission konnte sich behelfen, da sie Marktdaten sowohl auf nationaler als auch auf regionaler und teilweise sogar lokaler Ebene zur Verfügung hatte, die keine ausgeprägten Besonderheiten erkennen ließen. Insofern ergab sich bereits aus den nationalen Daten ein Anhaltspunkt für die Entscheidung[258].

Innerhalb der Marktmachtprüfung[259] legte die Kommission zunächst dar, warum die Marktanteile aller Märkte des so genannten Kesko- bzw. Tuko-Blocks den beteiligten Unternehmen zuzurechnen waren. Anlass hierfür bestand, weil die Einzelhändler rechtlich selbständig agieren und sich freiwillig einer Supermarktkette anschließen können. Dennoch waren die Einzelhändler in allen wesentlichen unternehmerischen Entscheidungen von Kesko oder Tuko abhängig und fungierten eher als Franchise-Nehmer. Im Gegenzug waren die Einzelhändler an Kesko bzw. Tuko beteiligt. Der jeweilige Einzelhändlerblock kontrollierte die Mehrheit der Stimmrechte. Im Ergebnis waren die beteiligten Unternehmen damit als Einheiten zu betrachten[260].

Kesko und Tuko waren die beiden führenden Einzelhandelsunternehmen in Finnland. Unter mehreren Ketten kontrollierten sie mehrere tausend Verkaufsstellen im ganzen Land und hätten gemessen am Umsatz nach Auffassung der Kommission einen aggregierten Marktanteil von fast 60% (Kesko 40%, Tuko 20%) erreicht. Kesko bestritt zwar die Einbeziehung dreier kleinerer Ladenketten, aber selbst ohne diese Ketten hätte der gemeinsame Marktanteil immer noch mehr als 55% betragen. Die Kommission folgerte, der Marktanteil von mindestens 55%, ob auf lokaler, regionaler oder nationaler Ebene, lasse „ernsthaft eine beherrschende Stellung vermuten"[261].

Sie belegte diese Vermutung mit weiteren Indizien. So war die Marktstellung der beteiligten Unternehmen noch bedeutender im Bereich der großen Geschäfte mit einer Verkaufsfläche von mehr als 1000 m^2. Diese großen Verbrauchermärkte übten einen bedeutenden Einfluss auf die umliegenden kleinen Geschäfte aus; eine starke Stellung in diesem Segment war damit für die Entstehung und Ausübung von Marktmacht unerlässlich. Des weiteren stand ein Großteil der für Einzelhandelsgeschäfte geeigneten Gewerbeflächen im Eigentum von Kesko bzw. Tuko. Selbst wenn ein einem der beiden Blöcke angeschlossener Einzelhändler sein Geschäft aufgeben wollte, hatte Kesko hierdurch die jederzeitige Kontrolle darüber, dass der Standort nur schwer von der Konkurrenz belegt werden konnte. Kesko war es auch in besonderem Maße gelungen, Kunden über Treueprogramme an sich zu binden und kostengünstige Eigenmarken zu positionieren. Kesko und Tuko hätten nach dem Zusammenschluss auch einen direkten Einfluss auf Konkurrenten nehmen können, weil sie je eine der beiden bedeutendsten Speditionen für Tiefkühlkost kontrollierten, mit denen sie die Belieferung der Wettbewerber mit Waren, die für deren Wettbewerbsfähigkeit wesentlich waren, hätten behindern können. Zur starken Position im

---

258 Komm., Entscheidung IV/M.784 v. 20.11.96, „Kesko / Tuko", Tz. 21ff, 32, 36ff.

259 Die wesentlichen Gründe für die Untersagung werden noch einmal kurz zusammengefasst in der zu diesem Fall ergangenen Entflechtungsentscheidung der Komm., Entscheidung IV/M.784 v. 19.2.97, „Kesko / Tuko (II)", Tz. 3ff.

260 Komm., Entscheidung IV/M.784 v. 20.11.96, „Kesko / Tuko", Tz. 42ff.

261 Komm., Entscheidung IV/M.784 v. 20.11.96, „Kesko / Tuko", Tz. 106.

Einzelhandel wären weiter die Vorteile aus der durch die Übernahme verstärkten Nachfragemacht gekommen[262].

Aus all diesen Faktoren schloss die Kommission auf die Entstehung einer dauerhaft marktbeherrschenden Stellung für den Fall der Genehmigung des Vorhabens. Im Bereich der Cash & Carry-Märkte hätte Kesko eine noch stärkere Position als im Einzelhandel erreicht. Von den 67 existierenden Märkten kontrollierte Kesko 26, weitere 36 waren unter der Kontrolle von Tuko. Durch den Zusammenschluss hätte Kesko somit gemessen an der Anzahl der Cash & Carry-Märkte einen Marktanteil von 84% gehalten, gemessen am Umsatz betrug dieser Wert immer noch 80% bei nationaler Betrachtungsweise.

Eine ähnliche Gewichtsverteilung hätte sich auch in den verschiedenen Regionen Finnlands ergeben. Lediglich in einer Region hätte der aggregierte Marktanteil von Kesko und Tuko nur 50% betragen, in allen anderen jedoch zwischen 60 und 100%. Angesichts dieser hohen Zahlen war die Marktmachtprüfung einfacher als die bezüglich des Einzelhandels. Die Kommission verwies lediglich auf die weitere Stärkung der Nachfragemacht und kam so mit einem geringeren Argumentationsaufwand zum Ergebnis, die beteiligten Unternehmen würden auch im Bereich der Cash & Carry-Märkte eine beherrschende Stellung erlangen[263].

Zuletzt untersuchte die Kommission die Auswirkungen des Zusammenschlusses auf die Märkte für die Beschaffung der Verbrauchsgüter des täglichen Bedarfs; hier ging es um die Marktmacht von Kesko gegenüber seinen Lieferanten. Viele Anbieter tätigten einen Großteil ihrer finnischen Umsätze mit Kesko und waren so auf den Zugang zu den von Kesko kontrollierten Märkten angewiesen. Durch die Zentralisierung des Einkaufs konnten die Einzel- und Großhandelsketten des Kesko-Blocks große Mengen ordern und erheblichen Preisdruck ausüben. Umgekehrt hatte Kesko mehrere Eigenmarken gut positioniert, die den Handelsmarken Wettbewerb lieferten. Aus diesem Grund war Kesko von seinen Zulieferern weniger abhängig als diese von Kesko. Auch auf den Nachfragemärkten hätte die Eingliederung der Tuko-Märkte in den Kesko-Block diesem zur Erlangung einer marktbeherrschenden Stellung verholfen[264].

Vor der abschließenden Bewertung des Falles untersuchte die Kommission noch kurz die Möglichkeit potentieller Wettbewerber, die Stellung von Kesko anzugreifen. Aufgrund der räumlich exponierten Lage Finnlands am Rande Europas und der geringen Bevölkerungsdichte erschien ein Marktzutritt mitteleuropäischer Wettbewerber jedoch wenig wahrscheinlich. Die Marktführer in anderen skandinavischen Ländern waren über Kooperationsabkommen mit Kesko und / oder Tuko verbunden und kamen so ebenfalls kaum als Konkurrenten in Frage[265]. Aus diesen Gründen sah die Kommission keine andere Möglichkeit, als die Übernahme zu untersagen.

---

[262] Komm., Entscheidung IV/M.784 v. 20.11.96, „Kesko / Tuko", Tz. 107ff.

[263] Komm., Entscheidung IV/M.784 v. 20.11.96, „Kesko / Tuko", Tz. 139ff.

[264] Komm., Entscheidung IV/M.784 v. 20.11.96, „Kesko / Tuko", Tz. 146ff.

[265] Komm., Entscheidung IV/M.784 v. 20.11.96, „Kesko / Tuko", Tz. 154ff.

b) Bewertung

Am Beispiel der Entscheidung „Kesko / Tuko“ lässt sich die oben geforderte Entstehung einer gesicherten Marktabgrenzung belegen. Bereits vor diesem Vorhaben hatte die Kommission über etliche Zusammenschlüsse von Handelsunternehmen zu entscheiden. Sie unterteilte ursprünglich den Einzelhandel in mehrere selbständige Segmente nach der Größe der Verkaufsflächen und der Vertriebsart. Zum einen grenzte die Kommission zwischen Vollsortiment-Supermärkten und Discountmärkten, die nicht oder nur zu einem geringen Teil mit Markenartikeln beliefert werden, ab[266]. Zum anderen unterschied sie zunächst drei Größenkategorien: kleine Spezialgeschäfte, kleinere Supermärkte bis 400 m^2 sowie großflächige Supermärkte[267]. Später wurden zudem noch Hypermärkte mit einer Verkaufsfläche ab 2.500 m^2 als zusätzliches Segment genannt[268]. Mit der Ausnahme der ersten Entscheidung im Handelssektor, dem Fall „Promodes / Dirsa“[269], ließ die Kommission aber stets offen, ob es sich bei den unterscheidbaren Marktsegmenten auch um eigene sachlich relevante Märkte im Sinne der Fusionskontrollverordnung handelte. Erst der kurz vor dem Fall „Kesko / Tuko“ ergangenen Entscheidung „Rewe / Billa“ legte sie dann wegen der vielfältigen gegenseitigen Abhängigkeiten innerhalb der Marktsegmente einen einheitlichen Markt für Lebensmitteleinzelhandel zugrunde[270]. Diese Abgrenzung übernahm die Kommission dann im Fall „Kesko / Tuko“ ohne nähere Begründung; sie kann heute um so mehr als gesicherte Verwaltungspraxis angesehen werden, als die Handelsmärkte einem fortlaufenden Konzentrationsprozess unterliegen, so dass die großen Handelsunternehmen über ihre diversen Konzernketten auf allen Marktsegmenten präsent sind[271]. Versuche Zusammenschlüsse anmeldender Unternehmen, eine noch weitere Marktabgrenzung zu erreichen und auch Tankstellen, Bäckereien und Fleischereien in den Lebensmittelgesamtmarkt einzubeziehen, hat die Kommission aber bislang nicht anerkannt[272].

Allerdings gibt die sachliche Marktabgrenzung im Fall „Kesko / Tuko“ in einer anderen Hinsicht Anlass zu Bedenken. Innerhalb der Marktabgrenzung gab die Kommission an, auch die Auswirkungen des Vorhabens auf die Großhandelsmärkte für Verbrauchsgüter des täglichen Bedarfs seien zu untersuchen. Während sie hier also ausschließlich die Beziehung von Kesko und Tuko zu ihren Abnehmern in den Vordergrund stellte, prüfte sie diesen Markt später unter der Überschrift „Märkte für die Beschaffung von Verbrauchsgütern des täglichen Bedarfs“[273]. Die Kommission legte den eigentlichen Prüfungsschwerpunkt in diesem Teil entsprechend ihrer

---

266 Komm., Entscheidung IV/M.179 v. 3.2.92, „Spar / Dansk Supermarket“, Tz. 7.

267 Komm., Entscheidung IV/M.27 v. 17.12.90, „Promodes / Dirsa“, Tz. 6.

268 Komm., Entscheidung IV/M.320 v. 19.4.93, „Ahold / Jeronimo Martins / Inovacao“, Tz. 13.

269 Komm., Entscheidung IV/M.27 v. 17.12.90, „Promodes / Dirsa“, Tz. 11.

270 Komm., Entscheidung IV/M.803 v. 27.8.96, „Rewe / Billa“, Tz. 9.

271 Ausführlich hierzu zuletzt Komm., Entscheidung COMP/M.1684 v. 25.1.00, „Carrefour / Promodes“, Tz. 9ff. Dieselbe Abgrenzung findet sich auch in den Entscheidungen COMP/M.1904 v. 6.4.00, „Carrefour / Gruppo GS“, Tz. 7; COMP/M.1832 v. 6.4.00, „Ahold / ICA Förbundet / Canica“, Tz. 11, und COMP/M.1960 v. 26.5.00, „Carrefour / Marinopoulos“, Tz. 9; COMP/M.2425 v. 26.7.01, „Coop Norden“, Tz. 12ff.

272 Komm:, Entscheidung IV/M.1221 v. 3.2.99, „Rewe / Meinl“, Tz. 11ff.

273 Komm., Entscheidung IV/M.784 v. 20.11.96, „Kesko / Tuko“, Tz. 146.

ständigen Praxis in allen oben zitierten Fällen[274], aber anders als nach der Marktabgrenzung zu erwarten, auf die Marktmacht von Kesko als Großhändler gegen die Hersteller der Verbrauchsgüter.

Verfahrensrechtlich verwundert die Entscheidung etwas. Die beteiligten Unternehmen hatten Veräußerungen angeboten, die von der Kommission nicht akzeptiert wurden. Stattdessen untersagte die Kommission das bereits vollzogene Vorhaben und erließ eine Entflechtungsentscheidung[275], die im wesentlichen die Veräußerung von Unternehmensteilen zum Gegenstand hatte und nicht wesentlich über die angebotenen Zusagen hinaus gegangen sein soll. Gründe für dieses Vorgehen sind nicht öffentlich bekannt[276].

In tatsächlicher Hinsicht kann die Entscheidung der Kommission aber zu einer Offenhaltung der Märkte beigetragen haben. Vor allem durch die fortgeschrittene Integration Finnlands in die Union und die Vorteile, die Finnland dadurch genießt, dass es derzeit als einziges der skandinavischen Länder dem Euro-Raum angehört, hat sich auch die wirtschaftliche Lage des Landes entspannt. Finnland gilt nicht mehr als unbedeutender Staat am Rande Europas. Es ist zu Marktzutritten insbesondere, aber nicht ausschließlich, schwedischer und norwegischer Unternehmen in vielen Bereichen[277] gekommen. Auch der Einzelhandel für Güter des täglichen Bedarfs wird nicht mehr ausschließlich von einheimischen Ketten bestimmt. So plant beispielsweise der deutsche Lebensmittel-Discounter Lidl die Eröffnung einer großen Zahl von Geschäften in Finnland[278]. Natürlich stellt sich bei Nachbetrachtungen immer die Frage, ob solche Marktzutritte nicht auch bei einer Genehmigung der Übernahme Tukos durch Kesko möglich gewesen wären. Eine schlüssige Antwort muss leider auch hier unterbleiben, da es sich um eine rein hypothetische Betrachtung handeln würde. Unbestritten bleibt aber, dass Marktzutritte durch den geplanten Zusammenschluss jedenfalls erheblich erschwert worden wären.

Für den Fortgang dieser Arbeit ist aber auch die Behandlung der Marktanteilsprognosen in der Entscheidung von Bedeutung. Bereits innerhalb der Beschreibung der Entscheidung wurde der Unterschied in der Prüfungsdichte der betroffenen Märkte kurz angesprochen. Auf dem Einzelhandelsmarkt hätte Kesko nach der Übernahme des Tuko-Blocks einen Marktanteil von mindestens 55%, wahrscheinlich aber eher 60% erzielt. Dennoch prüfte die Kommission detailliert weitere Faktoren, die auf eine überragende Marktmacht von Kesko hindeuteten. Wie bereits mehrfach angemerkt scheint ein Marktanteil im Bereich von 60% kein zwingendes Indiz für die Erlangung einer marktbeherrschenden Stellung zu sein. Marktmacht ergibt sich aus dem Zusammenspiel einer Mehrzahl von Faktoren[279]. Anders stellte sich die Situa-

---

274 Zu dem Beschaffungsmarkt als eigenem sachlich relevanten Markt siehe auch oben in diesem Teil unter A.I.1, Seite 76.

275 Komm., Entscheidung IV/M.784 v. 19.2.97, „Kesko / Tuko (II)".

276 Vgl. HIRSBRUNNER, EuZW 1999, 389 (395).

277 Auch die Komm. spricht die Öffnungstendenzen Finnlands an, z.B. in ihrer Entscheidung COMP/M.1910 v. 10.4.00, „MeritaNordbanken / Unidanmark", Tz. 17f, für den Banksektor.

278 So GUY WIRES, Managing Director der finnischen Handelskammer, in einem Interview der Zeitschrift Trademaker Magazine, 3/2000.

279 So zu dieser Entscheidung auch HUTCHINGS, ECLR 18 (1997), 75 (77).

tion auf dem Cash & Carry-Markt dar, auf dem Kesko einen nochmals wesentlich höheren Marktanteil in der Größenordnung von 80% erreicht hätte. Hier war die Dominanz von Kesko so ersichtlich, dass die Kommission zusätzlich nur auf die Nachfragemacht verwies und auf eine Marktbeherrschung schloss. Dies legt eine Deutung zumindest nahe, nach der die Kommission beim Überschreiten derart hoher Marktanteilswerte im Regelfall die Erlangung oder Verstärkung einer Einzelmarktbeherrschung annehmen muss. Ob aber Marktanteile für sich genommen wirklich bereits hinreichendes Indiz für Marktmacht sein können, soll nach der Einzelfallbewertung abschließend hinterfragt werden[280].

6. „Saint-Gobain / Wacker Chemie / NOM"

a) Beschreibung der Entscheidung

Die dritte Untersagungsentscheidung der Kommission aus dem Jahre 1996 betraf die Gründung eines Gemeinschaftsunternehmens. Die französische Chemiegruppe Compagnie de Saint-Gobain SA Paris (im folgenden: Saint-Gobain) sowie die Wacker Chemie GmbH mit Sitz in München (im folgenden: Wacker Chemie) wollten ihre Aktivitäten im Bereich der Herstellung und Verarbeitung von Siliziumkarbid-Produkten in einem Gemeinschaftsunternehmen bündeln, an dem auch eine im Staatsbesitz befindliche niederländische Investitions- und Entwicklungsgesellschaft, die Noordelijke Ontwikkelingsmaatschappij, Groningen (im folgenden: NOM), beteiligt werden sollte.

Siliziumkarbid (SiC) ist ein synthetisches Mineral, welches aus den Grundstoffen Quarzsand und Kohlenstoff durch einen Schmelzprozess gewonnen und für verschiedene industrielle Anwendungen benötigt wird. In dem Schmelzofen lagern sich rund um einen Graphitkern unterschiedlich stark kristallisierte Schichten SiC ab, die voneinander abweichende physikalische und chemische Eigenschaften besitzen. In einer aufwändigen Abgrenzung unterschied die Kommission zunächst zwei getrennte Produktmärkte: zum einen SiC für metallurgische Anwendungen und zum anderen kristallines Roh-SiC. Unverarbeitetes kristallines SiC ist ein höherwertiges Produkt als metallurgisches SiC. Dieser Aspekt war für die Abgrenzung maßgeblich, auch wenn die von der Kommission angegebenen Preise belegen, dass kristallines SiC nur um gut 18% teurer war als die metallurgische Variante. Im Ergebnis konnte die Abgrenzung der Märkte für die Produktion unbehandelten Siliziumkarbids jedoch dahinstehen. Zwar kontrollierten die beteiligten Unternehmen nahezu 75% der gesamten weltweiten Produktionskapazitäten für unverarbeitetes SiC[281]. Einen Großteil dieser Kapazität stand jedoch dem Markt nicht zur Verfügung, sondern wurde von Saint Gobain und Wacker Chemie selbst zur Weiterverarbeitung genutzt. Die eigentlichen wettbewerblichen Bedenken bezogen sich somit erst auf die nachgelagerten Märkte für die weiterverarbeiteten Rohprodukte.

Die beiden von dem Vorhaben betroffenen nachgelagerten Produktmärkte betrafen SiC als Schleifmittel sowie SiC für Feuerfestanwendungen. Sie konnten relativ einfach gegeneinander abgegrenzt werden, da das für Schleifzwecke verwendete

---

280 Siehe unten im dritten Teil der Arbeit, S. 241ff.

281 Komm., Entscheidung IV/M.774 v. 4.12.96, „Saint-Gobain / Wacker Chemie / NOM", Tz. 143ff, 161.

SiC andere Eigenschaften aufweisen muss und nach anderen Produkt- und Normungsstandards klassifiziert wird als das für Feuerfestanwendungen verwendete. Umfangreiche Ermittlungen stellte die Kommission jedoch an, um das SiC für Schleifanwendungen von anderen Schleifmitteln wie Korund, synthetischen Diamanten oder Bornitrid abzugrenzen. Sie verglich Preise, Preis- und Kreuzpreiselastizitäten sowie die technisch-physikalischen Vor- und Nachteile der verschiedenen Schleifmittel, um die von den beteiligten Unternehmen behauptete Substituierbarkeit auf der Nachfrageseite zu widerlegen. Anhand derselben Kriterien legte sie anschließend dar, dass auch SiC für Feuerfestanwendungen wie die Isolation von Hochöfen, Abfallverbrennungsanlagen und Aluminiumraffinationsöfen nicht durch andere Stoffe substituiert werden konnte. Neben diesen beiden Hauptanwendungsbereichen wurde SiC für weitere industrielle Anwendungen benötigt, die aber nicht im selben Maße von dem Vorhaben betroffen waren[282].

Trotz einer Importquote von jeweils nahezu 15% in den EWR entschied die Kommission, der EWR sei für beide Produkte der räumlich relevante Markt. Sie stützte dies vor allem auf die besonderen für den europäischen Markt geltenden Industrienormen. Außereuropäische Verarbeiter lieferten im wesentlichen kostengünstige Produkte niedriger Qualität. Europäische Verbraucher benötigten hingegen zum Großteil kurzfristig speziell auf ihre Bedürfnisse abgestimmte SiC-Produkte. Aus diesem Grund war auch die Nähe zum Kunden sowie die Fähigkeit, zuverlässig und schnell zu liefern, ein Argument für räumlich getrennte Märkte. Trotz der nicht unmaßgeblichen Importquote konnten die nichteuropäischen Anbieter damit keinen wesentlichen Einfluss auf den europäischen Wettbewerb nehmen[283]. Dies galt um so mehr, als die Gemeinschaft als Folge eines Antidumpingverfahrens Einfuhrzölle zwischen 8% für Importe aus Polen und 52% für Importe aus China festgelegt und so selbst zu einer Abschottung des EWR beigetragen hatte[284]. Einfuhren aus anderen Industrienationen wie Japan waren unbedeutend, weil das dortige Preisniveau um mindestens 20% über den im EWR vorherrschenden Preisen lag[285].

Die Marktmachtprüfung ergab für beide Produktmärkte ähnliche Ergebnisse. Auf beiden Märkten hätte das neue Gemeinschaftsunternehmen einen aggregierten Marktanteil zwischen 60 und 70% (Saint-Gobain knapp unter 40%; Wacker Chemie knapp unter 30%) erzielt, während kein Wettbewerber mehr als 8% des Marktes bedient hätte. Im Unterschied zu ihren Wettbewerbern waren Saint-Gobain und Wacker Chemie wie bereits geschildert bedeutende Produzenten von Roh-SiC und als einzige vertikal integriert. Aus der vertikalen Integration ergab sich auch die Vorreiterrolle der beteiligten Unternehmen auf technischem Gebiet. Viele Konkurrenten waren so nicht nur gleichzeitig Kunden und Wettbewerber der beiden Marktführer, sondern auch in technischer Hinsicht auf die Entwicklungen von Saint-Gobain und Wacker Chemie angewiesen. Als einziger Anbieter von verarbeiteten SiC-

---

282 Komm., Entscheidung IV/M.774 v. 4.12.96, „Saint-Gobain / Wacker Chemie / NOM", Tz. 19ff.

283 Allgemein zur Berücksichtigung von Importquoten im Rahmen der Marktabgrenzung siehe oben in diesem Teil unter A.II.1, S. 85.

284 Verordnung (EG) Nr. 821/94 des Rates v. 12.4.94; ABl.EG Nr. L94/21 v. 13.4.94.

285 Komm., Entscheidung IV/M.774 v. 4.12.96, „Saint-Gobain / Wacker Chemie / NOM", Tz. 99ff.

Produkten hätte das neue Gemeinschaftsunternehmen eine komplette Produktpalette für alle möglichen Anwendungen bieten können. Im Falle der SiC-Produkte für Feuerfestanwendungen kam weiter hinzu, dass bei einigen Qualitätsprodukten die beiden beteiligten Unternehmen eine Alleinstellung erlangt hätten. Der Marktmacht auf der Anbieterseite stand nur eine geringe Nachfragemacht gegenüber, von der kein besonderer Wettbewerbsdruck ausging[286].

Die Kommission führte aus, die hauptsächliche Quelle des Wettbewerbs auf diesen Märkten sei „der Wettbewerb zwischen den Parteien, der nach dem Zusammenschluss wegfallen würde“[287]. Dennoch untersuchte sie neben dem gegenwärtigen auch den potentiellen Wettbewerb und damit zusammenhängend die Marktzutrittsschranken. Die Kommission bezifferte die Kosten für den Bau einer mittelgroßen Schmelzanlage zur Produktion von Roh-SiC auf mehr als 40 Mio. ECU und die Kosten für eine reine Weiterverarbeitungsanlage auf immer noch 5 bis 10 Mio. ECU. Diese Kosten seien wegen des hohen Spezialisierungsgrades im Falle eines nicht erfolgreichen Marktzutritts verloren und so als Marktzutrittsschranke zu verstehen. Daneben wirkten auch die hohen europäischen Umweltstandards als Zutrittsschranke für potentielle Wettbewerber[288].

Unter Berücksichtigung dieser Faktoren kam die Kommission zu dem Ergebnis, der Zusammenschluss begründe eine marktbeherrschende Stellung auf den beiden untersuchten Teilmärkten. An dieser Beurteilung konnte auch das Argument der beteiligten Unternehmen, es handele sich um eine Sanierungsfusion nichts ändern. Unstreitig hatte Wacker Chemie enorme Probleme, da eine seiner beiden bedeutendsten Produktionsanlagen, das in den Niederlanden in Delfzijl gelegene Werk, sehr kostenaufwendig und unrentabel produzierte. Die bereits oben[289] kurz angesprochene „failing company defence“ konnte jedoch bei diesem Vorhaben keine Anwendung finden. Die Parteien konnten nicht darlegen, dass ein Bankrott für Wacker Chemie oder zumindest die Schließung der SiC-Produktionskapazitäten zwingende Folge der Untersagung des Vorhabens wäre. Selbst wenn dies der Fall gewesen wäre, wären die kosteneffizient arbeitenden übrigen Produktionsstätten der Wacker Chemie nicht zwangsläufig an Saint-Gobain gefallen, sondern hätten gerade eine Quelle potentiellen Wettbewerbs sein können. Aus diesen Gründen untersagte die Kommission die Gründung des geplanten Gemeinschaftsunternehmens.

b) Bewertung

Die Entscheidung im Fall „Saint-Gobain / Wacker Chemie / NOM“ belegt einmal mehr die Behauptung, die Marktabgrenzung sei bereits mitentscheidend für die Bewertung des Vorhabens. Die besondere Bedeutung der Bestimmung der sachlich und räumlich relevanten Märkte ergibt sich dabei nicht nur aus dem großen Umfang,

---

286 Komm., Entscheidung IV/M.774 v. 4.12.96, „Saint-Gobain / Wacker Chemie / NOM“, Tz. 137ff.

287 Komm., Entscheidung IV/M.774 v. 4.12.96, „Saint-Gobain / Wacker Chemie / NOM“, Tz. 241.

288 Komm., Entscheidung IV/M.774 v. 4.12.96, „Saint-Gobain / Wacker Chemie / NOM“, Tz. 139, 184ff.

289 Siehe oben in diesem Teil unter A.II.2.b) , S. 112, im Rahmen der Besprechung der Entscheidung „Bertelsmann / Kirch / Premiere“.

den sie innerhalb der Entscheidung einnehmen. Nachdem die Kommission die Märkte relativ eng abgegrenzt und dabei die Behauptungen bezüglich aktueller und potentieller Konkurrenz anderer Produkte und anderer Anbieter widerlegt hatte, bedurfte es keiner großen Anstrengungen mehr, um auf die Erlangung einer marktbeherrschenden Stellung von Saint-Gobain und Wacker Chemie zu schließen. Mit 60 bis 70% lagen die aggregierten Marktanteile noch höher als in den zuvor erörterten Entscheidungen. Auch die Marktanteilsaddition war hier wesentlich, da vorher beide Unternehmen annähernd gleich stark waren. Auf dem Weltmarkt war Saint-Gobain Marktführer, da es neben seinen europäischen Kapazitäten noch Produktionsstätten in Lateinamerika und insbesondere in China unterhielt. In Europa war dagegen Wacker Chemie der führende Anbieter.

Die Tatsache, dass die Kommission dennoch weitere Faktoren wie die vertikale Integration der Parteien und die geringe Erfolgsaussicht potentieller Konkurrenten eingehend untersucht hat, bestätigt die bisherige Erfahrung, nach der allein aufgrund der Marktanteile kaum eine Fusion untersagt werden kann. Neben den wettbewerblichen Aspekten hat der Fall „Saint-Gobain / Wacker Chemie / NOM" aber auch eine politische Komponente. Im Jahr 1995 hatten Saint-Gobain und Wacker Chemie versucht, ihr Vorhaben ohne Beteiligung von NOM durchzuführen. Die Untersuchung dieses Vorhabens oblag dem deutschen Bundeskartellamt, welches den Parteien seine ablehnende Haltung signalisierte. Aus diesem Grund zogen die beiden SiC-Produzenten ihr Vorhaben zurück und meldeten es mit der geänderten Gesellschafterstruktur bei der Kommission erneut an. Unter diesen Voraussetzungen liegt der Schluss nahe, die Kommission habe schon deshalb nicht zu einer Genehmigungsentscheidung kommen können, weil sie sich hierdurch des Verdachts – vor allem von Seiten der deutschen Wettbewerbshüter – einer oberflächlichen oder an falschen Kriterien orientierten Prüfung ausgesetzt hätte[290].

Interessanter als die tatsächlichen Marktstrukturen im Fall „Saint-Gobain / Wacker Chemie / NOM" sind einige wettbewerbstheoretische Erörterungen der Kommission zur Effizienzsteigerung. Nachdem sie die für die Erlangung einer marktbeherrschenden Stellung maßgeblichen Faktoren dargelegt hatte, ging die Kommission noch kurz auf ein weiteres Argument der beteiligten Unternehmen ein. Diese behaupteten, die Fusion ihrer SiC-Aktivitäten sei notwendig, um Synergieeffekte für Wacker Chemie zu erzielen. Die Kommission erkannte die für Wacker Chemie bestehende Möglichkeit, insbesondere in dem bereits angesprochenen Werk in Delfzijl kostengünstiger zu produzieren, ausdrücklich als eine wahrscheinliche Folge des Vorhabens an. Sie führte aus, derartige Synergieeffekte seien jedoch nicht in der wettbewerblichen Würdigung des Falles zu berücksichtigen, sofern es keine Mechanismen für die Weitergabe der mit den Synergiewirkungen erzielten Effekte an die Verbraucher gebe. Bei der Bewertung möglicher Nutzwirkungen der Fusion sei auch die Wettbewerbsfähigkeit der nachgeordneten Hersteller von Schleif- und Feuerfesterzeugnissen in der Gemeinschaft zu berücksichtigen. Als Folge des Zusammenschlusses

---

290 Ähnlich auch LÖFFLER in seiner Kurzbeschreibung der Entscheidung in WuW 1997, 33 (34).

seien diese Preiserhöhungen durch die beteiligten Unternehmen wehrlos ausgesetzt, was wesentlicher sei als die erwarteten Synergien[291].

Diese Argumentation bezieht sich im wesentlichen auf die im ersten Teil erörterte Frage, ob Effizienzsteigerungen ein zulässiges Kriterium bei der Abwägung zwischen den Vor- und Nachteilen eines Zusammenschlusses sein können. Nach Ansicht der Chicago School ist Effizienz ein wesentlicher Beweggrund für konzentrative Entwicklungen. Derjenige, der am effizientesten produziere, erreiche zwangsläufig auch die höchsten Marktanteile und damit die größte Marktmacht. Konzentration ist nach dieser Argumentation eine zwangsläufige Folge effizienzorientierten Wirtschaftens[292]. Andere, sich an das Leitbild des Workable Competition anlehnende wettbewerbstheoretische Schulen vertreten demgegenüber eher die Auffassung, nicht Effizienz begründe Konzentration, sondern Konzentration begründe zwingend überhöhte Gewinne und damit wettbewerbsschädigende Marktmacht[293]. Die Kommission bewertet die als Folge der Fusion erwarteten Synergien restriktiv. Sie verdeutlicht hierdurch, dass sie konzentrative Entwicklungen eher hinsichtlich ihrer Auswirkungen auf das Marktmachtpotential der beteiligten Unternehmen und weniger hinsichtlich effizienzorientierter Auswirkungen begutachtet. Im Ergebnis scheinen die wettbewerbstheoretischen Überlegungen der Chicago School in der praktischen Umsetzung der europäischen Wettbewerbspolitik eine geringere Rolle zu spielen.

7. „Blokker / Toys„R“Us“

a) Beschreibung der Entscheidung

Im Fall „Blokker / Toys„R“Us“ hatte die Kommission ein weiteres Mal die Gelegenheit, sich mit Handelsmärkten zu befassen. Auf Antrag der niederländischen Regierung untersuchte sie die Übernahme der neun niederländischen Geschäfte der Spielwarenhandelskette Toys„R“Us Inc. (US) (im folgenden: Toys„R“Us) durch den nationalen Marktführer, die Blokker Holding B.V. (im folgenden: Blokker).

Als sachlich relevanten Markt bestimmte die Kommission den Spielwareneinzelhandel in Fachgeschäften oder in Geschäften mit einer eigenen Spielwarenfachabteilung. Maßgebliches Kriterium gegenüber anderen Spielwarenanbietern, die nicht in den sachlich relevanten Markt einbezogen wurden, war die ganzjährige Präsentation eines breiten Spielwarensortiments. Andere Vertriebswege konnten durch diese Definition deutlich vom relevanten Produktmarkt abgegrenzt werden. Geschäfte wie Computer- oder Elektronikläden boten mit Computer- oder Videospielen nur einen Teil des relevanten Produktsortiments an; Drogerien und Warenhausketten versuchten, saisonal – d.h. insbesondere in der für die Niederlande bedeutenden Nikolauszeit – ein Spielwarenangebot als Blickfang vorzuhalten. Keine der beiden Geschäftsarten bot jedoch dieselben Charakteristika wie der Spielwarenfachhandel[294].

---

291 Komm., Entscheidung IV/M.774 v. 4.12.96, „Saint-Gobain / Wacker Chemie / NOM“, Tz. 244ff.

292 Siehe oben im ersten Teil unter C.II.5, S. 41

293 Zum Workable Competition-Ansatz der Harvard School siehe oben im ersten Teil unter C.II.2, S. 28ff.

294 Komm., Entscheidung IV/M.890 v. 26.6.97, „Blokker / Toys„R“Us“, Tz. 27ff.

Innerhalb der Bestimmung des räumlich relevanten Marktes griff die Kommission auf ihre bekannten Kriterien aus anderen Einzelhandelsentscheidungen zurück. Obwohl die Märkte aus Sicht der Verbraucher regelmäßig lokal abzugrenzen sind, kommt als räumlich relevanter Markt auch ein größeres Gebiet in Frage, wenn die Wettbewerbsbedingungen innerhalb dieses Gebietes hinreichend homogen sind[295]. Homogene Wettbewerbsbedingungen ergaben sich aus der zentral gesteuerten Werbung und der zentralen Preisfestsetzung innerhalb der großen Spielwarenketten. Unabhängig von der Frage, ob die einzelnen Geschäfte direkt der jeweiligen Kette angehörten oder ob sie im Wege des Franchising an selbständige Unternehmer vergeben waren, war auch der Einkauf sowie die Zusammensetzung des Warensortiments zentral festgelegt. Aus diesen Gründen schloss die Kommission auf einen nationalen niederländischen Markt des Spielwarenfachhandels[296].

Die Marktmachtprüfung im Fall „Blokker / Toys„R"Us" ergab ein relativ eindeutiges Bild. Blokker war Marktführer mit einem Marktanteil von ca. 60%. Die verbleibenden Marktanteile teilten die zur deutschen Vedes-Gruppe gehörende Otto Simon B.V. mit gut 10% und mehrere andere Anbieter, zu denen auch Toys„R"Us gehörte, mit jeweils 5% oder weniger unter sich auf. Unter Bezugnahme auf die Entscheidung „Kesko / Tuko" folgerte die Kommission, ein so hoher Marktanteil lasse „als solcher bereits eine beherrschende Stellung vermuten, vor allem im Hinblick auf die fragmentierte Struktur des restlichen Marktes"[297]. Sie untermauerte ihre Vermutung mit strukturellen Vorteilen Blokkers gegenüber seinen Konkurrenten.

Blokker hatte seine Aktivitäten auf dem relevanten Markt in drei Vertriebsschienen unterteilt und konnte so sehr flexibel den Anforderungen des Marktes Rechnung tragen. Die unter dem Namen Bart Smit firmierenden Geschäfte waren in der Hauptsache großflächige Läden in bedeutenden Stadt- und städtischen Einkaufszentren. Unter dem Namen Intertoys betrieb Blokker kleinere Geschäfte in Klein- und Mittelzentren. Darüber hinaus unterhielten etliche der Blokker-Warenhäuser eigene Spielwarenabteilungen. Die unterschiedlichen Geschäftskonzepte halfen Blokker, die Preistransparenz gegenüber Wettbewerbern und Verbrauchern zu reduzieren. Infolge dieser bedeutenden Marktstellung waren Spielwarenhersteller bei der Einführung neuer Produkte auf den Zugang zu den Blokker-Geschäften angewiesen. Durch einen hohen Anteil an Eigenmarkenerzeugnissen verminderte Blokker seinerseits die Abhängigkeit von Markenartikeln.

Die Wettbewerber hatten dem nicht viel entgegen zu setzen und hatten auch in den letzten Jahren vor dem Zusammenschluss Marktanteile an Blokker verloren[298]. Aus all diesen Faktoren ergab sich, dass Blokker schon vor dem Zusammenschluss eine marktbeherrschende Stellung auf dem niederländischen Spielwarenmarkt innehatte[299]. Durch die Integration der Toys„R"Us-Geschäfte wäre diese Stellung weiter verstärkt worden. Die strukturelle Stärkung der Blokker-Gruppe durch den Erwerb der von Toys„R"Us betriebenen Geschäfte resultierte weniger aus der

295 Vgl. nur die in diesem Teil unter B.I.5.a besprochene Entscheidung „Kesko / Tuko", siehe oben, Seite 130.

296 Komm., Entscheidung IV/M.890 v. 26.6.97, „Blokker / Toys„R"Us", Tz. 38ff.

297 Komm., Entscheidung IV/M.890 v. 26.6.97, „Blokker / Toys„R"Us", Tz. 59.

298 Komm., Entscheidung IV/M.890 v. 26.6.97, „Blokker / Toys„R"Us", Tz. 43ff.

299 Komm., Entscheidung IV/M.890 v. 26.6.97, „Blokker / Toys„R"Us", Tz. 82.

Marktanteilsaddition von nur 5%. Toys„R"Us verfügte aber über ein Geschäftskonzept, welches sich deutlich von denen der Blokker-Gruppe unterschied. Es bestand aus Großraumgeschäften mit einer erheblichen Ausstellungsfläche, die sich außerhalb der Stadtzentren und der städtischen Einkaufszentren befanden und leicht mit dem Auto zu erreichen waren. Diesem Markt kam nach Ansicht der Kommission eine wachsende Bedeutung zu. In der Beurteilung des Zusammenschlussvorhabens galt dies um so mehr, als die Toys„R"Us-Geschäfte Blokkers Geschäftskonzepte ergänzt und komplettiert hätten.

Den bis zur Durchführung des Zusammenschlusses im internationalen Vergleich geringen Erfolg der von Toys„R"Us in den Niederlanden betriebenen Geschäfte sah die Kommission vor allem in der Unkenntnis der lokalen Marktgegebenheiten begründet. Nach einer Einbindung in die Blokker-Gruppe hätte Toys„R"Us von deren Marktkenntnis profitieren und daher eine bedeutendere Rolle spielen können, als es die geringen Marktanteile vermuten ließen. Mit Toys„R"Us wäre zudem ein Wettbewerber weggefallen, der auf längere Sicht schon durch seine bedeutende internationale Stellung in der Lage gewesen wäre, die Marktmacht von Blokker zu begrenzen[300]. Obwohl die Kommission keine wesentlichen Marktzutrittsschranken nennen konnte, schloss sie auch potentiellen Wettbewerb auf absehbare Zeit aus[301]. Insgesamt kam sie zu dem Ergebnis, das Vorhaben verstärke die bereits bestehende marktbeherrschende Stellung der Blokker-Gruppe, und untersagte die Übernahme von Toys„R"Us.

b) Bewertung

In Bezug auf die Marktabgrenzung fällt die Entscheidung „Blokker / Toys„R"Us" dadurch auf, dass die Kommission im Unterschied zu anderen Handelsfusionen den Beschaffungsmarkt weder als eigenen Markt untersucht hat, noch innerhalb der Marktmachtprüfung ein besonderes Augenmerk auf die Nachfragemacht der beteiligten Unternehmen gelegt hat. Dies lässt sich nur mit der geringen Bedeutung des niederländischen Marktes im europaweiten Vergleich erklären. Anders als ein Großteil der beispielsweise im Fall „Kesko / Tuko" untersuchten Lebensmittel werden Spielwaren vornehmlich von europaweit tätigen Markenherstellern angeboten. Multinational tätige Anbieter haben unter einer national begrenzten Nachfragemacht ersichtlich weniger zu leiden als national oder regional agierende Produzenten. Gleichzeitig wird hierdurch auch die vergleichsweise geringe praktische Relevanz des Vorhabens für den Handel innerhalb der Gemeinschaft deutlich. Das Vorhaben bestand in der Übernahme der neun von Toys„R"Us in den Niederlanden betriebenen Geschäften mit einem Gesamtumsatz im Jahr 1996 von 27,5 Mio. ECU. Von diesen neun Geschäften sollten drei geschlossen und nur sechs unter der Regie von Blokker weiter betrieben werden. Das Vorhaben erreichte bei weitem nicht die Eingriffsschwelle des Art. 1 FKVO und wurde auf Antrag der niederländischen Regierung gemäß Art. 22 FKVO von der Kommission geprüft.

Die Entscheidung bietet auch aus wettbewerbspolitischer Sicht wenig Neues, bestätigt aber die Bewertungen der anderen Fälle. Wieder lagen die Marktanteile des

---

300 Komm., Entscheidung IV/M.890 v. 26.6.97, „Blokker / Toys„R"Us", Tz. 83ff.

301 Komm., Entscheidung IV/M.890 v. 26.6.97, „Blokker / Toys„R"Us", Tz. 105ff.

beherrschenden Unternehmens im Bereich von 60 bis 70%, was die Kommission als ein Indiz für die Marktbeherrschung wertet. Dennoch untersuchte sie weitere Faktoren, bis sie zur Schlussfolgerung kam, Blokker sei bereits vor dem Zusammenschluss ein marktbeherrschendes Unternehmen gewesen. Erstaunlich mutet auf den ersten Blick die Feststellung an, die Übernahme eines, gemessen an den Marktanteilen, unbedeutenden Unternehmens könne die beherrschende Stellung Blokkers weiter verstärken.

Die Kommission begründet ihre Annahme deshalb auch nicht mit der geringen Marktanteilsaddition, sondern mit der komplementären Wirkung der Toys„R"Us-Geschäfte auf die unterschiedlichen Vertriebskonzepte der Blokker-Gruppe. Dies kommt an mehreren Stellen der Entscheidung zum Ausdruck, wird aber am deutlichsten in der Entgegnung auf die von den beteiligten Unternehmen behauptete Genehmigungsfähigkeit aufgrund der „failing company defence". Blokker vertrat die Ansicht, der Zusammenschluss müsse bereits deshalb genehmigt werden, weil Toys„R"Us die Schließung seiner Geschäfte und den Rückzug aus dem niederländischen Markt angekündigt habe für den Fall, dass eine Übernahme durch Blokker nicht genehmigt werde. In diesem Fall sei es wahrscheinlich, dass ein Großteil des von Toys„R"Us gehaltenen Marktanteils an Blokker fallen werden. Die Kommission setzte diesem Argument entgegen, es gehe bei der Verstärkung der marktbeherrschenden Stellung weniger um die Marktanteilsaddition durch Toys„R"Us als um die strukturellen Effekte durch die bereits geschilderte Integration einer vierten, komplementären Vertriebsschiene in die Blokker-Gruppe.

Für die Bewertung der Marktanteilsprognosen bedeutet dies ganz allgemein, dass diese nicht in allen Fällen entscheidend sein können. Die Argumentation der Kommission lässt durchaus den Schluss zu, die Übernahme einer anderen Spielwarenkette mit ähnlichen Marktanteilen wie Toys„R"Us und einer Struktur gleich derjenigen der Blokker-Gruppe sei genehmigungsfähig gewesen. Im Nachhinein hat sich die Prognose der Kommission, Toys„R"Us werde nicht in jedem Fall vom niederländischen Markt verschwinden, als richtig erwiesen. Ende 1999 betrieb Toys„R"Us in den Niederlanden immer noch 10 Geschäfte in eigener Regie; im Laufe des Jahres 2001 hat sich diese Zahl sogar auf 13 Geschäfte in 12 Städten erhöht. Toys„R"Us hat sich auch durch die steigende Kenntnis der Marktgegebenheiten in den Niederlanden etabliert und ist ein Wettbewerber geworden, durch den die Marktmacht Blokkers wirksam eingeschränkt werden kann.

8. „Airtours / First Choice"

a) Beschreibung der Entscheidung

Mit der Entscheidung „Airtours / First Choice" untersagte die Kommission zum zweiten Mal ein Zusammenschlussvorhaben aufgrund kollektiver Dominanz. Das öffentliche Übernahmeangebot des britischen Reiseveranstalters Airtours plc (im folgenden: Airtours) für den Konkurrenten First Choice plc (im folgenden: First Choice) betraf mehrere Tourismus-Märkte.

Den Markt für die Veranstaltung von Pauschalreisen segmentierte die Kommission in zwei Teilbereiche, nämlich den Markt für internationale Kurzstrecken zum einen und den für Fernreisen zum anderen. Die beiden Segmente konnten sowohl aus Nachfrager- als auch aus Anbietersicht deutlich voneinander abgegrenzt werden. Kurzstreckenreisen mit einer Flugdauer von bis zu ungefähr drei Stunden, z.B. an das Mittelmeer, in die Türkei oder auf die Kanarischen Inseln, werden vornehmlich im Sommer frequentiert; sie richten sich an eine andere Kundenschicht als Fernreisen und sind trotz Tendenzen zur Preisangleichung immer noch deutlich billiger. Bei selber Urlaubsdauer geht bei Fernreisen ein höherer Anteil für die Reisezeit verloren. Aus der Anbietersicht war die fehlende Austauschbarkeit der Flugzeuge, mit denen Nah- und Fernziele bedient werden, entscheidend[302]. Als weiterer Markt war auch der Betrieb von eigenen Reisebüros durch das Zusammenschlussvorhaben betroffen. Auswirkungen ergaben sich auch auf den Markt für die Durchführung von Charterflügen. Die beteiligten Unternehmen verfügten über eigene Fluggesellschaften. Die Kommission grenzte Charterflüge als eigenen sachlich relevanten Markt gegenüber Linienflügen ab[303]. Ebenso wie bei den Reisebüros ergab sich aus dem Zusammenschluss aber keine marktbeherrschende Stellung; die vertikale Integration von Airtours und First Choice wurde jedoch innerhalb der Prüfung der Pauschalreisemärkte berücksichtigt.

Aus nachvollziehbaren Gründen entschied die Kommission, die betroffenen Märkte seien national abzugrenzen. Die fehlende Verfügbarkeit von Prospektmaterial, Sprachbarrieren bei der Buchung von Reisen bei ausländischen Anbietern und Unterschiede in der Rechtsordnung verhindern ein Ländergrenzen überschreitendes Angebot an Pauschalreisen[304]. Die Übernahme von First Choice durch Airtours hätte England und Irland betroffen. In Irland ergaben sich jedoch keine wettbewerblichen Bedenken[305], so dass die folgenden Ausführungen auf England beschränkt werden.

Auf dem englischen Markt für Kurzstrecken-Pauschalreisen hätte Airtours durch die Übernahme von First Choice einen Marktanteil von ca. 32% erreicht (Marktanteil von Airtours 21%, von First Choice 11%). Hierdurch wäre Airtours zum Marktführer vor den Konkurrenten Thomson Travel mit einem Anteil von 27% und Thomas Cook mit einem Anteil von 20% geworden und hätte nach Ansicht der Kommission gemeinsam mit den beiden Wettbewerbern ein marktbeherrschendes Oligopol gebildet. Die Gefahr eines wettbewerbswidrigen Parallelverhaltens in einer Oligopolsituation ergab sich aus einigen für die Reisemärkte charakteristischen Merkmalen. Anbieter von Pauschalreisen müssen ihre Kapazität mittelfristig, d.h. mindestens für eine Saison im voraus planen und Hotelkontingente buchen. Sie benötigen gerade im Kurzstreckenbereich hohe Kapazitätsauslastungen, um Flüge rentabel betreiben zu können. Darüber hinaus handelt es sich bei Reisen um so genannte „verderbliche“ Dienstleistungen, die, wenn sie nicht bis zum Tag des Reiseantritts verkauft sind, ihren Wert völlig verlieren. Überkapazitäten haben deshalb regelmäßig hohe Preisnachlässe im Last-Minute Bereich zur Folge. Durch das Zusammenwirken dieser Faktoren bestand für die Reiseanbieter ein hoher Anreiz, ihre Kapazitäten möglichst knapp und Preise hoch zu halten. Die Wettbewerbssituation der Reiseveranstalter war nach Ansicht der Kommission durch eine hohe gegenseitige Abhängig-

---

302 Diese Unterscheidung wird aufrechterhalten in der Entscheidung COMP/M.1898 v. 31.5.00, „TUI / GTT Holding“, Tz. 9ff.

303 Komm., Entscheidung IV/M.1524 v. 22.9.99, „Airtours / First Choice“, Tz. 4ff.

304 Komm., Entscheidung IV/M.1524 v. 22.9.99, „Airtours / First Choice“, Tz. 43ff.

305 Komm., Entscheidung IV/M.1524 v. 22.9.99, „Airtours / First Choice“, Tz. 51, 173ff.

keit gekennzeichnet; jede Kapazitätsausweitung wäre mit höheren Risiken als Chancen verbunden gewesen[306].

Diese für Reisemärkte im Allgemeinen gültige Tendenz wurde für das Vereinigte Königreich durch die hohe Markttransparenz auf der Anbieterseite infolge der besonderen Struktur der Reisebüros weiter verstärkt. Eine Vielzahl der Reisebüros gehörte zu einem der drei führenden Anbieter, vertrieb aber auch Reisen der anderen Anbieter über Online-Buchungssysteme, so dass die Konkurrenten untereinander ohne weiteres über die gegenseitigen Buchungsstände informiert waren. Teilweise buchten die beteiligten Unternehmen kurzfristig benötigte Sitzplatzkapazitäten auch bei den Fluggesellschaften der Konkurrenten, was eine noch engere strukturelle Verbindung der Oligopolisten verdeutlicht[307]. Weitere Faktoren erhöhten die bereits angesprochene Markttransparenz. Die beteiligten Unternehmen boten eine weitgehend homogene Produktpalette an. Das Marktwachstum war gering und in einem zwar spürbaren, aber doch geringen Umfang volatil. Nachfrageschwankungen ergaben sich lediglich aufgrund konjunktureller Schwankungen. Diese fingen die großen Reiseunternehmen durch eine konservative Saisonplanung auf und erhöhten so ihre kollektive Dominanz in Jahren erhöhter Nachfrage.

Alle Wettbewerber hatten ähnliche Kostenstrukturen. Die Markttransparenz bezog sich dabei nicht nur auf die aktuelle Wettbewerbssituation, sondern auch auf die Planungsphase. Die Anbieter kontaktierten dieselben Hotels an denselben Reisezielen und orientierten ihre Planungen an den Verkaufszahlen für die Vorjahre. Kapazitätsausweitungen wie der Abschluss neuer Leasingverträge für Flugzeuge konnten in aller Regel nicht geheim gehalten werden; zudem gaben die Kataloge der Konkurrenten einen ganz einfachen Überblick über deren Preisgestaltung, zumindest was die Vergangenheit betrifft[308]. Schon vor dem Zusammenschluss hatten die kleinen Nischenanbieter unter der Schwierigkeit zu leiden, Sitzplatzkapazitäten von den großen Anbietern kaufen und den Zugang zu den von den Oligopolisten beherrschten Reisebüroketten erlangen zu müssen.

Die vertikale Integration stellt nach Auffassung der Kommission zudem eine Marktzutrittsschranke für potentielle Wettbewerber dar, die ebenfalls auf den Zugang zu den vorgelagerten (Sitzplatzkapazitäten) und nachgelagerten Märkten (Vertriebswege) angewiesen seien[309]. Sie legte zudem dar, in den letzten sieben Jahren vor der Anmeldung des Vorhabens seien auf dem britischen Reisemarkt bedeutende Konzentrationstendenzen sowohl in horizontaler als auch in vertikaler Hinsicht zu verzeichnen gewesen. Der aggregierte Marktanteil der vier großen Anbieter habe im Jahr 1992 lediglich 45% betragen (Thomson Travel 24%, Airtours 11%, First Choice 6%, Thomas Cook 4%). Übernahmen und die Integration der Charterfluggesellschaften in die großen Anbieter hätten dazu geführt, dass der britische Reisemarkt sich an einem kritischen Punkt mit einer Tendenz zur kollektiven Dominanz befinde[310].

---

[306] Komm., Entscheidung IV/M.1524 v. 22.9.99, „Airtours / First Choice“, Tz. 57ff.

[307] Komm., Entscheidung IV/M.1524 v. 22.9.99, „Airtours / First Choice“, Tz. 107.

[308] Komm., Entscheidung IV/M.1524 v. 22.9.99, „Airtours / First Choice“, Tz. 88ff.

[309] Komm., Entscheidung IV/M.1524 v. 22.9.99, „Airtours / First Choice“, Tz. 114ff.

[310] Komm., Entscheidung IV/M.1524 v. 22.9.99, „Airtours / First Choice“, Tz. 128ff.

Während alle diese Faktoren schon vor dem Zusammenschluss ihre Gültigkeit hatten, hätte die Übernahme von First Choice durch Airtours eine weitere Verschlechterung der Wettbewerbsstruktur mit sich gebracht. So war First Choice der einzige mittelgroße Anbieter und fungierte als Bindeglied zwischen den großen drei Unternehmen, Airtours, Thomson Travel und Thomas Cook, und kleineren Konkurrenten. Der Abstand zwischen den drei Marktführern und ihren Konkurrenten wäre nach der Eingliederung von First Choice in die Airtours-Gruppe weiter gewachsen, die Wettbewerbsfähigkeit der kleineren Nischenanbieter weiter gesunken. Diese Entwicklung verdeutlicht die Kommission anhand der Marktanteile sowie anhand diverser wirtschaftstheoretischer Konzentrationsindizes. Der aggregierte Marktanteil der drei größten Wettbewerber (das so genannte CR3) hätte nach der Durchführung des Zusammenschlusses nicht mehr 72%, sondern 83% betragen. Der viertgrößte Wettbewerber wäre nicht mehr First Choice mit den bereits genannten 11% Marktanteil, sondern die Cosmos-Gruppe mit einem signifikant geringeren Anteil von unter 5% gewesen.

Im Anschluss an diese Feststellungen legte die Kommission kurz die einzelnen konzentrativen Effekte der Übernahme von First Choice wie die Eingliederung der Reisebüros und der Fluglinien in die Airtours-Gruppe anhand von Zahlen dar. Sie gab darüber hinaus in einer eher theoretischen Überlegung zu bedenken, durch die Reduzierung wettbewerbsfähiger Marktteilnehmer von vier auf drei hätten sich die theoretisch möglichen Wettbewerbsbeziehungen vermindert. Für jeden der drei großen Anbieter hätte es nur eine mögliche Wettbewerbsbeziehung gegeben, an der er nicht selbst beteiligt gewesen wäre. Im Falle von Airtours wäre dies beispielsweise der Wettbewerb zwischen Thomson Travel und Thomas Cook gewesen. Die so weiter verstärkte gegenseitige Abhängigkeit der Oligopolisten wäre durch die ebenfalls weiter ansteigende Transparenz des Marktes gefestigt worden. Nach einer Übergangsphase hätte der Markt ein stabiles Gleichgewicht erreicht, welches es den Wettbewerbern unmöglich gemacht hätte, Marktanteile der anderen Konkurrenten zu erobern, ohne selbst viel höheren Gefahren durch die hierzu notwendige Kapazitätsausweitung ausgesetzt zu sein. In Anbetracht dieser Situation wäre es für die verbleibenden Marktteilnehmer nach der Durchführung des Zusammenschlusses in einem viel größeren Maße rationell gewesen, sich parallel und damit wettbewerbswidrig zu verhalten, ohne dass es hierzu ausdrücklicher Absprachen bedurft hätte. Auch wäre die Möglichkeit gestiegen, abweichendes Verhalten zu sanktionieren[311]. Aus den geschilderten Gründen kam die Kommission zu dem Ergebnis, die Übernahme von First Choice begründe im Falle ihrer Durchführung ein dauerhaftes marktbeherrschendes Oligopol im Bereich der Veranstaltung von Kurzstrecken-Pauschalreisen, und untersagte das Vorhaben.

b) Bewertung

Die Entscheidung „Airtours / First Choice" birgt in mehrerlei Hinsicht wichtige Anhaltspunkte für diese Arbeit.

Anders als in fast allen früheren Entscheidungen benützt die Kommission mit dem Herfindahl-Hirschman-Index (HHI) ausdrücklich einen Konzentrationsindex, um die

---

[311] Komm., Entscheidung IV/M.1524 v. 22.9.99, „Airtours / First Choice", Tz. 140ff.

horizontale Konzentrationswirkung einer Fusion zu verdeutlichen. Der HHI berechnet sich aus der Summe der quadrierten Marktanteile aller Marktteilnehmer[312]. Durch die Quadrierung fallen hohe Marktanteile überproportional ins Gewicht. Der aus den Marktanteilswerten der auf dem relevanten Markt aktiven Unternehmen zu errechnende HHI wäre in concreto um mehr als 450 Punkte von 1.700 Punkten auf 2.150 Punkte gestiegen[313]. Sein theoretisches Maximum bei einem Monopolisten mit einem Marktanteil von 100% liegt bei $100^2 = 10.000$. Bei einem Duopol aus zwei Wettbewerbern mit Marktanteilen von 60% und 40% beträgt der HHI $60^2 + 40^2 = 5.200$. Konkurrieren zwei Wettbewerber mit einem Marktanteil von je 50%, so beträgt der HHI dagegen $50^2 + 50^2 = 5.000$.

Die Verwendung des HHI ist der US-amerikanischen Fusionskontrollpraxis entnommen. Nach den amerikanischen Merger-Guidelines bedingen nicht konzentrierte Märkte ein HHI < 1.000, auf moderat konzentrierte Märkten darf nach einer Fusion der HHI zwischen 1000 und 1.800 liegen; übersteigt der Index diesen Wert, handelt es sich um hoch konzentrierte Märkte. Ein Zusammenschluss wird immer dann als bedenklich angesehen, wenn bei Durchführung des Vorhabens der HHI um mehr als 100 Punkte bei mäßig konzentrierten Märkten bzw. um mehr als 50 Punkte bei hoch konzentrierten Märkten steigt[314]. Bei der tendenziell engen Marktabgrenzung der Kommission wären diese amerikanischen Kriterien jedenfalls zu eng. Es würden sich zu viele Fälle ergeben, die unter die Kategorien „hoch“ bzw. „mäßig“ konzentriert fallen, obwohl sie völlig unbedeutend sind. Für die europäische Fusionskontrollpraxis können die Merger-Guidelines deshalb nicht ohne weiteres übertragen werden[315]. Gerade bei oligopolistischer Marktbeherrschung ist der HHI aber ein Kriterium, um die Gefahr von Kollusion zu demonstrieren[316]. In der jüngeren Vergangenheit finden sich vermehrt Entscheidungen, in denen die Kommission den Indexwert zumindest nennt[317].

Noch bedeutender ist die Entscheidung für die grundsätzliche Beurteilung oligopolistischer Marktstrukturen. „Airtours / First Choice“ ist die erste Untersagung, in der die Kommission kollektive Marktbeherrschung durch mehr als zwei Unternehmen annimmt[318]. Sie schildert umfassend und detailliert eine Situation, die bereits vor dem Zusammenschluss ein marktbeherrschendes Oligopol der noch vier großen Reiseunternehmen vermuten lässt. An zwei Stellen ihrer Entscheidung kommt sie selbst zu der Folgerung, bereits zum gegenwärtigen Zeitpunkt, d.h. vor der Durchführung des Vorhabens, sei die Ausübung einer gewissen Marktmacht durch die integrierten

---

312 HHI = $\sum_{i=1}^{n} p_i2$ mit n = Anzahl der Marktteilnehmer und p_i = Marktanteil des Unternehmen i; vgl. Baum / Möller, S. 45.

313 Komm., Entscheidung IV/M.1524 v. 22.9.99, „Airtours / First Choice“, Tz. 139.

314 So COHEN-TANUGI u.a., S. 93; ZACHMANN, S. 166f; VAN DEN BERGH, ECLR 17 (1996), 75 (85).

315 COHEN-TANUGI u.a., S. 92f.

316 VAN DEN BERGH, ECLR 17 (1996), 75 (85); a.A. BAUM / MÖLLER, S. 45f, die kritisieren, mit einer Einzelziffer könne kein Verteilungsphänomen umschrieben werden.

317 Komm., Entscheidungen IV/M.1225 v. 25.11.98, „Enso / Stora“, Tz. 67; IV/M.1365 v. 4.3.99, „Vivendi / FCC“, Tz. 40; IV/M.1383 v. 29.9.99, „Exxon / Mobil“, Tz. 256; COMP/M.1628 v. 9.2.00, „TotalFina / Elf Aquitaine“, Tz. 199.

318 Diesen Aspekt betont auch MOTTA, ECLR 21 (2000), 195 (204).

Reiseveranstalter[319] bzw. eine Tendenz zu kollektiver Dominanz[320] zu beobachten. Dennoch ist nicht genau zu deuten, ob die Kommission von der Entstehung oder der Verstärkung eines bereits existierenden marktbeherrschenden Oligopols ausgeht. Festzuhalten bleibt, dass ab der Unterschreitung einer gewissen Anzahl Wettbewerber kollektive Dominanz jedenfalls dann nahe zu liegen scheint, wenn weitere Faktoren wie die im Fall „Airtours / First Choice" mehrfach dargelegte Markttransparenz kollusives Parallelverhalten aus Anbietersicht rationell und damit wahrscheinlich erscheinen lassen. Eine Besonderheit der Entscheidung liegt in der Art des möglichen Parallelverhaltens. Während dies in den meisten Fällen in einer Anhebung der Preise liegen dürfte, stellte die Kommission hier die Wahrscheinlichkeit zukünftiger Kapazitätsbeschränkungen in den Vordergrund[321].

In wettbewerbstheoretischer Hinsicht lässt sich die Bewertung oligopolistischer Marktmacht am besten anhand des im ersten Teil erörterten Konzepts der optimalen Wettbewerbsintensität von ERHARD KANTZENBACH verdeutlichen[322]. KANTZENBACH hat dargelegt, dass ein Duopol oder ein enges Oligopol nur den theoretischen Idealfall darstelle, während in der Praxis ein zu hoher Interdependenzgrad zwischen den Oligopolisten häufig kollusive Verhaltensweisen nach sich ziehen werde. Gerade der Fall „Airtours / First Choice" belegt dies eindrucksvoll. Strukturelle Verbindungen der Wettbewerber, homogene Produkte und eine sehr ausgeprägte Markttransparenz im engen Oligopol begründen eine gegenseitige Abhängigkeit, die in parallelen Verhaltensweisen ihren Ausdruck findet.

Wiederum ist aber festzustellen, dass auch in der Oligopolsituation die Marktanteile und ihre Verteilung nur der Faktor sind, der überhaupt Anlass zur Besorgnis gibt. Sie dienen zunächst dazu, die Entstehung oder Verengung eines Oligopols nachzuweisen. Ob innerhalb dieses Oligopols Wettbewerb herrschen wird, wie es dem theoretischen Idealfall in den Überlegungen KANTZENBACHS entspricht, oder ob wettbewerbswidrige kollusive Verhaltensweisen vorherrschen werden, muss anhand des Interdependenzgrades ermittelt werden. Hierzu ist zwingend und in noch stärkerem Maße als im Rahmen der Einzelmarktbeherrschung auf andere Faktoren als Marktanteile zurückzugreifen.

In praktischer Hinsicht ist der Fall „Airtours / First Choice" der Höhepunkt einer ganzen Reihe von Entscheidungen auf den europäischen Reisemärkten. Diese Branche scheint einem fortgesetzten Trend zu horizontaler Konzentration und vertikaler Integration ausgesetzt zu sein, wenn die Konzentration auch noch nicht in allen Mitgliedstaaten so weit fortgeschritten zu sein scheint wie von der Kommission für Großbritannien beschrieben. So gibt es z.B. in Deutschland trotz konzentrativer Tendenzen immer noch sieben Großveranstalter, die unterschiedlichen Quellen zufolge einen aggregierten Marktanteil[323] von 83%[324] bis 85%[325] erzielen. In

---

319 Komm., Entscheidung IV/M.1524 v. 22.9.99, „Airtours / First Choice", Tz. 127.
320 Komm., Entscheidung IV/M.1524 v. 22.9.99, „Airtours / First Choice", Tz. 138.
321 MOTTA, ECLR 21 (2000), 195 (205f).
322 Siehe oben im ersten Teil unter C.II.3, S. 31ff.
323 Berechnet anhand des Umsatzes. Anhand der Reisegäste ergibt sich ein aggregierter Marktanteil derselben Gruppen (TUI, C&N, LTU, FTI, Dertour, ITS und Alltours) von 80%, SZ vom 23.12.2000, S. 26 für das Touristikjahr 1998/99.
324 SZ vom 23.12.2000, S. 26, für das Touristikjahr 1999/2000.

Deutschland teilen sich also sieben Gruppen denselben Marktanteil, den in England die drei Marktführer erreicht hätten.

Die vielen Entscheidungen führen zu einer für alle Beteiligten begrüßenswerten Fallpraxis. In ständiger Praxis entschied die Kommission, die Reisemärkte seien national abzugrenzen[326]. Innerhalb der sachlichen Marktabgrenzung verfeinerte die Kommission die von ihr betrachteten relevanten Märkte immer weiter. In ihrer ersten Entscheidung aus dem Jahr 1992 grenzte sie lediglich Geschäftsreisen von Urlaubsreisen ab[327]. Noch im März 1999 sprach sie im Fall „WestLB / Carlson / Thomas Cook" nur von dem Markt für die Veranstaltung von Flugpauschalreisen[328]. Dennoch traf die weitere Segmentierung im Fall „Airtours / First Choice" die beteiligten Unternehmen nicht unvorbereitet, denn in der kurz vor der Anmeldung des Übernahmeangebotes ergangenen Entscheidung „Kuoni / First Choice" deutete die Kommission erstmals eine mögliche weitere Unterteilung in Kurz- und Langstreckenreisen an, die aber für das konkrete Vorhaben nicht entscheidungserheblich wurde[329]. In den beiden letztgenannten Entscheidungen wies die Kommission zudem auf die ausgeprägte vertikale Integration in Großbritannien hin[330].

Aber auch nach der Untersagungsentscheidung kam der britische Reisemarkt nicht zur Ruhe. Die deutsche Preussag AG, die über ihre Tochter TUI auch in Deutschland maßgeblich im Reisegeschäft engagiert ist, gab im Frühsommer 2000 ein Übernahmeangebot für die Thomson Travel Group ab. Da Preussag gemeinsam mit ihrem Hauptanteilseigner, der WestLB, und Carlson, einem amerikanischen Reisekonzern, den britischen Wettbewerber Thomas Cook kontrollierte, wäre eine ähnliche Situation wie im Fall „Airtours / First Choice" eingetreten. Wieder wäre die Anzahl der großen Reiseveranstalter von vier auf drei gesunken. Die Kommission genehmigte die Übernahme von Thomson Travel folgerichtig erst, nachdem Preussag zusagte, die von ihr und der WestLB gehaltenen Anteile an Thomas Cook an einen unabhängigen Dritten zu veräußern[331]. Auch Airtours investierte nach der gescheiterten Übernahme des direkten Konkurrenten verstärkt im Ausland und erhöhte seinen Anteil an der deutschen FTI von einer Minderheitenbeteiligung auf 100%[332].

---

325 Focus 46/99, S. 346, für das Touristikjahr 1997/98

326 Ständige Entscheidungspraxis der Kommission seit den Entscheidungen IV/M.229 v. 14.7.92, „Thomas Cook / LTU / WestLB", Tz. 13ff; IV/M.334 v. 19.7.93, „Costa Crociere / Chargeurs / Accor", Tz. 19. In jüngerer Vergangenheit außerdem so entschieden in Komm., Entscheidungen IV/M.1341 v. 8.3.99, „WestLB / Carlson / Thomas Cook", Tz. 14; IV/M.1502 v. 6.5.99, „Kuoni / First Choice", Tz. 11.

327 Komm., Entscheidung IV/M.229 v. 14.7.92, „Thomas Cook / LTU / WestLB", Tz. 12.

328 Komm., Entscheidung IV/M.1341 v. 8.3.99, „WestLB / Carlson / Thomas Cook", Tz. 10.

329 Komm., Entscheidung IV/M.1502 v. 6.5.99, „Kuoni / First Choice", Tz. 7.

330 Komm., Entscheidung IV/M.1341 v. 8.3.99, „WestLB / Carlson / Thomas Cook", Tz. 15f, 29ff. Ebenso in der Entscheidung IV/M.1502 v. 6.5.99, „Kuoni / First Choice", Tz. 13, 15ff.

331 Komm., Entscheidung COMP/M.2002 v. 26.7.00, „Preussag / Thomson", Tz. 9.

332 Komm., Entscheidung COMP/M.2093 v. 29.8.00, „Airtours / Frosch Touristik (FTI)".

9. *„Volvo / Scania"*

a) Beschreibung der Entscheidung

Am 14. März 2000 untersagte die Kommission die von AB Volvo (im folgenden: Volvo[333]) beabsichtigte Übernahme des schwedischen Lkw- und Busherstellers Scania AB (im folgenden: Scania) aufgrund der drohenden Dominanz Volvos auf mehreren nordeuropäischen Märkten im Bereich schwerer Lkw und Busse. Bereits seit Januar 1999 erwarb Volvo kontinuierlich Aktien des Konkurrenten Scania und schloss im August 1999 einen Vertrag mit dem anderen Großaktionär, der schwedischen Beteiligungsgesellschaft Investor AB, über die vollständige Übernahme Scanias.

Die Kommission unterteilte den Markt für die Lkw-Herstellung entsprechend ihrer gefestigten Entscheidungspraxis[334] in drei Teilbereiche: zum einen leichte Lkw bis 5 Tonnen Gesamtgewicht, zum anderen die Mittelklasse von 5 bis 16 Tonnen und zuletzt Fahrzeuge ab 16 Tonnen. Eine weitere Unterteilung, z.B. in Sattelschlepper und Gespanne, oder eine Segmentierung nach Achszahl, Antriebsart und Aufbau hielt die Kommission aufgrund der hohen Angebotsumstellungsflexibilität der Hersteller nicht für erforderlich. Alle großen Lkw-Hersteller waren in der Lage, eine komplette Angebotspalette anzubieten und Fahrzeuge je nach Kundenwunsch zu konfigurieren[335].

Von entscheidender Bedeutung für die Beurteilung des Falles war die räumliche Abgrenzung der Lkw-Märkte. In Mitteleuropa hätte die Übernahme weder bei nationalen, noch bei weiter gefassten regionalen Märkten Bedenken verursacht. Einer genaueren Bestimmung der räumlich relevanten Märkte bedurfte es aber in Nordeuropa. Hier legte die Kommission nationale Märkte zugrunde. Sie begründete dies vor allem mit Preis- und Marktanteilsunterschieden in benachbarten Ländern und Kundenpräferenzen, die teilweise deutlich divergierten. So orderten Kunden in Ländern mit klimatisch und topographisch anspruchsvollen Bedingungen wie Finnland oder Norwegen häufig leistungsstärkere und allradgetriebene Fahrzeuge als z.B. Fuhrunternehmer in Dänemark. Weitere Faktoren, die für räumlich enge Märkte sprachen, waren technische Normen wie Höchstgewichte und normierte Abmessungen. Diese waren für den grenzüberschreitenden Fernverkehr zwar vereinheitlicht, nicht jedoch für ausschließlich im nationalen Verkehr eingesetzte Fahrzeuge. Aus Sicht der Nachfrager ergaben sich nationale Märkte. Dies folgerte die Kommission auch daraus, dass selbst große Speditionen nahezu ausschließlich bei Händlern ihres Mitgliedstaates kauften, ohne Preisunterschiede auszunutzen. Ferner sprach auch die Notwendigkeit, nationale Servicenetze aufzubauen, für räumlich getrennte Märkte[336].

---

[333] Lediglich zur Klarstellung sei erwähnt, dass die AB Volvo nicht mehr in der Herstellung von Pkw tätig ist. Die Pkw-Marke Volvo mit den dazu gehörigen Produktionskapazitäten ist vom Ford-Konzern übernommen worden, vgl. Komm., Entscheidung IV/M.1452 v. 26.3.99, „Ford / Volvo".

[334] Komm., Entscheidungen IV/M.004 v. 7.11.90, „Renault / Volvo", Tz. 9f; IV/M.1519 v. 12.5.99, „Renault / Nissan", Tz. 21f.

[335] Komm., Entscheidung COMP/M.1672 v. 14.3.00, „Volvo / Scania", Tz. 13ff.

[336] Komm., Entscheidung COMP/M.1672 v. 14.3.00, „Volvo / Scania", Tz. 31ff.

In Europa waren sieben große Lkw-Hersteller tätig, von denen Volvo, Scania und DaimlerChrysler überall nennenswerte Marktanteile erzielten, während Renault, Iveco, DAF und MAN stärker auf ihre Heimatregionen fokussiert waren. Da sowohl Volvo als auch Scania vornehmlich schwere Lastkraftwagen herstellten, untersuchte die Kommission lediglich das oberste Marktsegment für Fahrzeuge mit einem zulässigen Gesamtgewicht von mehr als 16 Tonnen. Im Rahmen der Marktmachtprüfung stellte sie die Entstehung einer marktbeherrschenden Stellung jedenfalls in Schweden, Norwegen, Finnland und Irland fest. Überall waren Volvo und Scania die direktesten Wettbewerber. Marktanteilsverschiebungen bei einem der beiden gingen regelmäßig mit einer umgekehrten Verschiebung bei dem anderen einher.

Als exemplarisches Beispiel wurde Schweden besonders ausführlich untersucht. Hier hätte Volvo nach der Übernahme einen Marktanteil von 90,8% erreicht[337]. Vor dem Zusammenschluss waren sowohl Volvo mit 44,7% als auch Scania mit 46,1% Marktanteil mehr als siebenmal so groß wie der nächste Wettbewerber DaimlerChrysler und hielten diese Stellung bereits seit sehr langer Zeit stabil. Das gute Markenimage von Volvo und Scania, gemessen an der Verbrauchermeinung über die Qualität der Fahrzeuge und des Händlernetzes, ließ eine preisunelastische Nachfrage sowie eine hohe Markentreue auch für die Zukunft erwarten[338]. Verstärkt wurde diese Erwartung noch durch die stark fragmentierte Nachfrage, die generell den Lkw-Markt charakterisiert. Wettbewerber von Volvo hätten nach dem Zusammenschluss noch mehr Schwierigkeiten gehabt, Händler und Servicepunkte zu finden. Der Argumentation Volvos, größere Kunden kauften in der Regel bei mehreren Anbietern, so dass der zukünftige Marktanteil nicht durch eine einfache Marktanteilsaddition ermittelt werden könne, folgte die Kommission deshalb nicht[339]. Sie kam zu dem Ergebnis, aktuelle und potentielle Wettbewerber würden selbst bei einer spürbaren Preiserhöhung durch Volvo Schweden nicht als attraktiven Markt ansehen. Die Kosten für einen Markteintritt und insbesondere für den Aufbau eines ausreichenden Händlernetzes im dünn besiedelten Schweden bezifferte die Kommission auf mindestens 25 Mio. Euro. Angesichts des geringen Marktumfangs seien solche Kosten eine schwer zu überwindende Marktzutrittsschranke[340]. Aufgrund dieser Faktoren folgerte die Kommission, aus der Übernahme Scanias durch Volvo entstehe eine Einzelmarktbeherrschung in Schweden.

In Dänemark hätte sich ein Marktanteil Volvos von 59% ergeben. Hier hatte die Kommission offen gelassen, ob Dänemark ein separater Markt sei oder zu einem eventuell weiter abzugrenzenden, mitteleuropäischen Markt gehöre. In Norwegen, Finnland und Irland herrschten ähnliche Marktbedingungen wie in Schweden. Bei aggregierten Marktanteilen von 70%, 65% bzw. 49,1% bezog sich die Kommission auf die Erörterungen zum schwedischen Markt und folgerte auch hier die Entstehung einer dauerhaft marktbeherrschenden Stellung von Volvo[341]. Interessant ist dabei die

---

337 Komm., Entscheidung COMP/M.1672 v. 14.3.00, „Volvo / Scania“, Tz. 65, 95, 105.

338 Komm., Entscheidung COMP/M.1672 v. 14.3.00, „Volvo / Scania“, Tz. 96ff.

339 Komm., Entscheidung COMP/M.1672 v. 14.3.00, „Volvo / Scania“, Tz. 116ff.

340 Komm., Entscheidung COMP/M.1672 v. 14.3.00, „Volvo / Scania“, Tz. 132ff.

341 Komm., Entscheidung COMP/M.1672 v. 14.3.00, „Volvo / Scania“, Tz. 146ff, 161ff, 174ff, 203ff.

Feststellung zum irischen Markt, ein Marktanteil von nahezu 50% begründe bereits die Vermutung einer Einzelmarktbeherrschung[342].

Neben dem Markt für Schwerlastkraftwagen wäre in sachlicher Hinsicht auch die Herstellung von Bussen durch das Zusammenschlussvorhaben betroffen gewesen. Vor allem unterschiedliche Käufergruppen sowie technische Besonderheiten, die zu einer geringen Angebotsumstellungsflexibilität führten, waren die Gründe für die bereits in früheren Entscheidungen[343] ausgesprochene Unterscheidung in die drei Teilmärkte Stadtbusse, Überlandbusse und Reisebusse[344]. Entsprechend der Lkw-Märkte entschied die Kommission in Bezug auf Busse, die nordischen Länder stellten separate nationale Märkte dar. Die enge Abgrenzung galt auch für Reisebusse. Maßgeblich hierfür waren Marktanteilsunterschiede in benachbarten Ländern, eine geringere Importquote als in Mitteleuropa, unterschiedliche technische Standards sowie die Fähigkeit der Produzenten, in räumlich benachbarten Gebieten unterschiedliche Preise durchzusetzen[345].

Bei den Reisebussen hätte der Zusammenschluss in Finnland und dem Vereinigten Königreich zur Entstehung einer marktbeherrschenden Stellung geführt. Während diese Feststellung in Finnland auf einem aggregierten Marktanteil von 80 bis 90%, zu dem beide Unternehmen gleichmäßig beitrugen, beruhte[346], hätte sich in Großbritannien ein Marktanteil Volvos nach der Übernahme Scanias in Höhe von 52% ergeben. Vor dem Zusammenschluss hielt Volvo einen Marktanteil von 42%, Scania hingegen lediglich 10%. Die übrigen Wettbewerber (DaimlerChrysler, MAN, DAF, Van Hool und Dennis) erreichten Marktanteile von unter 10%. Trotz dieser relativ geringen Marktanteilsaddition sei Scania für viele Nachfrager das beste Substitut für Fahrzeuge von Volvo. Die geringe Nachfragemacht sowie ein besonders gut ausgebautes Händlernetz von Volvo und Scania in beiden Ländern führten zum Ergebnis, durch den Zusammenschluss werde Volvo eine dauerhafte Marktdominanz erlangen[347]. In mehreren Mitgliedstaaten (Schweden, Finnland, Dänemark und Irland) sowie in Norwegen hätte die Übernahme auch auf den Märkten für Stadt- und regionale Linienbusse zu hohen Marktanteilen von 60% bis über 90% und zusammen mit den erörterten Faktoren zur Marktbeherrschung geführt. Da Volvo keine Zusagen machen konnte, durch welche die Bedenken der Kommission hätten zerstört werden können, untersagte sie die geplante Übernahme.

---

342 Komm., Entscheidung COMP/M.1672 v. 14.3.00, „Volvo / Scania", Tz. 207.

343 Komm., Entscheidungen IV/M.477 v. 14.2.95, „Mercedes-Benz / Kässbohrer", Tz. 9ff und IV/M.1202 v. 22.10.98, „Renault / Iveco", Tz. 8ff (18). Im Fall „Mercedes-Benz / Kässbohrer" legte die Kommission erstmals drei Teilmärkte zugrunde, während sie in zwei noch weiter zurück liegenden Fällen lediglich den Markt für Linienbusse von dem für Reisebusse unterschieden hatte, vgl. Komm., Entscheidungen IV/M.004 v. 7.11.90, „Renault / Volvo", Tz. 15 und IV/M.092 v. 3.6.91, „RVI / VBC / Heuliez", Tz. 5.

344 Komm., Entscheidung COMP/M.1672 v. 14.3.00, „Volvo / Scania", Tz. 222ff.

345 Komm., Entscheidung COMP/M.1672 v. 14.3.00, „Volvo / Scania", Tz. 238ff.

346 Komm., Entscheidung COMP/M.1672 v. 14.3.00, „Volvo / Scania", Tz. 273ff.

347 Komm., Entscheidung COMP/M.1672 v. 14.3.00, „Volvo / Scania", Tz. 282ff.

b) Bewertung

Anhand der Entscheidung „Volvo / Scania" kann in beeindruckender Deutlichkeit die überragende Bedeutung der Marktabgrenzung für die wettbewerbliche Beurteilung dargelegt werden. Wäre die Kommission von dem EWR als relevantem Markt ausgegangen, hätte das Vorhaben vermutlich ohne Auflagen genehmigt werden müssen. Auch im EWR wäre Volvo nach der Übernahme von Scania der größte Lkw-Hersteller geworden. Ein aggregierter Marktanteil von 30,8%, zu dem Volvo und Scania jeweils gut 15% beigetragen hätten, hätte jedoch kaum zur Erlangung einer marktbeherrschenden Stellung ausgereicht. DaimlerChrysler mit 20,5%, MAN mit 12,6%, Renault mit 11,9% und Iveco und DAF mit jeweils über 10% Marktanteil waren im europäischen Maßstab bedeutende Konkurrenten, die lediglich auf dem Heimatmarkt von Volvo und Scania sowie in benachbarten Gebieten nicht mit den beiden Marktführern mithalten konnten.

Weniger entscheidend ist dabei die Bestimmung nationaler Märkte in Nordeuropa als die Tatsache, dass die Kommission Nordeuropa jedenfalls andere Wettbewerbsbedingungen zuschreibt als Mitteleuropa und die nordischen Länder deshalb nicht in einem gesamteuropäischen Kontext untersucht. Bezüglich der Herstellung von Lastkraftwagen hatte die Kommission mehrere Fälle zu untersuchen, die aber alle von so geringer Bedeutung waren, dass die Marktabgrenzung offen gelassen wurde. Hier zeigt sich, dass eine gefestigte Entscheidungspraxis nur dann entstehen kann, wenn die Kommission auch in weniger bedeutenden Entscheidungen zumindest ansatzweise ihren Standpunkt darlegt, selbst wenn es für den konkreten Fall nicht entscheidungsrelevant ist. Im Fall „Renault / Volvo" aus dem Jahr 1990 wurde die Abgrenzung ohne nähere Erörterung offen gelassen, während die Kommission im Fall „Renault / Nissan" sowohl für Pkw- als die Lkw-Produktion ausführt, aus Herstellersicht sei die Produktion zwar international oder sogar global organisiert, wohingegen aus Nachfragersicht immer noch geographische Besonderheiten für getrennte Märkte sprächen. Im Ergebnis bedurfte es hier jedoch ebenfalls keiner Entscheidung.

Dass die Kommission an ihrer Argumentation aus dem Fall „Volvo / Scania" auch für Mitteleuropa festzuhalten scheint, ergibt sich aus dem im September 2000 entschiedenen Fall „Volvo / Renault V.I.". Nach dem Scheitern der Übernahme Scanias zielte Volvo auf eine Übernahme der Nutzfahrzeugsparte Vehicules Industriels von Renault. Im Gegenzug erwarb der Mutterkonzern Renault S.A. eine Beteiligung an Volvo. Auch wenn die räumliche Marktabgrenzung letzten Endes offen blieb, führte die Kommission aus, auch für mittel- und westeuropäische Länder wie Frankreich und Portugal seien die in der Untersagungsentscheidung genannten Argumente für nationale Märkte zutreffend[348].

Anders als auf den Lkw-Märkten war – wie bereits kurz erörtert[349] – die Situation im Bereich der Bus-Märkte. Hier hatte die Kommission in zwei Entscheidungen die räumlich relevanten Märkte ausdrücklich bestimmt. Während sie der viel beachteten Entscheidung „Mercedes-Benz / Kässbohrer" noch nationale Märkte zugrunde

---

[348] Komm., Entscheidung COMP/M.1980 v. 1.9.00, „Volvo / Renault V.I.", Tz. 23.

[349] Zur räumlichen Marktabgrenzung auf den Busmärkten siehe oben in diesem Teil unter A.II.1, S. 86 und unter A.III.2, S. 98.

legte[350], modifizierte sie diese Abgrenzung in der Entscheidung „Renault / Iveco" aus dem Jahr 1998. Renault und Iveco fusionierten ihre Bussparten in dem Gemeinschaftsunternehmen Irisbus[351], welches vor allem in den beiden Heimatmärkten Frankreich und Italien, aber auch in Spanien bedeutende Marktanteile erzielte. Die Kommission befand, die Kunden für Reisebusse seien preissensibel und weniger an nationale Marken gebunden als die häufig öffentlichen Kunden für Linienbusse. Aus diesem Grund ergäben sich bei den Reisebussen recht hohe Importquoten, so dass der räumlich relevante Markt für diesen Bereich der Gemeinsame Markt sei[352]. Bei der genannten Entscheidung wurde der Schwerpunkt auf Mitteleuropa gelegt. Die Feststellung, hier seien die Wettbewerbsbedingungen so homogen, dass die Beurteilung auf die gemeinschaftsweiten Marktanteile gestützt werden könne, galt für diesen Bereich. Die im Fall „Volvo / Scania" schwerpunktmäßig zu untersuchenden Regionen Nordeuropas waren demgegenüber nicht im selben Maßen homogen. Je nach dem Ausgangspunkt und dem regionalen Schwerpunkt des Falles kann sich hieraus eine von früheren Fällen abweichende Abgrenzung ergeben. Diese vor dem Hintergrund der Rechtssicherheit bedauernswerte Fallpraxis kann offensichtlich nicht vermieden werden.

Innerhalb der Marktmachtprüfung fällt auf, dass die Kommission deutlich die Dominanz von Volvo und Scania auf den nordischen Märkten beschreibt, ohne jedoch die Veränderungen durch die Übernahme Scanias durch Volvo genauso prägnant darzulegen. Die geschilderten Marktstrukturen in Schweden deuten auf perfekte Bedingungen für ein marktbeherrschendes Duopol hin. Bereits vor der Anmeldung des Verfahrens verfügten die beiden Marktführer über ähnlich gut ausgebaute Servicenetze und ein hohes Markenimage. Sie hielten über viele Jahre Marktanteile zwischen 40% und knapp über 50% und konnten sich weitgehend unabhängig von der Konkurrenz verhalten. Trotz leichter Schwankungen variierte die Marktposition nur mäßig und bewegte sich immer innerhalb der genannten Grenzen (vgl. die nachfolgende Abbildung).

Alleine aufgrund der hohen Marktanteile und der im übrigen ähnlichen Struktur liegt der Verdacht nahe, bereits vor dem Zusammenschluss hätten beide Unternehmen kollektive Dominanz ausüben können. Als Auswirkung des Vorhabens bliebe damit die Veränderung von duopolistischer Marktbeherrschung zu Einzelmarktbeherrschung durch die Marktanteilsaddition. Die Kommission erwähnt diesen Aspekt mit keinem Wort, sondern scheint aufgrund der leichten Schwankungen in den Marktanteilen und der wechselnden Marktführerschaft von einem vor dem Zusammenschluss bestehenden Duopol mit hoher Wettbewerbsintensität auszugehen. Ob diese Annahme bei Marktanteilsverschiebungen von +/- 5% angebracht ist, erscheint aber sehr fraglich.

Interessant wäre die Beantwortung der Frage gewesen, ob der Übergang von kollektiver Dominanz zur Einzelmarktbeherrschung stets gleichbedeutend mit einer

---

350 Komm., Entscheidung IV/M.477 v. 14.2.95, „Mercedes-Benz / Kässbohrer", Tz. 23ff.

351 Infolge der Übernahme durch Volvo musste Renault V.I. seine Beteiligung an Irisbus wieder aufkündigen, Komm., Entscheidung COMP/M.1980 v. 1.9.2000, „Volvo / Renault V.I.", Tz. 48, 51f und Anhang III, und hat seinen Anteil an Iveco veräußert, vgl. Komm., Entscheidung COMP/M.2647 v. 11.12.2001, „Iveco / Irisbus".

352 Komm., Entscheidung IV/M.1202 v. 22.10.98, „Renault / Iveco", Tz. 19ff.

Verschlechterung der Marktstruktur bzw. der Verstärkung einer beherrschenden Stellung ist. Auch wenn der Fall „Volvo / Scania" Anlass zu einer klärenden Anmerkung der Kommission gegeben hätte, muss diese Frage bejaht werden. Die Ausübung von Marktmacht in einem Duopol bedarf immer eines beabsichtigten oder stillschweigenden Parallelverhaltens. Keiner der beiden Duopolisten kann sich der Wettbewerbshandlungen des anderen völlig sicher sein, so dass immer ein gewisser Rest an Unsicherheit verbleibt, der zu Ansätzen eines funktionsfähigen Wettbewerbs führt. Bei der Erlangung einer einzelmarktbeherrschenden Position kann sich der Marktführer hingegen unabhängig verhalten, ohne auf wettbewerbliche Handlungen der Konkurrenz Rücksicht nehmen zu müssen. Diese Stellung ist daher sicherer und häufig auch verfestigter als ein marktbeherrschendes Duopol.

Nach der Untersagung der Übernahme Scanias durch Volvo veräußerte die schwedische Beteiligungsgesellschaft Investor AB einen Großteil ihrer Beteiligung an die Volkswagen AG, die damit auch im Lastkraftwagengeschäft Fuß fassen möchte. VW hält inzwischen 18,7% der Aktien an Scania, verfügt aber über 34% der Stimmrechte, stellt mit FERDINAND PIËCH den Aufsichtsratsvorsitzenden und ist damit einflussreichster Anteilseigner vor Volvo mit einem derzeit noch bestehenden Stimmrechtsanteil von 30,6%. Im Zuge der Übernahme von Renault V.I. musste Volvo zusagen, auch diese Beteiligung zu veräußern[353]. So wird auch die bereits vor Anmeldung des Vorhabens „Volvo / Scania" bestehende strukturelle Verbindung der beiden Wettbewerber gelöst, was mit Sicherheit nur zu einer Intensivierung des Wettbewerbs beitragen kann.

10. „MCI WorldCom / Sprint"

a) Beschreibung der Entscheidung

Mit dem Vorhaben der beiden US-amerikanischen Telekommunikationsriesen MCI WorldCom Inc. (im folgenden: MCI WorldCom) und Sprint Corporation (im folgenden: Sprint), ihre Unternehmen zu fusionieren, fand die Konzentrationsbewegung in dieser Branche einen vorläufigen Höhepunkt. MCI WorldCom, selbst erst 1998 aus dem Zusammenschluss von MCI und WorldCom entstanden[354], hätte durch das neuerliche Vorhaben seine Position als zweifellos größter Telekommunikationskonzern der Welt gefestigt. Im Unterschied zu MCI WorldCom war Sprint selbst nur in den USA tätig. In Europa beschränkte Sprint sich auf die Beteiligung an der „Global One"-Allianz zusammen mit France Télécom und der Deutschen Telekom, aus der Sprint aber ausscheiden wollte.

Die Kommission sah zunächst Probleme auf drei Märkten, von denen sie einen – die Zustellung internationaler Telefonate in den USA – nicht näher prüfte, weil sich nur indirekte Auswirkungen auf europäische Märkte ergaben. Einen zweiten Teilbereich, den so genannten Markt für globale Telekommunikations-Dienstleistungen für multinational operierende Unternehmen[355] untersuchte die Kommission zwar ausgiebig. In einer Art Beweislastentscheidung kam sie jedoch zu dem Ergebnis, trotz

---

[353] Komm., Entscheidung COMP/M.1980 v. 1.9.00, „Volvo / Renault V.I.", Tz. 4 und im Anhang der Entscheidung, Seite 13.

[354] Komm., Entscheidung IV/M.1069 v. 8.7.98, „WorldCom / MCI (II)".

[355] Zu diesem Markt siehe unten im dritten Teil unter B.IV, S. 259.

enormer Bedenken habe sie letzten Endes in diesem jungen und schnell wachsenden Markt die Entstehung einer gemeinsamen marktbeherrschenden Stellung durch MCI Worldcom und die konkurrierende Concert-Allianz[356] gegen Außenseiter wie Equant oder Cable & Wireless nicht nachweisen können[357].

Der Markt, aufgrund dessen die Kommission das Vorhaben untersagte, war der globale Markt für universelle Internet-Netzanschlussdienste auf höchster Stufe, der vereinfacht ausgedrückt ein Teil des größeren Marktes für Verbindungskapazitäten ist. In sachlicher Hinsicht war dieser Markt extrem schwierig abzugrenzen. Bevor die Kommission in die eigentliche Abgrenzung einstieg, legte sie technische, vor allem aber auch wirtschaftliche Hintergründe des Internets dar. Entscheidend für die reibungslose Verbindung zweier Rechner über das Internet ist zum einen die Anbindung dieser Rechner über ihre Internet Service Provider (ISP) an das Netz und zum anderen die eigentliche Weiterleitung von Daten und Informationen im Netz durch Netzwerk Service Provider (NSP). Große Konzerne arbeiten dabei sowohl im Wettbewerb um Endkunden als ISP, sie verfügen aber auch als NSP über Netzwerkkapazitäten. Um eine Internet Site irgendwo auf der Welt abrufen zu können, müssen Daten über Leitungsnetze übertragen werden. Da kein Telekommunikationsunternehmen überall präsent sein kann, werden die Netzwerke von Konkurrenzunternehmen mit benutzt. Hierbei gibt es zwei Grundkonzeptionen, nämlich zum einen den Aufbau von Schnittstellen („peering points"), die von zwei Unternehmen finanziert werden und mit denen sich zwei Netzwerkbetreiber ihre Verbindungskapazitäten auf Gegenseitigkeitsbasis zur Verfügung stellen („peering agreements"), und zum anderen die entgeltliche Zurverfügungstellung von Übertragungskapazitäten im eigenen Netz für andere, meist kleinere Netzwerkbetreiber, denen so gegen Gebührenzahlung ermöglicht wird, auch interkontinentale Verbindungen zu realisieren („transfer agreements")[358].

Im Rahmen der sachlichen Marktabgrenzung unterteilte die Kommission die Anbieter von Verbindungskapazitäten, also diejenige Unternehmen, die für die eigentliche Übertragung der Daten sorgen, in mehrere Ebenen. Diejenigen Konzerne, die über ihr eigenes Netzwerk und über peering agreements alle wichtigen interkontinentalen Verbindungen selbst darstellen können, sind die so genannten Netzanschluss- oder Zusammenschaltungsdienste auf höchster Ebene („Top Level"-Dienste). Untergeordnete Netzwerkdienste sind auf transit agreements angewiesen und müssen Verbindungskapazitäten zukaufen, um überall auf der Welt präsent zu sein. Zu letzteren gehören insbesondere auch europäische Netzwerkdienste, die trotz der wachsenden Bedeutung innereuropäischen Verkehrs bzw. des Verkehrs von anderen Kontinenten nach Europa immer noch auf Verbindungskapazitäten US-

---

356 Concert war ein Gemeinschaftsunternehmen zwischen British Telecom und AT&T, dessen Gründung von der Kommission in der Entscheidung IV/JV.15 v. 30.3.99, „BT / AT&T" genehmigt wurde. Die Schnelllebigkeit der Telekommunikationsbranche wird durch die kürzlich erfolgte Auflösung der Concert-Allianz und die Rückübertragung der Aktiva auf die Muttergesellschaften dokumentiert, vgl. Komm., Entscheidungen COMP/M.2642 v. 17.12.01, „BT / Concert" und COMP/M.2651 v. 17.12.01, „AT&T / Concert".

357 Komm., Entscheidung COMP/M.1741 v. 28.6.00, „MCI Worldcom / Sprint", Tz. 302.

358 Komm., Entscheidung COMP/M.1741 v. 28.6.00, „MCI Worldcom / Sprint", Tz. 16ff.

amerikanischer Anbieter angewiesen waren. Diese hierarchische Struktur des Internets war entscheidend für die enge Marktabgrenzung der Kommission, die sich auf die Zusammenschaltungsdienste auf höchster Ebene beschränkte und untergeordnete Netzwerke einem hiervon abgrenzbaren anderen Teilmarkt zuordnete[359].

Vergleichsweise einfach gestaltete sich die räumliche Komponente der Marktabgrenzung. Schon die Definition des sachlich relevanten Marktes legte nahe, dass in räumlicher Hinsicht eigentlich nur ein globaler Markt für „Top Level"-Netzwerkdienste in Frage kam[360].

Im Rahmen der wettbewerblichen Beurteilung des Vorhabens versuchte die Kommission wie in nahezu allen Entscheidungen zunächst, die Marktstellung der beiden beteiligten Unternehmen und ihrer Konkurrenten anhand von Marktanteilen darzustellen. Auch hier stieß sie jedoch auf einige Schwierigkeiten. MCI WorldCom und Sprint waren der Auffassung, angesichts der engen technischen Zusammenhänge im Internet-Geschäft sei eine Aufsplittung von Umsätzen kaum möglich. Ein geordnetes Berichtswesen, welches die Ermittlung von Marktanteilen anhand von Umsatzzahlen ermöglicht hätte, gebe es nicht. Eine Messung der Marktanteile anhand von Verkehrsströmen sei aus technischer Sicht nicht darzustellen[361]. Externe Studien und Publikationen boten stark unterschiedliche Einschätzungen der Marktpositionen der einzelnen Netzwerkdienste. Sie schrieben MCI WorldCom und Sprint Marktanteile zwischen 20 und ca. 45% zu[362].

Die Kommission versuchte daraufhin zu einer eigenen, zuverlässigeren Marktanteilsverteilung zu gelangen. Zu diesem Zweck waren zwei Schritte notwendig: zunächst untersuchte die Kommission, welche Wettbewerber überhaupt der Gruppe der „Top Level"-Dienste zugehörten. Sie nannte fünf Konzerne, zu denen neben MCI WorldCom und Sprint noch Cable & Wireless, AT&T und GTE (nach der Fusion mit Bell Atlantic heute als Verizon Communications firmierend) gehörten, berücksichtigte aber auch andere Eingruppierungen, nach denen bis zu 17 Konzerne „Top Level"-Netzwerkdienste anbieten könnten. Anschließend nannte sie die bereits erwähnten beiden Bezugsgrößen für die Ermittlung von Marktanteilen, den Umsatz sowie die Verkehrsströme. Bei einer solchen Vielzahl von Unbekannten konnten sich nahezu zwangsläufig keine eindeutigen Marktanteilsdaten ermitteln lassen. Die Kommission nannte Werte zwischen 45 und 65% bei einer technisch orientierten Betrachtung anhand der Verkehrsströme und Werte zwischen 30 und 55% bei einer umsatzorientierten Betrachtungsweise. Um die mit Netzwerkdiensten generierten Umsätze der einzelnen Wettbewerber angeben zu können, behalf sich die Kommission sogar mit der groben Schätzung, die Unternehmen erzielten ungefähr ein Drittel ihres Gesamtumsatzes mit Zusammenschaltungsdiensten. Sie schlussfolgerte, auch wenn ganz konkrete Marktanteilsdaten nicht zu ermitteln seien, erreiche die neue Unternehmenseinheit mit einem prognostizierten aggregierten Marktanteil von 30-65% eine

---

359 Komm., Entscheidung COMP/M.1741 v. 28.6.00, „MCI Worldcom / Sprint", Tz. 52ff.
360 Komm., Entscheidung COMP/M.1741 v. 28.6.00, „MCI Worldcom / Sprint", Tz. 97.
361 Komm., Entscheidung COMP/M.1741 v. 28.6.00, „MCI Worldcom / Sprint", Tz. 101.
362 Komm., Entscheidung COMP/M.1741 v. 28.6.00, „MCI Worldcom / Sprint", Tz. 102.

Stellung von überragender Bedeutung und sei jedenfalls mehr als doppelt so groß wie der nächste Wettbewerber[363].

Neben der Marktanteilsbetrachtung führte die Kommission eine Reihe weiterer Faktoren in die Untersuchung ein, um die Auswirkungen des Zusammenschlussvorhabens zu verdeutlichen. In wirtschaftlicher Hinsicht war MCI WorldCom in der Lage, für die Bereitstellung von Verbindungskapazitäten höhere Gebühren zu verlangen als die Wettbewerber. Nur AT&T konnte ein ähnliches Preisniveau halten. Diesen Preisunterschied nannte die Kommission als Beleg für die Abhängigkeit der Nachfrager von den Netzwerken der beteiligten Unternehmen. Demgegenüber stand die technische Unabhängigkeit vor allem von MCI WorldCom. Nach den Ermittlungen der Kommission konnte MCI WorldCom ungefähr ein Drittel des gesamten Verkehrs, an dem der Konzern beteiligt war, vollständig über interne Verbindungskapazitäten abwickeln, ohne auf Netzwerke der Konkurrenz angewiesen zu sein. Im Unterschied zu konkurrierenden Anbieter von Verbindungskapazitäten bot sich so ein erheblicher Verhaltensspielraum, innerhalb dessen MCI WorldCom nicht auf Kooperation mittels peering oder transit agreements angewiesen war[364]. Durch die Einbindung der Verbindungskapazitäten von Sprint wäre auch der Anteil internen Verkehrs naturgemäß weiter erhöht worden.

Eine andere Entwicklung, die von der Kommission ausführlich erörtert wurde, war der außerordentlich schnelle Wachstum der Bedeutung des Internets und der abgewickelten Verkehrsströme. Dies begünstigte zwar die Entstehung neuer Wettbewerber, bei denen es sich aber ausschließlich um im Vergleich zu den Branchenriesen kleinere Netzwerkdienste handelte. Auch diese benötigten jedoch zwingend „Top Level"-Kapazitäten und waren deshalb auf den Abschluss von transit agreements mit den fünf großen Anbietern angewiesen. In diesem Zusammenhang stand auch die Erwägung, trotz der steigenden Bedeutung Europas für das Internet seien auch im Jahr 2000 die 50 am häufigsten frequentierten Internet Sites in den USA gelegen. Um diese erreichen zu können seien die Nutzer auf die inneramerikanischen Verbindungskapazitäten, die von den US-amerikanischen Telekommunikationskonzernen und nicht von kleineren, europäischen Netzwerkdiensten zur Verfügung gestellt würden[365]. Der Zusammenschluss des bedeutendsten Anbieters von Verbindungskapazitäten mit einem der größten Wettbewerber hätte nach Ansicht der Kommission auch zu einer technischen Vorherrschaft bei Entwicklungen geführt. Die Erschließung neuer Medien, wie die Übertragung von Audio- und Video-Sequenzen in Echtzeit, machte es notwendig, neuere und ausgefeiltere Technologien für das Komprimieren, Zerlegen und anschließende Zusammensetzen der Datenpakete am Zielort zu kreieren. Um eine reibungslose Weiterleitung über mehrere Netzwerke sichern zu können, waren Standards nötig, die unter der Marktführerschaft von MCI WorldCom und Sprint von diesen einseitig hätten bestimmt werden können. Die Notwendigkeit für potentielle Wettbewerber, nicht nur ein eigenes Netzwerk schaffen, sondern auch eine breite Kundenbasis akquirieren zu müssen, um als potentieller

---

363 Komm., Entscheidung COMP/M.1741 v. 28.6.00, „MCI Worldcom / Sprint", Tz. 103ff (123).

364 Komm., Entscheidung COMP/M.1741 v. 28.6.00, „MCI WorldCom / Sprint", Tz. 130ff.

365 Komm., Entscheidung COMP/M.1741 v. 28.6.00, „MCI WorldCom / Sprint", Tz. 139ff, 165ff.

Partner für peering agreements in Frage zu kommen, wirke in ihrer Kombination als Marktschranke[366].

Alle diese Faktoren führten die Kommission zu der Annahme, MCI WorldCom und Sprint könnten gemeinsam in der Lage sein, Wettbewerber zu disziplinieren, insbesondere durch die Drohung transit oder peering agreements mit diesen nicht oder nur zu erdrückenden Bedingungen abzuschließen. Die Nachfrageseite sei hingegen nicht fähig, ihrerseits den Verhaltensspielraum der Marktführer zu beschränken. Selbst wenn ein Nachfrager oder ein kleinerer Netzwerkbetreiber sich von MCI WorldCom oder Sprint lösen sollte, wäre er dennoch gezwungen, deren Verbindungskapazitäten in Anspruch zu nehmen, sobald er eine Internet Site erreichen wollte, die wiederum an das Netz von MCI WorldCom oder Sprint angeschlossen war. Die Verbreiterung der Kundenbasis hätte nach Ansicht der Kommission so zu einem „Schneeballeffekt"[367] geführt; im Ergebnis sei die Entstehung einer marktbeherrschenden Stellung von MCI WorldCom und Sprint nach der Durchführung des Vorhabens zu vermuten[368].

Entscheidungserheblich für die Genehmigung des Vorhabens wurde damit das Angebot der beteiligten Unternehmen, das Internet-Geschäft von Sprint zu veräußern, um Überschneidungen auf diesem Markt zu vermeiden[369]. Die Kommission hatte jedoch große Bedenken gegen die Erfolgsmöglichkeiten des veräußerten Unternehmensteils. Angesichts des schnellen Marktwachstums war es von essentieller Bedeutung, dass ein Erwerber des Internet-Geschäfts von Sprint die Möglichkeit gehabt hätte, unmittelbar ohne große Anlaufphase am Markt erfolgreich zu sein. Hiergegen sprach zum einen der relativ enge Bereich der angebotenen Veräußerung. Die unterschiedlichen Aktivitäten der beteiligten Unternehmen waren teilweise nur schwierig aufteilbar. So benötigte beispielsweise die Bereitstellung von Internet-Diensten teilweise Infrastruktur, die für Sprint auch im Telekommunikationsbereich unerlässlich war. Auch aus Kundensicht wäre die Absplittung eines engen Teilbereichs kaum akzeptiert worden. Die Nachfrager erwarten internetbezogene Dienstleistungen von dem Anbieter, der ihnen auch den Zugang zu den Leitungsnetzen und die Zusammenschaltdienste zur Verfügung stellt. Die enge Verflechtung zwischen den Unternehmensteilen, die Sprint zur Veräußerung anbot, und denen, die mit MCI WorldCom fusioniert werden sollten, ergab Folgeprobleme wie die Frage, ob das auf einen Neuerwerber übergehende Personal geeignet wäre, eine neue wettbewerbliche Kraft zu schaffen, aber auch technische Schwierigkeiten bezüglich gemeinsam zu nutzender Infrastruktur[370]. Im Ergebnis konnten die beteiligten Unternehmen die Bedenken der Kommission nicht zerstreuen, die das Vorhaben folgerichtig untersagte.

---

[366] Komm., Entscheidung COMP/M.1741 v. 28.6.00, „MCI WorldCom / Sprint", Tz. 147ff, 178ff.

[367] Komm., Entscheidung COMP/M.1741 v. 28.6.00, „MCI WorldCom / Sprint", Tz. 173.

[368] Komm., Entscheidung COMP/M.1741 v. 28.6.00, „MCI WorldCom / Sprint", Tz. 196.

[369] Komm., Entscheidung COMP/M.1741 v. 28.6.00, „MCI WorldCom / Sprint", Tz. 317ff.

[370] Komm., Entscheidung COMP/M.1741 v. 28.6.00, „MCI WorldCom / Sprint", Tz. 339ff.

b) Bewertung

In verfahrensrechtlicher Hinsicht stellt die Entscheidung „MCI WorldCom / Sprint" ein Novum dar. Als die beteiligten Unternehmen erfuhren, die Kommission werde ihr Vorhaben nicht genehmigen, zogen sie kurz vor Erlass der Entscheidung ihre Anmeldung zurück. Da sie aber den zugrunde liegenden Fusionsvertrag noch nicht rechtsverbindlich aufgehoben hatten, sah sich die Kommission in der Lage, in dem einmal eingeleiteten Verfahren auch eine förmliche Entscheidung zu treffen. Einmal angemeldet scheint ein Fusionskontrollverfahren damit nicht mehr vollends in der Herrschaft der Parteien zu stehen. Die Ansicht der Kommission bringt ein Genehmigungsverfahren, wenn es denn in Gange ist, in die Nähe eines Offizialverfahrens.

Sachlich ist die Entscheidung ein anschauliches Beispiel für einen Zusammenschluss in einer High-Tech-Branche. Schon die Marktabgrenzung kann hier nicht nach dem klassischen Bedarfsmarktkonzept ablaufen. Nicht allein die Sicht sowie die Anforderungen der Nachfrageseite sind entscheidend. Die Kommission musste vielmehr zunächst technische Gegebenheiten des Internets darstellen, bei denen aber auch die wirtschaftliche Organisation – beispielsweise die Unterscheidung zwischen der Verbindung verschiedener Netzwerke mittels peering agreements oder die Bereitstellung des eigenen Netzes gegen Gebührenzahlung über transit agreements – nicht außer acht gelassen werden durfte. Der Auffassung von EMMERICH, die Marktabgrenzung innerhalb der „MCI WorldCom / Sprint"-Entscheidung gleiche einem physikalisch-technischen Lehrbuch über die Funktionsweise des Internet[371], kann aber nur zugestimmt werden.

Aus wirtschaftstheoretischer Sicht überrascht die Untersagung zunächst. Grundsätzlich gilt infolge des anerkannten Marktphasenschemas von ERNST HEUSS[372] als inzwischen gesicherte Erkenntnis, dass Marktmacht in Wachstumsbranchen eher tolerabel ist als auf ausgereiften Produktmärkten, weil Wachstum Konkurrenz anzieht. Marktmacht wird in dieser Phase nur selten von Dauer sein. Hinterfragt man die Argumentation der Kommission kritisch, so kristallisiert sich eine differenzierte Betrachtung heraus. Nie gekanntes Marktwachstum konstatierte die Kommission zwar im Bereich des Gesamtverkehrs, der über das Internet abgewickelt wird, und korrespondierend hierzu auf der Anbieterseite auch im Bereich der gesamten Verbindungskapazitäten. Durch ihre Marktabgrenzung konzentrierte sich die Kommission aber auf die von ihr als „Top Level"-Dienste bezeichneten Anbieter, die eine Verbindung ohne entgeltliche Inanspruchnahme fremder Netzwerkkapazitäten realisieren konnten. Dieser Teilmarkt befand sich eben nicht mehr in einer Wachstumsphase, sondern schien nach der Argumentation der Kommission bereits in festen Händen. Neue Anbieter konzentrierten sich darauf, regionale Verbindungskapazitäten auf- bzw. auszubauen; es gab jedoch keine Marktzutritte, die ein umfassendes, möglichst interkontinentales Konkurrenznetzwerk aufzubauen versuchten. Die bloße Existenz der so genannten „Top Level"-Dienste oder – präziser ausgedrückt – die Kosten für den Aufbau eines eigenen Zusammenschaltdienstes auf höchster Ebene wirkten damit als Marktzutrittsschranke für potentielle Wettbewerber.

---

371 EMMERICH, AG 1999, 529 (531).

372 Vertieft zur Marktphasenlehre siehe unten im dritten Teil unter B.IV, S. 256ff (258ff).

In anderer Hinsicht war die Entscheidung jedoch geradezu typisch für einen Zusammenschluss auf einem relativ neuen Markt, dessen Grenzen noch nicht genau bestimmbar waren. Die Schwierigkeit der Kommission, die Verteilung der gegenwärtigen Marktanteile zu ermitteln, ist ein häufig zu beobachtendes Phänomen auf jungen Märkten. Auch in dieser Beziehung kam die enge Verflechtung der unterschiedlichen Aktivitäten der beteiligten Unternehmen zum tragen, ohne die zumindest genauere Umsatzdaten der einzelnen Geschäftsbereiche vorhanden sein müssten. Die Schwierigkeit, Marktanteile in dieser Branche zu bestimmen, wird auch an einer weiteren Stelle der Entscheidung deutlich: während MCI WorldCom und Sprint vorgaben, ihre Position im Markt habe sich in den beiden Jahren seit dem Zusammenschluss von MCI und WorldCom durch den Eintritt neuer Wettbewerber verschlechtert, nannte die Kommission Zahlen, die diese Auffassung nicht bestätigten. In der „WorldCom / MCI"-Entscheidung habe sie Marktanteile von 35-45% für WorldCom, MCI und Sprint ermittelt. Trotz der oben dargestellten Unsicherheiten und einer für die beteiligten Unternehmen günstigen Auslegung sei nunmehr ein aggregierter Marktanteil für MCI WorldCom und Sprint in der Größenordnung von 40-50% anzunehmen[373].

Ein weiterer Randaspekt diene dazu, die Schnelllebigkeit und Wechselhaftigkeit der Telekommunikationsbranche im Allgemeinen und der Zusammenschaltdienste im Internet im Besonderen zu dokumentieren. Im Genehmigungsverfahren anlässlich des Zusammenschlussvorhabens von WorldCom und MCI aus dem Jahr 1998 gehörte Sprint zu den Konkurrenten, die in den Anhörungen heftig Kritik übten und die Ansicht vertraten, die neue Unternehmenseinheit werde marktbeherrschend werden. Hier hatte Sprint Argumente vorgebracht, die nunmehr von der Kommission aufgenommen und genau so wieder verwendet wurden. Die beteiligten Unternehmen kritisierten zwar die Vorgehensweise der Kommission, mussten sich aber in diesem Punkt ein widersprüchliches Verhalten vorhalten lassen[374]. Die Genehmigung in dem „WorldCom / MCI"-Verfahren war darüber hinaus auch wegen der dort verhängten Auflagen ein Grund für die Untersagung in dem späteren Verfahren. Den Zusammenschluss von WorldCom und MCI genehmigte die Kommission erst, nachdem die beteiligen Unternehmen zugesagt hatten, das Internet-Geschäft von MCI an einen Dritten zu veräußern. Dieser Dritte war Cable & Wireless, das durch den Erwerb seine Position im Internet stärken wollten. Die Kommission legte aber dar, im Nachhinein habe sich die Auflage nicht als so wirksam wie vorher vermutet erwiesen. Am Markt sei der an Cable & Wireless veräußerte Unternehmensteil nie als vollwertig akzeptiert worden; die Qualität der angebotenen Dienstleistungen habe abgenommen und mit ihr auch die Marktanteile von Cable & Wireless, verglichen mit dem früheren MCI-Marktanteil[375].

Im Fall „MCI WorldCom / Sprint" konnte die Kommission so nicht nur ihre eigenen, zwei Jahre zuvor abgegebenen Marktprognosen überprüfen; die Entscheidung bietet auch ein Beispiel dafür, dass selbst die Veräußerung von Unternehmensteilen, die auf dem Papier jede Überschneidung durch ein Vorhaben beseitigt, nicht zwingend ein Mittel sein muss, um wettbewerbliche Bedenken aus dem Weg zu räumen. Die

---

373 Komm., Entscheidung COMP/M.1741 v. 28.6.00, „MCI WorldCom / Sprint", Tz. 125.

374 Komm., Entscheidung COMP/M.1741 v. 28.6.00, „MCI WorldCom / Sprint", Tz. 177.

375 Komm., Entscheidung COMP/M.1741 v. 28.6.00, „MCI WorldCom / Sprint", Tz. 134.

nur mäßig wirksame Auflage im „WorldCom / MCI"-Verfahren mag deshalb auch ein wichtiger Grund gewesen sein, warum die Kommission dem neuerlichen Vorhaben trotz der angebotenen Teilveräußerung kritisch gegenüber stand.

11. „SCA / Metsä Tissue"

a) Beschreibung der Entscheidung

Mit ihrer Entscheidung „SCA / Metsä Tissue" untersagte die Kommission einen Teil eines umfangreichen Tauschgeschäfts zwischen den beiden holz- und papierverarbeitenden Konzernen Svenska Cellulosa aus Schweden und Metsä-Serla aus Finnland. Zwei Vorhaben, den Erwerb von Modo Paper durch Metsä-Serla[376] sowie den Erwerb von Metsä Corrugated durch SCA Packaging[377], hatte die Kommission unter Auflagen genehmigt, während die Übernahme des in Finnland ansässigen, aber auch in Schweden, Deutschland, Polen und auf den Kanarischen Inseln produzierenden Herstellers von Tissue-Papieren, der Metsä Tissue Corporation (im folgenden: Metsä Tissue), durch die zu Svenska Cellulosa gehörende SCA Mölnlyncke Holding BV (im folgenden: SCA) untersagt wurde.

In sachlicher Hinsicht betraf das Vorhaben die Herstellung von Endprodukten aus Tissue-Papieren (unterteilt in die vier Bereiche Toilettenpapier, Küchentücher, Taschen- und Kosmetiktücher sowie Servietten). Die vorgelagerte Produktion von Rohstoffrollen zur Weiterverarbeitung konnte als separater Teilmarkt getrennt werden. Sie spielte für die Untersuchung keine Rolle, weil die beiden beteiligten Unternehmen die Rohstoffe für ihre Endprodukte weitgehend selbst herstellten, aber kaum mit Rohstoffrollen am Markt aktiv waren. Die Separierung der oben genannten vier Produktmärkte war zwischen der Kommission und den beteiligten Unternehmen völlig unstreitig. Auch bestand Übereinstimmung, den gesamten Markt in Verbraucherprodukte und so genannte Außer-Haus-Produkte zu unterteilen. Während erstere über den Einzelhandel in den privaten Verbrauch gelangen, werden letztere in dem Publikumsverkehr zugänglichen Gebäuden, z.B. Hotels, Gaststätten, Firmen etc. verbraucht. Die unterschiedliche Nachfragestruktur führte hier zur Bildung von Teilmärkten[378].

Trotz des Protestes von SCA als dem anmeldenden Unternehmen unterteilte die Kommission die sachlich relevanten Märkte jedoch weiter in Hersteller- und Handelsmarken. Handelsmarken werden von den jeweiligen Einzelhandelsketten auf den Markt gebracht. Hier kann der Einzelhandel seinen Bedarf gegebenenfalls bei mehreren Herstellern allein aufgrund der Qualität und dem Preis befriedigen und neutral angelieferte Ware mit der eigenen Markenidentität versehen. Der Druck wird so von den nachfragenden Handelsketten auf die Hersteller ausgeübt. Im Bereich der klassischen Markenprodukte, den Herstellermarken, ist dies genau umgekehrt. Der Einzelhandel ist aufgrund der Nachfrage seiner eigenen Kunden darauf ange-

---

376 Komm., Entscheidung COMP/M.2020 v. 4.8.00, „Metsä-Serla / Modo".

377 Komm., Entscheidung COMP/M.2032 v. 25.8.00, „SCA Packaging / Metsä Corrugated".

378 Zur Bildung von Teilmärkten aufgrund der Unterscheidung zwischen privaten und institutionellen Verbrauchern, siehe auch oben in diesem Teil unter A.I.1, S. 78. Dort wurden als Beispiel Produkte der Wundversorgung genannt.

wiesen, bestimmte, meist hochpreisige Marken zu führen. Gerade SCA und Metsä Tissue gehörten in Nordeuropa zu den führenden Markenherstellern von Tissue-Produkten, hatten aber auch eine starke Stellung im Bereich der Handelsmarken. Die Kommission untersuchte beide Teilmärkte sowohl getrennt als auch zusammen, um den Bedenken von SCA Rechnung zu tragen[379].

Von größter Bedeutung für die Genehmigungsfähigkeit des Vorhabens war die Bestimmung der räumlich relevanten Märkte. Im Ergebnis entschied sich die Kommission jedenfalls für den alles entscheidenden skandinavischen Bereich für die Prüfung nationaler Märkte und untersuchte lediglich in Form einer Plausibilitätskontrolle auch räumlich weitere Märkte, bestehend aus Norwegen und Schweden. Argument für die nationale Betrachtungsweise war zunächst die geringe Anzahl europaweit agierender Anbieter, von denen es mit SCA, Kimberly-Clark, Fort James und teilweise Procter & Gamble lediglich drei bis vier gab. Daneben existierten regionale Anbieter wie Metsä-Serla, die auf ihren Heimatmärkten eine starke Präsenz aufweisen konnten, im angrenzenden Ausland aber weniger gut vertreten waren[380]. Das schlechte Volumen-Wert-Verhältnis der Tissue-Produkte macht Transporte über mehr als 1000 km nur im Einzelfall möglich, was auch für relativ enge Märkte sprach, zumal in den dünn besiedelten Flächenländern Nordeuropas. Weiter führte die Kommission die üblichen Marktergebnisnormen wie stark unterschiedliche Bekanntheitsgrade der einzelnen Marken und hiermit zusammenhängend variierende Marktanteile in den verschiedenen Mitgliedsstaaten als Indiz nationaler Märkte an, ebenso wie die national orientierte Einkaufspolitik der großen Handelsketten und das Erfordernis einer „just in time"-Belieferung[381]. Die Einführung neuer Markenprodukte unterlag nach Ansicht der Kommission großen Schwierigkeiten, die als Marktzutrittsschranke zu werten seien[382]. All diese Faktoren führten sowohl bei den Verbraucherprodukten als auch bei den Außer-Haus-Erzeugnissen[383] zur bereits genannten Abgrenzung nationaler Märkte.

Infolge der starken Produktdifferenzierung innerhalb der sachlichen Marktabgrenzung und der Prüfung nationaler Märkte hatte die Kommission eine Vielzahl von relevanten Märkten zu untersuchen. Die Strukturierung der wettbewerblichen Beurteilung lief aber im wesentlichen für alle untersuchten Produkte gleich. Auf ihren skandinavischen Heimatmärkten erzielten die beteiligten Unternehmen zum Teil sehr hohe Marktanteile. Exemplarisch soll hier der schwedische Markt für Herstellermarken auf den Sektoren Toilettenpapier und Küchentücher dargestellt werden. Auf beiden Teilmärkten hätte sich durch den Zusammenschluss der beiden marktführenden Unternehmen ein aggregierter Marktanteil von gut 80% für SCA ergeben, wozu Metsä-Serla jeweils mehr als die Hälfte beigetragen hätte. Als nennenswerte Wettbewerber wären lediglich Munskjö mit einem Anteil von unter 20% und Fort James mit einem Anteil von weniger als 5% verblieben[384].

---

379 Komm., Entscheidung COMP/M.2097 v. 31.1.01, „SCA / Metsä Tissue", Tz. 17ff.
380 Komm., Entscheidung COMP/M.2097 v. 31.1.01, „SCA / Metsä Tissue", Tz. 38ff.
381 Komm., Entscheidung COMP/M.2097 v. 31.1.01, „SCA / Metsä Tissue", Tz. 42ff.
382 Komm., Entscheidung COMP/M.2097 v. 31.1.01, „SCA / Metsä Tissue", Tz. 57ff.
383 Komm., Entscheidung COMP/M.2097 v. 31.1.01, „SCA / Metsä Tissue", Tz. 68ff.
384 Komm., Entscheidung COMP/M.2097 v. 31.1.01, „SCA / Metsä Tissue", Tz. 80.

Die Kommission führte an, die diversen Marken der beteiligten Unternehmen hätten einen hohen Bekanntheitsgrad, der den der Konkurrenzprodukte übersteigen würde. Entgegen der Auffassung von SCA sei gerade im Bereich der Herstellermarken kaum Nachfragemacht vorhanden, weil diese immer nur dann wirken könne, wenn ein Nachfrager auch alternative Bezugsquellen habe. Gerade dies war aber in den nordeuropäischen Ländern nicht der Fall. Der Handel wurde von den Herstellern beliefert und konnte so nicht durch gezielte Einkäufe ein Preisgefälle schaffen. Weiter untersuchte die Kommission die Möglichkeit potentieller Wettbewerber durch Marktzutritte ein wettbewerbsförderndes Klima zu schaffen. Wegen der hohen Kosten für neue Fabriken vor Ort und wegen der aufgrund der hohen Transportkosten wenig lohnenswerten Importe hielt die Kommission Marktzutritte aber für wenig wahrscheinlich.

Sie folgerte, die Kombination der Nummern 1 und 2 auf den jeweiligen Produktmärkten führe zur Entstehung einer einzelmarktbeherrschenden Stellung durch SCA[385]. Mit im Prinzip immer gleicher Argumentation bejahte die Kommission die Entstehung einer einzelmarktbeherrschenden Stellung auf insgesamt 21 Märkten in Schweden, Norwegen und Dänemark. In Finnland wäre infolge der Umsetzung des Vorhabens die bereits bestehende Marktbeherrschung durch Metsä Tissue noch verstärkt worden, auf zwei weiteren finnischen Teilmärkten wäre durch den Wegfall von SCA als unabhängigem Wettbewerber ein marktbeherrschendes Duopol der beiden beteiligten Unternehmen zusammen mit dem Hauptkonkurrenten Fort James entstanden. Die von SCA angebotenen Zusagen betrafen die Veräußerung von Produktionsanlagen und Markenrechten. Sie erreichten aber nicht alle Märkte, auf denen die Kommission Bedenken äußerte, und waren auch in ihrem Umfang nicht ausreichend, um einen neuen starken Wettbewerber entstehen zu lassen. Die Kommission musste den geplanten Zusammenschluss daher untersagen.

b) Bewertung

An der Entscheidung „SCA / Metsä Tissue“ fällt zunächst auf, dass die Kommission nach den Fällen „Nordic Satellite Distribution“, „Kesko / Tuko“ und „Volvo / Scania“ innerhalb von nur sechs Jahren bereits zum vierten Mal ein Vorhaben aufgrund der Auswirkungen auf nordeuropäischen Märkte untersagte. Dies gründet sich weniger auf eine besonders ausgeprägte Zusammenschlussaktivität nordischer Unternehmen als vielmehr auf die immer noch bestehenden Unterschiede im Vergleich zu mitteleuropäischen Märkten, welche die Kommission regelmäßig zur Abgrenzung räumlich jedenfalls nicht über den Bereich Nordeuropas hinausgehender Märkte bewegt. In ihren Auswirkungen auf den gesamteuropäischen Wettbewerb wären die genannten Vorhaben sicherlich von begrenzter Bedeutung gewesen. Die Kommission muss aber, sobald ein Vorhaben die Aufgriffsschwellen überschreitet oder sie von einem Mitgliedstaat um eine Untersuchung gebeten wird, auch regionale Marktmacht zu verhindern suchen. Die Abgrenzung der räumlichen Märkte war daher in all den genannten Fällen von entscheidender Bedeutung.

Enge Marktabgrenzungen bringen zunächst hohe Marktanteile mit sich. Diese waren jedoch auch im Fall „SCA / Metsä Tissue“ nicht das alles entscheidende

---

385 Komm., Entscheidung COMP/M.2097 v. 31.1.01, „SCA / Metsä Tissue“, Tz. 81ff.

Kriterium. Auf einigen Teilmärkten betrugen die aggregierten Marktanteile von SCA und Metsä Tissue wie dargelegt bis zu 80%, auf anderen Produktmärkten, auf denen die Kommission ebenso die Entstehung einer einzelmarktbeherrschenden Stellung annahm, lediglich um die 50%.

Gerade in der vorliegenden Entscheidung wird jedoch deutlich, dass Marktabgrenzung und Marktmachtprüfung eng miteinander verflochten sind. Die geringe Wahrscheinlichkeit neuer Marktzutritte potentieller Konkurrenten war beispielsweise ein Aspekt, den die Kommission sowohl innerhalb der räumlichen Marktabgrenzung als auch im Rahmen der Marktmachtprüfung heran zog. Nordeuropa ist aufgrund seiner Randlage immer noch ein Gebiet, in dem mitteleuropäische Unternehmen trotz gestiegener Marktintegration wenig aktiv sind. Die Kosten für Marktzutritte in diesem räumlich großen Gebiet mit nur geringer Einwohnerdichte und damit einer insgesamt nicht bedeutenden Nachfrage sind oftmals ein Faktor, der Investments in anderen Regionen als Nordeuropa lohnenswerter erscheinen lässt. Dabei ist weniger die Frage entscheidend, ob mitteleuropäische Großunternehmen einen Marktzutritt in Nordeuropa bewerkstelligen könnten. Nur in diesem Fall dürfte aus theoretischer Sicht von einer Marktzutrittsschranke im eigentlichen Sinne gesprochen werden. Entscheidend ist vielmehr, ob Unternehmen, die nicht ihren Schwerpunkt auf die nordischen Märkte legen, in Nordeuropa investieren wollen oder diesen Markt eher freiwillig ihren dort ansässigen Konkurrenten überlassen.

Die Untersagung des Vorhabens ergab sich nahezu zwangsläufig aus einem Zusammenspiel zweier Faktoren. Zum einen ist die Holzverarbeitung und die nachgelagerte Produktion von Papier und Papierprodukten ein, wenn nicht das klassische Standbein der nordeuropäischen Industrie. An einem großen Teil der Zusammenschlüsse in diesem Bereich waren nordeuropäische Unternehmen beteiligt, die folgerichtig in allen Teilsegmenten dieser Märkte starke Positionen einnehmen. Zum anderen war der Bereich der Tissue-Papiere bereits längere Zeit vor der Untersagung im Fall „SCA / Metsä Tissue" von starken Zusammenschlussaktivitäten geprägt[386]. 1994 drängte die US-amerikanische Gruppe Procter & Gamble durch die Übernahme der VP Schickedanz auf den europäischen Markt[387]. Ein zweites größeres Vorhaben, die Übernahme von Scott Paper durch Kimberly-Clark[388], beides ebenfalls amerikanische Unternehmen, wurde bereits 1996 nur unter Auflagen genehmigt. Zwar betraf dieser Zusammenschluss vor allem britische Märkte für Hygiene-Papiere durch die Bündelung der dort bekanntesten beiden Marken „Kleenex" und „Andrex", doch bereits dort legte die Kommission enge Märkte zugrunde und sah Großbritannien und Irland als gemeinsamen, aber von Kontinentaleuropa deutlich abgetrennten Markt an[389]. SCA versuchte, Marktentwicklungen aufzuzeigen, die in den fünf Jahren zwischen der Auflageentscheidung „Kimberly-

---

386 EMMERICH, AG 1996, 529 (537).

387 Da Procter & Gamble in Europa vor der Übernahme der VP Schickedanz nicht im Bereich Tissue-Papiere aktiv war, untersuchte die Kommission die hier in Rede stehenden Märkte in ihrer damaligen Entscheidung nicht näher, vgl. Komm., Entscheidung IV/M.430 v. 21.6.94, „Procter & Gamble / VP Schickedanz", Tz. 13.

388 Komm., Entscheidung IV/M.623 v. 16.1.96, „Kimberly-Clark / Scott Paper".

389 Komm., Entscheidung IV/M.623 v. 16.1.96, „Kimberly-Clark / Scott Paper", Tz. 69ff (96).

Clark / Scott Paper" zu einer Europäisierung der Märkte geführt haben sollten. Die Kommission ließ sich hiervon jedoch nicht überzeugen und grenzte die relevanten Märkte unter Bezugnahme auf ihre frühere Entscheidung auch weiterhin eng ab.

Auch hier gab es bereits vor der Untersagung Entscheidungspraxis, die es den beteiligten Unternehmen ermöglicht hätte, Bedenken der Kommission vorherzusehen und ihre Anmeldung entsprechend vorzubereiten. Wie schwierig es ist, eine gesicherte Fallpraxis heraus zu bilden, zeigt sich aber an einem anderen Vorhaben, an dem ebenfalls SCA beteiligt war, nämlich der Übernahme der deutschen Papierwerke Waldhof-Aschaffenburg AG (PWA) durch SCA aus dem Jahr 1995, die ebenfalls Tissue-Produkte betraf. Hier nahm die Kommission an – allerdings ohne sich letztlich zu entscheiden –, die relevanten Märkte seien national geprägt[390]. Sie nannte dann auch die teilweise hohen nationalen Marktanteile (um die 50% bei einigen Produkten in den Benelux-Ländern), relativierte diese aber trotz der nationalen Betrachtungsweise mit dem scharfen europäischen Wettbewerb durch multinational operierende Anbieter[391]. Die Kommission verwandte damit ein Argument, das sie im Fall „SCA / Metsä Tissue" so nicht mehr gelten ließ. Da aber PWA keine nennenswerten nordeuropäischen Aktivitäten verfolgte, wird diese unterschiedliche Argumentationsweise wiederum durch den unterschiedlichen regionalen Schwerpunkte der Entscheidungen gerechtfertigt.

12. „General Electric / Honeywell"

a) Beschreibung der Entscheidung[392]

Ein Vorhaben, welches enormes Aufsehen erregt hat, ist der letztendlich gescheiterte Versuch des US-amerikanischen Industriekonglomerats General Electric Company (im folgenden: GE), die Honeywell International Inc. (im folgenden: Honeywell) zu übernehmen. Der deutliche Schwerpunkt des Zusammenschlussvorhabens und damit auch der Prüfung der Kommission lag im Flugzeugbau; beide Konzerne stellten in großem Umfang Flugzeugbauteile, –komponenten und –systeme her. Daneben wäre auch der Wettbewerb im Bereich der Herstellung bestimmter Gasturbinen für den Schiffbau betroffen gewesen.

In sachlicher Hinsicht konzentrierte sich die Kommission zunächst auf den Markt für Strahltriebwerke für Jets. Sie unterteilte den Produktmarkt entsprechend der Größenklassen der Flugzeuge in Teilsegmente und untersuchte die Herstellung von Düsentriebwerken für große Verkehrsflugzeuge, für größere und kleinere Regionaljets sowie für nochmals nach Größenkriterien unterteilte Geschäfts- und Privatjets. Wettbewerb auf Triebwerksmärkten spielt sich auf zwei Ebenen ab: bei der Entwicklung eines neuen Flugzeugtyps konkurrieren die Hersteller von Triebwerken, die regelmäßig nicht mit den eigentlichen Flugzeugbauern identisch sind, darum, eine Zertifizierung für den jeweiligen Typ zu erhalten. Erhalten mehrere Hersteller die Zulassung für ihre Triebwerke, kommt es auf der zweiten Ebene zum Wettbewerb

---

390 Entscheidung IV/M.549 v. 20.2.95, „Svenska Cellulosa / PWA Papierwerke", Tz. 22ff.

391 Entscheidung IV/M.549 v. 20.2.95, „Svenska Cellulosa / PWA Papierwerke", Tz. 34ff.

392 Eine ausführliche Beschreibung der Entscheidung aus Sicht der Generaldirektion Wettbewerb liefern auch GIOTAKOS / PETIT / GARNIER / DE LUYCK, Competition Policy Newsletter 3/01, 5ff.

um den Kunden der Flugzeuge, also zum Wettbewerb um Fluglinien und Finanzierungsgesellschaften, welche die beiden großen Käufergruppen darstellen[393]. Da es sich bei Flugzeugtriebwerken um hochtechnisierte und wartungsintensive Produkte handelt, wurde neben der reinen Herstellung auch die wettbewerbliche Situation auf den nachgelagerten Servicemärkten eingehend erörtert. In räumlicher Hinsicht spielten in der Entscheidung „GE / Honeywell" ausschließlich weltweit abgegrenzte Märkte eine Rolle.

In den unterschiedlichen Marktsegmenten kam es kaum zu horizontalen Überschneidungen zwischen der Produktpalette von GE und der von Honeywell. Lediglich drei Hersteller, außer GE die zu dem Industriekonglomerat UTC gehörende Pratt & Whitney (P&W) sowie Rolls-Royce (RR), waren in der Lage, in Eigenregie Triebwerke für große Verkehrsflugzeuge zu entwickeln und zu vertreiben. Daneben gab es eine Reihe von Gemeinschaftsunternehmen, in denen aber auch jeweils mindestens einer der großen drei vertreten war und deren Marktanteile die Kommission deshalb teilweise GE (im Falle des mit der französischen SNECMA betriebenen Motorenproduktion CFMI), teilweise aber auch den beiden großen Konkurrenten zurechnete. Die Kommission errechnete Marktanteile von 52,5% für GE sowie 26,5% und 21% für P&W und RR, gemessen an den bereits in Betrieb stehenden, aber auch noch auf dem Markt erhältlichen Flugzeugtypen. Unter Einbeziehung fester Bestellungen hätte sich der Wert für GE sogar auf 65% erhöht[394]. Die Kommission gab zu Bedenken, der bloße Blick auf gegenwärtige Marktanteile sei relativ statisch. Bei einer dynamischen Betrachtungsweise der Entwicklung in den letzten fünf Jahren wurde die stetig wachsende Abhängigkeit des Marktes von GE aber überdeutlich[395].

Der einzige Teilbereich, in dem sowohl GE als auch Honeywell nennenswerte Tätigkeiten entfalteten, waren Triebwerke für große Regionaljets, vor allem also für die größeren Modelle von Dornier, Avro Jet und Embraer. Hier waren die beiden Zusammenschlusskandidaten auch gleichzeitig die einzig aktiven Hersteller, so dass sich nach Realisierung des Vorhabens ein Marktanteil von 100% ergeben hätte, vor allem erwirtschaftet durch GE. Aus diesem Grund hatte die Kommission keine Mühe, in diesem besonderen Marktsegment die Existenz einer marktbeherrschenden Stellung durch GE, die durch das Vorhaben weiter verstärkt worden wäre, zu bejahen[396]. Bei den Geschäftsflugzeugen hätte sich, bezogen auf einen gesamten Markt, ein aggregierter Marktanteil von 50% ergeben, zu dem Honeywell 40% beigetragen hätte. In einem Teilsegment, den mittelgroßen Geschäftsflugzeugen war Honeywell mit einem Anteil von 90% sogar deutlicher Marktführer. Die Kommission begnügte sich in diesem Segment damit, die Stellung Honeywells als führender Hersteller zu unterstreichen[397].

Die überragende Stellung auf den Triebwerksmärkten, die vor allem GE zuzuschreiben war, setzte sich auch auf dem Servicemarkt für die Unterhaltung, Reparatur und Überholung (nach den englischen Begriffen maintenance, repair und overhaul auch als MRO-Markt bezeichnet) fort. GE unterhielt ein umfassendes Netz

---

393 Komm., Entscheidung COMP/M.2220 v. 3.7.01, „GE / Honeywell", Tz. 9ff.
394 Komm., Entscheidung COMP/M.2220 v. 3.7.01, „GE / Honeywell", Tz. 45ff (70, 77).
395 Komm., Entscheidung COMP/M.2220 v. 3.7.01, „GE / Honeywell", Tz. 74.
396 Komm., Entscheidung COMP/M.2220 v. 3.7.01, „GE / Honeywell", Tz. 84ff.
397 Komm., Entscheidung COMP/M.2220 v. 3.7.01, „GE / Honeywell", Tz. 88f.

an Servicestationen auf großen Flughäfen und konnte den Fluggesellschaften, falls diese keine eigenen Wartungseinheiten besaßen, schnell und umfassend Hilfe leisten[398].

Anschließend an die Darstellung der Marktpositionen in den einzelnen Teilbereichen legte die Kommission umfassend dar, warum sie hier auch ohne das Zusammenschlussvorhaben in weiten Teilen eine Marktbeherrschung durch GE sah. Als eine der größten Industriegruppen der Welt verfügte GE nicht nur über die Möglichkeit, Risiken in Einzelprojekten abzufedern. Durch die Einbindung von GE Capital, einer Finanzierungstochter, die selbst ohne den industriellen Bereich von GE zu den 20 größten Unternehmen der Welt gehört hätte, verfügte der Konzern auch über eine konkurrenzlose Finanzmacht. Gerade im langfristigen Flugzeugbau, in dem Investitionen erst nach langer Vorlaufzeit Früchte tragen, war dies von erheblicher Bedeutung[399]. Innerhalb der Konzernsparte GE Capital war die GE Capital Aviation Services (GECAS) auf Flugzeugfinanzierungen spezialisiert. Sie war zum einen durch ihr Leasinggeschäft der bedeutendste Flugzeugkäufer, weit vor den großen Fluglinien, zum anderen aber auch der größte Flugzeugfinanzierer. GECAS konnte ihre Kunden durch die Vergabe günstiger Finanzierungen beeinflussen, Jets mit GE-Triebwerken zu kaufen. Durch Flottenbildung, von der sich die Halter regelmäßig Kostenvorteile im Bereich MRO versprechen, wurde dieser Effekt weiter verstärkt. Mit besonderer Besorgnis stand die Kommission Anstrengungen durch GE gegenüber, Paketfinanzierungen für das gesamte Flugzeug inklusive der GE-Triebwerke anzubieten, wodurch nicht mehr die Triebwerkswahl von den Endkunden auf GE als Finanzierer verlagert würde[400]. P&W sowie RR verfügten nicht über gleichartige oder ähnliche Konzernschwestern. Die Kommission schloss, GE sei der dominante Hersteller von Triebwerken für Verkehrs- und Regionalflugzeuge[401].

Im Gegensatz hierzu hatte Honeywell, vor allem nach der Fusion mit Allied Signal aus dem Jahr 1999[402], seine Stärke in der Entwicklung und Fertigung anderer Flugzeugteile, nämlich der so genannten Avionikprodukte, das sind Instrumente, die der Navigation, Kommunikation und Steuerung dienen, sowie anderer Systemkomponenten, den Nicht-Avionikprodukten wie beispielsweise dem Fahrgestell, den Bremsen und der Stromversorgung. In einem umfassenden Markt für Avionik war Honeywell mit einem Marktanteil von 50-60% mit weitem Abstand vor den Konkurrenten Rockwell Collins mit 20-30% und Thales mit 10-20% führend. Die Kommission stellte zwar auch Anteilswerte für einzelne Bauteile bzw. Systeme dar, auf denen spezialisierte Nischenproduzenten konkurrenzfähig waren. Diese kleineren Anbieter konnten aber, ebenso wie die beiden genannten größeren Konkurrenten, hinsichtlich ihres Angebotsumfanges nicht mit Honeywell mithalten. Aus dieser Alleinstellung ergaben sich für Honeywell Vorteile im Servicebereich und vor allem die Möglichkeit, integrierte Lösungen anzubieten, in denen ein System mehrere Teilfunktionen wahrnimmt. Neben dieser Produktintegration war es ebenfalls allein Honeywell, das

---

398 Komm., Entscheidung COMP/M.2220 v. 3.7.01, „GE / Honeywell", Tz. 90ff.
399 Komm., Entscheidung COMP/M.2220 v. 3.7.01, „GE / Honeywell", Tz. 107ff.
400 Komm., Entscheidung COMP/M.2220 v. 3.7.01, „GE / Honeywell", Tz. 121ff.
401 Komm., Entscheidung COMP/M.2220 v. 3.7.01, „GE / Honeywell", Tz. 229.
402 Genehmigt von der Kommission in ihrer Entscheidung COMP/M.1601 v. 1.12.99, „AlliedSignal / Honeywell".

durch Bündelung zu Paketen mehrere getrennte Systeme zusammen verkaufen konnte. All dies führte die Kommission zu der Annahme, Honeywell sei der führende Anbieter, dem unabhängige Wettbewerber nicht Paroli bieten könnten[403]. Ein ähnliches Bild ergab sich bei bestimmten Komponenten wie Triebwerkstartern sowie Kühlsystemen, Lüftungen etc, die von der Kommission gesondert untersucht wurden, weil hier eine Schnittstelle zwischen den von Honeywell angebotenen Produkten und der eigentlichen Triebwerksentwicklung durch GE bestand[404].

Erst nachdem die Kommission so umfangreich die gegenwärtigen Marktsituationen dargelegt hatte, kam sie zu den eigentlichen Auswirkungen des Vorhabens. Sie führte zunächst für die Avionik- und Nicht-Avionikprodukte aus, die Einbindung Honeywells in den GE-Konzern stärke vor allem den MRO-Bereich von Honeywell und könnte auch durch die bereits im Rahmen der Triebwerksmärkte geschilderte Verknüpfung auf den Finanzierungsmärkten mit GECAS zu Ausschlusseffekten führen[405]. Aber auch die marktbeherrschende Stellung durch GE in der Triebwerkssparte wäre weiter verstärkt worden. Hier spielte die horizontale Addition im Teilsegment Regionaljets eine untergeordnete Rolle; sehr ausführlich und auch im Gegensatz zu der Ansicht der beiden Zusammenschlusskandidaten beleuchtete die Kommission vielmehr die Möglichkeit der Produktbündelung und –integration. Für GE hätte noch mehr als ohne Durchführung des Vorhabens der Anreiz bestanden, Konkurrenten durch Koppelung von Triebwerken und angeschlossenen Komponenten, aber auch durch das Angebot ganzer Teilepakete aus dem Markt zu drängen. Die fortschreitende vertikale Integration und die Gefahr von Ausschlusseffekten waren hier entscheidungserheblich für die Annahme, die marktbeherrschende Stellung von GE werde weiter verstärkt, im übrigen entstehe in den Kernmärkten Honeywells eine marktbeherrschende Stellung[406].

Ein von der Luftfahrt unabhängiger Markt, in dem es zu klassischer horizontaler Konzentration gekommen wäre, war die Entwicklung, Produktion und der Vertrieb von kleinen Gasturbinen für den Schiffsbau. Hier kam die Kommission zu aggregierten, weltweiten Marktanteilen für GE und Honeywell in einer Größenordnung von 65-80%. Sie führte noch die oben dargestellte Finanzkraft sowie die vertikale Integration in die GE-Gruppe als wettbewerbsgefährdende Elemente ein und kam zu dem Ergebnis, auch auf diesem Markt entstehe eine marktbeherrschende Stellung[407].

GE bot in einem zweistufigen Verfahren umfangreiche Zusagen an, die aber zunächst nur zum Teil strukturorientiert waren. Insbesondere die verhaltensorientierten Zusagen wie die, GECAS nicht für Ausschlusseffekte einzusetzen, wurden aber von der Kommission als ungenügend abgelehnt. Ein späteres Angebot, einen Minderheitenteil an GECAS abzustoßen, kam zu spät. Die Kommission prüfte die angebotene Zusage, hätte sie aber in der verbleibenden Frist bis zum Erlass ihrer Entscheidung nicht mehr umfassend würdigen und auch nicht mehr den Mitgliedstaaten zur Stellungnahme vorlegen können. In Anwendung der Tz. 43 ihrer Mittei-

---

403 Komm., Entscheidung COMP/M.2220 v. 3.7.01, „GE / Honeywell", Tz. 242ff (330).
404 Komm., Entscheidung COMP/M.2220 v. 3.7.01, „GE / Honeywell", Tz. 331ff.
405 Komm., Entscheidung COMP/M.2220 v. 3.7.01, „GE / Honeywell", Tz. 341ff.
406 Komm., Entscheidung COMP/M.2220 v. 3.7.01, „GE / Honeywell", Tz. 412ff.
407 Komm., Entscheidung COMP/M.2220 v. 3.7.01, „GE / Honeywell", Tz. 458ff.

lung über zulässige Abhilfemaßnahmen[408], nach der „im letzten Moment" abgegebene Zusagen nur dann berücksichtigt werden, wenn sie unverzüglich geprüft werden können und ihre Wirkung über jeden Zweifel erhaben ist, akzeptierte die Kommission daher auch die weiter gehenden Zusagen nicht. Im Ergebnis wären auch diese in wesentlichen Teilen verhaltensorientiert gewesen. Die Kommission untersagte letzten Endes die geplante Übernahme.

b) Bewertung

Obwohl es sich bei der Entscheidung im Fall „GE / Honeywell" um eine der meist beachteten Entscheidungen der Kommission in der Fusionskontrolle handeln dürfte, ist sie für die Beurteilung horizontaler Konzentration von untergeordneter Bedeutung.

Seine Brisanz gewinnt der Fall aus der politischen Dimension. Zum ersten und bislang einzigen Mal untersagte die Kommission ein Vorhaben zweier US-amerikanischer Unternehmen, welches vom Department of Justice genehmigt wurde. Offiziell ließ der Wettbewerbskommissar MONTI verlautbaren, man habe eng mit den US-Justizbehörden zusammengearbeitet. Die unterschiedliche Beurteilung sei ein immanentes Risiko eigenständiger Analysen und bedeute nicht, dass die eine Behörde nach wettbewerblichen Kriterien verfahre, während die andere politische Ziele in den Vordergrund stelle[409]. In Presseberichten ist jedoch immer wieder über die Versuche vor allem des charismatischen Vorstandsvorsitzenden von GE, Jack Welch, berichtet worden, die Position der Kommission zu beeinflussen. Auch MARIO MONTI stellte sich ausdrücklich gegen derartige Versuche, politische Interventionen zu veranlassen[410].

Auch in verfahrensmäßiger Hinsicht ist die Entscheidung von eminenter Bedeutung, weil die Kommission hier ausführlich auf die Bedingungen eingeht, unter denen sie Zusagen zu akzeptieren bereit ist. Nach ihren eigenen Angaben hatte sie in enger Kooperation mit GE Verpflichtungen erarbeitet, die eventuell die Genehmigung des Verfahrens ermöglicht hätten. Von den am 14.6.01, kurz vor Ablauf der dafür vorgesehenen Frist, angebotenen Zusagen zeigte sich die Kommission dann aber enttäuscht[411]. Die nach Fristablauf eingegangen weiteren Verpflichtungen, die den Vorgaben der Kommission eher entsprochen hätten, wurden dann nur überblickartig, nicht aber vertieft geprüft wegen des inzwischen eingetretenen Fristablaufs.

Materiell stellt die geplante Übernahme Honeywells durch GE eine Sondersituation dar. Es handelt sich weniger um einen horizontalen Zusammenschluss als um die Erweiterung eines bereits bestehenden Industriekonglomerats mit Schwerpunkt in der Luftfahrtindustrie. Wie ausführlich erörtert spielte die vertikale Integration, die

---

408 Mitteilung der Kommission über im Rahmen der Verordnung (EWG) Nr. 4064/89 des Rates und der Verordnung (EG) Nr. 447/98 der Kommission zulässige Abhilfemaßnahmen , ABl.EG C68/3 v. 2.3.01; bereits kurz angesprochen in der Einführung zu diesem Teil, S. 101f.

409 MONTI, zitiert nach der Pressemitteilung der Kommission zu der Untersagung; Pressemitteilung IP/01/939 v. 3.7.01.

410 So MONTI auf einer Pressekonferenz in Ljubljana am 18.6.01, also während des noch laufenden Prüfungsverfahrens, zitiert nach Komm., Pressemitteilung IP/01/855 v. 18.6.01.

411 Komm., Pressemitteilung IP/01/855 v. 18.6.01, S. 2.

durch die Einbindung von Honeywell weiter verstärkt worden wäre, die entscheidende Rolle, nicht aber die relativ geringfügigen Marktanteilsüberschneidungen, die bei gutem Willen sicherlich zu beseitigen gewesen wären. Die jeweiligen Marktanteile der beiden beteiligten Unternehmen blieben zwar nicht ohne Erwähnung; sie dienten jedoch nahezu ausschließlich dazu, die schon vor dem Zusammenschluss bestehende Situation zu beschreiben. Auf die Auswirkungen durch das Vorhaben hatten die Marktanteile hingegen keine Bedeutung.

13. „Schneider / Legrand“

a) Beschreibung der Entscheidung

Der Fall „Schneider / Legrand“ betraf ein Zusammenschlussvorhaben zweier französischer Unternehmen aus dem Elektroanlagenbau. Bei beiden beteiligten Unternehmen handelt es sich um multinational operierende Unternehmen, die aber in Deutschland kaum Aktivitäten entfalten und deshalb weniger bekannt sind.

Sachlich betroffen waren eine Vielzahl von Produktmärkten im Bereich Niederspannungs-Verteilanlagen. Diese umfassen sämtliche Systeme zur Stromverteilung sowie zur Überwachung elektrischer Schaltkreise in einem Gebäude. Zu den einzelnen Produktmärkten, die von der Kommission geprüft wurden, zählen Stromverteilungskästen und die in ihnen gebündelten Schalttafeln, Sicherungen, Kabel und deren Träger, aber auch Schalter, Steckdosen und Transformatoren. Die beteiligten Unternehmen wollten eine möglichst weite sachliche Marktabgrenzung erreichen und sprachen sich insbesondere im Bereich der eigentlichen Verteilanlagen für einen Markt aus, der so genannte Systemlösungen beinhalten sollte. Die Kommission legte zunächst ausführlich die vertikale Kette dar vom Bauherrn, der zusammen mit seinem Architekten Produkte auswählt, über den ausführenden Installateur, der für die Beschaffung im Einzelhandel zuständig ist, bis hin zum Großhandel, der den Einzelhandel versorgt. Regelmäßig tritt erst der Großhandel in direkten Kontakt zu den Herstellern. Die Kommission führte aus, auf dieser Ebene finde ein Wettbewerb um Einzelprodukte und nicht um Systemlösungen statt[412]. Diese Überlegung führte zu einer engen Marktabgrenzung bezogen auf einzelne Produkte[413].

Nicht minder bedeutend für die Bewertung des Vorhabens war die räumliche Marktabgrenzung[414]. Wegen geringer Transportkosten und der damit zusammenhängenden Konzentration ihrer Produktion auf wenige Standorte in Europa vertraten Schneider und Legrand die Ansicht, die betroffenen Märkte seien europaweit auszulegen. Die Kommission zeigte jedoch deutliche Marktstrukturunterschiede in den einzelnen Mitgliedstaaten auf. Die beteiligten Unternehmen boten je nach Mitgliedstaat unterschiedliche Produkte an, was in der fehlenden Standardisierung und Harmonisierung auf europäischer Ebene seinen Grund hatte. Zwar müssen alle in der Gemeinschaft angebotenen Produkte den harmonisierten Sicherheitsstandards[415] genügen und mit der Auszeichnung „CE“ verkehrsfähig gemacht werden.

---

[412] Komm., Entscheidung COMP/M.2283 v. 10.10.01, „Schneider / Legrand“, Tz. 15ff, 63ff.

[413] Komm., Entscheidung COMP/M.2283 v. 10.10.01, „Schneider / Legrand“, Tz. 152.

[414] Komm., Entscheidung COMP/M.2283 v. 10.10.01, „Schneider / Legrand“, Tz. 196ff.

[415] Diese sind bereits seit 1973 in der so genannten Niederspannungsrichtlinie, der Richtlinie 73/23/EWG des Rates vom 19. Februar 1973 zur Angleichung der Rechts-

Darüber hinaus besaßen nationale Normen weiterhin Gültigkeit; nationale Prüfsiegel, in Deutschland beispielsweise das des VDE, waren für das Produktmarketing bedeutender als die ohnehin obligatorische Erfüllung der europäischen Sicherheitsstandards[416]. Ferner stellte die Kommission erhebliche Preisunterschiede fest; auch die beteiligten Unternehmen setzten ihre Preise auf nationaler Basis fest. Sowohl auf Anbieterseite (Markenpositionierung, Zugang zum Groß- und Einzelhandel) als auch auf Nachfragerseite (Verteilung der Nachfrage auf Groß- und Einzelhandel, Anzahl der Nachfrager) gab es weitere historisch bedingte und fortbestehende Unterschiede zwischen den Mitgliedstaaten. Insbesondere die starke Präsenz nationaler Marken und die Markentreue des Handels wurden von der Kommission als weiteres Argument für ihre Entscheidung, die Produktmärkte räumlich eng abzugrenzen, genannt[417].

In der eigentlichen Marktmachtprüfung nannte die Kommission zunächst diejenigen Faktoren, die mutatis mutandis für alle erörterten Teilmärkte galten. Hier wurde zunächst die extreme Markentreue der Nachfrageseite erörtert, insbesondere die der Installateure, die dann über den Einzel- und Großhandel auf die Hersteller fortwirkte. Eine besondere Markenpräsenz und eine weites Produktsortiment waren deshalb für die Hersteller von besonderer Bedeutung, um Nachfrage an sich binden zu können. Die Notwendigkeit, wegen der Nachfragebedingungen eine möglichst umfassendes Produktsortiment vorzuhalten, wurde von der Kommission als Marktzutrittsschranke gewertet. Die unterschiedlichen Teilmärkte wiesen übereinstimmend eine relativ preisunelastische Nachfrage auf. Für die Endverbraucher, die letztlich eine Elektroinstallation bezahlen müssen, machen die Preise für Einzelteile nur einen geringen Teil der Gesamtkosten aus. Der wesentlichere Bestandteil ist regelmäßig der Arbeitslohn des Installateurs. Aus diesem Grund ging von der Nachfrageseite kein besonderer Preisdruck auf die Hersteller aus[418].

Erst anschließend erörterte die Kommission die einzelnen Teilmärkte, beginnend mit den aggregierten Marktanteilen Schneiders und Legrands. In den unterschiedlichen Marktsegmenten für Verteileranlagen sowie den diversen Schalttafeln und anderen Bauteilen hierfür schwankten die Marktanteile zwischen 40 und 70%. Die stärkste Marktposition hatte Schneider in Frankreich mit Marktanteilen um die 60% bereits vor dem Zusammenschluss und einer vergleichsweise geringen Addition durch Legrand von weniger als 10%. In anderen Mitgliedsstaaten wie Italien und Spanien, teilweise auch Dänemark, Portugal und Großbritannien lagen die absoluten Marktanteilswerte niedriger, dafür ergab sich eine gleichmäßigere Verteilung auf beide Unternehmen oder wie in Italien ein Übergewicht zugunsten Legrands[419].

Ohne sich zur absoluten Höhe der einzelnen Marktanteilswerte vertieft zu äußern, führte die Kommission an, die Parteien seien die beiden größten und bedeutendsten

---

vorschriften der Mitgliedstaaten betreffend elektrische Betriebsmittel zur Verwendung innerhalb bestimmter Spannungsgrenzen, ABl.EG Nr. L77/29 v. 26.3.73, festgelegt.

416 Komm., Entscheidung COMP/M.2283 v. 10.10.01, „Schneider / Legrand", Tz. 201f.

417 Komm., Entscheidung COMP/M.2283 v. 10.10.01, „Schneider / Legrand", Tz. 242ff, 300, 394, 424, 455, 487.

418 Komm., Entscheidung COMP/M.2283 v. 10.10.01, „Schneider / Legrand", Tz. 488ff.

419 Komm., Entscheidung COMP/M.2283 v. 10.10.01, „Schneider / Legrand", Tz. 531, 534, 537.

Anbieter der Branche. Der Wegfall des wichtigsten Konkurrenten würde aus Schneider eine Einheit mit nicht vergleichbarer Größe machen – sowohl in Bezug auf die konkurrenzlos umfangreiche Produktpalette als auch auf die geographische Marktdurchdringung. Schneider könnte seinen Abstand zu der Konkurrenz weiter vergrößern. Entweder Schneider oder Legrand waren auf nahezu allen europäischen Märkten schon vor dem Zusammenschluss die Nummer eins. Als Wettbewerber agierten einige wenige anderen Großanbieter wie Hager, Siemens, ABB und GE, die aber durchgehend nicht europaweit vertreten waren. Darüber hinaus war ein recht großer Teil des Angebotes zersplittert und auf eine Vielzahl kleiner Hersteller verteilt[420].

Ein weiterer Wettbewerbsvorteil der beiden beteiligten Unternehmen war der hohe Bekanntheitsgrad ihrer Marken, der vor allem vor dem Hintergrund der Markentreue der Nachfrageseite an Bedeutung gewann. Auch im übrigen sah die Kommission nur geringe Möglichkeiten der Nachfrageseite, die Marktmacht von Schneider und Legrand zu begrenzen. Die wenigen bedeutenden Großhändler waren immer noch viel kleiner als Schneider und Legrand und erwirtschafteten teilweise bis zu 50% ihres Umsatzes mit den Produkten der beiden Unternehmen. Diese banden mit Rabatten und Umsatzboni den Handel weiter an sich[421]. Auch die Konkurrenten hatten den Parteien in den Augen der Kommission wenig entgegen zu setzen. Aufgrund ihrer Produktpalette waren Schneider und Legrand in der Lage, Mischkalkulationen zu fahren und auf aggressiven Wettbewerb zu reagieren. Die engen Bindungen des Handels an die beiden Marktführer war für die Konkurrenz schwer zu durchdringen[422]. Auf der Basis dieser Überlegungen kam die Kommission zu dem Ergebnis, das Vorhabens führe in einigen Mitgliedstaaten zur Entstehung und in Frankreich gar zur Verstärkung einer marktbeherrschenden Stellung Schneiders in mehreren Marktsegmenten auf dem Gebiet der Verteilerkästen, Schalttafeln und zugehöriger Bauteile[423].

Anschließend untersuchte die Kommission mit sehr ähnlichen Argumentationssträngen die ebenfalls nationalen Märkte für Niederspannungskabel sowie Kabelträger. Hier hätte sich in Großbritannien eine marktbeherrschende Stellung infolge des Zusammenschlusses ergeben. Dasselbe war der Fall auf diversen Teilmärkten im Bereich der Endinstallationen (Schalter, Steckdosen), bei Beleuchtungseinrichtungen als Sicherheitsbeleuchtung sowie bei Befestigungs- und Kleinmaterialien. Nach Ansicht der Kommission hätte die plangemäße Durchführung des Vorhabens Schneider zur Erlangung einer einzelmarktbeherrschenden Stellung auf insgesamt 22 Teilmärkten in Frankreich, Spanien, Italien, Dänemark, Portugal und Großbritannien verholfen. Auf 10 weiteren französischen Teilmärkten wäre die bereits vor dem Zusammenschluss bestehende Marktbeherrschung Schneiders durch die Übernahme Legrands weiter verstärkt worden[424].

---

420 Komm., Entscheidung COMP/M.2283 v. 10.10.01, „Schneider / Legrand", Tz. 540ff.
421 Komm., Entscheidung COMP/M.2283 v. 10.10.01, „Schneider / Legrand", Tz. 566ff.
422 Komm., Entscheidung COMP/M.2283 v. 10.10.01, „Schneider / Legrand", Tz. 595ff.
423 Komm., Entscheidung COMP/M.2283 v. 10.10.01, „Schneider / Legrand", Tz. 613.
424 Komm., Entscheidung COMP/M.2283 v. 10.10.01, „Schneider / Legrand", Tz. 614ff (752).

Um dennoch zu einer Genehmigung zu kommen, bot Schneider in zwei Stufen Zusagen an[425]. Während es sich zunächst um ein deutlich unzureichendes Zusagenpaket handelte, lehnte die Kommission die nachgeschobenen Vorschläge ab, weil es sich bei ihnen um so genannte „im letzten Moment gemachte" Zusagen im Sinne der Tz. 43 der neuen Kommissionsmitteilung handelte, die nicht über jeden Zweifel erhaben waren[426]. Schließlich untersagte die Kommission die geplante Übernahme.

b) Bewertung

Bei einer genaueren Betrachtung der von der Kommission vorgebrachten Argumente gegen die Vereinbarkeit des Vorhabens mit dem Gemeinsamen Markt lassen sich diese vor allem auf die Kombination der gegenwärtigen Nummern eins und zwei auf den relevanten Märkten reduzieren. Die absolute Höhe der aggregierten Marktanteile wird von der Kommission zwar für jeden einzelnen Teilmarkt genannt. Schon innerhalb desselben sachlichen Marktes ergaben sich aber teilweise deutliche Unterschiede in der Marktanteilsverteilung in unterschiedlichen Mitgliedstaaten. Dennoch argumentierte die Kommission einheitlich ohne besonderen Bezug auf die jeweiligen räumlich relevanten nationalen Märkte. Dem Unterschied zwischen einem Marktanteil von 40-50% und einem solchen in einer Größenordnung von knapp 70% schien keine große Rolle zu spielen.

Mehr Wert legte die Kommission auf den Abstand zu den jeweils nächstfolgenden Wettbewerbern, also dem relativen Marktanteil der beiden beteiligten Unternehmen. Allerdings beschränkte sie sich auch hier darauf, recht unterschiedliche Zahlen zu nennen, die aber übereinstimmend als Zeichen für die Marktmacht Schneiders angeführt wurden. So wäre Schneider nach Durchführung des Vorhabens teilweise nahezu siebenmal so groß geworden wie der nächste Wettbewerber, auf anderen Märkten aber auch „nur" beinahe doppelt, dreimal oder viermal so groß[427]. Auch in anderen Aspekten erscheint die Begründung der Entscheidung fragwürdig. Die Kommission setzte sich beispielsweise an mehreren Stellen mit Rabatten, Nachlässen und Umsatzboni auseinander, die dem Großhandel von den führenden Herstellern, allen voran Schneider und Legrand, gewährt wurden und die sich in Einzelfällen auf bis zu 30% belaufen können. Sie schloss hieraus auf eine enge Bindung des Handels an die Hersteller und damit auf eine nur geringe Nachfragemacht. Selbstverständlich hätte man das Indiz auch genau umgekehrt werten können. Besteht für Anbieter nämlich die Notwendigkeit, ihre Nachfrager mittels Rabatten an sich zu binden, scheint die Nachfrageseite sehr wohl in der Lage zu sein, Preis- und dadurch Wettbewerbsdruck zu erzeugen.

Alles in allem erweckt die Entscheidung „Schneider / Legrand" den Eindruck, die Kommission habe jedenfalls die Kombination der beiden Marktführer in einer relativ

---

425 Komm., Entscheidung COMP/M.2283 v. 10.10.01, „Schneider / Legrand", Tz. 754ff.

426 Komm., Mitteilung der Kommission über im Rahmen der Verordnung (EWG) Nr. 4064/89 des Rates und der Verordnung (EG) Nr. 447/98 der Kommission zulässige Abhilfemaßnahmen , ABl.EG C68/3 v. 2.3.01, Tz. 43. Vgl. auch die parallele Argumentation im Fall „GE / Honeywell", siehe oben in diesem Teil unter B.I.12.a), S. 169.

427 Komm., Entscheidung COMP/M.2283 v. 10.10.01, „Schneider / Legrand", Tz. 542.

anbieterorientierten Branche verhindern wollen. Auch wenn solche Vorhaben häufig schon deshalb bedenklich sein werden, weil der Marktführer durch die Übernahme seines schärfsten Wettbewerber nicht nur seine eigene Position verbessert, sondern darüber hinaus die bisherige Nummer drei – also ein zumindest etwas kleinerer Wettbewerber – zur Nummer zwei auf einem bestimmten Markt wird, bedarf ihre Untersagung dennoch einer sorgfältigen und in sich stimmigen Begründung. Bezüglich der Bedeutung der Marktanteile kann konstatiert werden, dass hohe Marktanteile regelmäßige und beinahe systemimmanente Begleiterscheinung eines Zusammenschlusses zweier Marktführer sind. Entscheidendes Argument innerhalb der Entscheidungsbegründung waren sie jedoch nicht.

14. „CVC / Lenzing"

a) Beschreibung der Entscheidung

Einen weiteren klassischen Fall horizontaler Konzentration untersagte die Kommission nur eine Woche nach der vorgenannten Entscheidung. Die CVC Capital Partners Group Ltd. (im folgenden: CVC), eine auf der britischen Kanalinsel Jersey ansässige Investmentgruppe, beabsichtigte, den österreichischen Chemiefaserhersteller Lenzing AG (im folgenden: Lenzing) zu übernehmen. Eine horizontale Dimension hatte das Vorhaben deshalb, weil CVC Ende 1999 die Konzernsparte Acordis der niederländischen Akzo Nobel erworben und so bereits den Hauptkonkurrenten Lenzings unter seine Kontrolle gebracht hatte[428].

Das Vorhaben betraf diverse Märkte im Bereich künstlich hergestellter Textilfasern. In Übereinstimmung mit den beteiligten Unternehmen unterschied die Kommission zunächst grundlegend zwischen endlos aufgesponnenen Garnen und Stapelfasern, die in ihrer Länge auf vier bis höchstens acht Zentimeter beschränkt sind. Stapelfasern können neben textilen Anwendungen auch im nicht-textilen Bereich verwendet werden, z.B. für die Fertigung von Hygienepapieren und Putzlappen, als Vlies oder als Watte. Nach Ansicht der anmeldenden Unternehmen wäre die sachliche Marktabgrenzung hier bereits zu beenden gewesen, für sie gehörten alle übrigen Fasern demselben Produktmarkt an[429].

Die Kommission segmentierte diesen Gesamtmarkt in einer sehr ausführlichen Produktabgrenzung weiter. Sie entschied zunächst, Fasern auf natürlicher Zellstoffbasis, um die es bei dem Vorhaben eigentlich ging, seien von Synthetikfasern wie Polyester, Polyamid und Nylon deutlich zu unterscheiden. Aber auch die beiden wichtigsten Fasern auf Basis natürlicher Zellstoffe, Viskose und Lyocell, betrachtete sie nicht als zu einem Markt gehörend. Unter Bezugnahme auf ihre eigene Marktpraxis führte die Kommission aus, traditionell werde jede Faserart als eigenständiges Produkt gesehen, welches einem eigenen sachlich relevanten Markt angehöre. Sie prüfte diese Prämisse aus Sicht der Nachfrager, bezog aber auch umfassend Marktergebnisvariablen wie Preiselastizitäten sowie die Angebotsumstellungsflexibilität der Produzenten in ihre Untersuchung mit ein. Entscheidend für die getrennte Betrachtung waren dabei unterschiedliche Produkteigenschaften, die aus Nachfragesicht, also vor allem für Textilienfabrikanten, größere Bedeutung hatten als absolute

---

[428] Vgl. Komm., Entscheidung COMP/M.1755 v. 20.12.99, „CVC / Acordis".

[429] Komm., Entscheidung COMP/M.2187 v. 17.10.01, „CVC / Lenzing", Tz. 19.

Preisunterschiede. Die Erhebung von Marktdaten ergab geringe Korrelations-Koeffizienten sowie ebenfalls nur geringe Kreuzpreiselastizitäten. Selbst aus Sicht der Anbieter lag die getrennte Betrachtung von Viskose-Fasern und Lyocell nahe, weil beide Fasern in komplett unterschiedlichen Produktionsprozessen gewonnen werden. Als Zwischenergebnis hielt die Kommission fest, jede Faser begründe einen getrennten Produktmarkt, Viskose und Lyocell seien nicht demselben sachlich relevanten Markt zuzurechnen[430]. Im Bereich der Viskose-Fasern unterschied die Kommission weiter zwischen Standard-Viskose – welche sowohl für textile als auch für nicht-textile Anwendungen geeignet ist – und spinngefärbten Fasern, die eines anderen Herstellungsprozesses bedürfen, sowie Fasern für Tampons, die besonderen Hygieneanforderungen ausgesetzt sind. Lyocell als Faser wurde einem einheitlichen Produktmarkt zugerechnet, während die Produktions- und Verarbeitungstechnologie von der Kommission getrennt geprüft wurde. Lyocell war ein relativ junges Produkt, dessen Herstellungsverfahren noch Patentschutz genoss[431].

In räumlicher Hinsicht beschränkte die Kommission die Untersuchung der Viskose-Märkte auf den EWR und belegte dies mit geringen Importen in einer Größenordnung unter 10% trotz eines hohen europäischen Preisniveaus. Da Lenzing und Acordis weltweit die beiden einzigen Hersteller von Lyocell waren, konnte hier eine besondere räumliche Abgrenzung dahinstehen, die ohnehin nichts an dem Ergebnis der Marktmachtprüfung geändert hätte[432].

Trotz ihrer noch engeren Abgrenzung legte die Kommission zunächst allgemein Wettbewerbsbedingungen auf dem Viskose-Markt dar. In einer weltweiten Gesamtbetrachtung hätten Lenzing und Acordis einen aggregierten Marktanteil von ca. 30% erreicht, in Europa aber ca. 65%. Während alle Wettbewerber in den 90er Jahren Kapazitäten abgebaut hatten, war Lenzing der einzige Marktteilnehmer, der aggressiv Kapazitäten und Marktanteile hinzu gewonnen hatte. Insgesamt charakterisierte die Kommission die betroffenen Märkte als exportorientiert; Importe gab es im wesentlichen durch amerikanische und indonesische Tochterfirmen der beiden beteiligten Unternehmen[433].

Im Bereich standardisierter Viskose-Stapelfasern (VSF) erreichten Lenzing und Acordis gemeinsam einen Marktanteil von 58% und waren damit Marktführer vor den Konkurrenten Sateri aus Finnland mit 20%, SNIACE aus Spanien mit 9% und Svenska Rayon mit 6% sowie den Importeuren, die 10% des Marktes auf sich verteilten[434]. Die Kommission sah Lenzing als deutlichen Marktführer, der sich aber mit Acordis echten Wettbewerb geliefert habe. Dadurch, dass Lenzing nicht nur die Fasern herstellte, sondern auch die als Vorprodukt benötigten Hölzer selbst verarbeitete, arbeitete das österreichische Unternehmen mit höheren Fixkosten als seine Konkurrenten. Eine hohe Kapazitätsauslastung war damit für Lenzing von großer Bedeutung, die es sich in Zeiten schwächerer Nachfrage mit Preisnachlässen erkaufte. Gerade dieser Anreiz wäre aus Sicht der Kommission durch die Realisierung des Vorhabens weggefallen, denn durch die Bündelung der Nachfrage infolge

---

430 Komm., Entscheidung COMP/M.2187 v. 17.10.01, „CVC / Lenzing", Tz. 31ff (80).
431 Komm., Entscheidung COMP/M.2187 v. 17.10.01, „CVC / Lenzing", Tz. 81ff.
432 Komm., Entscheidung COMP/M.2187 v. 17.10.01, „CVC / Lenzing", Tz. 126ff (135).
433 Komm., Entscheidung COMP/M.2187 v. 17.10.01, „CVC / Lenzing", Tz. 140ff.
434 Komm., Entscheidung COMP/M.2187 v. 17.10.01, „CVC / Lenzing", Tz. 160.

des Zusammenschlusses hätten Lenzing und Acordis bei einem Nachfragerückgang dafür sorgen können, die Produktion auf die Werke Lenzings zu konzentrieren, die damit jedenfalls ausgelastet gewesen wären, während die mit hohen variablen Kosten aufgrund der geringeren Fertigungstiefe operierenden Werke der Acordis-Sparte vorübergehend auch eine niedrigere Auslastung überstehen könnten. Durch diese mögliche Strategie wäre Lenzing die Notwendigkeit genommen worden, als Preisbrecher zu agieren[435].

Ergänzend argumentierte die Kommission, die Wettbewerber seien aufgrund ihrer hohen Kapazitätsauslastung eher Preisnehmer und hätten kein Interesse an sinkenden Preisen. Ein Substitutionswettbewerb durch andere Fasern mit anderen Produkteigenschaften im Falle spürbarer Preiserhöhungen sei kaum zu erwarten. Dasselbe gelte für potentielle Konkurrenz durch stärkere Importe von Endprodukten, weil Viskose-Produkte trotz der Abwanderung der Textilindustrie in kostengünstigere Länder traditionell immer noch in Mitteleuropa hergestellt wurden. Den wenigen großen Anbietern künstlich hergestellter Fasern stand eine Vielzahl von Nachfragern gegenüber, so dass auch die wirksame Begrenzung der Marktmacht der Anbieter durch die Marktgegenseite kein Argument sein konnte. Nach einer Abwägung aller dieser Argumente kam die Kommission zu dem Ergebnis, der Zusammenschluss begründe eine einzelmarktbeherrschende Stellung der neuen Unternehmenseinheit auf dem Markt standardisierter VSF[436].

Auf den beiden gesondert untersuchten Spezialmärkten ergaben sich noch höhere aggregierte Marktanteile durch den Zusammenschluss, nämlich jeweils mehr als 80% bei nur einem nennenswerten Wettbewerber. Auf dem Markt für spinngefärbte VSF herrschte Wettbewerb zumindest zwischen dem Marktführer Lenzing mit einem Marktanteil von 50-60% und Acordis mit einem Marktanteil von 25-35%. Den Wegfall des einzigen echten Konkurrenten des Marktführers Lenzing hätten potentielle Anbieter kaum kompensieren können, weil es sich bei spinngefärbten VSF um einen relativ kleinen Spezialmarkt mit unelastischer Nachfrage handelte. Der Aufbau spezieller Produktionskapazitäten, mit denen Fasern nach dieser besonderen Färbemethode hergestellt werden könnten, wäre kostspielig gewesen; ein Substitutionswettbewerb anderer Produkte war infolge der unelastischen Nachfrage ebenfalls nicht zu erwarten. Hier entschied die Kommission, das Vorhaben begründe eine marktbeherrschende Stellung[437], wohingegen sie auf dem Markt für VSF für Tampons bereits vor Anmeldung des Vorhabens eine Marktbeherrschung durch Acordis konstatierte, die weiter verstärkt worden wäre. Ihre Annahme stützte die Kommission im wesentlichen auf den hohen Marktanteil von ca. 70-80%, nannte aber auch weitere Faktoren wie den Patentschutz, dem die qualitativ hochwertigen Fasern von Acordis unterworfen waren. Nach Ansicht der beteiligten Unternehmen verfolgten die Nachfrager zwar die Strategie, gezielt bei zwei oder mehreren Anbietern zu kaufen (das so genannte „Double Sourcing" bzw. „Multi Sourcing"[438]). Diesen Einwand erkannte die Kommission schon deshalb nicht an, weil eine gezielte Nach-

---

435 Komm., Entscheidung COMP/M.2187 v. 17.10.01, „CVC / Lenzing", Tz. 162ff.

436 Komm., Entscheidung COMP/M.2187 v. 17.10.01, „CVC / Lenzing", Tz. 171ff (197).

437 Komm., Entscheidung COMP/M.2187 v. 17.10.01, „CVC / Lenzing", Tz. 198ff (208).

438 Allgemein und ausführlich zum Double und Multi Sourcing siehe unten im Dritten Teil unter B.I, S. 247ff.

fragesteuerung bei fehlenden Alternativen und der überlegenen Produktqualität kaum denkbar sei[439].

Auf den beiden weiteren relevanten Märkten, der Herstellung von Lyocell-Fasern sowie der Vermarktung der hierfür notwendigen Produktions- und Verarbeitungstechnologie hätte das Vorhaben zu monopolartigen Zuständen geführt. Für die Faserherstellung galt dies uneingeschränkt, weil beide Parteien weltweit die einzigen Anbieter waren. Im Technologiebereich wurden einige Patente von unabhängigen Ingenieurbüros und Forschungslabors gehalten. Ein potentieller Konkurrent wäre aber, um in die Serienfertigung einsteigen zu können, in jedem Fall ergänzend auf eine Lizenzierung durch Lenzing oder Acordis angewiesen gewesen. Auf beiden Teilmärkten befürchtete die Kommission die Entstehung einer marktbeherrschenden Stellung[440].

Zwar boten Lenzing und Acordis an, einige Bereiche abzustoßen bzw. Verfahrenstechnologien diskriminierungsfrei an Dritte zu lizenzieren. Die angebotenen Zusagen waren jedoch evident unzureichend. Sie betrafen beispielsweise den Markt für Standard-VSF, mithin den volumenstärksten Markt, überhaupt nicht. Die Kommission akzeptierte folgerichtig das Angebot nicht, sondern untersagte das Zusammenschlussvorhaben.

b) Bewertung

Die Entscheidung „CVC / Lenzing" ist ein Paradebeispiel für die vorentscheidende Bedeutung, die der Marktabgrenzung innerhalb der Entscheidungspraxis der Kommission zukommt. Sie bestimmt Ergebnis der Marktmachtprüfung zu einem großen Teil vor. Durch ihre enge Marktabgrenzung kam die Kommission nahezu zwangsläufig zu hohen Marktanteilen. Konsequent weitergedacht ist die enge Marktabgrenzung auch in einem gewissen Maße präjudizierend für die Frage, ob Substitutionswettbewerb durch benachbarte Produkte marktmachtbeschränkend wirken kann. Wären zwei Produkte wirklich geeignete Substitute, müsste man sie einem einheitlichen Markt zuordnen. Bereits die Trennung zeigt also, dass es sich bei der Substitution durch andere Produkte regelmäßig allenfalls um „Second best"-Lösungen handelt, die einen Entscheidungsspielraum der Anbieter kaum einschränken können. Bei den hier erörterten Fasermärkten zeigten sich die Anbieter gerade deshalb sehr innovativ und entwickelten ständig neue Produkte wie beispielsweise die Lyocell-Faser, um gezielt auf bestimmte Anwendungserfordernisse – vor allem im Textilbereich – wie Gewicht, Festigkeit, Feuchtigkeitstransport, Saugfähigkeit oder Tragekomfort reagieren zu können. Dass Fasern, welche gerade wegen unterschiedlicher Produkteigenschaften unterschiedlichen sachlich relevanten Märkten zugeordnet wurden, kaum geeignete Substitute sind, ist dann offensichtlich.

Der europäische Fasermarkt ist ein Bereich, der schon mehrfach von der Kommission untersucht wurde. Auch wenn die beteiligten Unternehmen vehement für eine weitere Marktabgrenzung Stellung bezogen, durfte sie die restriktive Haltung der Kommission kaum überraschen. Vor allem Acordis bzw. seine Mutterunternehmen selbst standen bereits mehrfach im Visier der Kommission. Der Markenname

---

[439] Komm., Entscheidung COMP/M.2187 v. 17.10.01, „CVC / Lenzing", Tz. 209ff.
[440] Komm., Entscheidung COMP/M.2187 v. 17.10.01, „CVC / Lenzing", Tz. 231ff (254).

Acordis entstand 1998 bei der Übernahme des britischen Chemiekonzerns Courtaulds durch Akzo Nobel[441]. Der niederländische Chemieriese bündelte seine eigenen Aktivitäten im Bereich Kunstfasern mit denen Courtaulds und schuf die Konzernsparte Acordis, die wie bereits erwähnt 1999 an CVC veräußert wurde. Courtaulds seinerseits gründete schon 1991 das Gemeinschaftsunternehmen Novaceta mit der italienischen SNIA Fibre[442]. Auch Novaceta war und ist im Bereich künstlich hergestellter Fasern tätig, allerdings konzentriert auf die deutlich von Stapelfasern zu trennenden Endlosgarne. Durch die beschriebenen Übernahmen befindet sich die hälftige Beteiligung an Novaceta nunmehr ebenfalls im Portfolio der Investmentgruppe CVC. In allen erwähnten Entscheidungen hatte sich die Kommission, wenn auch nicht immer mit entscheidungserheblicher Bedeutung, für eine enge Abgrenzung anhand der einzelnen Fasern ausgesprochen. In der Entscheidung „Courtaulds / SNIA Fibre" argumentierten die beiden Zusammenschlusskandidaten, die weitgehend komplementäre Fasern ohne direkte Überschneidungen herstellten, selbst für enge Märkte, um eine Marktanteilsaddition auszuschließen[443]. Vor diesem Hintergrund konnte kaum erwartet werden, dass die Kommission nunmehr eine andere Haltung einnehmen könnte, zumal Acordis zumindest indirekt aus dem Fasergeschäft von Courtaulds entstanden ist. Gleichzeitig stellt die europäische Faserindustrie ein beeindruckendes Beispiel für die Schnelligkeit dar, mit der sich das Fusionskarussell innerhalb der Gemeinschaft dreht.

Ein interessanter Aspekt am Rande ergibt sich aus der Argumentation der Parteien bezüglich der Entstehung einer marktbeherrschenden Stellung im Bereich der Produktions- und Verarbeitungstechnologie für Lyocell-Fasern. Ihr Technologievorsprung beruhe auf ihren eigenen Anstrengungen und Investitionen. Ihnen diesen Vorsprung vorzuhalten, sei nicht wettbewerbserhaltend, sondern stelle eine Bestrafung für erfolgreichen Wettbewerb in der Vergangenheit dar[444]. Mit dieser Argumentation bewegte sich CVC in direkter Übereinstimmung mit den Ansichten der Chicago School zu Marktzutrittsschranken. Bestehen Zugangsschranken allein aus der Notwendigkeit, hohe Kapitalaufwendungen zu tätigen, werden sie im Konzept der Chicago School als solche nicht anerkannt, wenn und soweit auch führende Unternehmen zunächst ähnliche Investitionen tätigen mussten. Potentielle Konkurrenten, die auf den Markt für Lyocell-Fasern einsteigen wollten, hätten entweder versuchen müssen, eine Lizenzierung der Technologie der beiden Marktführer zu erhalten oder aber ihrerseits selbst Forschungsaktivitäten entfalten müssen. Die Kommission erkannte diese Argumentation jedoch nicht an. Die Art und Weise, auf die der Technologievorsprung entstanden war, spielte für die Untersuchung keine Rolle. Die Kommission beschränkte sich darauf, die gegenwärtige Marktmacht festzustellen, die Lenzing und Acordis durch den Patentschutz ausüben konnten[445]. Ohne dies auszu-

---

[441] Genehmigt durch die Entscheidung der Kommission IV/M.1182 v. 30.6.98, „Akzo Nobel / Courtaulds". Die dort ergangenen Auflagen betrafen nicht Fasermärkte, sondern die Fertigung von Lacken und Beschichtungen, siehe unten in diesem Teil unter II.1.a), S. 186f.

[442] Komm., Entscheidung IV/M.113 v. 19.12.91, „Courtaulds / SNIA".

[443] Komm., Entscheidung IV/M.113 v. 19.12.91, „Courtaulds / SNIA", Tz. 37.

[444] Komm., Entscheidung COMP/M.2187 v. 17.10.01, „CVC / Acordis", Tz. 252.

[445] Komm., Entscheidung COMP/M.2187 v. 17.10.01, „CVC / Acordis", Tz. 253.

sprechen, lehnt die Kommission die Marktschrankenbetrachtung der Chicago School ab.

15. „Tetra Laval / Sidel"

a) Beschreibung der Entscheidung

Die letzte Untersagungsentscheidung der Kommission aus dem Jahr 2001 betraf ein Übernahmeangebot der Tetra Laval S.A., ein eigens für den Zweck der geplanten Übernahme gegründetes Unternehmen der Tetra Laval-Gruppe (im folgenden: „Tetra"), für die in Frankreich ansässige Sidel S.A. (im folgenden: „Sidel"). Beide Unternehmen waren in der Verpackungsindustrie tätig, und hier vornehmlich in der Verpackung flüssiger Lebensmittel. Tetra produzierte und vertrieb vor allem beschichtete Getränkekartons wie die bekannten TetraPak-Kartons sowie Verpackungs- und auch Abfüllanlagen zur Befüllung der Kartons. Sidel konzentrierte sich auf Plastikverpackungen aus PET-Kunststoffen und bot sowohl die PET-Rohlinge für die Flaschen als auch Ausrüstungsgegenstände von einzelnen Maschinen bis zu kompletten Anlagen an.

Die Kommission stieg mit einem allgemeinen Überblick über die Verpackungsindustrie in die sachliche Marktabgrenzung ein. Flüssige Lebensmittel, im wesentlichen also Getränke und Milchprodukte, können in Kartons, Plastik, Glas oder Blechdosen verpackt werden. Die Lebensmittelhersteller können dabei eigene Abfüll- und Verpackungsanlagen anschaffen oder spezialisierte Unternehmen mit der Abfüllung beauftragen. Um eine Basis für die Marktabgrenzung und die Marktmachtprüfung zu haben, beschrieb die Kommission beispielhaft die Prozessabläufe in einer PET-Verpackungslinie. Als Rohstoff werden Kunststoffharze angeliefert, die dann in PET-Rohlinge umgeformt werden. Aus diesen Rohlingen werden mittels so genannter Streckblasmaschinen Flaschen hergestellt, die dann anschließend befüllt, verschlossen und zuletzt mit Etiketten bedruckt werden[446].

In der eigentlichen Produktmarktabgrenzung berief sich die Kommission auf ihre umfangreiche Fallpraxis in der Verpackungsindustrie, in der sie die betroffenen Märkte zwar nicht immer detailliert abgrenzen musste, generell aber von getrennten Produktmärkten nach dem jeweiligen Verpackungsmaterial ausgegangen war[447]. In jüngerer Vergangenheit waren vor allem bei Säften, aber vornehmlich in Südeuropa zunehmend auch bei Milchprodukten Substitutionstendenzen weg von den bis dato eindeutig vorherrschenden Kartonverpackungen zu PET-Flaschen zu beobachten. Aus Sicht der Nachfrageseite war also durchaus eine gewisse Substituierbarkeit praktisch nachweisbar. Allerdings waren die Anlagenbauer nicht ohne weiteres in der Lage, ihre Produktpalette den unterschiedlichen Verpackungsmaterialien anzupassen. Eine Anlage für Kartonverpackungen hat beispielsweise eine völlig andere Funktionsweise als eine solche für PET-Flaschen. Die Kommission entschied, bei den Märkten für Kartonverpackungsanlagen und PET-Verpackungsanlagen handele

---

446 Komm., Entscheidung COMP/M.2416 v. 30.10.01, „Tetra Laval / Sidel", Tz. 13ff.

447 So z.B. in jüngerer Vergangenheit in den Entscheidungen COMP/M.1948 v. 30.5.00, „Techpak International / Valois", Tz. 19, und COMP/M.1813 v. 12.7.00, „Industri Kapital (Nordkem) / Dyno", Tz. 50f.

es sich um getrennte, aber eng benachbarte Märkte[448]. Beide Märkte wurden weiter segmentiert, so betrachtete die Kommission die bereits genannten Streckblasmaschinen zur Herstellung von PET-Flaschen als eigenständiges Marktsegment. Im Bereich der Kartonnagen unterteilte sie vier Marktsegmente, nämlich aseptisch (keimfrei) arbeitende Kartonmaschinen und Kartons auf der einen sowie nicht aseptisch arbeitende Maschinen und solche Kartons auf der anderen Seite[449].

Die räumliche Marktabgrenzung fiel sehr knapp aus. Die Kommission konstatierte lediglich in Übereinstimmung mit Tetra als anmeldendem Unternehmen, der räumlich betroffene Markt sei der EWR.

Im Rahmen der Marktmachtprüfung legte die Kommission zunächst die vor dem Zusammenschluss bestehende Wettbewerbssituation dar. Diese war dadurch gekennzeichnet, dass Tetra im Bereich aseptischer Kartons und Kartonverpackungsanlagen marktbeherrschend war. Dies hatte die Kommission bereits 1991 in ihrer genehmigenden Entscheidung im Fusionskontrollverfahren „Tetra Pak / Alfa Laval“[450] als auch in einer Entscheidung im Rahmen der Missbrauchsaufsicht[451] konstatiert. Auch Tetra Pak selbst erkannte die eigene Marktbeherrschung an. Bei nicht aseptischen Kartonverpackungen war Tetra Pak zwar nicht marktbeherrschend, aber doch der führende Anbieter. Dasselbe galt für Sidel im PET-Anlagenbau, vor allem bei der Herstellung von Streckblasmaschinen. Hier erzielte Sidel Marktanteile von ca. 70% im Segment der technisch aufwändigen Maschinen mit einer Kapazität von mehr als 8.000 Flaschen pro Stunde; in dem Segment der Maschinen geringerer Leistung hatte der französische Marktführer einen Anteil von 30 bis 40%[452].

Eine echte horizontale Überschneidung hätte sich infolge des Vorhabens nur in dem letztgenannten Markt, dem Markt für Streckblasmaschinen mit einer Kapazität von bis zu 8.000 Flaschen pro Stunde ergeben, weil hier auch Tetra mit einem Marktanteil von 20 bis 30% vertreten war. Weiterhin entwickelten beide Unternehmen wie auch alle übrigen Wettbewerber Beschichtungen, mit denen PET-Flaschen gasundurchlässig gemacht werden können, um sie auch bei der Abfüllung kohlensäurehaltiger Getränke wie Bier und Mineralwasser wettbewerbsfähig zu machen[453]. Auch in diesem Teilsegment gab es horizontale Überschneidungen.

Ausführlicher als horizontale Effekte untersuchte die Kommission aber die vertikalen Aspekte des Vorhabens. Infolge des Vorhabens wäre Tetra in der Lage gewesen, komplette Produktlinien von den Rohteilen der beiden relevanten Verpackungsmaterialien Karton und PET über Maschinen aller Leistungsklassen bis hin zu

---

448 Komm., Entscheidung COMP/M.2416 v. 30.10.01, „Tetra Laval / Sidel“, Tz. 30ff (163).

449 Komm., Entscheidung COMP/M.2416 v. 30.10.01, „Tetra Laval / Sidel“, Tz. 164ff.

450 Komm., Entscheidung IV/M.0068 v. 19.7.91, Tetra Pak / Alfa Laval“, Abschnitt IV.

451 Komm., Entscheidung IV/31.043 v. 24.7.91 – „Tetra Pak II“, Tz. 99. Die Kommission entschied hier über eine Beschwerde des Konkurrenten Elopak, der sich durch Vertragsklauseln in den Verträgen Tetra Paks, durch welche die Anlagenkäufer und -mieter verpflichtet wurden, ausschließlich Tetra Pak-Kartons zu verwenden, behindert fühlte. Das Gericht erster Instanz und der Gerichtshof hielten die Kommissionsentscheidung, mit der Tetra Pak eine Geldbuße in Höhe von immerhin 75 Mio. ECU auferlegt wurde, aufrecht, vgl. die Urteile in den Rechtssachen T-83/91 und C-333/94.

452 Komm., Entscheidung COMP/M.2416 v. 30.10.01, „Tetra Laval / Sidel“, Tz. 215ff.

453 Komm., Entscheidung COMP/M.2416 v. 30.10.01, „Tetra Laval / Sidel“, Tz. 263ff.

kombinierten Verpackungs- und Abfüllanlagen anzubieten. Die Kommission befürchtete, reine Abfüllunternehmen könnten vom Markt verdrängt werden, wenn beispielsweise Tetra Maschinen nicht mehr isoliert anböte. Sie kam jedoch zu dem Schluss, allein aufgrund vertikaler Effekte könne das Vorhaben nicht untersagt werden[454].

Letzten Endes führte die Kommission vier aufeinander aufbauende Überlegungen an, die in einer Art Gesamtschau in der Annahme gipfelten, Leverage-Effekte führten zu einer Verstärkung der existierenden Dominanz Tetras im Bereich Kartonverpackungen und dazu gehöriger Anlagen sowie zur Entstehung einer marktbeherrschenden Stellung auch im PET-Bereich. Die Kommission legte zunächst dar, die breite Kundenbasis der beiden Marktführer könne für den jeweils anderen Bereich genutzt werden, weil eine Vielzahl flüssiger Nahrungsmittel sowohl in Karton- als auch PET-Verpackungen abgefüllt werden können und zu einem wachsenden Anteil auch abgefüllt werden. Aus diesem Grund könnte sich die Marktbeherrschung Tetras auf die Verpackung in PET-Flaschen ausweiten, wozu neben der angesprochenen Kundenbasis auch die hohen Marktanteile, der technologische Vorsprung durch den Zusammenschluss, die größere Finanzkraft und die fehlende Nachfragemacht beitragen könnten.

Ferner wäre durch den Kompetenzzuwachs im Bereich PET auch die marktbeherrschende Stellung im Kartonsektor verstärkt worden. Hier führte die Kommission aus, bei existierender Dominanz könne bereits ein minimaler Marktmachtzuwachs überproportional negative Folgen haben. In concreto sah die Kommission negative Auswirkungen, weil sich erste Anzeichen für einen Wechsel der Getränkehersteller und Molkereien von Kartonverpackungen zu PET-Flaschen abzeichneten. Das so möglich werdende wettbewerbliche Element wäre durch die Verstärkung der Position Tetras im Bereich PET konterkariert worden. Als letztes Argument führte die Kommission Marktzutrittsschranken an, die durch die Kombination der beiden Marktführer verstärkt worden wären[455].

All diese Faktoren konnten die beteiligten Unternehmen nicht durch Zusagen entkräften. Sie boten einige Teilveräußerungen an, die aber bei weitem nicht geeignet waren, Überschneidungen zu beseitigen. In erheblichem Umfang wurden von Tetra verhaltensorientierte Maßnahmen angeboten, so z.B. die Zusage, die Geschäftsbereiche von Tetra und Sidel weiter getrennt zu führen und keine Kopplungsangebote von Maschinen Tetras mit denen Sidels zu machen. Die Kommission lehnte diese Zusagen jedoch nicht zuletzt deshalb ab, weil sie einer Marktregulierung gleich gekommen wären und eine ständige Überwachung erfordert hätten. Aber auch eine überschlägige Marktmachtprüfung der Kommission zeigte, dass die Maßnahmen das Vorhaben nicht genehmigungsfähig machen konnten[456]. Im Ergebnis wurde es deshalb untersagt.

---

454 Komm., Entscheidung COMP/M.2416 v. 30.10.01, „Tetra Laval / Sidel", Tz. 291ff.
455 Komm., Entscheidung COMP/M.2416 v. 30.10.01, „Tetra Laval / Sidel", Tz. 325ff.
456 Komm., Entscheidung COMP/M.2416 v. 30.10.01, „Tetra Laval / Sidel", Tz. 409ff.

b) Bewertung

Die Entscheidung „Tetra Laval / Sidel" zeigt, wie eng horizontale Zusammenschlüsse und konglomerate Konzentration in Form von Markterweiterungsfusionen zusammenhängen können. In ihrer Marktabgrenzung schloss sich die Kommission nach ausführlicher Erörterung ihrer bisherigen Marktpraxis an und grenzte Teilmärkte nach dem jeweiligen Verpackungsmaterial voneinander ab. Die Marktmachtprüfung näherte sich jedoch mehr und mehr einer Gesamtschau der Verpackungsindustrie. Die Kommission untersuchte die sorgsam abgegrenzten Märkte nicht getrennt, sondern führte mehrfach Wechselwirkungen und sich gegenseitig verstärkende Leverage-Effekte an. Gleichsam rechtfertigend hatte die Kommission allerdings bereits im Rahmen der Marktabgrenzung betont, direkte horizontale Überschneidungen könnten zwar ein bedeutsamer Ausgangspunkt der Untersuchung sein, dennoch müsse die Analyse in den Zusammenhang des allgemeinen Marktes für Verpackungssysteme für flüssige Nahrungsmittel gestellt werden[457]. Die Marktmachtprüfung leitete die Kommission mit der Feststellung ein, der Zusammenschluss führe zu einer monopolistischen Struktur des gesamten Marktes für die aseptische und nicht-aseptische Verpackung behandlungsempfindlicher flüssiger Nahrungsmittel im EWR[458].

Von Bedeutung ist die Entscheidung über ihren eigentlichen Inhalt hinaus, weil die Kommission einen Markt untersuchen musste, der bereits zehn Jahre zuvor Gegenstand einer Fusionskontrollentscheidung, nämlich der in dem bereits kurz angesprochenen Verfahren „Tetra Pak / Alfa Laval", war. Im Zeitpunkt dieser Entscheidung hatte Tetra einen Marktanteils von mehr als 90% bei Anlagen zur aseptisch arbeitenden Kartonverpackungsmaschinen gegenüber dem einzigen Wettbewerber PKL[459]. Dieser Marktanteil war leicht gefallen auf allerdings immer noch über 80%. Inzwischen versuchten drei Wettbewerber Tetra Paroli zu bieten. Das mit dem bisherigen Konkurrenten PKL fusionierte Unternehmen SIG hatte seinen Marktanteil auf über 10% erhöhen können; hinzu kamen mit Elopak, International Paper und VarioPak drei jüngere Marktzutritte in den letzten Jahren, die sich einen Marktanteil von weniger als 10% teilten. Die Kommission vertrat die Auffassung trotz der geringen Verluste könne von weitgehend stabilen Marktanteilen über zehn Jahre gesprochen werden[460]. Dies ist – legt man die absoluten Marktdaten zugrunde – sicherlich richtig, auf der anderen Seite spricht die Tatsache, dass sich neue Konkurrenten auf den Markt wagen, doch für ein gewisses wettbewerbliches Moment auf dem Verpackungsmarkt. Dies wird noch deutlicher, wenn man den Markt für aseptisch arbeitende PET-Abfüllanlagen mit in die Beobachtung einbezieht. Auch in diesem jungen und stark wachsenden Marktsegment waren bis 1999 nur vier Wettbewerber einschließlich der beiden beteiligten Unternehmen aktiv. In den drei folgenden Jahren strömten aber fünf neue Wettbewerber auf den Markt, die im Entscheidungszeitpunkt immerhin mehr als 40% des in absoluten Zahlen noch recht geringen Marktvolumens auf sich vereinten[461].

---

457 Komm., Entscheidung COMP/M.2416 v. 30.10.01, „Tetra Laval / Sidel", Tz. 34.

458 Komm., Entscheidung COMP/M.2416 v. 30.10.01, „Tetra Laval / Sidel", Tz. 217.

459 Komm., Entscheidung IV/M.0068 v. 19.7.91, „Tetra Pak / Alfa Laval, Abschnitt IV.A.3.2.

460 Komm., Entscheidung COMP/M.2416 v. 30.10.01, „Tetra Laval / Sidel", Tz. 217.

461 Komm., Entscheidung COMP/M.2416 v. 30.10.01, „Tetra Laval / Sidel", Tz. 251.

Selbst wenn die Marktzutritte an den Auswirkungen des Zusammenschlusses nichts entscheidendes ändern könnten, wirkt es doch befremdlich, dass die Kommission sie in der Bewertung des Vorhabens kaum erwähnt. Dies lässt sich nur durch die Besonderheit des Falles erklären, in dem der Marktführer eines Marktes, zu dem stärker werdende Abwanderungsbewegungen prognostiziert werden, gerade von dem Unternehmen übernommen wird, dass auf dem zweiten, eng benachbarten Markt beherrschend ist, von dem Abwanderungen stattfinden. Marktanteile allein scheinen nicht ausreichendes Indiz für Marktmacht zu sein, wenn ihr zwar geringer, aber immerhin spürbarer Rückgang nicht ausschlaggebend für eine Genehmigung des Verfahrens war.

II. Genehmigende Entscheidungen zur Einzelmarktbeherrschung

Im Rahmen der Untersuchung genehmigender Kommissionsentscheidungen soll zunächst auf die Entscheidungen zur Einzelmarktbeherrschung eingegangen werden. In ihnen prüft die Kommission ein Zusammenschlussvorhaben ausschließlich oder vorwiegend daraufhin, ob die beteiligten Unternehmen nach Durchführung des Vorhabens einen von der Konkurrenz nicht mehr zu beeinflussenden Verhaltensspielraum erlangen und so ihre Marktmacht gegenüber Lieferanten, Wettbewerbern und Nachfragern ausspielen könnten.

1. Auflageentscheidungen gemäß Art. 8 II bzw. Art. 6 II FKVO

Eine Untersuchung der Auflageentscheidungen zur Einzelmarktbeherrschung bestätigt das Bild, welches sich bereits bei der Besprechung der Untersagungen abgezeichnet hat. Aufgrund hoher aggregierter Marktanteile ergeben sich erste Hinweise auf die Entstehung oder Verstärkung einer marktbeherrschenden Stellung, die dann durch die vertiefende Prüfung anderer Faktoren bestätigt oder widerlegt werden.

a) Marktanteilsprognosen über 80%

In einer Reihe von Fällen, insbesondere in der Pharmaindustrie, hätten sich bei Durchführung des ursprünglich geplanten Zusammenschlussvorhabens Marktanteile in einer Größenordnung von 80% und darüber ergeben. Die Kommission sieht die Pharmabranche als einen Wirtschaftszweig an, der gerade in den letzten Jahren von einer fortschreitenden Konsolidierung geprägt sei, insgesamt aber immer noch einen fragmentierten Markt darstelle. Die fünf größten in Europa tätigen Pharmakonzerne (AstraZeneca, Merck, Glaxo Wellcome, Pfizer und Bristol-Myers Squib) erzielten einen Anteil am gesamten europäischen Markt für Medikamente von nur 21%[462], durch die Fusion von Glaxo Wellcome und SmithKline Beecham entstand mit GlaxoSmithKline das größte Pharmaunternehmen der Welt, welches dennoch nur für 7,3% des weltweiten Pharmaumsatzes steht[463]. Durch derartige Aussagen verdeutlicht die Kommission, dass in absehbarer Zeit kaum mit einer Untersagungsentscheidung in dieser Branche zu rechnen ist.

---

462 Komm., Entscheidung COMP/M.1835 v. 30.3.00, „Monsanto / Pharmacia Upjohn", Tz. 47.

463 Komm., Entscheidung COMP/M.1846 v. 8.5.00, „Glaxo Wellcome / SmithKline Beecham", Tz. 6.

Dennoch führt die bereits erwähnte Abgrenzung enger sachlicher[464] und räumlicher[465] Märkte häufig zu hohen aggregierten Marktanteilen bei einzelnen Medikamentengruppen. Durch die Fusion mit SmithKline Beecham hätte beispielsweise Glaxo Wellcome bei virenhemmenden Medikamenten gegen Herpes in einigen Mitgliedstaaten Marktanteile von nahezu 90% erzielt. Auch wenn es nicht in allen Staaten zu nennenswerten Marktanteilsadditionen kam und Glaxo Wellcome teilweise bereits vor der Übernahme eine marktbeherrschende Stellung innehatte, folgerte die Kommission, diese Stellung werde jedenfalls weiter verstärkt. Maßgeblich für diese Annahme war die Stabilität der Marktanteile auch über den Ablauf der die Produkte schützenden Patente hinaus. Generikaherstellern war es nicht gelungen, die beherrschende Position des Marktführers anzugreifen. In dieser Situation hätte jede weitere Stärkung von Glaxo Wellcome die Marktzutrittsschranken für in der Entwicklung befindliche Produkte weiter erhöht[466].

Noch maßgeblicher waren die Marktanteilsprognosen im Fall „Monsanto / Pharmacia & Upjohn“. In Schweden hätten die beteiligten Unternehmen bei bestimmten Schmerzmitteln aggregierte Marktanteile in einer Größenordnung von 90% erreicht. Zwar schwankte die Verteilung der Anteile von Jahr zu Jahr; der Anteil von Pharmacia & Upjohn sank tendenziell, während Monsanto seine Marktposition ausbauen konnte. Gerade aus der Kombination der beiden Unternehmen folgerte die Kommission die Entstehung einer dauerhaften Marktbeherrschung, obwohl neben drei kleineren, aber etablierten Konkurrenten in den letzten beiden Jahren vor dem Zusammenschluss auch zwei Generikahersteller auf den Markt gedrängt waren[467].

Eine ähnliche Situation hatte die Kommission bei der Fusion der amerikanischen Pharmariesen Pfizer und Warner Lambert zu beurteilen. Auch hier entwickelten Konkurrenten Produkte, mit denen sie die Vormachtstellung von Pfizer in der Bekämpfung der Alzheimerschen Krankheit angreifen wollten. In Griechenland, Belgien und Luxemburg hätten Pfizer und Warner Lambert aggregierte Marktanteile von mehr als 90% erreicht, in anderen Mitgliedstaaten lagen die Werte nur knapp unter dieser Grenze. Die Erfolgsaussichten der noch in der Entwicklung befindlichen Konkurrenzprodukte hielt die Kommission für nicht hinreichend sicher und ihren voraussichtlichen Marktzutritt in drei Jahren für zu fern liegend, um die Bedenken zu entkräften, die sich aus den sehr hohen Marktanteilen ergeben hätten[468]. Anhand der zitierten Entscheidungen lässt sich belegen, dass bei Marktanteilsprognosen ab einer bestimmten Größenordnung sehr gute Argumente benötigt werden, um die Entstehung oder Verstärkung einer marktbeherrschenden Stellung zu widerlegen. Alle drei Vorhaben wurden erst genehmigt, nachdem die beteiligten Unternehmen die Überschneidungen durch Lizenzvergaben an andere Wettbewerber beseitigen konnten.

---

464 Siehe oben in diesem Teil unter A.I.1, Seite 77.

465 Siehe oben in diesem Teil unter A.II.2, Seite 88.

466 Komm., Entscheidung COMP/M.1846 v. 8.5.00, „Glaxo Wellcome / SmithKline Beecham“, Tz. 83ff. GlaxoSmithKline vergab zur Erfüllung der Auflagen Produktlizenzen an die Konkurrenten Roche (Antiemetika zur Behandlung von Schwindelanfällen und Übelkeit) und Novartis (virenhemmende Medikamente).

467 Komm., Entscheidung COMP/M.1835 v. 30.3.00, „Monsanto / Pharmacia & Upjohn“, Tz. 80ff.

468 Komm., Entscheidung COMP/M.1878 v. 22.5.00, „Pfizer / Warner Lambert“, Tz. 71ff.

Aber nicht nur die Pharmabranche ist ein Industriezweig, in dem in jüngeren Zusammenschlussvorhaben häufig bedenklich hohe Marktanteilsprognosen Gegenstand von Kommissionsentscheidungen waren. Eine ähnliche Entwicklung ist in der chemischen Industrie zu verzeichnen. Auch hier gibt es einen unbestreitbaren Trend zu Spezialisierung und zur Konzentration vieler Konzerne auf ihre Kernaktivitäten. Verstärkt wird dieser Trend durch die Auflösung vieler Verbindungen zwischen Pharma- und Chemieunternehmen. Die Konzerne erkennen, dass Aktivitäten im Pharmabereich kaum zu Synergien in der Chemie führen und umgekehrt[469]. Selbst große Unternehmen veräußern deshalb diejenigen Sparten, die sie nicht zu ihren Hauptaktivitäten zählen. Als Käufer dieser Unternehmensteile kommen vor allem die Wettbewerber in Betracht, die bereits über starke Positionen in dem betreffenden Bereich verfügen und infolge der Übernahme noch höhere Marktanteile generieren. Der Konzentrationsprozess in der chemischen Industrie wird aber ebenso durch Fusionen und Übernahmen ganzer Konzerne beschleunigt. Schon aufgrund der Größe und der internationalen Ausrichtung vieler Chemiekonzerne war eine Vielzahl dieser horizontalen Zusammenschlüsse Gegenstand von Fusionskontrollentscheidungen der Kommission.

Ein Beispiel für diese Tendenz bietet die Übernahme der amerikanischen Union Carbide Corporation durch Dow Chemical. Infolge der Akquisition wäre Dow Chemical unangefochtener Marktführer im EWR geworden, was die Produktion bestimmter Kunststofffolien auf Polyethylen-Basis betrifft (insbesondere bei der Herstellung von LLDPE der Klasse C8). Trotz einer Marktanteilsaddition durch Union Carbide von weniger als 10% hätte Dow Chemical einen europaweiten Marktanteil von mehr als 80% gehalten[470]. Ein größerer Wettbewerber hätte weitere 10% des Marktes bedient, während sich der restliche Anteil auf mehrere Kleinstanbieter verteilt hätte. Die Kommission sah in der besonderen Technologie, die für die Produktion von C8 LLDPE benötigt wird und deren Einrichtung hohe Anlaufkosten birgt, eine Marktzutrittsschranke und hielt potentiellen Wettbewerb für wenig wahrscheinlich. Sie gab zwar die Nachfragemacht der Verpackungsmittelindustrie zu bedenken, führte aber aus, die Nachfrage konzentriere sich verstärkt auf LLDPE der Klasse C8 und verstärke hierdurch noch die Marktmacht von Dow Chemical[471]. Dow hat deshalb den durch Union Carbide hinzu gewonnenen Anteil durch Auflösung eines Gemeinschaftsunternehmens von Union Carbide mit der italienischen EniChem an diese veräußert und im Gegenzug das Polyurethan-Geschäft des Gemeinschaftsunternehmens, bezüglich dessen keine Bedenken bestanden, übernommen[472]. Die bereits

---

469 Vgl. SZ v. 18.12.00, S. 29. Als Beispiele werden BASF und DuPont angeführt, die sich von ihren Pharmasparten trennen (wollen). BASF hat sein Pharmageschäft an Abbott veräußert, vgl. Komm., Entscheidung COMP/M.2312 v. 28.2.01, „Abbott / BASF". Novartis und AstraZeneca hingegen haben in der Vergangenheit stark auf den „Life Science"-Verbund gesetzt, haben aber inzwischen ihr Agrochemiegeschäft abgestoßen.

470 Komm., Entscheidung COMP/M.1671 v. 3.5.00, „Dow Chemical / Union Carbide", Tz. 52.

471 Komm., Entscheidung COMP/M.1671 v. 3.5.00, „Dow Chemical / Union Carbide", Tz. 59ff.

472 Komm., Entscheidungen COMP/M.2354 v. 6.4.01, „EniChem / Polimeri" und COMP/M.2355 v. 6.4.01, „Dow / EniChem Polyurethane".

im Jahre 1998 unter Auflagen genehmigte Übernahme der Chemiesparte von Courtaulds durch Akzo Nobel hätte zu horizontalen Überschneidungen bei der Entwicklung und Produktion von Lacken und insbesondere von Schutzanstrichen und Versiegelungen für die Luftfahrtindustrie geführt. Sowohl bei europa- als auch bei weltweiter Betrachtung hätte sich eine erhebliche Marktanteilsaddition und ein aggregierter Anteil von 80% ergeben. Die Kommission legte die Stabilität der geschilderten Marktverteilung über mehrere Jahre dar und führte aus, in den letzten fünf Jahren sei es zu keinen Marktzutritten gekommen. Da auch in absehbarer Zeit neuer Wettbewerb nicht zu erwarten sei, entstehe durch den Zusammenschluss eine marktbeherrschende Stellung[473].

Ebenfalls den Bereich der Spezialchemikalien betrafen zwei weitere Zusammenschlussvorhaben aus dem Jahr 2000, nämlich die Fälle „Industri Kapital (Nordkem) / Dyno" und „Veba / Viag". Die schwedische Kapitalanlagegesellschaft Industri Kapital plante die Übernahme der norwegischen ASA Dyno, um deren Chemieaktivitäten mit der eigenen Tochtergesellschaft Neste Oy zusammenlegen zu können. Neste war der weltgrößte Produzent von Kunstharzen und anderen Stoffen für die Behandlung von Holz und Spanplatten; Dyno war auf denselben Märkten tätig. Die Kommission grenzte in Nordeuropa nationale Märkte ab und kam so zu dem Ergebnis, die Zusammenlegung von Dyno und Neste führe zu Marktanteilen von mehr als 80% bei so genannten UF/(M)UF-Harzen in Finnland. Marktzutritte seien nicht zu erwarten und zudem nur schwierig zu bewerkstelligen, da die Produkte speziell an die Bedürfnisse der Kunden angepasst würden und diese selbst die genauen Rezepturen nicht kannten[474]. Im Bereich der Produktion von Formaldehyd für die Holzbehandlung hätte sich in Finnland sogar ein Monopol ergeben, da beide Unternehmen die einzig aktiven Hersteller waren[475].

Monopolähnliche Marktanteile hätte auch die Fusion von Veba und Viag verursacht. Eigentlicher Zweck dieses Vorhabens war sicherlich die Gründung des Stromriesen E-ON[476]. Auswirkungen ergaben sich jedoch ebenso im Bereich bestimmter Spezialchemikalien. Die beiden Unternehmen waren über ihre Tochtergesellschaften Degussa-Hüls bzw. SKW Trostberg führend in der Blausäurechemie. Degussa-Hüls und SKW waren weltweit die einzigen Chemieunternehmen, die Natrium-Dicyanamid (NDC) in nennenswertem Umfang für den freien Markt herstellten[477]. Bei der Herstellung von Cyanurchlorid (CC) hätten sich mit europaweit 90% und weltweit immer noch bis zu 80% nur unwesentlich geringere aggregierte Marktanteile ergeben. Interessant ist in diesem Fall, dass Veba und Viag sowohl für NDC als auch für CC potentielle Konkurrenten konkret bezeichneten, die nach Auffassung der Kommission den Verhaltensspielraum der beiden Marktführer aber nicht hinreichend beschränken konnten. CC wurde sogar aktuell von der Novartis AG produziert, jedoch ausschließlich für den Eigenbedarf auf einem von mehreren nachgela-

---

473 Komm., Entscheidung IV/M.1182 v. 26.6.98, „Akzo Nobel / Courtaulds", Tz. 15, 21.

474 Komm., Entscheidung COMP/M.1813 v. 12.7.00, „Industri Kapital (Nordkem) / Dyno", Tz. 94ff.

475 Komm., Entscheidung COMP/M.1813 v. 12.7.00, „Industri Kapital (Nordkem) / Dyno", Tz. 112ff.

476 Dazu siehe unten in diesem Teil unter B.III.1.a), S. 214.

477 Komm., Entscheidung COMP/M.1673 v. 13.6.00, „Veba / Viag", Tz. 136ff.

gerten Märkten (der Herstellung von Maisherbiziden), so dass diese Mengen nicht dem freien Markt zur Verfügung standen. Die Kommission führte aus, es komme bei der Prüfung einer marktbeherrschenden Stellung nicht darauf an, ob die beteiligten Unternehmen einen völlig unbeschränkbaren Verhaltensspielraum erlangten. Die Eigenfertigung von Novartis könne den Preissetzungsspielraum von Degussa-Hüls und SKW zwar in gewissem Maße einengen; dies beschränke sich jedoch auf eine Verwendungsmöglichkeit von CC und sei nicht hinreichend, um die dauerhafte Marktbeherrschung zu verhindern[478].

Einzelne Fälle, in denen sehr hohe Marktanteile in der soeben geschilderten Größenordnung Grundlage für Auflagen und Bedingungen bei einer Genehmigung waren, gibt es aber auch in anderen Branchen, so z.B. in der Nahrungsmittelindustrie. Durch die Übernahme des Konkurrenten Bestfoods hätte Unilever Marktanteile von bis zu 95% in einigen Mitgliedstaaten bei der Herstellung löslicher Suppen, Dosensuppen und anderer Snacks erreicht[479]. Die räumlichen Schwerpunkte der beiden Unternehmen waren weitgehend komplementär, so dass jeweils entweder Unilever oder Bestfoods in einem Mitgliedstaat der Marktführer war, während der andere nur Marktanteilswerte unter 10% beisteuern konnte. Trotz der unbedeutenden Marktanteilsaddition kam die Kommission zum Ergebnis, die beherrschenden Stellungen in diesen Mitgliedstaaten würden durch den Zusammenschluss verstärkt[480].

Marktanteile in einer Größenordnung von bis zu 90% im Bereich der Herstellung und des Vertriebs technischer Gase (Sauerstoff, Stickstoff, Argon, CO^2, Wasserstoff, Acetylen) hätte auch die Übernahme der schwedischen AGA AB durch die Linde AG zur Folge gehabt. Auf den vom Tankgeschäft getrennten Märkten für Flaschengase in den Niederlanden sowie für Flaschen- und Flüssiggase in Österreich hätte Linde nicht nur seine Position als Marktführer ausgebaut, sondern durch die Akquisition des nächsten Wettbewerbers eine marktbeherrschende Stellung erreicht. Die Kommission nannte lediglich die hohen Marktanteile von Linde verbunden mit der bedeutenden Addition durch AGA und folgerte, es bestehe die Gefahr der Entstehung einer Einzelmarktbeherrschung auf den genannten Märkten[481]. Linde verpflichtete sich daher, die niederländischen und österreichischen Töchter mit den dazu gehörigen Produktionsanlagen der AGA AB zu veräußern, so dass die vor dem Vorhaben bestehende Wettbewerbssituation in den von der Kommission beanstandeten Mitgliedstaaten nicht verändert wurde[482].

Als etwas älteres Beispiel für extrem hohe Marktanteile sei die Fusion der finnischen Papierhersteller Repola und Kymmene angeführt. Auf dem finnischen Markt für die Herstellung von Papiersäcken waren die beiden Unternehmen die einzigen

---

478 Komm., Entscheidung COMP/M.1673 v. 13.6.00, „Veba / Viag", Tz. 166ff (171).

479 Komm., Entscheidung COMP/M.1990 v. 1.9.00, „Unilever / Bestfoods", Tz. 63ff.

480 Komm., Entscheidung COMP/M.1990 v. 1.9.00, „Unilever / Bestfoods", Tz. 66. Unilever hat seinen Geschäftsbereich ECBB (European Culinary Brands Business), der für die Bedenken der Kommission verantwortlich war, inzwischen an den Konkurrenten Campbell veräußert, vgl. Komm., Entscheidung COMP/M.2350 v. 2.4.01, „Campbell / ECBB (Unilever)".

481 Komm., Entscheidung COMP/M.1641 v. 9.2.00, „Linde / AGA", Tz. 58ff, 69ff.

482 Komm., Entscheidung COMP/M.1641 v. 9.2.00, „Linde / AGA", Tz. 90ff.

einheimischen Wettbewerber. Sie hätten einen aggregierten Marktanteil von 90% erreicht, der verbleibende Anteil betraf Importe durch einen schwedischen Konkurrenten. Angesichts der langfristig stabilen Marktanteile und wesentlicher Überkapazitäten auf einem reifen Markt ohne weitere Wachstumserwartungen wurde auch dieses Vorhaben von der Kommission erst genehmigt, nachdem die beteiligten Unternehmen zusagten, eine ihrer beiden großen Produktionsstätten an einen Dritten zu veräußern[483].

Etwas anders als in den geschilderten Entscheidungen war die Sachlage im Fall „EdF / EnBW" zu beurteilen. Die Übernahme der deutschen EnBW hätte zu keiner Addition der monopolähnlichen Marktanteile der Electricité de France (EdF) auf dem französischen Markt für freie Stromkunden geführt. Als freie Kunden werden die Verbraucher bezeichnet, die staatlich festgelegte Mindestverbrauchszahlen überschritten und deshalb nicht mehr an das für Kleinverbraucher während einer Übergangszeit noch geltende Strommonopol gebunden waren. EdF erreichte hier einen Marktanteil von ca. 95%[484]. EnBW als in Baden-Württemberg ansässiger und damit räumlich benachbarter Stromanbieter wäre nach Ansicht der Kommission für einen baldigen Marktzutritt prädestiniert gewesen[485]. Entscheidender Gesichtspunkt war damit der Wegfall eines potentiellen Wettbewerbers, der dadurch kompensiert wurde, dass EdF Kapitalverflechtungen innerhalb Frankreichs mit kleineren Wettbewerbern löste, die dadurch zu echten Konkurrenten erstarken und die Liberalisierung des Stormmarktes voran treiben konnten.

b) Marktanteilsprognosen zwischen 50 und 80%

In all den jetzt besprochenen Fällen waren die aggregierten Marktanteile der anmeldenden Parteien so hoch, dass es wenig vernünftige Argumente gegen die Erlangung oder Verstärkung einer dauerhaft marktbeherrschenden Stellung geben konnte. Auf der anderen Seite gibt es aber auch Fälle, in denen die Kommission trotz geringerer Marktanteile wettbewerbliche Bedenken gegen die Vereinbarkeit des Zusammenschlusses mit dem Gemeinsamen Markt äußert und das Vorhaben nur unter Auflagen und Bedingungen genehmigt. Eine ganze Reihe von Entscheidungen betraf Fälle, in denen die beteiligten Unternehmen Marktanteile von mindestens 50%, aber weniger als die gerade genannten 80% erzielt hätten.

Alle Fälle einzeln aufzuführen, würde den Rahmen dieser Arbeit sprengen. Das Vorhaben, welches sicherlich das größte Medienecho in der mehr als zehnjährigen Entscheidungspraxis der Kommission geweckt hat, ist die Übernahme von McDonnell Douglas (MDC) durch Boeing, den Weltmarktführer im Flugzeugbau mit einem Marktanteil bei großen Verkehrsflugzeugen von 61% (durchschnittlicher Marktanteil der letzten zehn Jahre vor dem Zusammenschluss) bis 64% (Auftragsbestand per 31.12.1996). Neben MDC mit einem Marktanteil von 6 bis 12% verblieb einzig und allein die europäische Airbus-Gruppe mit einem Marktanteil von 27-30% als Konkurrent von Boeing[486]. Boeing war es im unmittelbarem zeitlichen Zusammenhang mit dem Vorhaben gelungen, Exklusivverträge mit drei der größten US-amerikanischen

---

483 Komm., Entscheidung IV/M.646 v. 30.10.95, „Repola / Kymmene", Tz. 61ff.
484 Komm., Entscheidung COMP/M.1853 v. 7.2.01, „EdF / EnBW", Tz. 26.
485 Komm., Entscheidung COMP/M.1853 v. 7.2.01, „EdF / EnBW", Tz. 52ff.
486 Komm., Entscheidung IV/M.877 v. 30.7.97, „Boeing / McDonnell Douglas", Tz. 29ff.

Fluggesellschaften (American, Delta, Continental) zu schließen, was von der Kommission als Beweis für die bereits vor dem Zusammenschluss bestehende Marktbeherrschung gewertet wurde[487]. Durch den Wegfall eines von nur zwei Wettbewerbern wäre die marktbeherrschende Stellung Boeings weiter verstärkt worden. Die Kommission genehmigte das Vorhaben dennoch, nachdem Boeing zusagte, MDC für eine Dauer von zehn Jahren als eigenständige Unternehmenseinheit mit eigener Produktpalette wirtschaften zu lassen und zudem nicht auf die Erfüllung der Exklusivlieferungsverträge zu bestehen[488]. Neben der Vermutung, die Kommission habe sich politischem oder zumindest faktischem Druck durch die bereits vorher erfolgte Genehmigung durch die FTC beugen müssen[489], ist gerade der verhaltensorientierte Charakter dieser Auflagen ein Grund, warum die Genehmigung dieser Übernahme viel Kritik erfahren hat. Die Aufgabe der Exklusivlieferungsrechte sei vordringlich erfolgt, um der Kommission zu ermöglichen, ihr Gesicht zu wahren[490]. Die Kommission selbst betont inzwischen, Zusagen sollten zunächst strukturbezogen sein; allerdings könne „nicht automatisch ausgeschlossen werden", dass auch andere Zusagen wettbewerbliche Bedenken beseitigen könnten[491].

Beispielhaft seien für die jüngere Vergangenheit zudem die Entscheidungen „Unilever / Amora Maille", „Sara Lee / Courtaulds" und „Alcoa / Reynolds" aufgeführt. Durch die Einbindung von Amora Maille in sein Lebensmittelgeschäft hätte Unilever seinen Marktanteil auf dem französischen Markt für Mayonnaise-Produkte und Salat-Saucen sowie in Großbritannien und Schweden auf dem Markt für Senf auf ca. 60% erhöht[492]. Die Übernahme des britischen Strickwarenherstellers Courtaulds durch den amerikanischen Mischkonzern Sara Lee hätte zu aggregierten Marktanteilen von 50% nach Stückzahlen und wertmäßig über 60% auf dem französischen Markt für Strumpfwaren bzw. Unterwäsche geführt[493]. Ähnliche Werte hätten sich bei der Übernahme des Aluminiumproduzenten Reynolds durch den Alcoa-Konzern ergeben. Alcoa hätte sich in der westlichen Welt, d.h. auf dem Weltmarkt ohne China und Osteuropa, langfristig Marktanteile von gut 50% bei Schmelz-Aluminiumoxid (SG-Alumina), einem Rohstoff für die Aluminiumverhüttung, sichern können[494] und zudem von der geographischen Lage seiner Produktionsstätten profitiert. Entgegen den Fabriken der Konkurrenz lagen diese in Australien und mithin in einem politisch stabilen Gebiet. Die Wettbewerber produzierten vornehmlich in Staaten mit hohem Länderrisiko, was sich unter anderem in einer teureren Kreditaufnahme widerspiegelte. Auch im Bereich der Produktionstechnik waren die beiden beteiligten Unternehmen führend, so dass nach der Übernahme kaum Anreiz zu Technologiewettbewerb verblieben wäre. Auch wenn Alcoa vorbrachte, Großaufträge kämen weitge-

---

487 Komm., Entscheidung IV/M.877 v. 30.7.97, „Boeing / McDonnell Douglas", Tz. 43ff.

488 Komm., Entscheidung IV/M.877 v. 30.7.97, „Boeing / McDonnell Douglas", Tz. 114ff.

489 Vgl. nur Bavasso, ECLR 19 (1998), 243 (243).

490 Banks, ECLR 19 (1998), 306 (311).

491 Komm., Mitteilung der Kommission über im Rahmen der Verordnung (EWG) Nr. 4064/89 des Rates und der Verordnung (EG) Nr. 447/98 der Kommission zulässige Abhilfemaßnahmen , ABl.EG C68/3 v. 2.3.01, Tz. 9.

492 Komm., Entscheidung COMP/M.1802 v. 8.3.00, „Unilever / Amora Maille", Tz. 33, 40, 84, 90.

493 Komm., Entscheidung COMP/M.1892 v. 8.5.00, „Sara Lee / Courtaulds", Tz. 28ff.

494 Komm., Entscheidung COMP/M.1693 v. 3.5.00, „Alcoa / Reynolds", Tz. 45f.

hend in Bietungsverfahren zustande, kam die Kommission zum Ergebnis, die Wettbewerber könnten kein langfristig stabiles Gegengewicht bilden[495]. Diese Aussage ist insofern überraschend, als nach dynamischen Wettbewerbsleitbildern ein langfristiges Gegengewicht gar nicht existieren kann. Sie ist nur so zu verstehen, dass die Kommission weiter steigende Marktanteile der Marktführer nach der Durchführung des Vorhabens implizierte.

Im Fall „Sara Lee / Courtaulds" machte Sara Lee geringe Marktzutrittsschranken geltend, aufgrund derer sich die hohen Marktanteile relativierten. Dieses Argument wurde aber von der Kommission unter Hinweis auf die erheblichen Aufwendungen für Werbung, die potentielle Wettbewerber aufbringen müssten, um gegen die gut eingeführten Marken der beteiligten Unternehmen bestehen zu können, abgelehnt[496]. Auch Unilever hatte bei der Übernahme des französischen Wettbewerbers Amora Maille potentielle Konkurrenten als Beschränkung für die eigene Marktmacht angeführt. So hatten beispielsweise bedeutende Lebensmittelkonzerne wie Nestlé im Bereich der Salat- und Mayonnaise-Saucen oder Kühne im Bereich Senf in angrenzenden Mitgliedstaaten starke Marktpositionen und hätten auch für den französischen bzw. britischen Markt produzieren können. Dennoch entschied die Kommission, der enorme Bekanntheitsgrad der Markenprodukte von Unilever und Amora Maille in den jeweils betroffenen Mitgliedsstaaten, verstärkt durch das Angebot einer kompletten Produktpalette, sowie die erforderliche Finanzkraft aufgrund relativ langer Zahlungsziele bei nur begrenzt haltbaren Waren stellten Marktzutrittsschranken dar, durch welche die marktbeherrschende Stellung von Unilever nach dem Zusammenschluss zementiert werde[497].

Für das Jahr 2001 können vor allem die Entscheidungen „Bombardier / ADtranz" und „Degussa / Laporte" genannt werden. Degussa und Laporte waren die beiden einzigen westeuropäischen Hersteller von Persulfaten (Grundstoff der Kunststoffindustrie). Sie erreichten im EWR einen Marktanteil von ca. 70% (Degussa 15-25% und Laporte 45-55%). Einzige echte Konkurrenten waren die Chemiefirmen San Yuan aus Taiwan mit 13% und DuPont mit 12%. Die Kommission berief sich darauf, die Konzentration führe zu einer weiteren Vergrößerung des Abstandes zwischen den beiden Marktführern und den Konkurrenten und nahm eine Marktbeherrschung an[498]. Ähnlich hohe Marktanteile hätte die Übernahme von Laporte bei kationischen Reagensien (werden zur Herstellung von Stärke in der Papierindustrie benötigt) und Hydroxymonomeren (werden bei der Herstellung von Lacken und Oberflächenbehandlungen zur Erzielung gewünschter Härtegrade beigemischt) verursacht. Auf diesen Märkten führte die Kommission noch einige Überlegungen wie die fehlende Nachfragemacht und die Unwahrscheinlichkeit neuer Marktzutritte an, bezog sich im wesentlichen aber ebenfalls auf die hohen Marktanteile der Degussa AG nach dem Zusammenschluss[499]. Durch die gezielte Veräußerung einiger eigener Unternehmensteile konnte Degussa Überschneidungen beseitigen und eine Genehmigung unter Auflagen erreichen.

---

495 Komm., Entscheidung COMP/M.1693 v. 3.5.00, „Alcoa / Reynolds", Tz. 47ff.
496 Komm., Entscheidung COMP/M.1892 v. 8.5.00, „Sara Lee / Courtaulds", Tz. 36ff.
497 Komm., Entscheidung COMP/M.1802 v. 8.3.00, „Unilever / Amora Maille", Tz. 49ff.
498 Komm., Entscheidung COMP/M.2277 v. 12.3.01, „Degussa / Laporte", Tz. 36.
499 Komm., Entscheidung COMP/M.2277 v. 12.3.01, „Degussa / Laporte", Tz. 40ff.

Umfassendere Erörterungen finden sich in der Entscheidung COMP/M.2139, mit der die Kommission die Übernahme des Bahntechnik-Unternehmens ADtranz durch den kanadischen Bombardier-Konzern genehmigte. Die Kommission schilderte zunächst ausführlich die Situation der europäischen Eisenbahnindustrie, die von einer verstärkten Privatisierung und gestiegenem Kostenbewusstsein der Verkehrsbetriebe, auf der anderen Seite aber auch von einer fortschreitenden Konzentration auf der Anbieterseite geprägt wird. Europaweit agieren lediglich vier Konzerne, die sowohl mechanische als auch elektrische Komponenten ganzer Züge herstellen und so als Systemführer in Frage kommen, während kleinere Bahntechnik-Unternehmen die Rolle von Zulieferern in Konsortien übernehmen[500]. Das Zusammenschlussvorhaben betraf weniger die Produktion von Hochgeschwindigkeits- und InterCity-Zügen, sondern vor allem die Märkte für Regionalzüge sowie für Straßen- und Stadtbahnen. In beiden Bereichen hätten sich erhebliche Überschneidungen in Deutschland ergeben, durch die Bombardier Marktanteile von 50-60% erreicht hätte. Konkurrenten waren Siemens und Alstom aus Frankreich. Die italienische AnsaldoBreda-Gruppe war in Deutschland mit Regionalzügen sowie auf dem Straßen- und Stadtbahnsektor nicht erfolgreich[501]. Die Kommission hatte auf den anderen sachlich relevanten Märkten den wettbewerblichen Charakter der Ausschreibungen durch die Verkehrsbetriebe betont. Im Bereich des öffentlichen Personennahverkehrs dominierten jedoch lokale und regionale Verkehrsbetriebe und -verbünde, die geringere Auftragsvolumina vergeben und daher nicht dieselbe Nachfragemacht ausüben können wie die nationalen Bahnunternehmen im Bereich der Großprojekte für den Fernverkehr. Diese Verkehrsbetriebe waren auf eine möglichst große Bieterzahl angewiesen, weshalb die Verringerung der Zahl unabhängiger Anbieter von vier auf drei auch eine der großen Gefahren des Zusammenschlusses darstellte[502].

Darüber hinaus waren sowohl Bombardier als auch ADtranz über Kapitalverflechtungen, Abnahmeverpflichtungen und Lizenzvereinbarungen mit Zulieferern und Konkurrenten verbunden. Bombardier hielt eine Beteiligung am österreichischen Zulieferer ELIN und bezog elektrische Antriebssysteme für Straßenbahnen beim deutschen Konkurrenten Kiepe. ADtranz betrieb ein Gemeinschaftsunternehmen mit der schweizerischen Konkurrenzfirma Stadler, die sich vor allem auf die Produktion mechanischer Komponenten für eine von ihr entwickelte und in Deutschland gemeinsam mit ADtranz vertriebene Regionalzugreihe konzentrierte[503]. Bombardier sagte zu, all diese Verbindungen zu lösen, aber weiterhin Komponenten der Zulieferer zu beziehen. Stadler hatte damit die Möglichkeit, sich durch Kooperationen mit Kiepe oder ELIN zu einem unabhängigen vierten Wettbewerber am Markt zu etablieren, während die Wettbewerbsfähigkeit der beiden letztgenannten Zulieferer für eine Übergangszeit gesichert wurde. Dieser Gesichtspunkt war für die Kommission bedeutsamer als eine kurz- oder mittelfristige Betrachtung der Marktanteile; sie genehmigte das Vorhaben dementsprechend[504].

---

500 Komm., Entscheidung COMP/M.2139 v. 3.4.01, „Bombardier / ADtranz“, Tz. 28ff (insb. 35ff).

501 Komm., Entscheidung COMP/M.2139 v. 3.4.01, „Bombardier / ADtranz“, Tz. 57, 73.

502 Komm., Entscheidung COMP/M.2139 v. 3.4.01, „Bombardier / ADtranz“, Tz. 57ff.

503 Komm., Entscheidung COMP/M.2139 v. 3.4.01, „Bombardier / ADtranz“, Tz. 73ff, 83.

504 Komm., Entscheidung COMP/M.2139 v. 3.4.01, „Bombardier / ADtranz“, Tz. 92ff.

Auch wenn die Marktanteilsprognosen in diesen Entscheidungen nicht ganz so deutliche Ergebnisse erbrachten wie in den oben erörterten Fällen, konnte die Kommission ihre Bedenken immerhin auf Marktanteile in einer Größenordnung stützen, die bereits mehrfach zu Untersagungen führten. In Einzelfällen, wie z.B. in der Entscheidung „Degussa / Laporte“ spielt deshalb auch die Verteilung der nach einem Zusammenschluss zu erwartenden Marktanteile eine überragende Rolle. Es scheint jedoch kein Zufall zu sein, dass es sich hier gerade um eine Entscheidung nach Art. 6 Abs. 2 FKVO handelte, mithin um einen Fall, in dem die beteiligten Unternehmen in der ersten Prüfungsphase von sich aus Zugeständnisse machen, um eine schnelle positive Entscheidung zu erhalten und nicht in die vertiefte zweite Prüfungsphase gehen zu müssen. Kennzeichnend für die meisten Entscheidungen ist hingegen eine deutlich breitere Argumentationskette als bei den Fällen mit extrem hohen Marktanteilen. Die Kommission stützt Auflagen in den seltensten Fällen ausschließlich auf eine lediglich anhand von Marktanteilen dokumentierte Marktstruktur, sondern bezieht in aller Regel eine Vielzahl weiterer Faktoren in ihre Überlegungen mit ein.

c) Marktanteilsprognosen unter 50%

Höchste oder hohe Marktanteile sind aber selbst bei horizontalen Zusammenschlüssen nicht generell Voraussetzung für Untersagungen bzw. Auflagen. Vereinzelt gibt es Entscheidungen, bei denen die Kommission trotz prognostizierter Marktanteile von teilweise weit unter 50% die Gefahr der Entstehung einer marktbeherrschenden Stellung annahm.

Ein solcher Fall ist beispielsweise die Entscheidung „Generali / INA“ aus dem Januar 2000. Die Übernahme der INA-Gruppe durch die Assicurazioni Generali S.p.A. (im folgenden: Generali) betraf ausschließlich italienische Versicherungsmärkte und zwar zum einen den Markt für Kapital- und Risikolebensversicherungen. Eine Addition der Marktanteile der beiden beteiligten Unternehmen hätte zu einem Wert in Höhe von 35,8% geführt. Generali war bereits vor der Akquisition von INA der führende Lebensversicherer Italiens mit einem Marktanteil von 27,8% und hätte durch INA einen Anteil von 8% hinzugewonnen. Hauptkonkurrenten waren die Allianz mit 10,4%, San Paolo IMI mit 6,3% sowie Montepaschi, Mediolanum und Intesa mit Marktanteilen von jeweils gut 4%. Auf dem zweiten relevanten Markt, dem Markt für fondsbasierte bzw. indexgebundene Lebensversicherungen, erzielte Generali vor dem Zusammenschluss einen Marktanteil von 11,2%, während hier INA Marktführer mit 21,7% war. Durch die Übernahme ergab sich damit ein aggregierter Marktanteil von 32,9% gegenüber 13,8% von Commercial Union, 10,4% von San Paolo IMI, 7,3% von Intesa und jeweils 5,6% von Arca und Toro/Fiat[505].

Die Kommission legte ausführlich die Bedeutung eines vielseitigen und gut funktionierenden Vertriebsnetzes, bestehend aus eigenen Versicherungsagenturen, dem Vertrieb über Banken und unabhängige Finanzdienstleister sowie dem Direktvertrieb, dar und bezeichnete die hohen Kosten für den Aufbau eines solchen Netzes als Marktzutrittsschranke. Die Vertriebsschienen von Generali und INA ergänzten sich, so dass Generali infolge des Zusammenschlusses alle Vertriebsmöglichkeiten

---

505 Komm., Entscheidung COMP/M.1712 v. 12.1.00, „Generali / INA“, Tz. 46.

ausschöpfen konnte. Zusammen mit der deutlichen Marktführerschaft führte dies zu der Schlussfolgerung, das Vorhaben sei nicht ohne weiteres mit dem Gemeinsamen Markt vereinbar[506]. Um die Bedenken der Kommission auszuräumen, bot Generali an, drei Tochtergesellschaften zu verkaufen und weitere Beteiligungen abzustoßen. Hierdurch wurde nicht nur der aggregierte Marktanteil auf jeweils knapp unter 30% reduziert, durch die Verpflichtung, die Beteiligung von INA an der Bnl Vita S.p.A. zu veräußern, fiel auch ein Vertriebskanal, der Vertrieb über Banken, weg. Auf der Basis dieser Zusagen genehmigte die Kommission dann das Vorhaben[507].

Auf den ersten Blick erscheint es bedenklich, bei Marktanteilen dieser Größenordnung die Gefahr einer Einzelmarktbeherrschung anzunehmen. Auch in der Entscheidung „Sampo / Storebrand" resultierten aus einem Zusammenschluss Marktanteile von mehr als 30% auf unterschiedlichen finnischen Versicherungsmärkten, so z.B. bei Feuer- und anderen Schadensversicherungen, bei allgemeinen Haftpflichtversicherungen und auch bei einer Gesamtbetrachtung des Nichtlebensversicherungsmarktes, ohne dass die Kommission hierin die Gefahr einer Marktbeherrschung durch Sampo sah. Sie begründete dies im wesentlichen mit der nur geringen Marktanteilsaddition[508].

Vor dem Hintergrund der Rechtssicherheit ist jedoch zu bemerken, dass die im Fall „Generali / INA" beteiligten Unternehmen von den wettbewerblichen Bedenken der Kommission nicht unvorbereitet überrascht wurden. Diese hatte bereits Ende 1996 und Anfang 1997 in zwei Entscheidungen ausdrücklich in Bezug auf Bank- und Versicherungsmärkte angekündigt, dass „Marktanteile von 30% und mehr unter bestimmten Umständen und bei erheblichen Marktzutrittsschranken die Gefahr der Entstehung einer beherrschenden Marktstellung begründen und eine eingehende Untersuchung der betroffenen Märkte erfordern"[509]. Der Fall „Generali / INA" belegt, wie eng die Kommission sich an die von ihr selbst gesteckten Vorgaben hält. Ohne die Modifikation hätten die Parteien Marktanteile von wenig über 30% erzielt, nach der Änderung des Vorhabens durch die Zusagen lagen die aggregierten Marktanteile knapp unter dieser Grenze. Dennoch hielt die Kommission die Auswirkungen der Zusagen für hinreichend, um das Vorhaben zu genehmigen. Die unterschiedliche Beurteilung mehrerer Fälle mit ähnlichen Marktanteilen zeigt aber, dass abstrakte Grenzen und Umstände, bei deren Vorliegen ein Vorhaben grundsätzlich wettbewerbsgefährdend wirkt, nur schwerlich gezogen werden können.

Noch niedrigere aggregierte Marktanteile als auf den Versicherungsmärkten ergaben sich im Fall „Carrefour / Promodes". Die französische Supermarktkette Carrefour plante die Übernahme des direkten Konkurrenten Promodes und hätte bei nationaler Betrachtungsweise gemessen am Umsatz einen gesamten Anteil von ca. 25-30% auf dem Markt für Güter des täglichen Bedarfs erreicht. Mit der Übernahme hätte Carrefour seine größten Konkurrenten Intermarché (15-20%), Casino (12-17%) und Leclerc (10-15%) sowie kleinere Wettbewerber wie Auchan, Système U und

---

506 Komm., Entscheidung COMP/M.1712 v. 12.1.00, „Generali / INA", Tz. 49ff.

507 Komm., Entscheidung COMP/M.1712 v. 12.1.00, „Generali / INA", Tz. 67ff.

508 Komm., Entscheidung COMP/M.2491 v. 27.7.01, „Sampo / Storebrand", Tz. 27f.

509 Komm., Entscheidung IV/M.873 v. 11.3.97, „Bank Austria / Creditanstalt", Tz. 46, 52, zu Bankmärkten und mit fast identischem Wortlaut zu Versicherungsmärkten in Komm., Entscheidung IV/M.862 v. 20.12.96, „AXA / UAP", Tz. 30.

Cora/Match mit jeweils weniger als 10% hinter sich gelassen. Eine Betrachtung nach einzelnen Produktgruppen ergab kein wesentlich anderes Bild[510]. Die Kommission gestand ausdrücklich zu, allein anhand dieser Marktdaten sei die Übernahme von Promodes ein Fall, der nicht ohne weiteres die Entstehung einer marktbeherrschenden Stellung erwarten lasse. Sie gab zu bedenken, der französische Markt sei immer noch relativ offen, Konkurrenten von Carrefour könnten selbst durch vornehmlich internationale Zusammenschlüsse gestärkt werden[511]. Carrefour verfügte aber über Vorteile auf den Vertriebsmärkten wie z.B. eine besonders gefestigte Stellung im ertragsstarken Segment der großen Hypermärkte, eine vor allem infolge des Zusammenschlusses gleichmäßige regionale Präsenz in allen Landesteilen sowie eine im Vergleich zu Konkurrenten ausgeprägte Kundenbindung durch die Ausgabe von Treuekarten. Diese Vorteile gründete die Kommission auf eine zentralistische Organisationsstruktur bei Carrefour, die strategische Entscheidungen wie die Sortimentszusammensetzung, die Koordinierung der Werbeausgaben oder die Einführung von Treuesystemen erleichterte[512].

Mitentscheidend für die Auflage war aber die starke Stellung der Carrefour-Gruppe auf den Beschaffungsmärkten. Durch Einkaufskooperationen versuchten die Supermarktketten den Warenkauf zu bündeln, um so einen erhöhten Druck auf die Hersteller ausüben zu können. Eine Beschaffungskooperation, die so genannte Allianz „Opéra“ bestand aus den Ketten Casino und Cora. An Cora wiederum hielt Carrefour eine indirekte Beteiligung von immerhin 42%. Diese Minderheitsbeteiligung reichte zwar nicht aus, um die Marktanteile von Cora denen der Carrefour-Gruppe hinzuzurechnen, aber dennoch hielt die Kommission eine zukünftige Koordination auf den Beschaffungsmärkten zumindest nicht für ausgeschlossen[513]. Zusammen mit der starken Stellung Carrefours auf den Absatzmärkten hätte hieraus eine dauernde Marktbeherrschung entstehen können. Folgerichtig genehmigte die Kommission die Übernahme erst aufgrund der Zusage durch Carrefour, den Anteil an Cora zu veräußern[514]. Bereits aus dieser Auflage, die nicht zu einer Reduzierung der gemeinsamen Marktanteile von Carrefour und Promodes, sondern nur zur Auflösung der strukturellen Bindung zu einem Wettbewerber führte, lässt sich erkennen, dass hier die Marktanteile nicht das entscheidende Kriterium für die Wettbewerbsgefährdung sein konnten.

Über diese beiden Entscheidungen hinaus hat die Kommission in den Jahren 2000 und 2001[515] mindestens fünf weitere Vorhaben, bei denen die Parteien

---

510 Komm., Entscheidung COMP/M.1684 v. 25.1.00, „Carrefour / Promodes“, Tz. 36, 49.

511 Komm., Entscheidung COMP/M.1684 v. 25.1.00, „Carrefour / Promodes“, Tz. 43, 51.

512 Komm., Entscheidung COMP/M.1684 v. 25.1.00, „Carrefour / Promodes“, Tz. 56ff.

513 Komm., Entscheidung COMP/M.1684 v. 25.1.00, „Carrefour / Promodes“, Tz. 76ff.

514 Komm., Entscheidung COMP/M.1684 v. 25.1.00, „Carrefour / Promodes“, Tz. 90ff.

515 Ein etwas älterer Fall ist die Fusion von Thyssen und Krupp aus dem Jahr 1998. Bei der Herstellung von Fahr- und Rolltreppen für öffentliche und privat genutzte Gebäude hätten die Parteien einen aggregierten Marktanteil von 25-30% erzielt. Krupp hielt zudem eine Minderheitsbeteiligung von 10% an dem Konkurrenten Kone. Die Kommission führte aus, dies mache Krupp und Kone nicht zu verbundenen Unternehmen i.S.d. Art. 5 Abs. 4 FKVO. Sie addierte die Marktanteile von Kone der ThyssenKrupp-Gruppe deshalb nicht hinzu, legte aber dar, Wettbewerb zwischen den beiden Unternehmen

Marktanteile unter 50% erzielt hätten, nur unter Auflagen genehmigt. In zwei Fällen war der Ludwigshafener Chemiekonzern BASF betroffen. Die Übernahme der Pflanzenschutzmittelsparte von American Cyanamid hätte zu teils sehr hohen Marktanteilen bei bestimmten Herbiziden geführt. Während die Kommission in früheren Entscheidungen auf dem Gebiet der Agrochemie Marktanteile um 50% mehrfach duldete[516] und auch im Fall BASF / American Cyanamid dem Vorhaben nicht generell negativ gegenüber stand, sah sie jedoch die Gefahr der Entstehung einer einzelmarktbeherrschenden Stellung auf dem deutschen und dem österreichischen Markt für Obstfungizide, obwohl BASF hier aggregierte Marktanteile von lediglich 40% in Deutschland bzw. 30-40% in Österreich erreicht hätte[517]. Maßgeblich war, dass BASF und American Cyanamid bereits vor dem Zusammenschluss die Nummern 1 und 2 auf dem relevanten Markt waren. Die Kommission argumentierte, die Marktanteile der Parteien betrügen ein mehrfaches der nächsten Wettbewerber – jeweils Bayer, Novartis, Aventis und DuPont mit Werten von 4 bis 19% – und in den nächsten Jahren seien keine neuen Produkte, welche die Vormachtstellung von BASF gefährden könnten, zu erwarten. Ferner war BASF der einzige Wettbewerber mit einer kompletten Produktpalette für alle Obstsorten[518].

Der zweite Fall betraf die Gründung eines Gemeinschaftsunternehmens durch Shell und BASF. In dem „Basell" genannten Unternehmen bündelten beide ihre Aktivitäten im Bereich Polypropylen (PP) und Polyethylen. Auf dem westeuropäischen Markt für PP-Harze waren beide Unternehmen mit einem Marktanteil von je ca. 20% bereits vor dem Zusammenschluss Marktführer[519]. Zwar gab es eine Vielzahl aktiver Konkurrenten, von denen mit Borealis, TotalFina, BP Amoco, Solvay, Exxon und Dow nur die namhaftesten genannt werden sollen. Diese Wettbewerber stellten aber zu einem Großteil PP-Harze in Anlagen her, deren Technologie meist von Shell und in einigen Fällen von BASF geleast oder lizenziert wurde. Die Kommission konstatierte eine marktbeherrschende Stellung von Shell auf dem vorgelagerten Markt für PP-Technologie, die durch die Zusammenarbeit mit BASF verstärkt werde und sich auch auf den nachgelagerten Markt für die Produktion von Harzen aus PP auswirke[520]. PP-Harze werden zudem für unterschiedliche Anwendungen besonders angepasst. Sie sind damit heterogene Spezialprodukte, deren einzelne Ausprägungen häufig nur von drei oder weniger Anbietern hergestellt wurden[521]. Die

---

sei nicht mehr zu erwarten. Es ergebe sich ein hypothetischer Marktanteil von über 50%, vgl. Komm., Entscheidung IV/M.1080 v. 2.6.98, „Thyssen / Krupp", Tz. 30ff.

516 Komm., Entscheidungen IV/M.354 v. 1.10.93, „American Cyanamid / Shell", Tz. 27; IV/M.392 v. 22.12.93, „Hoechst / Schering", Tz. 26; IV/M.737 v. 17.7.96, „Ciba-Geigy / Sandoz", Tz. 72, 77, 83, und IV/M.1229 v. 28.9.98, „AHP / Monsanto", Tz. 46.

517 Komm., Entscheidung COMP/M.1932 v. 30.6.00, „BASF / American Cyanamid", Tz. 78f.

518 Komm., Entscheidung COMP/M.1932 v. 30.6.00, „BASF / American Cyanamid", Tz. 78f.

519 Komm., Entscheidung COMP/M.1751 v. 29.3.00, „Shell / BASF (JV – Project Nicole)", Tz. 30.

520 Komm., Entscheidung COMP/M.1751 v. 29.3.00, „Shell / BASF (JV – Project Nicole)", Tz. 32ff, 46ff.

521 Komm., Entscheidung COMP/M.1751 v. 29.3.00, „Shell / BASF (JV – Project Nicole)", Tz. 31.

Bündelung der beiden stärksten Anbieter und der Wegfall eines unabhängigen Produzenten hätte damit für die Nachfrager erheblichere Auswirkungen gehabt, als die bloße Betrachtung der bedeutenden, aber keinesfalls überragenden Marktanteile es vermuten lässt. Entsprechend ihrer Ausführung zur Bedeutung der PP-Technologie genehmigte die Kommission das Vorhaben, nachdem die Parteien zusagten, nicht nur Produktionsanlagen zu veräußern[522] und damit ihren Marktanteil auf ca. 30% zu senken, sondern darüber hinaus auch die Nutzung und Weiterentwicklung der Technologie von BASF einem Konkurrenten zu übertragen[523].

Ein weiteres Vorhaben im Bereich der Spezialchemikalien betraf die im Mai 2001 ergangene Entscheidung „Industri Kapital / Perstorp (II)". Nachdem die Fondsgesellschaft Industri Kapital bereits im Jahr 2000 die Akquisition der schwedischen Perstorp AB angekündigt und angemeldet, diese Anmeldung aber wegen der wettbewerblichen Bedenken der Kommission wieder zurück gezogen hatte[524], übernahm Industri Kapital nunmehr nur die Chemiesparte von Perstorp. Überschneidungen ergaben sich dadurch, dass Industri Kapital mit Dynea bereits ein Untenehmen aus der Chemiebranche beherrschte. In einem Marktsegment, der Herstellung von Phenol-Harzen auf Formaldehydbasis für die Herstellung bestimmter Spanplatten, welche ausschließlich in Deutschland verwendet werden, hätten die beteiligten Unternehmen bei enger Auslegung über 60% des Marktes gehalten, unter Berücksichtigung möglicher Substitute aber nur knapp 40% bei einer Addition durch Perstorp um 5-15%[525]. Die Kommission entschied, selbst bei dieser Marktabgrenzung bestehe die Gefahr einer Marktbeherrschung. Der nächste Wettbewerber erreiche kaum die Hälfte des Marktanteils der beteiligten Unternehmen. Der relevante Markt sei klein und geprägt durch die Notwendigkeit, eine behördliche Genehmigung für die Herstellung von Formaldehyd-Harzen in Deutschland zu erlangen. Diese Marktzutrittsschranke mache einen Zutritt für potentielle Wettbewerber unattraktiv[526]. Das Vorhaben wurde nur unter der Bedingung der Veräußerung einer Produktionsstätte für Phenol-Harze von Industri Kapital genehmigt[527].

Die Übernahme der Mannesmann-Tochter Rexroth durch Bosch betraf Märkte im Bereich der Automatisationstechnik, namentlich die Herstellung von Hydraulikkolbenpumpen. Bosch votierte für eine weitere Unterteilung des sachlich relevanten Marktes in Axial- und Radialpumpen. Hierdurch wären horizontale Überschneidungen vermieden worden, weil Rexroth ausschließlich Axialpumpen herstellte, während

---

522 Diese Auflage hat Basell nach eigenen Pressemitteilungen inzwischen erfüllt durch Verkäufe einer Produktionsstätte in Lillebonne (Frankreich) an ExxonMobil Chemical, einer Anlage in Köln an Dow Chemical sowie eines Standortes in Rozenburg (Niederlande) an den kleineren Konkurrenten DOMO.

523 Komm., Entscheidung COMP/M.1751 v. 29.3.00, „Shell / BASF (JV – Project Nicole)", Tz. 55ff.

524 Das Vorhaben lief unter dem Aktenzeichen COMP/M.1963 und wurde im Oktober 2000 zurück gezogen.

525 Komm., Entscheidung COMP/M.2396 v. 11.5.01, „Industri Kapital / Perstorp (II)", Tz. 60ff.

526 Komm., Entscheidung COMP/M.2396 v. 11.5.01, „Industri Kapital / Perstorp (II)", Tz. 63ff.

527 Komm., Entscheidung COMP/M.2396 v. 11.5.01, „Industri Kapital / Perstorp (II)", Tz. 84.

Bosch auf Radialpumpen fokussiert war. Trotz unterschiedlicher technischer Eigenschaften und Funktionsweisen der beiden Typen ergab eine Kundenbefragung der Kommission, dass die Nachfrager bei der Konstruktion einer Maschine Pumpen beider Betriebsarten einplanen können und diese daher im Wettbewerb miteinander stehen[528]. Im EWR ergaben sich aus der Übernahme aggregierte Marktanteile von 40-50% gegenüber Anteilen von unter 15% für die Wettbewerber Parker und Denison sowie unter 10% für die Wettbewerber Wepuco und Hawe[529]. Bosch wäre mehr als 3mal so groß wie der nächste Konkurrent geworden und hätte als einziges Unternehmen beide Pumpenarten sowie alle anderen wesentlichen Komponenten der Industriehydraulik anbieten können. Da zudem der Eintritt eines neuen Wettbewerbers eine Zeitspanne von mindestens ein bis drei Jahren benötigen würde, bestand die Gefahr einer dauerhaften Marktbeherrschung, die durch die Veräußerung des gesamten Pumpengeschäfts von Bosch gebannt wurde[530].

Marktanteile von über 40 und teilweise auch 50% hätten sich aus der geplanten Übernahme des amerikanischen Tierfutterproduzenten Ralston Purina durch Nestlé in mehreren Mitgliedstaaten ergeben. Auf den meisten Märkten war jedoch die Addition durch Ralston Purina derart gering, dass die Kommission keine Bedenken äußerte. Zu wettbewerbsrechtlichen Problemen kam es dagegen bei der Herstellung von Trockenfutter für Hunde und Katzen in Spanien, Griechenland und Italien, obwohl zumindest in Spanien der Zusammenschluss zu aggregierten Marktanteilen von lediglich 30-40% bei Hundefutter geführt hätte. Die Kommission führte die geringen Marktanteile der anderen Produzenten an und legte dar, ein dynamisches Element sei nur durch den wachsenden Anteil der Eigenmarken der Supermarktketten zu erkennen. Diese Eigenmarken wurden aber wiederum zu einem Teil von den Parteien beliefert. Nestlé bot an, seine spanischen Markenrechte an einen Dritten zu lizenzieren, so dass die Marktanteilsaddition beseitigt wurde. Zudem erhielt der Lizenznehmer eine Produktionsanlage von Nestlé und war dadurch nicht ausschließlich von Belieferungen seitens Nestlés abhängig. Wiederum fällt die angesichts der moderaten Erhöhung der Marktanteile kurze Begründung der Entscheidung auf, die erneut damit zusammen hängen kann, dass Nestlé bereits innerhalb der ersten Prüfungsphase Zusagen angeboten hat.

Bei allen Entscheidungen ist jedoch eines festzuhalten: Marktanteile unter 50% scheinen nur im Zusammenspiel mit bedeutenden weiteren Faktoren wie hohen Marktzutrittsschranken im Fall „Generali / INA" oder einer ausgeprägten vertikalen Integration im Fall „Shell / BASF" geeignet zu sein, eine einzelmarktbeherrschende Stellung zu begründen. Auch Wettbewerbsvorteile wie die ausgeprägte Kundenbindung sowie die starke Stellung auf den Beschaffungsmärkten im Fall „Carrefour / Promodes" sowie die komplette Produktpalette in der Entscheidung „BASF / American Cyanamid" können gemeinsam mit nicht ganz unbedeutenden Marktanteilen nach Auffassung der Kommission zu einer Gefahr für den Wettbewerb werden. All dies sind Faktoren und Vorteile, welche die erfolgreiche Positionierung der beteiligten Unternehmen im Wettbewerb dokumentieren und für sich betrachtet nicht negativ zu werten sind. Entschließt sich ein erfolgreiches Unternehmen jedoch zu externem

528 Komm., Entscheidung COMP/M.2060 v. 13.12.00, „Bosch / Rexroth", Tz. 30ff.
529 Komm., Entscheidung COMP/M.2060 v. 13.12.00, „Bosch / Rexroth", Tz. 60f.
530 Komm., Entscheidung COMP/M.2060 v. 13.12.00, „Bosch / Rexroth", Tz. 62, 84ff.

Wachstum durch Firmenübernahmen oder der Gründung von Gemeinschaftsunternehmen, so können die einmal erarbeiteten Wettbewerbsvorteile, verstärkt durch die Hinzugewinnung neuer Marktanteile, die Entstehung einer marktbeherrschenden Stellung begünstigen. Besonders prekär erscheint nach Betrachtung der Auflageentscheidungen der Kommission die Situation, wenn – wie beispielsweise im Fall „BASF / American Cyanamid" – der Marktführer seinen nächsten Wettbewerber übernimmt, da sich dann auf einen Schlag der Abstand zu den nächstfolgenden Konkurrenten nicht unerheblich vergrößert.

2. Genehmigungen ohne Auflagen

Eine weitere Kategorie von Fällen bilden diejenigen Entscheidungen, durch welche die Kommission ein Zusammenschlussvorhaben entweder gemäß Art. 6 Abs. 1 lit. b) FKVO innerhalb der einmonatigen ersten Prüfungsphase ohne Auflagen freigibt oder aber trotz Einleitung des Hauptverfahrens wegen wettbewerblicher Bedenken nach der vertieften Prüfung gemäß Art. 8 Abs. 2 FKVO zu dem Ergebnis kommt, das Vorhaben sei ohne Auflagen genehmigungsfähig. In der Entscheidungspraxis überwiegen einfache Genehmigungen bei weitem. Eine Vielzahl von Fällen ist dabei sachlich unbedeutend und bedarf kaum näherer Erörterung. Die Kommission hat dieser Tatsache u.a. durch die Einführung des vereinfachten Verfahrens Rechnung getragen. Diesem Verfahren unterfallen auch horizontale Zusammenschlüsse, sofern die beteiligten Unternehmen auf den sachlich relevanten Märkten Marktanteile unter 15% erreichen[531]. In derartigen Fällen erlässt und veröffentlicht die Kommission eine Kurzformentscheidung, die keinerlei wettbewerbliche Bewertung enthält, sondern ausschließlich ausführt, das Vorhaben falle unter das Vereinfachte Verfahren und begegne keinen Bedenken. Auf der anderen Seite lassen sich auch Vorhaben finden, in denen Überschneidungen auf den sachlich relevanten Märkten zu hohen Marktanteilen führen, die aber dennoch mehr oder weniger problemlos genehmigt wurden.

a) Relativierung hoher Marktanteile auf engen Märkten

In diesem Zusammenhang stehen zunächst Entscheidungen, in denen sich auf den ersten Blick Aufsehen erregend hohe Marktanteile aus einer engen oder offen gelassenen Marktabgrenzung ergaben. Beispiele hierfür sind die Fälle „Courtaulds / SNIA", „Procordia / Erbamont" und „Schering / Jenapharm". Die Entscheidung „Courtaulds / SNIA" betraf den Markt für Kunstfasern und insbesondere für Azetat-Filamentgarn. Die beiden Muttergesellschaften bündelten alle Aktivitäten in diesem Bereich in dem bereits existierenden Gemeinschaftsunternehmen Novaceta und zogen sich aus dem Markt zurück. Novaceta war auf dem räumlich relevanten Markt, der EG und den EFTA-Staaten, mit einem Marktanteil von 65% deutlich führend. Auf dem Weltmarkt bot sich jedoch ein anderes Bild, hier führte Hoechst mit 42% vor Novaceta mit nur 14%[532]. Diese Marktanteilsverschiedenheiten und Einfuhrzölle waren für die Kommission ein Argument, den Markt nicht weiter abzugrenzen.

---

531 Vgl. Abschnitt 4 c) i) der Bekanntmachung der Kommission über ein vereinfachtes Verfahren für bestimmte Zusammenschlüsse gemäß der Verordnung (EWG) Nr. 4064/89 des Rates, ABl.EG Nr. C217/32 v. 29.07.2000.

532 Komm., Entscheidung IV/M.133 v. 19.12.91, „Courtaulds / SNIA", Tz. 17.

Gleichzeitig betonte sie aber, niedrigere Produktionskosten in anderen Regionen könnten Zölle und Transportkosten ausgleichen und einen Wettbewerbsdruck auf Novaceta schaffen. Die Stärke des Konkurrenten Hoechst auf dem Weltmarkt und der potentielle Wettbewerb durch Markteintritte oder Produktsubstitutionen bewog die Kommission, den Zusammenschluss ohne Auflagen freizugeben[533].

Die bereits angesprochene Abgrenzung nationaler Märkte in der Arzneimittelindustrie[534] führte dazu, dass bei der Übernahme von Erbamont durch das schwedische Unternehmen Procordia aggregierte Marktanteile von 85% bei urologischen Medikamenten in Irland entstanden. Das Vorhaben war dennoch genehmigungsfähig, weil die Präparate der beteiligten Unternehmen alt waren und keinem Patentschutz mehr unterlagen. Ihr Marktanteil war deshalb bereits gesunken, finanzstarke Konkurrenten aus benachbarten Mitgliedstaaten hätten mit eigenen Präparaten weiter auf den irischen Markt drängen und die Vormachtstellung der neuen Einheit angreifen können[535].

Ebenfalls Pharmamärkte betraf die Beteiligung der Schering AG an der bis dato allein von Gehe kontrollierten Jenapharm. Überschneidungen mit aggregierten Marktanteilen von bis zu 60% ergaben sich in Deutschland, vor allem bei hormonell wirkenden Kontrazeptiva sowie anderen Hormonpräparaten[536]. Auch hier betonte die Kommission die Position internationaler Pharmakonzerne, die zwar nicht auf den sachlich relevanten Märkten in Deutschland, aber innerhalb und außerhalb Europas tätig waren. Solche potentielle Wettbewerber sehen sich grundsätzlich geringeren Marktzutrittsschranken gegenüber als völlige Neueinsteiger. Ständige Produktinnovationen und intensive Forschungsaktivitäten im Bereich der Empfängnisverhütung trugen ebenfalls dazu bei, dass die beteiligten Unternehmen ständigem Wettbewerbsdruck ausgesetzt waren[537]. Die Kommission genehmigte auch diesen Zusammenschluss trotz der hohen nationalen Marktanteile.

In dieselbe Richtung gehen einige Entscheidungen, in denen die Kommission die Marktabgrenzung offen gelassen hat, weil selbst bei engster Abgrenzung keine marktbeherrschende Stellung entstehen könne. Streng genommen muss in solchen Fällen die engstmögliche Marktabgrenzung, das ist im Regelfall die Prüfung nationaler Märkte, herangezogen werden. Ist ein Vorhaben bei Betrachtung enger Märkte genehmigungsfähig, so wird die Prüfung räumlich weiterer Märkte in aller Regel kein anderes Bild bieten. Theoretisch denkbar, aber nicht praxisrelevant sind allenfalls Ausnahmesituationen, in denen die beteiligten Unternehmen nur geringe Überschneidungen, aber dafür jeweils sehr hohe Marktanteile auf räumlich getrennten Märkten erzielen.

In ihrer Entscheidung „Kodak / Imation" musste die Kommission die Übernahme des Teilbereichs „medizinische Abbildungsverfahren" der amerikanischen Imation

---

533 Komm., Entscheidung IV/M.133 v. 19.12.91, „Courtaulds / SNIA", Tz. 22ff.

534 Siehe oben in diesem Teil unter A.II.2, S. 88.

535 Komm., Entscheidung IV/M.323 v. 29.4.93, „Procordia / Erbamont", Tz. 18.

536 Komm., Entscheidung IV/M.781 v. 13.9.96, „Schering / Gehe – Jenapharm", Tz. 29ff, 46.

537 Komm., Entscheidung IV/M.781 v. 13.9.96, „Schering / Gehe – Jenapharm", Tz. 34ff, 47ff.

Corp. durch Kodak bewerten. Sowohl bei der Herstellung konventioneller Röntgenfilme als auch bei der Herstellung von Geräten zur Behandlung und Entwicklung dieser Filme ergaben sich bei nationaler Betrachtungsweise aggregierte Marktanteile um die 50%, in Einzelfällen auch zwischen 50 und 70%[538]. Die Marktmacht von Kodak wurde begrenzt durch das Beschaffungsverhalten der großen Kliniken, die Aufträge in Bietungsverfahren vergaben[539]. Solange starke Wettbewerber existierten, führte dies dazu, dass Kodak trotz der starken Marktposition keinen unkontrollierbaren Verhaltensspielraum erlangen konnte. Weitere Argumente in dieser Entscheidung, die von der Kommission sowohl gegen eine Einzelmarktbeherrschung durch Kodak als auch gegen eine kollektive Beherrschung der Märkte durch Kodak und seine größten Konkurrenten anführte, waren die sinkende Nachfrage, Überkapazitäten und die fortschreitende Substitution konventioneller Röntgentechnik durch digitale Abbildungsverfahren[540].

Die Entscheidung „Kodak / Imation" kann aber auch als Beispiel für die Schnelligkeit dienen, mit der Marktprognosen sich als fehlbar erweisen. Unter den von der Kommission genannten Wettbewerbern befanden sich neben Fuji in erster Linie Agfa und Sterling. Inzwischen hat jedoch Agfa den Unternehmensbereich „medizinische Abbildungsverfahren" von Sterling übernommen. Dies macht die Aussage der Kommission, es existierten starke Wettbewerber für Kodak, nicht falsch. Allerdings sank die Anzahl wettbewerbsfähiger Konkurrenten im Bereich medizinischer Abbildungsverfahren weiter, so dass in der Entscheidung „Agfa-Gevaert / Sterling" nicht mehr die Einzelmarktbeherrschung durch Kodak oder Agfa, sondern vornehmlich die gemeinsame Beherrschung des Gesamtmarktes durch die beiden Marktführer geprüft wurde, die bei „Kodak / Imation" nur am Rande eine Rolle spielte[541].

Die potentielle Konkurrenz durch internationale Wettbewerber auf nationalen Märkten wurde wiederum bei der Auflösung der Mannesmann-Tochter Atecs entscheidungserheblich. Während zunächst ein gemeinsamer Kontrollerwerb über Atecs durch Siemens und Bosch geplant war, entschlossen sich die beiden Unternehmen dann, die Atecs-Sparten untereinander aufzuteilen[542]. Siemens erwarb unter anderem die in der Wehrtechnik und auf dem Gebiet der Herstellung von Turbinen tätige Demag Krauss-Maffei AG (Demag). Horizontale Auswirkungen hatte der Zusammenschluss in der Antriebstechnik, präziser gesagt auf dem Markt für die Herstellung von Antriebsturbinen für Pumpen, Gebläse, Verdichter etc. Die Kommission entschied, eine genaue Marktabgrenzung sei nicht erforderlich, weil das Vorhaben unabhängig von der Marktabgrenzung genehmigungsfähig sei. Allerdings hätte Siemens in Belgien einen Marktanteil von über 90% erreicht, zu dem die erst seit 1999 auch in Belgien tätige Demag zwischen 20 und 30% beitrug. Die wettbewerbliche Argumentation der Kommission bezog sich auf die geringe absolute Größe des belgischen Markt, die zur Folge habe, dass bereits kleine Änderungen bedeutende

---

538 Komm., Entscheidung IV/M.1298 v. 23.10.98, „Kodak / Imation", Tz. 44, 51.

539 Komm., Entscheidung IV/M.1298 v. 23.10.98, „Kodak / Imation", Tz. 37ff.

540 Komm., Entscheidung IV/M.1298 v. 23.10.98, „Kodak / Imation", Tz. 46ff.

541 Komm., Entscheidung IV/M.1432 v. 15.4.99, „Agfa-Gevaert / Sterling", Tz. 25ff, 35ff.

542 Die Unternehmen mussten daher das bereits in der Entscheidung COMP/M.1922 v. 11.8.00, „Siemens / Bosch / Atecs", genehmigte Vorhaben getrennt neu anmelden.

relative Marktanteilsschwankungen nach sich zögen. Der kürzlich erfolgte Marktzutritt durch Demag belege die niedrigen Marktzutrittsschranken[543].

Den soeben besprochenen Fällen gemein ist die bereits oben beschriebene[544] statische und tendenziell enge Marktabgrenzung der Kommission. Gerade räumlich eng abgegrenzte Märkte haben zwei entgegengesetzte Auswirkungen: entweder wird ein Zusammenschluss nicht als horizontal erfasst, weil die beiden Unternehmen zwar eventuell sachlich zusammengehörige Produkte oder Dienstleistungen anbieten, aber auf getrennten Märkten aktiv sind. Bedienen sie aber dieselbe Region oder denselben Mitgliedstaat, ergeben sich höhere aggregierte Marktanteile als bei Einbeziehung weiterer Märkte. In der Beurteilung eines Falles relativiert die Kommission dann häufig die hohen Marktanteile durch potentiellen Wettbewerb aus räumlich benachbarten Gebieten. Die statische Marktabgrenzung wird durch eine dynamische Wettbewerbsprüfung ergänzt; die Aussagekraft der Marktanteilsprognosen dadurch geschmälert, dass Berechnungen zunächst auf der Basis enger Märkte erfolgen.

b) Relativierung hoher Marktanteile durch Nachfragemacht

Hohe Marktanteile der Anbieter können aber auch durch ebenso starke Nachfrager relativiert werden. Nachfrager können Angebotsstrukturen mitgestalten, indem sie gezielt bei bestimmten Anbietern kaufen. Insbesondere gilt dies für monopolistische Nachfrager wie die spanische Telefongesellschaft Telefónica zum Zeitpunkt der Entscheidung „Alcatel / Telettra" aus dem Jahr 1991. Auf den Märkten für leitungsgebundene Übertragungstechnik sowie für Richtfunksysteme hätten die beiden beteiligten Unternehmen Alcatel und Telettra rein rechnerisch durch das Zusammenschlussvorhaben einen aggregierten Marktanteil von jeweils über 80% generieren können[545]. Telefónica befolgte jedoch die Strategie, Anlagen bei mehreren miteinander konkurrierenden Anbietern zu beziehen. Ein sinkender Marktanteil nach Vollzug des Zusammenschlusses war daher wahrscheinlich. Die Kommission musste lediglich feststellen, dass es potentielle Wettbewerber gab, die eine verlagerte Nachfrage bedienen könnten. Da dies der Fall war, konnte das Vorhaben ohne Auflagen genehmigt werden[546]. Sachlich ähnliche Märkte betraf die Gründung eines Gemeinschaftsunternehmens durch Siemens und Italtel in Italien. Auch in dieser Entscheidung urteilte die Kommission, die hohen Marktanteile auf dem Gebiet der Vermittlungstechnik für die Telekommunikation (55-60%) seien durch die Nachfragestruktur zu erklären[547]. Zudem wies sie in beiden Entscheidungen auf die gemeinschaftsrechtlichen Richtlinien in dem öffentlichen Beschaffungswesen hin, die eine Marktöffnung und im Ergebnis den Abbau monopolistischer Marktanteile bezweckten[548].

---

543 Komm., Entscheidungen COMP/M.1922 v. 11.8.00, „Siemens / Bosch / Atecs", Tz. 31, und COMP/M.2224 v. 20.12.00, „Siemens / Demag Krauss-Maffei", Tz. 29.

544 Siehe oben in diesem Teil unter A.III.2, S. 92ff.

545 Komm., Entscheidung IV/M.42 v. 12.4.91, „Alcatel / Telettra", Tz. 37.

546 Komm., Entscheidung IV/M.42 v. 12.4.91, „Alcatel / Telettra", Tz. 38ff.

547 Komm., Entscheidung IV/M.468 v. 17.2.95, „Siemens / Italtel", Tz. 38ff.

548 Komm., Entscheidung IV/M.42 v. 12.4.91, „Alcatel / Telettra", Tz. 7ff, 30, zur Richtlinie 90/351/EWG über die Beschaffung durch öffentliche Unternehmen, sowie in der Entscheidung IV/M.468 v. 17.2.95, „Siemens / Italtel", Tz. 47ff, zur Richtlinie 93/83/

Die Siemens AG war in der jüngeren Vergangenheit an einem weiteren Zusammenschluss beteiligt, der trotz enorm hoher Marktanteile ohne Auflagen an die beteiligten Unternehmen genehmigt wurde. Sie fusionierte ihre Aktivitäten im Bereich Kernkraft mit denen der französischen Gesellschaft Framatome. Die ursprünglich geplante Beteiligung der Gesellschaft Cogéma, die zu bedenklicher vertikaler Integration geführt hätte, wurde von den Unternehmen im Laufe des Prüfungsverfahrens fallen gelassen[549]. In horizontaler Hinsicht bezog sich das Verfahren im wesentlichen auf die Herstellung von Brennelementen für bestimmte Kraftwerkstypen. Siemens produzierte 20% der in Europa benötigten Brennelemente für Druckwasserreaktoren, Framatome sogar 70%[550], allerdings in unterschiedlicher regionaler Verteilung. Während nach Ansicht der Kommission in Mitgliedstaaten ohne ausgeprägte Heimatmärkte Wettbewerb herrschte, bezog die französische Quasi-Monopolistin EdF Brennelemente ausschließlich bei Framatome und zu einem geringeren Anteil bei Siemens. Für die Entscheidung waren – obschon der Markt gemeinschaftsweit abgegrenzt wurde – die Wettbewerbsverhältnisse in Frankreich am wichtigsten, da hier die größte Anzahl an Druckwasserreaktoren unterhalten wurde. Die beiden Zusammenschlusskandidaten hatten nahezu alle Druckwasserreaktoren in Europa gebaut und aus diesem Grund als Erstausrüster Wettbewerbsvorteile[551]. Potentielle Wettbewerber sahen sich hohen Marktzutrittsschranken gegenüber. Langwierige Zulassungsverfahren, ein hoher Fixkostenanteil und daraus resultierende economies of scale erschwerten einen Markteintritt[552].

Nach diesen Erörterungen hätte eine Untersagung oder zumindest eine Ausgliederung der Brennelementproduktion von Siemens nahe gelegen. Die Kommission stellte jedoch entscheidend auf die Nachfragemacht der EdF ab. Diese löste ihre Beteiligung an Framatome, um unabhängig im Wettbewerb agieren zu können. Ferner legte EdF dar, ganz bewusst auf eine Double-Sourcing Strategie zu setzen, also Brennelemente bei zwei voneinander unabhängigen Produzenten beziehen zu wollen. Auch die französische Regierung hatte ein erhebliches Interesse an wettbewerbsgerechtem Verhalten und für die Verbraucher günstigen Preisen auf dem Strommarkt. Sie kündigte deshalb an, die komplizierten Genehmigungsprozeduren zu vereinfachen und vor allem zu beschleunigen[553]. Diese Maßnahmen gaben europäischen Wettbewerbern wie der Gruppe BNFL/Westinghouse/ABB die Möglichkeit, auch auf dem französischen Markt Fuß zu fassen. Sie ließen in ihrer Gesamtheit den Schluss auf niedrigere als die durch eine reine Anteilsaddition entstehenden

---

EWG für die Beschaffung öffentlicher Vermittlungs- und Übertragungsanlagen in der Gemeinschaft.

549 Komm., Entscheidung COMP/M.1940 v. 6.12.00, „Framatome / Siemens / Cogéma", Tz. 98f.

550 Komm., Entscheidung COMP/M.1940 v. 6.12.00, „Framatome / Siemens / Cogéma", Tz. 39, 52.

551 Komm., Entscheidung COMP/M.1940 v. 6.12.00, „Framatome / Siemens / Cogéma", Tz. 43ff.

552 Komm., Entscheidung COMP/M.1940 v. 6.12.00, „Framatome / Siemens / Cogéma", Tz. 54, 70ff.

553 Komm., Entscheidung COMP/M.1940 v. 6.12.00, „Framatome / Siemens / Cogéma", Tz. 90ff.

Marktanteile zu. Die Kommission genehmigte den Zusammenschluss, ohne den beteiligten Unternehmen Auflagen zu machen.

Aber nicht nur öffentliche Nachfrager können durch ihre Nachfragemacht hohe Marktanteile weniger bedenklich erscheinen lassen. So gründeten beispielsweise die Unternehmen Baywa und RWA ein Gemeinschaftsunternehmen, das auf mehreren Großhandelsmärkten mit landwirtschaftlichen Gütern in Österreich tätig werden sollte. Bereits vor dem Zusammenschluss erreichte RWA teils sehr hohe Marktanteile zwischen 60 und 80% (z.B. im Großhandel mit Düngemitteln und im Bereich Pflanzenschutzmittel), durch die Verbindung mit Baywa wurden die aber nur geringfügig (jeweils unter 5%) verstärkt[554]. Interessant war zum einen, dass die Kommission trotz der hohen Marktanteile von RWA offensichtlich nicht von einer bereits bestehenden marktbeherrschenden Stellung ausging. In diesem Fall hätte nämlich der geringe Zuwachs durch Baywa im Mittelpunkt der Diskussion stehen müssen, um die Frage zu prüfen, ob die beherrschende Stellung weiter verstärkt würde. Zum anderen war auch hier die Marktmacht der Gegenseiten entscheidungsrelevant. Neben der Existenz zweier Wettbewerber und geringer Marktzutrittsschranken, dokumentiert durch den kürzlichen Markteintritt eines weiteren Wettbewerbers, argumentierte die Kommission vorwiegend mit der starken Stellung der Hersteller sowie des Einzelhandels. Die Einzelhändler, also die Nachfrager des Großhandels, konnten die Marktmacht des Großhandels durch Direktkäufe bei den Herstellern einschränken. Die dem Großhandel vorgelagerte Herstellerseite war selbst stark konzentriert und übte erhebliche Verhandlungsmacht gegenüber dem Großhandel aus[555]. Im Ergebnis genehmigte die Kommission das Vorhaben.

Ein weiteres Gemeinschaftsunternehmen war Gegenstand der Entscheidung „Cargill / Vandermoortele (JV)“. Auf dem relevanten Markt, dem Markt für die Verpackung und den Vertrieb fertiger Speiseöle, ergab eine Addition der Marktanteile der beiden Muttergesellschaften einen Wert von ca. 60% für den gesamten Benelux-Raum und Werte von mehr als 80% für Belgien und Luxemburg[556]. Die Vereinbarkeit des Vorhabens mit dem Gemeinsamen Markt ergab sich aufgrund potentieller Wettbewerber sowie daraus, dass Vandermoortele bei Hochpreismarken bereits vor dem Zusammenschluss monopolartige Marktanteile hatten, die aber durch die Gründung des Gemeinschaftsunternehmens nicht weiter erhöht wurden[557]. Dieses Argument ist jedoch in sich nicht sehr schlüssig. Zum einen unterschied die Kommission innerhalb der Marktabgrenzung nicht zwischen Hoch- und Niedrigpreisprodukten. Zum anderen hätte aus der Argumentation auch der Schluss gezogen werden können, die Produktpaletten ergänzten sich, falls Vandermoortele seine Stärken im Hochpreissektor, Cargill dagegen bei günstigeren Produkten gehabt hätte, was wiederum für die Entstehung von Marktmacht gesprochen hätte. Entscheidungserheblicher war augenscheinlich die von der Kommission ebenfalls erörterte Nachfragemacht der großen Lebensmittelketten als Hauptnachfrager[558], die gegen eine marktbeherrschende Stellung sprach.

---

554 Komm., Entscheidung IV/M.1362 v. 3.6.99 „Baywa / RWA“, Tz. 18, 45.

555 Komm., Entscheidung IV/M.1362 v. 3.6.99, „Baywa / RWA“, Tz. 18ff.

556 Komm., Entscheidung IV/M.1227 v. 20.7.98, „Cargill / Vandermoortele (JV)“, Tz. 26.

557 Komm., Entscheidung IV/M.1227 v. 20.7.98, „Cargill / Vandermoortele (JV), Tz. 30f.

558 Komm., Entscheidung IV/M.1227 v. 20.7.98, „Cargill / Vandermoortele (JV), Tz. 29.

Die Entscheidungen, in denen die Kommission auf die Nachfragemacht der Marktgegenseite abstellt, hinterlassen ein zwiespältiges Bild. Hier werden Vorhaben genehmigt, weil in anderen Branchen ebenfalls erhebliche Konzentrationsgrade herrschen. Zum einen erscheint es verständlich, dass beispielsweise Zulieferer sich zusammenschließen, um ihren Nachfragern selbst ein Marktmachtpotential entgegen setzen zu können. Auf der anderen Seite kann aber auch eine Spirale der fortschreitenden Konzentration so nicht ausgeschlossen werden.

c) Hohe Marktanteile in neueren Entscheidungen

In den Jahren 2000 und 2001 finden sich weniger Entscheidungen, in denen Vorhaben trotz erheblicher horizontaler Konzentration mit sehr hohen Marktanteilen ohne Auflagen genehmigt wurden. Erwähnung verdient die Entscheidung „MMS / DASA / Astrium". In dem Gemeinschaftsunternehmen Astrium bündelten Matra Marconi Space (MMS), die gemeinsame Tochter der französischen Aérospatiale-Matra und der britischen BAe Systems, und DASA die Entwicklung und Fertigung von Satelliten, bevor der Geschäftsbereich dann – ohne neue horizontale Auswirkungen – in die neu gegründete EADS eingebracht wurde. Im Bereich der so genannten institutionellen Satelliten, darunter werden in Abgrenzung von militärischen bzw. der Kommunikation dienenden Satelliten alle zivilen Beobachtungs- und wissenschaftlichen Satelliten zusammengefasst, überschnitten sich die Aktivitäten von MMS und DASA. Beide gehörten zu den wenigen europäischen Unternehmen, die bei den einzelnen Satellitenprojekten als Hauptauftragnehmer und Koordinatoren („prime contractor") in Frage kamen.

Auf dem so definierten Markt hielten MMS und DASA zusammen einen Anteil von 50% (MMS ca. 30% und DASA ca. 20%). Als Wettbewerber verblieben lediglich Alcatel mit ca. 35% und Alenia mit ca. 10%[559]. Die horizontalen Effekte des Zusammenschlusses waren dennoch nicht ernsthaft bedenklich, weil immer einzelne Großaufträge in offenen Bieterverfahren vergeben und das oben beschriebene „juste retour"-Prinzip berücksichtigt wurden. Zwischen Anbietern und Nachfragern herrschte ein eher kooperatives Klima[560]. Entscheidend war daher trotz der hohen Marktanteile und der erheblichen Addition lediglich die Frage, ob durch die Gründung von Astrium die Konkurrenten vom Markt ausgeschlossen werden könnten. Diese Frage verneinte die Kommission[561] und hatte daher auf dem hier erörterten Markt keine Einwendungen gegen den Zusammenschluss. Die Entscheidung erging zwar unter Auflagen; diese betrafen jedoch eine wettbewerbsschädigende vertikale Integration auf einem anderen Teilmarkt sowie mögliche Ausschlusseffekte auf einem weiteren Teilmarkt.

Ähnlich hohe Marktanteile infolge horizontal wirkender Zusammenschlüsse sind auch in weiteren Entscheidungen genehmigt worden. Als Beispiel ist die Entscheidung „ZF Gotha / Graziano Trasmissioni / JV" aus dem September 2000 zu nennen. In dem Gemeinschaftsunternehmen ZGM wollten die beiden Muttergesellschaften ihre Aktivitäten im Bereich Antriebssysteme für Gabelstapler bündeln. Die Kommis-

---

559 Komm., Entscheidung COMP/M.1636 v. 21.3.00, „MMS / DASA / Astrium", Tz. 55.
560 Komm., Entscheidung COMP/M.1636 v. 21.3.00, „MMS / DASA / Astrium", Tz. 56ff.
561 Komm., Entscheidung COMP/M.1636 v. 21.3.00, „MMS / DASA / Astrium", Tz. 66ff.

sion hielt eine Unterteilung des relevanten Marktes in mehrere Teilsegmente je nach Leistung und Hebekapazität der Gabelstapler für möglich, ließ eine genaue Abgrenzung letztendlich aber offen[562]. Die Produktpaletten der beiden Muttergesellschaften ergänzten sich im wesentlichen, so dass es nur bei der Betrachtung eines Gesamtmarktes für Antriebssysteme zu nennenswerten Überschneidungen kam. Immerhin waren ZF Gotha und Graziano Trasmissioni aber die beiden bedeutendsten Wettbewerber und kamen auf dem Gesamtmarkt zu einem gemeinschaftsweiten Marktanteil von 40 bis 45%[563]. Die Kommission zählte einige größere Wettbewerber auf und führte auch kleine Unternehmen an, die aber in der Lage seien, eine breite Produktpalette anzubieten, falls ZGM sich wettbewerbswidrig verhalten sollte. Wieder einmal war auch die Nachfragemacht entscheidend; die Hersteller von Gabelstaplern waren ebenfalls erheblich konzentriert und konnten dadurch Druck auf die Zulieferer ausüben und Monopole durch die Steuerung ihres Nachfrageverhaltens verhindern[564].

Innerhalb der räumlichen Marktabgrenzung angesprochen[565] wurden bereits die europäischen Kabelmärkte, die zuletzt in der Entscheidung „Pirelli / BICC" eingehend von der Kommission geprüft wurden. Die Übernahme der britischen BICC durch Pirelli führte auf dem gemeinschaftsweiten Markt für Hoch- bzw. Höchstspannungskabel für Überlandleitungen zu einem Marktanteil von Pirelli in Höhe von ca. 50%, zu dem BICC zwischen 5 und 15% beitrug. Stärkster Wettbewerber von Pirelli war Alcatel mit einem Marktanteil von 10-20%, die Übernahme betraf daher den größten und den drittgrößten Marktteilnehmer[566]. Die Kommission verneinte die Entstehung einer einzelmarktbeherrschenden Stellung durch Pirelli und argumentierte mit dem enormen Druck, den die Energieunternehmen auf die Kabellieferanten ausübten. Die Konkurrenten von Pirelli hatten freie Kapazitäten, mit denen sie eine Verlagerung der Nachfrage abfangen könnten; zudem blieben in allen Marktsegmenten mindestens vier Anbieter auf dem Markt. Die Nachfragemacht wurde weiter verstärkt, indem Aufträge in Bietungsverfahren ausgeschrieben wurden[567]. Im Anschluss an die Prüfung der Einzelmarktbeherrschung untersuchte die Kommission noch die Entstehung einer kollektiven Dominanz durch Pirelli und Alcatel, verneinte aber auch diese.

Im März 2001 genehmigte die Kommission die Übernahme des Geschäftsbereiches Medizintechnik der amerikanischen Agilent-Gruppe durch Philips. Beide Unternehmen stellten Ultraschallgeräte für verschiedene Anwendungen her. Bei einem Gesamtmarkt für Ultraschallgeräte wäre das Vorhaben ohne weiteres unbedenklich gewesen; die Kommission hielt aber eine weitere Segmentierung für möglich und prüfte vertieft den sachlich engeren Bereich der Geräte für kardiologische Anwendungszwecke. Hier ergaben sich aggregierte Marktanteile nach Angaben der betei-

---

562 Komm., Entscheidung COMP/M.1783 v. 4.9.00, „ZF Gotha / Graziano Trasmissioni", Tz. 7ff.

563 Komm., Entscheidung COMP/M.1783 v. 4.9.00, „ZF Gotha / Graziano Trasmissioni", Tz. 11.

564 Komm., Entscheidung COMP/M.1783 v. 4.9.00, „ZF Gotha / Graziano Trasmissioni", Tz. 12ff.

565 Siehe oben in diesem Teil unter A.II.1, S. 83.

566 Komm., Entscheidung COMP/M.1882 v. 19.7.00, „Pirelli / BICC", Tz. 64f.

567 Komm., Entscheidung COMP/M.1882 v. 19.7.00, „Pirelli / BICC", Tz. 70ff.

ligten Unternehmen von gemeinschaftsweit knapp 40%. Unabhängigen Einschätzungen zufolge waren die Anteile sogar leicht höher und erreichten in einigen Mitgliedstaaten Werte von über 50%[568]. Trotz der starken Marktposition von Philips nach der Übernahme und der Tatsache, dass nur drei bis vier große Wettbewerber blieben, die eine umfassende Produktpalette anbieten konnten, bestand keine Wettbewerbsgefährdung. Die Kommission beschrieb den Markt für Ultraschallanwendungen als Markt mit hohen Ausgaben für Forschung und Entwicklung und raschen Produktinnovationen. Marktanteile waren daher mehr eine Momentaufnahme als Ausdruck sich verfestigender Marktmacht[569]. Zudem stellten die Ultraschallgeräte von Philips und Agilent nicht die engsten Substitute dar, und sowohl die Konkurrenten als auch die Nachfrager wären im Falle eines wettbewerbswidrigen Verhaltens von Philips in der Lage gewesen zu reagieren[570]. Die Marktmachtprüfung ergab trotz der hohen Marktanteile bei sachlich enger Abgrenzung das Bild eines funktionierenden Wettbewerbs.

Anhand der erörterten Entscheidungen lässt sich im Vergleich zu den Auflagefällen relativ einfach folgender Schluss ziehen: Marktanteile ab 40% sind häufig Gegenstand von Kommissionsentscheidungen. In derartigen Fällen muss die Kommission weitere Wettbewerbsmerkmale untersuchen. Die Marktanteile sind ein wichtiger Faktor; die Entscheidungen bieten aber keine Automatismen, nach denen die Kommission einen bestimmten Marktanteil für ungefährlich hält, ab einem anderen Anteil die Erteilung von Auflagen oder die Untersagung des Vorhabens aber für zwingend hält.

III. Genehmigende Entscheidungen zur kollektiven Marktbeherrschung

Die oben erörterten Entscheidungen zur Einzelmarktbeherrschung stellen den zahlenmäßigen Schwerpunkt in der Entscheidungspraxis der Kommission dar. Aber auch die kollektive Marktbeherrschung durch Oligopole wird in der Wirtschaftsrealität immer wichtiger. Ein Oligopol wird in seiner einfachsten Begriffsbestimmung gekennzeichnet als ein Marktgefüge, bei dem auf der Anbieterseite nur eine überschaubare Zahl von Unternehmen vorhanden ist[571]. Es liegt nach ENCHELMAIER dann vor, wenn die Veränderung eines Verhaltensparameters – z.B. des Preises, des Kundendienstes oder der Qualität – durch einen Wettbewerber für die anderen zu einer fühlbaren Veränderung ihrer Absatzmöglichkeiten führe (oligopolistische oder parametrische Reaktionsverbundenheit) und sie deshalb in der Regel zu einer Reaktion in ihrem Marktverhalten veranlasse. Dies setze bei jedem Oligopolisten einen erheblichen Marktanteil voraus[572]. Diese Definition ist zwar richtig, aber unvollständig, da auch ein einzelner Marktführer seine Konkurrenten zu Anpassungen veranlasst. Ein Oligopol liegt vielmehr vor, wenn die Reaktionsverbundenheit wechselseitig gilt, d.h.

---

568 Komm., Entscheidung COMP/M.2256 v. 2.3.01, „Philips / Agilent Health Care Solutions", Tz. 24ff.

569 Komm., Entscheidung COMP/M.2256 v. 2.3.01, „Philips / Agilent Health Care Solutions", Tz. 31f.

570 Komm., Entscheidung COMP/M.2256 v. 2.3.01, „Philips / Agilent Health Care Solutions", Tz. 33ff.

571 Kantzenbach / Kottmann / Krüger, S. 13.

572 ENCHELMAIER, S. 27.

wenn jeder in der Lage ist, durch Verhaltensänderungen Reaktionen bei den anderen Marktteilnehmern hervorzurufen[573, 574]. Die Kommission definiert ein Oligopol kurz und bündig: „Ein Oligopol ist ein Markt, charakterisiert durch die Existenz weniger großer Anbieter, deren wettbewerbliche Verhaltensweisen in einem gegenseitigen Abhängigkeitsverhältnis stehen"[575].

Die Prüfung oligopolistischer Marktmacht unterscheidet sich theoretisch nicht wesentlich von der auf Einzelmarktbeherrschung. Zunächst ist die Marktposition der einzelnen Wettbewerber zu ermitteln. Die Messung von Marktanteilen erfolgt immer anhand des bereits bei der Besprechung der Untersagung im Fall „Gencor / Lonrho" erwähnten[576] Concentration Ratio (CR_n), das heißt anhand des aggregierten Marktanteils der n größten Unternehmen auf einem Markt[577]. Das CR_n ergibt erste Anhaltspunkte, ob überhaupt ein Oligopol vorliegt. Nunmehr muss ermittelt werden, ob aus dem Vorhandensein des Oligopols auch die Gefahr kollektiver Marktbeherrschung folgt. Zu diesem Zweck ist zunächst ein Zwischenschritt erforderlich, in dem geprüft wird, ob gegenseitige Abhängigkeiten bestehen, die erwarten lassen, dass sich mehrere Oligopolisten wie ein Anbieter parallel verhalten werden. Ist das der Fall, dann kann ganz normal geprüft werden, ob das Oligopol gegenüber außenstehenden Konkurrenten marktbeherrschend ist. Das Oligopol wird als Einheit betrachtet und dann auf Marktbeherrschung dieser Einheit gegen Externe geprüft[578].

Es ist also zwischen Binnenwettbewerb und Außenwettbewerb zu unterscheiden. Binnenwettbewerb beschreibt die Frage nach dem Wettbewerb zwischen den Oligopolisten und Außenwettbewerb diejenige, ob die Oligopolisten gemeinsam Marktmacht gegenüber Außenstehenden ausüben können[579]. Naturgemäß bereitet in der Fallpraxis gerade der zusätzliche Schritt, das heißt die Frage ob Binnenwettbewerb zwischen den Oligopolisten besteht oder nicht, die größeren Schwierigkeiten. Ist ausdrücklich oder stillschweigend kollusives Verhalten innerhalb des Oligopols wahrscheinlich oder gar nachzuweisen, dann ist ein Oligopol mit hohem aggregierten Marktanteil regelmäßig in der Lage, Außenseitern und Kunden die Wettbewerbsbedingungen aufzuoktroyieren. Als mögliche wettbewerbsschädigende Verhaltensweisen werden die Preis- / Mengenkollusion, das ist der Absatz geringerer Mengen zu höheren Preisen, die Kapazitätsproduktion, das ist die künstliche Beschränkung der eigenen Produktionskapazitäten, sowie die Marktschrankenkollusion, das ist die künstliche Aufteilung sachlicher oder räumlicher Teilmärkte, genannt[580].

---

573 KANTZENBACH / KOTTMANN / KRÜGER, S. 13f; ZACHMANN, Rn. 3.089f. Auch ENCHELMAIER benutzt diese Definition an späterer Stelle (S. 56).

574 Vgl. zu der Interdependenzen in einer Oligopolsituation in der Beschreibung des Konzepts der optimalen Wettbewerbsintensität von Kantzenbach, siehe oben im ersten Teil unter C.II.4, S 33ff.

575 Komm., Entscheidung IV/M.1383 v. 29.9.99, „Exxon / Mobil", Tz. 466. Das Originalzitat lautet: „An oligopoly is a market characterized by the presence of few large suppliers whose competitive actions are interdependent".

576 Siehe oben in diesem Teil unter B.I.4.b), S. 129.

577 Baum / Möller, S. 44.

578 RIDYARD, ECLR 5 (1994), 255 (259); KERBER, WuW 1994, 21 (24).

579 So auch ausführlich HUGGENBERGER, S. 221ff.

580 Kantzenbach / Kottmann / Krüger, S. 17ff.

Während zunächst aufgrund nicht eindeutiger Formulierung des Verordnungstextes die Anwendbarkeit der Fusionskontrollverordnung auf Oligopolsachverhalte umstritten und zweifelhaft war, kann zumindest diese Frage heute als geklärt angesehen werden. Die Kommission hat in einer frühen Entscheidung festgestellt, die Gründung des Gemeinschaftsunternehmens VB Autobatterie GmbH durch Varta und Bosch führe in Spanien zu einem Konzentrationsgrad der beiden führenden Unternehmen für Starterbatterien (VB Autobatterie und Tudor) von nahezu 90%. Sie folgerte hieraus die akute Gefahr bewussten Parallelverhaltens[581], erteilte aber Auflagen nur zum deutschen Markt, auf dem VB Autobatterie allein marktbeherrschend gewesen wäre. Die Möglichkeit kollektiver Marktbeherrschung wurde hier noch nicht sanktioniert.

In der Entscheidung „Alcatel / AEG Kabel", die ebenfalls 1991 erging, machte die Kommission theoretische Ausführungen zur Oligopolmacht, ließ die Anwendbarkeit der Fusionskontrollverordnung auf kollektive Marktbeherrschung aber ausdrücklich offen[582]. Im Jahr 1992 prüfte und verneinte die Kommission dann in mehreren Fällen[583], ob ein Vorhaben zur Entstehung kollektiver Dominanz führe, bevor dann in der viel beachteten Entscheidung „Nestlé / Perrier" erstmals ein Vorhaben aufgrund der expliziten Einbeziehung duopolistischer Marktbeherrschung nur unter Auflagen genehmigt wurde[584]. Die Anwendung der Fusionskontrollverordnung auf oligopolistische Marktmacht wurde vom EuGH gebilligt[585] und ist soweit ersichtlich seit dieser Zeit auch nicht mehr umstritten bzw. kritisiert worden[586].

1. Auflageentscheidungen gemäß Art. 8 II bzw. Art. 6 II FKVO

Gerade in den letzten Jahren hat die Kommission in einer Vielzahl von Fällen die Entstehung oder Verstärkung kollektiver Marktbeherrschung geprüft und einige Vorhaben nur unter Auflagen und Bedingungen genehmigt. Eine besonders gelagerte Entscheidung aus dem Jahr 1999 betraf Versicherungsmärkte in Luxemburg. Die Übernahme des britischen Versicherers Guardian Royal Exchange („GRE") durch die AXA-Gruppe führte in Luxemburg zu hohen Marktanteilen und wettbewerblichen Bedenken. Auf den meisten Sachversicherungsmärkten war Le Foyer, eine Gesellschaft, an der GRE beteiligt war, Marktführer mit Marktanteilen von 35 bis 45% vor der Konkurrentin La Luxembourgeoise mit 20 bis 30% und AXA mit 10 bis 20%, so dass sich rein rechnerisch aggregierte Marktanteile in Höhe von bis zu 70% (z.B. bei Autoschutzbriefen) für AXA und Le Foyer ergeben hätten[587]. Angesichts

---

[581] Komm., Entscheidung IV/M.12 v. 31.7.91, „Varta / Bosch", Tz. 32.

[582] Komm., Entscheidung IV/M.165 v. 18.12.91, „Alcatel / AEG Kabel", Tz. 22.

[583] Angesprochen wurde kollektive Marktbeherrschung in den Entscheidungen IV/M.186 v. 23.3.92, „Henkel / Nobel", Tz. 18ff, und IV/M.202 v. 27.4.92, „Thorn EMI / Virgin", Tz. 23, 30ff.

[584] Komm., Entscheidung IV/M.190 v. 22.7.92, „Nestlé / Perrier", Tz. 110ff.

[585] EuGH, Urt. v. 31.3.98, verb. Rs. C-68/94 und C-30/95, „Französische Republik ./. Kommission – Kali + Salz / MDK / Treuhand", EuGHE 1998 I, 1375 (1501ff), Tz. 164ff.

[586] Einen ausführlichen Überblick über die Entwicklung in der Anwendung der FKVO auf die kollektive Marktbeherrschung gibt ENCHELMAIER, S. 287ff. Darüber hinaus u.a. FINE, Rn. 4-195ff; KERBER, WuW 1994, 21 (21ff); STOCKENHUBER, S. 274ff; KANTZENBACH / KOTTMANN / KRÜGER, S. 45; und HUGGENBERGER, S. 210ff.

[587] Komm., Entscheidung IV/M.1453 v. 8.4.99, „AXA / GRE", Tz. 29.

dieser Situation hätte auch eine Einzelmarktbeherrschung nahe gelegen. Die Kommission entschied aber nicht ausdrücklich, ob die Marktanteile von Le Foyer der GRE-Gruppe zugerechnet werden konnten, weil es sich nicht um eine Mehrheitsbeteiligung handelte. Sie schilderte vielmehr den gesamten luxemburgischen Versicherungsmarkt, der von einer sinkenden Anbieterzahl – von 12 Unternehmen 1994 auf 8 und nach dem Zusammenschluss nur noch 7 Unternehmen in 1999 – geprägt war, als hoch konzentriert. Aus der bedenklichen Gesamtsituation mit zwei Marktführern und einem dritten starken Wettbewerber, der strukturell eng mit einem der Marktführer verbunden ist, folge die Gefahr mangelnden Wettbewerbs unter den drei großen Konkurrenten[588]. Die Kommission sah also die Gefahr kollektiver Marktbeherrschung und genehmigte die Übernahme erst nach der Zusage der beteiligten Unternehmen, entweder den Anteil von GRE an Le Foyer oder aber das luxemburgische Versicherungsgeschäft von AXA zu veräußern, wodurch die vor dem Zusammenschlussvorhaben bestehende Wettbewerbsstruktur aufrechterhalten wurde[589].

Diese Entscheidung zeigt, dass auf hoch konzentrierten Märkten kollektive Dominanz als eine Art Auffangtatbestand in den Fällen fungieren kann, in denen Einzelmarktbeherrschung entweder nicht sicher festzustellen ist oder aber einen unverhältnismäßigen Begründungsaufwand erfordern würde. Von diesem Fall abgesehen gibt es aber auch Entscheidungen, in denen eine Einzelmarktbeherrschung nicht wahrscheinlich ist, die sich also deutlich auf kollektive Marktbeherrschung gründen. Konzeptionell können dabei Entscheidungen zur duopolistischen Marktmacht, also zur Beherrschung durch zwei Wettbewerber, von denjenigen Entscheidungen unterschieden werden, in denen mehr als zwei Wettbewerber gemeinsam marktbeherrschend sind. Die Höchstzahl von Anbietern, bis zu der von einem Oligopol gesprochen werden kann, ist dabei abstrakt nicht vorgebbar[590].

a) Auflagen aufgrund duopolistischer Dominanz

Die bekannteste Entscheidung zur duopolistischen Dominanz ist sicherlich die Übernahme des französischen Mineralwasserherstellers Perrier durch die Nestlé-Gruppe aus dem Jahr 1992. Bereits vor dem Zusammenschluss wurde der französische Mineralwassermarkt von einem Oligopol der drei landesweit agierenden Anbieter Nestlé, BSN und Perrier beherrscht. Andere Wettbewerber vertrieben ihre Wässer auf lokaler oder höchstens regionaler Ebene, während die drei großen Drei über so genannte „nationale Quellen" verfügten, d.h. Marken von nationaler Präsenz und umfassendem Bekanntheitsgrad. Diese nationalen Quellen erreichten trotz absolut schwankender Ausstoßmengen sehr stabile und hohe Marktanteile (CR3 = 82,1%)[591]. Obwohl sie teurer waren als lokale Mineralwässer, gelang es Nestlé, BSN und Perrier, die Marktanteile ihrer nationalen Quellen zu halten und sogar gleichmäßige Preiserhöhungen durchzusetzen, was für eine besondere Markentreue der Endverbraucher sprach[592]. Darüber hinaus bestand auf dem französischen

---

588 Komm., Entscheidung IV/M.1453 v. 8.4.99, „AXA / GRE", Tz. 31ff.

589 Komm., Entscheidung IV/M.1453 v. 8.4.99, „AXA / GRE", Tz. 34f.

590 ENCHELMAIER, S. 28.

591 Komm., Entscheidung IV/M.190 v. 22.7.92, „Nestlé / Perrier", Tz. 46.

592 Komm., Entscheidung IV/M.190 v. 22.7.92, „Nestlé / Perrier", Tz. 57ff, 71.

Mineralwassermarkt eine hohe Preistransparenz[593]. Die Einzelhandelsketten konnten dieser Marktmacht hohe Einkaufsvolumina entgegensetzen; sie waren aber trotzdem darauf angewiesen, die nationalen Quellen in ihrem Sortiment zu führen, da diese von den Verbrauchern wegen des enormen Bekanntheitsgrades verlangt wurden. Auch die Nachfrageseite konnte so kein adäquates Gegengewicht bilden[594].

Aus alledem lässt sich folgern, bereits vor dem Zusammenschluss habe ein bewusstes Parallelverhalten und im Ergebnis oligopolistische Marktbeherrschung vorgelegen. Dennoch hätte sich die Anbieterstruktur bei plangemäßer Durchführung des Vorhabens weiter verschlechtert, die gemeinsame Marktbeherrschung durch drei Wettbewerber wäre infolge des Wegfalls eines Anbieters durch ein Duopol, bestehend aus Nestlé und BSN, ersetzt worden[595].

Nestlé bot den Verkauf mehrerer Quellen und Marken (Vichy, Thonon, Pierval, St. Yorre) an, woraufhin die Kommission das so modifizierte Vorhaben genehmigte. Mit den verkauften Quellen konnte der Erwerber, die Gruppe Castel-Neptune, eine Kapazität von 3 Mrd. Litern pro Jahr erreichen, was bei einem jährlichen Mineralwasserverbrauch in Frankreich von 5,25 Mrd. Litern (Wert aus 1991) mehr als 50% des Gesamtbedarfs entspricht. Da auch die bei Nestlé und BSN verbliebenen Quellen über erhebliche Reserven verfügten, hatten die veräußerten Quellen einen Anteil von gut 20% an der nationalen Gesamtkapazität[596]. Der neue Wettbewerber war also theoretisch in der Lage, durch eine erhöhte Auslastung der am Markt gut eingeführten Quellen erhebliche Marktanteile zu generieren. Tatsächlich aber betrug der aktuelle Marktanteil der veräußerten Quellen nur 8%, so dass trotz der Auflage ein Konzentrationsgrad CR2 von ca. 72-74% verblieb[597].

Für ihre rein kapazitätsorientierte Betrachtung hat die Kommission viel Kritik erfahren. Insbesondere KERBER legt ausführlich dar, dass freie Kapazitäten zwar notwendige, nicht aber in jedem Fall hinreichende Bedingung für die Existenz potentiellen Wettbewerbs sind. So steht die Argumentation der Kommission, der neue Erwerber könne mit den erheblichen Kapazitätsreserven Marktanteile hinzugewinnen, im Widerspruch zu der fundierten und ausführlichen Begründung, warum das Vorhaben ohne Modifikation nicht genehmigungsfähig gewesen wäre. Hier hatte die Kommission gerade auf die hohe Markentreue der Verbraucher abgestellt, die eine Sortimentsänderung im Einzelhandel nicht akzeptiert hätten. Den großen Produzenten war es gelungen, das eigentlich recht homogene Gut Mineralwasser durch Werbung etc. zu heterogenisieren und so stabile Marktanteile zu erreichen[598]. Vor diesem Hintergrund ist es zumindest fragwürdig, ohne weitere Erörterung vorauszusetzen, der neue Wettbewerber müsse nur den Ausstoß seiner Quellen erhöhen, um Marktanteile hinzuzugewinnen. Kerber kommt zu dem Schluss, die Genehmigung sei weniger aus wettbewerbsrechtlich vertretbaren Gründen als aus der sachfremden

---

593 Komm., Entscheidung IV/M.190 v. 22.7.92, „Nestlé / Perrier“, Tz. 62.

594 Komm., Entscheidung IV/M.190 v. 22.7.92, „Nestlé / Perrier“, Tz. 77ff.

595 Komm., Entscheidung IV/M.190 v. 22.7.92, „Nestlé / Perrier“, Tz. 117ff.

596 Komm., Entscheidung IV/M.190 v. 22.7.92, „Nestlé / Perrier“, Tz. 136f.

597 So LÖFFLER in seinem regelmäßig erscheinenden Kurzbericht über die Entscheidungspraxis der Kommission in WuW 1992, 831 (833).

598 KERBER, WuW 1994, 21 (32f).

politischen Erwägung erlassen worden, das aufgeladene politische Klima vor dem französischen Referendum über den Vertrag von Maastricht zu besänftigen[599].

In der Rückschau muss die Genehmigung allerdings nicht so negativ beurteilt werden. Die Kommission untersuchte den französischen Mineralwassermarkt ein weiteres Mal im Jahr 1998 und stellte hier sinkende Marktanteile bei den Premiummarken der nationalen Quellen fest, während die günstigeren Wässer der Gruppe Castel-Neptune tatsächlich Marktanteile hinzugewinnen konnten. Als überraschendes Ereignis, welches in der „Nestlé / Perrier"-Entscheidung noch nicht vorherzusehen war, bezeichnete die Kommission den signifikanten Nachfragerückgang in der Zwischenzeit, der die Wettbewerbsintensität erhöht habe[600]. Unabhängig von der eher zweifelhaften Begründung der konkreten Entscheidung bestätigt der Fall „Nestlé / Perrier" und auch die diesbezügliche Kritik die bisherigen Erfahrungen, nach denen gegenwärtige Marktanteile nicht immer das ausschlaggebende Kriterium für eine Untersagung oder Genehmigung sein müssen. Während hohe Marktanteile auf heterogenen Produktmärkten eher stabil sein können, sprechen homogene Produkte für eine leichtere Angreifbarkeit starker Marktstellungen. Darüber hinaus ist der französische Mineralwassermarkt ein Beispiel für die Anmaßung von Wissen im Sinne HAYEKS[601] und die grundsätzliche Vorsicht, mit der Marktprognosen zu handhaben sind, da diese niemals völlig zuverlässig sein und jederzeit von überraschenden Marktentwicklungen überrollt werden können.

In der jüngeren Entscheidungspraxis seit 1999 wären marktbeherrschende Duopole ohne die Berücksichtigung von Auflagen und Bedingungen in mindestens sechs weiteren Fällen entstanden. Den Markt für Mobilfunk-Servicedienstleistungen betraf die Übernahme des amerikanischen Konkurrenten Airtouch durch Vodafone. Zu horizontalen Überschneidungen führte das Vorhaben vor allem in Deutschland. Airtouch hielt eine 30-40%ige Beteiligung am D2-Netz und übte gemeinsam mit Mannesmann die Kontrolle über die Mannesmann Mobilfunk GmbH aus. Auch Vodafone war vor dem Zusammenschluss in Deutschland aktiv und zwar über seine 17%ige Beteiligung an E-Plus, welches damit zum Zeitpunkt der Entscheidung unter der gemeinsamen Kontrolle von Vodafone, Bell South und VRT, der Telekommunikations-Holding von RWE und Veba, stand[602]. Durch den Zusammenschluss mit Airtouch hätte Vodafone seinen mitkontrollierenden Einfluss auf beide Netze ausdehnen können, E-Plus wäre nach Auffassung der Kommission als unabhängiger und preisaggressiver Wettbewerber aus dem Markt ausgeschieden. Es hätte sich eine duopolistische Wettbewerbssituation zwischen dem D2-Netz und dem von der Deutschen Telekom beherrschten D1-Netz ergeben; der Konzentrationsgrad wäre von CR3 = 95% (D2 40-50%, E-Plus 10-20%, D1 35-45%) auf ein CR2 in selber Höhe gestiegen. Einziger verbliebener Wettbewerber wäre Viag Interkom mit einem Marktanteil unter 5% gewesen. Als erhebliche Marktzutrittsschranke, die den Eintritt neuer Wettbewerber erschwert hätte, sah die Kommission die Notwendigkeit, vor dem Aufbau eines neuen Netzes eine staatliche Lizenz zu erhalten[603]. Sie geneh-

---

599 KERBER, WuW 1994, 21 (34).

600 Komm., Entscheidung IV/M.1065 v. 16.2.98, „Nestlé / San Pellegrino", Tz. 33.

601 Siehe oben im ersten Teil unter C.II.4, S. 35.

602 Komm., Entscheidung IV/M.1430 v. 21.5.99, „Vodafone / Airtouch", Tz. 19ff.

603 Komm., Entscheidung IV/M.1430 v. 21.5.99, „Vodafone / Airtouch", Tz. 26, 28.

migte das Vorhaben folgerichtig nur unter Auflagen. Vodafone stieg aus dem E-Plus-Netz aus und veräußerte seine Beteiligung an seinen ehemaligen Mitgesellschafter Bell South[604]. Gemessen an den Marktanteilen und der Anzahl der Marktteilnehmer blieb die Wettbewerbsstruktur unverändert. Eine Veränderung ergab sich nur insoweit, als nun nicht mehr Airtouch sondern Vodafone zunächst gemeinsam mit Mannesmann und nach deren Übernahme allein das D2-Netz kontrollierte.

Die letztgenannte Übernahme verdeutlicht ein weiteres Problem in oligopolistisch strukturierten Märkten. Durch die Übernahme der Mobilfunksparte von Mannesmann hätte Vodafone auch die von Mannesmann erst kurz zuvor erworbene britische Gesellschaft Orange mit übernommen und daher zwei der vier großen britischen Mobilfunkanbieter kontrolliert, als Wettbewerber wären lediglich BT Cellnet sowie One2One verblieben. Der Marktanteil von Vodafone wäre von 33,2% auf 53,6% gegenüber 27% für BT Cellnet und 17,4% für One2One gestiegen, woraus die Kommission die Gefahr der Entstehung einer einzelmarktbeherrschenden Stellung folgerte[605]. Auch in Belgien wäre die bereits bestehende marktbeherrschende Stellung von Vodafone (durch das zusammen mit der Belgacom betriebene Netz Proximus) weiter verstärkt worden (Erhöhung des Marktanteils von 65% um 2,3% auf 67,3%), einzig verbleibender Wettbewerber wäre die zur France Telecom gehörende Mobistar (Marktanteil 32%) gewesen[606]. Die Kommission machte Vodafone daher die Auflage, Orange wieder an einen Wettbewerber zu verkaufen[607], woraus sich zwei Schwierigkeiten ergaben: zum einen wurden boomende Mobilfunkunternehmen von der Börse so hoch bewertet und damit teuer, dass nur wenige finanzstarke Konzerne als potentielle Erwerber in Frage kamen. Letztendlich erwarb France Telecom die Orange-Beteiligung. France Telecom konnte aber die Übernahme nicht anders bezahlen, als durch eine 10%ige Beteiligung von Vodafone am eigenen Aktienkapital. Diese Beteiligung musste zwar über einen Treuhänder verwaltet werden, damit Vodafone keinen direkten Einfluss auf France Telecom erhalten konnte[608], dennoch zeigt sich hier, dass auch die räumliche Erweiterung von Märkten nicht immer zu mehr Wettbewerb führen muss, sondern auch eine Reoligopolisierung in größeren räumlichen Maßstäben und wechselseitige Beteiligungen nach sich ziehen kann.

Das zweite Problem bestand in der Wettbewerbssituation in Belgien, die durch den Verkauf von Orange an France Telecom zwar verändert, aber nicht verbessert wurde. Durch die Übernahme von Orange wäre France Telecom gestärkt worden; die Einzelmarktbeherrschung durch Vodafone wäre einer kollektiven Beherrschung

---

604 Diese Transaktion wurde genehmigt durch die Entscheidung COMP/M.1817 v. 26.1.00, „Bell South / Vodafone (E-Plus)“. Bell South erwarb auch den Anteil der VRT, vgl. hierzu die Entscheidung nach Art. 6 Abs. 1 lit. a FKVO COMP/M.1821 v. 31.1.00, „Bell South / VRT (E-Plus)“, und beteiligte anschließend die niederländische KPN an E-Plus, vgl. hierzu die Entscheidung COMP/JV.38 v. 18.2.00, „KPN / Bell South / E-Plus“.

605 Komm., Entscheidung COMP/M.1795 v. 12.4.00, „Vodafone Airtouch / Mannesmann“, Tz. 26ff.

606 Komm., Entscheidung COMP/M.1795 v. 12.4.00, „Vodafone Airtouch / Mannesmann“, Tz. 31f.

607 Komm., Entscheidung COMP/M.1795 v. 12.4.00, „Vodafone Airtouch / Mannesmann“, Tz. 56f.

608 Komm., Entscheidung COMP/M.2016 v. 11.8.00, „France Telecom / Orange“, Tz. 6ff.

des belgischen Marktes durch Belgacom Mobile / Vodafone (Proximus) und France Telecom (Mobistar) gewichen, da nach den Angaben der Kommission gerade Orange als kleinster Netzbetreiber für das sinkende Preisniveau in Belgien verantwortlich war und die Marktmacht der beiden großen Netze eindämmte[609]. Logische Folge war die Genehmigung der Übernahme von Orange durch France Telecom unter der Auflage, die Beteiligung an der Orange Belgium S.A. an einen Dritten weiterzuveräußern[610].

Im Ergebnis zeigt die Mobilfunkbranche, wie schwer es sein kann, potente Käufer für Unternehmensteile zu finden, die zudem keine neuen wettbewerblichen Bedenken aufwerfen. Sich möglicherweise abzeichnende europäische Märkte werden von den großen Konzernen unter sich aufgeteilt, noch bevor sie überhaupt entstehen. Die Übernahme von Mannesmann durch Vodafone zog aber neben diesen Auflageentscheidungen noch weitere Fusionskontrollverfahren nach sich. Um die gewaltigen Investitionen refinanzieren und sich auf das Kerngeschäft Mobilfunk konzentrieren zu können, veräußerte Vodafone die Mannesmann-Gesellschaften aus dem Bereich Automotive. Die wesentlichen Teile der Automotive-Sparte Atecs sicherten sich Siemens und Bosch, was zu erhöhter Konzentration in dieser Branche und zwei weiteren Auflageentscheidungen geführt hat[611].

Auch in der Entscheidung „Rhodia / Donau Chemie / Albright & Wilson“ bestand die Gefahr kollektiver Marktbeherrschung durch zwei Unternehmen auf mehreren Teilmärkten. Durch die Übernahme der Albright & Wilson plc. erreichte die Rhône-Poulenc-Tochter Rhodia hohe Marktanteile auf mehreren Teilsegmenten im Bereich der Herstellung unterschiedlicher Phosphate, so z.B. ca. 40% bei Ammonium-Phosphaten für den Einsatz als Feuerlöschmittel sowie knapp 30% bei Phosphaten für Fermentierungsprozesse in der Nahrungsmittelindustrie. In diesen Teilbereichen war der Konkurrent Prayon ähnlich stark oder etwas stärker als Rhodia, so dass sich ein CR2 von jeweils ca. 80% ergab[612]. Die Kommission stellte fest, ein annähernd symmetrisch verteilter Marktanteil der zwei Marktführer von 80-90% stelle normalerweise einen starken Anreiz für wettbewerbsfeindliches Parallelverhalten dar[613]. Sie verdeutlichte darüber hinaus bestehende strukturelle Verbindungen zwischen Rhodia und Prayon durch Liefervereinbarungen über Vorprodukte, durch welche die gegenseitigen Abhängigkeiten weiter verstärkt wurden. Da in den geschilderten Marktsegmenten anders als auf anderen Märkten keine wesentliche Nachfragemacht existierten, war die Übernahme nicht ohne weiteres mit dem Gemeinsamen Markt

---

609 Komm., Entscheidung COMP/M.2016 v. 11.8.00, „France Telecom / Orange“, Tz. 23ff.

610 Komm., Entscheidung COMP/M.2016 v. 11.8.00, „France Telecom / Orange“, Tz. 47f.

611 Komm., Entscheidungen COMP/M.2059 v. 29.8.00, „Siemens / Dematic / VDO / Sachs“ und COMP/M.2060 v. 13.12.00, „Bosch / Rexroth“. Weitere Verfahren aus der Zerschlagung Mannesmanns sind die Entscheidungen COMP/M.1922 v. 11.8.00, „Siemens / Bosch / Atecs“ und die Neuanmeldung COMP/M.2224 v. 20.12.00, „Siemens / Demag Krauss-Maffei“, vgl. zur Aufspaltung der Atecs-Gruppe auch die Übersicht in der SZ v. 7./8.7.01, S. 24.

612 Komm., Entscheidung IV/M.1517 v. 13.7.99, „Rhodia / Donau Chemie / Albright & Wilson“, Tz. 60ff.

613 Komm., Entscheidung IV/M.1517 v. 13.7.99, „Rhodia / Donau Chemie / Albright & Wilson“, Tz. 61.

vereinbar. Auch in einem weiteren Segment, der Herstellung von als Treibmittel verwendeten Calcium-Phosphaten, bestand bei einem CR2 > 90% die Gefahr der Entstehung einer gemeinsamen Marktbeherrschung, hier allerdings durch Rhodia und den Konkurrenten Budenheim[614]. Rhodia musste seine Beziehungen zu Prayon lösen, eine Auflage, die ausschließlich den Binnenwettbewerb zwischen den beiden Marktführern intensivieren konnte. Des weiteren sagte Rhodia zu, Lizenzvereinbarungen mit potentiellen Konkurrenten einzugehen, damit diese konkurrenzfähige Produktionsverfahren anwenden könnten. Im Bereich der Ammonium-Phosphate stellte Rhodia Konkurrenten Kundenlisten zur Verfügung[615].

Nach Würdigung dieser Zusagen genehmigte die Kommission das Vorhaben noch in der ersten Prüfungsphase ebenso wie wenig später die Übernahme des US-amerikanischen Land- und Baumaschinenherstellers Case durch die niederländische Fiat-Tochter New Holland. Neben Traktoren und anderen Landmaschinen produzierten beide Parteien Baumaschinen, darunter auch leichte Radlader. Auf diesem Teilmarkt hätte sich für New Holland ein übernahmebedingter Marktanteil von 30-40% im EWR ergeben, gegenüber einem nahezu identischen Wert des größten Konkurrenten JCB und 10-15% für Caterpillar. Die Kommission befürchtete die Entstehung eines marktbeherrschenden Duopols zwischen New Holland und JCB, weil die Marktanteilsverteilung über die letzten drei Jahre vor dem Zusammenschluss stabil gewesen sei. Die symmetrischen Marktanteile sprächen für eine ähnliche Kostenstruktur der beiden Marktführer und damit für dieselben wettbewerblichen Anreize. Außerdem war auf dem Markt eine hohe Transparenz zu beobachten, obwohl nicht die Hersteller, sondern die Händler die Preise bestimmten, diese in ihrer Preisgestaltung natürlich aber von den Konditionen der Hersteller abhingen[616].

Ein bemerkenswertes Detail in der Entscheidung bietet sich bei einem Vergleich dieses Marktes mit dem ebenfalls erörterten Markt für Erntemaschinen. In den Niederlanden und in Belgien erzielte New Holland einen Anteil von 35-45% nach der Übernahme, zu dem Case allerdings nach erheblicher Schwächung der Marktposition in den Jahren vor dem Zusammenschluss weniger als 5% beitrug. Stärkster Konkurrent war auf diesem Markt Claas mit einem Marktanteil von über 50%, so dass der aggregierte Marktanteil der beiden stärksten Unternehmen mit nahezu 90% noch höher war als auf dem Markt für Radlader. Dennoch sprachen zwei Faktoren für effektiven Wettbewerb zwischen New Holland und Case und damit gegen eine Marktbeherrschung durch die beiden Marktführer: zum einen schwankten die Marktanteile im Laufe der Zeit erheblich, zum anderen bestand anders als bei den Radladern eine starke Asymmetrie zwischen New Holland und Claas[617].

Eine weitere Gelegenheit für die Kommission, einen – zumindest nach Durchführung des Vorhabens – duopolistischen Markt, nämlich die deutsche Stromwirtschaft, näher zu untersuchen, bot die Fusion von Veba und Viag zur E-ON AG. Zusammen mit dem anderen großen Energieblock in Deutschland, den zu RWE / VEW gehören-

---

[614] Komm., Entscheidung IV/M.1517 v. 13.7.99, „Rhodia / Donau Chemie / Albright & Wilson", Tz. 69ff.

[615] Komm., Entscheidung IV/M.1517 v. 13.7.99, „Rhodia / Donau Chemie / Albright & Wilson", Tz. 82ff.

[616] Komm., Entscheidung IV/M.1571 v. 28.10.99, „New Holland / Case", Tz. 73.

[617] Komm., Entscheidung IV/M.1571 v. 28.10.99, „New Holland / Case", Tz. 48.

den Versorgern, hätte E-ON Marktanteile in Höhe von 65% bezogen auf die Stromerzeugungskapazität, 77% bezogen auf den gesamten Stromabsatz und 87% bezogen auf den Stromabsatz auf der Verbundebene erzielt. Den Rest des Marktes teilten als größere Wettbewerber die EnBW sowie die HEW und eine Großzahl kleiner, weitgehend auf kommunaler Basis agierender Anbieter unter sich auf[618]. Die Kommission untersuchte zunächst die Frage, ob auch nach der Fusion Wettbewerb zwischen den beiden Blöcken herrschen würde. Sie schilderte Strom als homogenes Produkt auf einem transparenten Markt. Der Rückgang des Preisniveaus nach der Liberalisierung des Strommarktes war auf den Beginn eines neuen Marktgeschehens zurückzuführen, in dem sich alle Wettbewerber neu positionieren mussten. Er konnte nicht ohne weiteres zur Beurteilung des künftigen Marktverhaltens herangezogen werden[619]. Dieses wäre vielmehr durch die infolge des Zusammenschlusses weiter gewachsene Symmetrie zwischen E-ON und RWE / VEW bei starker vertikaler Integration geprägt worden. Gegenseitige Verflechtungen der Marktführer durch gemeinsame Beteiligungen sowie eine Kundenaufteilung entsprechend alter Gebietsmonopole, ein geringes Nachfragewachstum und die niedrige Preiselastizität auf der Nachfrageseite kombiniert mit geringer Marktmacht der Verbraucher durch die zersplitterte Nachfrage waren weitere Argumente für ein gemeinsames Interesse an wettbewerbsbeschränkendem Parallelverhalten[620].

Die Kommission schloss aus diesen Gründen auf eine duopolistische Marktstruktur ohne echten Binnenwettbewerb und prüfte anschließend, inwieweit Außenwettbewerb eine Marktbeherrschung verhindern könnte. Da aber das Übertragungsnetz ebenfalls in der Hand der Stromkonzerne war und aufgrund der geringen Anzahl an Interconnectoren (Relaisstationen zur Anbindung an ausländische Netze) Importe mengenmäßig eingeschränkt waren, hätten potentielle Konkurrenten erhebliche Schwierigkeiten gehabt, auf den deutschen Markt zu dringen. Die hohen Investitionen für eigene Anlagen stellten in den Augen der Kommission Marktzutrittsschranken dar und erschwerten Marktzutritte weiter. Alles in allem wäre E-ON gemeinsam mit dem Konkurrenten RWE / VEW in der Lage gewesen, den deutschen Strommarkt auf nicht absehbare Zeit zu bestimmen[621].

Die Kommission genehmigte das Vorhaben erst, als Veba und Viag sich verpflichteten, ihre Beteiligungen an der ostdeutschen VEAG, an HEW sowie die Minderheitsbeteiligung am Konkurrenten RWE zu veräußern. Ferner erklärte sich E-ON bereit, bis zum Jahre 2007 Strom zum Marktpreis von der VEAG zu beziehen, um deren Start in die Unabhängigkeit zu sichern. Auch RWE und VEW mussten im Rahmen des deutschen Fusionskontrollverfahrens ähnlichen Auflagen zustimmen. Diese Auflagen beseitigten zwar nicht die gesamte Marktanteilsaddition durch die Fusion, trugen aber zusammen mit der Entscheidung des Bundeskartellamtes im Fall „RWE / VEW" dennoch zur Entflechtung in der deutschen Stromindustrie bei, da nunmehr von den Marktführern unabhängige Wettbewerber existierten, die potentiellen Konkurrenten als mögliches Übernahmeobjekt dienten und so einen Zutritt auf

---

618 Komm., Entscheidung COMP/M.1673 v. 13.6.00, „Veba / Viag", Tz. 48ff.
619 Komm., Entscheidung COMP/M.1673 v. 13.6.00, „Veba / Viag", Tz. 71ff.
620 Komm., Entscheidung COMP/M.1673 v. 13.6.00, „Veba / Viag", Tz. 75ff.
621 Komm., Entscheidung COMP/M.1673 v. 13.6.00, „Veba / Viag", Tz. 91ff.

den deutschen Markt erleichterten[622]. Hier darf aber nicht verkannt werden, dass die Kommission, um das Vorhaben genehmigen zu können trotz der auch nach der Liberalisierung der Strommärkte bestehenden Gebietsmonopolisierung von einem nationalen Markt und nicht von lokalen bzw. regionalen Märkten ausging. Denn selbst die Möglichkeit, kleinere Wettbewerber aufzukaufen, verschafft Dritten zum gegenwärtigen Zeitpunkt realistisch lediglich die Möglichkeit, in deren Absatzgebiet Fuß zu fassen. Eine bundesweite Tätigkeit ist damit aber nicht automatisch verbunden. Dieser „Paradigmenwechsel" zu einer weiten Marktabgrenzung ist kritisiert worden[623]. Es muss sich in der Zukunft erweisen, ob internationale Wettbewerber verstärkt in den deutschen Markt dringen und regionale Versorgungsmonopole aufbrechen oder ob tatsächlich „mehr Mut"[624] zur Untersagung des Vorhabens angebracht gewesen wäre.

Eine andere Branche, in der die fortschreitende Konzentration[625] ähnlich wie auf dem Strommarkt zu oligopolistischen und im Extremfall marktbeherrschenden Strukturen geführt hat, ist die Aluminium herstellende und verarbeitende Industrie. In der Entscheidung „Alcan / Alusuisse" genehmigte die Kommission die Übernahme der Alusuisse Lonza Group („Alusuisse") durch den kanadischen Alcan-Konzern, nachdem Alcan sein parallel verfolgtes Projekt, die Übernahme der französischen Péchiney-Gruppe, fallen gelassen hatte. Eine Reihe von Auflagen stellte dabei sicher, dass die von der Kommission befürchtete Marktbeherrschung Alcans auf einigen Teilmärkten nicht eintrat.

Bei der Herstellung lithographischer Platten, das sind flachgewalzte Aluminiumplatten für die Druck- und Photoindustrie, hätte Alcan gemeinsam mit dem hier führenden Konkurrenten, der damaligen Viag-Tochter VAW, eine marktbeherrschende Stellung erreicht. In diesem Marktsegment wäre Alcan durch den Zusammenschluss Marktführer geworden mit einem Marktanteil von rund 50% im EWR vor dem ehemaligen Branchenprimus VAW mit einem Anteil von ca. 40%[626]. Durch die Fusion hätte sich somit ein CR2 von nahezu 90% ergeben. Es verblieben mit Alcoa und Elval nur zwei nennenswerte Konkurrenten, die Zahl der Anbieter lithographischer Platten wäre durch die Übernahme von fünf auf vier gesunken. Wettbewerb zwischen Alcan und VAW war nicht zu erwarten, da beide ein Zuliefererunternehmen als Joint Venture betrieben, das die Aluminiumrollen herstellte, die zur Herstellung der lithographischen Platten benötigt wurden. Durch die wechselseitige Beteiligung an diesem Gemeinschaftsunternehmen waren die beiden Marktführer in der Lage, die Kostenstruktur des jeweiligen Konkurrenten zu kennen und zu einem gewissen Grad mitzubestimmen[627]. Zu diesem Aspekt kamen die Homogenität der Litho-Platten und stagnierende Absatzzahlen sowie eine hohe Markttransparenz hinzu. Ferner standen sich beide auf einer Reihe von Märkten als direkte Konkurrenten

---

622 Komm., Entscheidung COMP/M.1673 v. 13.6.00, „Veba / Viag", Tz. 215ff.

623 EMMERICH, AG 2001, 605 (608f).

624 EMMERICH, AG 2001, 605 (608).

625 Vgl. zur Konzentration in der Aluminiumbranche auch die in diesem Teil unter B.II.1.b), S. 189, angesprochene Entscheidung IV/M.1693 v. 3.5.00, „Alcoa / Reynolds".

626 Komm., Entscheidung COMP/M.1663 v. 14.3.00, „Alcan / Alusuisse", Tz. 92.

627 Komm., Entscheidung COMP/M.1663 v. 14.3.00, „Alcan / Alusuisse", Tz. 93, 97, 58ff (77ff).

gegenüber. Jeder hätte daher den Verstoß des Wettbewerbers auf dem hier relevanten Markt seinerseits mit einer Offensive auf einem anderen Markt kontern können, wodurch im Ergebnis beide den Wettbewerb aus ihrer Sicht in unnötiger Weise verschärft hätten[628]. Angesichts der überragenden Marktanteile des Duopols schien eine Beschränkung des Verhaltensspielraums durch die kleineren Marktteilnehmer unwahrscheinlich.

Um eine genehmigende Entscheidung zu erlangen, musste Alcan die gesamte Produktion lithographischer Platten von Alusuisse veräußern, so dass sich an der Marktposition der beiden Marktführer im Vergleich mit der Zeit vor dem Zusammenschluss nichts änderte[629]. Die von Alcan abgestoßenen Unternehmensteile erwarb allerdings mit dem griechischen Unternehmen Elval einer der beiden bereits etablierten kleineren Wettbewerber, so dass zumindest die Reduzierung der Anbieterzahl von fünf auf vier Unternehmen auch nach Erfüllung der Auflage gilt.

Als letztes Beispiel in diesem Abschnitt mag die Übernahme des amerikanischen Getränkedosenherstellers American National Can durch den britischen Verpackungskonzern Rexam dienen, der über sein Tochterunternehmen PLM ebenfalls Getränkedosen produziert. In Südeuropa wäre PLM durch den Zugewinn der Marktanteile von American National Can allein marktbeherrschend geworden. Auf dem anderen räumlich relevanten Markt, dem nordeuropäischen Markt, ergab sich ein symmetrisches Duopol zwischen PLM und dem Konkurrenten Continental Can mit einem CR2 von 80%[630]. Ähnliche Kostenstrukturen, Kapazitäten und Überkapazitäten stellten Anreize für wettbewerbswidriges Parallelverhalten dar, die auch durch unternehmensexterne Faktoren nicht relativiert werden konnten. Der Markt war durch geringes Wachstum, hohe Markttransparenz und fehlende technische Neuerungen gekennzeichnet, zudem hätte der einzig verbliebene Konkurrent außerhalb des Duopols, Carnaud Metalbox aus Frankreich, aufgrund seiner ausgelasteten Kapazitäten einem wettbewerbswidrigen Verhalten nicht mit einer Ausweitung seiner Produktion begegnen können[631]. Auch Rexam musste deshalb zusagen, Anlagen zu verkaufen, wodurch Marktanteile und Kapazitäten sanken und insgesamt die Symmetrie zwischen den beiden Duopolisten verringert wurde[632].

b) Auflagen aufgrund oligopolistischer Marktbeherrschung durch mehr als zwei Unternehmen

Die gemeinsame Beherrschung eines Marktes durch mehr als zwei Unternehmen findet in den Kommissionsentscheidungen viel weniger Platz als die gerade besprochene duopolistische Marktbeherrschung. Schon bei oberflächlicher Betrachtung unter Berücksichtigung von Binnen- und Außenwettbewerb ist dies einfach zu begründen. Eine Situation, in der drei oder mehr Unternehmen Anreize finden, sich

---

628 Komm., Entscheidung COMP/M.1663 v. 14.3.00, „Alcan / Alusuisse“, Tz. 94ff.
629 Komm., Entscheidung COMP/M.1663 v. 14.3.00, „Alcan / Alusuisse“, Tz. 134ff.
630 Komm., Entscheidung COMP/M.1939 v. 19.7.00, „Rexam (PLM) / American National Can“, Tz. 21.
631 Komm., Entscheidung COMP/M.1939 v. 19.7.00, „Rexam (PLM) / American National Can“, Tz. 23f.
632 Komm., Entscheidung COMP/M.1939 v. 19.7.00, „Rexam (PLM) / American National Can“, Tz. 29ff.

gegenseitig keinen Wettbewerb zu liefern, dürfte seltener zu beobachten sein als fehlender Binnenwettbewerb auf duopolistischen Märkten. Abstrakt kann gemutmaßt werden, je größer die Anzahl der an einem Oligopol beteiligten Unternehmen ist, umso größer ist auch die Wahrscheinlichkeit abweichenden Verhaltens und damit von „Fehlfunktionen" im Oligopol[633].

Das Paradebeispiel für eine oligopolistische Marktbeherrschung bietet die Untersagungsentscheidung im Fall „Airtours / First Choice". Hier entschied die Kommission, nach der geplanten Übernahme von First Choice durch Airtours wäre der britische Reisemarkt in der Hand der verbleibenden drei Großanbieter gewesen. Kleinere Konkurrenten hätten kein echtes Gegengewicht bilden können; die Verbraucher wären der Marktmacht der großen drei ausgeliefert gewesen[634]. Bereits im Jahr 1992 meldeten Siemens und Philips ihr Vorhaben an, das Kabelgeschäft in einem Gemeinschaftsunternehmen zu bündeln, um ihre Position im Bereich der Herstellung von Kupfer- bzw. Lichtwellenkabel für die Telekommunikation zu stärken. Schon im Jahr zuvor war jedoch der Zusammenschluss von Alcatel und AEG Kabel genehmigt worden. Die Kommission leitete aufgrund der fortschreitenden Konzentrationsbewegung auf den europäischen Kabelmärkten die zweite Prüfungsphase im Fall „Siemens / Philips Kabel" ein. Sie führte aus, der von CR5 = 80% auf CR4 = 80% gestiegene Konzentrationsgrad sei Anlass, die oligopolistische Marktbeherrschung näher zu prüfen[635]. Siemens und Philips Kabel mussten unangenehme Auflagen befürchten und zogen ihr Vorhaben Anfang 1993 zurück.

Die – soweit ersichtlich – einzige echte Auflagenentscheidung, in der die Kommission ein Vorhaben wegen möglicher Marktbeherrschung durch drei oder mehr Unternehmen nur unter Auflagen genehmigte, erging im Fall „Exxon / Mobil" aus dem Jahr 1999. Dieses Vorhaben hätte auf gleich zwei Märkten zu oligopolistischer Marktbeherrschung geführt. Zum einen war der Großhandel mit Erdgas über den Betrieb von Gasfernleitungen in Deutschland betroffen. In Deutschland gab es sechs Unternehmen, die auf dem relevanten Markt aktiv waren. Vor der Liberalisierung des Gasmarktes durch die so genannte Gasrichtlinie der EG[636] und den nationalen Deregulierungsmaßnahmen, in Deutschland vor allem durch das Energiewirtschaftsgesetz (EnWG), hatten sie den Markt nach regionalen Aspekten untereinander aufgeteilt. Gemäß § 6 EnWG waren die Energieversorger allerdings seit 1998 verpflichtet, Dritten den diskriminierungsfreien Zugang zu ihrem Netz zu gewähren. Die Kommission ließ offen, ob in räumlicher Hinsicht noch von regionalen Märkten entsprechend der traditionellen Aufteilung oder von einem bundesweiten Markt auszugehen sei[637].

---

633 So die Kommission in der Entscheidung IV/M.1383 v. 29.9.99, „Exxon / Mobil", Tz. 466.

634 Siehe die ausführliche Entscheidungsbesprechung oben in diesem Teil unter B.I.8, S. 142ff.

635 Komm., Entscheidung IV/M.238 v. 23.12.92, „Siemens / Philips Kabel" (Entscheidung nach Art. 6 Abs. 1 lit. c) über die Einleitung der zweiten Prüfungsphase).

636 Richtlinie 98/30/EG des Europäischen Parlaments und des Rates v. 22.6.98 betreffend gemeinsame Vorschriften für den Erdgasbinnenmarkt, ABl.EG L204/1 v. 21.7.98.

637 Komm., Entscheidung IV/M.1383 v. 29.9.99, „Exxon / Mobil", Tz. 137ff (152f). Aus der Energiewirtschaft kommt selbstverständlich die Forderung, die Marktöffnung müsse

Vier Gruppen, Ruhrgas, die in Hannover ansässige BEB, die Verbundnetz Gas AG (VNG), die hauptsächlich in den neuen Bundesländern aktiv war, sowie Thyssengas betrieben eigene Fernleitungsnetze, die weitestgehend entsprechend früherer Gebietsmonopole operierten. EWE, ein kleineres Unternehmen, hatte keine eigene Fernleitung, sondern versorgte grenznahe Bereiche an der niederländischen Grenze über Direktimporte bei der niederländischen Gasunie. Lediglich Wingas, einem Gemeinschaftsunternehmen zwischen BASF und dem russischen Gasförderer Gazprom, war der Aufbau eines konkurrierenden Leitungsnetzes gelungen. Dieser Marktzutritt war aber nach Auffassung der Kommission so nicht wiederholbar, da sich mit BASF und Gazprom einer der größten deutschen Konsumenten und einer der weltweit größten Gasproduzenten zusammen geschlossen hatten[638].

Dennoch schien auf den ersten Blick mit sechs Marktteilnehmern ein relativ weites Oligopol vorzuliegen, in dem bei näherer Betrachtung aber kein Wettbewerb stattfand. Alle Betreiber waren in irgendeiner Form kapitalmäßig miteinander verflochten; so war Exxon an Ruhrgas beteiligt, hatte zusammen mit Shell die Kontrolle über BEB, zusammen mit Shell und RWE-DEA die Kontrolle über Thyssengas und über die Beteiligung an BEB und Ruhrgas einen mitbeherrschenden Einfluss auf VNG. Mobil war ebenfalls an der Ruhrgas sowie über diese mittelbar an VNG beteiligt. Darüber hinaus hatte Mobil zwar kein eigenes Netz und auch keine traditionelle Absatzregion, war jedoch über eine Drittzugangsvereinbarung ebenfalls im Fernhandel aktiv[639]. Ferner hatten die Gasversorger Importkartelle gebildet, so dass für alle Marktteilnehmer die Preise an der deutschen Grenze ähnlich und jedenfalls transparent waren. Diese Marktstruktur bestand trotz der Marktliberalisierung weiter, so dass auch ohne den Zusammenschluss bei regionaler Betrachtungsweise Einzelmarktbeherrschung der ehemaligen Monopolisten und bei bundesweiter Abgrenzung eine oligopolistische Marktbeherrschung folgte[640].

Durch den Zusammenschluss von Mobil und Exxon wäre diese Situation weiter verfestigt worden, da Mobil in einer etwas anderen Situation als die Wettbewerber und damit ein möglicher Wettbewerbsmotor bei fortschreitender Liberalisierung war. Mobil war nicht nur Gasimporteur, sondern gehörte anders als die Konkurrenten durch die Tochtergesellschaft Erdgas Münster (EGM) zu den wenigen Unternehmen, die in Deutschland auch Erdgas förderten und raffinierten. Zudem hatten Exxon und Shell ihre europäischen Gasaktivitäten weitgehend gemeinsam strukturiert und verfolgten demzufolge identische ökonomische Interessen, die sie vor dem Zusammenschluss bei den meisten Beteiligungen mit BP und / oder mit Mobil abstimmen mussten. Dieser Abstimmungsbedarf, der in gewisser Weise Wettbewerb mit sich brachte, wäre ebenfalls entfallen. Die einzelmarktbeherrschende Stellung der großen Importeure in ihrem jeweiligen alten Demarkationsgebiet oder die kollektive Dominanz des Oligopols wäre durch den Zusammenschluss weiter verstärkt worden[641].

---

auch zu weiteren Marktabgrenzungen führen, vgl. SCHWAN in: OBERENDER (Hrsg.), S. 48.

638 Komm., Entscheidung IV/M.1383 v. 29.9.99, „Exxon / Mobil", Tz. 100.

639 Komm., Entscheidung IV/M.1383 v. 29.9.99, „Exxon / Mobil", Tz. 148, 181ff.

640 Komm., Entscheidung IV/M.1383 v. 29.9.99, „Exxon / Mobil", Tz. 230ff.

641 Komm., Entscheidung IV/M.1383 v. 29.9.99, „Exxon / Mobil", Tz. 250ff.

Die Kommission war vornehmlich an einer Entflechtung der unterschiedlichen Kapitalbeteiligungen interessiert. Exxon musste seinen Anteil an Thyssengas veräußern, wodurch dessen Verbindung zu dem marktbeherrschenden Oligopol gekappt und ein neuer Anreiz zu wettbewerblichem Verhalten geschaffen wurde. Zudem musste Exxon seinen beherrschenden Einfluss auf den Produzenten EGM aufgeben. EGM konnte damit in größerem Umfang als bisher Gas an Abnehmer außerhalb des Oligopols der großen Importeure liefern[642].

Noch deutlicher auf kollektiver Dominanz beruhten die Bedenken der Kommission auf einem weiteren Markt, nämlich dem Einzelhandel mit Kfz-Treibstoffen (Benzin- und Dieselkraftstoffe). Sowohl Exxon als auch Mobil (über das Gemeinschaftsunternehmen mit BP[643] sowie eine Minderheitsbeteiligung in Höhe von 28% an Aral) gehörten neben Shell zu den drei Gesellschaften, die europaweit aktiv und auf nahezu allen nationalen Märkten vertreten waren. Daneben agierten kleinere Multis wie Texaco und Total, nationale Anbieter wie Elf, Agip und Aral sowie unabhängige Anbieter. Die Kommission sah die Gefahr der Entstehung (in Deutschland und dem Vereinigten Königreich), der Verstärkung (auf französischen Autobahntankstellen[644]) bzw. der Entstehung oder Verstärkung (in Österreich, Luxemburg und den Niederlanden) einer kollektiven Marktbeherrschung. In allen Ländern hätte der aggregierte Marktanteil der drei bis fünf größten Anbieter nach der Fusion ca. 2/3 betragen[645].

Die Kommission gab selbst zu bedenken, in ihrer bisherigen Praxis viel höhere Marktanteile zum Anlass für eine Oligopolprüfung genommen zu haben. Dennoch könne ein Oligopol auch bei geringerer Konzentration funktionieren und wettbewerbsgefährdende Auswirkungen haben. Als charakteristische Strukturmerkmale hierfür nannte sie zunächst ein homogenes Produkt, geringen Innovationsdruck sowie hohe Markttransparenz. Diese miteinander korrelierenden Faktoren erfüllte der Benzinmarkt nahezu perfekt. Der Verbraucher kann beim Benzin keine Qualitätsunterschiede feststellen; ebenso wenig sind bahnbrechende technische Weiterentwicklungen zu verzeichnen – evtl. mit der Einschränkung, dass wachsendes Umweltbewusstsein zu Innovationen in diesem Bereich führt. Als einziger echter Wettbewerbsparameter bleibt der Preis, der allen Anbietern jederzeit bekannt ist. So sind die Rohölpreise und auch die Preise für fertige Kraftstoffe an den Spotmärkten transparent; alle Anbieter eines nationalen Marktes unterliegen derselben Besteuerung, so dass auch der Preis als Wettbewerbselement kaum eine Rolle spielt. Weitere Grundvoraussetzungen für ein stabiles Oligopol sind ein höchstens moderates Wachstum, das Absatzerhöhungen nur auf Kosten der Konkurrenten ermög-

---

642 Komm., Entscheidung IV/M.1383 v. 29.9.99, „Exxon / Mobil", Tz. 830ff.

643 Die Gründung dieses Gemeinschaftsunternehmens wurde noch 1996 ohne größere Bedenken genehmigt, vgl. Komm., Entscheidung IV/M.727 v. 7.8.96, „BP / Mobil". Eine gesonderte Betrachtung oligopolistischer Marktmacht erfolgte in dieser Entscheidung nicht.

644 Dieser besondere Markt wurde noch stärker durch den Zusammenschluss von TotalFina und Elf Aquitaine betroffen. TotalFina musste zusagen, insgesamt 70 Autobahntankstellen abzugeben, vgl. Komm., Entscheidung COMP/M.1628 v. 9.2.00, „TotalFina / Elf", Tz. 157ff, 334ff. Die Tankstellen wurden von der Supermarktkette Carrefour erworben, mit der ein aggressiver Wettbewerber den Markt betrat.

645 Komm., Entscheidung IV/M.1383 v. 29.9.99, „Exxon / Mobil", Tz. 462ff.

licht, sowie möglichst symmetrische Kostenstrukturen und Marktanteile. Gerade die letzte Bedingung war auf den unterschiedlichen nationalen Märkten nicht immer optimal erfüllt. Diese Asymmetrie schadete der Stabilität der Oligopole jedoch nicht, weil alle Anbieter kostenminimal produzierten und jedenfalls die multinationalen Anbieter auf so vielen Märkten präsent waren, dass die Marktanteilsverteilung auf einem bestimmten nationalen Markt für sie nicht so entscheidend war.

Über die genannten Faktoren hinaus führte die Kommission aus, vertikale Integration führe zu parallelen Interessen auf vorgelagerten Märkten und damit zu einer Verdichtung des Oligopols. Auch strukturelle Verbindungen der Oligopolisten, Marktzutrittsschranken und die Abwesenheit von Nachfragemacht könnten ein Oligopol stabilisieren genauso wie die Präsenz der Anbieter auf mehreren sachlich benachbarten Märkten, durch die abweichendes Verhalten auf dem eigentlichen Oligopolmarkt, das so genannte „Cheating" mit Vergeltungsmaßnahmen auf anderen Märkten sanktioniert werden kann. Auch diese Merkmale erfüllte der Benzinmarkt. Die Nachfrager reagierten mangels geeigneter Substitute nicht auf Preiserhöhungen; als Marktzutrittsschranken sah die Kommission die Kosten für den Aufbau eines Tankstellennetzes sowie die geringen Ertragsmargen[646]. Als Reaktion auf die Bedenken der Kommission gab Mobil seine Beteiligungen an Aral auf und zog sich aus dem Gemeinschaftsunternehmen mit BP zurück[647]. Die Überschneidungen auf den europäischen Benzinmärkten wurden damit weitgehend beseitigt; lediglich eine vernachlässigenswerte Anzahl an Tankstellen unter Mobil-Flagge verblieb bei Exxon und Mobil[648]. BP wurde durch die Auflösung des Gemeinschaftsunternehmens zum eigenständigen Wettbewerber[649].

Die in jüngster Zeit unter Auflagen genehmigten Vorhaben von Shell bzw. BP, die Tankstellennetze von DEA bzw. Aral zu übernehmen, zeigen jedoch, dass die europäischen Benzinmärkte auch weiterhin nicht zur Ruhe kommen. Wegen der Fokussierung beider Vorhaben auf den deutschen Markt hat die Kommission beide Verfahren bezüglich des Kraftstoffeinzelhandels gemäß Art. 9 Abs. 4 FKVO an das Bundeskartellamt verwiesen und beschränkt sich auf eine eingehende Prüfung der petrochemischen Märkte[650]. Strenge Auflagen – wie letzten Endes vom Bundeskartellamt verhängt – waren schon deshalb zu erwarten, weil der enge zeitliche Zusammenhang der Vorhaben den Märkten keine Chance ließ, sich auf die veränderten Marktstrukturen als Folge einer Fusion einzustellen. Zu schnell aufeinander folgende Entwicklungsstufen können den Wettbewerb stärker gefährden als mehrere zeitlich auseinander fallende Vorhaben[651]. Da BP und E-ON umfangreiche Tauschgeschäfte vereinbart haben, so z.B. den Erwerb der von BP gehaltenen Anteile an der Ruhrgas

---

646 Komm., Entscheidung IV/M.1383 v. 29.9.99, „Exxon / Mobil", Tz. 466ff.

647 Der alleinige Kontrollerwerb über einen großen Teil des ehemaligen Gemeinschaftsunternehmens durch BP wurde genehmigt in der Entscheidung COMP/M.1820 v. 2.2.00, „BP / Joint Venture Dissolution".

648 Komm., Entscheidung COMP/M.1822 v. 2.2.00, „Mobil / JV Dissolution", Tz. 11.

649 Komm., Entscheidung IV/M.1383 v. 29.9.99, „Exxon / Mobil", Tz. 853ff.

650 Komm., Entscheidungen COMP/M.2533 v. 6.9.01, „BP / E-ON", und COMP/M.2389 v. 23.8.01, „Shell / DEA".

651 So wird der Chef des Bundeskartellamtes, ULF BÖGE, in der SZ v. 10.9.01, S. 25, zitiert.

durch E-ON, wird das Gesamtvorhaben auch den oben erörterten Markt für die Fernverteilung von Erdgas nicht unberührt lassen.

2. Genehmigungen ohne Auflagen

Ebenso wie bei der Einzelmarktbeherrschung sind auch bei der Prüfung, ob ein Zusammenschluss zu kollektiver Dominanz führt, Untersagungen und Auflageentscheidungen vergleichsweise selten anzutreffen. Genehmigungsentscheidungen tragen wesentlich zur Bildung einer gesicherten Fallpraxis bei und müssen auch in diesem Bereich untersucht werden. Eine nähere Betrachtung der Entscheidungspraxis fördert dabei ganze Industriezweige zutage, die von fortschreitender Konzentration geprägt sind und in denen die Kommission zwar auf kollektive Dominanz prüft, diese aber regelmäßig und meist mit ähnlicher Argumentation verneint. In erster Linie sind hier Zusammenschlüsse zwischen Autozulieferern und in der chemischen Industrie zu nennen. Bedeutsame Einzelentscheidungen finden sich selbstverständlich aber auch in anderen Branchen.

a) Zusammenschlüsse von Zulieferern in der Kfz-Branche

Automobilhersteller haben in den letzten Jahren zur Kostensenkung eine geringere Fertigungstiefe angestrebt. Sie lagern immer größere Teile der Produktion und auch der Entwicklung aus und vergeben Aufträge an Zulieferer, die einzelne Komponenten oder ganze Systemgruppen herstellen und just in time an die Fließbänder liefern, wodurch bei den Fahrzeugherstellern jedenfalls Lagerkosten gespart werden. Auf den ersten Blick wäre deshalb zu erwarten, dass die Zulieferer eine gewisse Marktmacht ausüben, die zumindest im Falle größerer Zusammenschlussvorhaben wettbewerbsgefährdend wirken kann. Die Entscheidungspraxis der Kommission spricht jedoch ein anderes Bild. Zusammenschlüsse von Kfz-Zulieferern haben eine sinkende Anbieterzahl und häufig stark wachsende Marktanteile zur Folge. Sie werden aber dennoch regelmäßig problemlos genehmigt, z.B. in den Marktsegmenten Sitze, Scheibenwischer und bei Beleuchtungseinrichtungen.

Die Kommission musste darüber hinaus bereits mehrfach Zusammenschlüsse verschiedener Bremsenhersteller untersuchen. In der Entscheidung „Knorr-Bremse / Allied Signal“ genehmigte die Kommission die Gründung des Gemeinschaftsunternehmens KB Systeme für Nutzfahrzeuge (KB SfN), in das die beiden Muttergesellschaften unter anderem ihre europäischen Aktivitäten im Geschäftsbereich Luftdruckbremsen für schwere Nutzfahrzeuge einbrachten. In der ohnehin konzentrierten Branche sank infolge des Zusammenschlusses die Anbieterzahl um einen unabhängigen Bremsenhersteller, da auch der bei Allied Signal verbliebene Geschäftsbereich „hydraulische Bremssysteme“ wenig später von Bosch übernommen wurde[652]. In einigen Segmenten waren nur noch drei Unternehmen aktiv. Bei der Herstellung von Luftkompressoren erreichte KB SfN einen Marktanteil von 45-50% vor dem nur wenig schwächeren bisherigen Marktführer Wabco mit 40-45% und dem dritten Anbieter Grau Bremse mit unter 10%[653]. KB SfN erzielte zwar die höchsten Marktanteile bei einzelnen Bremskomponenten, war aber dem Konkurrenten Wabco in punkto Systemkompetenz, d.h. bei der Erarbeitung kompletter Bremssysteme immer noch

---

652 Vgl. Komm., Entscheidung IV/M.726 v. 9.4.96, „Bosch / Allied Signal“.
653 Komm., Entscheidung IV/M.337 v. 15.10.93, „Knorr-Bremse / Allied Signal“, Tz. 33.

unterlegen. Selbst nach Beseitigung dieser Schwäche durch Einbindung der Bremsensparte der Robert Bosch GmbH in das Gemeinschaftsunternehmen war KB SfN weder allein noch gemeinsam mit Wabco in der Lage, Marktbeherrschung auszuüben. Als Hauptargument führte die Kommission die Nachfragemacht der Nutzfahrzeughersteller an. Der geringen Zuliefererzahl standen ebenso wenige Fahrzeughersteller gegenüber, von denen die fünf größten über 90% der westeuropäischen Produktion unter sich aufteilten. Die Lkw-Hersteller waren technisch ohne weiteres in der Lage, selbst Bremsen und Bremssysteme zu entwickeln und hätten sich so gegen Preiserhöhungen wehren können[654]. Sie hatten überdies die Möglichkeit, die Preiskalkulationen ihrer Zulieferer nachzuvollziehen und zu kontrollieren. Sie forderten ständige Innovationen, die ein gleichgerichtetes Parallelverhalten zwischen KB SfN und Wabco weiter erschwerten[655].

Ähnliche Marktanteilsadditionen ergaben sich auch aus der Übernahme der Standardsitzproduktion des deutschen Herstellers Keiper durch den amerikanischen Konkurrenten Lear. Die hohe Konzentration auf dem relevanten Markt dokumentiert der aggregierte Marktanteil der drei größten Wettbewerber, Lear, Johnson Control sowie Bertrand Faure. Die drei Unternehmen vereinten nach der Übernahme 92% des Marktes auf sich; kein anderer Wettbewerber erzielte mehr als 1% Marktanteil. Allerdings hatten auch hier die Kfz-Hersteller eine hervorragende Kenntnis der Preis- und Kostenstrukturen der Anbieter. Durch eine nicht unbeträchtliche Eigenfertigung erhöhte sich die Markttransparenz für die Nachfrager weiter. Die Kommission errechnete unter Einbeziehung der Eigenfertigung ein fiktives CR3 in Höhe von lediglich 59%. Gegen wettbewerbsfeindliches Parallelverhalten sprach auch die Angebotsvergabe durch Ausschreibungen für komplette Modellzyklen. Ein einmal verlorener Auftrag konnte in der Regel erst bei der Einführung eines neuen Modells wieder gewonnen werden[656]. Trotz der hohen Marktanteile der beteiligten Unternehmen genehmigte die Kommission das Vorhaben problemlos.

Dieselbe Schlussfolgerung kann auch aus der Entscheidung „Valeo / ITT Industries" gezogen werden. Betroffen waren hier mehrere Teilmärkte, insbesondere Bauteile für Scheibenwischer. Valeo und ITT Industries (ITTI) erreichten vor dem Zusammenschluss einen Marktanteil bei der Herstellung von Scheibenwischermotoren von jeweils ca. 20%. Durch die Übernahme dieses Geschäftsbereichs von ITTI wurde Valeo Marktführer mit ca. 40% vor Bosch mit ca. 35%. Zwei weitere Wettbewerber, AC Tridon mit 15% und Magneti Marelli mit unter 10%, stellten ebenfalls Wischermotoren her, so dass sich ein CR2 = 75% und ein CR4 = 95% ergab[657]. Auch diese Marktstruktur stellte jedoch keine wesentliche Gefahr für den Wettbewerb dar. Die Kommission führte aus, der Markt sei für die Anbieter von Scheibenwischern weniger transparent als für die Nachfrager, nämlich die Autohersteller. Diese verlangten gesonderte Spezifikationen für jeden neuen Autotyp und fragten immer häufiger komplette Wischereinheiten nach. Die Patente für Produkte, die im Auftrag der Fahrzeughersteller entwickelt werden, verblieben regelmäßig bei diesen und nicht bei den Zulieferern. Da die Auftragsvergabe zudem über nicht offene Bietungs-

654 Komm., Entscheidung IV/M.337 v. 15.10.93, „Knorr-Bremse / Allied Signal", Tz. 39f.
655 Komm., Entscheidung IV/M.1342 v. 14.12.98, „Knorr-Bremse / Bosch", Tz. 35, 50ff.
656 Komm., Entscheidung IV/M.937 v. 22.7.97, „Lear / Keiper", Tz. 16.
657 Komm., Entscheidung IV/M.1245 v. 30.7.98, „Valeo / ITT Industries", Tz. 22.

verfahren erfolgte, bestanden kaum Möglichkeiten zu einer Abstimmung des gegenseitigen Wettbewerbsverhaltens zwischen den größten Teilelieferanten[658].

Neben den gerade erörterten Verfahren gab es auch auf dem Markt für Beleuchtungseinrichtungen eine Konzentrationsbewegung, an der mit Bosch und Magneti Marelli wieder zwei der größten europäischen Autozulieferer beteiligt waren. Zunächst legten beide die Entwicklung und Fertigung von Haupt- und Zusatzscheinwerfern in dem Gemeinschaftsunternehmen MM Automotive Lighting Business (MMALB) zusammen, wodurch sich im Erstausrüstermarkt[659] hohe Marktanteile ergaben. Im Jahr 2000 übernahm Magneti Marelli dann den kleineren Konkurrenten Seima und anschließend die alleinige Kontrolle über MMALB[660]. Beide Vorhaben hatten anders als die Gründung von MMALB keine nennenswerten neuen horizontalen Effekte zur Folge. MMALB erzielte Marktanteile von 20-30% bei der Fertigung von Hauptscheinwerfereinheiten und von 30-40% bei der Fertigung von Zusatzscheinwerfern (Nebel-, Fern- und Suchscheinwerfer), zu denen Bosch und Magneti Marelli gleichermaßen beitrugen. Zusammen mit den Anteilen der beiden Hauptkonkurrenten, den Unternehmen Hella und Valeo, errechnete sich ein CR3 zwischen 70 und 94% auf den unterschiedlichen Teilmärkten. Auch hier griffen dieselben Argumente wie in den obigen Entscheidungen. Die Kraftfahrzeughersteller verfolgten eine gezielte Politik, um kollusives Verhalten unmöglich zu machen. Sie ließen die angebotenen Scheinwerfersysteme speziell auf einzelne Fahrzeugtypen abstimmen und erteilten Aufträge wiederum nur in Bietungsverfahren, in denen Angebote der Konkurrenz und Zuteilungen nicht publik wurden. Intensive Forschung zur Kostenminimierung und Leistungsverbesserung der Scheinwerfer ließen ein oligopolistisches Parallelverhalten ebenfalls unwahrscheinlich erscheinen[661].

In allen Fällen erzielten die beteiligten Unternehmen Marktanteile, welche Größenordnungen erreichen, in denen in anderen Branchen längst mit Auflagen oder Untersagungen gerechnet werden müsste. Marktanteile können also nicht nur in Einzelfällen relativiert werden, sondern es scheint Branchenstrukturen zu geben, in denen eine hohe Konzentration auf der Anbieterseite grundsätzlich eher tolerabel ist als in anderen[662]. Die Nachfragemacht der großen Autokonzerne erwies sich als der ausschlaggebende Faktor, der die untersuchten Vorhaben unschädlich machte. Die Abhängigkeit der Zulieferer von den Herstellern ist größer als die der Hersteller von ihren Zulieferern. Hieran können auch hohe Marktanteile nichts ändern, jedenfalls so lange nicht, wie die Autokonzerne Produkteigenschaften diktieren und – wie in den Entscheidungen „Knorr-Bremse / Allied Signal“ und „Lear / Keiper“ angesprochen – zur Eigenfertigung übergehen können oder dies teilweise sogar tun.

---

658 Komm., Entscheidung IV/M.1245 v. 30.7.98, „Valeo / ITT Industries“, Tz. 26, 54.

659 Zur Unterscheidung zwischen dem Erstausrüstermarkt (OEM / OES) und dem unabhängigen nachgelagerten Markt (IAM) siehe oben in diesem Teil unter A.I.1, S. 78.

660 Vgl. die Kommissionsentscheidungen COMP/M.1929 v. 29.5.00, „Magneti Marelli / Seima“, und COMP/M.2102 v. 26.10.00, „Magneti Marelli / Magneti Marelli Automotive Lighting Business JV“.

661 Komm., Entscheidung IV/M.1491 v. 25.5.99, „Robert Bosch / Magneti Marelli“, Tz. 26ff.

662 NORDEMANN, S. 34f, konstatiert, die Kommission schreibe den Automobilherstellern Nachfragemacht zu, ohne dies konkret zu begründen.

b) Zusammenschlüsse in der chemischen Industrie

Eine zweite Branche, in der kollektive Marktmacht keine entscheidende Rolle zu spielen scheint, ist die chemische Industrie. Hier sind mehrfach Vorhaben mit Auflagen versehen worden, falls ein einziges Unternehmen eine überragende Marktstellung erreicht hätte[663]. Auflagen aufgrund kollektiver Dominanz finden sich hingegen höchst selten, so beispielsweise in der oben untersuchten Entscheidung „Rhodia / Donau Chemie / Albright & Wilson"[664]. Andere Vorhaben hat die Kommission daraufhin geprüft, ob sie zur Entstehung kollektiver Dominanz führen können, hat diese Frage aber mit einer jeweils vergleichbaren Argumentationsstruktur verneint. Beispiele hierfür sind die Zusammenschlussvorhaben im Bereich Kunstfasern unter dem maßgeblichen Einfluss von Rhône-Poulenc sowie die Entscheidungen „Clariant / Hoechst" aus 1997, „RWE-DEA / Hüls" aus 1998 und „DuPont / Hoechst / Herberts" aus 1999.

Mehrere Vorhaben betrafen die Herstellung von Kunst-, insbesondere von Polyamidfasern. Das ehemalige französische Staatsunternehmen Rhône-Poulenc und die italienische SNIA Fibre S.p.A. bündelten 1992/93 alle ihre Aktivitäten auf den relevanten Märkten in den beiden Gemeinschaftsunternehmen Novalis (Teppichfasern aus Polyamid, Fasern für die Textilverstärkung sowie nicht verwebte Fasern in Vliestechnik)[665] und Nylstar (textiles Polyamid)[666]. In dem letztgenannten Teilmarkt hielt Nylstar nach der Fusion einen Marktanteil von 42% (Rhône-Poulenc 23,5% und SNIA 18,5%) gegenüber einem Anteil von 24% für den größten Konkurrenten ICI, der seinerseits erst kurz vor der Gründung von Nylstar seinerseits das Fasergeschäft von DuPont erworben hatte[667].

Angesichts dieser Marktstruktur und einer Konzentration durch den Zusammenschluss von einem CR2 = 48% auf ein CR2 in Höhe von 66% hielt sich die Kommission nicht lange mit der Prüfung der Einzelmarktbeherrschung durch Nylstar auf, sondern legte den Schwerpunkt auf die Entstehung kollektiver Dominanz durch Nylstar und DuPont / ICI. Auch diese konnte jedoch ausgeschlossen werden. Die anhaltende Produktsubstitution teurer Polyamidfasern durch günstigere Polyesterfasern hatte zu sinkenden Absatzzahlen und steigenden Überkapazitäten aller Marktteilnehmer geführt. Dabei verfügten selbst die Außenseiter des Duopols über freie Kapazitäten, mit denen sie 30% des Marktes hätten bedienen und ihren Marktanteil somit verdoppeln können. Neben homogenen Standardprodukten boten die Wettbewerber auch Spezialprodukte an, die sie teils über Handelsunternehmen, teils auch direkt an die Textilfabrikanten als Endverbraucher lieferten. Wettbewerb fand daher nicht nur über den Preis, sondern auch über andere Faktoren, namentlich die Qualität und den Service, statt. Eine solche Situation mit dem Einsatz mehrerer Wettbewerbsparameter senkt die Markttransparenz und erschwert gleichgerichtetes Verhalten zweier Anbieter. Die Kommission genehmigte beide Gemeinschaftsunter-

---

663 Vgl. hierzu die Besprechung der Entscheidungen „Dow Chemical / Union Carbide", „Akzo Nobel / Courtaulds", „Industri Kapital / Nordkem" und „Veba / Viag" in diesem Teil unter B.II.1.a), S. 185ff.

664 Siehe oben in diesem Teil unter B.III.1.a), S. 213.

665 Komm., Entscheidung IV/M.206 v. 10.8.92, „Rhône-Poulenc / SNIA Fibre".

666 Komm., Entscheidung IV/M.355 v. 8.9.93, „Rhône-Poulenc / SNIA Fibre (II)".

667 Vgl. die Entscheidung der Kommission IV/M.214 v. 30.9.92, „DuPont / ICI".

nehmen und auch die wenig später erfolgte Übernahme des kleineren Konkurrenten Nordfaser, wodurch ein weiterer Wettbewerber vom Markt verschwand[668].

Im Jahr 1998 übernahm dann Rhône-Poulenc die alleinige Kontrolle über das ursprüngliche Gemeinschaftsunternehmen Novalis. Dieser Übergang von gemeinsamer zu alleiniger Kontrolle hatte zwar keine horizontalen Auswirkungen, ist aber aus einem anderen Grund von Interesse. Bei der Gründung von Novalis prognostizierte die Kommission Marktanteile von 48% bzw. 44% bei unterschiedlichen nicht verwebten Vliesfasern aus Polyamid. Bis 1998 hatten sich diese Anteile auf 65-75% erhöht, vor allem aufgrund des sukzessiven Rückzugs von DuPont aus diesem Teilmarkt[669]. Zuzugeben ist, dass diese Marktanteile aufgrund der weiter fortgeschrittenen Substitution durch Polyester- und Polypropylenfasern wahrscheinlich nicht mit einem Anstieg absoluter Produktionszahlen einhergingen. Die maßgebliche Veränderung dokumentiert aber, dass Marktentwicklungen und letztlich auch Marktanteile nur schwerlich über einen Zeitraum von mehreren Jahren zuverlässig prognostiziert werden können.

In dem Fall „Clariant / Hoechst" musste die Kommission u.a. prüfen, ob die Übernahme der Spezialchemikaliensparte der Hoechst AG durch Clariant zu einem marktbeherrschenden Oligopol auf den Märkten für Papierfarbstoffe und für textile optische Aufheller führen konnte. In diesen Teilbereichen addierten sich die Marktanteile von Clariant auf ca. 20% (Aufheller) bzw. 30% (Papierfarbstoffe). Da auch Konkurrenten wie BASF, Bayer oder Ciba-Geigy ähnliche Marktpositionen innehatten, ergab sich ein CR3 bzw. CR4 von jeweils ca. 75%. Gleichgerichtetes Oligopolverhalten war dennoch nicht zu erwarten, weil die Produktmärkte eine Vielzahl einzelner, sich im Detail unterscheidender Chemikalien umfassten, die Hersteller unterschiedliche Stärken und Schwächen hatten und die Nachfrager hohe Ansprüche in Bezug auf Service und technische Eigenschaften der Produkte stellten. Diese Charakteristika gaben auch Außenseitern die Möglichkeit, auf dem Markt Fuß zu fassen[670]; die hohen Marktanteile der Oligopolisten wurden durch die Nachfrager sowie aktuelle und potentielle Konkurrenten relativiert.

Vergleichbare Wettbewerbsstrukturen finden sich auch in der Entscheidung „RWE-DEA / Hüls". In diesem Verfahren war die Herstellung von fettalkohol-basierten Grundstoffen für Tenside betroffen. RWE-DEA übernahm einen Teil der Hüls AG. Beide Unternehmen waren auf den sachlich relevanten Märkten tätig, so dass sich in einigen Teilsegmenten Überschneidungen ergaben. Auf dem Markt für lineare Fettalkohole vereinten die drei marktführenden Unternehmen, neben RWE-DEA waren dies Henkel sowie Procter & Gamble, 65-80% der Marktanteile auf sich. Ein symmetrisch verteiltes Duopol mit einem Marktanteil von 50% zwischen RWE-DEA und Henkel sowie ein CR5 = 80% unter Einbeziehung von Shell, BASF und Clariant ergab sich im Segment Fettalkohol-Ethoxylate[671]. Beide Märkte bezeichnete die Kommission als hoch konzentriert, sie schloss eine gemeinsame Marktbeherrschung

---

668 Dieses Vorhaben wurde genehmigt durch die Entscheidung IV/M.399 v. 3.2.94, „Rhône-Poulenc-SNIA / Nordfaser".

669 Komm., Entscheidung IV/M.1083 v. 15.4.98, „Rhône-Poulenc / Novalis / Nyltech", Tz. 12.

670 Komm., Entscheidung IV/M.911 v. 10.6.97, „Clariant / Hoechst", Tz. 27f.

671 Komm., Entscheidung IV/M.1174 v. 11.6.98, „RWE-DEA / Hüls", Tz. 32, 38.

aber aus. Die meisten Anbieter waren selbst in der Herstellung von Tensiden und zum Teil in der Herstellung von Waschmitteln und Körperpflegeprodukten aktiv, agierten also selbst als Nachfrager. Je nach Bedarf nutzten sie einen Teil ihrer Fettalkoholproduktion für die eigene Weiterverwendung und kauften zusätzliche Mengen bei Wettbewerbern ein oder gaben Überschüsse an diese ab. Auf dem freien Markt hingen die Anbieter von wenigen Aufträgen ihrer Großkunden ab. Die Preisbildung erfolgte im Wege von Einzelverhandlungen, in denen die Nachfrager sensibel auf Preisschwankungen reagieren konnten[672]. Auch hier waren im Ergebnis die Nachfrager trotz der hohen Angebotskonzentration in einer stärkeren Position als die Anbieter.

Die jüngste bedeutendere Entscheidung aus dem Bereich Spezialchemikalien betraf die Übernahme zweier belgischer Tochterfirmen der insolventen italienischen SISAS S.p.A. durch die BASF AG. In diesem Fall ergab sich die Besonderheit, dass die Kommission auf einem Markt, der Herstellung bestimmter Lösungsmittel, die Gefahr der Entstehung einer Marktbeherrschung durch BASF sah. Die Entstehung dieser Stellung stand der Genehmigung aber nicht entgegen, weil die Kommission hier die Anwendung der „failing company defence"[673] anerkannte. Die von BASF übernommenen Gesellschaften Pantochim und Eurodiol wären ohne die Übernahme aus dem Markt gefallen, eine weniger wettbewerbsschädigende Lösung durch einen anderen Aufkäufer war nicht in Sicht und die Kapazitäten und Aktiva der insolventen Unternehmen hätten ansonsten stillgelegt werden müssen[674].

Auf einem weiteren Markt, der Produktion von 1,4-Butanediol (BDO), einem Vorprodukt für andere Lösungsmittel, erhöhte BASF durch die Übernahme seinen EWR-weiten Marktanteil auf 40%, woraus sich zusammen mit dem Marktanteil des größten Konkurrenten ISP ein CR2 von mehr als 80% gegenüber den Außenseitern Lyondell mit 5-15% und DuPont mit weniger als 5% Marktanteil ergab[675]. Da niemand anders Pantochim und Eurodiol übernehmen wollte, hätte auch hier der Rückgriff auf die „failing company defence" nahe gelegen. Dazu hätte die Kommission aber feststellen müssen, dass die Marktanteile der beiden insolventen Übernahmekandidaten auch ohne den Zusammenschluss an BASF gefallen wären. Gerade dies war jedoch angesichts der Konkurrenten nicht der Fall. Sie führte aber aus, trotz der Reduzierung der bedeutsamen Marktteilnehmer von 4 auf 3 sei keine Behinderung des Wettbewerbs zu erwarten. Die Preise hingen hauptsächlich von den Kapazitäten der Anbieter ab, die sich durch die bevorstehende Eröffnung eines neuen Werks durch den Konkurrenten Lyondell zuungunsten der beiden Marktführer verschieben sollten. Weiter argumentierte die Kommission, die Preise für BDO seien

---

672 Komm., Entscheidung IV/M.1174 v. 11.6.98, „RWE-DEA / Hüls", Tz. 35, 40.

673 Zur „failing company defence" siehe auch oben in diesem Teil unter B.I.2.b), S. 112. Die Presse titelte zur Genehmigung der Übernahme: „Besser Monopol als Konkurs", SZ v.5.6.01, S. 27.

674 Komm., Entscheidung COMP/M.2314 v. 11.7.01, „BASF / Pantochim / Eurodiol", Tz. 135ff (144ff).

675 Komm., Entscheidung COMP/M.2314 v. 11.7.01, „BASF / Pantochim / Eurodiol", Tz. 73.

in den letzten Jahren bedingt durch einen scharfen Preiswettbewerb und den Markteintritt von SISAL gesunken[676].

Dieses Argument muss allerdings bedenklich stimmen, da es zum einen rein verhaltensorientiert und in die Vergangenheit gerichtet ist, zum anderen gerade eine Entwicklung in den Vordergrund stellt, die durch die Übernahme von Pantochim und Eurodiol durch BASF wieder rückgängig gemacht wurde. Im Ergebnis ist der Verdacht nicht von der Hand zu weisen, die Kommission habe sich dem enormen Zeitdruck beugen müssen, den die im belgischen Insolvenzrecht einzuhaltenden Fristen geschaffen haben. Die Entscheidung erging kurz vor Ablauf der Frist, bis zu der ein Käufer gefunden werden musste, um die Insolvenz von Pantochim und Eurodiol abzuwenden. Die Kommission sah sich dem Dilemma ausgesetzt, keine echten strukturellen Auflagen verhängen zu können, weil die Veräußerung von Produktionskapazitäten aufgrund der technischen Abhängigkeiten der verschiedenen Produktionsprozesse nicht in Frage kam. Sie hatte lediglich die Wahl zwischen einer Genehmigung ohne Auflagen und einer Untersagung[677]. Ihre rechtliche Grundlage fand die Entscheidung dennoch in Art. 2 Abs. 3 FKVO. Die Kommission entschied nämlich – soweit ersichtlich zum ersten und bislang einzigen Mal – in Anwendung des Wortlautes des genannten Artikels, ein Vorhaben könne auch dann genehmigt werden, wenn es zu einer Marktbeherrschung führe, den Wettbewerb aber nicht erheblich behindere[678].

Auch in anderen Zweigen der chemischen Industrie gab es Zusammenschlüsse, welche die Entstehung kollektiver Dominanz nahe legten, so z.B. aus der Petrochemie die Entscheidungen „Castrol / Carless“ und „BP Amoco / Castrol“. Die britischen Schmierölproduzenten Castrol und Carless legten die Fertigung so genannter elektrischer Öle, die in Hochspannungsanlagen und Transformatoren als Isolatoren eingesetzt werden, in dem Gemeinschaftsunternehmen EOS zusammen. Die Kommission untersuchte den Gesamtmarkt für elektrische Öle und alternativ enger abgegrenzte Teilmärkte, jeweils bezogen auf das Vereinigte Königreich. EOS wurde dort zum Marktführer mit Marktanteilen zwischen 40 und 50% vor dem größten Konkurrenten Nynas mit 30-40%[679]. Aus einer Addition dieser Werte folgte ein CR2 = 80%. Anreize für ein kollusives Parallelverhalten bestanden aus zwei Gründen dennoch nicht. Zum einen wurden Aufträge in Bietungsverfahren vergeben, die für die Anbieter nicht transparent waren. Durch einen Umsatzrückgang auf dem relevanten Markt von 16% zwischen 1994 und 1998 hatten die beiden großen Anbieter genau wie kleinere Konkurrenten erhebliche Überkapazitäten, so dass die einzelnen Auftragsausschreibungen für sie von Bedeutung waren. Der zweite Grund, der gegen Anreize für parallele Verhaltensweisen sprach, war die unterschiedliche Kosten- und Produktionsstruktur der beiden Marktführer. EOS bot zu einem großen Prozentsatz rückgewonnene Öle an, wohingegen sich der Konkurrent Nynas auf reine Öle aus

---

676 Komm., Entscheidung COMP/M.2314 v. 11.7.01, „BASF / Pantochim / Eurodiol“, Tz. 75f.

677 So ANDREAS STROHM, Mitglied der Merger Task Force der Generaldirektion IV der Kommission, in einem Vortrag am 22.11.01 im „Forum Kartellrecht“ der Heinrich-Heine-Universität Düsseldorf.

678 Eingehend hierzu STROHM, WuW 2001, 1203 (1203ff).

679 Komm., Entscheidung IV/M.1597 v. 14.10.99, „Castrol / Carless“, Tz. 27f.

erster Pressung konzentrierte[680]. Die so differenzierte Produktpalette führte zu unterschiedlichen Wettbewerbsanreizen und damit einem funktionierenden Binnenwettbewerb. Die Ausübung duopolistischer Marktmacht war dagegen unwahrscheinlich.

Im Laufe des Jahres 2000 wurde Castrol dann von BP übernommen. Es kam zu keiner weiteren Marktanteilsaddition auf dem Markt für elektrische Öle, die Aktivitäten der beiden Konzerne überschnitten sich jedoch unter anderem auf dem Gebiet der Schmieröle für die Schifffahrt. Der weltweite Markt für Schiffsöle unterlag vor allem in Folge der Fusionen von Chevron mit Texaco sowie von Exxon mit Mobil[681] einem fortlaufenden Konzentrationsprozess, den die Übernahme von Castrol durch BP weiter verstärkte. BP erzielte nach dem Zusammenschluss einen Marktanteil von 25-30% ähnlich wie der Konkurrent Exxon / Mobil. Etwas schwächere Marktpositionen mit Anteilen zwischen gut 5 und knapp 20% hatten die Konkurrenten Shell, Texaco / Chevron, und TotalFinaElf[682]. Auch hier bestanden, trotz eines rechnerischen CR5 von über 90%, keine Bedenken gegen die Vereinbarkeit des Zusammenschlusses mit dem Gemeinsamen Markt. Die Kommission führte aus, die Anbieter lieferten sich einen harten Wettbewerb und konnte dies auch anhand verschiedener Strukturmerkmale belegen. Zunächst handelte es sich um einen sehr heterogenen Produktmarkt, da für jedes einzelne Schiff bis zu 30 speziell auf dieses zugeschnittene Spezialöle benötigt wurden und die Reedereien langfristige Verträge für ihre Schiffe in Bietungsverfahren vergaben. Diese Verfahren waren für die Anbieter umso weniger transparent, als die Preise sich aus Basiswerten und unterschiedlichen Aufschlägen bzw. Rabatten für den jeweiligen Hafen, in dem die Öle an Bord genommen wurden, zusammen setzten. Da nicht jeder Anbieter flächendeckende Lagerkapazitäten vorhielt, bestanden Unterschiede in den Kostenstrukturen der Oligopolisten[683]. Strukturelle Unterschiede zwischen den Anbietern und eine heterogene Produktpalette waren somit die beiden entscheidenden Faktoren, die den Konzentrationsprozess unschädlich machten.

Eine Schnittstelle zwischen der Chemie und der zuvor erörterten Kfz-Zuliefererbranche wurde schließlich in einer Entscheidung aus dem Jahr 1999 berührt. Im Zuge ihrer Konzentration auf wenige Kernbereiche veräußerte die Hoechst AG ihre Tochter Herberts, die Beschichtungen und Lacke für unterschiedlichste Zwecke herstellte, an DuPont. Durch diese Übernahme verstärkte DuPont seine Stellung im Bereich Farben und Lacke für die Automobilindustrie. Auf einem so definierten Gesamtmarkt erreichte DuPont einen Marktanteil von ca. 35% vor den Wettbewerbern PPG mit ebenfalls ca. 35% und BASF mit gut 20%. Weitere Unterteilungen des Marktes, z.B. in korrosionshemmende und versiegelnde Grundierungen, Basis- und Klarlacke waren möglich aber nicht notwendig; unabhängig von der jeweiligen Abgrenzung resultierten aus dem Wegfall von Herberts als unabhängigem Wettbewerber aggregierte Marktanteile der beiden Marktführer von mehr als 60% und ein

---

680 Komm., Entscheidung IV/M.1597 v. 14.10.99, „Castrol / Carless“, Tz. 31ff.

681 In beiden Verfahren sprach die Kommission den Markt für Schiffsöle kurz an, ohne ihn jedoch vertieft zu prüfen, vgl. Komm., Entscheidungen IV/M.1301 v. 30.10.98, „Texaco / Chevron“, Tz. 27, und IV/M.1383 v. 29.9.99, „Exxon / Mobil“, Tz. 423f.

682 Komm., Entscheidung COMP/M.1891 v. 18.5.00, „BP / Castrol“, Tz. 33.

683 Komm., Entscheidung COMP/M.1891 v. 18.5.00, „BP / Castrol“, Tz. 34, 36.

CR3 von mehr als 80%. Wie in den anderen Zulieftererfällen und auch bei den soeben angesprochenen Chemiefusionen waren auch diese hohen Marktanteile nicht ausschlaggebend für die Entstehung einer oligopolistischen Marktbeherrschung. Die Autohersteller suchten sich gezielt mindestens zwei Hersteller für dieselben Lacke aus, um in jedem Fall sicher beliefert zu werden. Sie nahmen durch ihre Nachfragesteuerung einen direkten Einfluss auf die Verteilung der Marktanteile der Zulieferer. Durch die regelmäßige Entwicklung neuer Farben und Modelle war der Markt laufenden Innovationsprozessen unterworfen. Neue Produkte mussten steigende Anforderungen an die Umweltverträglichkeit erfüllen, so dass der Markt in ständiger Bewegung war und keine Anzeichen für mögliches Parallelverhalten bestanden.

Wenn die Untersuchung der chemischen Industrie auch ein weniger eindeutiges Ergebnis bringt als die oben geprüften Fälle aus der Kfz-Zulieferindustrie, so kristallisiert sich doch ebenfalls eine Tendenz heraus. Hohe Konzentrationen auf der Anbieterseite sind jedenfalls dann kann eindeutiges Indiz für Marktmacht, wenn den Anbietern starke Nachfrager oder potentielle Wettbewerber gegenüberstehen. Ist dies nicht der Fall oder haben die Konkurrenten – wie in der Auflageentscheidung im Fall „Rhodia / Donau Chemie / Albright & Wilson" angesprochen – die Möglichkeit, durch strukturelle Verbindungen den Wettbewerb untereinander zu Lasten der Nachfrager zu beschränken, kann auch bei einer Marktanteilsverteilung kollektive Dominanz entstehen, die in den hier geprüften Fällen für völlig unschädlich erachtet wurde. Eine isolierte Betrachtung der Angebotsstruktur anhand der Marktanteile verbietet sich auch bei der Prüfung, ob ein Zusammenschluss die Entstehung einer gemeinsamen Marktbeherrschung zur Folge haben kann.

c) Einzelfälle aus anderen Branchen

Während die Entscheidungen aus den beiden gerade untersuchten Industriezweigen hinsichtlich der Angebotsstrukturen, aber auch hinsichtlich der Argumentationskette der Kommission weitgehende Ähnlichkeiten aufweisen, gibt es über diese Entscheidungen hinaus selbstverständlich eine Vielzahl weiterer Entscheidungen zur kollektiven Dominanz aus den unterschiedlichsten Branchen. Fälle aus der jüngeren Entscheidungspraxis, die Erwähnung verdienen, sind die Entscheidungen „Alcoa / British Aluminium", „Outokumpu / Norzink" und vor allem der Fall „MAN / Auwärter".

Zunächst sollen aber zwei Verfahren aus der Catering-Branche untersucht werden, nämlich die Entscheidungen „Granada / Compass" und „Sodexho / Abela". Mit Granada und Compass fusionierten zwei der bedeutendsten britischen Dienstleister im Bereich Lebensmittel und Genusswaren. Im Rahmen einer Aufteilung der Geschäftsbereiche übernahm Compass anschließend den Geschäftsbereich „Catering", während andere Felder um Granada gruppiert wurden. Die Kommission grenzte den Markt für den Betrieb von Kantinen sowie die Lieferung von Kantinenmahlzeiten von dem Markt für konzessionsgebundene Einrichtungen in öffentlich zugänglichen Räumen auf Flughäfen, Bahnhöfen, Fähren, in Sportstätten etc. ab, auf dem keine wesentlichen Überschneidungen zu verzeichnen waren. Zu Marktanteilsadditionen kam es jedoch sowohl auf dem Gesamtmarkt für Kantinenbetriebe als auch bei weiterer Unterteilung in Firmen- und Behördenkantinen, Universitäts- und Schulkantinen sowie Krankenhausküchen. Compass überholte durch den Zusammenschluss in den meisten Teilsegmenten den bisherigen Marktführer Sodexho und erzielte in Großbritannien Marktanteile zwischen 25 und gut 50%. Zusammen mit

Sodexho kontrollierte Compass ca. ¾ des Marktes (CR2 = 75%). Lediglich im Bereich Schulen und Universitäten gab es mit Initial noch einen Wettbewerber mit einem Marktanteil über 15%[684]. Die Kommission gab zu bedenken, dass die neue Einheit durch die Möglichkeit, noch größere Mengen an Lebensmitteln als zuvor zu kaufen, über neue Betriebskostenvorteile verfügte. Darüber hinaus fiel bei der Vergabe von Großaufträgen über den Betrieb ganzer Kantinenketten ein unabhängiger Anbieter weg. Auf der anderen Seite gab es europaweit eine größere Anzahl im Catering tätiger Unternehmen, die als potentielle Wettbewerber auch für Großaufträge in Frage kamen. Die Kommission sah nur geringe Marktzutrittsschranken, da kaum Anlaufinvestitionen benötigt, die notwendigen Kücheneinrichtungen häufig von den Auftraggebern gestellt oder von Vorgängern übernommen wurden und Verträge meist für wenige Jahre in Bietungsverfahren vergeben wurden[685]. Aus diesem Grund waren aktuelle und potentielle Wettbewerber in der Lage, die Vormachtstellung der beiden Marktführer auch nach dem Zusammenschluss wirksam zu begrenzen. Compass konnte weder allein noch zusammen mit dem Hauptkonkurrenten Sodexho marktbeherrschend werden. In 2001 übernahm Compass dann die schweizerische Selecta AG. Hierdurch ergab sich aber keine weitere Marktanteilsaddition in den gerade erörterten Marktsegmenten, vielmehr stand bei diesem Vorhaben die Ausweitung der Produktpalette von Compass auf Essens- und Getränkeautomaten im Vordergrund. Dieser Markt ist zwar eng mit den anderen Catering-Segmenten verbunden, jedoch deutlich von diesen abzugrenzen[686].

Dieselben sachlich relevanten Märkte wie in der Entscheidung „Granada / Compass" betraf aber die Übernahme mehrerer Gesellschaften der Abela-Gruppe durch Sodexho. Allerdings hatte dieses Vorhaben seinen räumlichen Schwerpunkt in Frankreich, wo neben Sodexho auch Sogeres, eine der übernommenen Gesellschaften, Kantinendienstleistungen anbot. Vor der Übernahme hatten Sodexho und die Konkurrenten Elior und Compass ähnliche Marktanteile in der Größenordnung von 25%. Sogeres war ein kleinerer Wettbewerber mit einem Anteil von 6,7%[687]. Durch den Zusammenschluss erhöhte sich das CR3 mithin von 79,9% auf 86,6%. Trotz der hohen und gleichmäßig verteilten Marktanteile der drei führenden Anbieter fiel die Marktmachtprüfung der Kommission knapp aus. Sie nannte aktuelle Wettbewerber, die hauptsächlich regional agierten und damit keine sehr hohen Marktanteile erzielen konnten, in ihren Regionen aber doch wettbewerbsfähig waren. Hinzu kamen, begünstigt durch einen ständig wachsenden Markt, Anreize für potentielle Wettbewerber, in den Markt zu drängen. Auch diesbezüglich konnte die Kommission mit den großen Supermarktketten, die mit ihren eigenen Marktrestaurants über Erfahrungen im Catering-Sektor verfügten, konkrete Beispiele nennen[688]. Insgesamt erschien damit ein wettbewerbswidriges Verhalten der aktuellen Großanbieter sowohl in Großbritannien als auch in Frankreich unwahrscheinlich, so dass beide Zusammenschlussvorhaben genehmigt wurden.

---

684 Komm., Entscheidung COMP/M.1972 v. 29.6.00, „Granada / Compass", Tz. 24ff.
685 Komm., Entscheidung COMP/M.1972 v. 29.6.00, „Granada / Compass", Tz. 27ff.
686 Komm., Entscheidung COMP/M.2373 v. 8.5.01, „Compass / Selecta", Tz. 19ff.
687 Komm., Entscheidung COMP/M.2466 v. 8.6.2001, „Sodexho / Abela", Tz. 12f.
688 Komm., Entscheidung COMP/M.2466 v. 8.6.2001, „Sodexho / Abela", Tz. 14.

Auch die metallverarbeitende Industrie, deren andauernde Konzentrationsbewegung bereits am Beispiel Aluminium belegt wurde[689], bietet Beispiele für Fälle, in denen hohe Konzentrationsgrade mehrerer Marktführer kein Grund für Untersagungen oder Auflagen waren. Ein weiteres Verfahren aus der aluminiumverarbeitenden Industrie wurde von der Kommission im Oktober 2000 genehmigt. Alcoa setzte seinen Expansionskurs fort und übernahm nach Reynolds auch noch British Aluminium. Einer der Märkte, auf denen es zu bedeutenden Überschneidungen kam, war der für Flachwalzprodukte für die Luftfahrtindustrie. Bei Betrachtung eines allgemeinen Markt für Flachwalzprodukte wäre die Addition durch British Aluminium vernachlässigenswert gesehen, bei speziell geformten und legierten Blechen für den Flugzeugbau hielt British Aluminium jedoch einen EWR-weiten Marktanteil von 10-15% und war die dritte Kraft hinter der führenden Péchiney-Gruppe mit 45-50% Marktanteil und Alcoa mit 20-25%. Der Zusammenschluss verband also den zweit- mit dem drittgrößten Anbieter auf diesem Markt und führte zu einem CR2 von mehr als 80%. Als größerer Wettbewerber außerhalb des Duopols verblieb lediglich Corus-Hoogovens mit ebenfalls 10-15% Marktanteil. Andere Anbieter kamen nicht über einen Anteil von 5% am gesamten Markt hinaus[690].

Angesichts der Marktführerschaft von Pechiney konnte die Entstehung oder Verhinderung einer einzelmarktbeherrschenden Stellung ausgeschlossen werden; der aggregierte Marktanteil der beiden Hauptkonkurrenten Alcoa und Pechiney entsprach aber in etwa dem, der zusammen mit weiteren Faktoren im Fall „Alcan / Alusuisse" bei Flachwalzprodukten für die Druck- und Fotoindustrie (lithographische Platten) zu einer Auflageentscheidung führte. Entscheidend für eine Genehmigung im Fall „Alcoa / British Aluminium" war wieder einmal die Nachfragemacht, hier die der großen Flugzeughersteller wie Airbus und deren Partner. Die Flugzeugbauer vergaben wenige, dafür aber bedeutende Aufträge über nicht standardisierte Produkte. Diese Bietungsverfahren senkten, da Preise nicht veröffentlicht wurden, zum einen die Transparenz des Marktes für die Aluminiumproduzenten; aufgrund der Höhe der einzelnen Aufträge war es zum anderen wichtig, möglichst in jedem Verfahren aggressiv mitzubieten. Parallelverhalten hätte sich in einer solchen Situation nicht als nützlich erwiesen, zumal die Nachfrager in der Lage waren, potentiellen Wettbewerbern durch Erteilung eines Großauftrages einen lohnenswerten Markteintritt zu ermöglichen. Vor diesem Hintergrund erwies sich die Marktanteilsverteilung der dem Zusammenschluss vorausgehenden Jahre als volatil[691]; kein Aluminiumproduzent hatte eine so gefestigte Stellung, dass die Ausübung von Marktmacht möglich erschien, und die Kommission genehmigte demzufolge das Vorhaben.

Weit geringere aggregierte Marktanteile als in der bereits hoch konzentrierten Aluminiumindustrie hatte die Übernahme der norwegischen Norzink S.A. durch ihren finnischen Konkurrenten Outokumpu zur Folge. Beide Unternehmen waren auf der letzten Stufe der Zinkproduktion, der Raffinierung diverser Legierungen aus dem durch Erzabbau gewonnenen Rohzink, tätig. Die Kommission ließ offen, ob unter-

---

689 Siehe oben in diesem Teil zu den Auflageentscheidungen „Alcoa / Reynolds" unter B.II.1.b), S. 189, und „Alcan / Alusuisse" unter B.III.1.a), S. 216.

690 Komm., Entscheidung COMP/M.2111 v. 27.10.00, „Alcoa / British Aluminium", Tz. 12.

691 Komm., Entscheidung COMP/M.2111 v. 27.10.00, „Alcoa / British Aluminium", Tz. 13f.

schiedliche Teilmärkte je nach dem Reinheitsgrad der produzierten Legierung abzugrenzen seien, da eine solche differenzierte Untersuchung keine anderen Ergebnisse erbracht hätte als die Prüfung des Gesamtmarktes. Auch nach der Übernahme erreichte Outokumpu einen Marktanteil von lediglich knapp unter 20%. Zusammen mit den Marktanteilen der beiden Hauptwettbewerber, dem Marktführer Glencore und Union Minière, kam es zu einem CR3 in Höhe von 60%. Die Kommission führte fünf weitere Konkurrenten auf, die Marktanteile um die 5% oder mehr hielten, entschied aber, derartige Kleinwettbewerber könnten den Verhaltensspielraum der Oligopolisten nicht wirksam begrenzen[692]. Ein extrem hoher Fixkostenanteil von 60-70% sowie ein nur mäßiger Nachfragezuwachs in der Größenordnung von 2-3% machten Markteintritte von außen wenig lukrativ, so dass auch potentielle Konkurrenten nichts an der Stellung der Oligopolisten ändern konnten.

Entscheidungserheblich wurde damit, wenn dies die Kommission auch nicht explizit aufführt, der Binnenwettbewerb zwischen den Oligopolisten. Gegen die Möglichkeit zu längerfristigem Parallelverhalten konnte zunächst die Börsennotierung der Zinklegierungen angeführt werden. Eine künstliche Angebotsverknappung hätte damit nur zum Erfolg führen können, wenn die Anbieter diese so lange hätten durchhalten können, bis auch Terminkontrakte zur Erfüllung kämen[693]. Je nach den Produktionsstandorten wiesen die Marktteilnehmer zudem unterschiedliche Kostenstrukturen auf. Während Alcoa beispielsweise von günstigen Energiekosten profitieren konnte, lag es bei den Arbeitskosten gleichauf mit Union Minière und beider Aufwendungen in diesem Bereich waren erheblich geringer als die des Konkurrenten Glencore. Auch in Bezug auf die vertikale Integration ergaben sich erhebliche Unterschiede. Alcoa und Glencore betrieben Erzminen und waren aufwärts integriert im Gegensatz zu Union Minière, die bei den Rohstoffen auf Zukäufe angewiesen, dafür aber abwärts integriert war und Halbfertig- und Fertigprodukte herstellte und vertrieb.

Wie in einer Vielzahl oligopolistisch geprägter Märkte war auch hier die Nachfrageseite ebenfalls hoch konzentriert. Sowohl die unmittelbaren Abnehmer der Zinklegierungen, z.B. Galvanisierer und andere Weiterverbreiter, als auch die Endverbraucher, in der Hauptsache die Automobilindustrie und der Maschinenbau, waren über das Marktgeschehen jederzeit informiert und konnten über die Vergabe großer Aufträge Druck auf die Anbieter ausüben[694].

Mitentscheidend für die Genehmigung des Vorhabens war auch eine etwas befremdlich anmutende Überlegung, nämlich die gleichmäßig hohe Kapazitätsauslastung nahezu aller Anbieter. Selbst wenn die Oligopolisten ein Parallelverhalten verabredet hätten, hätte keiner die Möglichkeit gehabt, auf ein abweichendes Verhalten eines Konkurrenten umgehend mit einer eigenen Produktionsausweitung zu reagieren[695]. Diese Argumentation ist allerdings fragwürdig, denn Cheating-Strategien im Oligopol haben regelmäßig den Sinn, die künstliche Mengenbegrenzung der Konkurrenten auszunutzen und höhere Mengen als diese abzusetzen. Dies

---

692 Komm., Entscheidung COMP/M.2348 v. 27.3.01, „Outokumpu / Norzink“, Tz. 15.
693 Komm., Entscheidung COMP/M.2348 v. 27.3.01, „Outokumpu / Norzink“, Tz. 18ff.
694 Komm., Entscheidung COMP/M.2348 v. 27.3.01, „Outokumpu / Norzink“, Tz. 21ff, 26f.
695 Komm., Entscheidung COMP/M.2348 v. 27.3.01, „Outokumpu / Norzink“, Tz. 24f.

ist jedoch bei ausgelasteter Kapazität nicht möglich. Zum anderen ist ein gleichartiger oder ähnlicher Auslastungsgrad ein Anzeichen für Symmetrie zwischen den Oligopolisten. Strukturelle Symmetrien bergen aber regelmäßig hohe Anreize für gleichgerichtetes Wettbewerbsverhalten. Richtigerweise prognostizierte die Kommission indes, die unterschiedlichen Pläne über Kapazitätsausweitungen führten zu asymmetrisch verteilten Auslastungen und damit zu einer Verstärkung der bereits beschriebenen Asymmetrie unter den Marktteilnehmern. Zusammenfassend kann festgehalten werden, dass unabhängig von der Richtigkeit der einzelnen Aspekte jedenfalls die ausführliche und sorgfältige Prüfung kollektiver Dominanz bei viel geringeren aggregierten Marktanteilen als in anderen Entscheidungen überrascht. Wieder einmal können Marktanteile nicht die einen Markt prägenden Strukturen ausreichend verdeutlichen. Diese Schlussfolgerung zeigt auch der Vergleich der beiden Aluminiumfusionen „Alcan / Alusuisse" und „Alcoa / British Aluminium". In diesen Verfahren war die Marktanteilsverteilung bei technisch ähnlichen Produktmärkten nahezu identisch, dennoch zog die Kommission unterschiedliche Schlüsse und genehmigte ein Vorhaben unter Auflagen, während das andere ohne Modifikation für vereinbar mit dem Gemeinsamen Markt erklärt wurde.

Die Entscheidung „MAN / Auwärter" beschäftigt sich mit der Übernahme der Gottlob Auwärter GmbH & Co. KG, die unter dem Markennamen Neoplan Busse entwickelte, herstellte und vertrieb, durch die MAN-Gruppe. Diese Entscheidung ist aus zwei Gründen interessant: die Kommission genehmigte hier ein Duopol mit extrem hohen Marktanteilen; ferner bietet der Fall die Gelegenheit, frühere Prognosen der Kommission zu den Busmärkten zu überprüfen. In sachlicher Hinsicht hielt sich die Kommission an die Unterteilung in Stadt-, Überland- und Reisebusse, die aus der „Volvo / Scania"-Untersagung hinlänglich bekannt ist[696]. Eine ausdrückliche Bestimmung des räumlich relevanten Marktes erfolgte nicht. Trotz der bereits in früheren Entscheidungen zu den Busmärkten angesprochenen Tendenz zur Europäisierung durch die Angleichung technischer Standards und die Umsetzung des Vergaberechts beschrieb die Kommission eine niedrige Importquote und besonders hohe Qualitätsanforderungen als gewichtige Anzeichen für die Existenz eines gesonderten deutschen Marktes. Letztendlich ließ sie die genaue Abgrenzung offen und untersuchte die Auswirkungen des Vorhabens auf den deutschen sowie auf einen deutschsprachigen Markt unter Einbeziehung Österreichs.

Die größten Marktanteilsadditionen ergaben sich bei Überland- und Reisebussen, weil hier die Stärken von Neoplan lagen. Da MAN jedoch weit höhere Marktanteile auf dem Gebiet der Stadtbusse generierte, hatte das Vorhaben auch hier Auswirkungen. Vor der Übernahme erreichte MAN einen Anteil am deutschen Stadtbusmarkt von 39,5%, der sich nunmehr um den 8,9%igen Marktanteil von Neoplan auf 48,4% erhöhte. MAN baute seine Stellung als zweitgrößter deutscher Bushersteller hinter der DaimlerChrysler-Tochter EvoBus mit den Marken Mercedes-Benz und Setra und einem Marktanteil von 49,4% aus. Das CR2 auf dem deutschen Stadtbusmarkt

---

696 Zur Erörterung der Busmärkte in der Entscheidung „Volvo / Scania" siehe oben in diesem Teil unter B.II.9.a), S. 151f.

erhöhte sich somit von 88,9% auf 97,8%. Die Konkurrenten Volvo und Irisbus[697] konnten mit Marktanteilen von 1,2% und 0,5% kein echtes Gegengewicht bilden[698]. Vor dem Zusammenschluss herrschte nach den Untersuchungen der Kommission reger Wettbewerb, der sich in Marktanteilsschwankungen im Bereich zwischen 3 und 10 Prozentpunkten ausdrückte. Trotz ständiger Verbesserung von Technik und Ausstattung der Fahrzeuge waren die Preise in den Jahren vor dem Zusammenschluss stabil; die Hersteller begegneten sinkenden Margen mit einer Verlagerung von Teilen der Produktion in Niedriglohnländer.

Nach dieser Einleitung musste die Kommission prüfen, ob der Wegfall eines Anbieters und die damit einhergehende Reduzierung auf zwei Großanbieter negative Auswirkungen auf die Wettbewerbsintensität haben würde. Sie verneinte dies, weil Auwärter mit den Neoplan-Bussen auch als selbständiger Anbieter keinen wesentlichen Einfluss auf den Wettbewerb mit Volumenmodellen hatte. Neoplan hatte sich vielmehr auf Nischenmärkte konzentriert und bot u.a. Doppelstockbusse, Kurzbusse und Fahrzeuge mit Elektro- oder Gasantrieb an. Die Produktion von Stadtbussen war nicht das Kerngeschäft von Neoplan, sondern wurde weitgehend zum Ausgleich von Nachfrageschwankungen im Bereich der Reisebusse betrieben[699]. Diese Argumentation der Kommission ist etwas missverständlich, da bei funktionierendem Wettbewerb unter zwei Marktführern und der Übernahme eines kleineren Konkurrenten ohne bedeutenden Einfluss auf die Wettbewerbsbedingungen die Prüfung eigentlich hätte beendet werden können. Auf der anderen Seite legte die gleichmäßige Marktanteilsverteilung unter den beiden Marktführern den Schluss nahe, dass sie noch mehr als vor dem Zusammenschluss von einem – auch stillschweigenden – Parallelverhalten und einer Aufteilung des Marktes profitieren könnten.

Aus diesem Grund untersuchte die Kommission, ob derartige Marktaufteilungsstrategien zwischen MAN und EvoBus denkbar waren. Da kleinere Verkehrsbetriebe ihren Fuhrpark häufig auf Fahrzeuge eines Herstellers beschränkten, wäre zunächst eine Aufteilung nach Stammkunden in Frage gekommen. Diese kleineren Betriebe standen aber für weniger als 1/3 der Gesamtnachfrage, zudem dominierte bei den Kleinnachfragern EvoBus, so dass eine hälftige Aufteilung nicht hätte aufrecht erhalten werden können. Eine Aufteilung des Marktes auch unter Einbeziehung der großen Nachfrager, die bewusst Fahrzeuge unterschiedlicher Hersteller orderten, wäre dagegen an der Bedeutung der Einzelaufträge gescheitert. Bei der Vergabe großer Aufträge wäre vermutlich keiner der beiden Hersteller bereit gewesen, zugunsten des anderen auf ein Angebot zu verzichten. Gerade bei den bedeutenderen Vergabeverfahren boten regelmäßig auch ausländische Hersteller mit, die, auch wenn sie nicht zum Zuge kamen, doch den Spielraum für gleichgerichtetes Parallelverhalten der deutschen Marktführer einschränkten[700]. Ergänzend führte die Kommission an, der technischen Homogenität der Produkte könnten verbleibende Wettbewerbsparameter wie der Kundendienst, die Ersatzteilverfügbarkeit sowie von

---

697 Irisbus ist die Marke des nach der Übernahme von Renault V.I. durch Volvo wieder aufzulösenden Gemeinschaftsunternehmens zwischen Renault und Iveco, vgl. Komm., Entscheidung IV/M.1201 v. 22.10.98, „Renault / Iveco".

698 Komm., Entscheidung COMP/M.2201 v. 20.6.01, „MAN / Auwärter", Tz. 24.

699 Komm., Entscheidung COMP/M.2201 v. 20.6.01, „MAN / Auwärter", Tz. 26ff.

700 Komm., Entscheidung COMP/M.2201 v. 20.6.01, „MAN / Auwärter", Tz. 38ff.

den Herstellern garantierte Restwerte als heterogene Faktoren entgegen gehalten werden. Auch in Bezug auf die Kostenstrukturen bestand keine echte Symmetrie zwischen MAN und EvoBus, da EvoBus insgesamt mehr als viermal so viele Busse herstellte wie MAN und Auwärter zusammen und durch die Einbindung in den DaimlerChrysler-Konzern auch andere Größenvorteile, z.B. Synergien mit der Lkw-Produktion, genoss, von denen MAN nicht oder nur in eingeschränktem Maße profitierte[701]. Zusammenfassend schlussfolgerte die Kommission, Anzeichen für ein stabiles Duopol, welches von Wettbewerbern nicht mehr angegriffen werden könnte, lägen nicht vor und genehmigte die Übernahme ohne Auflagen.

Die Entscheidung bietet wie bereits kurz angesprochen auch Gelegenheit, frühere Markt- und Marktanteilsprognosen zu überprüfen. Die starke Marktstellung der DaimlerChrysler Tochter EvoBus resultierte u.a. aus der Übernahme der Marke Setra von Kässbohrer im Jahr 1995. Bereits im Fall „Mercedes-Benz / Kässbohrer" waren deshalb die deutschen Busmärkte Gegenstand einer Kommissionsentscheidung. Im Bereich der Produktion von Reisebussen ergab sich aus dem Zusammenschluss ein aggregierter Marktanteil von 54%. Mercedes-Benz war damit deutlicher Marktführer vor Neoplan, das im Zeitpunkt der Entscheidung „Mercedes-Benz / Kässbohrer" selbstverständlich noch als eigenständiger Wettbewerber geführt wurde, mit 27,8% und MAN mit 4,9%. Bei Überlandbussen betrug der Marktanteil sogar 73,7% gegenüber 17,7% von MAN und 8% von Neoplan. Die Produktion von Stadtbussen beherrschte Mercedes mit einem Marktanteil von 44,5% gemeinsam mit MAN (44% Marktanteil)[702]. Trotz dieser hohen Marktanteilswerte genehmigte die Kommission diese Übernahme. Sie nahm keine Marktbeherrschung an, weil durch die Verpflichtung zur gemeinschaftsweiten Ausschreibung im öffentlichen Auftragswesen eine Erhöhung der Importquote zu erwarten sei. Selbst wenn ausländische Wettbewerber bei Ausschreibungen nicht zum Zuge kämen, sei der Spielraum von Mercedes-Benz, überhöhte Preise fordern zu können, stark eingeschränkt[703]. Der damalige Wettbewerbskommissar Karel van Miert schloss aus diesen Feststellungen, die Übernahme von Kässbohrer durch Mercedes-Benz sei ein Fall, in dem hohe Marktanteile auf einem – gegenwärtig – nationalen Markt für eine Untersagung sprechen könne, wohingegen die relativ schnelle und steigende Öffnung des Marktes für den europäischen Wettbewerb zu einer Genehmigung führen müsse[704].

Von einer schnellen Öffnung kann aber jedenfalls dann nicht die Rede sein, wenn die Kommission mehr als fünf Jahre nach der „Mercedes-Benz / Kässbohrer"-Entscheidung in den Entscheidungen „Volvo / Scania" und „MAN / Auwärter" immer noch nationale Märkte zugrunde legt. Dabei kann es keine entscheidende Rolle spielen, dass die Kommission im Fall „Mercedes-Benz / Kässbohrer" die deutschen Marktverhältnisse untersuchte, während es im Fall „Volvo / Scania" um nordische Märkte ging. Denn die Verpflichtung zur gemeinschaftsweiten Ausschreibung bezieht sich auch auf die Märkte Nordeuropas mit der Ausnahme Norwegens. Die Prognose höherer Importe hat sich ebenfalls nur eingeschränkt erfüllt. Während der deutsche

---

701 Komm., Entscheidung COMP/M.2201 v. 20.6.01, „MAN / Auwärter", Tz. 51ff.

702 Komm., Entscheidung IV/M.477 v. 14.2.95, „Mercedes-Benz / Kässbohrer", Tz. 59, 61f.

703 Komm., Entscheidung IV/M.477 v. 14.2.95, „Mercedes-Benz / Kässbohrer", Tz. 69ff.

704 Van Miert, zitiert nach der Pressemitteilung IP128(95) der EG-Kommission vom 14.2.95, WuW 1995, 213 (214).

Stadtbusmarkt mehr denn je von den beiden einheimischen Herstellern dominiert wird, beträgt auf dem Reisebusmarkt der aggregierte Marktanteil von MAN und EvoBus nach dem Zusammenschluss 80,1%, die Importquote mithin ziemlich genau 20%. Die Zahl der Importe hat sich seit der „Mercedes-Benz / Kässbohrer"-Entscheidung nahezu verdoppelt, allerdings hält EvoBus immer noch einen Marktanteil von 51,6% gegenüber 54% für 1994. Den Marktführer hat die Stärkung ausländischer Anbieter nur in geringem Umfang getroffen. Auf dem Markt für Überlandbusse erlitt EvoBus einen stärkeren Rückgang seiner Marktanteile von 73,7% auf 59,9%. Auch hier nahmen die Importe auf 7,4% in 1999 zu, allerdings weniger stark als im Bereich der Reisebusse[705].

Im Schrifttum ist zum Fall „Mercedes-Benz / Kässbohrer" mehrfach kritisiert worden, die Kommission habe eine industriepolitisch motivierte Entscheidung getroffen. Sie habe sich der Intervention des deutschen Wirtschaftsministeriums gebeugt, um den drohenden Verlust von Arbeitsplätzen bei Kässbohrer abzuwenden[706]. Eine Sanierungsfusion in Anwendung der „failing company defence" habe nicht vorgelegen, da zum damaligen Zeitpunkt auch Volvo Kässbohrer übernehmen wollte und ein Konkurrenzangebot hätte abgeben können[707]. Der deutsche Anspruch, die europäische Fusionskontrolle vor politischer Einflussnahme zu bewahren, sei nicht glaubwürdiger geworden[708], der „deprimierende Vorgang" werfe „ein bezeichnendes Licht auf die Rechtstreue und die wettbewerbspolitische Gesinnung" der Bundesregierung[709]. Ob in Anbetracht der nunmehr vorliegenden Entscheidung „MAN / Auwärter" die Folgerung, bereits die Übernahme von Kässbohrer durch Mercedes-Benz hätte untersagt werden müssen, ihre Berechtigung hat, kann bezweifelt werden. Denn die Entscheidungsgründe der Kommission sind jedenfalls insoweit überzeugend, als ein stillschweigendes Parallelverhalten zwischen MAN und EvoBus unwahrscheinlich ist. Unzweifelhaft erscheinen aber zwei Folgerungen: Entwicklungen wie Marktöffnungstendenzen lassen sich nur schwerlich mittel- und langfristig sicher prognostizieren. Der Reisebusmarkt öffnet sich immer mehr für europäische Anbieter, der deutsche Stadtbusmarkt hingegen – zumindest noch – nicht. Ferner können Marktanteile nicht hauptursächlich für die Bewertung eines Vorhabens sein, wenn das Vorhaben von Volvo, Scania zu übernehmen, untersagt wurde, Mercedes-Benz und MAN die Konkurrenten Kässbohrer und Auwärter hingegen übernehmen durften.

---

705 Komm., Entscheidung COMP/M.2201 v. 20.6.01, „MAN / Auwärter", Tz. 64f, 73, 75.

706 I. SCHMIDT, WuW 1995, 970 (979f); LÖFFLER in der Kurzfassung der Entscheidung in WuW 1995, 385 (387). Auch VAN MIERT brachte zum Ausdruck, er sei „glad that this decision removes the uncertainty surrounding the fate of the Kässbohrer company currently threatened by bankruptcy and therefore also removes the threat to 5.000 employees within and outside Germany", vgl. Pressemitteilung IP128(95) der EG-Kommission vom 14.2.95, WuW 1995, 213 (214).

707 LÖFFLER, WuW 1995, 385 (387).

708 Schmidt / Schmidt, S. 116, I. Schmidt in: Oberender (Hrsg.), S. 20f.

709 EMMERICH, AG 1996, 529 (536).

C. Bewertung der Marktanteilsprognosen in der Kommissionspraxis

Die Auswertung einer Vielzahl von Entscheidungen erbringt ein deutliches Bild. Marktanteile sind ein wichtiges Kriterium in der Fusionskontrollpraxis; allein auf die Prognose künftiger Marktanteile wird jedoch kaum eine Entscheidung gestützt. Die große Bedeutung der Marktanteilsprognosen zeigt sich darin, dass sie regelmäßig den Ausgangspunkt der wettbewerblichen Prüfung eines Vorhabens darstellen. Auf der anderen Seite werden aber immer auch andere Kriterien geprüft. Marktanteilsprognosen können bereits aus diesem einfachen Grund niemals das allein ausschlaggebende Kriterium für die Untersagung oder Genehmigung eines Vorhabens sein.

Dieses Ergebnis ergibt sich auch aus einer inhaltlichen Prüfung der einzelnen Prognosen. Wie in den vorangegangenen Abschnitten dargelegt werden in Einzelfällen aggregierte Marktanteile für unbedenklich gehalten, die in anderen Vorhaben zu einer Untersagung oder zumindest zu strengen Auflagen geführt haben. Während Untersagungen bereits ab einem Marktanteil von 50% ausgesprochen und in einigen Fällen Auflagen schon bei noch geringeren Anteilen auferlegt wurden, gibt es auch Entscheidungen, in denen die Kommission aggregierte Marktanteile von 80% oder mehr genehmigt.

In der Literatur, die sich ebenfalls mit einer Auswertung der Fallpraxis beschäftigt hat, wird dieses Phänomen unterschiedlich gewürdigt. Ohne eine wettbewerbspolitische Wertung vorzunehmen, verweist HUGGENBERGER darauf, die Kommission nehme eine „Gesamtschau" vor und stütze sich nicht allein auf Marktanteile. Die absolute Höhe des Marktanteils werde immer durch die Umstände des Einzelfalls in seiner Bedeutung relativiert; zu berücksichtigen seien dabei Faktoren wie der Abstand zu den nächsten Wettbewerbern, die Nachfragemacht und die Marktphase, in der sich das betreffende Produkt befinde. Er kommt zu dem Schluss, hohe absolute Marktanteile könnten nicht gleichgesetzt werden mit Marktmacht[710]. Im Gegensatz dazu sind für KERBER die Marktanteile das entscheidende Kriterium in der fusionskontrollrechtlichen Anwendungspraxis der Kommission. KERBER folgert hieraus, die Kommission lege ihren Entscheidungen das SVE-Paradigma zugrunde. Selbstverständlich sieht auch er die – vor allem im Vergleich zum Bundeskartellamt – großzügige Berücksichtigung anderer Kriterien, die auch die Genehmigung hoher Marktanteile möglich macht. Diese Praxis könne als Reaktion auf die heftige Kritik an dem SVE-Paradigma gedeutet werden[711]. Es liege aus Sicht der Wettbewerbsorgane nahe, angesichts der grundsätzlichen Kritik an den wettbewerbsbeschränkenden Auswirkungen vieler Zusammenschlüsse zwar die traditionellen, etablierten Kriterien weiter zu verwenden, sie aber weniger restriktiv einzusetzen[712]. KERBER relativiert seine Ansicht, Marktanteile seien das entscheidende Kriterium, und reduziert sie auf die Aussage, mit steigenden Marktanteilen steige die Wahrscheinlichkeit der Annahme einer marktbeherrschenden Stellung. Allein aus hohen Marktanteilen könne aber nie auf die Entstehung von Marktbeherrschung geschlossen werden[713].

---

[710] HUGGENBERGER, S. 171.

[711] KERBER, Fusionskontrollpraxis, S. 192f.

[712] KERBER in: OBERENDER (Hrsg.), S. 85.

[713] KERBER in: OBERENDER (Hrsg.), S. 73.

Nach der hier vertretenen Ansicht ist jedoch ein anderer Schluss vorzugswürdig. Wenn im Einzelfall hohe Marktanteile durch eine Vielzahl anderer Kriterien relativiert werden können und andererseits auch recht niedrige Marktanteile wettbewerbsgefährdend wirken können, dann untermauert dies die aus dem ersten Teil folgende Kritik, nach der das strenge SVE-Paradigma in seiner Einfachheit nicht haltbar ist, jedenfalls soweit Marktstrukturen ausschließlich oder vorwiegend anhand von Marktanteilen dokumentiert werden[714].

Auch die Vermutung, die Wettbewerbspolitik der Kommission folge keinem in sich geschlossenen Leitbild[715], hat sich für die Fusionskontrollpraxis bestätigt. Die Kommission versucht vielmehr, einen wettbewerbspolitischen Pragmatismus an den Tag zu legen und im Einzelfall unter Zuhilfenahme unterschiedlichster Kriterien eine Abwägung zwischen den Interessen der fusionswilligen Unternehmen, deren Konkurrenten und der Verbraucher vorzunehmen. Eine solche Abwägung bedeutet aber noch nicht, dass die Prognosen willkürlich einer wie auch immer gearteten „rule of reason" folgen. Das Verlangen nach möglichst großer Rechtssicherheit für alle Beteiligten wird vielmehr durch die Bildung einer umfangreichen Fallpraxis erfüllt. Indem die Kommission auch in relativ bedeutungslosen Fällen zumindest in Ansätzen die Marktabgrenzung anspricht, bildet sie eine breite Basis für ihre Marktanteilsprognosen in wichtigen Fällen.

D. Zusammenfassung der Ergebnisse des Zweiten Teils

Erstens: Die Marktabgrenzung der Kommission ist – sowohl in ihrer sachlichen, wie auch in der räumlichen Komponente – tendenziell eng. Die notwendigerweise dynamische Komponente der Fusionskontrolle kommt innerhalb der Marktabgrenzung nur in Einzelfällen zum tragen; regelmäßig werden von der Kommission aber stark gegenwartsorientierte Märkte abgegrenzt.

Zweitens: Diese enge und statische Marktabgrenzung ist für sich betrachtet weder positiv noch negativ zu bewerten. Das statische Moment erleichtert die Bildung einer gesicherten Fallpraxis. Unternehmen können einfacher prognostizieren, welches Gewicht die Kommission ihren Aktivitäten beimessen wird. Schon im Rahmen des Planungsstadiums vor Anmeldung eines Vorhabens kennen die beteiligten Unternehmen die wahrscheinliche Marktabgrenzung der Kommission und können abschätzen, welche Marktanteile die Marktmachtprüfung ergeben wird. Auf der anderen Seite führen enge Märkte bei horizontalen Zusammenschlüssen tendenziell zu eher hohen Marktanteilen. Dies darf bei der Frage nach deren Indizwirkung nicht außer acht gelassen werden.

Drittens: Der Fusionskontrollpraxis liegt kein in sich geschlossenes wettbewerbspolitisches Leitbild zugrunde. Einzelfallentscheidungen werden zwar auch mit wettbewerbstheoretischen Erwägungen gestützt; die Kommission kann jedoch nicht einer der im ersten Teil dargestellten „Schulen" zugerechnet werden. Dennoch sind aggregierte Marktanteile eines der Elemente, denen innerhalb der Marktmachtprüfung regelmäßig breiter Raum zugemessen wird. Die Kommission scheint die

---

[714] Siehe oben im ersten Teil unter C.II.2, S. 29.
[715] Siehe oben im ersten Teil unter D.IV, S. 69.

Möglichkeit, Marktstrukturen anhand von Marktanteilen zu verdeutlichen, zumindest nicht auszuschließen.

Viertens: Allerdings werden Marktanteilsprognosen von Fall zu Fall unterschiedlich gewertet. Die Kommission kennt keine festen Ober- oder Untergrenzen, bei deren Über- oder Unterschreiten die Entstehung einer marktbeherrschenden Stellung zwingend bzw. im umgekehrten Fall ausgeschlossen wäre. In einzelnen Fällen sind selbst außerordentlich hohe Marktanteile genehmigt worden, in anderen Branchen haben schon prognostizierte aggregierte Marktanteile in einer Größenordnung von 30% zu Auflagen geführt.

Fünftens: Die ausgewerteten Entscheidungen belegen eindrucksvoll, dass Marktanteile niemals das allein entscheidende und nur selten das ausschlaggebende Kriterium bei der Beurteilung eines Zusammenschlusses sind. Marktmacht lässt sich nicht schablonenhaft an Marktanteilen ablesen.

Sechstens: Dieses Zwischenergebnis beantwortet aber noch nicht die Frage, inwieweit Marktanteile grundsätzlich geeignet sind, Marktmacht zu indizieren. Selbst wenn sie nicht das präjudizierende Kriterium innerhalb einer wettbewerblichen Prüfung sein können, ist eine gewisse Indizwirkung der Marktanteilsprognosen doch nicht ausgeschlossen. Der Frage nach der Indizkraft von Marktanteilen wird deshalb vertieft und abschließend im folgenden Abschnitt nachzugehen sein.

Dritter Teil. Indizwirkung von Marktanteilen und Marktanteilsprognosen

Marktanteilsprognosen können nach den Ergebnissen der Fallauswertung zwar nicht das entscheidende Kriterium innerhalb der Marktmachtprüfung sein. Zu untersuchen bleibt aber, ob aus den Fusionskontrollentscheidungen der Kommission dennoch eine Indizwirkung der Marktanteile gefolgert werden kann. Dieser Frage soll in diesem Dritten Teil vertieft nachgegangen werden. In diesem Zusammenhang ist zu berücksichtigen, dass es weniger auf die absolute Höhe der Marktanteile als auf die sich durch einen Zusammenschluss ergebenden Veränderungen ankommt (dazu unter A.). Zudem können Marktanteile nicht isoliert als reine und immer gleich zu wertende Strukturmerkmale angesehen werden, da in jedem Einzelfall zu berücksichtigen ist, wie die gegenwärtige Marktanteilsverteilung zustande gekommen ist. Marktanteile sind auch Ergebnisse vergangenen Marktverhaltens (dazu unter B.). Sie können ferner nur dann die Marktstrukturen ausreichend dokumentieren, wenn nicht nur die Marktanteile der Zusammenschlusskandidaten bewertet werden. Es ist vielmehr zu hinterfragen, wie sich die Position der an einem Zusammenschluss beteiligten Unternehmen im Vergleich zu der Marktstellung der unbeteiligten Konkurrenten darstellt und durch ein Vorhaben verändert (dazu unter C.). Nur unter Berücksichtigung dieser Faktoren kann abschließend ermittelt werden, ob und inwieweit Marktanteile allgemein Marktmacht indizieren können (dazu unter D.).

A. Marktanteilsaddition als wesensbildendes Merkmal horizontaler Konzentration

Nach Art. 2 Abs. 3 FKVO ist ein Zusammenschluss dann zu untersagen, wenn durch das Vorhaben eine beherrschende Stellung begründet oder verstärkt würde. Es ist offensichtlich nicht hinreichend, innerhalb der Fusionskontrolle isoliert die Marktmacht der einzelnen an einem Zusammenschluss beteiligten Unternehmen darzustellen, selbst wenn sich Marktmacht durch Marktanteile ausdrücken sollte. Vielmehr kommt es auf die Auswirkungen eines Vorhabens, d.h. auf die aus dem Zusammenschluss folgenden Veränderungen der bestehenden Situation an. Dieses dynamische, in die Zukunft gerichtete Element der Fusionskontrolle ist bereits mehrfach kurz angesprochen worden[1]. Für die Frage nach der Indizwirkung von Marktanteilen innerhalb der Fusionskontrollentscheidungen kann deshalb nicht die absolute Höhe der jeweiligen Marktanteile der an einem horizontalen Zusammenschluss beteiligten Unternehmen entscheidend sein. Ein Zusammenschluss wird vielmehr dann bedenklich, wenn sich ein hoher Marktanteil aus einer Addition ihrer Anteile ergibt. Die Marktanteilsaddition ist das eigentliche Kennzeichen horizontaler Konzentration, die hier vorrangig Untersuchungsgegenstand ist.

Im Falle vertikaler Integration schließen sich Unternehmen zusammen, die auf vor- und nachgelagerten Märkten tätig sind. Eine direkte Marktanteilsaddition kann also ebenso wenig im Vordergrund stehen wie bei diagonaler oder konglomerater Konzentration. Infolge der tendenziell engen Marktabgrenzung der Kommission[2], die häufig zur Annahme nationaler Märkte geführt hat, kommt es allerdings zu einem

---

[1] Siehe vor allem oben in der Einleitung unter B., S. 6f.

[2] Siehe hierzu im zweiten Teil unter A.III.2, S. 92ff.

breiten Grenzbereich zwischen horizontalen Zusammenschlüssen und konglomeraten Vorhaben in Form der Markterweiterungsfusionen. An solchen beteiligen sich Unternehmen zur Erweiterung ihrer Produktpalette auf benachbarte Märkte[3]. Eine andere Form der Markterweiterungszusammenschlüsse betrifft Unternehmen, deren Produktpalette sich ausschließlich in sachlicher, nicht aber in räumlicher Hinsicht überschneidet. Die Unternehmen bieten dieselben Produkte oder Dienstleistungen an, agieren aber auf verschiedenen räumlich relevanten Märkten. Bei einer gegenwartsorientierten Marktmachtprüfung kann es in diesen Fällen nicht zu Marktanteilsadditionen kommen, obschon vor dem Hintergrund der zu erwartenden fortschreitenden Öffnung der Märkte eigentlich ein horizontaler Zusammenschluss vorliegt. Diese Tendenz wird auch von der Kommission nicht verkannt, wie z.B. die Entscheidung „Viag / Bayernwerk" aus dem Jahre 1994 belegt. Auf den zum damaligen Zeitpunkt noch regional abgeschotteten Gasmärkte waren beide Unternehmen in ihrem jeweiligen Heimatmarkt beherrschend, es kam jedoch zu keiner Anteilsaddition aufgrund der räumlich engen Märkte und damit nicht zu einer Verstärkung der beherrschenden Stellungen. Unter Vorwegnahme der Deregulierung der Energiemärkte prüfte die Kommission aber auch einen bundesweiten Markt, auf dem es zwar zu Überschneidungen kam, wo aber Viag und Bayernwerk nicht die bedeutendsten Positionen innehatten. Ein weiteres Mal wird deutlich, dass die Marktabgrenzung weite Teile der Marktmachtprüfung präjudiziert.

Die veränderte Marktstruktur im Falle klassischer horizontaler Konzentration wird aber – wie einleitend angemerkt – durch den Wegfall eines Wettbewerbers und den Zuwachs des Marktanteils bei dem verbleibenden Unternehmen gekennzeichnet. Ein Vorhaben ist damit tendenziell um so gravierender, je höher die Marktanteilsaddition ist. Schließen sich zwei Unternehmen zusammen, die jedes für sich genommen nicht marktbeherrschend sind, kann gerade durch die Addition der einzelnen Marktpositionen eine Marktbeherrschung entstehen. Übernimmt ein bereits marktbeherrschendes Unternehmen einen direkten Konkurrenten, stellt sich die Frage, ob hierdurch die Marktbeherrschung verstärkt wird. Aber auch in Oligopolsituationen ist die Anteilsaddition das wesensbildende Merkmal einer horizontalen Konzentrationsbewegung. Durch einen Zusammenschluss eines Oligopolisten mit einem Außenseiter erhöht sich der aggregierte Marktanteil der am Oligopol beteiligten Unternehmen gegenüber den übrigen Marktteilnehmern, deren Anzahl sich zudem verringert. Schließen sich dagegen zwei oder mehr zum Oligopol gehörende Unternehmen zusammen, verengt sich dieses weiter durch den Wegfall eines oder mehrerer Oligopolisten.

Aus diesen Erörterungen folgt, dass die wettbewerbsgefährdenden Auswirkungen eines horizontalen Zusammenschlusses regelmäßig umso geringer ausfallen müssten, je geringer die Addition der gemeinsamen Marktanteile ausfällt. Diese Überlegung findet sich häufig auch in Fusionskontrollentscheidungen der Kommission wieder, so z.B. bei der Gründung eines Gemeinschaftsunternehmens für Glasfarben und Silberpasten durch Degussa und Ciba-Geigy in 1993. Europaweit hielt Degussa schon vor dem Zusammenschluss einen Marktanteil von 40 bis 50% auf den unter-

---

[3] Siehe beispielsweise oben die Besprechung der Entscheidung „Tetra Laval / Sidel" im Zweiten Teil unter B.I.15.b), S. 182.

schiedlichen Teilmärkten. Die Kommission untersuchte eine Reihe von Argumenten, die gegen eine marktbeherrschende Stellung von Degussa sprachen. Sie brauchte sich jedoch kein abschließendes Bild zu machen, da sie folgerte, selbst im Falle einer Marktbeherrschung durch Degussa werde diese Stellung durch den geringen Marktanteilszuwachs von unter 10% bzw. unter 5% durch Ciba-Geigy jedenfalls nicht wesentlich verstärkt[4].

Ähnlich stellte sich die Situation in der Entscheidung „Swedish Match / Kav" dar, die den Streichholzmarkt betraf. Hier übernahm der mit einem europaweiten Marktanteil von mehr als 50% eindeutige schwedische Marktführer eine Beteiligung an dem kleineren türkischen Konkurrenten Kav, wodurch Swedish Match einen Marktanteilszuwachs um weitere 5% erreichte. Neben der geringen Kapazitätsauslastung aller Marktteilnehmer und der steigenden Konkurrenz durch Einwegfeuerzeuge nannte die Kommission auch in dieser Entscheidung die geringe Marktanteilsaddition als Argument für die Genehmigung des Vorhabens[5].

Noch geringere Überschneidungen ergaben sich in der Entscheidung „SmithKline Beecham / Block Drug"[6] aus 2001. Im Bereich der Produktion kosmetischer Mundwasser erzielte der in Großbritannien ansässige Pharmariese GlaxoSmithKline bereits einen Marktanteil von 50-60% in Deutschland und über 85% in Österreich. Die Übernahme des amerikanischen Konkurrenten Block Drug erhöhte diesen Marktanteil um weniger als 1% in beiden Mitgliedstaaten. Auch hier veränderte die geringe Marktanteilsaddition trotz des absolut hohen Marktanteils die wettbewerblichen Strukturen nicht wesentlich. Die Kommission stellte nicht einmal deklaratorisch die Marktbeherrschung durch GlaxoSmithKline fest, da keine echte Veränderung der Marktstruktur eintrat[7].

Allerdings wird diese Argumentationskette, nach der eine nur geringe Marktanteilsaddition die Wettbewerbsstrukturen kaum gefährdet und daher regelmäßig genehmigungsfähig ist, von der Kommission nicht ausnahmslos angewandt. Auch eine minimale Marktanteilsaddition kann Grund für wettbewerbliche Bedenken sein. Ein Beispiel hierfür ist die Gründung des gerade angesprochenen Pharmaunternehmens GlaxoSmithKline durch die Fusion zwischen Glaxo Wellcome und SmithKline Beecham[8]. Glaxo Wellcome stellte mit Zovirax das am besten eingeführte Medikament gegen virale Herpesinfektionen her. Selbst nach Ablauf der Patentschutzfristen verlor Glaxo Wellcome nur minimale Marktanteile an die Wettbewerber, vor allem an das Konkurrenzprodukt von SmithKline Beecham. Aus diesem Grund war selbst diese an sich geringfügige Addition, die sich aus der Zusammenlegung beider Produkte ergeben hätte, wettbewerbsgefährdend. Die sich anbahnende Schwächung des marktbeherrschenden Medikaments durch ein Generikum wäre bereits in ihren Grundzügen gestoppt, die marktbeherrschende Stellung von Glaxo Wellcome

---

4 Komm., Entscheidung IV/M.317 v. 5.4.93, „Degussa / Ciba-Geigy", Tz. 25ff.

5 Komm., Entscheidung IV/M.997 v. 18.12.97, „Swedish Match / Kav", Tz. 38.

6 Die Übernahme von Block Drug wurde von SmithKline Beecham angemeldet und nach der Fusion von Glaxo Wellcome und SmithKline Beecham von GlaxoSmithKline weiter betrieben.

7 Komm., Entscheidung COMP/M.2192 v. 11.1.01, „SmithKline Beecham / Block Drug", Tz. 40ff.

8 Zu dieser Entscheidung siehe auch oben im zweiten Teil unter B.II.1.a), S. 184f.

zementiert worden[9]. Eine so genannte „de minimis"-Erhöhung im Bereich von 1% ist im Umkehrschluss dann unschädlich, wenn sie durch ein Produkt erfolgt, welches kein neues Medikament mit Wachstumspotential, sondern ein eingeführtes Produkt mit stabilen geringen Marktanteilen ist[10].

Als weiteres Beispiel für wettbewerbliche Bedenken trotz geringer Überschneidungen kann die Übernahme der VP Schickedanz (VPS) durch Procter & Gamble genannt werden. Beide Unternehmen stellten Hygieneprodukte her und vertrieben diese europaweit, wodurch es zu unterschiedlich hohen Marktanteilsadditionen auf den national abgegrenzten Märkten kam. So hielt Procter & Gamble in Spanien bereits vor dem Zusammenschluss einen Marktanteil von knapp 80%, während VPS lediglich einen Anteil von weniger als 5% erreichte. Nach Ansicht der Kommission war aber auch diese geringe Addition von Bedeutung, da potentiellen Konkurrenten die Möglichkeit genommen wurde, durch eine Übernahme der zwar nicht überragend bedeutenden, aber immerhin am Markt eingeführten Marke von VPS auf dem spanischen Markt Fuß zu fassen[11]. Auch in der oben ausführlicher dargestellten[12] Entscheidung „Dow Chemical / Union Carbide" hinderte der geringe Marktanteilszuwachs von unter 10% nicht die Annahme, die marktbeherrschende Stellung von Dow werde durch die Übernahme des Polyethylenfoliengeschäfts von Union Carbide weiter verstärkt[13]. In all diesen Fällen genehmigte die Kommission die angemeldeten Vorhaben trotz der relativ geringen Marktanteilsadditionen nur unter Auflagen.

In Ausnahmesituationen kann eine der horizontalen Konzentration nahe kommende Situation sogar ohne jede Marktanteilsaddition auftreten. Dies ist beispielsweise dann der Fall, wenn ein (marktbeherrschendes) Unternehmen mit hohen Marktanteilen ein anderes Unternehmen aufkauft, welches noch gar nicht auf dem relevanten Markt tätig ist, dessen Markteintritt aber unmittelbar bevorsteht. Im Fall „Telekom Austria / Libro" war die Telekom Austria klarer Marktführer bei festnetzgebundenen Sprachtelefondiensten mit einem Marktanteil in Österreich von mehr als 80%. Libro hatte eine Lizenz für seine Tochter Librotel beantragt, aber noch nicht erhalten. Im Falle des Markteintritts von Librotel und der planmäßigen Durchführung des Vorhabens wäre die ohnehin marktbeherrschende Stellung der Telekom Austria weiter verstärkt worden, so dass auch diese Übernahme nur unter Auflagen genehmigt wurde[14].

Wie fließend die Grenze zu anderen Konzentrationsformen ist, zeigt die Gründung des Luft- und Raumfahrtkonzerns EADS. Europaweit der einzig bedeutende Hersteller für einige Satellitenkomponenten war Aérospatiale-Matra. Die spanische Casa, ebenso wie Aérospatiale-Matra an EADS beteiligt, stellte die betreffenden

---

9 Komm., Entscheidung COMP/M.1846 v. 3.5.00, „Glaxo Wellcome / SmithKline Beecham", Tz. 108.

10 Komm., Entscheidung COMP/M.1835 v. 30.3.00, „Monsanto / Pharmacia & Upjohn", Tz. 70f.

11 Komm., Entscheidung IV/M. 430 v. 21.6.94, „Procter & Gamble / VP Schickedanz (II)", Tz. 181.

12 Siehe oben im zweiten Teil unter B.II.1.a), S. 185.

13 Komm., Entscheidung COMP/M.1671 v. 3.5.00, „Dow Chemical / Union Carbide", Tz. 52, 55ff.

14 Komm., Entscheidung COMP/M.1747 v. 28.2.00, „Telekom Austria / Libro", Tz. 33ff.

Bauteile nicht her und hatte – anders als Libro in der gerade genannten Entscheidung „Telekom Austria / Libro" – auch keine konkreten Pläne für einen Marktzutritt. Grundsätzlich war damit ein konglomerater Zusammenschluss Gegenstand des Verfahrens. Aufgrund ihrer Erfahrung in der Raumfahrtindustrie hätte Casa aber ohne weiteres auf den relevanten Märkten tätig werden können, wäre also durch die Einbindung in die EADS als potentieller Wettbewerber weggefallen. Bei dieser Prüfung stellte die Kommission den horizontalen Aspekt des Wegfalls eines potentiellen Wettbewerbers in den Vordergrund und leitete hieraus ohne jede Marktanteilsaddition wettbewerbliche Bedenken ab[15].

Wesensbildendes Merkmal horizontaler Konzentration ist die Addition der Marktanteile vormals unabhängiger Wettbewerber. Im Regelfall können hohe Marktanteile nur dann Indiz für eine Wettbewerbsgefährdung sein, wenn sie gerade Ergebnis eines Zusammenschlusses sind, also erst durch die Durchführung eines Zusammenschlussvorhabens entstehen. Die Fallpraxis zeigt aber, dass auch im Falle geringer Marktanteilsadditionen Wettbewerbsbeschränkungen möglich sein können. Wieder ist die Kommission auf eine Einzelfallbewertung und die Würdigung verschiedenster Aspekte angewiesen. In manchen Konstellationen kann eine „de minimis"-Erhöhung unberücksichtigt bleiben, andere Entscheidungen folgern trotz lediglich geringer Überschneidungen auf die Entstehung oder Verstärkung von Marktmacht, zum Beispiel wenn die an sich nur geringe Überschneidung ein Produkt mit Wachstumschancen betrifft. Es scheint erneut unmöglich, abstrakte Grenzen festzulegen, unterhalb derer eine Marktanteilsaddition grundsätzlich unschädlich ist.

B. Marktanteile als Ergebnis vergangenen Marktverhaltens

Fusionskontrolle ist Marktstrukturkontrolle. Sie sanktioniert nicht antikompetitive Verhaltensweisen, sondern dient dazu, die Entstehung wettbewerbsgefährdender Strukturen zu verhindern. Aus der exponierten Stellung der Marktanteilsprognosen innerhalb der Fusionskontrollentscheidungen der Kommission folgt, dass sie Marktanteile vorwiegend als eines der maßgeblichen Strukturmerkmale ansieht, auf die Genehmigungen, Auflageentscheidungen und Untersuchungen zu stützen sind. Auf der anderen Seite ergab die Darstellung und Bewertung wettbewerbspolitischer Leitbilder im ersten Teil dieser Arbeit deutlich, dass ein Struktur-Verhalten-Ergebnis-Paradigma in seiner einfachsten Gestalt, nämlich in Form einer einbahnstraßenartigen Schlussfolgerung ausgehend von bestimmten Strukturen auf bestimmte Verhaltensweisen und daraus resultierenden Ergebnissen, nicht haltbar ist und so auch nicht vertreten wird. Möglich erscheint eine zirkuläre Beeinflussung, nach der nicht eine deterministische Kausalkette, sondern ein Kreislauf existiert[16]. Marktstrukturen und somit auch Marktanteile als Strukturmerkmale beeinflussen dann nicht nur künftige Verhaltensweisen. Es ist vielmehr ebenso zu berücksichtigen, dass sie selbst auf vergangenem Verhalten fußen und gegenwärtige Marktergebnisse darstellen.

Bestätigt wird diese Theorie durch einen Blick auf die Art und Weise, mittels derer die Kommission die Marktanteilsprognosen in ihre Entscheidungen einführt. Um eine

---

15 Komm., Entscheidung COMP/M.1745 v. 11.5.00, „EADS", Tz. 88.

16 Siehe oben im ersten Teil unter C.II.2, S. 29.

Prognose für die künftige Entwicklung des Marktes abgeben zu können, stellt sie zunächst die gegenwärtige Marktanteilsverteilung dar, wobei es darauf ankommt, möglichst aktuelle Marktdaten zu ermitteln. Nur so kann ein schlüssiges Bild der zum Zeitpunkt des Zusammenschlussvorhabens herrschenden Marktstruktur entstehen. Die Marktanteile der beteiligten Unternehmen und ihrer Konkurrenten werden im Regelfall auf einer Jahresbasis genannt. Lediglich in Ausnahmefällen legt die Kommission längere Zeiträume zugrunde, insbesondere dann, wenn Branchen betroffen sind, in denen nur sehr wenige Aufträge vergeben werden, die dann aber hohe Volumina umfassen. Marktanteilswerte auf einer Jahresbasis wären auf solchen Märkten starken Schwankungen unterworfen und nicht repräsentativ[17]. Die so ermittelten gegenwärtigen Marktanteile der beteiligten Unternehmen werden dann addiert, und auf Basis dieses Wertes prüft die Kommission die Auswirkungen des Zusammenschlusses.

Die gegenwärtige Marktanteilsverteilung kann jedoch nicht ohne weiteres als marktmachtindizierend bei der prognostischen Beurteilung eines Zusammenschlussvorhabens angesehen werden. Zum einen widerspräche dies dem dynamischen Charakter des Wettbewerbs. Durch einen Zusammenschluss verändern sich die Strukturen auf einem Markt. Schon deshalb ist zu erwarten, dass auch die künftigen Wettbewerbsprozesse nicht mit denen vor Durchführung des Vorhabens übereinstimmen werden. Mit anderen Worten ist fraglich, ob eine einfache Marktanteilsaddition der richtige Weg ist, um die künftige Position einer neuen Unternehmenseinheit zu prognostizieren. Zu verneinen ist dies insbesondere, wenn die Marktgegenseite ihre Nachfrage bewusst steuern und auf mehrere Anbieter verteilen kann (dazu unter I.). Wenn aber die soeben dargestellte Schlussfolgerung akzeptiert wird, nach der eine gegenwärtige Marktanteilsverteilung auch Marktergebnisse dokumentiert, dann muss zum anderen zwingend hinterfragt werden, auf welche Weise diese Ergebnisse zustande gekommen sind. So haben Abnehmer zusätzlich zu einer gezielten Steuerung ihrer Nachfrage auf vielen Märkten die Möglichkeit, selbst Vorprodukte herzustellen, wenn Anbieter nicht wettbewerbskonforme Preise verlangen (dazu unter II.). Auch auf Bietermärkten spiegeln Marktanteile nicht zwingend Marktmacht wider (dazu unter III.); ferner können Marktanteile nicht isoliert vom jeweiligen Reifegrad eines Marktes betrachtet werden (dazu unter IV.).

I. Keine Indizwirkung vergangener Marktanteile bei gesteuerter Nachfrage

Steuern Unternehmen ihr Nachfrageverhalten bewusst, dann erscheint wahrscheinlich, dass auch sie auf einen Zusammenschluss auf der Anbieterseite reagie-

---

17 Vgl. beispielsweise aus der jüngeren Fallpraxis die Kommissionsentscheidungen IV/M.1379 v. 6.2.99, „Valmet / Rauma", Tz. 23 (Maschinen für die Papierindustrie: durchschnittliche Marktanteile von 1990-1997); COMP/M.1636 v. 21.3.00, „MMS / DASA / Astrium", Tz. 42 (Satellitenbau: durchschnittliche Marktanteile von 1994-1998 bzw. 1995-1997); COMP/M.1930 v. 30.5.00, „Andritz / Ahlström", Tz. 57f (wiederum Maschinenbau für die Papierindustrie: Marktdaten kumuliert von 1990 bis 1998/99); COMP/M.2045 v. 5.9.00, „Salzgitter / Mannesmannröhren-Werke", Tz. 28 (Großrohre aus Stahl für Öl- und Gaspipelines: durchschnittliche Marktanteile eines 3-Jahres-Zeitraums) und COMP/M.2139 v. 3.4.01, „Bombardier / ADtranz", Tz. 40 (Großaufträge in der Bahntechnik: durchschnittliche Marktanteile über einen 5-Jahres-Zeitraum).

ren werden. Eine mögliche Reaktion ist es, Nachfrage komplett oder teilweise auf Konkurrenten der Zusammenschlusskandidaten zu verlagern. Ist dies der Fall, kann eine schlichte Anteilsaddition die künftigen Marktgegebenheiten nicht richtig widerspiegeln. Auch die Kommission erkennt an, im Falle einer „diversifizierten Beschaffungspolitik" der Nachfrageseite entspreche eine reine Addition von Marktanteilen möglicherweise nicht der tatsächlichen Stärke der neuen Unternehmenseinheit[18]. Eine Addition reicht immer dann nicht aus, wenn die beteiligten Unternehmen glaubhaft darlegen können, Abnehmer könnten allein aufgrund der Tatsache einer Fusion zu anderen Anbietern wechseln.

Es gibt unterschiedliche Motivationslagen, aufgrund derer Abnehmer ihr bisher auf zwei oder mehrere an einem Zusammenschluss beteiligten Unternehmen verteiltes Nachfragepotential nicht mehr aufrecht erhalten wollen, wenn diese eine Einheit bilden. Dies kann sich zum einen aus Branchenbesonderheiten ergeben. So sträuben sich Kunden beispielsweise häufig dagegen, mit einer Werbeagentur zusammenzuarbeiten, die auch für ihre eigenen Wettbewerber arbeitet. Schließen sich zwei Agenturen zusammen, sind deshalb Abschmelzungseffekte vorprogrammiert[19]. Zum anderen lässt sich ein allgemeiner Trend beobachten, nach dem Nachfrager gezielt ihren Bedarf bei zwei oder mehr Anbietern abdecken, um nicht in die Abhängigkeit eines einzelnen Partners zu geraten. Solche so genannten „Multi-Sourcing"-Strategien sind bereits im Rahmen der Fallauswertung als marktmachtrelativierend angeführt worden[20]. Sie können allerdings nur dann zu einem Absinken des aggregierten Marktanteils führen, wenn Konkurrenten vorhanden sind, welche die verlagerte Nachfrage auffangen können, weil sie freie Kapazitäten haben oder ihr Produktionsniveau jedenfalls kurzfristig ausbauen können. Die Kommission fasst die Bedingungen schlagwortartig in der Entscheidung „Sun Chemical / TotalFina / Coates" zusammen: „Die Kombination von niedrigen Marktzutrittsschranken, Multi-Sourcing der Nachfrager und Überkapazitäten in der Industrie beschränkt wirksam die Marktmacht der fusionierten Einheit"[21].

In einer Vielzahl von Entscheidungen[22] sind diese Bedingungen erfüllt, und die Kommission nennt Multi-Sourcing als Argument für eine nicht den Marktanteilswerten entsprechende Marktmacht der an einem Zusammenschluss beteiligten Unternehmen. Am deutlichsten angesprochen werden die Auswirkungen einer Strategie des Double- oder Multi-Sourcing in der Entscheidung „Pirelli / BICC"[23]. Auch hier addierte

---

18 Komm., XXI. Wettbewerbsbericht (1991), Anhang III.7, S. 408.

19 Komm., Entscheidung IV/M.147 v. 18.12.91, „Eurocom/RSCG", Tz. 17.

20 Siehe oben zu den Entscheidungen „Alcatel / Telettra", „Siemens / Italtel" und „Framatome / Siemens" im zweiten Teil unter B.II.2.b), S. 201f.

21 Komm., Entscheidung IV/M.1742 v. 22.12.99, „Sun Chemical / TotalFina / Coates", Tz. 30. Die Originalpassage lautet: „The combination of low barriers to entry, multi-sourcing by consumers and the existence of significant spare capacity in the industry all combine to provide a significant constraint on the merged entity's ability to exert any market power".

22 Vgl. aus der jüngeren Fall nur die Entscheidungen COMP/M.1871 v. 13.4.00, „Arrow Electronics / Tekelec", Tz. 18; COMP/M.2199 v. 8.12.00, „Quantum / Maxtor", Tz. 17 und COMP/M.2345 v. 26.4.01, „Deutsche BP / Erdölchemie", Tz. 29, 40.

23 Zu dieser Entscheidung siehe auch oben im zweiten Teil unter A.II.1, S. 83, und unter B.II.2.b), S. 205f.

die Kommission zunächst rein rechnerisch die jeweiligen Marktanteilswerte der beiden beteiligten Unternehmen. Sie führte dann aber aus, aufgrund der Stärke der Nachfrager, die aus Kosten- und Sicherheitsgründen Hochspannungskabel von mindestens zwei, häufig auch drei Anbietern bezögen, sei es unwahrscheinlich, dass die fusionierte Einheit diese Zahlen halten könne. Selbst Konkurrenten der beiden Marktführer sahen in dem Zusammenschluss eine Chance, ihre eigene Wettbewerbsposition zu verbessern, da auch sie mit einer Verlagerung der Nachfrage durch die Stromversorger rechneten[24]. Umgekehrt können Anbieter durch die Entwicklung heterogener Spezialprodukte Märkte diversifizieren. In speziellen Segmenten existieren dann häufig nur noch wenige Anbieter, von denen lediglich die größten in der Lage sind, eine umfassende Produktpalette anzubieten. Eine solche Strategie kann Multi-Sourcing erschweren, was durch den Wegfall eines unabhängigen Anbieters im Falle eines Zusammenschlusses noch verstärkt wird[25].

Wettbewerb ist ein dynamischer und ergebnisoffener Prozess. Verändern sich die Rahmenbedingungen für Anbieter und Nachfrager, so ist eine Verhaltensänderung zu erwarten. Dies müsste eigentlich Grund genug sein, bei jeder Marktanteilsprognose eine Plausibilitätskontrolle vorzunehmen, mit der zu hinterfragen wäre, warum der künftige Marktanteil einer neu formierten Unternehmenseinheit dem aggregierten Anteil der Gründer oder Mütter entsprechen soll. Anders ausgedrückt kann bereits die einfache Ermittlung künftiger Marktanteile durch eine schlichte Addition gegenwärtiger Marktdaten in Zweifel gezogen werden. Die Kommission verfolgt in ihren Entscheidungen einen entgegengesetzten Weg, vermutlich mit dem nachvollziehbaren Einwand, eine Plausibilitätskontrolle in jedem Einzelfall sprenge den vertretbaren Begründungsaufwand. Sie nimmt unter normalen Voraussetzungen die gegenwärtige Marktanteilsverteilung als richtungsweisend für die zukünftige Stärke der fusionierten Einheit hin und berücksichtigt Abschmelzungseffekte dann, wenn konkrete Anzeichen für eine bewusste Nachfragesteuerung vorhanden sind. Auch diese Vorgehensweise erscheint vertretbar, da die Marktanteilsprognosen – wie in der Fallauswertung dargelegt – niemals das allein ausschlaggebende Kriterium sind. Die gezielte Vergabe von Aufträgen durch bedeutende Nachfrager an mehrere, voneinander unabhängige Anbieter spricht im Ergebnis noch nicht für oder gegen eine allgemeine Indizwirkung der Marktanteilsprognosen für die Marktmachtprüfung. Allerdings führt Multi-Sourcing immer dann zu einer Begrenzung der Anbietermarktmacht, wenn Gründe für die Annahme bestehen, dass die Nachfrageseite auch nach Vollzug eines Zusammenschlussvorhabens in der Lage sein wird, ihre Nachfrage gezielt zu steuern.

Abzulehnen ist deshalb die Auffassung NORDEMANNS, der die Berücksichtigung von Abschmelzungseffekten durch Double- oder Multi-Sourcing für systemwidrig hält. Er vertritt die Auffassung, Mehrpartnerstrategien seien nicht zu berücksichtigen, weil die Nachfrager durch den Zusammenschluss gezwungen würden, marktstrategisch zu handeln, um nicht der Marktmacht der Anbieterseite ausgesetzt zu sein. Strategisches Verhalten der Marktgegenseite werde damit zum Ersatz für Fusionskontrolle[26].

---

24 Komm., Entscheidung COMP/M.1882 v. 19.7.00, „Pirelli / BICC", Tz. 70f.

25 Vgl. Komm., Entscheidung COMP/M.1751 v. 29.3.00, „Shell / BASF (JV – Project Nicole)", Tz. 31.

26 NORDEMANN, S. 89ff (120ff).

Nach der hier vertretenen Ansicht ist dies – wenn überhaupt zutreffend – jedenfalls unschädlich. Ziel der Fusionskontrolle kann es nicht sein, Strukturen möglichst unverändert zu belassen. Es geht vielmehr darum, Zusammenschlüsse zu verhindern, welche die Marktgegenseite auch bei Ausschöpfung deren Reaktionspotentials der Marktmacht der fusionierenden Unternehmen unterwirft. Dies ist aber bei grundsätzlich gegebenen Möglichkeiten zur Nachfragesteuerung erst dann der Fall, wenn es den Anbietern gelingt, durch Spezialisierung Abhängigkeiten zu erzeugen. Deutlich wird bei der Diskussion in jedem Fall aber, dass vergangenheits- bzw. gegenwartsorientierte Zahlen nicht immer geeignet sind, künftige Marktanteile zu prognostizieren. Statische Marktdaten können mögliche Entwicklungen im Nachfrageverhalten, die ihre Motivation gerade in der durch einen Zusammenschluss veränderten Marktstruktur finden, nicht berücksichtigen.

II. Fehlende Berücksichtigung potentieller oder aktueller Konkurrenz durch die Nachfrager

Die Berechnung von Marktanteilen hängt zum einen von der Abgrenzung des Marktes ab, zum anderen aber auch von der hiervon trennbaren Gesamtgröße des Marktes. Die Kommission ermittelt Anteilswerte, indem sie den mengen- oder wertmäßigen Umsatz der beteiligten Unternehmen auf dem sachlich und räumlich relevanten Markt ins Verhältnis zu dem Gesamtvolumen des Marktes setzt. Deutlich wird hierdurch die Abhängigkeit der Marktanteilsdaten von der jeweiligen Basisgröße, d.h. vom insgesamt erzielten Umsatz auf einem Markt.

Diese auf den ersten Blick trivial erscheinende Prämisse bedarf vor dem Hintergrund der Frage nach einer Indizwirkung von Marktanteilen näherer Erörterung. Definiert man einen Markt in der einfachsten Form als das Aufeinandertreffen von Angebot und Nachfrage, wird klar, dass vom Gesamtvolumen eines Marktes nur diejenigen Güter erfasst werden, die den Nachfragern von externen Anbietern zur Verfügung gestellt werden. Benötigt ein Unternehmen ein Produkt oder eine Dienstleistung, so gibt es jedoch eine Alternative zur Versorgung auf dem freien Markt, nämlich die Eigenfertigung oder –erbringung. Diese Güter entsprechen ebenfalls dem in sachlich und räumlicher Hinsicht abgegrenzten Produktmarkt, werden von der Kommission als gebundene Güter, die nicht im freien Spiel von Angebot und Nachfrage abgesetzt werden, in aller Regel aber nicht zum Gesamtvolumen des Marktes gerechnet. Dennoch kann ein Unternehmen auf der Nachfrageseite die Marktmacht der Anbieter wirksam begrenzen, indem es einen mehr oder minder großen Teil seines Bedarfs an Vorprodukten oder Zulieferteilen selbst herstellt und nur im Falle wettbewerblichen Verhaltens der Anbieterseite externe Aufträge vergibt. Der gesamte Bedarf eines Produktes ist dann viel höher, als die Marktdaten dies zu belegen scheinen, weil der Eigenverbrauch und die gebundene Eigenproduktion nicht in die Marktdaten einfließen. Berücksichtigt man Eigenproduktion, so erhöht sich das Gesamtvolumen des relevanten Marktes und die Marktanteile sinken.

Besonders augenfällig geworden ist dies bei der Besprechung von Zusammenschlüssen aus der Kfz-Zulieferbranche. Die Automobilkonzerne können ein Fahrzeug und alle Komponenten entweder vollständig selbst fertigen oder aber Teile zukaufen. Da Outsourcing eine immer gängigere Praxis ist, erreichen Zulieferbetriebe enorme

Umsätze. Infolge von Fusionen und Übernahmen entstehen hohe Marktanteile, die aber regelmäßig von der Kommission toleriert werden[27]. Eine Schwierigkeit liegt häufig darin, den Umfang der gebundenen Produktion zu beziffern. Nur in Einzelfällen nennt die Kommission deshalb ausdrücklich einen bestimmten Marktanteil unter Einbeziehung der Eigenfertigung. Im Fall „Lear / Keiper" hätte der aggregierte Marktanteil der drei Marktführer 92% betragen, unter Berücksichtigung der Eigenfertigung der Automobilhersteller sank dieser Wert auf ein CR3 von 59%[28].

Aber selbst wenn der Anteil der gebundenen Produktion nicht in Zahlen ausgedrückt werden kann, wirkt sie in jedem Fall marktmachtbegrenzend. Automobilkonzerne greifen vornehmlich zum Outsourcing, um Kosten zu senken. Auch technisches Know-how der Zulieferer mag eine Rolle spielen, Kostensenkungsstrategien stehen jedoch deutlich im Vordergrund. Autohersteller haben durch ihr eigenes technisches Wissen zugleich einen Einblick in die Kostenstrukturen ihrer Zulieferer. Sie werden Aufträge nur so lange an Zulieferbetriebe vergeben, wie diese sich wettbewerblich verhalten und konkurrenzfähige Preise bieten. In wettbewerbstheoretischen Begriffen sind die Autohersteller nicht nur Nachfrager, sondern in gewissem Maße auch Konkurrenten der Anbieter. Sie konkurrieren zwar nicht um den Bedarf des freien Marktes, vergeben aber Aufträge an Zulieferer nur im Wettbewerb zur Eigenfertigung. Diese Schlussfolgerung wird nur unmaßgeblich modifiziert, wenn Automobilkonzerne in einer aktuellen Situation nicht zur Eigenfertigung greifen, dies aber doch innerhalb eines kurzen Umstellungszeitraumes könnten. In diesen Fällen sind Nachfrager gleichzeitig potentielle Konkurrenten der Anbieterseite.

Ein ähnliches Bild ergibt sich auch bei einem Blick auf die chemische Industrie. Die Großkonzerne sind alle vertikal integriert und auf diversen Produktionsstufen von der Herstellung spezieller Vorprodukte bis hin zur Fertigung nachgelagerter Anwendungsgüter tätig. Viele Unternehmen fokussieren sich auf die Herstellung von Spezialchemikalien, die sie zum Teil für die eigene Weiterverarbeitung benötigen, zum Teil aber auch an Konkurrenten veräußern. Andere Chemiekonzerne legen den Schwerpunkt auf Produkte für Endverbraucher. Sie fertigen Vorprodukte nur unter Umständen selbst, können diese aber auch ganz oder teilweise von anderen beziehen. In der Entscheidung „BP / Amoco" errechnete die Kommission einen aggregierten Marktanteil der beiden beteiligten Unternehmen bei der Produktion von Polyisobutylen (PIB), einem Additiv für Kraftfahrzeugbenzin, von mehr als 65%. Das von der Kommission bei der Errechnung dieses Marktanteils zugrunde gelegte Gesamtvolumen des Marktes war viel kleiner als die wirklich verbrauchte Menge an PIB, wodurch der hohe Marktanteil von BP Amoco stark relativiert wurde. Die großen Mineralölkonzerne befriedigten einen Großteil ihres Bedarfs an PIB aus eigener Fertigung und bezogen nur einen Teil von Dritten – und das hauptsächlich von BP Amoco. Solange die Nachfrager ihre Eigenproduktion noch ausweiten konnten, bestand trotz des hohen Marktanteils kein unabhängiger Verhaltensspielraum für BP Amoco[29]. Die Kommission genehmigte folgerichtig die Fusion der beiden Ölmultis.

---

27 Siehe oben im zweiten Teil unter B.III.2.b), S. 222f.

28 Komm., Entscheidung IV/M.937 v. 22.7.97, „Lear / Keiper", Tz. 16.

29 Komm., Entscheidung IV/M.1293 v. 11.12.98, „BP / Amoco", Tz. 37.

Ein anderer Industriezweig, in dem die Eigenfertigung der Nachfrager eine fortschreitende Konzentration auf der Anbieterseite unschädlich macht, ist die Mobilfunkindustrie und hier speziell die Herstellung von Bauteilen für Mobiltelefonen. Das auf die Herstellung von Platinen spezialisierte Technologieunternehmen Flextronics übernahm in 2001 in zwei unabhängigen Schritten die Teilefertigung für die bedeutenden Mobiltelefonhersteller Ericsson und Alcatel. Durch die Übernahmen erhöhte Flextronics seinen Marktanteil bei der Herstellung von elektronischen Platinen von unter 10% auf zunächst knapp 40% weltweit bzw. 50% gemeinschaftsweit[30] und anschließend auf 40-50% welt- und 50-60% gemeinschaftsweit[31]. In beiden Verfahren wies die Kommission darauf hin, derart hohe Marktanteile ergäben sich nur aufgrund der engen Marktabgrenzung ohne Berücksichtigung der gebundenen Produktion anderer Mobiltelefonhersteller für den eigenen Bedarf. Die bedeutendsten Gerätehersteller, von denen Nokia, Motorola, Siemens und Philips namentlich genannt wurden, verfügten über eigene Kapazitäten und vergaben nur zwischen 10 und 30% ihres Bedarfs an Zulieferer[32]. Unter Einbeziehung dieses Faktors hätte sich sowohl bei welt- als auch bei gemeinschaftsweiter Betrachtung ein nicht wettbewerbsschädigender Marktanteil von lediglich 10-20% ergeben[33].

Soweit Marktanteile Folge von Outsourcing-Strategien sind und Eigen- bzw. gebundene Fertigung nicht berücksichtigen, verfälschen sie das Bild, weil sie nicht das ganze Marktvolumen berücksichtigen. Auf der anderen Seite stehen diese gebundenen Mengen eben nicht dem freien Markt zur Verfügung, so dass es in der Regel auch keinen Sinn macht, sie in die wettbewerbliche Prüfung mit einzubeziehen. Denn im Falle einer künstlichen Preiserhöhung der Anbieterseite würden die gebundenen Anteile trotzdem nicht auf den Markt geworfen. Die Drohung mit möglicher Eigenfertigung wirkt unmittelbar nur im Verhältnis des Anbieters zu diesem einen speziellen Nachfrager, d.h. im Individualverhältnis[34]. Gebundene Anteile stellen also keine eigentlich aktuelle oder potentielle Konkurrenz auf dem freien Markt dar, was ihre Einbeziehung in die Marktanteilsberechnung rechtfertigen würde. Nichtsdestotrotz begrenzt die Eigenfertigung durch Nachfrager die Marktmacht der Anbieterseite. In ähnlichem Maße gilt dies für die bloße Möglichkeit, zur Eigenfertigung überzugehen.

Jedenfalls bieten Marktanteile in Branchen wie den eben erörterten kein gesichertes Indiz für die wirklichen Marktverhältnisse. Marktanteile indizieren hier nicht Marktmacht im Verhältnis zu den Nachfragern, sondern können höchstens eine bedeutende Stellung einzelner Zulieferer im Verhältnis zu anderen direkten Konkurrenten auf derselben Produktionsstufe dokumentieren. Abhängigkeiten der Nachfrager und damit Marktmacht der Zulieferer entstehen erst, wenn die Nachfrageseite zu Outsourcing-Strategien greifen muss, weil ihr selbst notwendiges Produktions-Know-

---

30 Komm., Entscheidung COMP/M.2358 v. 6.4.01, „Flextronics / Ericsson", Tz. 12.
31 Komm., Entscheidung COMP/M.2479 v. 29.6.01, „Flextronics / Alcatel", Tz. 14.
32 Komm., Entscheidung COMP/M.2479 v. 29.6.01, „Flextronics / Alcatel", Tz. 15.
33 Komm., Entscheidung COMP/M.2358 v. 6.4.01, „Flextronics / Ericsson", Tz. 12.
34 NORDEMANN, S. 148f.

how fehlt, oder wenn sie durch zu konsequentes Outsourcing Know-how verliert[35]. Diese Aspekte spielen in den Entscheidungen der Kommission aber keine Rolle. Hier wird die Auslagerung der Teilefertigung immer noch als Faktor zur Kostensenkung verstanden. Marktmacht geht von den Nachfragern aus, die Druck auf die Zulieferer ausüben, auch wenn diese hohe Marktanteile erzielen.

Eine so eingeschränkte Bedeutung rechtfertigt es aber nicht, von einer echten Indizwirkung der Marktanteilsprognosen zu sprechen, da wettbewerbliche Beziehungen eben nicht nur auf einer Produktionsebene ablaufen und von der Kommission zu berücksichtigen sind. Im Rahmen der Marktmachtprüfung ist die Kommission nach Art. 2 Abs. 1 lit. b) FKVO u.a. ausdrücklich angehalten, die Wahlmöglichkeiten der Lieferanten und Abnehmer und die Interessen der Zwischen- und Endverbraucher zu berücksichtigen. Marktanteile, die nur den Umsatz mit dem freien Markt zur Verfügung stehenden Produkten berücksichtigen können und gebundene Fertigung außer acht lassen müssen, können für eine solche Prüfung keine Indizwirkung entfalten.

III. Keine Indizwirkung von Marktanteilen auf Bietermärkten

Charakteristisches Merkmal der beiden letzten Abschnitte war eine Beschränkung der Marktmacht auf der Anbieterseite durch bestimmte Verhaltensweisen der Nachfrager, nämlich Multi-Sourcing auf der einen und Eigenfertigung auf der anderen Seite. Eine dritte Möglichkeit der Nachfrager, Druck auf die Anbieter auszuüben, ist die Vergabe von Aufträgen in Bietungsverfahren. Öffentliche Nachfrager sind durch die Vergaberichtlinien[36] verpflichtet, Aufträge gemeinschaftsweit auszuschreiben, aber auch private Unternehmen bedienen sich dieses Mittels, um konkurrierende und vergleichbare Angebote einzuholen und verschiedene Anbieter gegeneinander auszuspielen. Ausschreibungen machen den Markt für die Nachfrager transparent, da sie in der Regel mehrere Angebote erhalten und gegeneinander abwägen können. Solange die Wettbewerber auf der Anbieterseite die jeweiligen Gebote ihrer Konkurrenten nicht kennen, gibt es für sie keinen rationellen Grund, ein eigenes Angebot zu künstlich überhöhten Preisen abzugeben. Lediglich eine Kenntnis der Kostenstrukturen der Wettbewerber könnte einen Marktführer dazu veranlassen, die ungefähre Angebotshöhe der Konkurrenten zu vermuten und ein eigenes Angebot nicht zum günstigst möglichen Preis abzugeben, sondern zu einem Preis, der den des nächsten Konkurrenten gerade noch unterschreitet.

Eine solche besondere Situation führte im Fall „Alcoa / Reynolds" zu einer Entscheidung unter Auflagen, obwohl Alcoa die Bietungsverfahren als marktmachtbegrenzend angeführt hatte. Die Kommission argumentierte hier mit konkreten Auftragsvergaben aus den Jahren vor dem Zusammenschluss. Sie legte dar, die günstigsten Preise seien in den Verfahren erzielt worden, in denen Aluminiumminen

---

35 Outsourcing als strategische Entscheidung zum Gewinn von Produktions-Know-how wird in jüngster Zeit nach HIRN / NEUKIRCHEN, mm 11/01, 294 (296ff), verstärkt angewandt. Die Autoren führen auch Flextronics als Beispiel an (S. 296).

36 Richtlinien 92/50/EWG des Rates v. 18.6.92 über die Koordinierung der Verfahren zur Vergabe öffentlicher Dienstleistungsaufträge, ABl.EG L209/1 v. 24.7.92, und 93/36/EWG des Rates v. 14.6.93 über die Koordinierung der Verfahren zur Vergabe öffentlicher Lieferaufträge, ABl.EG L199/1 v. 9.8.93. Im nationalen Recht vgl. auch die §§ 97ff GWB.

aus einem Gebiet gegeneinander boten, in dem hauptsächlich Alcoa und Reynolds über Standorte verfügten. Beide Unternehmen produzierten kostengünstig. In einem normalen Bietungsverfahren sei zu erwarten – so die Kommission –, dass der günstigste Anbieter seinen nächsten Wettbewerber zwar unterschreite, sein Angebot dem des Konkurrenten aber möglichst weit annähere. Im Falle eines Zusammenschlusses der beiden günstigsten Anbieter sei demzufolge eine Erhöhung des Preisniveaus bis in die Nähe der Durchschnittskosten des drittstärksten Anbieters zu erwarten[37]. Bei dieser Bewertung unterstellte die Kommission eine genaue Kenntnis der gegenseitigen Kostenstrukturen, die angesichts der bekannten Lage der jeweiligen Aluminiumminen und –raffinerien aber anzunehmen war. Bei der Entscheidung „Alcoa / Reynolds" handelt es sich ohne Zweifel um eine Ausnahme, in der Bietungsverfahren die Marktmacht der Anbieter nicht relativieren konnten. Zudem ergab sich die erwartete Marktbeherrschung durch Alcoa aus einer Kombination mehrerer Faktoren, die Erwähnung der Bietungsverfahren nahm hier nur eine untergeordnete Stellung ein.

In einer Vielzahl von Fällen zeigt sich jedoch, dass Bietungsverfahren ein wirksames Mittel sind, der Marktmacht der Anbieterseite entgegenzutreten, unabhängig davon, ob es um die Ausübung von Marktmacht durch ein einzelnes Unternehmen oder durch ein anteilsstarkes Oligopol geht. Aus der Fallauswertung sei als Beleg auf die Entscheidungen „Kodak / Imation"[38] und „Pirelli / BICC"[39] zur Einzelmarktbeherrschung sowie die Entscheidungen „Castrol / Carless"[40], „BP Amoco / Castrol"[41] und „Alcoa / British Aluminium"[42] zur kollektiven Dominanz verwiesen. Daneben hat sich vor allem in den Entscheidungen „MAN / Auwärter"[43] und „Boeing / McDonnell Douglas" die immense Bedeutung von Vergabeverfahren heraus kristallisiert. Schon vor der Übernahme von McDonnell Douglas (MDC) war Boeing auf dem weltweiten Markt für Verkehrsflugzeuge mit einem Marktanteil von 64%, gemessen am wertmäßigen Auftragsbestand per 31.12.1996, nach Ansicht der Kommission marktbeherrschend. Um zu belegen, dass der vergleichsweise geringe Marktanteilszuwachs von 6% durch MDC dennoch zu einer Verstärkung der Marktbeherrschung führen werde, legte die Kommission dar, Ausschreibungen, an denen MDC sich beteiligte, hätten zu durchschnittlich 7% günstigeren Preisen geführt. Sie schloss, der wettbewerbliche Einfluss von MDC sei größer, als sein Marktanteil widerspiegele[44].

In umgekehrter Richtung – nämlich in Richtung auf eine geringere Marktmacht als durch den Marktanteil suggeriert – argumentierte die Kommission im Fall „MAN / Auwärter". Obwohl nach der Übernahme von Auwärter mit MAN und DaimlerChrysler

---

37 Komm., Entscheidung COMP/M.1693 v. 3.5.00, „Alcoa / Reynolds", Tz. 52ff. Zu dieser Entscheidung siehe auch oben im zweiten Teil unter B.II.1.b), S. 189.

38 Siehe zur Entscheidung „Kodak / Imation" oben im zweiten Teil unter B.II.2.a), S. 200.

39 Siehe zur Entscheidung „Pirelli / BICC" oben im zweiten Teil unter B.II.2.c), S. 205.

40 Siehe zur Entscheidung „Castrol / Carless" oben im zweiten Teil unter B.III.2.b), S. 228.

41 Siehe zur Entscheidung „BP Amoco / Castrol" oben im zweiten Teil unter B.III.2.b), S. 229.

42 Siehe zur Entscheidung „Alcoa / British Aluminium" oben im zweiten Teil unter B.III.2.c), S. 232.

43 Siehe zur Entscheidung „MAN / Auwärter" oben im zweiten Teil unter B.III.2.c), S. 234.

44 Komm., Entscheidung IV/M.877 v. 30.7.97, „Boeing / McDonnell Douglas", Tz. 58.

lediglich zwei Hersteller die deutschen Busmärkte mit einem CR2 von bis zu 98% dominierten, sah die Kommission keine Anzeichen für ein marktbeherrschendes Oligopol. Der wettbewerbliche Charakter der Ausschreibungsverfahren ergab sich nicht aus den Ergebnissen der einzelnen Verfahren, sondern aus der Art und Weise, auf die diese Ergebnisse erzielt wurden. Die Kommission führte aus, in mehr als der Hälfte der Bietungsverfahren hätten ausländische Wettbewerber Gebote abgegeben[45]. Wenn diese trotzdem nur in wenigen Verfahren zum Zuge kamen, spricht dies für die hohe Wettbewerbsfähigkeit der beiden deutschen Anbieter. Der hohe Marktanteil, den MAN und DaimlerChrysler trotz der ausländischen Mitkonkurrenten erreichten, dokumentierte damit nicht Marktmacht, sondern ausschließlich Erfolg im Wettbewerb um die Kundengunst. Die Kommission erkennt dies ebenfalls an und leitete ihre Marktmachtprüfung mit der Bemerkung ein, Marktanteile auf Ausschreibungsmärkten seien nur von bedingter Aussagekraft[46].

Diese Schlussfolgerung drängt sich auch aus der Untersuchung zweier weiterer Verfahren aus dem Jahr 2001 auf. Das amerikanische Rüstungsunternehmen Raytheon und sein französisches Pendant Thales[47] gründeten ein Gemeinschaftsunternehmen, welches bodengestützte Luftwaffenkommando- und –kontrollsysteme entwickeln und vertreiben sollte. Die Muttergesellschaften gewannen seit 1994 10 der 15 international ausgeschriebenen Großaufträge für bodengestützte Luftaufklärungsstützpunkte. Die Wettbewerbsbedingungen auf dem relevanten Markt wurden jedoch nicht nur von den Unternehmen geprägt, die letztendlich die Aufträge erhielten, sondern im selben Maße von den mitbietenden Konkurrenten, die zwar nicht zum Zuge kamen, den Verhaltensspielraum der Marktführer aber dennoch wirksam einschränkten. Auch im Fall „Raytheon / Thales“ gab es solche Wettbewerber, von denen die Kommission die amerikanischen Anbieter Northrop Grumman und Lockheed Martin sowie die europäischen Konzerne EADS und Alenia Marconi aufführte[48]. Sie kam deshalb – ähnlich der Folgerung aus der Entscheidung „MAN / Auwärter“ – zu dem Ergebnis, hohe Marktanteile auf Bietermärkten seien nicht mit Marktmacht gleichzusetzen[49].

Noch deutlicher wird die fehlende Indizwirkung der Marktanteile auf Bietermärkten bei einem Blick auf die oben ausführlicher erörterte[50] Entscheidung „Bombardier / ADtranz“. In den dort genannten Marktanteilsdaten zu den Eisenbahnmärkten werden nur die so genannten „prime contractors“ erfasst, die als Konsortialführer den Auftrag für ein Großprojekt erhalten haben. Diese prime contractors sind aber nicht in der Lage, ein Projekt allein abzuwickeln, sondern vergeben selbst Unteraufträge an andere Konsorten. Da es sich hierbei meist um direkte Konkurrenten handelt, profitieren auch diese, obwohl sie den Ausschreibungswettbewerb um die Konsor-

---

45 Komm., Entscheidung COMP/M.2201 v. 20.6.01, „MAN / Auwärter“, Tz. 49, 53.

46 Komm., Entscheidung COMP/M.2201 v. 20.6.01, „MAN / Auwärter“, Tz. 32.

47 Thales ist die Neufirmierung der Thomson-CSF, also des Gemeinschaftsunternehmens, in dem die Thomson-Gruppe und Alcatel 1998 ihre Rüstungsaktivitäten konzentriert haben.

48 Komm., Entscheidung COMP/M.2079 v. 30.3.01, „Raytheon / Thales“, Tz. 38ff.

49 Komm., Entscheidung COMP/M.2079 v. 30.3.01, „Raytheon / Thales“, Tz. 40.

50 Siehe oben im zweiten Teil unter B.II.1.b), S. 191.

tialführung nicht gewonnen haben[51]. Die Marktanteilsdaten können so die eigentlichen Marktverhältnisse schon nicht richtig widerspiegeln. Wichtiger ist aber, dass die Marktanteile wiederum lediglich die Aktivität desjenigen Anbieters honorieren, der den Tender oder das Projekt gewonnen hat. Sie bringen aber nicht zum Ausdruck, welchen Wettbewerbsdruck die unterlegenen Bieter ausgeübt haben[52]. Augenscheinlich wird dies durch die unterschiedliche Bewertung der einzelnen Teilmärkte durch die Kommission. Im Bereich der Beschaffung von Fernzügen sind nationale Bahnunternehmen tätig, die große Aufträge vergeben, an denen sich alle Wettbewerber gern beteiligten. Hier waren die Nachfrager in der stärkeren Position, die Kommission sah keine Wettbewerbsgefährdung. Trotz ähnlicher Marktanteilsverteilung konnten die Ausschreibungsverfahren bei Nahverkehrsprojekten (Regionalzüge oder Straßenbahnen) nicht denselben Wettbewerbsdruck erzeugen. In diesem Marktsegment ging es um kleinere Volumina, was zu höheren Margenkalkulationen und insgesamt weniger Geboten führte. Aus diesem Grund konnten unterlegene Wettbewerber generell weniger Druck auf die Marktführer ausüben, die Verringerung der Anbieterzahl als Folge der Übernahme von ADtranz durch Bombardier wurde entscheidungserheblich[53]. Keinesfalls war diese Differenzierung jedoch anhand der Marktanteile der beteiligten Unternehmen zu erkennen.

Zusammenfassend ist die mangelnde Aussagekraft von Marktanteilen auf Bietermärkten zunächst ein weiterer Beleg für die These, Marktanteile dokumentierten vornehmlich vergangenen Erfolg, nicht aber im selben Maße Marktmacht. Eine gegenwärtige Marktanteilsverteilung kann durch die Ausübung von Marktmacht durch ein oder mehrere marktbeherrschende Unternehmen beeinflusst worden sein. Sie kann aber genauso gut aufgrund wettbewerblich nicht zu beanstandender Verhaltensweisen zustande gekommen sein. In diesem Fall würden hohe Marktanteile lediglich Erfolg, nicht aber Macht indizieren, ein Schluss, der den im ersten Teil dargelegten Effizienzerwägungen der Chicago School nahe kommt[54]. Märkte, auf denen Aufträge in Ausschreibungsverfahren zustande kommen, sind Bietermärkte. Falls bestimmte Rahmenbedingungen erfüllt sind – zu denen eine Mindestanzahl potenter Bieter und eine möglichst geringe Markttransparenz gehören – werden die Wettbewerbsbedingungen nicht von der Anbieterseite diktiert, auch wenn einzelne Anbieter hohe Marktanteile generieren. Die Initiative geht vielmehr von den Nachfragern aus, die durch ihre Ausschreibungen zumindest so lange Druck an die jeweiligen Anbieter weitergeben können, wie diese die Gebote ihrer Konkurrenten nicht kennen.

IV. Berücksichtigung der Marktphase

Eine weitere Schwierigkeit bei der Prognose künftiger Marktanteile auf der Basis gegenwartsorientierter Daten gründet sich auf die Notwendigkeit, unterschiedliche Marktphasen zu berücksichtigen. In der Terminologie der Fusionskontrollverordnung kann die Marktphasenbetrachtung als Entwicklung von Angebot und Nachfrage

---

51 Komm., Entscheidung COMP/M.2139 v. 3.4.01, „Bombardier / ADtranz", Tz. 41.

52 Komm., Entscheidung COMP/M.2139 v. 3.4.01, „Bombardier / ADtranz", Tz. 39.

53 Komm., Entscheidung COMP/M.2139 v. 3.4.01, „Bombardier / ADtranz", Tz. 58ff (69).

54 Siehe zum Zusammenhang von Effizienz und hohen Marktanteilen in der Chicago School oben im ersten Teil dieser Arbeit unter C.II.5, S. 41.

(Art. 2 Abs. 1 lit. b) FKVO) in der Zeit ausgedrückt werden. Diesem Prüfungsmerkmal wird die deutlichste Ausprägung des dynamischen Charakters der Fusionskontrolle zugeschrieben[55].

Im ersten Teil der Arbeit wurde dynamischer Wettbewerb als ständiges gegenseitiges Überflügeln von Bahnbrechern und Nachahmern charakterisiert. Marktanteile können von unterschiedlicher Bedeutung sein, je nachdem in welcher Marktphase sich Anbieter und Nachfrager befinden. Ohne vorstoßende Unternehmer, die mit einer neuen Idee zwangsläufig zumindest vorübergehend monopolistisch den Markt erobern, ist Innovationswettbewerb nicht denkbar[56]. In der Wirtschaftstheorie ist das Marktphasenmodell von HEUSS[57] etabliert, welches den Lebenszyklus eines Produktmarktes in vier Hauptphasen, nämlich die Experimentierungs-, die Expansions-, die Ausreifungs- und die Stagnations- bzw. Rückbildungsphase einteilt.

Der Marktphasenbetrachtung vorgelagert sind so genannte Zukunftsmärkte für neue Produkte und Dienstleistungen. Hierunter fallen zum einen die Weiterentwicklungen existierender und die Entwicklung neuer Produkte auf aktuellen Produktmärkten vor der Einführung der jeweiligen Innovationen. Die Frage, ob ein Zusammenschluss beispielsweise die Forschungs- und Entwicklungstätigkeit aktueller und potentieller Konkurrenten beeinträchtigt, ist häufig im Rahmen von Pharmafusionen Gegenstand der Erörterungen gewesen[58]. Während die amerikanische Wettbewerbsbehörde den Wettbewerb auf dem Produktmarkt vom Wettbewerb auf dem Innovationsmarkt trennt und beide separat prüft, wird diese Frage von der Kommission im Regelfall als ein Element der Marktmachtprüfung auf dem jeweiligen Produktmarkt erörtert[59]. Durch ausgeprägte Forschungsaktivitäten reagieren Unternehmen vornehmlich auf Bedürfnisse des Marktes und entwickeln neue oder verbesserte Produkte, so z.B. neuartige Medikamente gegen HIV-Infektionen und Aids in der Entscheidung „Glaxo / Wellcome"[60]. Forschungs- und Entwicklungsaktivitäten bzgl. so genannter „Pipeline-Produkte", die am Markt noch nicht erhältlich sind, sich aber doch in einem fortgeschrittenen Entwicklungsstadium befinden, lassen sich nicht in gegenwärtigen Marktanteilen ausdrücken. Sie sind allerdings insofern zu berücksichtigen, als intensive Forschung hohe Marktanteile bereits existierender Medikamente auf lange Sicht zementieren kann[61].

Zum anderen gehören auch echte Zukunftsmärkte in diesen Zusammenhang, bei denen vorstoßende Pionierunternehmen einen Markt eigenständig neu erschaffen. Solche Zukunftsmärkte betraf die Untersagungsentscheidung MSG Media Services.

---

55 So STOCKENHUBER, S. 258, und GUGERBAUER, Art. 2 FKVO Rn. 80.

56 Siehe hierzu oben im ersten Teil unter C.I.2, S. 23.

57 HEUSS, Allgemeine Markttheorie, S. 25ff.

58 Sehr ausführlich beispielsweise in der Entscheidung IV/M.737 v. 17.7.96, „Ciba-Geigy / Sandoz", Tz. 42ff, 95ff. Der Zusammenschluss zweier mittelgroßer Unternehmen kann deren Forschungstätigkeiten lohnenswerter machen und so einen neuen Wettbewerber auf den F+E-Märkten schaffen, so die Kommission in der Entscheidung IV/M.631 v. 28.9.95, „Pharmacia / Upjohn", Tz. 25.

59 Vgl. vertiefend LANDMAN, ECLR 19 (1998), 21 (29f).

60 Komm., Entscheidung IV/M.555 v. 28.2.95, „Glaxo / Wellcome", Tz. 9, 32f.

61 So z.B. in der Entscheidung COMP/M.1846 v. 3.5.00, „Glaxo Wellcome / SmithKline Beecham", Tz. 194.

Zum Zeitpunkt der Entscheidung gab es zwar technische Möglichkeiten, jedoch keinen wirtschaftlichen Bedarf für Dienstleistungen im Bereich des digitalen Pay-TV, erst der Vorstoß von MSG Media Services kreierte einen Markt. Aus diesem Grund konnten Marktanteile in der Entscheidung auch keine Rolle spielen[62].

Auch in der Entscheidung „Thomson / Lucas“ hatte es die Kommission mit zukünftigen Märkten zu tun, genehmigte das Vorhaben aber. Die Gründung eines Gemeinschaftsunternehmens zur Entwicklung radargesteuerter Leit- und Abstandssysteme für Kfz („Autopilot für Kfz“) betraf einen neuen Markt, der 1998 noch in der Entwicklung und weit vor der Serienreife war. Bedenken bestanden, denn Thomson engagierte sich auch in einem anderen Gemeinschaftsunternehmen mit DaimlerChrysler in der Entwicklung derartiger Systeme. Die Kommission schloss die Gefahr kollektiver Marktbeherrschung jedoch aus, weil bewusstes Parallelverhalten auf einem völlig neuen Markt, auf dem alle Wettbewerber als Neueinsteiger betrachtet werden müssten, sehr unwahrscheinlich sei[63]. Zudem forschten auch Konkurrenten, z.B. die DaimlerChrysler-Tochter Temic gemeinsam mit der Leica AG an ähnlichen Systemen, teils gesteuert durch Radar, teils durch Infrarot[64]. Andere Bereiche, in dem dynamische Unternehmen neue Produkte und vor allem Dienstleistungen entwickelten, die sich noch nicht in Umsatzzahlen und Marktanteilsdaten ausdrücken lassen, sind oder waren das Internet[65], Mehrwertdienste im Logistikbereich[66] sowie spezialisierte Bildschirminformationsdienste für die Werbebranche[67].

Prognosen auf Zukunftsmärkten sind um so schwieriger, als es hier nicht um zukünftige Entwicklungen auf aktuellen Märkten, sondern um zukünftige Entwicklungen auf noch nicht existierenden Märkten geht, also eine doppelte Unsicherheit besteht. Eine zu strenge Fusionskontrolle kann die Ausprägung neuer Märkte in ihren Ansätzen ersticken, eine zu lockere Genehmigungspraxis zu nicht mehr aufholbaren Monopolen führen. Ist die Entstehung eines künftigen Marktes sicher zu prognostizieren, gilt es die Schaffung technischer Standards, von denen potentielle Wettbewerber abhängen würden, zu verhindern. Gerade Technologiemärkte leben nicht primär von intensivem Preiswettbewerb, sondern von Innovationskonkurrenz[68]. Wird diese durch eine vorschnelle Standardisierung gebremst, können auch Zusam-

---

62 Zur Entscheidung MSG Media Services siehe oben im zweiten Teil unter B.I.2.a), S. 108ff, und unter B.I.2.c), S. 114.

63 Komm., Entscheidung IV/M.1332 v. 21.12.98, „Thomson / Lucas“, Tz. 16.

64 Komm., Entscheidung IV/M.792 v. 30.9.96, „Temic / Leica“, Tz. 9.

65 Vgl. die Entscheidungen der Kommission COMP/M.2082 v. 22.9.00, „PSA / Vivendi / Wappi!“, Tz. 20 (Einrichtung eines Mobilitätsdienstes mit direktem Kontakt zwischen Autos und Service-Unternehmen über das mobile Internet) und COMP/M.2402 v. 2.7.01, „Creditanstalt / RZB /JV“, Tz. 12 (neuer Markt für Abwicklung von Zahlungen über das Internet).

66 Komm., Entscheidung IV/M.218 v. 18.5.92, „Eucom / Digital“, Tz. 15ff. Die in dieser Entscheidung erstmals angesprochenen Möglichkeiten, Logistik-Dienstleistungen mit Mitteln der mobilen und satellitengestützten Telekommunikation nachzuvollziehen, hat sich inzwischen als Standard etabliert.

67 Komm., Entscheidung IV/M.730 v. 5.7.96, „IP / Reuters“, Tz. 24. Die von IP und Reuters angebotenen neuartigen Online-Dienstleistungen dürften inzwischen durch das Internet an Bedeutung verloren haben.

68 GEY, WuW 2001, 933 (935).

menschlüsse auf an sich innovativen Märkten wettbewerbsgefährdend wirken. Dies war auch die Motivation für die Untersagung im Fall MSG Media Services[69].

Die eigentliche Marktphasenlehre[70] setzt mit der Markteinführung eines neuen Produktes ein und umfasst zunächst die Experimentierungsphase, an die sich im Falle erfolgreicher Markteinführungen die Expansionsphase anschließt. In der Experimentierungsphase sind die Umsätze gering, dafür ein Monopol zwangsläufig, weil ein vorstoßendes Unternehmen den Markt als erstes betritt. Solche monopolartigen Marktanteile sind nicht grundsätzlich wettbewerbsschädigend. Sie können aber nur dann zu dynamischer Wirtschaftstätigkeit und Wachstum führen, wenn wettbewerbliche Kräfte existieren, die den Übergang von „Innovation zu monopolistischer Erstarrung" verhindern[71]. Zusammenschlüsse können deshalb auch in der Expansionsphase bedenklich werden, wenn und soweit das Pionierunternehmen seine starke Stellung durch Übernahmen zu zementieren droht.

Die Kommission hat diesen Aspekt in den Entscheidungen „TXU Europe / EDF London Investments" und „Continental / Temic" berücksichtigt. In erstgenanntem Verfahren gründeten die englischen Töchter der beiden Energieversorger TXU aus den Vereinigten Staaten und EdF aus Frankreich ein Gemeinschaftsunternehmen, welches für beide Muttergesellschaften und andere Energieversorger in Großbritannien Dienstleistungen im Bereich Netzwerkverwaltung und –betrieb erbringen sollte. Da das Gemeinschaftsunternehmen als erstes auf den Markt drängte, erreichte es einen monopolistischen Marktanteil, der aber keine dauerhafte Marktbeherrschung begründete. Mehrere potentielle Wettbewerber planten ähnliche Dienstleistungsangebote und wurden durch den Zusammenschluss an diesem Vorhaben nicht gehindert[72]. Die Continental AG hatte neuartige Luftfederungssysteme für Pkw entwickelt und übernahm mit der bereits angesprochenen Temic aus der DaimlerChrysler-Gruppe einen der wichtigsten Hersteller von Steuerungssystemen und Sensoren, die für Luftfederungen benötigt wurden. Continental war als Innovationsführer einziger Anbieter mit Luft arbeitender Federungen für den Personenwagenbereich, Temic der wichtigste Zulieferer mit einem Marktanteil von 70-80%. Die vertikale Integration wäre wettbewerbsschädigend, wenn andere Unternehmen in der eigenen Entwicklung luftgestützter Federungssysteme behindert worden wären, was nach den Ausführungen der Kommission aber nicht der Fall war. Siemens, Bosch und Magneti Marelli waren nur einige der Konkurrenten, die ebenfalls Sensoren und Steuerungen herstellen konnten bzw. herstellten und die in der Lage waren, Bauteile auch für Federungen zu entwickeln. Aus diesem Grund war auch hier die Konzentration in der frühen Marktphase unschädlich[73].

Mit Beginn der Expansionsphase weitet sich der Markt durch Neueintritte von Nachahmern aus; Gewinne und Umsätze steigen. Die Zahl der neu auf den Markt

---

69 LANDMAN, ECLR 19 (1998), 21 (31).

70 Die folgende Erläuterung lehnt sich an die übersichtlichen Darstellungen von HARDES / KROL / RAHMEYER / SCHMIDT, S. 124f, und SCHMIDT / RITTALER, WiSt. 1987, 597 (597ff) an.

71 So die Kommission in ihrem XV. Wettbewerbsbericht (1985), S. 11.

72 Komm., Entscheidung COMP/JV.36 v. 3.2.00, „TXU Europe / EDF London Investments", Tz. 37ff.

73 Komm., Entscheidung COMP/M.2421 v. 11.6.01, „Continental / Temic", Tz. 37ff.

strömenden Unternehmen lässt geringere Marktanteile und eher weite Oligopole erwarten. Durch eine fortschreitende Produktdifferenzierung versuchen Nachahmer, eigene Profile zu entwickeln. Auf expandierenden Märkten kann deshalb bereits die Marktabgrenzung Schwierigkeiten bereiten, was sich notwendigerweise auch auf die Benennung von Marktanteilen auswirkt. Technischer Fortschritt kann Marktgrenzen auf innovativen Märkten verändern, so wird mit preisgünstigen Server-Modellen inzwischen eine Rechnerleistung erreicht, die in früheren Zeiten teuren Hochleistungsrechnern vorbehalten war. Die Trennung zwischen beiden Marktsegmenten verschwimmt deshalb[74]. Beispiele hierfür finden sich vor allem auch im Bereich der Telekommunikationsmärkte. Es ist beispielsweise kaum absehbar, ob sich Mobilfunk als einheitlicher Markt weiter entwickeln wird oder ob sich Segmente wie z.B. das klassische Mobilfunkabonnement, Mobilfunk per vorbezahlter Karte oder Datenübertragung per Mobilfunk als eigenständige Teilmärkte abspalten werden. Die Datenübertragung über das Internet entwickelt sich weg von standardisierten Angeboten zu Hochgeschwindigkeitszugängen. In diesem Segment sind Zahlen zur Marktgröße und Marktanteilen ebenfalls kaum zuverlässig[75]. Schließlich befindet sich auch der Markt für globale Telekommunikations-Servicedienstleistungen (GTS-Markt) an der Schwelle von der Experimentierungs- in die Expansionsphase. Hier bieten die Telekommunikationskonzerne multinational operierenden Kunden umfangreiche Lösungen für deren interne und externe Sprach- und Datenübertragung an. Die Kommission hat diesen Markt bereits mehrfach[76] und zuletzt in der Entscheidung „France Telecom / Equant" ausführlich erörtert. Die sachlichen und räumlichen Grenzen des Marktes haben sich noch nicht deutlich herauskristallisiert, so dass Wettbewerber der Parteien einen weltweiten Marktanteil der France Telecom von 60-70% geltend machten, während die anmeldenden Unternehmen selbst von lediglich 20-30% ausgingen. Die Kommission sah trotz hoher Marktanteile keine Gefahr der Marktbeherrschung, weil auch andere weltweit operierende Unternehmen wie AT&T, WorldCom, Telia, Cable & Wireless oder die Deutsche Telekom konkurrierende Dienste anbieten können[77]. Noch im Jahr 2000 hatte die Kommission ernste Bedenken gegen den Zusammenschluss von MCI WorldCom und Sprint auch im Hinblick auf die Entstehung von Marktmacht auf dem GTS-Markt und konnte lediglich aufgrund der von den beteiligten Unternehmen durch Abhilfemaßnahmen nicht zu beseitigenden Marktbeherrschung im Bereich der Internet-Verbindungskapazität, die zur Untersagung des Vorhabens führte, den GTS-Markt außer acht lassen[78]. Inzwischen scheinen sich die Bedenken der Kommission weiter zerstreut zu haben. Im

---

74 Komm., Entscheidung IV/M.1120 v. 23.3.98, „Compaq / Digital", Tz. 14.

75 Komm., Entscheidung COMP/M.1908 v. 19.5.00, „Alcatel / Newbridge Networks", Tz. 12, zu Breitbandzugängen mit DSL-Technologie.

76 Komm., Entscheidungen IV/JV.15 v. 30.3.99, „BT / AT&T", Tz. 21ff, 68ff, 97ff, und COMP/M.1741 v. 28.6.00, „MCI Worldcom / Sprint", Tz. 70ff, 197ff (229ff).

77 Komm., Entscheidung COMP/M.2257 v. 21.3.01, „France Telecom / Equant", Tz. 37. Auch im Fall „BT / AT&T" gingen die beteiligten Unternehmen von einem gemeinsamen Marktanteil unter 10% aus, wohingegen die Kommission diesen Wert ausdrücklich nicht akzeptierte und einen Anteil in der Größenordnung von 40-50% als wahrscheinlich annahm, vgl. Komm., Entscheidung IV/JV.15 v. 30.3.99, „BT / AT&T", Tz. 105f.

78 Komm., Entscheidung COMP/M.1741 v. 28.6.00, „MCI WorldCom / Sprint", Tz. 197ff. Siehe auch oben im zweiten Teil unter B.I.10, S. 154ff.

Rahmen der Auflösung der von der British Telecom und AT&T betriebenen Allianz Concert, ein Fall der Dekonzentration, beschränkte sich die Kommission auf den kurzen Hinweis, die betroffenen Märkte – darunter auch der GTS-Markt – seien dynamisch und wettbewerblich geprägt[79].

Selbst wenn sich bei Zusammenschlüssen in der Expansionsphase hohe Marktanteile sicher vorhersagen lassen, sind diese in den seltensten Fällen Anzeichen einer dauerhaften Marktbeherrschung. Junge und schnell wachsende Märkte relativieren regelmäßig die Bedeutung gegenwärtiger Marktanteile[80], was auch die Kommission in einer Vielzahl von Fällen anspricht[81]. Eine andere Beurteilung ist – ähnlich wie zu echten Zukunftsmärkten in der Entscheidung MSG Media Services angesprochen – dann geboten, wenn in der Wachstumsphase eines Marktes dauerhafte Abhängigkeiten geschaffen werden. Denn dann können potentielle Konkurrenten eben nicht von dem Marktwachstum profitieren; die zeitweilige Marktführerschaft eines Pionierunternehmens verdichtet sich zur Marktbeherrschung, so z.B. in der Auflageentscheidung „WorldCom / MCI", in der die Kommission die beteiligten Unternehmen zwang, das Internetgeschäft von MCI zu verkaufen, um zu verhindern, dass Dritte auf unbestimmte Zeit auf die Zugangs- und Verbindungsknoten zwischen den einzelnen Netzwerken („backbones") der beiden Marktführer angewiesen wären[82]. Gerade diese Entscheidung ist aber auch ein Beispiel dafür, dass selbst die Veräußerung ganzer Unternehmensteile nicht immer zum Entstehen eines schlagkräftigen Wettbewerbers führt, der ohne weiteres die Position des veräußerten Unternehmensteils im Markt halten kann. Denn in der Untersagungsentscheidung „MCI Worldcom / Sprint"[83] hatte die Kommission die Gelegenheit die Entwicklung des an Cable & Wireless veräußerten Internet-Geschäftes von MCI zu beurteilen. Sie kam zu dem Ergebnis, die Einbindung des ehemaligen MCI-Geschäftes in eine neue Eigentümerschaft habe zu einem Marktanteilsrückgang geführt. Kunden sähen die Gefahr eines nicht vollständigen Technologietransfers an Cable & Wireless und infolgedessen eine nachlassende Qualität[84].

Allerdings erscheint eine zurückhaltende Marktmachtprüfung auf den so genannten „emerging markets" angebracht. Wenn die Kommission in ihrer Entscheidung

---

[79] Komm., Entscheidung COMP/M.2642 v. 17.12.01, „BT / Concert", Tz. 15.

[80] So auch GUGERBAUER, Art. 2 FKVO Rn. 53.

[81] So die Entscheidungen der Kommission IV/M.102 v. 2.12.91, „TNT / GD Net", Tz. 43 (Internationale Express-Kurierdienste – Wachstumsrate 30% p.a.); IV/M.441 v. 20.6.94, „Daimler-Benz / RWE Solar Energy", Tz. 45 (Photovoltaik); IV/M.925 v. 11.8.97, „Krupp-Hoesch / Thyssen", Tz. 41ff (43) (geschweißte Platinen für die Automobilindustrie – Wachstum um 65% in 2 Jahren); IV/M.1164 v. 15.5.98, „GEC Alsthom / Cegelec", Tz. 22 (elektrische Schiffsantriebe – Wachstumsrate 10-20% p.a.); COMP/M.1838 v. 27.3.00, „BT / Esat", Tz. 12 (Internetzugang in Irland – Verdoppelung alle sechs Monate); COMP/M.1875 v. 17.4.00, „Reuters / Equant", Tz. 22 (Bereitstellung vertraulicher Finanzdienstleistungen über Extranets – bedeutendes Wachstum) und COMP/M.1947 v. 15.6.00, ABN Amro Lease Holding / Dial Group", Tz. 14 (Flottenmanagement auf Leasingbasis – durchschnittliches jährliches Wachstum 33% zwischen 1994 und 1998 mit anhaltender Tendenz).

[82] Komm., Entscheidung IV/M.1069 v. 8.7.98, „WorldCom / MCI", Tz. 117ff, 136ff.

[83] Siehe oben im zweiten Teil unter B.I.10, S. 154ff.

[84] Komm., Entscheidung COMP/M.1741 v. 28.6.00, „MCI Worldcom / Sprint", Tz. 134.

„Vivendi / Canal+ / Seagram“ ausführt, die beteiligten Unternehmen erhielten durch den Zusammenschluss einen „first mover advantage“[85] und dies im Ergebnis negativ bewertet, kann die Formulierung leicht missverstanden werden. Jede Innovation kommt nur durch vorstoßende Pionierunternehmen zustande. Wenn Fusionskontrolle in dieser Marktphase Vorsprünge nimmt, besteht die Gefahr eines gehemmten Fortschritts. Im konkreten Fall bot Vivendi ein Internetportal für das breite Publikum an, welches als Neuerung zu vergleichbaren Portalen auch mobil und per Set-Top-Boxen auf Fernsehgeräten, also ohne Computer, zu erreichen war. Die Übernahme von Seagram band das umfangreiche Musikangebot der Universal Music Group (UMG) in das Portal ein. Erst die Möglichkeit, andere Internetportale dauernd vom Musikprogramm der UMG auszuschließen, machte den Vorteil des schnellsten Marktzugangs negativ[86], nicht aber der Vorstoß an sich.

An die beiden ersten Phasen im Produktzyklus, die durch Wachstum gekennzeichnet sind, schließen sich zunächst die Ausreifungs- und dann die Stagnations- bzw. Rückbildungsphase. In der Ausreifungsphase verengen sich die zunächst weiten Oligopole. Durch ausgereifte Produktionsprozesse lassen sich Kostensenkungen erreichen, die in Form der im ersten Teil angesprochenen „economies of scale“[87] vor allem Großunternehmen zugute kommen. Es ist zu erwarten, dass Marktteilnehmer, die eine kritische Größe nicht durch internes Wachstum erreichen können, durch externes Wachstum – also Übernahmen und Zusammenschlüsse – an Marktmacht zu gewinnen versuchen. Die Dynamik des Marktes verblasst oder verlagert sich von Produktinnovationen zu Preis- und Machtkämpfen. Bereits aufgrund dieser Definition liegen die wettbewerbsgefährdenden Auswirkungen vieler Zusammenschlüsse in dieser Phase auf der Hand. In der abschließenden Stagnations- oder Rückbildungsphase sinkt die Nachfrage, Überkapazitäten und Marktaustritte sind die Folge. Dynamische Unternehmen wenden sich anderen Märkten zu, während ein tendenziell enges Oligopol hohe Marktanteile generiert, weil Neueintritte nicht mehr zu erwarten sind und die verbleibende Nachfrage sich auf wenige Anbieter verteilt. Die Kommission hatte viele Zusammenschlussvorhaben auf stabilen oder gar rückläufigen Märkten zu bewerten und nannte die Reife des Marktes grundsätzlich als ein Kriterium, welches hohe Marktanteile in ein wettbewerbsgefährdendes Licht rückt, ohne diese Linie allerdings in letzter Konsequenz durchzuziehen.

Ein prominentes Beispiel ist die erste Untersagungsentscheidung der Kommission, der Fall „Aerospatiale-Alenia / deHavilland“. Die hohen Marktanteile der beteiligten Unternehmen waren unter anderem auch deshalb schädlich, weil aktuelle und potentielle Konkurrenten aufgrund des prognostizierten[88] und in der Rückschau auch eingetretenen[89] Nachfragerückgangs kein besonderes Interesse an dem Markt für propellergetriebene Regionalflugzeuge hatten. Ein reifer Markt lässt Marktzutritte

---

85 Komm., Entscheidung COMP/M.2050 v. 13.10.00, „Vivendi / Canal+ / Seagram“, Tz. 51, 65.

86 So auch die Kommission selbst, vgl. die Entscheidung COMP/M.2050 v. 13.10.00, „Vivendi / Canal+ / Seagram“, Tz. 67.

87 Siehe oben im ersten Teil unter C.I.1, S. 21.

88 Siehe oben im zweiten Teil unter B.I.1.a), S. 103.

89 Siehe oben im zweiten Teil unter B.I.1.b), S. 107.

durch potentielle Wettbewerber unwahrscheinlich erscheinen[90]; Marktanteilsverteilungen sind deshalb mit einem höheren Wahrscheinlichkeitsgrad stabil. Ergeben sich bei der Prüfung eines Zusammenschlussvorhabens hohe gegenwärtige Marktanteile, können diese aufgrund der Stabilität stagnierender Märkte eher Indizwirkung für künftige Marktstrukturen haben als auf schnell wachsenden und sich verändernden Märkten.

Hohe Anteile auf stagnierenden Märkten ergaben sich des weiteren unter anderem in den Entscheidungen „BP Amoco / Atlantic Richfield", „New Holland / Case", „Alcan / Alusuisse" und „Smith & Nephew / Beiersdorf". Die Übernahme von Atlantic Richfield durch BP Amoco betraf nicht nur den bereits im Abschnitt über die Marktabgrenzung angesprochenen[91] Markt für die Exploration neuer Erdölvorkommen. Beide Unternehmen förderten auch Rohöl aus bereits erschlossenen Quellen und betrieben zu diesem Zweck Pipelines und Verarbeitungsanlagen. Ihre Aktivitäten überschnitten sich auch im Bereich der südlichen Nordsee. Diesen räumlich relevanten Markt beschrieb die Kommission als ausgereift. Neue Vorkommen, deren Ausbeutung lohnenswert erschien, waren nicht in Sicht, so dass ein Ausbau der Pipeline-Kapazitäten durch Konkurrenzunternehmen nicht zu erwarten war[92].

In der Entscheidung „New Holland / Case"[93] begründete die Kommission die Gefahr, die beiden Landmaschinenhersteller könnten marktbeherrschend werden, mit ihren hohen aggregierten Anteilen auf dem Markt für Standardtraktoren. Durch eine hohe Markentreue bei insgesamt rückläufiger Nachfrage sei die Marktanteilsverteilung stabil, Neueintritte seien auch aufgrund der hohen Anlaufkosten nicht zu erwarten. Den erwarteten Nachfragerückgang quantifizierte die Kommission mit 18% im Zeitraum von 1999 bis 2007[94].

Auch die Auflageentscheidung bei der Übernahme von Alusuisse wurde neben den oben erörterten Aspekten[95] auf die Marktphase gestützt. Gegenstand des Verfahrens waren lithographische Druckplatten für die Druck- und Photoindustrie. Deren Absatzzahlen sanken infolge der steigenden Bedeutung papierloser Medien. Die Kommission folgerte, wettbewerbsbeschränkendes Parallelverhalten in Oligopolsituationen sei auf stagnierenden Märkten wahrscheinlicher als auf Wachstumsmärkten[96].

Eine der vielen Pharmafusionen, die Gründung eines Gemeinschaftsunternehmens durch Smith & Nephew und Beiersdorf, betraf Produkte zur Wundversorgung. Auch die dort untersuchten Märkte charakterisierte die Kommission einleitend als konservativen und stabilen Bereich ohne großes Wachstumspotential und Marktan-

---

90 Komm., Entscheidung IV/M.24 v. 4.1.91, „Mitsubishi / UCAR", Tz. 14.

91 Siehe oben im zweiten Teil unter A., S. 74.

92 Komm., Entscheidung IV/M.1532 v. 29.9.99, „BP Amoco / Atlantic Richfield", Tz. 60.

93 Die Entscheidung ist bereits oben im zweiten Teil unter A.III.2, S. 96 (Marktabgrenzung), und unter B.III.1.a), S. 214 (Entstehung eines marktbeherrschenden Duopols im Bereich Baumaschinen), angesprochen worden.

94 Komm., Entscheidung IV/M.1571 v. 28.10.99, „New Holland / Case", Tz. 34.

95 Siehe oben im zweiten Teil unter B.III.1.a), S. 216.

96 Komm., Entscheidung COMP/M.1663 v. 14.3.00, „Alcan / Alusuisse", Tz. 96. Ebenso in Komm., Entscheidung IV/M.1383 v. 29.9.99, „Exxon / Mobil", Tz. 475.

teilsschwankungen[97]. Obwohl Smith & Nephew in den Niederlanden und Deutschland nur jeweils um die 5% zu den hohen Marktanteilen von Beiersdorf beitrug, sah die Kommission die Gefahr der Einzelmarktbeherrschung. Es kann vermutet werden, dass auch hier die weitere Verfestigung hoher Marktanteile auf einem stagnierenden Markt nicht toleriert wurde. Reife Märkte ohne Produktinnovationen und mit nur geringfügigem Wachstumspotential oder sogar einem Nachfragerückgang sind auch die Benzin-[98] und Strommärkte[99] sowie der Markt für Sanitäreinrichtungen[100].

Zusammenfassend bleibt festzuhalten, dass gegenwärtige Marktanteile nicht ohne Berücksichtigung der Marktphase, in der sie gemessen wurden, bewertet werden dürfen. Auf Zukunftsmärkten spielen Marktanteile schon aufgrund der Definition des Begriffs Zukunftsmarkt keine Rolle. Es erscheint unmöglich, künftige Marktanteile zu prognostizieren, wenn noch nicht einmal klar ist, ob ein Produkt oder eine Dienstleistung zur Serienreife entwickelt werden wird. Die Beschreibung des Wettbewerbs als ergebnisoffener Prozess wird hier überlagert durch die Unsicherheit, ob überhaupt ein Markt geschaffen werden kann, auf dem sich Wettbewerb abspielen wird. Die eigentliche Marktphasenlehre, die dann einsetzt, wenn ein Zukunftsmarkt durch reales Wettbewerbsgeschehen abgelöst wird, ist aus zwei Gründen von Bedeutung: die Dynamik der Märkte ist nach den obigen Erörterungen in den verschiedenen Phasen unterschiedlich ausgeprägt. Marktanteile können deshalb in späteren Marktphasen, in denen Schwankungen seltener sind, zuverlässiger prognostiziert werden als in Wachstumsphasen. Wenn ein immer gleiches oder ähnliches Marktvolumen zu verteilen ist, sind Prognosen zuverlässiger als wenn mit dem wachsenden Volumen des Gesamtmarktes eine weitere Variable in die Prognosen einfließt.

Aber selbst wenn sich Marktanteile sicher prognostizieren ließen, sind hohe Marktanteile nach der Marktphasenlehre unterschiedlich zu bewerten. Auf Märkten mit hohem Wachstumspotential, den „emerging markets", sind selbst Marktführer nur in den seltensten Fällen in der Lage, einen dauerhaft unkontrollierbaren Verhaltensspielraum zu erhalten. Wettbewerber und Nachfrager schaffen Spielraum für ständige Wechsel und Veränderungen und weitere Innovationen[101]. Selbst hohe und höchste Marktanteile der Marktführer sind tendenziell vorübergehend, ihre Indizkraft in dieser Marktphase ist deshalb äußerst gering einzuschätzen. Anders ist eine Situation zu beurteilen, in der die Kommission seit längerer Zeit gleich bleibende Marktanteile und konstante oder rückläufige Absatzzahlen feststellen kann. Märkte in der Ausreifungs- oder Stagnationsphase können zwar Marktführern immer noch Gewinne bescheren, sie sind aber zumindest für potentielle Konkurrenten, die einen unter Umständen risikobehafteten Marktzutritt wagen müssten, wenig attraktiv. Hier können Marktanteile eher Marktmacht indizieren als in anderen Wettbewerbsphasen. Dennoch sei vor zu eindeutigen Schlüssen gewarnt, weil auch in späten Marktphasen ein Zusammenschluss die gegebenen Strukturen verändert und so zu bisher

---

97 Komm., Entscheidung COMP/JV.54 v. 30.1.01, „Smith & Nephew / Beiersdorf / JV", Tz. 17.

98 Komm., Entscheidung IV/M.1383 v. 29.9.99, „Exxon / Mobil", Tz. 475.

99 Komm., Entscheidung COMP/M.1673 v. 13.6.00, „Veba / Viag", Tz. 81f.

100 Komm., Entscheidung IV/M.1578 v. 1.12.99, „Sanitec / Sphinx", Tz. 142.

101 So auch EBENROTH / LANGE, EWS 95, 1 (6).

nicht beobachteten Reaktionen der Konkurrenten, Zulieferer oder Nachfrager führen kann.

V. Zusammenfassung der Einzelaspekte

Die zurückliegenden Abschnitte verfolgten den Zweck darzustellen, dass Marktanteile nicht ausschließlich als Strukturmerkmale begriffen werden können. Sie illustrieren gegenwärtige Marktergebnisse, und ihre Bedeutung für die Marktmachtprüfung hängt maßgeblich davon ab, auf welche Art und Weise diese Ergebnisse zustande gekommen sind. Marktanteile können nicht isoliert betrachtet werden, um Marktstrukturen wiederzugeben. Ein Zusammenschluss bewirkt Veränderungen der Marktstruktur. Eine Reaktion aller Beteiligten eines Marktgeschehens auf die geänderten Strukturen ist schon deshalb wahrscheinlich, weil Wettbewerb ein ergebnisoffener Prozess ist. In vielen Konstellationen hindern hohe Marktanteile der beteiligten Unternehmen andere Marktteilnehmer nicht, auf die Veränderungen durch ein Zusammenschlussvorhaben zu reagieren. Erst wenn ein Zusammenschluss die beteiligten Unternehmen in die Lage versetzen würde, Reaktionen der Marktgegenseite und der Konkurrenten auszuschließen, könnten sie Marktmacht ausüben. Dies hängt aber nicht in erster Linie von Marktanteilen ab. Insbesondere die in den ersten drei Teilabschnitten genannten Strategien der Marktgegenseite, also im Regelfall der Nachfrager, haben sich als geeignete Mittel erwiesen, mit denen Nachfrager der Marktmacht der Anbieterseite begegnen können[102]. Aber auch das wettbewerbliche Umfeld, aktive und potentielle Konkurrenten, schränkt den Verhaltensspielraum marktmächtiger Unternehmen ein. Hohe Marktanteile schließen Marktmachtverhinderungsstrategien nicht grundsätzlich aus. Sie können in Einzelfällen, insbesondere auf stagnierenden oder rückläufigen Märkten, dazu benutzt werden, Abhängigkeiten zu erzeugen. In den meisten Situationen, so auf Wachstumsmärkten, ist dies aufgrund der Dynamik wettbewerblicher Prozesse nur selten der Fall. Hohe Marktanteile sind damit nicht gleichbedeutend mit Marktmacht. Erst wenn es Anbietern gelingt, ihre Position dauerhaft zu zementieren, spricht dies für das Vorliegen von Marktmacht. Um dauerhaft starke Stellungen zu prognostizieren, reicht es aber nicht, gegenwartsorientierte Marktanteile zu addieren. Abstrakte Marktanteilsverteilungen können im Ergebnis nur sehr eingeschränkte Indikatoren für Marktmacht sein.

C. Relativität von Marktanteilen

Ein hoher Marktanteil ist – solange der Begriff Höhe nicht in der Fusionskontrollverordnung legaldefiniert ist – eine unbestimmte und vor allem relative Wertungsfrage. Die Höhe eines Marktanteils kann nicht anhand absoluter Zahlen nur der fusionierenden Unternehmen geprüft werden, sondern muss immer auch die Anteile der Konkurrenz berücksichtigen. Problematisch ist in diesem Zusammenhang, dass Konkurrenten mit ebenfalls hohen Anteilswerten Marktmacht entweder verhindern können, wenn es um die Prüfung der Einzelmarktbeherrschung geht (dazu unter I.), auf der anderen Seite aber notwendige Bedingung sind, wenn ein Zusammen-

---

[102] Im Schrifttum wird allerdings auch die gegenteilige Auffassung vertreten, die Nachfragemacht werde in ihren Auswirkungen überbewertet, vgl. beispielsweise NORDEMANN, S. 173ff; OPGENHOFF, S. 198ff.

schlussvorhaben auf die Entstehung kollektiver Dominanz untersucht wird (dazu unter II.). Ein und derselbe Aspekt kann daher marktmachtrelativierend oder marktmachtverstärkend wirken.

I. Marktanteile der Konkurrenz als relativierendes Element bei der Einzelmarktbeherrschung

Die obige Fallauswertung hat eine Vielzahl genehmigender Entscheidungen erbracht, in denen die Kommission trotz hoher Marktanteile der beteiligten Unternehmen keine Bedenken gegen ein Vorhaben äußerte. Oftmals wurden dabei starke Konkurrenten mit ebenfalls nicht unbedeutenden Marktanteilen als einer der Faktoren genannt, welche die Entstehung oder Verstärkung einer einzelmarktbeherrschenden Stellung verhindern können. Umgekehrt sind Marktanteile dann kritisch bewertet worden, wenn die Konkurrenten nur weit geringere Anteilswerte erzielten und der Abstand der beteiligten Unternehmen zur Konkurrenz durch einen Zusammenschluss noch vergrößert wurde[103]. Diesen Aspekt betont die Kommission, um die Bedeutung eines Zusammenschlusses darzulegen, wenn die abstrakten Marktanteilswerte nicht ohnehin eine deutliche Sprache sprechen. Erreicht ein Unternehmen einen Marktanteil von 75-80%, so ist ohne jede Erwähnung klar, dass es auf dem relevanten Markt einen mindestens drei bis viermal so großen Umsatz erzielt wie sein nächster Wettbewerber.

Anders stellt sich die Situation bei einem Marktanteil in einer Größenordnung um 40% dar. Hier kann das Unternehmen entweder auf ähnlich oder gleich starke Wettbewerber treffen, andererseits aber auch klarer Marktführer sein. In solchen Fällen ist es unerlässlich, auch die Anteilswerte der Konkurrenten zu berücksichtigen, um Marktverhältnisse korrekt wiederzugeben. Ergibt sich eine Marktführerschaft, verdeutlicht die Kommission den Abstand zu den anderen Marktteilnehmern durch Formeln wie die, die beteiligten Unternehmen seien um ein mehrfaches größer als der nächste Wettbewerber[104], ihr Marktanteil übersteige den des nächstfolgenden Konkurrenten um mehr als das doppelte[105], das drei-[106] oder vierfache[107] oder die Wettbewerber erzielten weniger als die Hälfte des Umsatzes der beteiligten Unter-

---

103 Prämissenartig führt die Kommission dies beispielsweise aus in ihrer Untersagung im Fall „CVC / Lenzing", vgl. Komm., Entscheidung COMP/M.2187 v. 17.10.01, „CVC / Lenzing", Tz. 138.

104 Komm., Entscheidung COMP/M.1932 v. 30.6.00, „BASF / American Cyanamid", Tz. 78 (Obstfungizide in Österreich). Zu dieser Entscheidung siehe auch oben im zweiten Teil unter B.II.1.c), S. 195.

105 Komm., Entscheidung IV/M.1571 v. 28.10.99, „New Holland / Case", Tz. 33 (Standardtraktoren im Benelux-Raum, in Großbritannien, Dänemark, Österreich und Island). Auch diese Entscheidung wurde bereits mehrfach erörtert, siehe oben im zweiten Teil unter A.III.2, S. 96, unter B.III.1.a), S. 214, und unter C.II.4, S. 262.

106 Komm., Entscheidungen IV/M.1082 v. 8.5.98, „Allianz / AGF", Tz. 43 (Kreditversicherungen gegen das Delkredere-Risiko in Europa) und COMP/M.2060 v. 13.12.00, „Bosch / Rexroth", Tz. 62 (Hydraulikkolbenpumpen im EWR). Siehe zur letztgenannten Entscheidung auch oben im zweiten Teil unter B.III.1.c), S. 196.

107 Komm., Entscheidung COMP/M.1751 v. 29.3.00, „Shell / BASF (JV – Project Nicole)", Tz. 31 (Polypropylen in Westeuropa). Diese Entscheidung wurde besprochen oben im zweiten Teil unter B.II.1.c), S. 195.

nehmen[108]. In Fällen mit einer deutlichen Marktführerschaft, die sich durch einen großen Abstand der beteiligten Unternehmen zu den Wettbewerbern auszeichnet, können bereits moderate Marktanteile, die in anderen Entscheidungen nicht einmal Anlass zu einer detaillierten Prüfung gewesen wären, die Gefahr der Marktbeherrschung begründen. Besonders anfällig scheinen – was bereits im Rahmen der Fallauswertung zu der Entscheidung „BASF / American Cyanamid“ [109] und vor allem zu der Untersagung im Verfahren „Schneider / Legrand“[110] angedeutet wurde – Zusammenschlüsse zu sein, in denen der bisherige Marktführer die Nummer Zwei eines Marktes übernimmt oder umgekehrt. In solchen Konstellationen erhöht sich der Marktanteil des bisherigen Marktführers meist maßgeblich, weil er den engsten Konkurrenten übernimmt. Der zweithöchste Anteil auf dem Markt verringert sich im Verhältnis zu der Situation vor dem Vorhaben dadurch, dass nunmehr das vormals drittstärkste Unternehmen an die zweite Position vorrückt, aber nicht denselben Marktanteil erzielt wie der ehemals zweitstärkste Wettbewerber. So weitet sich der Abstand zwischen Marktführer und Konkurrenten durch einen einzigen Zusammenschluss in beide Richtungen aus.

Trifft ein Unternehmen trotz eines Zusammenschlusses auf starke Wettbewerber, kann auch ein relativ hoher Marktanteil tolerabel sein, ohne dass es einer Einschränkung durch Auflagen oder gar einer Untersagung bedarf. Die Grenzen zwischen einem weiten Abstand zu Wettbewerbern und starker Konkurrenz sind, was angesichts der hier ebenfalls gegebenen Unbestimmtheit der Begriffe „großer“ Abstand und „starke“ Konkurrenz nicht verwundert, nicht fest zu umreißen. In der Entscheidung „Cargill / Vandermoortele (JV)“ führte die Kommission die Existenz starker Wettbewerber als marktmachtbeschränkend an, obwohl sie vorher ausgeführt hatte, das neue Gemeinschaftsunternehmen sei mit einem Marktanteil von 60% etwa sechsmal so groß wie sein nächster Konkurrent[111]. Auch in der Entscheidung „British Steel / Europipe“ nannte die Kommission unter anderem die starken Wettbewerber aus Europa und Übersee als Grund, warum die Beteiligung des britischen Röhrenherstellers Britisch Steel an Europipe, einem Gemeinschaftsunternehmen der Mannesmann Röhrenwerke und der Dillinger Hütte, keinen Bedenken begegnete. Ein Blick auf die Marktanteilsverteilung belegt jedoch, dass Europipe mit einem Anteil von knapp 40% jedenfalls doppelt so groß wie die schärfsten Konkurrenten Ilva (Marktanteil ca. 15%) und Nippon Steel (Marktanteil ca. 10%) war[112].

Andere Entscheidungen, in denen die Kommission starke Wettbewerber anführt, um die Gefahr der Entstehung einer marktbeherrschenden Stellung auszuschließen, sind deutlicher. Häufig existieren trotz eines Zusammenschlusses immer noch Wettbewerber mit ähnlichen Marktanteilen wie die beteiligten Unternehmen, die dann jedenfalls nicht ohne weiteres einzelmarktbeherrschend sein können. Nahezu gleich starke Wettbewerber verblieben in den Fällen „SmithKline Beecham / Block Drug“[113]

---

108 Komm., Entscheidung IV/M.1365 v. 4.3.99, „Vivendi / FCC“, Tz. 39 (Entsorgung nichtgiftigen Hausmülls in Spanien).

109 Siehe oben im zweiten Teil unter B.II.1.c), S. 198.

110 Siehe oben im zweiten Teil unter B.I.13.b), S. 173.

111 Komm., Entscheidung IV/M.1127 v. 20.7.98, „Cargill / Vandermoortele (JV)“, Tz. 29.

112 Komm., Entscheidung IV/M.1014 v. 26.2.98, „British Steel / Europipe“, Tz. 45ff.

113 Zu dieser Entscheidung siehe oben in diesem Teil unter A., S. 243.

und „Bayer / Lyondell"; im erstgenannten Verfahren erhöhte GlaxoSmithKline seinen Anteil am niederländischen und britischen Zahnpastamarkt durch die Übernahme von Block Drug auf ca. 35-45% und wurde in den Niederlanden zum Marktführer vor Konkurrenten wie Sara Lee mit einem Marktanteil von ca. 30%. In Großbritannien schloss GlaxoSmithKline zum Marktführer Colgate mit einem Marktanteil von ebenfalls 35-45% auf[114]. Durch die Übernahme des amerikanischen Konkurrenten Lyondell verdoppelte Bayer seinen Marktanteil im Bereich Polyol-Schäume von 15-20% auf 35-40%. Mit Dow, BASF und Shell existierten Wettbewerber mit Marktanteilen von 20-25%, 10-15% und nochmals 10-15%[115]. In beiden Entscheidungen berücksichtigte die Kommission die Stärke der Konkurrenzunternehmen[116]. Die Gefahr der Entstehung einer einzelmarktbeherrschenden Stellung ergab sich damit ebenso wenig wie in den Fällen „Valmet / Rauma" und „Abbott / BASF". Hier wurden die beteiligten Unternehmen mit Marktanteilen von 25% bzw. gut 30% nicht einmal Marktführer. Valmet und Rauma fusionierten, wodurch es im Papiermaschinenbau zu Überschneidungen kam. Trotz des aggregierten Marktanteils der neuen Unternehmenseinheit von ca. 25% blieb ABB Marktführer mit einem Anteil von 30-40% vor Valmet-Rauma und den kleineren Konkurrenten Lamb und Andritz mit je 10-20%[117]. Abbott übernahm die Pharmasparte von BASF und steigerte seinen Marktanteil auf dem Markt für Hämatinpräparate (Behandlung von Eisenmangel) um knapp 10% auf gut 30%. Marktführer blieb der Wettbewerber Grünenthal mit 30-40%, als weiterer Wettbewerber erzielte Trenker einen Marktanteil von gut 20%[118]. Auch hier begnügte sich die Kommission weitgehend mit einem Hinweis auf die Stärke der existierenden Wettbewerber und genehmigte die Vorhaben.

Für die Beantwortung der Frage, ob und inwieweit aggregierte Marktanteile der an einem Zusammenschluss beteiligten Unternehmen Marktmacht indizieren können, ist also ein differenzierter Schluss vonnöten. Es reicht keinesfalls, lediglich die Marktanteile der Zusammenschlusskandidaten zu bewerten. Die Höhe eines Marktanteils kann nur relativ, d.h. im Vergleich zu den Anteilswerten der Konkurrenz bestimmt werden. Eine Indizwirkung für oder gegen Marktmacht kann eventuell aus der Marktanteilsverteilung, nicht aber nur aus den Marktanteilen der beteiligten Unternehmen folgen. Selbst Marktanteilsverteilungen sind aber nur eingeschränkt indizierend, weil eine Grauzone existiert, in der die Kommission bei identischen Marktdaten auf der einen Seite einen weiten Abstand zu den nächsten Wettbewerbern, auf der anderen Seite aber die Existenz starker Konkurrenten konstatiert.

II. Symmetrie im Oligopol

Die zuletzt aufgeführten Vorhaben verdeutlichen einen weiteren Aspekt: wann immer an einem Zusammenschluss beteiligte Unternehmen einen nicht unbedeutenden Marktanteil erreichen, der aber in Bezug auf die Einzelmarktbeherrschung durch

---

114 Komm., Entscheidung COMP/M.2192 v. 11.1.01, „SmithKline Beecham / Block Drug", Tz. 32f.

115 Komm., Entscheidung COMP/M.1796 v. 21.2.00, „Bayer / Lyondell", Tz. 15f.

116 Komm., Entscheidungen COMP/M.2192 v. 11.1.01, „SmithKline Beecham / Block Drug", Tz. 33, 35, und COMP/M.1796 v. 21.2.00, „Bayer / Lyondell", Tz. 16f.

117 Komm., Entscheidung IV/M.1379 v. 8.2.99, „Valmet / Rauma", Tz. 23, 27.

118 Komm., Entscheidung COMP/M.2312 v. 28.2.01, „Abbott / BASF", Tz. 33.

die Existenz starker Wettbewerber unschädlich gemacht wird, liegt eine Oligopolsituation vor. Auch die Kommission ist sich dessen bewusst und erweitert ihre Prüfung in Einzelfällen nach Verneinung der Einzelmarktbeherrschung auf die Entstehung kollektiver Dominanz.

Belege hierfür sind die Entscheidungen „Siemens / Elektrowatt" und „BAT / Rothmans". Siemens übernahm mit der Elektrowatt AG einen direkten Konkurrenten im Bereich der Gebäudesicherheitstechnik. Auf dem deutschen Markt für Brandmeldeanlagen erzielte Siemens einen Marktanteil von mehr als 35%, der durch den Zusammenschluss allerdings um weniger als 5% verstärkt wurde. Als Konkurrenten agierten die Firmen Bosch und Caradon Esser mit Marktanteilen von mehr als 15% und Hekatron mit einem Anteil von mehr als 10%, so dass sich ein Konzentrationsgrad der vier größten Unternehmen von mindestens 80% ergab. Trotz der deutlichen Marktführerschaft durch Siemens sah die Kommission die Konkurrenten als starke Wettbewerber an. Sie verneinte aber nicht nur die Gefahr der Einzelmarktbeherrschung, sondern legte zudem dar, zwar sei der deutsche Markt für Brandmeldesysteme relativ hoch konzentriert. Dennoch sprächen die stark heterogene Produktstruktur der jeweils auf den bestimmten Kunden zugeschnittenen Anlagen und die unsymmetrische Verteilung der Marktanteile innerhalb des Oligopols gegen kollektive Dominanz[119].

Ähnliche Erwägungen stellte die Kommission auch bei der Übernahme des Tabakwarenherstellers Rothmans durch British American Tobacco (BAT) an. Infolge des Zugewinns mehrerer Marken[120] wurde BAT in einigen europäischen Ländern Marktführer, blieb meistens aber knapp hinter dem Konkurrenten Philip Morris. Insgesamt ergab sich auf den meisten räumlich relevanten Märkten ein CR2 um die 60% vor regional bedeutenden Anbietern wie Seita in Frankreich, Reemtsma in Deutschland und Belgien oder Reynolds in den Niederlanden[121]. Angesichts der starken Stellung der Konkurrenten von BAT schloss die Kommission die Erlangung einer einzelmarktbeherrschenden Stellung aus, verneinte aber auch die Gefahr kollektiver Dominanz durch BAT und Philip Morris. Die Marktanteile der beiden Marktführer verteilten sich asymmetrisch in den einzelnen Mitgliedstaaten. Neben diesem für funktionierenden Binnenwettbewerb sprechenden Argument beschränkten auch die regional starken Wettbewerber den Verhaltensspielraum der beiden europaweit agierenden Unternehmen[122].

Beiden Entscheidungen gemein ist die Asymmetrie innerhalb des Oligopols, welche die Ausübung kollektiver Marktmacht erschwerte. In den Verfahren „Glaverbel / PPG", „Renault / Iveco", „Pirelli / BICC" und „Kodak / Imation" lagen ebenfalls Oligopolsituationen vor, die aufgrund heterogener Anbieterpositionen nicht als wettbewerbsgefährdend bewertet wurden. Die geringe Homogenität innerhalb dieser Oligopole drückte sich in unterschiedlichen Marktanteilen der einzelnen Unternehmen aus. So konstatierte die Kommission in der Entscheidung „Glaverbel / PPG" ein CR4 auf dem gemeinschaftsweiten Markt für Flachglas als Rohprodukt von mehr als

---

119 Komm., Entscheidung IV/M.913 v. 18.11.97, „Siemens / Elektrowatt", Tz. 73ff.

120 Das Portfolio von BAT und Rothmans sowie die unternehmerischen Gründe für den Zusammenschluss werden dargestellt von DREYER in: OBERENDER (Hrsg.), S. 34.

121 Komm., Entscheidung IV/M.1415 v. 17.3.99, „BAT / Rothmans", Tz. 22.

122 Komm., Entscheidung IV/M.1415 v. 17.3.99, „BAT / Rothmans", Tz. 23f.

85%, auch erzielte Glaverbel gerade durch die Übernahme der PPG einen Marktanteil von ca. 20% und machte gegenüber den beiden größeren Konkurrenten Saint Gobain mit 30-35% und Pilkington mit 25-30% an Boden gut. Dennoch blieben die Anteilswerte so weit auseinander, dass die Kommission Saint Gobain als Marktführer bezeichnete und das Vorhaben genehmigte[123]. Auch im Fall „Renault / Iveco", der wieder einmal Busmärkte betraf, stellte die Kommission fest, die Marktanteile der in Italien aktiven großen Bushersteller Irisbus (so die Marke der von Renault und Iveco unter gemeinsamer Flagge produzierten Busse), Mercedes-Benz und Volvo differierten regional und innerhalb der unterschiedlichen sachlich relevanten Märkte stark. Insgesamt sei ein asymmetrisches Oligopol gegeben[124]. Die Entscheidungen „Pirelli / BICC" und „Kodak / Imation" sind bereits an anderer Stelle erörtert worden[125], auch hier lagen aber unsymmetrische Oligopole mit jeweils den beteiligten Unternehmen als Marktführern vor[126]. Ein weiteres Beispiel für asymmetrische Oligopole ist der EWR-weite Markt für Kalzium-Phosphate zur Anreicherung von Lebensmitteln. Trotz eines Duopols mit einem Marktanteil von nahezu 100% und der Reduzierung von drei auf zwei Wettbewerber schloss die Kommission aufgrund der stark unterschiedlichen Marktanteile der Duopolisten (ca. 70% für den Marktführer Budenheim, 20-30% für die beteiligten Unternehmen Rhodia und Albright & Wilson) die Entstehung oder Verstärkung einer gemeinsamen Dominanz aus[127].

Allerdings sah die Kommission in Einzelfällen trotz unsymmetrischer Marktanteile in einem Oligopol die Gefahr kollektiver Marktmacht, so z.B. im Fall „Exxon / Mobil". Hier produzierten alle Anbieter, die eine gewisse Größe überschritten, kostenminimal. Unsymmetrische Marktanteile waren deshalb kein Anzeichen für unterschiedliche Kostenstrukturen. Andere Faktoren wie die Homogenität der Produkte, der geringe Innovationsdruck, die hohe Markttransparenz, das höchstens geringe Wachstum des Marktes, die vertikale Integration der Anbieter, ihre gegenseitigen strukturellen Verflechtungen sowie die unelastische Nachfrage bei nahezu völliger Abwesenheit von Nachfragemacht sprachen für die Möglichkeit wettbewerbsbeschränkender Verhaltensweisen. Dennoch bildet die Entscheidung „Exxon / Mobil" eher die Ausnahme als die Regel, wie die übrigen Entscheidungen belegen, in denen die Kommission unsymmetrische Marktanteile als marktmachtrelativierend wertete.

Auf den ersten Blick scheint Oligopolmacht also Symmetrie vorauszusetzen oder zumindest durch symmetrische Marktanteile zweier oder mehrerer starker Wettbewerber erleichtert zu werden. Auch im Schrifttum wird angeführt, wann immer ein Zusammenschluss in einer hochkonzentrierten Industrie zu einer gleichmäßigeren Aufteilung des Marktes führe und so die Symmetrie unter den Anbietern erhöht werde, werde der Spielraum für Kollusion erhöht[128]. Allerdings zeigt ein zweiter Blick,

---

123 Komm., Entscheidung IV/M.1230 v. 7.8.98, „Glaverbel / PPG", Tz. 21.

124 Komm., Entscheidung IV/M.1202 v. 22.10.98, „Renault / Iveco", Tz. 55.

125 Siehe oben im zweiten Teil unter B.II.2.c), S. 205, zur Entscheidung „Pirelli / BICC" und unter B.II.2.a), S. 199, zur Entscheidung „Kodak / Imation".

126 Vgl. Komm., Entscheidungen IV/M.1298 v. 23.10.98, „Kodak / Imation", Tz. 59, und COMP/M.1882 v. 19.7.00, „Pirelli / BICC", Tz. 83.

127 Komm., Entscheidung IV/M.1517 v. 13.7.99, „Rhodia / Donau Chemie / Albright & Wilson", Tz. 72f.

128 ZEKOS, ECLR 21 (2000), 37 (41); MOTTA, ECLR 21 (2000), 195 (201).

dass die Kommission symmetrische Marktanteile keineswegs in einer so eindeutigen Richtung würdigt. Es lassen sich Entscheidungen finden, in denen die in Marktanteilen ausgedrückte Homogenität der Anbieter wettbewerbsgefährdend gewertet wurde, während andere Vorhaben trotz gleichartiger Marktanteile genehmigt wurden.

Innerhalb der Fallauswertung hat sich Symmetrie als ein Merkmal erwiesen, welches insbesondere in den Entscheidungen zur duopolistischen Dominanz immer wieder als marktmachtsteigernd angeführt wurde, so beispielsweise in der Untersagung „Gencor / Lonrho“[129] sowie den Auflageentscheidungen „Rhodia / Donau Chemie / Albright & Wilson“, „New Holland / Case“, „Veba / Viag“ und „Rexam (PLM) / American National Can“[130]. In all diesen Entscheidungen wurde der gleichmäßig hohe Marktanteil zweier Marktführer als „Anreiz für wettbewerbsfeindliches Parallelverhalten“[131] bzw. als Indiz für „das Vorliegen eines gemeinsamen Interesses an wettbewerbsbeschränkendem Parallelverhalten“[132] angesehen. Eine ähnliche Argumentation, wenn auch mit anderem Ergebnis vertrat die Kommission bei der Übernahme der AGA AB durch Linde im Jahr 2000. Hier befürchtete die Kommission die Entstehung einer einzelmarktbeherrschenden Stellung Lindes im niederländischen und österreichischen Markt für die Herstellung und den Vertrieb technischer Gase in Flaschen und Tanks (unter Ausklammerung des leitungsgebundenen Vertriebs), die nur durch Veräußerung von Unternehmensteilen beseitigt werden konnte[133]. In Deutschland erreichte Linde jedoch eine weniger starke Stellung als in den beiden genannten Mitgliedstaaten. Der Konkurrent Messer Griesheim blieb ebenbürtig, woraus ein CR2 = 65-85% je nach Gassorte resultierte. Die Kommission sah ihre Bedenken bezüglich der Entstehung duopolistischer Marktmacht durch Preisschwankungen, Schwankungen in den Marktanteilen und unterschiedliche Durchschnittserlöse entkräftet, die einen funktionierenden Preiswettbewerb zwischen Linde und Messer Griesheim verdeutlichten[134]. Vorher führte sie jedoch aus, das symmetrische Oligopol mit homogenen Gütern spreche aus strukturellen Gründen für kollektive Marktbeherrschung[135].

Noch weniger Bedeutung maß die Kommission symmetrischen Marktanteilen in den Entscheidungen „Agfa-Gevaert / Sterling“ und „BT / Esat“ bei. Durch die Übernahme von Sterling durch Agfa wurde das eben angesprochene Duopol zwischen Kodak und Agfa auf dem Markt für medizinische Abbildungsverfahren symmetrischer, die Marktanteile Agfas näherten sich denen Kodaks stark an. Die Kommission konstatierte zudem, der Markt sei geprägt durch relativ homogene Produkte, reife

---

129 Siehe oben im zweiten Teil unter B.II.4.a), S. 128f.

130 Diese Auflageentscheidungen wurden im zweiten Teil unter B.III.1.a), S. 213ff, beschrieben.

131 So die Kommission ausdrücklich in der Entscheidung IV/M.1517 v. 13.7.99, „Rhodia / Donau Chemie / Albright & Wilson“, Tz. 61.

132 Komm., Entscheidung COMP/M.1673 v. 13.6.00, „Veba / Viag“, Tz. 64. Ganz ähnlich verläuft auch die Argumentation in den Entscheidungen IV/M.1571 v. 28.10.99, „New Holland / Case“, Tz. 73 und COMP/M.1939 v. 19.7.00, „Rexam (PLM) / American National Can“, Tz. 24.

133 Zu diesen Märkten siehe oben im zweiten Teil unter B.II.1.a), S. 187.

134 Komm., Entscheidung COMP/M.1641 v. 9.2.00, „Linde / AGA“, Tz. 46ff.

135 Komm., Entscheidung COMP/M.1641 v. 9.2.00, „Linde / AGA“, Tz. 45.

Technologie, stagnierende Absatzzahlen und Überkapazitäten, für die Ausübung kollektiver Dominanz fehle es jedoch an dem essentiellen Faktor für das Funktionieren eines Oligopols, der Preistransparenz[136]. Die gegenseitige Kenntnis der Kostenstrukturen und Preiskalkulationen wurde damit deutlich über die Marktanteilsverteilung gestellt. Ein symmetrisches Duopol mit einem CR2 > 90% ergab sich auch aus der Übernahme des irischen Telekommunikationsunternehmens Esat durch die British Telecom (BT). Vor diesem Vorhaben teilten sich BT mit einem Marktanteil von 25% und Esat mit einem Anteil von 15% den irischen Markt für Einwahl-Zugänge zum Internet mit dem nationalen Telekommunikationsanbieter Eircom, welches als zuvor deutlicher Marktführer 50% des Marktes bediente. Trotz der neuen Symmetrie und dem Wechsel von einem Oligopol mit drei großen Anbietern zu einer duopolistischen Situation hatte die Kommission in diesem Segment keine Bedenken gegen das Vorhaben und bezog sich auf den stark wachsenden Markt, die Möglichkeiten zur Produktdifferenzierung durch unterschiedliche Tarife sowie die schwankenden Marktanteile[137].

Die deutlichste Relativierung der Bedeutung symmetrischer Marktanteile erfolgte jedoch im Fall „MAN / Auwärter". Auch hier ergab sich eine duopolistische Situation mit einem gleichmäßig verteilten CR2 von knapp 98%[138]. Dennoch wurde das Vorhaben genehmigt, wobei sich die Kommission zum einen auf die Nachfragemacht bezog, die öffentliche Verkehrsbetriebe durch die Ausschreibung größerer Aufträge in Vergabeverfahren ausübte[139]. Zum anderen verdeutlichte sie jedoch eindrucksvoll den Unterschied zwischen symmetrischen Marktanteilen in einem Oligopol bzw. Duopol und einer strukturellen Symmetrie im Allgemeinen. Evobus als gleich starker Konkurrent von MAN auf den relevanten Märkten profitierte von der Einbindung in die DaimlerChrysler-Gruppe. Im weltweiten Vergleich stellte diese ein Vielfaches an Bussen her und konnte zudem Synergieeffekte mit der Lkw-Produktion nutzen, über die MAN ebenfalls nicht im gleichen Maße verfügte. Unsymmetrische Kostenstrukturen verwässerten daher die auf den ersten Blick gegebene Homogenität innerhalb des Duopols. Die Entscheidung „MAN / Auwärter" verlagert im Ergebnis den Schwerpunkt in der Oligopolkontrolle von einer marktanteilsbezogenen Symmetrie auf eine strukturbezogene Symmetrie.

Diese Sichtweise wird von der Kommission meist impliziert, ist aber bisher erst einmal, in der Entscheidung „Exxon / Mobil" deutlich ausgesprochen worden, als die Kommission ebenfalls die Symmetrie der Marktanteile untersuchte, diesen aber nur eingeschränkte Bedeutung zumaß, weil sie eigentlich nur Folge symmetrischer Kostenstrukturen und kostenminimaler Produktion sei[140]. Auch KANTZENBACH / KOTTMANN / KRÜGER teilen diese Ansicht. Für sie darf Symmetrie in einem Oligopol ebenfalls nicht nur auf die Betrachtung der Marktanteile beschränkt werden. Weitere Strukturmerkmale, die sich auf die Homogenität oder Heterogenität der einzelnen Unternehmen innerhalb eines Oligopols auswirken, sind die Gesamtgröße der Unternehmen, die vertikale Einbindung des relevanten Marktes in einen Konzern

136 Komm., Entscheidung IV/M.1432 v. 15.4.99, „Agfa-Gevaert / Sterling", Tz. 25f.
137 Komm., Entscheidung COMP/M.1838 v. 27.3.00, „BT / Esat", Tz. 9ff.
138 Siehe oben im zweiten Teil unter B.III.2.c), S. 234ff.
139 Siehe oben in diesem Teil unter B.III, S. 253.
140 Komm., Entscheidung IV/M.1383 v. 29.9.99, „Exxon / Mobil", Tz. 477.

sowie das Forschungs- und Innovationspotential der beteiligten Unternehmen. Zentrales Element sollte die Ermittlung der Kostenstrukturen sein. Dauerhafte Kostenvorteile eines Oligopolisten veranlassen diesen, aggressiv gegen Wettbewerber vorzugehen, gleichartige Kostenstrukturen begünstigen im Umkehrschluss dagegen eine Interessenharmonie und damit ausdrückliches oder stillschweigendes Parallelverhalten[141]. Dem ist uneingeschränkt zuzustimmen, vor allem weil es bei der Fusionskontrolle um die Kontrolle von Marktstrukturen gehen muss. Ein weiteres Mal wird deutlich, dass Marktanteile Marktstrukturen nicht immer richtig wiedergeben. Sie sind nicht das ausschließliche oder auch nur wichtigste Strukturmerkmal, sondern bestenfalls eines unter mehreren. Symmetrische Marktanteile sind deshalb nicht ausreichend, um in einer Oligopolsituation zwingend auf Parallelverhalten und damit kollektive Dominanz zu schließen.

D. Allgemeine Indizwirkung von Marktanteilen

Während in den letzten Abschnitten besondere Einflüsse dargestellt wurden, die regelmäßig der Indizwirkung einer marktanteilsorientierten Betrachtung entgegenstehen (Einflüsse der Nachfrager auf die Marktanteilsverteilung der Anbieter, dynamische Märkte in der Marktphasenbetrachtung, etc.), in besonderen Situationen aber auch die These von der Indizkraft der Marktanteile bestärken (stabile hohe Marktanteile als Charakteristikum in späten Marktphasen), soll an dieser Stelle zusammenfassend und abschließend die allgemeine Indizwirkung von Marktanteilen für die Fusionskontrollentscheidungen der Kommission beurteilt werden.

Aus ökonomischer Sicht ist ein wichtiger Aspekt vorwegzunehmen: Marktmacht wird regelmäßig verstanden als der von Konkurrenten und der Marktgegenseite unabhängige Verhaltensspielraum eines Unternehmens, d.h. die Fähigkeit, den Preis eines Produktes über die Grenzkosten hinaus anzuheben, ohne dass Kunden in überproportionalem Maß abwandern. Die ökonomisch korrekte Maßeinheit hierfür wäre die Nachfrageelastizität der Verbraucher gegenüber dem bestimmten, von dem in Rede stehenden Unternehmen vertriebenen Produkt. Schon die Berechnung der Nachfrageelastizität auf einem Markt bereitet aber Schwierigkeiten[142], dies gilt umso mehr, wenn Elastizitäten für jeden Anbieter gemessen werden müssten[143]. Aufgrund dieser Probleme greifen die Wettbewerbsbehörden auf die Marktanteile als Hauptkriterium zurück. Es darf aber nicht vernachlässigt werden, dass es sich hierbei um ein Hilfskriterium handelt, eben weil die Nachfrageelastizität in der Praxis nicht exakt

---

141 Ausführlich dazu KANTZENBACH / KOTTMANN / KRÜGER, S. 62ff (insbesondere S. 64).

142 Dies wurde bereits im Rahmen der Kurzdarstellung der Marktabgrenzung betont, siehe oben im zweiten Teil unter A.I.1, S. 77f.

143 A.A. mit der Begründung, sowohl die beteiligten Unternehmen als auch die Kommission seien in der Lage, einen Verhaltensspielraum und die Elastizität der Nachfrage zumindest grob einzuschätzen, MIERSCH, S. 37.

messbar ist. Marktanteile sind allenfalls ein „second best“[144]; ihnen kann ökonomisch also nicht ohne weiteres Indizwirkung zugeschrieben werden[145].

Auch die Kommission sieht dies und erkennt in ihrem jüngsten Grünbuch über die geplante Revision der Fusionskontrollverordnung an: „Seit Erlass der Fusionskontrollverordnung im Jahr 1989 hat sich der Begriff der Marktbeherrschung gewandelt und sowohl den wirtschaftstheoretischen Entwicklungen als auch den immer sensibleren ökonometrischen Instrumenten zur Messung der Marktmacht angepasst. Dies hat zur Folge, dass sich die Fusionskontrolle heute weniger auf die eher grobe, ungenaue Marktanteilsprüfung verlassen darf als vor zehn Jahren“[146]. Allerdings wird mit diesem theoretischen Zugeständnis noch nicht die Frage beantwortet, ob die Kommission in der täglichen Entscheidungspraxis den Marktanteilen eine Indizwirkung zuschreibt.

Im Schrifttum zur Fusionskontrollverordnung wird das Problem einer Indizwirkung wenig thematisiert. Es scheint allerdings immer noch die Auffassung zu dominieren, Marktanteile seien ein geeigneter Indikator für Marktmacht. Teilweise wird eine Indizwirkung nicht einmal hinterfragt, sondern impliziert. So legt STOCKENHUBER zwar die Notwendigkeit dar, auch bei hohen Anteilswerten andere Parameter daraufhin zu prüfen, ob sie gegen das Vorliegen einer beherrschenden Stellung sprächen. Je höher der Marktanteil sei, um so gewichtiger müssten aber auch die relativierenden Faktoren sein, um die Indizwirkung der Marktanteile zu entkräften[147]. In dem Kommentar von SCHWARZE wird kurz und bündig ausgeführt, ein Zusammenschluss sei zu untersagen, wenn durch ihn ein erheblicher Marktanteilszuwachs erfolge, allerdings spielten daneben auch andere Kriterien ein Rolle[148]. LÖFFLER, der in der Zeitschrift WuW die Kurzfassungen der Fusionskontrollentscheidungen aufbereitet hat, kritisiert die Entscheidung „Nestlé / Perrier“, weil sie den entscheidungserheblichen Indizwert aktueller Marktanteilsdaten verwische[149]. Die Kommission genehmigte nämlich das Vorhaben aufgrund der Veräußerung von Produktionskapazitäten, während eine marktanteilsorientierte Betrachtung trotz der Auflage deutlich für eine Untersagung gesprochen hätte[150].

Andere Autoren setzen sich deutlicher mit der hier erörterten Frage auseinander und versuchen, abstrakte Schwellenwerte zu ermitteln. Eine deutliche Position vertritt EMMERICH in seiner jährlichen Beschreibung wichtiger Fusionskontrollentscheidungen des Bundeskartellamtes und der Kommission. Er führt für beide Organe aus, der Marktanteil sei das zentrale, alle anderen Kriterien an Bedeutung deutlich überra-

---

144 HARBORD / VON GRAEVENITZ, ECLR 21 (2000), 151 (153), zustimmend JUNG in: GRABITZ / HILF, Art. 82 EGV Rn. 79.

145 So ausführlich ENCAOUA in: COHEN-TANUGI u.a., S. 229ff. Auch KNITTEL, S. 152ff, verneint für Marktanteile die von ihm als „Indikatorfunktion“ bezeichnete Eigenschaft, direkt Marktmacht auszudrücken.

146 Komm., Grünbuch über die Revision der Verordnung (EWG) Nr. 4064/89 des Rates vom 11.12.01, KOM(2001)745/6 endg., Tz. 163.

147 STOCKENHUBER, S. 248f.

148 BRINKER in: SCHWARZE (Hrsg.), Art. 83 EGV Rn. 51.

149 LÖFFLER, WuW 1992, 831 (833).

150 Zur Entscheidung „Nestlé / Perrier“ siehe oben im zweiten Teil unter B.III.1.a), S. 209ff.

gende Kriterium[151], auch wenn er ebenfalls betont, die Kommission lege großen Wert darauf auszuführen, auch hohe und höchste Marktanteile könnten relativiert werden[152]. GUGERBAUER legt ebenso zunächst dar, die Höhe eines gemeinsamen Marktanteils sei ein zwar wichtiger, jedoch nicht ausschlaggebender Gesichtspunkt[153]. Anschließend vertritt er aber die Ansicht, Marktanteile ab einer Größenordnung von 65% könnten für sich als Indiz einer beherrschenden Stellung angesehen werden, während er mit Bezug auf die „Tetra Pak / Alfa Laval"-Entscheidung[154] einen Anteil von 90% als klares Indiz für Marktbeherrschung wertet, welches aber immer noch durch andere Faktoren entkräftet werden könne[155]. ZÄCH konzediert immerhin, der starke Bezug auf Marktanteile möge aus theoretischer Sicht problematisch sein. Marktanteile seien aber „ein gutes Stück weit" messbar und förderten daher die Rechtssicherheit[156]. Auch MASKE weist auf die Bedeutung der Marktanteile innerhalb der Entscheidungspraxis hin. Es wird allerdings nicht deutlich, ob er hier lediglich die Auffassung der Kommission wiedergibt, deren Wettbewerbsbericht aus dem Jahr 1994 er zitiert, oder ob er selbst für eine marktanteilsorientierte Betrachtung votiert[157]. Der von Maske angeführte Hinweis auf die Kommissionspraxis kann nicht überzeugen, weil er sich auf Entscheidungen im Rahmen der Missbrauchsaufsicht bezieht, sich also im Anwendungsbereich des Art. 82 EGV und nicht der Fusionskontrollverordnung bewegt[158].

Differenzierter sieht JONES die Bedeutung der Marktanteile in der Entscheidungspraxis der Kommission zu Unternehmenszusammenschlüssen. Für ihn verdeutlichen Marktanteile zunächst lediglich die Präsenz eines Unternehmens auf einem Markt. Die Marktanteilsbetrachtung könne damit erster Schritt in der Marktmachprüfung sein, die Analyse müsse jedoch die Frage zum Gegenstand haben, ob ein hoher Marktanteil geeignet sei, die Handlungsfreiheit anderer Wettbewerber zu beschränken. Dennoch ist auch JONES der Auffassung, ein Marktanteil ab 70% sei ein starkes Indiz für die Bejahung dieser Frage[159]. Für OPGENHOFF haben Marktanteile als Entscheidungskriterium Stärken und Schwächen. Die einfache Ermittlung und damit auch die Rechtssicherheit sei ein unleugbarer Vorteil einer auf der Grundlage von Marktanteilen erfolgenden Beurteilung von Zusammenschlüssen. Andererseits seien die zu ermittelnden Werte von der vorgelagerten Marktabgrenzung abhängig und damit nicht vollkommen objektiv. Zudem könne das Verhältnis von Marktanteil zu Marktmacht nur in einem statischen Umfeld gleich bleibend sein[160].

Eine Sonderposition nehmen SCHMIDT / SCHMIDT ein. Sie scheinen der Ansicht zu sein, die europäische Fusionskontrolle sei – vermutlich verglichen mit ihrem deutschen Pendant – nicht hinreichend marktanteilsorientiert. Dem Marktanteil komme

---

151 EMMERICH, AG 2000, 529 (532f).
152 EMMERICH, AG 1996, 529 (536).
153 GUGERBAUER, Art. 2 FKVO Rn. 49.
154 Zu dieser Entscheidung siehe unten in diesem Abschnitt, S. 277.
155 GUGERBAUER, Art. 2 FKVO Rn. 56.
156 ZÄCH, S. 380.
157 MASKE, S. 150.
158 Komm., XXIV. Wettbewerbsbericht (1994), Tz. 203.
159 Jones in: Jones / González-Diaz, S. 133f.
160 OPGENHOFF, S. 142f.

zwar eine gewichtige, aber doch nicht so entscheidende Indikatorfunktion, woraus sie einen aus ihrer Sicht nicht wünschenswerten Interpretationsspielraum für die Kommission ableiten[161]. I. SCHMIDT begründet diese Auffassung mit dem vermeintlichen Primat der Industriepolitik gegenüber der Wettbewerbspolitik. Er führt aus, die neue Industriepolitik habe die Kommission auch dazu veranlasst, Fusionen zu genehmigen, wobei man es „mit den wettbewerblichen Auswirkungen nicht ganz so genau nimmt". Hiermit wolle die Kommission eine „unternehmensgrößenbezogene Strukturpolitik"[162] (also Industriepolitik) betreiben: „Erwähnt sei an dieser Stelle auch die Vielzahl von Fällen, bei denen aufgrund eines anderen Wettbewerbsverständnisses der EG-Kommission im Vergleich zum Wettbewerbsverständnis des Bundeskartellamtes gar keine Überprüfung stattfindet. Diese Situation ist vergleichbar mit den großzügigen Fusionsgenehmigungen in den USA Mitte der achtziger Jahre. Entsprechend dem Wettbewerbsverständnis der Chicago School erfolgte bei Fusionen eine großzügige Genehmigungspraxis, da die verschiedenen wettbewerbsbeschränkenden Strategien als Steigerung der Effizienz der einzelnen Unternehmen interpretiert wurde. Das Wettbewerbsverständnis der Kommission kommt auch darin zum Ausdruck, daß dem jeweiligen Marktanteil zwar eine gewichtige, aber doch nicht so entscheidende Indikatorfunktion für das Vorliegen einer marktbeherrschenden Stellung zukommt wie in Deutschland"[163]. Nach den Ergebnissen des Ersten Teils kann zumindest der Begründung Schmidts aus der hier vertretenen Sicht nicht gefolgt werden. Der Vorwurf, die Kommission genehmige Vorhaben aus industriepolitischen Erwägungen entgegen wettbewerblicher Erfordernisse, ist allenfalls in Einzelfällen berechtigt, hat aber nichts mit der Haltung der Kommission zu Marktanteilen zu tun.

Im Unterschied zu den vorgenannten Auffassungen kommt FINE zu dem Ergebnis, es sei unmöglich, einen Marktanteil zu definieren, der prima facie Marktmacht ausdrücke. Seine Aussage beruht aber weniger auf theoretischen Überlegungen als auf der empirischen Erkenntnis, dass die Kommission sich niemals allein auf Marktanteile stütze, sondern diese als einen Faktor unter mehreren betrachte[164]. Auch ZACHMANN relativiert die Bedeutung der Marktanteile für die Fusionskontrollentscheidungen. Er beschränkt sich darauf, Marktanteile ab einer Größenordnung von 60% machten jedenfalls die Einleitung der zweiten Prüfungsphase und damit eine eingehende Prüfung notwendig[165]. KNITTEL verneint immerhin eine Indizfunktion des Marktanteilskriteriums. Allerdings vertritt er die Ansicht, die Bedeutung der Marktanteile nehme mit ihrer Höhe zu. Je höher der festgestellte Marktanteil an einem Zusammenschluss beteiligter Unternehmen sei, desto geringer seien gleichzeitig die Anforderungen an das Ausmaß der übrigen Kriterien, um Marktbeherrschung feststellen zu können[166]. Im Ergebnis nähert er sich also stark einer Indizwirkung an.

---

161 SCHMIDT / SCHMIDT, S. 115. Sie erörtern diesen Aspekt bezeichnender Weise unter der Überschrift „Das Beispiel der europäischen Fusionskontrolle und ihre institutionellen Schwächen".

162 I. SCHMIDT, WuW 1995, 971 (979).

163 I. SCHMIDT, WuW 1995, 971 (979f).

164 FINE, Rn. 4-160.

165 ZACHMANN, Rn. 3.426.

166 KNITTEL, S. 156ff (157).

Beachtenswert ist darüber hinaus die Arbeit von MIERSCH. Auch er hält die starke Konzentration der Wettbewerbsbehörden auf Marktanteilswerte für verfehlt. Die Frage, ob Verbraucher bei einer Verhaltensänderung auf der Anbieterseite (z.B. einer Preiserhöhung) ihre Nachfrage änderten und zu Konkurrenten wechselten, habe in erster Linie nichts mit Marktanteilen zu tun. Ein Erfahrungssatz, nach dem die Beweglichkeit der Nachfrage in dem Maße abnehme, in dem der Marktanteil eines einzelnen Unternehmen zunehme, existiere nicht[167]. Zur Unterstützung seiner These kann MIERSCH – seine Arbeit erschien 1991 – naturgemäß noch keine Entscheidungen der Kommission anführen. Die geringe Tauglichkeit des Marktanteils als Beleg für wettbewerblich nicht kontrollierbare Verhaltensspielräume sei aber besonders augenfällig, wenn ein Unternehmen aufgrund seiner hohen Marktanteile als marktbeherrschend angesehen werde, dennoch aber wirtschaftliche Probleme erleiden müsse und infolge fehlender Effizienz in seiner Wettbewerbsfähigkeit bedroht sei[168]. Kritisch hinterfragt kann diese Begründung allerdings nicht überzeugen. Sie impliziert, dass Marktbeherrschung zu Gewinnen führen muss und dass im Umkehrschluss ein Unternehmen dann nicht marktbeherrschend sein könne, wenn es Verluste schreibt und im Extremfall sogar in seiner Existenz bedroht ist. Ein solcher Erfahrungssatz ist jedoch ebenso wenig zwingend wie der von MIERSCH abgelehnte Zusammenhang zwischen Marktanteilen und einem unkontrollierbaren Verhaltensspielraum. Die Verluste eines marktbeherrschenden Unternehmens können beispielsweise auch gerade aus einer sich infolge fehlenden Wettbewerbs einschleichenden Ineffizienz resultieren oder Folge einer veränderten Nachfrage sein, die nichts mit der Marktmacht auf der Anbieterseite zu tun haben muss. Dennoch ist MIERSCH der erste Autor, der in einer Arbeit zur Fusionskontrollverordnung den Unterschied zwischen einer marktbeherrschenden Stellung, die es zu verhindern gilt, und hohen Marktanteilen, die tolerabel sein können, unterstreicht.

Ein Blick über den Tellerrand des Gemeinschaftsrechts auf das deutsche Fusionskontrollrecht belegt die Haltung des Bundeskartellamts zur Frage der Bedeutung von Marktanteilen. Es ist ein weiterer deutlicher Verfechter für deren Indizwirkung und argumentiert: „Ein erheblicher Marktanteil deutet auf eine überragende Marktstellung hin. Weist der von dem Zusammenschluss betroffene Markt zugleich Marktzutrittsschranken auf, so ist eine Einzelmarktbeherrschung wahrscheinlich“[169]. Unter dieser Prämisse sind auch Marktbeherrschungsvermutungen, die das deutsche Recht im Unterschied zur Fusionskontrollverordnung in § 19 Abs. 3 S. 1 GWB für die Einzelmarktbeherrschung und in § 19 Abs. 3 S. 2 GWB für die kollektive Marktbeherrschung aufstellt, konsequent. Trotz dieser eindeutigen Position der Wettbewerbsbehörde wird aber auch zum deutschen Recht vertreten, in der Fallpraxis habe die aktuelle Höhe eines Marktanteils im dynamischen Wettbewerb nur eine geringe Aussagekraft. Entscheidend sei vielmehr, ob das Unternehmen in der Lage sei, seinen Marktanteil gegen das Vordringen von Wettbewerbern zu verteidigen[170].

Bereits der Verzicht im europäischen Recht auf positive Vermutungstatbestände ist dann ein erstes deutliches Anzeichen dafür, dass die Verordnungsgeber nicht von

---

167 MIERSCH, S. 35.

168 MIERSCH, S. 35f. Dieses Argument wird auch von ZACHMANN, Rn. 3.420, angeführt.

169 Bundeskartellamt (Hrsg.), S. 6.

170 So RAMRATH, S. 26, für die deutsche Fusionskontrollpraxis.

wirklichen Indizwirkungen ausgegangen sind. Auf den ersten Blick vermittelt eine Schwelle, ab der Marktbeherrschung vermutet wird, den Eindruck, der Rechtssicherheit in besonderem Maße Genüge zu tun, weil die Unternehmen wissen, ab welchem Marktanteil sie für entlastende Faktoren sorgen müssen. Das Bild ist jedoch trügerisch: Die Besprechung der Kommissionsentscheidungen im zweiten Teil der Arbeit zeigt, dass es keine Schwelle gibt, ab der regelmäßig oder immer von Marktbeherrschung auszugehen wäre. Ist das aber richtig, dann führt eine Vermutung nur zu einer Umkehr der Beweislast für das Entstehen einer marktbeherrschenden Stellung. Auch eine so eingeschränkte Vermutungswirkung würde aber der Vielfalt der Einzelfälle zuwiderlaufen. Sie diente allenfalls der Arbeitsentlastung der Kommission und nicht der Rechtssicherheit.

Die Position der Kommission als Wettbewerbsbehörde ist eher ambivalent. Ihre Fusionskontrollentscheidungen enthalten Äußerungen, welche die Indizwirkung unterstützen, ebenso andere, die eine Indikatorfunktion der Marktanteile ablehnen. Mit dieser Frage setzte sich die Kommission zum ersten Mal in der Entscheidung „Tetra Pak / Alfa Laval" aus dem Jahr 1991 auseinander. Tetra Pak erreichte schon vor dem Zusammenschluss einen gemeinschaftsweiten Marktanteil von 90% bei der Herstellung und dem Vertrieb aseptisch arbeitender Kartonverpackungsmaschinen, der allerdings durch Alfa Laval nicht direkt erhöht wurde. Gegenstand der Entscheidung war die eventuelle Verstärkung einer Marktbeherrschung Tetra Paks durch konglomerate Aspekte. Die Kommission führte aber zu der starken Stellung Tetra Paks auf seinem Schwerpunktmarkt aus: „Ein Marktanteil der oben genannten Größenordnung ist an sich bereits ein klares Indiz für das Bestehen einer beherrschenden Stellung"[171].

Sie brachte bei anderer Gelegenheit zum Ausdruck, hohe Marktanteile (60-70% bei einer Addition von 20%) begründeten grundsätzlich wettbewerbliche Bedenken, auch wenn die in der konkreten Entscheidung – dem Fall „BASF / American Cyanamid" – für den in Rede stehenden deutschen Markt für Bohnenherbizide durch andere Faktoren entkräftet werden könnten[172]. Darüber hinaus gibt es eine Reihe weiterer Entscheidungen, in denen die Kommission ausdrücklich Marktanteile als marktmachtindizierend anführt. Die Entscheidungen „AHP / Monsanto", „Usinor / Cockerill Sambre" und „Alcan / Alusuisse" betrafen allesamt Vorhaben, in denen durch den Zusammenschluss ein Marktführer mit einem aggregierten Marktanteil von nahezu oder mehr als 60% entstanden wäre[173]. Die Kommission bewertete derartige Marktanteile in den genannten Entscheidungen für sich selbst betrachtet als indikativ für die Entstehung einer einzelmarktbeherrschenden Stellung. Andere Faktoren waren nicht geeignet, diese Wirkung zu relativieren, so dass alle Vorhaben nur unter Auflagen genehmigt wurden. In der Entscheidung „Alcoa / Reynolds" prüfte die

---

171 Komm., Entscheidung IV/M.68 v. 19.7.91, „Tetra Pak / Alfa Laval", Abschn. IV.B.3.3.

172 Komm., Entscheidung COMP/M.1932 v. 30.6.00, „BASF / American Cyanamid", Tz. 45.

173 Komm., Entscheidungen IV/M.1229 v. 28.9.98, „AHP / Monsanto", Tz. 24 (50-60% nach dem Wert bzw. 65-75% nach dem Volumen auf dem französischen Markt für oral anzuwendende Verhütungsmittel); IV/M.1329 v. 4.2.99, „Usinor / Cockerill Sambre", Tz. 36 (65% auf dem französischen Markt für Stahlprofile für die Bauindustrie) und COMP/M.1663 v. 14.3.00, „Alcan / Alusuisse", Tz. 30 (65-75% auf dem EWR-weiten Markt für Aluminium-Trihydrat als flammenhemmender Werkstoff).

Kommission neben anderen Produktmärkten auch den Markt für Schmelz-Aluminiumoxid (SGA)[174]. Hier war nicht ganz deutlich, ob ein Konkurrent seine Kapazitäten aufstocken und höhere Marktanteile erzielen würde. Wäre dies der Fall, hätte sich für Alcoa ein wahrscheinlicher aggregierter Marktanteil von „nur“ 48-50% ergeben, der ohne die Produktionsausweitung des Konkurrenten und bei eigener Kapazitätssteigerung der beteiligten Unternehmen eher 65-75% betragen hätte. Beide Werte bezeichnete die Kommission jedoch als sehr hoch und bereits für sich genommen marktmachtindizierend[175].

Auch die Untersagung im Fall „Kesko / Tuko“[176] gehört in diesen Rahmen. Zum finnischen Einzelhandel führte die Kommission zunächst aus: „Der gemeinsame Marktanteil von Kesko und Tuko von mindestens 55%, ob auf lokaler, regionaler oder nationaler Ebene, läßt ernsthaft eine beherrschende Stellung vermuten. Gestützt wird diese Vermutung auf...“[177]. Daran anschließend nannte sie weitere Faktoren, die dann auch eingehend untersucht werden. Hier wird deutlich, dass es nicht um eine Indiz- oder Vermutungswirkung im eigentlichen Sinne, sondern lediglich um ein Merkmal für die überragende Bedeutung der beteiligten Unternehmen gehen kann, welches aber, um eine marktbeherrschende Stellung prognostizieren zu können, weiter ausgefüllt werden muss. Andernfalls hätte sich die ausführliche Untersuchung weiterer Marktstrukturmerkmale erübrigt. In derselben Entscheidung untersuchte die Kommission aber auch den finnischen Cash & Carry-Markt[178], auf dem der aggregierte Marktanteil national 80% und regional überall mindestens 50% betrug, in den allermeisten Regionen zwischen 67% und 100%. Anders als auf der Einzelhandelsebene verwies die Kommission hier lediglich zusätzlich auf die aus den Marktanteilen resultierende erhebliche Einkaufsmacht der beteiligten Unternehmen[179] und kam mit deutlich geringerem Argumentationsaufwand zum Ergebnis Marktbeherrschung[180]. So implizierte die Kommission die Indizwirkung höchster Marktanteile durch die Einbeziehung weiterer Faktoren bei hohen, aber nicht überragenden Anteilswerten im Gegensatz zur exponierten Darstellung der Marktanteilsverteilung bei außergewöhnlich hohen Werten.

Die genannten Entscheidungen betrafen allesamt die Entstehung einzelmarktbeherrschender Stellungen. Im Rahmen der Prüfung kollektiver Dominanz spricht die Kommission eine Indizwirkung der Marktanteilsverteilung dann an, wenn die Marktanteile innerhalb eines Oligopols bzw. Duopols symmetrisch verteilt sind. Auf dieses Phänomen wurde bereits hingewiesen; auch hier kann aber nicht von einer echten Indizwirkung ausgegangen werden, weil zu viele Vorhaben existieren, die trotz hoher und symmetrisch verteilter Marktanteile genehmigt wurden[181]. An dieser Stelle sei lediglich wiederholend die Auffassung der Kommission genannt, ein annähernd

---

174 Siehe zu dieser Entscheidung auch oben im zweiten Teil unter B.II.1.b), S. 189.

175 Komm., Entscheidung COMP/M.1693 v. 3.5.00, „Alcoa / Reynolds“, Tz. 46.

176 Ausführlich zu dieser Entscheidung siehe oben im zweiten Teil unter B.I.5, S. 130ff.

177 Komm., Entscheidung IV/M.784 v. 20.11.96, „Kesko / Tuko“, Tz. 106.

178 Zur Erläuterung dieses Begriffs siehe oben im zweiten Teil unter B.I.5.a), S. 130.

179 Komm., Entscheidung IV/M.784 v. 20.11.96, „Kesko / Tuko“, Tz. 141ff.

180 Dies wurde bereits im Rahmen der Fallbesprechung betont, siehe oben im zweiten Teil unter B.I.5.b), S. 134f.

181 Siehe oben in diesem Teil unter C.II, S. 267ff.

gleich verteilter Marktanteil zweier Marktführer in der Größenordnung von 80-90% biete normalerweise starke Anreize für wettbewerbsfremdes Parallelverhalten[182] bzw. Marktanteile von 67-100% durch nur zwei Unternehmen seien ein Indiz für eine beherrschende Stellung beider Unternehmen gegenüber den Außenseitern eines Duopols[183].

Auf der anderen Seite lässt sich eine Vielzahl von Entscheidungen finden, in denen die Kommission jede Indizwirkung von Marktanteilen ablehnt. Deutlich kommt dies zu Ausdruck wenn sie anführt: „Marktanteile allein indizieren nicht notwendigerweise Marktbeherrschung, vielmehr müssen weitere Faktoren berücksichtigt werden“[184]. Geradezu schulmäßig legt die Kommission zudem mehrfach den Unterschied zwischen Wettbewerb, der in die Zukunft gerichtet ist, und Marktanteilen, die vergangenheits- bzw. gegenwartsbezogen sind, dar. Dem Vergangenheitsbezug der Marktanteile wurde bereits breiter Raum gewidmet[185], wobei unter anderem Bietermärkte untersucht wurden. Auf solchen Märkten spiegeln hohe Marktanteile nicht Marktmacht, sondern lediglich den Erfolg bei vergangenen Ausschreibungen wieder[186]. Dieser Aspekt lässt sich insoweit verallgemeinern, dass der Vergangenheitsbezug von Marktanteilen – wenn deren Stabilität nicht über einen längeren Zeitraum nachgewiesen ist[187] – eine Indizwirkung im Rahmen einer Prognoseentscheidung grundsätzlich einschränkt. Insbesondere in Branchen mit langfristig wirkenden Großaufträgen wie dem Investment Banking spielt sich der Wettbewerb zum Zeitpunkt der Auftragsvergabe ab. Wenn zu einem späteren Zeitpunkt Marktanteile berechnet werden können, ist die Wettbewerbssituation bereits vorüber. Eine geringe Anzahl von Aufträgen mit jeweils bedeutenden Volumina führt zu einem konzentrierten, aber sehr volatilen Markt, in dem die Bestimmung gegenwärtiger Marktanteile „nebensächlich und sprunghaft“[188] sein kann. Auch in High-Tech-Branchen wie der Wehrtechnik wird die Fähigkeit, sich gegen Konkurrenten um künftige Aufträge durchsetzen zu können, nur in geringem Maße durch aktuelle Marktanteile beeinflusst. Als in die Zukunft gerichtetes Kriterium bezieht die Kommission in solchen Fällen die Forschungskapazitäten, hilfsweise ausgedrückt durch F+E-Aufwendungen in ihre Betrachtung ein und lehnt tatsächliche und gegenwärtige Marktanteile als Indikator für Marktmacht ab[189]. Die Einbeziehung der Forschungs- und Entwicklungskapazitäten ist berechtigt, weil in High-Tech-Branchen jeder neue

---

182 Komm., Entscheidung IV/M.1517 v. 13.7.99, „Rhodia / Donau Chemie / Albright & Wilson“, Tz. 61.

183 Komm., Entscheidung IV/M.580 v. 18.10.95, „ABB / Daimler-Benz“, Tz. 63.

184 Komm., Entscheidungen IV/M.1101 v. 19.5.98, „Hermes / Sampo / FGB – FIC“, Tz. 48, und IV/M.1578 v. 1.12.99, „Sanitec / Sphinx“, Tz. 164. Die in beiden Entscheidungen gleiche Originalpassage lautet: „Market shares alone do not necessarily indicate dominance, but there are other considerations to be taken into account“.

185 Siehe oben in diesem Teil unter B. und den weiteren Unterpunkten, S. 245ff.

186 Siehe oben in diesem Teil unter B.III, S. 252ff, insbesondere S. 255.

187 Zu dieser Ausnahmesituation stabiler Marktanteile auf reifen Märkten siehe oben in diesem Teil unter B.IV, S. 262.

188 Komm., Entscheidung IV/M.1068 v. 19.12.97, „CSFB / Barclays“, Tz. 10.

189 Komm., Entscheidungen IV/M.945 v. 27.1.98, „Matra BAe Dynamics / DASA / LFK“, Tz. 30f; IV/M.1121 v. 25.5.98, „Alcatel / Thomson SA – Thomson CSF“, Tz. 32, sowie IV/M.1198 v. 3.7.98, „BAe / Saab“, Tz. 28.

Auftrag Neuentwicklungen voraussetzt und so an sich bereits vorstoßenden Wettbewerb im Sinne ARNDTS fordert und fördert.

Besonders augenfällig wurde die fehlende Verbindung zwischen gegenwärtigen Marktanteilen und zukunftsbezogener Marktmacht in der Entscheidung „Matra / Aérospatiale". Der hohe Marktanteil auf dem dort relevanten Markt ergab sich nahezu ausschließlich aus der federführenden Beteiligung Matras an einem einzigen bedeutenden Projekt, dem militärischen Überwachungssatelliten Helios I. Aus diesem hohen Marktanteil konnte aber nicht zwingend ohne weiteres auf Vorteile bei der Vergabe zukünftiger Projekte gefolgert werden[190]. Auch bei Pharmafusionen relativiert die Kommission immer wieder die sich aus der engen Marktabgrenzung ergebenden hohen Marktanteile mit der Überlegung, wegen des lebhaften Wettbewerbs in der Branche und der sich ständig verändernden Marktentwicklungen sei ein unkontrollierbarer Verhaltensspielraum eines Konzerns auszuschließen[191]; zudem sei auch die Pharmabranche ein forschungsintensiver Industriezweig, in dem Marktanteile schwankten und nicht sehr aussagekräftig seien[192]. Dies kommt einer Gesamtbewertung der Pharmabranche gleich, die Untersagungen unwahrscheinlich erscheinen lässt[193], Auflagen auf einzelnen Teilmärkten aber nicht ausschließt[194]. Von einer Indizwirkung kann aber nicht gesprochen werden, wenn trotz häufig hoher Marktanteile lebhafter Wettbewerb einen gesamten Industriezweig kennzeichnet.

Ein weiterer Gesichtspunkt, der auch nach Ansicht der Kommission die Bedeutung der Marktanteilsverteilung beschränkt, ist die Tendenz, Marktanteile auf nationaler Ebene zu untersuchen, obwohl der Markt weiter abgegrenzt bzw. eine detaillierte Abgrenzung offen gelassen wurde. In der Entscheidung „Neste / Statoil" führte die Kommission deshalb an, hohe lokale (d.h. nationale) Marktanteile führten nicht automatisch zu Marktmacht, so lange die Nachfrager auf dem relevanten Markt (hier der EWR) eine genügende Auswahl zwischen mehreren Anbietern hätten[195]. Die Anzahl der Wettbewerber ist damit ein wichtigeres Kriterium als die Marktanteile, die diese Wettbewerber erzielen, was die These bestätigt, nach der Marktanteile ein Zeichen vergangenen Erfolgs sind, die aber im dynamischen Wettbewerb nur unter besonderen Bedingungen zementiert und gleichsam unabänderlich sind.

Die Probleme, anhand aktueller Marktdaten die zukünftigen Auswirkungen eines Vorhabens auszudrücken, und die Ambivalenz, mit der die Kommission einer Indizwirkung von Marktanteilen gegenüber steht, lassen sich zusammenfassend in zwei

---

190 Komm., Entscheidung IV/M.1309 v. 28.4.99 „Matra / Aérospatiale", Tz. 37.

191 Komm., Entscheidung IV/M.737 v. 17.7.96, „Ciba-Geigy / Sandoz", Tz. 176 (für Fungizide, Herbizide und Insektizide) sowie Tz. 223 (Parasitizide für Nutztiere).

192 Komm., Entscheidung IV/M.354 v. 1.10.93, „American Cyanamid / Shell", Tz. 33.

193 In dieselbe Richtung gehen die Ausführungen von GABRIEL in: OBERENDER (Hrsg.), S. 28, zum Zusammenschluss von Sandoz und Ciba-Geigy zur Novartis AG.

194 Zu Auflageentscheidungen in der Pharmabranche siehe oben im zweiten Teil unter B.II.1.a), S. 183ff.

195 Komm., Entscheidung IV/M.361 v. 17.2.94, „Neste / Statoil", Tz. 34f. Diese Argumentation wiederholte die Kommission mit nahezu identischem Wortlaut in ihrer Entscheidung IV/M.458 v. 21.6.94, „Electrolux / AEG Hausgeräte", Tz. 27: „Because the markets (...) are Western European in scope, high local market shares do not necessarily translate into market power".

Zitaten ausdrücken. In ihrer Entscheidung „Mannesmann / Hoesch" führte die Kommission bereits 1992, d.h. zu einem sehr frühen Zeitpunkt in der Entscheidungspraxis aus:

„Hohe Marktanteile sind ein gewichtiger Faktor beim Nachweis des Vorliegens einer beherrschenden Stellung, vorausgesetzt, daß sie nicht nur die gegenwärtigen Bedingungen widerspiegeln, sondern auch ein verlässlicher Indikator für die zukünftigen Bedingungen sind. Falls keine anderen strukturellen Einflussfaktoren erkennbar sind, die in einem angemessenen Zeitrahmen geeignet sind, die bestehenden Wettbewerbsbedingungen zu verändern, sind Marktanteile als ein verlässlicher Indikator für die zukünftigen Bedingungen anzusehen"[196].

Im Verfahren „Mercedes-Benz / Kässbohrer" bezog sich die Kommission wiederum auf andere strukturelle Einflüsse, die sie bereits in der Entscheidung „Mannesmann / Hoesch" angesprochen hatte, kam aber zu dem entgegen gesetzten Ergebnis:

„Hohe Marktanteile rechtfertigen im übrigen für sich genommen noch nicht die Annahme von Marktbeherrschung. Sie indizieren jedenfalls dann nicht die Annahme von Marktbeherrschung, wenn andere strukturelle Einflussfaktoren erkennbar sind, die in einem überschaubaren Zeitraum die Wettbewerbsbedingungen verändern können und die Bedeutung des Marktanteils der zusammengeschlossenen Unternehmen relativieren"[197].

Die Gegenüberstellung dieser beiden Zitate zeigt eines, was im Verlauf dieser Untersuchung immer deutlicher wurde: eine Indizwirkung gegenwärtiger Marktanteile wird immer wieder versehen mit vielen „Wenn" und „Aber". Auch die Relativierung hoher Anteile benötigt bestimmte Bedingungen. In beiden Zitaten führt die Kommission die Notwendigkeit an, Marktanteile in Verbindung mit anderen strukturellen Faktoren zu betrachten. Vor diesem Hintergrund kann von einer echten Indizwirkung nicht gesprochen werden. Eine solche Indizwirkung wäre zu bejahen, wenn Marktanteile unter regelmäßigen Bedingungen Marktmacht nach sich zögen. Eine Relativierung im Einzelfall wäre nicht schädlich, da es eben um ein Indiz und nicht um eine tatsächliche oder rechtliche Vermutung geht. Dass eine solche nicht existiert, hat sich im Rahmen der Fallauswertung deutlich herauskristallisiert und wird auch so nicht vertreten. Aber auch das Vorliegen eines unter regelmäßigen Bedingungen existierenden Zusammenhangs zwischen Marktanteilen und Marktmacht ist abzulehnen, wofür drei Hauptgründe sprechen.

Als erstes ist anzuführen, dass regelmäßige Bedingungen – die ja nach den obigen Erörterungen Voraussetzung für eine Indizwirkung wären – im dynamischen Wettbewerb mit seinen vielfältigen Ausprägungen nicht existieren können. Die beiden Zitate der Kommission belegen eindrucksvoll den eingeschränkten Wert gegenwärtiger Marktanteile in einem Verfahren, das zwingend eine Zukunftsprognose enthalten muss. Marktanteile sollen Marktmacht indizieren, wenn sie ein verlässlicher Indikator für die zukünftigen Wettbewerbsverhältnisse sind. Sie sollen dagegen nicht indizierend wirken, wenn andere Einflüsse eine Parallele zwischen gegenwärtigen und zukünftigen Wettbewerbsbedingungen unwahrscheinlich

---

196 Komm., Entscheidung IV/M.222 v. 12.11.92, „Mannesmann / Hoesch", Tz. 91.

197 Komm., Entscheidung IV/M.477 v. 14.2.95, „Mercedes-Benz / Kässbohrer", Tz. 65.

erscheinen lassen. Marktanteile können also, wie es in der Entscheidungspraxis der Kommission in aller Regel der Fall ist, der Ausgangspunkt der Untersuchung sein. Dies bereits deshalb, weil eine Marktbeherrschung ohne Präsenz, die sich als Ergebnis vergangener Wettbewerbsperioden in Marktanteilen ausdrückt, auf dem relevanten Markt kaum denkbar ist[198]. Sie müssen jedoch anhand anderer Entscheidungskriterien auf ihre Relevanz für die künftigen Wettbewerbsbedingungen überprüft werden. Für sich genommen sind sie eine statische Momentaufnahme[199] und haben bereits deshalb keine Indizwirkung im dynamischen Wettbewerb. Gerade die mannigfaltigen Faktoren, die nach der Fallbesprechung im zweiten Teil dieser Arbeit und dem Beginn dieses Teils hohe Marktanteile entkräften können, verdeutlichen dies. Selbst wenn eine eingehende Untersuchung ergibt, dass die hohen Marktanteile nicht infolge anderer Einflüsse unschädlich sind, ergibt sich die Marktbeherrschung des oder der beteiligten Unternehmen gerade nicht aus der Höhe der Marktanteile selbst, sondern aus der weitergehenden Prüfung und dem Fehlen wettbewerbsfördernder Elemente.

Dieses Ergebnis lässt sich darüber hinaus mit zwei weiteren Erwägungen begründen, von denen die erste ebenfalls aus der Entscheidungspraxis der Kommission folgt und deshalb vor allem für die Europäische Fusionskontrolle von Bedeutung ist, während die zweite Überlegung auf den wettbewerbstheoretischen Erkenntnissen des ersten Teils der Arbeit basiert und allgemeingültig ist.

Ein Grund für die eingeschränkte Bedeutung der Marktanteilsprognosen in der Fusionskontrollpraxis der Kommission ist die Art und Weise, wie sie die relevanten Märkte – sowohl in sachlicher wie auch in räumlicher Hinsicht – abgrenzt. In ihrer Studie aus dem Jahr 1993 haben sich NEVEN / NUTTAL / SEABRIGHT mit den ersten Jahren der gemeinschaftsrechtlichen Fusionskontrollpraxis auseinander gesetzt. Sie sind ebenfalls zu dem hier erarbeiteten Schluss gekommen, hohe Marktanteile seien regelmäßig nicht hinreichend für die Annahme von Marktmacht, und begründen ihren Schluss vornehmlich mit der engen Marktabgrenzung der Kommission[200]. Die enge Marktabgrenzung ist bereits oben als charakteristisch für die Anwendungspraxis der Kommission dargestellt worden[201]. Sie dient der Bildung einer gesicherten Fallpraxis und so der Rechts- und Planungssicherheit für die beteiligten Unternehmen. Auf der anderen Seite haben enge Märkte nahezu zwingend hohe Marktanteile zur Folge, deren Indizwirkung dann naturgemäß gering einzuschätzen ist. Für das Ergebnis einer Untersuchung macht es keinen Unterschied, ob der relevante Markt eng abgegrenzt und dafür hohe Marktanteile toleriert werden oder ob eine Wettbewerbsbehörde den umgekehrten Weg geht und die Märkte nach dynamischen Kriterien weit abgrenzt, dafür aber eine restriktivere Haltung gegenüber hohen prognostizierten Marktanteilen auf diesen weiten Märkten einnimmt. Oben ist die eher konservative Marktabgrenzung deshalb befürwortet worden, weil sie den Unternehmen bereits vor Anmeldung eines Vorhabens ermöglicht, die wahrscheinliche Marktabgrenzung durch die Kommission vorherzusehen und so bereits im Voraus die Erfolgsaussichten einer Anmeldung realistisch einzuschätzen. Vor diesem Hintergrund und vor

---

198 So auch KNITTEL, S. 82.
199 Ähnlich OPGENHOFF, S. 145.
200 NEVEN / NUTTALL / SEABRIGHT, S. 104f, 115.
201 Siehe oben im zweiten Teil unter A.III.2, S. 92ff.

allem aufgrund der Tatsache, dass die tägliche Entscheidungspraxis der Kommission enge Märkte zugrunde legt, muss dann aber die Indizwirkung hoher Marktanteile bestritten werden.

Der dritte und letzte Grund ergibt sich aus den Ergebnissen des ersten Teils dieser Arbeit. Wenn die Untersuchung wettbewerbstheoretischer Leitbilder und eine eindeutige Subsumierung der europäischen Wettbewerbspolitik unter eines dieser Leitbilder auch scheiterte, so muss sich doch jede rationale Wettbewerbspolitik – auch wenn sie sich die pragmatische Lösung einer Vielzahl an Einzelfällen ohne starre theoretische Vorgabe zum Ziel gesetzt hat – am dynamischen Charakter des Wettbewerbs orientieren. Prognosen haftet hier regelmäßig der Makel der Anmaßung von Wissen nach VON HAYEK an. Selbst unter günstigen Umständen muss genau dargelegt werden, warum sich künftige Wettbewerbsbedingungen wie etwa die Anzahl der Wettbewerber oder deren Marktanteile aus gegenwärtiger Sicht prognostizieren lassen sollen, weil Wettbewerb als gegenseitiges Überflügeln von vorstoßenden und nachahmenden Unternehmen im Sinne ARNDTS Stillstand und damit stabile Prognosen unwahrscheinlich erscheinen lässt.

Gerade in der Fusionskontrolle sehen sich die Wettbewerbsbehörden aber mit einer Entwicklung der Wettbewerbsbedingungen, nämlich der Veränderung der Anbieterstruktur durch das zu prüfende Vorhaben, konfrontiert. Auf diese geänderten Wettbewerbsbedingungen werden Zulieferer, Konkurrenten und Nachfrager und somit alle am Wettbewerb beteiligten Gruppen ihrerseits reagieren und so die Veränderungen der Wettbewerbsstruktur weiter vorantreiben. Ein Zusammenschluss bewirkt also seinerseits geänderte Wettbewerbsbedingungen; Prognosen im Rahmen von Fusionskontrollentscheidungen sind demzufolge mit noch größerer Vorsicht zu genießen als in anderen wettbewerbsrechtlichen Verfahren. Marktanteile sind, wie bereits mehrfach dargelegt, auch Ergebnisvariablen, sie dokumentieren den Erfolg eines Unternehmens am Markt. Sollen zukünftige Marktanteile prognostiziert werden, geht es deshalb im Ergebnis darum, den künftigen Markterfolg vorherzusagen. Es genügt nicht, die Gestaltung einzelner Wettbewerbsparameter zu prognostizieren; vielmehr ist eine Verquickung aller relevanter Faktoren, die Nachfrager zum Kauf eines Produkts oder zur Abnahme einer Dienstleistung bewegen, vonnöten. So kumulieren sich alle Schwierigkeiten und Unsicherheiten in der Prognose künftiger Ereignisse in Marktanteilsprognosen. Diese müssten aus wettbewerbstheoretischer Sicht als Quintessenz einer Gesamtabwägung stehen. Die schlichte Addition gegenwärtiger Anteilswerte ist zwar aus Gründen der Praktikabilität und der Notwendigkeit schneller Entscheidungen hinzunehmen. So ermittelte zukünftige Marktanteile können aber den Anforderungen, die an eine ernstzunehmende Prognose zu stellen wären, nicht genügen. Die „eher grobe, ungenaue Marktanteilsprüfung“[202] kann Ausgangspunkt weiterer Erwägungen sein, aber keine echte Indizwirkung für die Beurteilung eines Verfahrens beanspruchen.

---

202 Komm., Grünbuch über die Revision der Verordnung (EWG) Nr. 4064/89 des Rates vom 11.12.01, KOM(2001)745/6 endg., Tz. 163.

E. Zusammenfassung der Ergebnisse des Dritten Teils

Die Antwort auf die Frage, ob Marktanteile Marktmacht indizieren können, ist im Verlauf dieser Arbeit immer deutlicher geworden. Die Hoffnung, Marktmacht in einer einfachen Marktanteilsbetrachtung ausdrücken zu können, hat sich zumindest für die Europäische Fusionskontrolle als Trugbild erwiesen. Marktanteile sind ein wichtiges Merkmal bei der Beurteilung eines Zusammenschlussvorhabens. Die Prognose hoher aggregierter Marktanteile reicht aber keinesfalls aus, ein Vorhaben zu untersagen oder mit Auflagen zu belegen. Marktanteile sind für die tagtägliche Entscheidungspraxis der Kommission nicht einmal geeignet, eine Indizwirkung zu entfalten, die einen Schluss auf Marktmacht nahe legen könnte. Dies ergibt sich aus folgenden Ergebnissen dieses Teils:

Erstens: Wesensbildendes Merkmal horizontaler Konzentration ist der Zusammenschluss zweier vormals selbständiger und auf derselben Produktionsstufe tätiger Unternehmungen. Ein solcher Zusammenschluss geht immer mit der Addition von Marktanteilen einher. Prognosen, die sich lediglich auf den absoluten Wert der zu erwartenden Marktanteile beziehen, können bereits deshalb keine Indizwirkung entfalten. Erreicht beispielsweise ein Unternehmen bereits vor dem Zusammenschluss hohe Marktanteile, während das andere nur geringe Anteilswerte erzielt, so wird die vor Anmeldung des Vorhabens bestehende Situation nur unmaßgeblich verändert. Indizwirkung im Rahmen der Fusionskontrolle könnten hohe Marktanteile allenfalls dann haben, wenn sie sich aus einer Addition der früheren Anteilswerte ergeben. Die Schaffung von Schwellenwerten oder Indiz- bzw. Vermutungstatbeständen wird hierdurch weiter erschwert, weil es nicht ausreicht, eine abstrakte Marktanteilshöhe zu definieren, bei deren Überschreiten ein Vorhaben bedenklich sein soll. Als zweite Variable müsste vielmehr auch ein Mindestwert der notwendigen Addition festgelegt werden.

Zweitens: Bei einer klassischen Unterteilung der Wettbewerbsmerkmale anhand des Struktur-Verhalten-Ergebnis-Paradigmas werden Marktanteile vornehmlich als Strukturmerkmale angesehen. Unter dieser Prämisse ist es nur konsequent, innerhalb einer Marktstrukturkontrolle – und die Fusionskontrolle soll unstreitig das Entstehen wettbewerbsschädigender Marktstrukturen verhindern – das Augenmerk zuallererst auf Marktanteile zu richten. Marktanteile sind jedoch mehr als reine Strukturmerkmale, sie verdeutlichen auch vergangenen Markterfolg. Wettbewerbstheoretisch lässt sich dies relativ einfach, nämlich mit dem Kreislaufcharakter des SVE-Paradigmas erklären. Wenn Marktanteile aber auch Ergebnisse vergangener Wettbewerbsperioden dokumentieren, darf eine zukunftsgerichtete Fusionskontrolle sie nicht ohne weiteres ihren Prognosen zugrunde legen. Es muss stets hinterfragt werden, auf welche Art und Weise die gegebene Marktanteilsverteilung zustande gekommen ist. Daran anschließen muss sich die Frage, ob ähnliche Marktprozesse wie in den Vorperioden auch in der Zukunft zu erwarten sind, obwohl sich die Marktstrukturen gerade durch den Zusammenschluss ändern.

Drittens: Eine Änderung der Marktstruktur, wie sie ein Zusammenschluss notwendigerweise beinhaltet, kann und wird regelmäßig geändertes Nachfrageverhalten zur Folge haben. Dies ist eine der wesentlichen und richtigen Aussagen des SVE-Paradigmas. Schon deshalb ist es unwahrscheinlich, künftige Marktanteile durch eine schlichte Addition gegenwärtiger Daten prognostizieren zu können. Gezieltes Nachfrageverhalten, beispielsweise durch „Double-„ oder „Multi Sourcing"-Strategien, lassen Abschmelzungseffekte nach Durchführung eines Zusammenschlusses vermuten. Auch durch Bietungsverfahren können Nachfrager die Anbieterseite zu wettbewerblichem Verhalten anregen, ohne dass sich dies in Marktanteilen ausdrücken muss. Hohe Marktanteile legen deshalb vordringlich vergangenen Markterfolg dar; dieser muss aber nicht zwingend mit Marktmacht einhergehen. Ein weiteres Argument, was gegen die statische Übertragung gegenwärtiger Marktanteile auf die Zukunft spricht, ist die Notwendigkeit, die Marktphase in die Untersuchung mit einzubeziehen.

Viertens: Hohen Marktanteilen wohnt auch deshalb nur geringe Indizkraft inne, weil Marktanteile widersprüchlich gewertet werden, je nachdem, ob ein Vorhaben auf Einzelmarktbeherrschung oder auf die Entstehung bzw. Verstärkung kollektiver Marktmacht untersucht wird. Geht es darum, ob ein Unternehmen mit hohen Marktanteilen einzelmarktbeherrschend wird, wirken ebenso oder ähnlich hohe Marktanteile konkurrierender Unternehmen marktmachtrelativierend. Eine solche Situation, in der mehrere Unternehmen hohe Anteilswerte generieren, ist aber wesensbildendes Merkmal eines Oligopols. Hohe Marktanteile konkurrierender Unternehmen können also eine Einzelmarktbeherrschung unwahrscheinlich erscheinen lassen, die Gefahr kollektiver Dominanz aber gerade erst heraufbeschwören. Vor diesem Hintergrund haben sie eine ambivalente Wirkung, die eine echte Indizwirkung ausschließt.

Fünftens: Im Rahmen der Fusionskontrolle ist eine Vielzahl von Faktoren und Kriterien zu berücksichtigen. Diese müssen zu einem Gesamtbild zusammengefügt werden. Die Prognose, ob Marktmacht durch ein Zusammenschlussvorhaben entsteht oder verstärkt wird, ist deshalb zu vielschichtig, um einem – sicherlich bedeutenden – Merkmal, den prognostizierten Marktanteilen, eine Indizwirkung zukommen zu lassen. Gerade im Rahmen der Kotrollpraxis der Kommission kommt hinzu, dass diese Märkte tendenziell eng abgrenzt. Schon deshalb ergeben sich häufig relativ hohe Marktanteilsprognosen; um so weniger ist einzusehen, warum gerade diese dann Marktmacht indizieren sollen.

Sechstens: Ein Indiz liegt immer dann vor, wenn die Existenz eines bestimmten Merkmales – hier hoher aggregierter Marktanteile – unter normalen Bedingungen einen bestimmten Schluss zulässt. Solche normalen oder regelmäßigen Bedingungen kann es im Rahmen vielschichtiger wettbewerblicher Prozesse aber kaum geben. Die Abgabe von Prognosen ist deshalb per se mit Unsicherheiten behaftet. Sie käme aber einer Anmaßung von Wissen gleich, wenn man diesen Unsicherheitsfaktor vernachlässigen und Marktanteilsprognosen eine Indizwirkung zugestehen wollte. Eine solchermaßen verstandene Indizwirkung würde eine scheinbare Sicherheit und Transparenz vorgaukeln, die in der Wirklichkeit nicht besteht und nicht bestehen kann. Der Rechtssicherheit wäre weniger Genüge getan als durch die Akzeptanz des hier vertretenen Schlusses, nach dem Marktanteile zwingend und in jedem Einzelfall auf ihre tatsächliche Bedeutung für ein Zusammenschlussvorhaben hinterfragt werden müssen.

Zusammenfassung der Ergebnisse

Einleitend wurde als Ziel der Untersuchung die Beantwortung der Frage genannt, welche Indizwirkung Marktanteilsprognosen in der europäischen Fusionskontrolle zukommt. Ziel war es zu hinterfragen, ob und wie die Kommission den Spagat zwischen Einzelfallbeurteilung und Rechtssicherheit in ihrer Entscheidungspraxis bewältigt. Gerade die nach einem Zusammenschluss zu erwartenden Marktanteile der beteiligten Unternehmen, die in den Fusionskontrollentscheidungen breiten Raum einnehmen, müssen im Einzelfall auf einem akzeptablen theoretischen Fundament, aber auch praktisch nachvollziehbar prognostiziert und anschließend bewertet werden. Nur dann kann dem Prinzip der Rechtssicherheit Rechnung getragen werden.

Die Darstellung und Abwägung wettbewerbstheoretischer und –politischer Leitbilder im Ersten Teil der Untersuchung ergab ein zwiespältiges Bild. Als Grundkonsens hat sich ein dynamisches Wettbewerbsverständnis etabliert. Statische Strukturen sind dem Wettbewerb fremd; Wettbewerb bedingt und fördert seinerseits ein fortwährendes Wechselspiel aus Innovation und Imitation. Darüber hinaus stehen sich unterschiedliche Wettbewerbsleitbilder diametral gegenüber. Wohlfahrtsökonomisch und preistheoretisch orientierte Konzepte setzen auf kausal-deterministische Zusammenhänge zwischen der Wettbewerbsstruktur, dem Verhalten der Marktteilnehmer und den daraus folgenden Marktergebnissen. Systemtheoretische Schulen stellen die Wettbewerbsfreiheit, deren generelle Folge „bessere" ökonomische Ergebnisse seien, in den Vordergrund. Vermittelnd können strukturorientierte Aussagen als Wahrscheinlichkeitsaussagen formuliert werden. Es scheint Marktstrukturen und Konzentrationsgrade zu geben, die mit höherer Wahrscheinlichkeit als andere Marktbeherrschung – sei es durch eines oder mehrere Unternehmen – nach sich ziehen und deshalb Wettbewerb gefährden.

Die Kommission orientiert sich nicht sklavisch an einem der im Ersten Teil untersuchten Leitbilder. Sie geht „pragmatisch" vor und prüft Marktstrukturen in ihrer jeweils besonderen und einzigartigen Situation, ohne ihren Prognosen schablonenhafte Grundaussagen zugrunde zu legen. Nur so scheint sie der komplexen Wirtschaftsrealität begegnen zu können. Gerade deshalb muss sie es sich aber gefallen lassen, wenn ihre Entscheidungen und insbesondere ihre Marktanteilsprognosen kritisch hinterfragt werden.

Im Zweiten Teil wurde zunächst kurz die Marktabgrenzungspraxis der Kommission vorgestellt, die den Marktanteilsprognosen vorgelagert ist und ohne deren Kenntnis die Prognosen der Kommission nicht systematisch nachvollzogen werden können. Sachlich und räumlich relevante Märkte werden in der Europäischen Fusionskontrolle statisch und eng abgegrenzt. Dies erhöht die Rechtssicherheit, weil die Bildung einer konstanten Fallpraxis gefördert wird. Auf der anderen Seite haben enge Märkte regelmäßig höhere Marktanteile zur Folge.

Der ausführliche Überblick über die Entscheidungspraxis der Kommission hat dies bestätigt. Die Kommission genehmigt eine Vielzahl von Vorhaben in einer Größenordnung, die beispielsweise nach deutschem Recht den Marktbeherrschungsvermutungen des § 19 Abs. 3 GWB unterfallen würden. Darüber hinaus hat sich als viel wichtigere Erkenntnis gezeigt, dass es völlig unmöglich ist, einfache „Wenn-dann-Aussagen" bezüglich kritischer Marktanteile an einem Zusammenschluss beteiligter Unternehmen zu treffen. Schwellen, bei deren Überschreiten Marktmacht nahe liegt, lassen sich der Entscheidungspraxis nicht entnehmen. In Einzelfällen werden Konzentrationsgrade genehmigt, die in anderen Fällen bereits Grundlage strenger Auflagen oder sogar untersagender Entscheidungen waren. Wenn eine allgemeingültig Aussage getroffen werden kann, dann nur die, dass die Kommission tendenziell recht hohe Marktanteile genehmigt.

Der Dritte Teil dieser Untersuchung diente dazu, auf der Basis der theoretischen Grundlagen des Ersten und der Einzelfalldarstellung des Zweiten Teils die Indizwirkung der Marktanteilsprognosen in den Fusionskontrollentscheidungen der Kommission abschließend zu erörtern. Als Ergebnis musste eine Indizwirkung verneint werden.

Marktanteile sind nicht nur Strukturmerkmale. Sie dokumentieren vergangene Marktergebnisse und sagen als solche nichts darüber aus, wie diese Ergebnisse zustande gekommen sind. Eine bestimmte Marktanteilsverteilung kann sowohl durch wettbewerbliches Verhalten, welches auf vielerlei Weise von aktuellen und potentiellen Konkurrenten, aber auch und gerade von der Marktgegenseite erzwungen wird, zustande gekommen sein. Sie kann aber auch Folge wettbewerbsfeindlicher Verhaltensweisen marktbeherrschender Unternehmen sein. Abstrakte Zahlen können schon deshalb nicht reale Marktstrukturen und Wettbewerbskräfte abbilden.

Das zweite wesentliche Argument gegen die Indizwirkung der Marktanteilsprognosen, welches mittelbar auch die Schwäche einer marktergebnisorientierten Betrachtung dokumentiert, ist der dynamische Charakter des Wettbewerbs. Es fällt schwer zu begründen, warum vergangene Marktanteilsverteilungen für zukünftige Perioden repräsentativ sein sollen. Diesem Problem ließe sich durch verfeinerte Prognosen begegnen, die nicht nur einfache Additionen gegebener Anteilswerte darstellten, wenn es bestimmte, in einer Vielzahl von Fällen zutreffende Regeln gäbe. Die Kommission berücksichtigt beispielsweise Abschmelzungseffekte, um dem Rechnung zu tragen. Die vielfältigen Reaktionen der Marktgegenseite auf eine Strukturveränderung – und um eine solche handelt es bei einem Zusammenschluss – können aber nicht im Detail vorhergesagt werden. Eine solche Vorgehensweise käme einer Anmaßung von Wissen gleich.

Gerade Fusionen bringen für die beteiligten Unternehmen, aber auch für ihr gesamtes Umfeld, also Wettbewerber, Zulieferer und Nachfrager eine einschneidende Strukturveränderung mit sich, die ihrerseits Verhaltensänderungen nach sich zieht. Zukünftige Marktergebnisse lassen sich deshalb jedenfalls nicht anhand einfacher Marktanteilsprognosen vorhersagen. Eine die Indizwirkung gegenwärtiger Marktanteile bejahende Zusammenschlusskontrolle würde deshalb den Charakter einer Strukturkontrolle verlassen und sich einer Marktergebniskontrolle annähern. Dass dies nicht legitimes Ziel hoheitlicher Wettbewerbspolitik sein kann, bedarf keiner näheren Erläuterung.

Für die Frage nach der Rechtssicherheit in der Fusionskontrolle mag dieses Ergebnis auf den ersten Blick enttäuschend klingen. Marktanteilsschwellen, ab deren Überschreiten Marktmacht indiziert wird, haben den Vorteil der Einfachheit. Sie böten jedoch ein trügerisches Bild. Dem Prinzip der Rechtssicherheit kann viel eher Genüge getan werden durch eine zwar in sich konsistente, die Besonderheiten des Einzelfalls und des dynamischen Wettbewerbs aber nie aus den Augen verlierende Fallpraxis, wie sie auch von der Kommission angestrebt wird. Schwächen sind hier sicherlich vorhanden. Das grundsätzliche Konzept überzeugt jedoch.

FSC
www.fsc.org
MIX
Papier | Fördert
gute Waldnutzung
FSC® C083411

Kolibri 360 GmbH
Ferdinand-Jühlke-Straße 7
99095 Erfurt, Deutschland
produktsicherheit@kolibri360.de

Druck:
CPI Druckdienstleistungen GmbH
im Auftrag der
Kolibri 360 GmbH
Ferdinand-Jühlke-Str. 7
99095 Erfurt